소방 국어

김춘호 지음

" 소방직 공무원의 모든 것, 합격으로 가는 지름길 "

 성안당

■ 도서 A/S 안내

성안당에서 발행하는 모든 도서는 저자와 출판사, 그리고 독자가 함께 만들어 나갑니다.

좋은 책을 펴내기 위해 많은 노력을 기울이고 있습니다. 혹시라도 내용상의 오류나 오탈자 등이 발견되면 "좋은 책은 나라의 보배"로서 우리 모두가 함께 만들어 간다는 마음으로 연락주시기 바랍니다. 수정 보완하여 더 나은 책이 되도록 최선을 다하겠습니다.

성안당은 늘 독자 여러분들의 소중한 의견을 기다리고 있습니다. 좋은 의견을 보내주시는 분께는 성안당 쇼핑몰의 포인트(3,000포인트)를 적립해 드립니다.

잘못 만들어진 책이나 부록 등이 파손된 경우에는 교환해 드립니다.

저자 문의 e-mail : greenb-4u@hanmail.net(김춘호)

본서 기획자 e-mail : coh@cyber.co.kr(최옥현)

홈페이지 : http://www.cyber.co.kr   전화 : 031) 950-6300

> "사람들은 이렇게 묻곤 하지.
> 소방관들은 어떻게 불타는 건물로 뛰어들 수 있냐고.
> 모든 사람들이 도망쳐 나오는 곳으로 말이야.
> 잭, 자넨 다른 사람의 생명을 구하면서 몸소 그 질문에 대답을 했어.
> 자네의 용기가 바로 정답이야.
> 오늘 우린 자네만큼 용감해질 거야.
> 그런 의미에서, 자넬 추모하지 않고 축하하겠네.
> 전 여기 모인 모두가 일어서 축하해주셨으면 합니다.
> 잭 모리슨의 삶을 말입니다."
> ─영화 『Ladder 49』 중에서

불길 속으로 사라진 소방관 잭 모리슨의 영결식에서 소방서장이 남긴 추모사입니다. 세상에 사명감과 희생정신을 필요로 하는 직업들이 많이 있겠지만, 그 중 소방관이야말로 사명감을 바탕으로 국민을 위해 희생하는 고귀한 직업이 아닐까요?

이러한 소방 공무원이 되기 위해 노력하고 있는 모든 수험생들에게 존경의 마음을 담아 응원을 보냅니다. 하지만 소방 공무원이 되는 길은 쉽지가 않습니다. 무엇보다 기출이 비공개로 진행되고 있기 때문에 확실한 준비가 아닌 막연한 준비가 되고 있는 게 사실입니다. 다행스럽게도 올해 하반기 추가 모집부터 기출문제가 공개된다고 하니 시험 준비에 많은 도움이 되리라 생각합니다.

소방 공무원이 되기 위해 여러 과목을 학습해야 하는데, 그게 참 쉽지가 않습니다. 국어의 경우 다른 과목에 비해 시작할 때는 그래도 가장 수월한 과목이 아닐까 하는 막연한 기대감으로 임하다가 막상 방대한 학습량과 쉽지 않은 문제로 인해 좌절감을 느끼고는 합니다. 또한 소방 공무원 시험만을 위한 국어책은 서점에서 구하기도 쉽지 않아 일반 공무원 수험생을 위한 국어 교재를 구입해서 공부를 하다 보면 더욱 큰 어려움을 겪을 수밖에 없습니다.

그래서 고귀한 직업, **소방 공무원이 되고자 하는 수험생만을 위한 국어 교재**를 만들어 소방 공무원 수험생의 제대로 된 길라잡이가 되고 싶었습니다. 최근 출제된 소방 기출 문제를 바탕으로 소방 공무원 시험에 최적화된 교재로 만들고자 노력했습니다. 또한 일반 공무원 시험에서는 출제되지만 소방 공무원 시험에서는 출제되지 않은 부분을 과감히 생략하고 **오직 소방 공무원 시험만을 위한 내용을 수록**하고자 노력했습니다.

누구나 수험 생활을 시작할 때에는 열정을 가지고 반드시 합격하겠다는 의지를 가지고 시작합니다. 하지만 그 마음을 마지막까지 유지하는 수험생은 많지 않습니다. 그렇기 때문에 합격의 길이 멀게만 느껴지는 것입니다. 수험 생활을 합격으로 이끌기 위해서는 합격의 순간까지 흔들리지 않는 꾸준함이 반드시 필요합니다. 처음 가졌던 그 열정을 잃지 않고 최선을 다한다면 반드시 소방 공무원이라는 꿈을 현실로 바꿀 수 있으리라 믿습니다

수험생 여러분이 합격하는 그 순간까지, 멋진 소방 공무원이 되는 그 순간까지!!

변함없는 믿음으로 수험생 여러분을 응원하겠습니다.

국어 교수 김춘호 올림

가 학습 내용 정리

1 도입 부분에 '**주 출제 유형**'과 '**대표 문제 유형**'을 제시하여 시험에 자주 출제되는 내용을 꼼꼼하게 짚어 볼 수 있도록 하였습니다.

2 자주 출제되는 내용을 바탕으로 **핵심 내용**을 자세하게 정리하였습니다.

3 기출 문제를 위주로 내용과 관련된 **확인 문제**를 제시하여 학습 내용을 정리할 수 있도록 하였습니다.

4 본문의 이해를 돕고, **고득점**을 위해 더 깊이 알아야 할 내용을 제시하였습니다.

나 기출문제 수록 및 풀이

1 '기출문제로 실력잡기'는 소방직 시험에 나온 **대표 문제**만을 선별·수록하여 출제 유형을 파악할 수 있도록 하였습니다.

2 기출문제 정답과 함께 **자세한 해설**을 문제풀이 후 바로바로 확인할 수 있도록 구성하였습니다.

1 시험에 자주 출제되는 시, 소설, 수필 등의 **작품을 분석**하여 제시하였습니다.

2 고전 작품은 이해도를 높이기 위해 **현대어 풀이와 용어해석**을 함께 제시하였습니다.

3 시험 출제 빈도가 높은 **현대 문학을 고전 문학보다 먼저 제시**하여 강조하였고, 마지막으로 시대별로 고대 문학부터 현대 문학까지 문학사를 정리하였습니다.

라 **어문 규정, 속담, 한자성어 정리**

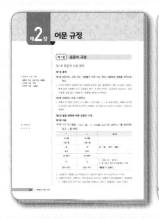

1 **표준어 규정, 한글 맞춤법, 외래어 표기법** 등 출제가 예상되는 내용을 체계적으로 정리하였습니다.

2 자주 출제되는 **속담과 한자성어**를 중심으로 정리하여 제시하였습니다.

개요

소방직 공무원이라고 하면 흔히 화재 발생 시 출동하여 진화 및 소화 업무가 주 업무인 것으로 알고 있다. 그러나 소방직 공무원의 업무를 보면 화재 진화 업무 외에도 다양한 분야의 업무를 수행하게 됨을 알 수 있다. 소방직 공무원이 수행하는 소방 업무에는 소화 업무, 방호 업무, 예방 업무, 지도 업무 등이 있으며, 소방 예방 업무란 화재 발생이 가능한 모든 지역, 모든 장소, 모든 시설물들을 평소에 점검하여 화재가 발생하지 않도록 미연에 방지함은 물론 화재 발생 시 조속한 경보 체계로서 초기에 화재를 진압할 수 있도록 하는 모든 업무를 총괄하여 일컫는다.

**시험
안내**

① 소방간부후보생 선발시험

시험시기	매년(1월) 시행(국민안전처 장관의 시행계획에 의거 실시)
임용직급	지방소방위 (임용권자 : 국민안전처 장관 → 시 · 도지사)
시험과목	총 6과목(필수 4, 선택 2) 단, 영어과목은 영어능력 검정시험으로 대체
시험방법	[필기시험, 체력시험, 신체 · 적성검사, 면접시험] 제1차 필기시험 : 소방행정의 기획 및 관리에 필요한 능력 · 지식 검정 제2차 체력시험 : 6종목(악력, 배근력, 앉아윗몸앞으로굽히기, 제자리멀리뛰기, 윗몸일으키기, 왕복오래달리기) 제3차 신체·적성검사 : 직무수행에 필요한 신체조건 · 건강상태, 인 · 검정 검사 제4차 면접시험 : 직무수행에 필요한 능력 · 발전성 및 적격성 검정
응시원서 접수	• 인터넷을 이용한 원서 접수(http://119gosi.kr) • 응시원서 등록용 사진파일(JPG) 규격은 3.5cm × 4.5cm이며, 해상도 100DPI 이상, 정부수입인지대 7,000원 전자 납부 • 필기시험 합격 후 관련 증빙서류 제출 　– 제1종 운전면허 중 대형면허 또는 보통면허증 사본 　– 자격증사본 및 국가유공자확인등 관련서류 등

② 소방공무원 공개경쟁 채용시험

시험시기	시·도별 신규채용 필요시 연 1~2회
임용직급	지방소방사
시험과목	총 5과목(필수 3, 선택 2) / 과목별 20문항 • 필수과목 : 국어, 한국사, 영어 선택과목 : 소방학개론, 행정법총론, 소방관계법규, 사회, 과학, 수학 중 2과목
시험방법	• 1차 필기시험 : 직무수행에 필요한 지식과 응용능력 검정 • 2차 체력시험 : 6종목(윗몸일으키기, 제자리멀리뛰기, 악력, 배근력, 앉아윗몸굽 히기, 왕복오래달리기) • 3차 신체검사 : 직무수행에 필요한 신체조건 및 건강상태 검정 • 4차 면접시험 : 직무수행에 필요한 능력·발전성 및 적격성 검정

시험 과목

① 소방간부후보생 선발시험

총 6과목(필수 4, 선택 2) 영어과목은 영어능력검정시험으로 대체

• 소방간부후보생 선발시험의 필기시험 과목

구분	인문사회계열	자연계열
필수(4)	헌법, 한국사, 영어, 행정법	헌법, 한국사, 영어, 자연과학개론
선택(2)	행정학, 민법총칙, 형사소송법, 경제학, 소방학개론	화학개론, 물리학개론, 건축공학개론, 전기공학개론, 소방학개론
비고	소방학개론은 소방조직, 재난관리, 연소·화재이론, 소화이론 분야로 하고, 분야별 세부내용은 국민안전처장관이 정한다.	

• 간부후보생 영어과목을 내제하는 영어능력검정시험의 종류 및 기준점수표

시험의 종류	토플 (TOEFL)	토플 (TOEFL)	토플 (TOEFL)	토익 (TOEIC)	텝스 (TEPS)	지텔프 (G-TELP)	플렉스 (FLEX)
	PBT	CBT	IBT				
응시에 필요한 기준점수	490점 이상	165점 이상	58점 이상	625점 이상	520점 이상	Level-2의 50점 이상	520점 이상

※ 영어능력 기준점수 미달자는 응시자격 없음

② 소방공무원 공개경쟁 채용시험

5과목(필수 3, 선택 2) / 과목별 20문항
- **필수과목 : 국어, 한국사, 영어**
- **선택과목 : 소방학개론, 행정법총론, 소방관계법규, 사회, 과학, 수학 중 2과목**

  ※ 문제출제 : 중앙소방학교 출제 위탁(일부 시·도 제외)

③ 소방공무원 경력경쟁 채용시험

3과목(국어, 영어, 소방학개론) / 과목별 20문항

※ 단, 소방관련학과 졸업자 : 국어, 소방학개론, 소방관계법규
※ 영어 : 구조·구급 등 소방활동에 필요한 생활영어 등

**응시
자격**

① 소방간부후보생 선발시험

- **응시연령**

  21세 이상 40세 이하(1976.1.1.~1996.12.31. 출생자)의 대한민국 국적자

- **제대군인 군복무기간 응시연령 상한 연장**

  제16조에 따라 채용시험 응시연령 상한 조정 연장함

군복무기간	1년 미만	1년 이상 ~ 2년 미만	2년 이상
연장기간	1세	2세	3세

- **신체조건**

  소방공무원 채용시험 신체조건표의 합격기준에 적합한 자
  ※「소방공무원임용령 시행규칙」 별표5 및「소방공무원 채용시험 시행규칙」 별표3 참고

- **면허요건**

  - 도로교통법 제80조제2항제1호의 규정에 의한 제1종 운전면허 중 대형면허 또는 보통면허 소지자
  - 응시원서접수 종료일까지 면허증을 받은 자로서, 최종합격하여 교육훈련 입교일까지 유효하여야 함

• 응시연령

18세 이상 40세 이하(2017년부터 시행)군복무기간 1년미만 1세, 1년이상 ~ 2년
미만 2세, 2년이상 3세 연장

• 자격제한

제1종 운전면허 등 대형면허 또는 보통면허 소지자
※ 그 외 지역제한 등 시·도별 응시자격 별도 운영

• 소방공무원 채용시험 신체조건표(제23조제7항 관련)

부분별	합격기준
체격	양팔과 양다리가 완전하며, 가슴·배·입·구강 및 내장의 질환이 없어야 한다.
시력	두 눈의 맨눈 시력이 각각 0.3 이상이어야 한다.
색각(色覺)	색맹 또는 적색약(赤色弱)(약도를 제외한다)이 아니어야 한다.
청력	청력이 완전하여야 한다.
혈압	i) 고혈압 (수축기혈압이 145mmHg을 초과하거나 확장기 혈압이 90mmHg을 초과하는 것) ii) 저혈압 (수축기혈압이 90mmHg 미만이거나 확장기혈압이 60mmHg 미만인 것)이 아니 어야 한다.
운동신경	운동신경이 발달하고 신경 및 신체에 각종 질환의 후유증으로 인한 기능상 장 애가 없어야 한다.

※별표 5에 정하지 아니한 사항은 「공무원 채용신체검사 규정」에 따른다.

가산점

• 시험관리 자격증 등 소지자의 가점비율(소방공무원임용령 시행규칙 제19조 제2항 및 제24조 관련)

가점비율 분야	0.5할	0.3할	0.1할
자격증 (면허증)	1. 소방관련 국가기술자격 중 기술사·기능장 2. 1급~4급 항해사·기관사·운항사 3. 사업용조종사, 운송용조종사, 항공정비사, 항공공장정비사 4. 의사, 변호사 5. 소방시설관리사	1. 소방관련 국가기술자격 중 기사 2. 5급 또는 6급 항해사·기관사 3. 응급구조사(1급), 간호사 4. 소방안전교육사	1. 소방관련 국가기술자격 중 산업기사·기능사 2. 소형선박조종사, 잠수산업기사, 잠수기능사 3. 제1종특수트레일러면허, 제1종대형운전면허 4. 응급구조사(2급)
사무관리		컴퓨터활용능력 1급	컴퓨터활용능력 2급

※ 자격증(면허증), 사무관리의 2개 분야로 나누어 가점하되, 각 분야별로 유리한 것 하나에 대하여서만 가점하고, 자격증(면허증) 가점과 사무관리 가점은 합산하여 5퍼센트를 초과할 수 없다.

※ 소방공무원임용령 시행규칙 제정·개정 부칙 제3조(컴퓨터활용능력 3급 자격증 소지자에 관한 경과조치)에 근거하여 컴퓨터활용능력 3급의 자격증을 소지한 사람에 대해서는 별표 6의 개정규정에도 불구하고 2016년 12월 31일까지 공고된 시험까지 종전의 규정에 따른다.

6개 종목(악력, 배근력, 앉아윗몸앞으로굽히기, 제자리멀리뛰기, 윗몸일으키기, 왕복오래달리기)에 대한 평가점수를 합산하여 총점의 50퍼센트 이상을 득점한 자

• 소방공무원 체력시험 종목 및 평가점수

종목	성별	평가 점수									
		1	2	3	4	5	6	7	8	9	10
악력 (kg)	남	45.3 ~48.0	48.1 ~50.0	50.1 ~51.5	51.6 ~52.8	52.9 ~54.1	54.2 ~55.4	55.5 ~56.7	56.8 ~58.0	58.1 ~59.9	60.0 이상
	여	27.6 ~28.9	29.0 ~30.2	30.3 ~31.1	31.2 ~31.9	32.0 ~32.9	33.0 ~33.7	33.8 ~34.6	34.7 ~35.7	35.8 ~36.9	37.0 이상
배근력 (kg)	남	147 ~153	154 ~158	159 ~165	166 ~169	170 ~173	174 ~178	179 ~185	186 ~194	195 ~205	206 이상
	여	85 ~91	92 ~95	96 ~98	99 ~101	102 ~104	105 ~107	108 ~110	111 ~114	115 ~120	121 이상
앉아 윗몸 앞으로 굽히기 (cm)	남	16.1 ~17.3	17.4 ~18.3	18.4 ~19.8	19.9 ~20.6	20.7 ~21.6	21.7 ~22.4	22.5 ~23.2	23.3 ~24.2	24.3 ~25.7	25.8 이상
	여	19.5 ~20.6	20.7 ~21.6	21.7 ~22.6	22.7 ~23.4	23.5 ~24.8	24.9 ~25.4	25.5 ~26.1	26.2 ~26.7	26.8 ~27.9	28.0 이상
제자리 멀리뛰기 (cm)	남	223 ~231	232 ~236	237 ~239	240 ~242	243 245	246 ~249	250 ~254	255 ~257	258 ~262	263 이상
	여	160 164	165 ~168	169 ~172	173 ~176	177 ~180	181 ~184	185 ~188	189 ~193	194 ~198	199 이상
윗몸 일으키기 (회/분)	남	43	44	45	46	47	48	49	50	51	52 이상
	여	33	34	35	36	37	38	39	40	41	42 이상
왕복 오래 달리기 (회)	남	57 ~59	60 ~61	62 ~63	64 ~67	68 ~71	72 ~74	75	76	77	78 이상
	여	28	29 ~30	31	32 ~33	34 ~36	37 ~39	40	41	42	43 이상

• 비고
 1. 「소방공무원임용령」제46조 제1항 제2호에 따라 총점 60점 중 30점 이상 득점자를 합격자로 한다.
 2. 각 종목별 측정 방법 등은 국민안전처장관이 정한다.

이 책의 차례

IV
어휘

I

문법과 어문 규정

국어 문법

제1절 언어와 국어

❶ 언어의 이해

1. 언어의 개념과 기능

(1) 언어의 개념

　① 언어의 요건

　　㉠ 주체: 인간(언어적 동물: 호모로퀜스)

　　㉡ 형식: 음성

　　㉢ 내용: 의미

　　㉣ 언어

　　　• 인간만이 가지는 가장 대표적인 특징임.

　　　• 사람의 발음 기관을 통해 실현되는 음성을 형식으로 함.

　　　• 의미를 내용으로 하는 결합체를 말함.

　② 음성과 음향

　　㉠ 음성: 인간의 발음 기관으로 내는 소리, 분절음 O

　　㉡ 음향: 자연에 존재하는 소리, 분절음 X

　　※**구분 기준**: 분절음(자음과 모음으로 쪼갤 수 있음, 세분된 음성)

　③ 언어 습득 이론

　　㉠ 경험주의 언어관: 어린이가 언어를 습득하는 것이 경험적인 훈련에 의해 이루어진다는 이론이다. → 후천적

　　㉡ 합리주의적 언어관: 어린이가 언어를 습득하는 것이 타고난 특수한 언어 학습 능력에 의해 이루어진다는 이론이다. → 선천적

　④ 음성 언어와 문자 언어

구 분	음성 언어	문자 언어
동시성(대면성)	동시성(대면)	비동시성(시차)
습득 과정	학습 과정 X	학습 과정 O
제약	시공간적 제약	제약 적음
기록, 보존, 전달	어려움	용이함
언어 변화	민감함	민감하지 않음

■ 음성과 음향
음향은 분절되지 않기 때문에 언어로 완벽하게 표현할 수 없다.

확/인/문/제

음성 언어와 문자 언어의 차이로 볼 수 없는 것은? 2011 국회 9급
① 대면(對面) 특성
② 공간 특성
③ 습득의 특성
④ 창조적 사용 특성
⑤ 기억과 교정의 특성

답 ④

(2) 언어의 기능

① 표현적 기능(정서적 기능): 화자의 생각이나 태도, 감정 표현, 사실적 판단, 태도, 확신성 여부 등을 나타내는 기능을 말한다.

> **예** • 이 금은 무게가 5g이다. → 사실적 판단
> • 어서 출발하시지요. → 청자에 대한 태도
> • 이 책은 무척 재미가 있다. → 지시 대상에 대한 태도
> • 그는 공부하지 않은 것 같다. → 확신성 여부
> • 김 선생은 정말로 훌륭한 사람이다.

② 표출적 기능: 표현이나 전달의 의도 없이 본능적으로 놀람이나 위험 등을 드러내는 기능을 말한다. → 감탄사

> **예** (넘어지면서) 아이쿠!

③ 감화적 기능(지령적 기능, 명령적 기능): 청자의 마음을 움직여 특정 행동을 유도하는 기능을 말한다.
  ㉠ 직접 명령, 간접 명령, 청유, 완곡어법
  ㉡ 연설문, 표어, 광고문, 속담, 격언

> **예** • 어서 학교에 가거라. → 명령문
> • 우리 함께 가자. → 청유문
> • 이 자동차는 성능이 뛰어나고 가격이 저렴합니다. → 광고

④ 친교적 기능(사교적 기능): 언어의 관습적 의미보다 발화 상황 자체를 중시하는 기능을 말한다. → 인사말, 날씨

> **예** • 철수: 아저씨, 안녕하세요? 어디 가세요?
> • 아저씨: 응, 철수로구나. 학교 갔다 오니?

※ 발화 상황에 따라 동일한 표현이 기능이 달라진다.

> **예** • (폭우를 보며) 날씨가 참 사납군요. → 친교적 기능
> • (폭우에 낚시 가는 남편에게) 날씨가 참 사납군요. → 감화적 기능

⑤ 미적 기능(시적 기능): 언어를 미적으로 가다듬어 표현 효과를 높이는 기능을 말한다. → 도치법, 음수율, 각종 운율

> **예** '바둑이와 순이'보다 '순이와 바둑이'가 더 부드럽게 들린다.

⑥ 정보 전달적 기능(제보적 기능): 이 기능은 우리가 세계를 이해하는 정도에 비례하여 수행된다. 그것은 이 세상에 존재하는 사물에 대하여 이름을 부여함으로써 발생하는 것이다. → 설명문, 신문 기사

⑦ 관어적 기능(메타언어적 기능): 언어끼리의 관계, 하나의 언어를 통해 다른 언어를 설명하는 기능을 말한다.

> **예** 엄친 – 살아계신 나의 아버지, 자당 – 남의 어머니

⑧ 지식과 정보의 보존 기능: 언어를 통해 시공간을 초월하여 지식을 보존하고 축적해 가는 기능을 말한다.

■ 표현과 표출 구분
표현적 기능은 의도를 가지는 데 비해, 표출적 기능은 의도 없이 본능적으로 나온다.

확/인/문/제

다음에 해당하는 언어의 기능은?
2004 서울 9급

이 기능은 우리가 세계를 이해하는 정도에 비례하여 수행된다. 그러면 세계를 이해한다는 것은 무엇인가? 그것은 이 세상에 존재하는 사물에 대하여 이름을 부여함으로써 발생하는 것이다. 여기 한 그루의 나무가 있다고 하자. 그런데 그것을 나무라는 이름으로 부르지 않는 한 그것은 나무로서의 행세를 못 한다. 인류의 지식이라는 것은 인류가 깨달아 알게 되는 모든 대상에 대하여 이름을 붙이는 작업에서 형성되는 것이라고 말해도 좋다. 어떤 사물이건 거기에 이름이 붙으면 그 사물의 의미가 확정된다. 그러므로 우리가 쓰고 있는 언어는 모두가 사물을 대상화하여 그것에 의미를 부여하는 이름이라고 할 수 있다.

① 정보적 기능
② 친교적 기능
③ 명령적 기능
④ 관어적 기능
⑤ 미학적 기능

답 ①

야콥슨(R. Jacobson)의 언어 기능

대상 → 전언 ← 청자
화자 →
경로
언어

1. 화자 강조: 표출적 기능
2. 대상 강조: 표현적 기능
3. 전언 강조: 미적 기능
4. 경로 강조: 친교적 기능
5. 언어 강조: 관어적 기능
6. 청자 강조: 감화적 기능

2. 언어의 특성

(1) 자의성(恣意性)

언어를 구성하는 형식(음성)과 내용(의미)의 관계가 필연적이지 않고, 우연적, 임의적, 자의적인 관계를 가지고 있다는 뜻이다. 즉, 음성과 의미는 우연히 그렇게 결정된 것일 뿐이다.

예
- 사람 – man – 人 – mann
- 사랑 – 러브 – 아모르 – 아이

자의성의 근거

- 동일한 내용에 대하여 언어마다 형식이 다르고, 이는 방언에서도 차이가 난다.
  예 나무 – tree / 부추 – 솔
- 동음어, 동의어가 존재한다.
  예
  - 동음어: 배[舟] – 배[腹] – 배[梨]
  - 동의어: 호랑이 – 범
- 언어의 형식과 내용의 변화가 따로따로 발생한다(역사성).
  예 '까닭'을 뜻하는 중세어 '젼츠'가 후대에 와서 사라졌다.
- 음성 상징어(의성어, 의태어): 근거가 가장 약하다.
  예 한국인들이 보편적으로 인식하는 개 짖는 소리 '멍멍'은 일본인들에게는 '왕왕'으로 인식된다.

(2) 역사성 = 가역성(可易性)

언어는 고정 불변하는 것이 아니라 생성, 성장(변화), 소멸하는 것이다.

성장(변화)

- 형식의 변천(말소리 변화): 무슴>마음, 무술>마을
- 의미의 변천
  - 확장: 세수(손 → 얼굴), 다리(사람, 동물 → 무생물 포함)
  - 축소: 놈(사람 → 남자), 얼굴(형체 → 안면)

■ 기호성

언어는 의미를 형식으로 나타내는 약속된 기호이다.

(3) 사회성 = 불역성(不易性)

언어는 사회적 약속으로 개인이 바꿀 수 없다. 언어의 음성과 의미는 자의적이지만, 사회적 약속으로 굳어지면 개인이 바꿀 수 없게 된다.

예 언어는 그것을 사용하는 언어군에서 사회적 약속으로 정하여 쓰면 그만이다.

(4) 개방성(창조성)

① 인간은 유한의 단어로 무한의 언어적 능력을 수행할 수 있다.

② 상상의 산물, 관념적이고 추상적인 개념까지도 표현할 수 있다.

③ '빵은 맛있다'로 '밥은 맛있다'처럼 자신이 알고 있는 말과 결합하여 새로운 문장을 만들 수 있다.

(5) 분절성

인간은 연속적 세계를 불연속적 언어로 표현할 수 있다.

① 기호적 분절성: 언어 – 문장>단어>형태소>음운

② 의미적 분절성: 얼굴, 무지개, 4계절

(6) 추상성

대상들 사이의 공통 속성을 뽑아서 상위 개념을 만드는 것으로 일반화된 개념을 형성하는 것이다.

예 무궁화, 진달래, 개나리, 목련(구체적 실제) → 공통 속성 추출 → 꽃(추상적 개념)

(7) 법칙성

① 언어가 정확한 의미를 전달하기 위해 문법적 법칙에 따라야 한다는 것이다.

② 음운, 단어, 문장, 담화 단위에 이르기까지 각 단위 혹은 단위 사이에 특정한 규칙이 존재한다.

언어의 도상성

• 양적 도상성: 개념의 복잡성 정도가 언어적 재료의 양과 비례하는 경우를 말한다. 가령 복수나 복합어는 단수나 단일어보다 각각 복잡한 개념이며, 따라서 복수나 복합어의 형태는 단수나 단일어의 형태보다 길이가 길다.

• 순서적 도상성: 시간적 순서나 우선성의 정도가 언어 구조에 반영된 경우이다. 가령 "그는 집으로 들어가고 대문을 열었다."가 부자연스럽고 "그는 대문을 열고 집으로 들어갔다."가 자연스러운 것은 순서적 도상성의 측면에서 생각할 수 있다.

• 거리적 도상성: 개념적 거리와 언어적 거리가 비례 관계를 형성하는 것을 말한다. 가령 '아버지', '할아버지', '외할아버지'는 화자와의 개념적 거리가 멀어짐에 따라 이것이 호칭어의 형태에 반영되어 있음을 알 수 있다.

확/인/문/제

다음에서 알 수 있는 언어 기호의 특징으로 적절한 것은? 2013 국가 9급

• 언어는 문장, 단어, 형태소, 음운으로 쪼개어 나눌 수 있다. 특히 한정된 음운을 결합하여서 수많은 형태소, 단어를 만들고 무한한 문장을 만들 수 있다.

• 언어는 외부 세계를 반영할 때 있는 그대로 반영하지 않고 연속적으로 이루어져 있는 세계를 불연속적인 것으로 끊어서 표현한다. 실제로 무지개 색깔 사이의 경계를 찾아볼 수 없는데도 우리는 무지개 색깔이 일곱 가지라고 말한다.

① 추상성   ② 자의성
③ 분절성   ④ 역사성

답 ③

3. 언어의 구조와 체계: 구조는 통합, 체계는 선택

> 나는 (_____)을 먹는다. – 통합(구조)
> 체계(선택)

(1) 언어의 구조

① 구조는 하나의 단위를 이루는 구성 요소들이 서로 긴밀한 관계 속에서 규칙적으로 배열되어 이룬 통합체를 말한다.

② 하위 단위는 상위 단위의 구성 요소가 되고, 상위 단위는 여러 개의 하위 단위를 가지게 된다. 따라서 최하위 단위는 구성 요소가 될 뿐 구조를 이루지는 못하고, 최상위 단위는 구조일 뿐 구성 요소가 될 수 없다.

(2) 언어의 체계

① 언어 기호는 말소리, 어휘, 문법 규칙을 말한다.

② 언어 기호는 선택 가능항의 집합으로 하나가 변하면 체계 전반이 변한다('·' 소멸로 인한 모음 조화 파괴).

③ 선택
　㉠ 개방적 선택: 어휘 범주, 선택 가능항 수 제한 X
　㉡ 폐쇄적 선택: 문법 범주, 선택 가능항 수 제한 O
　예 나는 라면(개방)을 먹는(폐쇄)다.

4. 언어와 사고, 분류

(1) 언어와 사고

① 언어 우위론: 언어가 사고보다 우위에 있다는 이론이다.
　예 무지개색: 언어로 인해 7가지 색깔로 생각함.

② 사고 우위론: 사고가 언어보다 우위에 있다는 이론이다.
　예 유교 문화로 인해 높임법이 발달함.

(2) 언어의 분류

① 형태적 분류: 한국어는 형태상 교착어 또는 첨가어이다.
　예 먹었다(먹다) – ate(eat)

② 계통상 분류: 한국어는 계통상 알타이 어족에 속한다.

알타이 어족의 공통 특징

- 음운적 특징: 모음 조화, 두음 법칙, 음절의 끝소리 현상
- 형태적 특징(어휘적 특징): 단어의 성구별이 없음, 관사·접속사·관계대명사 등이 없음.
- 통사적 특징(문장상 특징): 수식어 + 피수식어, S + O + V
- 문자상 분류: 표음 문자, 단음 문자(음소 문자), 음운 문자
  cf) 자질 문자: 글자 자체가 성질을 나타냄 → 한국어

■ 교착어(첨가어)

실질 형태소 + 형식 형태소 → 어미, 조사, 접사 발달(한국어, 일본어 등)
cf) 굴절어: 어형, 어미의 변화(영어, 불어 등 인도·유럽 어족)

확/인/문/제

다음의 예로 가장 적절한 것은?
2016 지방 9급

> 생각은 큰 그릇이고 말은 생각 속에 들어가는 작은 그릇이어서 생각에는 말 외에도 다른 것이 더 있다.

① '사과'는 언제부터 '사과'라고 부르기 시작했는지 알 수 없어.
② 동일한 사물을 두고 영국에서는[tri:], 한국에서는[namu]라 표현해.
③ 이 소설은 정말 감동적이야. 내가 받은 감동은 말로는 설명이 안돼.
④ 시간의 흐름을 초, 분, 시간 단위로 나눠 사용해 온 것은 인간의 사회적 약속이야.

답 ③

확/인/문/제

2006 서울 9급

1. 굴절어로 문법적 관계를 나타내는 말인 조사와 어미가 발달하였다. (O / X)

2009 지방 9급

2. 한국어는 첨가어이므로 접사나 어미가 발달되었다. (O / X)

답 1. X, 2. O

---

2 국어의 이해

1. 국어의 개념과 범위

(1) 국어의 개념

국어는 한 국가를 배경으로 그 국민이 공통으로 쓰는 공용어이다.

표준어와 방언

※ 표준어
- 원칙: 교양 있는 사람(계층)들이 두루 쓰는 현대(시간) 서울(지역)말
- 기능
  - 통일의 기능(의사소통)
  - 우월의 기능(교양)
  - 준거의 기능
  - 독립의 기능
※ 방언
- 종류: 지역 방언, 사회 방언(계층, 연령, 성별, 직업, 종교 등)
- 가치: 소속감, 고어 연구, 표준어 보충

(2) 국어 어휘의 유형

① 어원에 따른 구분

㉠ 고유어: 우리 민족만이 사용해 온 고유 언어

예 시나브로, 고샅, 온(백), 즈믄(천)

㉡ 한자어: 한자 문화권에서 들어온 한자로 표기하는 어휘

주의해야 할 한자어

급기야(及其也), 도대체(都大體), 무려(無慮), 부득이(不得已), 설령(設令), 심지어(甚至於), 어차피(於此彼), 점점(漸漸), 하여간(何如間), 하필(何必), 순식간(瞬息間), 별안간(瞥眼間), 각각(各各), 무진장(無盡藏), 과연(果然) 등

㉢ 외래어

ⓐ 귀화어: 우리말처럼 사용하는 외래어

ⓑ 차용어: 사용할 때 외국어라는 의식이 남아 있는 외래어

예
- 만주어·여진어: 호미, 수수, 메주, 가위 등
- 몽골어: 가라말(검정말), 구렁말(밤색말), 밀, 보라, 송골, 내, 수라 등
- 영어: 버스, 컴퓨터, 아이스크림 등
- 범어: 절, 중, 부처, 달마, 석가 등
- 일본어: 고구마, 구두, 담배 등
- 녹일어: 아르바이트, 알레르기, 이데올로기 등
- 프랑스어: 고무, 루주, 앙코르, 데생 등
- 포르투갈어: 담배, 빵 등
- 네덜란드어: 가방 등

주 출제 유형

❶ 고유어와 한자어 구분
❷ 최세진의 "훈몽자회"
❸ 국어의 특징
❹ 순화해야 할 어휘

확/인/문/제

1. '보라, 송골, 냄비, 수라'는 모두 몽골어에서 유래한 단어이다. (O / X)
2. 심지어, 어차피, 자전거, 자동차'는 모두 한자어이다. (O / X)

정답 1. X, 2. X

제1장 **국어 문법** 21

② 문화적 금기에 따른 구분

　　㉠ 금기어: 입 밖에 내기를 꺼리는 말(성, 죽음, 질병, 배설, 형벌 등)

　　㉡ 완곡어: 금기어의 부정적 느낌 제거

　　예 천연두 - 마마, 변소 - 뒷간, 화장실, 해우소, 감옥 - 교도소

③ 관용어와 속담: 관용어는 중간에 다른 문장 성분 첨가가 어려움(미역국 먹다).

④ 기타 : 비속어, 은어, 전문어 등

2. 한글의 명칭

(1) 한글의 명칭 변화

훈민정음(백성을 가르치는 올바른 소리), 언문(한문 비하), 한글(주시경)

> **훈민정음**
>
> ※ 훈민정음
> • 창제 글자
> • 훈민정음을 세상에 반포할 때 찍어낸 판각 원본(훈민정음 해례본) - 유네스코 지정 세계 기록 유산
>
> ※ 훈민정음의 우수성
> • 자음: 발음 기관 상형 / 모음: 천지인 삼재(三才)를 본뜸.
> • 창제자가 정확하게 알려진 문자: 1443년 창제, 1446년 반포
> • 음소 문자: 음성 언어를 쉽고 정확하게 처리
> • 음운 자질 문자: 가획의 원리를 통한 자질 표현

(2) 한글 자모의 명칭과 순서

① 최세진의 "훈몽자회": 최초로 자모의 명칭과 순서 제시(어린이용 한자 학습서)

② 자음과 모음의 명칭

ㄱ	ㄴ	ㄷ	ㄹ	ㅁ	ㅂ	ㅅ	ㅇ	ㅈ	ㅊ	ㅋ	ㅌ	ㅍ	ㅎ
기역	니은	디귿	리을	미음	비읍	시옷	이응	지읒	치읓	키읔	티읕	피읖	히읗

(3) 현행 맞춤법의 사전 수록 순서: "훈몽자회"의 순서와 유사하나 같지 않음.

자음	ㄱ, ㄲ, ㄴ, ㄷ, ㄸ, ㄹ, ㅁ, ㅂ, ㅃ, ㅅ, ㅆ, ㅇ, ㅈ, ㅉ, ㅊ, ㅋ, ㅌ, ㅍ, ㅎ
모음	ㅏ, ㅐ, ㅑ, ㅒ, ㅓ, ㅔ, ㅕ, ㅖ, ㅗ, ㅘ, ㅙ, ㅚ, ㅛ, ㅜ, ㅝ, ㅞ, ㅟ, ㅠ, ㅡ, ㅢ, ㅣ

3. 국어의 특성

(1) 음운상 특성

① 음절: 자음 + 모음 + 자음(모음 필수)

② ┌ 삼지적 상관속: 파열음(ㅂ, ㄷ, ㄱ), 파찰음(ㅈ)
　 └ 이중 체계: 마찰음(ㅅ)

③ 유음 'ㄹ'에서 [r]과 [l] 구분이 없음.

④ 음운 변동 현상: 두음 법칙, 모음 조화, 음절의 끝소리, 동화 등

⑤ 비분절음운: 장단음(의미 분화)

⑥ 단모음은 많지만(10개), 마찰음은 적음(3개).

⑦ 음상 차이로 인한 어감·의미 분화: 예사소리 – 된소리 – 거센소리, 양성 모음 – 음성 모음

⑧ 첫소리 자음 제약: 초성 1자음

예 15세기: 어두자음군(합용병서)

(2) 어휘상 특성(형태적 특성)

① 음성 상징어(의성어, 의태어) 발달

② 감각어 발달: 감각어를 비유적으로 사용

예 새빨간 거짓말 ← 2014 지방직 9급

③ 존비어 발달: 사회 구조 영향(사고 우위론)

④ 한자어 발달: 고유어 – 한자어 – 외래어(3중 체계)

⑤ 활용이나 곡용하는 단어가 있음(용언의 어미, 조사).

⑥ 배의성: 기본 어휘나 형태소가 본래 의미 가진 채 결합(파생어, 합성어)

⑦ 성구별이 없음, 관사와 관계대명사와 전치사가 없음.

⑧ 단수·복수 개념이 분명하지 않음.

⑨ 친족 관계어 발달

(3) 문장상(구문상, 통사적) 특성

① 첨가어(교착어): 조사, 어미 발달

② 주어 + 목적어 / 보어 + 서술어(어순)

③ 서술어가 맨 뒤일 경우 끝까지 청자를 잡아 놓지만, 비판적 사고를 못하게 함.

④ 수식어 + 피수식어

⑤ 주어 2개 이상 가능, 주어와 조사 생략 가능

⑥ 문장 성분의 자리 이동이 용이함.

4. 국어의 순화

(1) 잡스러운 외래어, 외국어는 토박이말로 순화한다(특히 일본어).

예 노가다 → 노동자, 노견 → 갓길, 돈가스 → 돼지튀김, 뗑깡 → 생떼
뗑뗑이 → 물빙술, 사라 → 접시, 아나고 → 붕장어, 오봉 → 쟁반
와꾸 → 틀·테두리, 고수부지 → 둔치, 기라성 → 뛰어난 인물
가처분 → 임시 처분, 천정 → 천장

확/인/문/제

한국어의 특성으로 맞지 않는 것은? 2016 서울 9급
① 한국어는 첨가어이므로 접사나 어미가 발달되었다.
② 한국어에서는 주어가 잇달아 나타나는 문장 구성이 가능하다.
③ 한국어에서의 관형어는 항상 체언 앞에 온다.
④ 한국어의 관형사는 형용사처럼 활용한다.

답 ④

(2) 장애인에 대한 편견이 반영된 언어를 순화한다.

> 예 맹인 - 시각 장애인, 문둥이 - 나환자·한센인, 벙어리 - 언어 장애인

(3) 성차별적 표현은 피해야 한다.

> 예 처녀작 - 첫 작품, 미망인 - 고○○○씨의 부인, 학부형 - 학부모,
> 여의사 - 의사

(4) 인종 차별적 표현은 피해야 한다.

> 예 검둥이 - 흑인, 살색 - 살구색

(5) 기타(맞춤법)

> 예 저희 나라 - 우리나라, 행복하세요. - 행복하시길 바랍니다.

다듬어야 할 우리말 (국립국어원)

❶ 일본어(일본어투 용어)

■ ① 순 일본어
이지메(いじめ) → (집단) 괴롭힘
삐끼/히키[ひ(引)き] → ① (손님) 끌기 ② 여리꾼 ③ 호객꾼(呼客−)
찌라시/지라시[ち(散)らし] → ① 선전지(宣傳紙) ② 낱장 광고(−張廣告)
가라[から(空)] → ① 가짜(假−) ② 헛−
나시[な(無)し] → ① 민소매 ② 맨팔(옷)
소데나시[そで な(無)し] → ① 민소매 ② 맨팔(옷)
몸뻬[もんぺ] → ① 일 바지 ② 왜바지(倭−−)
뗑깡[てんかん] → ① 생떼(生−) ② 투정 ③ 떼쓰기

■ ② 일본식 한자어
고수부지(高水敷地) → ① 둔치(마당) ② 강턱(江−)
망년회(忘年會) → ① 송년 모임(送年−−) ② 송년회(送年會)
로숀[肩月 ← shoulder] → 갓실
부락(部落) → 마을
사양(仕樣) → ① 설명(說明)/설명서(說明書) ② 품목(品目)
시건장치(施鍵裝置) → 잠금장치(−−裝置)

■ ③ 일본식 발음의 서구 외래어
쓰레빠(slipper) → 슬리퍼
사라다(salad) → 샐러드
빠꾸(back) → 백 → ① 뒤로 ② 후진(後進) ③ 퇴짜(← 退字)
마후라(muffler) → 머플러 → 소음기(消音器)
바란스(balance) → 밸런스 → 균형(均衡)
다시(dash) → 대시 → 줄표(−標)

■ ④ 혼합형
만땅(滿tank) → ① 가득 (채움) ② 가득 참
가라오케[から(空) オ−ケストラ(← orchestra)] → ① 녹음 반주(錄音伴奏) ② 노래방(−−房)

■ ⑤ 건설 분야
신마이[しんまい(← 新前)] → ① 신출내기(新出−−) ② 신참(新參)
구루마[くるま(車)] → ① 수레 ② 달구지
나라시[なら(均)し] → 고르기
지나라시[じなら(地均)し] → 땅고르기
시키나라시[しきなら(敷均)し] → 펴 고르기
시마이[しま(終)い] → ① 끝(마침) ② 끝남 ③ 끝냄 ④ 마감

■ ⑥ 식생활 분야
다시[だ(出)し] → 맛국물
덴푸라/뎀뿌라[てんぷら] → 튀김
아나고[あなご(穴子)] → ① 붕장어(−長魚) ② 바닷장어(−−長魚)
와사비[わさび(山葵)] → 고추냉이
우농[うどん(饂飩)] → 가락국수
쓰키다시[つ(付)き出(だ)し] → 곁들이 안주(−−−按酒)
야키만두[や(燒)き饅頭] → 군만두(−饅頭)
오뎅[おでん(御田)] → ① 꼬치 ② 꼬치안주(−−按酒)
오방떡[おおばん(大判)−] → ① 풀빵 ② 왕풀빵(王−−)
센베이[せんべい(煎餠)] → 전병(煎餠) 과자
모나카[もなか(最中)] → 팥소 과자(−−菓子)
모찌떡[[もち(餠)−] → ① 떡 ② 찹쌀떡
짬뽕(ちゃんぽん) → ① 초마면, (얼큰탕) ② 뒤섞기
앙꼬(あんこ) → 팥소
소바(そば) → 메밀(국수)

■ ⑦ 당구 분야
갸쿠[ぎゃく(逆)] → 반대 치기
나메/나미[な(嘗)め] → 얇게 치기
오시[お(押)し] → 밀어 치기
히네리[ひね(捻)り] → 틀어 치기
히키[ひ(引)き] → 끌어 치기
힛카케/시카케[ひっか(引掛)け] → 걸어 치기
사가리/픽사리[さ(下)がり] → 헛치기
시로/히로[しろ(白)] → 흰 공 맞기
키레이[きれい(奇麗)] → 좋아
리쿠/니쿠[りく(陸)] → 겹쳐 밀기

■ ⑧ 우리말로 혼동하기 쉬운 예
뽀록나다[←ぼろ(襤褸)−−] → ① 드러나다 ② 들통(이) 나다
비까번쩍하다[←ぴかぴか−−] → 번쩍번쩍하다
닥상이다[たくさん(澤山)−−] → ① 충분하다, 넉넉하다 ② 제격이다
사바사바하다[さばさば−−] → ① 협잡하다 ② 짬짜미하다
쓰리(すり) → 소매치기
이빠이/잇파이[いっぱい] → ① 가득(히) ② 많이
후카시하다[ふ(吹)かし−−] → 부풀리다
뎃빵[てっぱん(鐵板)] → ① 우두머리 ② 두목
무뎃뽀[むてっぽう(無鐵砲)] → ① 막무가내 ② 무모

❷ 한자어

■ ① 일본식 한자어
수입(手入) → 손질
취소(取消) → ① 말소(抹消 → 지움, 지워 없앰) ② 무름
취조(取調) → 문초(問招)

■ ② 일본식 한자어로 의심되는 예
가봉(假縫) → ① 시침바느질 ② 시침질
구서(驅鼠) → 쥐 잡기
급사(給仕) → ① 사환(使喚) ② 사동(使童)
매점(買占) → 사재기
할증료(割增料) → ① 웃돈 ② 추가금(追加金)

■ ③ 일본 한자음으로 읽히는 한자어
가꾸목(角木) → ① 목재(木材) ② 각재(角材) * 각목(角木)도 가능
곤색(紺色) → ① 감남색(−藍色) ② 진남색(津藍色) * 감색(紺色)도 가능
곤조(根性) → ① 본성(本性) ② 심지(心地) * 근성(根性)도 가능
쇼부(勝負) → ① 흥정 ② 결판(決判) * 승부(勝負)도 가능
우와기(上衣) → ① 윗도리 ② (양복) 저고리 * 상의(上衣)도 가능

■ ④ 지니치게 어려운 한자어
비산(飛散)하다 → ① 흩날리다 ② 날리다
양생(養生)하다 → 굳히다
다발(多發)하다 → 잦다
은닉(隱匿)하다 → ① 숨기다 ② 감추다
닌색(難巴)를 표병(表明)하다 → 어려운 빛을 나타내다/보이다
전력(全力)을 경주(傾注)하다 → 온 힘을 기울이다

01 다음 〈보기〉에 나타난 언어의 주된 특성은?

2016. 통합 소방

보기

'밥이 맛있다.'는 문장을 처음 배운 어린아이가 언어가 발달하면서 '귤이 맛있다.', '주스가 맛있다.'로 활용하는 것처럼 인간은 언어를 사용하면서 끊임없이 새로운 단어의 형태나 문장을 생성할 수 있다. 그리고 언어를 사용하여 무한(無限)에 가까운 생각들을 표현할 수가 있다.

① 추상성   ② 분절성
③ 창조성   ④ 역사성

풀이 유한의 단어를 활용하여 무한에 가까운 생각들을 표현하는 것은 언어의 창조성(개방성)에 대한 설명이다.

02 다음 중 언어의 특성이 잘못 설명된 것은?

2011. 서울 소방

① 기호성 : 언어는 의미 내용과 음성 형식으로 이루어진다.
② 자의성 : 기호와 의미의 관계는 일정한 법칙에 의해 성립된다.
③ 사회성 : 언어는 개인이 마음대로 바꿀 수 없다.
④ 역사성 : 언어는 시간의 경과에 따라 끊임없이 변화한다.
⑤ 분절성 : 언어는 연속적인 외부 세계를 불연속적인 것으로 끊어서 표현한다.

풀이 언어의 자의성은 기호와 의미가 필연적 관계를 가지지 않음을 말한다.

03 다음 지문이 부정하고 있는 언어의 특성은?

2006. 충남 소방

보기

"자 이제 뭔가가 변화한다."하고 그는 외쳤다. 그러면서 그는 이제부터 침대를 '그림'이라고 부르기로 하였다.
"피곤한데, 이제 그림 속으로 들어가야겠다."하고 그는 말했다.
그리고 그는 아침마다 오랫동안 그림 속에 누워서 이제 의자를 무어라 부르면 좋을까 하고 곰곰이 생각하였다. 그는 의자를 '자명종'이라고 부르기로 하였다. 그는 벌떡 일어나서 옷을 입고는 자명종에 앉아서 두 팔을 책상에 괴고 있었다. 그러나 이제 책상을 더 이상 책상이라고 불러서는 안 되었다. 그는 이제 책상을 양탄자라고 불렀다. 그러므로 그 남자는 아침에 그림에서 일어나, 옷을 입고는 양탄자 옆의 자명종에 앉아 무엇을 어떻게 부를까 하고 곰곰이 생각하는 것이다.

① 역사성   ② 자의성
③ 사회성   ④ 분절성

풀이 지문에서 주인공은 사회적 약속으로 규정된 어휘와 다른 어휘를 사용하고자 한다. 따라서 지문에서 부정하고 있는 언어의 특성은 사회성이다.

정답 01 ③ 02 ② 03 ③

04 다음이 설명하는 언어의 특성은?

2005. 경기 소방

> **보기**
>
> 언어의 소리와 표현 사이에는 절대적이거나 필연적인 관계가 없다. 예를 들어 우리 말 '사람[saːram]'에 해당하는 뜻을 지닌 것으로 중국에서는 '人[ren]', 미국에서는 'man[mæn]'이라는 음성이 결합된다.

① 언어의 자의성　　　　　② 언어의 사회성

③ 언어의 역사성　　　　　④ 언어의 체계성

풀이 언어의 소리와 표현 사이에 절대적이거나 필연적 관계가 없음을 의미하는 언어의 특성은 자의성이다.

05 다음 사례에서 알 수 있는 표준어의 기능은?

2006. 경기 소방 변형

> **보기**
>
> 철수가 "이기 다 니꺼다 이기다"라고 말하는 것을 보고 혜교가 친구에게 "거봐, 내가 일본 사람이라고 했잖아."라고 하였다.

① 통일의 기능　　　　　② 준거의 기능

③ 우월의 기능　　　　　④ 독립의 기능

풀이 혜교는 철수의 사투리를 이해하지 못하고 있다. 사투리 사용으로 인해 의사소통의 어려움을 겪는 것은 표준어의 기능 중 통일의 기능을 말한다.

06 언어의 지령적 기능은?

2006. 소방

① 오늘은 날씨가 참 좋구나.

② (넘어지면서) 아이코!

③ 김 선생은 정말로 훌륭한 사람입니다.

④ 이 제품은 만 명이 넘는 소비자들이 선택한 상품입니다(광고).

풀이 지령적 기능은 청자의 변화를 목적으로 하는 것으로 광고나 표어 등이 이에 해당한다.

07 다음 〈보기〉에서 설명하는 어휘의 유형이 아닌 것은?

2016. 충남 소방

> **보기**
>
> 금기어는 언어 사용에서 부정적이고 불쾌감을 줄 수 있는 속된 느낌을 주기 때문에 사용하기에 꺼려지는 말이다. 인간 활동을 규제하는 경구(警句)나 금기담(禁忌談)을 여기에 포함시키기도 하며, 죽음이나 실병과 관련된 어휘나 범죄, 위험하거나 추한 동물, 성, 배설 등과 관련된 내용을 표현하는 어휘들이 여기에 속한다.
>
> 이러한 금기어의 직접적인 표현 대신 모호하고 보다 우회적인 어휘로 완곡하게 말해서, 보다 부드럽게 표현하기 위한 어휘가 '완곡어'이다. 즉, 불쾌하고 가증스럽거나 공격적인 어떤 것을 표현하는 데 직접적인 용어를 사용하는 대신 보호하고 보다 우회적인 용어로 완곡하게 표현하는 언어이다.

① 교도소　　　　　② 장님

③ 돌아가다　　　　　④ 뒷간

풀이 금기어가 가지는 부정적인 느낌을 제거하는 어휘는 '완곡어'이다. '감옥' 대신 '교도소', '죽다' 대신 '돌아가다', '변소' 대신 '뒷간'을 쓰는 것은 모두 완곡어에 해당한다. 하지만 '장님'은 '시각 장애인'을 낮잡아 이르는 말이다.

정답 04 ① 05 ① 06 ④ 07 ②

1 음운의 개념과 종류

1. 음성과 음운의 개념

(1) 음성

언어학 연구에서 말소리 분석의 기초적인 단위로 삼는 것이 음성과 음운이다. 음성은 폐에서 나오는 공기가 성대를 거쳐 입안이나 콧속을 통과하면서 만들어지는데, 소리가 만들어지는 위치와 방식에 따라 다양한 음성적 자질이 나타나게 된다. 물리적으로 볼 때, 음성은 사람마다 다르고 같은 사람의 음성이라도 말할 때의 상황에 따라 다르다.

(2) 음운

구체적이고 물리적인 소리를 음성이라고 하는 데 비해, 추상적이고 심리적인 말소리를 음운(音韻)이라고 한다. 같은 언어를 사용하는 사람들은 서로 약속된 음운을 통해 의사소통을 하는 것이다. 음운은 단어의 뜻을 구별해 주는 기능을 한다. 예를 들어 '불', '풀', '뿔'에서 공통된 소리인 '울'을 제외하면 'ㅂ', 'ㅍ', 'ㅃ'이 남는데, 이 세 소리가 단어의 뜻을 구별해 주므로 이들을 음운이라고 할 수 있다. 그리하여 음운을 '말의 뜻을 구별해 주는 가장 작은 소리의 단위'로 정의하기도 한다.

> **예** • 말 - 발 → 'ㅁ'과 'ㅂ'의 차이로 뜻이 변별됨: 자음
> • 말 - 물 → 'ㅏ'와 'ㅜ'의 차이로 뜻이 변별됨: 모음
> • 말 - 말: → 단음과 장음으로 뜻이 변별됨: 소리의 길이

(3) 음성적 자질의 반영

다양한 음성적 자질은 각 언어의 음운 체계에 선택적으로 반영된다. 가령, 영어 사용자는 한국인이 발음하는 [바자]의 /ㅂ/을 무성음 /p/로 인식하고 [자바]의 /ㅂ/은 유성음 /b/로 인식하지만, 대개의 국어 화자는 두 /ㅂ/의 차이를 인식하지 못한다. 이는 국어 음운 체계에 무성음과 유성음의 대립이라는 음성적 자질이 반영되어 있지 않기 때문이다. 한편 국어 화자는 /ㅂ/과 /ㅃ/, /ㅍ/의 차이를 쉽게 알아차리지만 영어권 화자는 대개 /ㅂ/과 /ㅃ/, /ㅍ/을 같은 소리로 인식한다. 영어의 음운 체계에 그러한 음의 대립을 유발하는 음성적 자질이 반영되어 있지 않기 때문이다. 이렇듯 언어마다 음운 체계에 반영되는 음성적 자질에는 차이가 있기 때문에 각 언어에서 사용되는 음운에도 차이가 생기는 것이다.

2. 음운의 종류

(1) 분절 음운(음소)

분절 음운이란 분리가 가능한 것으로, 절대적이고 독립적인 소릿값을 갖고 독립적으로 실현되는 음운을 말한다. 음소(音素)라고 하며, 자음과 모음이 있다.

---

❶ 분절 음운: 자음과 모음의 분류 기준
❷ 비분절 음운: 장단음
❸ 음운과 음절의 수

■ 음성
재채기, 기침, 울음소리 등은 사람의 입을 통해 나오는 소리이지만 말이 아니다. 사람의 입을 통해 나오는 소리 중 말할 때 사용되는 소리를 음성(音聲) 또는 말소리라고 한다.

■ 음운
• 음성: 구체적, 물리적 소리
• 음운: 추상적, 심리적 소리

■ 국어 음운의 종류

분절음운	자음	ㄱㄲㄴㄷㄸ ㄹㅁㅂㅃㅅ ㅆㅇㅈㅉㅊ ㅋㅌㅍㅎ(19개)
	모음 단모음	ㅏㅐㅓㅔㅗ ㅚㅜㅟㅡㅣ (10개)
	모음 이중모음	ㅑㅒㅕㅖㅘ ㅙㅛㅝ,ㅞㅠ ㅢ(11개)
비분절 음운 - 운소		소리의 길이(장단음), 억양 등

자음	발음할 때 공기가 목 안이나 입안의 장애를 받고 나오는 소리
모음	별다른 장애를 받지 않고 입안에서 공명되어 나는 소리

(2) 비분절 음운(운소)

비분절 음운이란 자음과 모음이 아니면서 말의 뜻을 분화시키는 요소로, 운소 (韻素)라 한다. 비분절 음운에는 소리의 길이, 억양 등이 있다. 소리의 길이는 단어의 뜻을, 억양은 주로 문장 끝에 쓰임으로써 문장의 뜻을 구별할 수 있게 해 준다. 이러한 비분절 음운도 뜻을 구별해 준다는 의미에서 자음이나 모음과 같은 자격을 가진다고 볼 수 있다.

① 소리의 길이: 국어에서 소리의 길이는 모음에서 나타난다. 예를 들어, '말ː[言]' 과 '말[馬, 斗]', '눈ː[雪]'과 '눈[眼]'처럼 소리의 길이에 따라 단어의 뜻이 달라진다.

② 억양: 억양은 발화 상황에 따라 결정되므로 문장 담화 등 단어보다 큰 단위에서 드러난다. 억양은 말하는 이의 감정이나 태도, 문장의 종류 등을 구별하는데 역할을 한다. 이 중 특히 문장의 끝에서 드러나는 억양이 중요하다. 예를 들어, '밥 먹어'는 억양에 따라 상승조는 '의문문'을, 하강조는 '평서문'의 의미를 나타낸다.

3. 음절의 개념과 형성

(1) 음절의 개념

음절이란 실제로 발음이 나는 소리의 마디를 말한다. 즉, 음운이 추상적이고 관념적인 소리인 데 반해, 음절은 실제로 발음이 되어 끊어서 들을 수 있는 말의 구체적 단위인 것이다. 이러한 음절의 숫자는 모음의 숫자와 일치한다.

예 • 깨고 날아갔다[깨고나라갇따]: 6개의 음절
- 나는 동생한테 용돈을 주었다[나는동생한테용도늘주얻따]: 12개의 음절

(2) 음절의 형성: (자음) + 모음 + (자음)

국어의 음절이 형성되기 위해서는 반드시 모음이 있어야 한다. 즉. 자음은 단독으로 발음되지 못하지만, 모음은 단독으로 발음된다. 모음은 단독으로 발음되기도 하고, 앞뒤에 자음이 붙어서 음절을 형성하기도 한다.

예 • 모음 단독: 아, 아, 어, 어
- 모음 + 자음: 악, 옷[옫], 옹 → 첫소리의 'ㅇ'은 소릿값이 없다.
- 자음 + 모음: 가, 나, 다
- 자음 + 모음 + 자음: 각, 막, 방

❷ 국어 음운의 체계

1. 자음

자음이란 발음 기관의 장애를 받고 나는 소리를 말한다. 즉, 공기가 목청을 통과한 후 흐름이 막히거나 통로가 좁아지면서 나는 소리이다. 자음은 장애가 일어나는 자리인 조음 위치와 장애를 일으키는 방법인 조음 방법에 따라 여러 가지 소리로 나누어진다.

소리내는 방법 (조음 방법)		소리내는 위치 (조음 위치)	입술소리 양순음 (兩脣音)	혀끝소리 잇몸소리 치조음 (齒槽音)	센입천장 소리 경구개음 (硬口蓋音)	여린입천장 소리 연구개음 (軟口蓋音)	목청소리 후음 (喉音)
안울림 소리	파열음	예사소리	ㅂ	ㄷ		ㄱ	
		된소리	ㅃ	ㄸ		ㄲ	
		거센소리	ㅍ	ㅌ		ㅋ	
	파찰음	예사소리			ㅈ		
		된소리			ㅉ		
		거센소리			ㅊ		
	마찰음	예사소리		ㅅ			ㅎ
		된소리		ㅆ			
울림 소리	비음		ㅁ	ㄴ		ㅇ	
	유음			ㄹ			

(1) 소리 내는 위치(조음 방법)에 따른 분류

우리말의 자음은 입술, 혀끝(잇몸), 센입천장(경구개), 여린입천장(연구개), 목청의 다섯 자리에서 형성된다.

① 입술소리(양순음): 두 입술에서 소리가 남. → ㅂ, ㅃ, ㅍ, ㅁ

② 혀끝소리(치조음, 잇몸소리): 혀끝과 윗잇몸이 닿아서 남. → ㄷ, ㄸ, ㅌ, ㅅ, ㅆ, ㄴ, ㄹ

③ 센입천장소리(경구개음): 혓바닥과 센입천장 사이에서 남. → ㅈ, ㅉ, ㅊ

④ 여린입천장소리(연구개음): 혀뿌리 부분과 여린입천장 사이에서 남.
　→ ㄱ, ㄲ, ㅋ, ㅇ

⑤ 목청소리(후음): 목청 사이에서 남. → ㅎ

(2) 소리 내는 방법에 따른 분류

① 울림소리: 입안이나 코 안에서 공명을 얻는 소리를 말한다. 모든 모음은 울림소리[有聲音]이며, 자음 중 울림소리는 'ㄴ, ㄹ, ㅁ, ㅇ'의 네 개밖에 없다. 울림소리는 다시 비음과 유음으로 나뉜다.

　㉠ 비음: 여린입천장과 목젖을 내려 콧길을 열어 둔 뒤 코로 공기를 내보내는 소리 → ㄴ, ㅁ, ㅇ

　㉡ 유음: 혀끝을 잇몸에 가볍게 대었다가 떼거나 혀끝을 윗잇몸에 댄 채 공기를 혀의 옆으로 흘러 내보내는 소리 → ㄹ

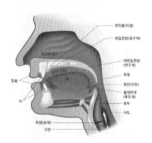
■ 발음 기관 단면도

② 안울림소리: 울림소리를 제외한 나머지 소리는 모두 안울림소리[無聲音]이다. 안울림소리에는 파열음과 파찰음, 마찰음이 있으며, 소리의 세기에 따라 예사소리, 거센소리, 된소리로 나눈다.

    ㉠ 파열음: 허파에서 나오는 공기의 흐름을 막았다가 터뜨리면서 내는 소리 → ㅂ, ㄷ, ㄱ 등

    ㉡ 파찰음: 허파에서 나오는 공기를 일단 막았다가 서서히 틈을 벌려 마찰을 내는 소리, 즉 파열과 마찰의 두 가지 성질을 가진 소리 → ㅈ, ㅉ, ㅊ

    ㉢ 마찰음: 입안이나 목청의 좁혀진 틈 사이로 공기가 통과하면서 마찰이 일어나는 소리 → ㅅ, ㅆ, ㅎ

2. 모음

모음(母音)은 공기가 입안에서 장애를 받지 않고 만들어지는 소리이다. 모음은 구강이 울려서 발음되므로 자음에 비해 울림의 정도가 훨씬 크다. 모음은 발음하는 도중에 입술이나 혀가 고정되어 움직이지 않는 단모음(單母音)과 혀나 입술의 모양이 달라지는 이중모음(二重母音)으로 나눌 수 있다. 모음은 혀의 전후 위치, 혀의 높낮이, 입술 모양에 따라 여러 가지 소리로 나누어진다.

(1) 단모음

발음 도중 입술이나 혀가 고정되어 움직이지 않는 모음을 말하며, 모두 10개이다. 단모음은 혀의 위치, 혀의 높낮이, 입술의 모양에 따라 나뉜다.

혀의 앞뒤 입술 모양 혀의 높이	전설모음		후설모음	
	평순모음	원순모음	평순모음	원순모음
고모음	ㅣ	ㅟ	ㅡ	ㅜ
중모음	ㅔ	ㅚ	ㅓ	ㅗ
저모음	ㅐ		ㅏ	

단모음 중 'ㅚ, ㅟ'는 이중모음으로 발음하는 것을 허용한다.

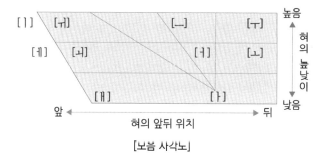

[모음 사각도]

(2) 이중모음

이중모음은 단모음(單母音)과 반모음 2개([j],[w])가 어울려서 만들어진다. 따라서 이중모음을 발음할 때는 입술이나 혀 등이 고정되어 있지 않고 움직인다.

확/인/문/제

조음 기관이 좁혀진 사이로 공기가 마찰하여 나는 소리가 들어 있지 않은 것은?   2013 지방 9급

① 개나리   ② 하얗다

③ 고사리   ④ 싸우다

답 ④

이중모음에는 'ㅑ, ㅕ, ㅛ, ㅠ, ㅐ, ㅖ, ㅘ, ㅙ, ㅝ, ㅞ, ㅢ'의 11개가 있다. 반모음이 단모음보다 앞에 오는 것을 상향 이중모음, 뒤에 오는 것을 하향 이중모음이라고 한다.

① 상향 이중모음

　㉠ ㅣ + 단모음: ㅑ, ㅕ, ㅛ, ㅠ, ㅐ, ㅖ(6개)

　㉡ ㅗ/ㅜ + 단모음: ㅘ, ㅙ, ㅝ, ㅞ(4개)

② 하향 이중모음 : 단모음 + ㅣ : ㅢ(1개)

(3) 반모음(半母音)

이중모음을 형성하는 'ㅣ, ㅗ/ㅜ'를 말한다. 반모음은 음성의 성질로 보면 모음과 비슷하지만, 반드시 다른 모음에 붙어야 발음될 수 있다는 점에서 자음과 비슷하기 때문에 온전한 모음도, 온전한 자음도 아니다. 반모음은 온전한 모음이 아니므로 반달표(˘)를 하여 'ㅗ/ㅜ, ㅣ'로 표시한다. 혀가 'ㅣ'의 자리에서 다음 자리로 옮겨 갈 때에 발음되는 반모음이 'ㅣ [j]'이고, 'ㅗ/ㅜ'의 자리에서 다른 자리로 옮겨 갈 때에 발음되는 반모음은 'ㅗ/ㅜ[w]'이다.

3. 소리의 길이(운소)

현대 국어에서는 일반적으로 소리의 길이를 비분절 음운으로 인정한다. 소리의 길이는 모음에서 나타나며 단어의 뜻을 분별한다.

(1) 긴소리

일반적으로 단어의 첫음절에서만 실현되며, 둘째 음절 이하에서는 짧은 소리로만 난다.

　예 • 눈보라[눈ː보라] / 첫눈[천눈]
　　• 말씨[말ː씨] / 참말[참말]
　　• 밤나무[밤ː나무] / 쌍동밤[쌍동밤]

(2) 소리의 길이에 따라 의미가 분화되는 대표적인 단어들

① 고유어

　예 • 걷ː다(길을 걷다) - 걷다(세금을 걷다)
　　• 골ː(많은 골이 패어 있었다) - 골(골이 아프다, 골을 내다)
　　• 곱ː다(옷이 참 곱다) - 곱다(팔이 안으로 곱다)
　　• 굽ː다(고기를 굽다) - 굽다(허리가 굽다)
　　• 눈ː(눈이 내리다) - 눈(눈을 뜨다)
　　• 달ː다(마음이 달다) - 달다(맛이 달다)
　　• 돌ː(돌멩이) - 돌(돌잔치)
　　• 말ː(말과 글) - 말(타는 말)
　　• 발ː(발을 치다) - 발(발을 뻗고 자다)
　　• 밤ː(맛있는 밤을 굽다) - 밤(밤과 낮)
　　• 벌ː(벌에 쏘이다) - 벌(벌을 받다)

- 새:(새가 날다) – 새(새 가방)
- 섬:(섬나라) – 섬(쌀 한 섬)
- 솔:(솔질을 하다) – 솔(솔방울)
- 이:르다(목적지에 이르다) – 이르다(알아듣도록 이르다)
- 한:데(한데서 잠자다) – 한데(한데 모이다)

② 한자어(漢字語)

예
- 가:공(可:恐) – 가공(加工, 架空)
- 가:부(可:否) – 가부(家父)
- 가:사(假:死) – 가사(家事, 歌辭, 歌詞)
- 가:상(假:想) – 가상(嘉尙)
- 가:장(假:葬 假:裝) – 가장(家長)
- 가:정(假:定) – 가정(家政, 家庭)
- 감:사(感:謝) – 감사(監事, 監査)
- 감:상(感:想, 感:傷) – 감상(鑑賞)
- 강:도(强:盜) – 강도(强度)
- 고:가(古:家) – 고가(高架, 高價)
- 모:자(母:子) – 모자(帽子)
- 무:력(武:力) – 무력(無力)
- 부:자(富:者) – 부자(父子)
- 사:고(事:故) – 사고(思考, 社告)
- 사:과(謝:過) – 사과(沙果)
- 성:인(聖:人) – 성인(成人)
- 의:사(義:士, 意:思) – 의사(醫師, 疑似)
- 정:상(正:常) – 정상(頂上)
- 창:(唱:) – 창(窓/槍)

③ 문장으로 익히는 장단음

예
- 눈[目]에 눈:[雪]이 들어갔다.
- 밤[夜]에 밤:[栗]을 구워 먹는다.
- 말[馬]이 말:[言]을 못한다.
- 벌(罰)을 받느라고 벌:[蜂]에 쏘였다.
- 발[足]을 발:(簾) 아래에 넣었다.
- 배[船]를 타고 배[梨]를 먹으니 배[腹]가 배:(倍)나 부르다.
- 굴을 따기 위해 굴:(窟) 속으로 들어갔다.
- 돌(生日)떡이 돌:[石]같이 굳었다.
- 병(瓶) 주우러 다니다가 병:(病)이 났다.
- 솔[松]가지가 옷에 달라붙어 솔:[솔]로 털어냈다.
- 경기(景氣)가 좋이 않을 때는 축구 경기:(競技)도 재미가 없다.
- 구조(構造)물이 있어야 건물더미에 깔린 사람을 구조:(救助)할 수 있다.

- 그녀가 단정(端正)하다고 단정:(斷定)하지 마라.
- 그 사고(事故)를 일으킨 사람의 사:고(思考) 방식이 궁금하다.
- 정상(頂上)에 오른 사람이 정:상(正常)적이지 않을까?
- 그들 부자(父子)가 마을에서 제일 부:자(富者)이다.
- 가정(家庭)에 주부가 없다고 가:정(假定)해 보자.
- 성인(成人)은 모두 우러러보는 성:인(聖人)이 될 수 있다.
- 우리 집 가장(家長)이 멋진 가:장(假裝) 무도회에 나갔다.
- 무력(無力)한 나라는 무력(武力)으로 점령당할 수밖에 없다.
- 항아리를 묻고, 괜찮냐고 묻:고 있다.
- 붉은 모자(帽子)를 쓴 사람은 저들 모:자(母子)밖에 없다.
- 이번 회계 감사(監査)를 해 주셔서 감:사(感謝)합니다.
- 그리운 마음을 담아 그녀의 모습을 그:리다.
- 사과(沙果)를 주며 진심으로 사:과(謝過)를 했다.

❸ 음운 변동 현상

1. 음운 현상의 개념

말소리가 변하는 음운 현상에는 시간의 흐름에 따른 통시적 변화인 변천(變遷)과 일정한 시대에 한정되어 일어나는 공시적 변화인 변동(變動)이 있는데, 이 중 현대 문법에서는 변동을 주로 다룬다.

한 음운이 다른 음운과 결합할 때 그 경계에서 인접한 음운이 다른 음운으로 바뀌는 경우가 있다. 예를 들어 '꽃'이라는 형태소는 'ㅁ'이나 'ㄴ'으로 시작되는 형태소와 만나면 '꽃만 → [꼳만] → [꼰만]에서와 같이 [꼰]으로 발음된다. 이처럼 음운이 다른 음운과 결합할 때 그 환경에 따라 발음이 달라지는 경우가 있는데, 이러한 현상을 음운의 변동이라 한다.

음운의 변동 현상을 이해하는 것은 우리말의 올바른 발음을 익히고 우리말을 바르게 표기하는 데에 있어 매우 중요한 일이다. 음운 변동과 발음, 표기 사이에는 밀접한 관련이 있기 때문이다.

음운 변동과 음운 현상

※음운의 변동
- 교체: 음절의 끝소리 현상, 된소리되기
- 동화: 자음 동화, 구개음화
- 축약: 자음 축약, 모음 축약
- 탈락: 자음군 단순화, 자음 탈락, 모음 탈락
- 첨가: 사잇소리 현상, 'ㄴ' 첨가

※음운 현상
- XAY → XBY – 대치: 음절의 끝소리 현상, 자음 동화, 구개음화, 된소리되기
- XABY → XCY – 축약: 자음 축약, 모음 축약
- XAY → XØY – 탈락: 자음군 단순화, 자음 탈락, 모음 탈락
- XØY → XAY – 첨가: 사잇소리 현상, 'ㄴ' 첨가
- XAY → YAX – 도치: 빗복 < 배꼽

주 출제 유형
❶ 음운 변동 종류
❷ 음운 변동 유형
❸ 유사 유형 구분 – 된소리되기와 사잇소리 현상, 축약과 탈락, 유음화와 비음화
❹ 복합적 음운 변동

확/인/문/제

국어의 음운 현상에는 대치, 탈락, 첨가, 축약, 도치가 있다. 다음에 제시된 단어들 중 동일한 음운 현상이 나타나는 것끼리 묶인 것은?

2015 서울 7급

㉠ 굳이	㉡ 끊더라
㉢ 뒷일	㉣ 무릎
㉤ 배꼽(<빗복)	㉥ 싫어도
㉦ 있지	㉧ 잡히다

① ㉠, ㉢, ㉤
② ㉠, ㉣, ㉦
③ ㉡, ㉥, ㉧
④ ㉢, ㉤, ㉧

🖪 ②

2. 변이음

'변동'이란 음절 사이에서 다르게 실현되는 음운의 목록을 말한다(신라[실라]). 이와는 달리 '변이'란 한 음운 안에서 갈음되는 음성의 목록을 말한다. 음운은 발음하는 환경에 따라 여러 변이음(變異音)으로 실현된다. 예를 들어 '부부'라는 단어에서 첫소리의 'ㅂ'은 무성음인 [p]로, 두 번째 소리의 'ㅂ'은 유성음인 [b]로 발음되지만, 한국어의 화자는 이를 잘 인식하지 못하고 같은 음소인 'ㅂ'으로 인식한다. 이렇듯 같은 음운이 발음되는 자리에 따라 다르게 실현되는 것을 변이음이라고 한다. 그런데 한 언어에서 하나의 음소로 인식되는 변이음이 다른 언어에서는 각기 다른 음소로 인식되기도 한다. [ㅂ]의 변이음이 영어에서는 [p]와 [b]처럼 서로 다른 음소가 된다.

예 'ㄱ'의 변이음: 교^{1}깃^{2}극^3
- 모음 앞에 놓이면 [k]   • 모음과 모음 사이에 놓이면 [g]
- 어말에 놓이면 [k]

3. 음운 변동 현상의 유형

(1) 음절의 끝소리 규칙

자음이 음절 끝에 올 때 터지지 아니하고 닫힌 상태로 발음되는 현상을 말한다. 이 끝소리는 'ㄱ, ㄴ, ㄷ, ㄹ, ㅁ, ㅂ, ㅇ'의 일곱 개 대표음으로 실현된다. 음절의 끝소리 규칙은 음운의 교체로 볼 수 있고, 대표음으로 실현된다는 점에서 음운의 중화(中和) 현상으로도 볼 수 있다. 이러한 현상은 국어의 음절 구조상 첫소리와 끝소리에 하나의 자음만 올 수 있기 때문에 나타난다. 음절의 끝소리 규칙은 음운 변동 중에서 다른 음운의 영향을 받는 것이 아니라 한 음절 내부에서 일어나는 음운 변화이다.

① 대표음: ㄱ(ㄱ, ㄲ, ㅋ), ㄴ, ㄷ(ㄷ, ㅌ, ㅅ, ㅆ, ㅈ, ㅊ, ㅎ), ㄹ, ㅁ, ㅂ(ㅂ, ㅍ), ㅇ

② 어말 또는 자음으로 시작하는 형태소 앞에서는, 음절의 끝소리가 위의 일곱 자음 중 하나로 발음된다.

　예 부엌[부억], 한낮[한낟], 잎[입], 깎다[깍따], 낮잠[낟짬]

③ 뒤에 모음으로 시작하는 형식 형태소가 오면, 음절의 끝소리가 다음 음절의 첫소리로 이어져 발음된다. 반면에 모음으로 시작하는 실질 형태소가 오면, 대표음으로 바뀐 뒤 다음 음절의 첫소리로 이어져 발음된다.

　예 부엌에[부어케], 부엌 위[부어귀]

(2) 음운의 동화

동화 현상이란 인접한 두 음운이 서로 닮게 되는 현상을 의미한다. 동화 현상이 발생하면 이때의 음운은 앞뒤 음운의 위치나 소리 내는 방법과 유사하게 변하는데, 그 이유는 대부분 소리를 좀더 쉽게 내기 위한 편의성 때문이다.

음운의 동화 현상 중 비음화, 유음화, 구개음화 등은 표준 발음이고, 연구개음화, 양순음화, 전설 모음화, 원순 모음화 등은 비표준 발음이다.

■ **자음군 단순화**
음절의 끝소리 현상으로 보는 견해와 탈락으로 보는 견해가 있다. 최근 고등학교 교육과정에서는 이를 탈락으로 보는 견해가 우세하다.

■ **동화 현상**
음운 변동 유형에서 동화로 보는 견해도 있고, 교체로 보는 견해도 있다.

① 자음 동화: 자음과 자음이 만날 때 어느 한쪽이 다른 쪽 자음을 닮아서 비슷한 소리로 발음되는 현상을 말한다. 이 경우 울림소리를 반드시 필요로 한다. 이러한 자음 동화에는 비음화와 유음화가 있다.

㉠ 비음화: 파열음이나 유음이 비음을 만나 비음(ㄴ, ㅁ, ㅇ)으로 발음되는 현상이다.

• ㅂ, ㄷ, ㄱ + ㄴ, ㅁ = ㅁ, ㄴ, ㅇ

  예 밥물 → [밤물], 듣는 → [든는], 국물 → [궁물]

• ㅁ, ㅇ + ㄹ = ㄴ

  예 종로 → [종노], 감리 → [감니]

㉡ 유음화: 비음인 'ㄴ'이 유음인 'ㄹ'의 앞이나 뒤에서 유음인 'ㄹ'로 변하는 현상이다.

  예 신라 → [실라], 칼날 → [칼랄], 물난리 → [물랄리], 앓는 → [알른]

② 구개음화: 끝소리가 'ㄷ, ㅌ'인 형태소가 모음 'ㅣ'나 'ㅑ, ㅕ, ㅛ, ㅠ'로 시작되는 형식 형태소와 만나면 구개음인 'ㅈ, ㅊ'으로 변하는 현상을 말한다. 실질 형태소와 형식 형태소가 만나는 자리에서 일어나는 역행 동화이다.

예 굳이 → [구디] → [구지], 같이 → [가치]

㉠ 한 형태소 안에서나 합성어에서는 구개음화가 일어나지 않는다.

  예 잔디 → [잔지](X), 티끌 → [치끌](X)

㉡ 역사적인 변천에서는 한 형태소 안에서도 일어났다.

  예 디위>지위, 텬디>쳔지>천지(天地)

③ 모음 조화

㉠ 개념: 모음 조화란 양성 모음(ㅏ, ㅗ)은 양성 모음끼리, 음성 모음(ㅓ, ㅜ, ㅡ)은 음성 모음끼리 어울리는 현상을 말한다. 'ㅣ' 모음은 중성 모음이기 때문에 이들과 모두 어울린다.

㉡ 모음 조화의 실현: 조선 전기까지 엄격히 지켜지던 모음 조화는 16세기 중반 이후에 '·'(아래 아) 음가가 동요되면서 흔들리기 시작하였다(아츰→아츰→아침). 현대 국어에서는 의성어와 의태어에서 가장 확실히 지켜지고, 어간과 어미에서 잘 지켜진다.

• 연결 어미: –아/–어
  예 잡아/먹어

• 명령형 어미: –아라/–어라
  예 잡아라/먹어라

• 시제 선어말어미: –았–/–었–
  예 잡았다/먹었다

• 의성 부사, 의태 부사
  예 찰싹/철썩, 촐랑촐랑/출렁출렁

④ 모음 동화

　㉠ 'ㅣ' 모음 역행 동화: 'ㅣ' 모음이 앞의 모음과 결합하는 현상을 말한다. 후설 모음인 'ㅏ, ㅓ, ㅗ, ㅜ'가 뒤에 오는 전설 모음인 'ㅣ'의 영향을 받아 'ㅐ, ㅔ, ㅚ, ㅟ'로 변하게 된다. 움라우트(Umlaut)라고도 하며, 대부분이 비표준 발음이다.

　　예 아기 → [애기], 손잡이 → [손잽이] → [손재비], 고기 → [괴기], 죽이다 → [쥐기다] – 모두 비표준 발음임.

　㉡ 'ㅣ' 모음 역행 동화 중에서 표준어로 인정되는 예외적 경우

　　예 남비 → 냄비, 동당이치다 → 동댕이치다, (불을) 당기다 → 댕기다, 서울나기 → 서울내기, 풋나기 → 풋내기, 멋장이 → 멋쟁이, 담장이덩굴 → 담쟁이덩굴 등

■ 표준어 규정 제9항

'ㅣ' 역행 동화 현상에 의한 발음은 원칙적으로 표준 발음으로 인정하지 아니하되, 다만 다음 단어들은 그러한 동화가 적용된 형태를 표준어로 삼는다.

예 -내기, 냄비, 동댕이치다

⑤ 연구개음화: 연구개음화란 'ㄴ, ㄷ, ㅁ, ㅂ' 등이 연구개음인 'ㄱ, ㄲ, ㅋ, ㅇ'에 동화되어 연구개음이 되는 것으로, 비표준 발음이다.

　　예 • ㄷ → ㄱ: 숟가락 → [숙까락](X)
　　　• ㅂ → ㄱ: 밥그릇 → [박끄릇](X)
　　　• ㄴ → ㅇ: 건강 → [겅강](X)
　　　• ㅁ → ㅇ: 감기 → [강기](X)

⑥ 양순음화: 혀끝소리인 'ㄴ, ㄷ'이 양순음인 'ㅂ, ㅃ, ㅍ, ㅁ'에 동화되어 양순음이 되는 것으로, 비표준 발음이다.

　　예 꽃바구니 → [꼽빠구니], 꽃말 → [꼼말]

⑦ 전설 모음화: 전설 자음인 'ㅅ, ㅈ, ㅊ, ㅆ, ㅉ'의 영향을 받아 후설 모음 'ㅡ, ㅜ'가 전설 모음인 'ㅣ'로 바뀌는 현상으로, 비표준 발음이다.

　　예 • 즛>짓, 거츨다>거칠다, 아츰>아츰>아침, 나즈막하다>나지막하다
　　　• 까슬까슬 → [까실까실], 으스대다 → [으시대다], 부수다 → [부시다]

⑧ 원순 모음화: 양순음인 'ㅂ, ㅃ, ㅍ, ㅁ'의 영향을 받아 평순 모음인 'ㅡ'가 원순 모음인 'ㅜ'로 바뀌는 현상으로, 표준 발음으로 인정되지 않는다.

　　예 믈>물, 플>풀, 기쁘다 → [기뿌다], 아버지 → [아부지]

(3) 된소리되기

① 안울림소리 뒤에 안울림 예사소리가 올 때 뒤의 소리가 된소리로 발음되는 현상이며, 대표적인 유형은 다음과 같다.

> ㅂ, ㄷ, ㅈ, ㄱ + ㅂ, ㄷ, ㅈ, ㄱ = ㅃ, ㄸ, ㅉ, ㄲ
> 예 입고[입꼬], 책도[책또], 옷고름[옫꼬름], 국밥[국빱]

■ 된소리되기와 사잇소리 현상 구분

같은 된소리 발음이 나더라도 합성어를 이루고 울림소리가 존재해야만 사잇소리 현상이 된다.

② 이러한 된소리되기를 과도하게 적용하면 비표준 발음이 된다. 특히 첫음절에서 된소리되기는 일어나지 않는다.

　　예 세다[쎄다](X), 부러지다[뿌러지다](X)

- [ㄹ]로 발음되는 어간 받침 'ㄼ, ㄾ'이나 관형사형 어미 '-ㄹ' 뒤에 연결되는 예사소리는 된소리로 발음한다.
  - **예** 넓게[널께], 핥다[할따], 할 것을[할꺼슬], 갈 데가[갈떼가]
- 한자어에서 'ㄹ' 받침 다음에 'ㄷ, ㅅ, ㅈ'이 오면 된소리로 발음한다.
  - **예** 갈등[갈뜽], 몰상식[몰쌍식], 불세출[불쎄출]
- 끝소리가 'ㄴ(ㄵ), ㅁ(ㄻ)'인 용언 어간에 예사소리로 시작되는 활용 어미가 이어지면 그 소리는 된소리로 발음한다.
  - **예** 신고[신ː꼬], 안다[안ː따], 젊다[점ː따]

(4) 음운의 축약

두 개의 음운이 합쳐져서 하나의 음운으로 줄어드는 것을 말한다. 두 음운이 가지고 있던 중요한 성질들이 축약된 음운에 남아 있다.

① 자음 축약: 'ㅂ, ㄷ, ㅈ, ㄱ'이 'ㅎ'과 만나면 'ㅍ, ㅌ, ㅊ, ㅋ'이 된다.

  - **예** 낙하 → [나카], 좋고 → [조코], 잡히다 → [자피다], 앉히고 → [안치고]

■ **자음 축약**
자음 축약은 거센소리(ㅋ, ㅌ, ㅍ, ㅊ)를 형성하는 현상이다.

② 모음 축약

  ㉠ 두 형태소가 만날 때 앞뒤 형태소의 두 음절이 한 음절로 줄어드는 현상이다. 모음의 축약은 두 모음이 이어지는 것을 피하려는 조음 의도 때문에 발생한다. 이때 모음 'ㅣ'나 'ㅗ/ㅜ'는 반모음으로 바뀐다.

  - **예** 오 + 아서 → 와서, 두 + 었다 → 뒀다, 가지 + 어 → 가져, 쓰이다 → 씌다

  ㉡ 다만 용언의 활용형에 나타나는 '져, 쪄, 쳐'는 발음할 때 반모음이 탈락하고 장모음화도 일어나지 않아 [저, 쩌, 처]로 발음한다(〈표준 발음법〉 제5항 참조).

  - **예** 가지어 → 가져[가저], 다치어 → 다쳐[다처], 지어라 → 져라[저라]

모음 축약 유형

- ㅗ/ㅜ + ㅏ/ㅓ = ㅘ/ㅝ
- ㅣ + ㅏ/ㅓ = ㅑ, ㅕ
- ㅏ + ㅣ = ㅐ
- ㅗ + ㅣ = ㅚ
- ㅜ + ㅣ = ㅟ
- ㅡ + ㅣ = ㅢ
- ㅚ + ㅣ = ㅙ

(5) 음운의 탈락

두 개의 음운이 만날 때 어느 한 음운이 발음되지 않는 것을 말한다. 축약과는 달리 한 음운의 성질이 모두 없어진다.

① 자음 탈락

  ㉠ 자음군 단순화 : 음절 말의 겹받침 가운데 하나가 탈락하고 나머지 하나만 발음되는 현상이다.

- 대표음 : ㄺ, ㄻ, ㄿ − 뒤 / ㅄ, ㄳ, ㄼ, ㄽ, ㄾ, ㄵ − 앞

  예 닭 → [닥], 삶 → [삼ː], 읊다 → [읍따]

- 모음으로 시작하는 형식 형태소가 올 때에는 앞의 것을 남기고 뒤의 것은 연음이 되고, 모음으로 시작하는 실질 형태소가 올 때에는 대표음으로 바뀌어 연음이 일어난다.

  예 흙이 → [흘기], 흙 위 → [흐귀]

- 예외
  − ㄺ: 어간 말음 'ㄺ' + 'ㄱ' 시작 어미 − [ㄹ]

    예 맑다 → [막따], 맑게 → [말게], 흙과 → [흑꽈]

  − 넓: '넓적하다, 넓적다리 / 넓죽하다 / 넓둥글다'는 [넙]으로 발음하고, 그 밖의 경우는 [널]로 발음한다.

  − 밟: 자음의 어미가 올 경우 [밥]으로 발음한다.

    예 밟은 → [발븐], 밟고 → [밥꼬]

ⓛ 'ㄹ' 탈락
- 용언 어간의 받침 'ㄹ' 탈락: 특정 어미 'ㄴ, ㅂ, ㅅ, −(으)오, −(으)ㄹ' 등과 결합할 때 'ㄹ'이 탈락한다.

  예 울다 → 우는, 우니, 우오

- 파생어나 합성어에서 'ㄹ' 탈락: 'ㄴ, ㄷ, ㅅ, ㅈ' 앞에서 'ㄹ'이 탈락한다.

  예 딸+님 → 따님, 달+달+이 → 다달이, 바늘+질 → 바느질

ⓒ 'ㅎ' 탈락: 'ㅎ' 뒤에 모음으로 시작되는 어미가 결합하면 발음할 때 'ㅎ'이 탈락한다. 이러한 'ㅎ' 탈락은 용언(동사·형용사)의 활용 과정에서만 인정되며, 명사에서는 적용되지 않는다.

  예 • 용언: 낳+은[나은], 쌓이다[싸이다], 끊이다[끄리다], 넣어서[너어서]
  • 명사: 전화[저ː놔](X) → [전ː화], 실학[시락](X) → [실학]

② 모음 탈락
ⓛ '_' 탈락: '_'가 'ㅏ / ㅓ'로 시작하는 어미 앞에서 탈락하는 현상이다.

  예 뜨+어 → 떠, 따르+아 → 따라, 우러르+어 → 우러러

ⓛ 동음 탈락: 똑같은 모음이 연속될 때는 하나가 탈락된다. 〈한글 맞춤법〉 제34항은 이러한 모음 충돌 회피 현상에 대해 규정하고 있는데, 이는 특히 어간과 어미의 결합에서 규칙적으로 나타난다.

  예 • 가+아서 → 가서, 서+어도 → 서도
  • 켜+었고 → 켰고, 자+아라 → 자라

ⓒ 'ㅐ, ㅔ'의 'ㅓ, ㅣ'의 결합에서 뒤의 모음이 탈락하는 것도 인정되지만, 이 경우는 탈락되지 않는 형태도 인정된다.

  예 개+어 → 개어/개[개어/개ː], 내+었고 → 내었고/냈고[내얻꼬/낻ː꼬]

■ 'ㄹ' 탈락과 'ㅎ' 탈락
'ㄹ' 탈락은 표기상의 탈락이고, 'ㅎ' 탈락은 발음상의 탈락이다. 특히 'ㅎ' 탈락은 발음상의 탈락이므로 주의해야 한다.

(6) 음운의 첨가

① 'ㄴ' 첨가: 합성어 및 파생어에서, 앞 단어나 접두사의 끝이 자음이고 뒤 단
어나 접미사의 첫 음절이 '이, 야, 여, 요, 유'인 경우에는 'ㄴ' 소리를 첨가
하여 [니, 냐, 녀, 뇨, 뉴]로 발음하는 현상을 말한다.

예 솜+이불 → [솜니불], 맨-+입 → [맨닙]

② 사잇소리 현상: 국어의 단어 중에서 두 개의 형태소 또는 단어가 합쳐져서
합성어가 될 때, 뒤의 예사소리가 된소리로 변하거나 'ㄴ' 소리나 'ㄴㄴ' 소
리가 첨가되는 경우가 있다. 이러한 현상을 사잇소리 현상이라고 한다. 이
를 표시하기 위하여 합성어의 앞말이 모음으로 끝나고, 순우리말이 포함
되어 있는 경우에는 받침으로 사이시옷을 적어야 한다. 단, 사잇소리 현상
은 발음과 관련된 문제이므로, 그것의 표기는 〈한글 맞춤법〉에서 정하는
기준에 따른다.

㉠ 사잇소리의 유형
 • 된소리 발음: 합성 명사의 앞말의 끝소리가 울림소리 'ㄴ, ㄹ, ㅁ, ㅇ'이
   고, 뒷말의 첫소리가 안울림 예사소리 'ㄱ, ㄷ, ㅂ, ㅅ, ㅈ'이면, 뒤의 예
   사소리가 된소리로 발음된다.

   예 봄+비 → [봄삐], 산+길 → [산낄], 길+가 → [길까], 밤+길 →
      [밤낄], 등+불 → [등뿔]

 • 'ㄴ'이 덧나는 경우: 합성 명사의 앞말이 모음으로 끝나 있고, 뒷말이
   'ㅁ, ㄴ'으로 시작되면 'ㄴ'소리가 덧나게 된다.

   예 이+몸 → 잇몸[인몸], 코+날 → 콧날[콘날], 바다+물 → 바닷물
      [바단물]

 • 'ㄴㄴ'이 덧나는 경우: 합성 명사의 앞말이 모음으로 끝나 있고, 뒷말이
   '이, 야, 여, 유'가 오면 'ㄴㄴ'이 덧나게 된다.

   예 예사+일 → 예삿일[예산닐], 도리깨+열 → 도리깻열[도리깬녈→도
      리깬녈]

㉡ 사잇소리 현상의 실현과 예외
 ⓐ 사잇소리 현상은 수의적 현상으로 예외가 많은 현상이다. 따라서 사
   잇소리 현상의 발생 유무에 따라 발음에 주의해야 한다.

   예 김밥[김ː밥/김ː빱], 불법[불법/불뻡], 효과[효ː과/효ː꽈], 관건[관
      건/관껀], 간단[간단], 등기[등기], 불장난[불장난], 유리잔[유리
      잔], 활용[화룡], 송별연[송ː벼련]

 ⓑ 동일한 어근이 결합하더라도 사잇소리 현상이 발생할 수도 있고, 그
   렇지 않을 수도 있다.

   예 • 말 – 인사말[인사말], 머리말[머리말] / 노랫말[노랜말]
         혼잣말[혼잔말], 존댓말[존댄말]
      • 글 – 머리글[머리글] / 아랫글[아래끌/아랟끌]
      • 잔 – 유리잔[유리잔] / 술잔[술짠], 맥주잔[맥쭈짠]

ⓒ 사잇소리 현상이 있고 없음에 따라 뜻이 분화되기도 한다.

> **예** • 잠자리[잠짜리]: 잠을 자는 곳
> • 잠자리[잠자리]: 곤충

(7) 그 밖의 음운 현상

① 활음조(滑音調) 현상(유포니 현상): 듣기나 말하기에 불편하고 거친 말소리를 어떤 음을 첨가하여 바꿈으로써 듣기 좋으면서 말하기 부드럽고 아름다운 소리로 바꾸어 청각에 쾌감을 주는 말로 변화시키는 현상이다. 소리의 변화에 따라 표기까지 바뀐 예로 〈한글 맞춤법〉 제52항에도 설명되어 있다.

ⓐ 음조를 매끄럽게 하기 위하여 'ㄴ' 음이 유음인 'ㄹ' 음으로 바뀌는 경우

> **예** 희노(喜怒) → 희로, 어닉 → 어닉(匿匿), 곤난 → 곤란(困難), 안음
> → 아름, 한아비 → 할아비, 한나산 → 한라산

ⓑ 모음 충돌(Hiatus)을 회피함으로써 말하기에 편하고 듣기 좋게 하는 현상이다. 'ㅇ'이 'ㄴ'이나 'ㄹ'로 바뀌는 경우가 이에 속한다.

> **예** 그양 → 그냥, 폐염 → 폐렴, 지이산 → 지리산

② 호전 작용: 명사와 명사가 결합할 때, 끝소리가 'ㄹ'인 말과 딴 말이 어울릴 적에 'ㄹ' 소리가 'ㄷ' 소리로 나는 현상을 말한다.

> **예** 바느질+고리 → 반짇고리, 풀+소 → 푿소, 술+가락 → 숟가락

③ 반모음 첨가: 모음으로 끝나는 용언의 어간 뒤에 '-아/-어'로 시작하는 어미가 결합하거나 모음으로 끝나는 체언 뒤에 조사 '에'가 결합할 때 반모음이 생기는 현상을 말한다. 반모음 첨가는 언어생활에서 흔히 나타나지만 표준 발음으로 인정하지 않는 경우가 많다. 다만 〈표준 발음법〉 제22항에서는 이 현상을 음의 동화로 보아 일부 용언의 어미에서 [어]의 발음과 [여]의 발음을 모두 허용하여 규정하였다.

> **예** • 학교에[학꾜예]: 표준 발음이 아님.
> • 되어[되어/되여], 피어[피어/피여] 등: 표준 발음으로 인정함.

■ 〈한글 맞춤법〉 제52항
한자어에서 본음으로도 나고 속음으로도 나는 것은 각각 그 소리에 따라 적는다.

■ 〈표준 발음법〉 제22항
다음과 같은 용언의 어미는 [어]로 발음함을 원칙으로 하되, [여]로 발음함도 허용한다.
예 피어[피어/피여]
되어[되어/되여]
[붙임] '이오, 아니오'도 이에 준하여 [이요, 아니요]로 발음함을 허용한다.

기출문제로 실력잡기

01 다음 중 음운의 개수가 가장 많은 단어는?

2015. 통합 소방

① 소화기　　　　　② 인화성
③ 안전모　　　　　④ 방열복

풀이 ① '소화기'는 'ㅅ, ㅗ, ㅎ, ㅘ, ㄱ, ㅣ'의 6개 음운으로 이루어진다. ② '인화성'은 'ㅣ, ㄴ, ㅎ, ㅘ, ㅅ, ㅓ, ㅇ'의 7개 음운으로 이루어진다. ③ '안전모'는 'ㅏ, ㄴ, ㅈ, ㅓ, ㄴ, ㅁ, ㅗ'의 7개 음운으로 이루어진다. ④ '방열복'은 'ㅂ, ㅏ, ㅇ, ㅕ, ㄹ, ㅂ, ㅗ, ㄱ'의 8개 음운으로 이루어진다.

02 다음 중 음운 변동이 다른 하나는?

2016. 통합 소방

① 잡는다　　　　　② 솜이불
③ 미닫이　　　　　④ 난로

풀이 ① '잡는다'는 [잠는다]로 발음되는 비음화가 발생한다. ③ '미닫이'는 [미다지]로 발음되는 구개음화가 발생한다. ④ '난로'는 [날로]로 발음되는 유음화가 발생한다. 모두 동화에 해당한다. 하지만 ② '솜이불'은 [솜니불]로 발음되는 'ㄴ'첨가 현상이 발생한다.

03 다음 중 발음 과정에서 나타난 음운 규칙을 바르게 짝지은 것은?

2015. 통합 소방

보기

㉠ 신라[실라]　　　　　㉡ 해돋이[해도지]

① 유음화, 구개음화
② 구개음화, 유음화
③ ㄴ 첨가, 구개음화
④ ㄴ 첨가, ㄹ 첨가

풀이 ㉠ 'ㄴ'이 'ㄹ'을 만나 'ㄹ'이 되는 유음화에 해당한다. ㉡ 'ㄷ, ㅌ'이 'ㅣ'모음을 만나 'ㅈ, ㅊ'이 되는 구개음화에 해당한다.

정답 01 ④ 02 ② 03 ①

04 다음 밑줄 친 음운 변동에 해당하는 것은?

2015. 경기 소방 변형

보기

두 개의 음운이 합쳐져서 하나의 음운으로 줄어드는 것을 말한다. 두 음운이 가지고 있던 중요한 성질들이 축약된 음운에 남아 있다.

① 좋은　　　　　　　② 낳고
③ 잇몸　　　　　　　④ 해돋이

풀이 자음 축약은 거센소리화 되는 현상을 말한다. '낳고'의 경우 [나코]로 발음되므로 자음 축약에 해당한다.
오답 ① '좋은'은 [조은]으로 발음되는 자음 탈락에 해당한다. ③ '잇몸'은 '아+몸'에 사이시옷이 결합된 형태로 사잇소리 현상에 해당한다. ④ '해돋이'는 [해도지]로 발음되는 구개음화에 해당한다.

05 다음 중 〈보기〉에 나타나지 않은 음운 현상은?

2014. 통합 소방

보기

홑이불 – [혼니불] – [혼니불]

① 비음화　　　　　　② ㄴ첨가
③ 거센소리되기　　　④ 음절의 끝소리 법칙

풀이 '홑이불'이 [혼니불]이 되는 과정에서는 'ㅌ'이 대표음 'ㄷ'으로 바뀌는 음절의 끝소리 법칙이 발생하고, 'ㄴ'첨가 현상이 발생한다. 그리고 [혼니불]이 되는 과정에서 'ㄷ'이 [ㄴ]으로 소리나는 비음화가 발생한다.

06 다음 〈보기〉에 나타난 음운 현상을 순서대로 제시한 것은?

2013. 소방 9급

보기

잎[입]	국물[궁물]	권력[궐력]

① 끝소리규칙 – 비음화 – 유음화
② 양순음화 – 연구개음화 – 유음화
③ 끝소리규칙 – 비음화 – 양순음화
④ 양순음화 – 연구개음화 – 끝소리규칙

풀이 '잎'은 'ㅍ'이 대표음 [ㅂ]으로 소리나는 음절의 끝소리 규칙에 해당한다. '국물'은 'ㄱ'이 [ㅇ]으로 소리나는 비음화에 해당한다. '권력'은 'ㄴ'이 [ㄹ]로 소리나는 유음화에 해당한다.

정답 04 ② 05 ③ 06 ①

① 형태소와 단어의 개념

1. 형태소

형태소란 더 이상 분석하면 뜻을 잃어버리는, 뜻을 지닌 가장 작은 말의 단위를 말한다. 형태소의 '뜻'은 실질적 의미와 문법적 의미를 말한다.

(1) 자립성 유무에 따라

① 자립 형태소: 홀로 자립하여 쓰일 수 있는 형태소

> **예** 조사, 어간, 어미, 접사를 제외한 일반적 단어들

② 의존 형태소: 자립하여 쓰일 수 없어 다른 말에 기대어 쓰이는 형태소

> **예** 조사, 어간, 어미, 접사 등

(2) 실질적 의미의 유무에 따라

① 실질 형태소(어휘 형태소): 어휘적 의미와 같은 실질적 의미가 있는 형태소

> **예** 자립 형태소, 어간

② 형식 형태소(문법 형태소): 실질 형태소에 붙어서 문법적 기능 등을 나타내는 형태소

> **예** 조사, 어미, 접사 등

(3) 한자어

일반적으로 한자어는 각각의 글자를 하나의 형태소로 취급한다.

(4) 형태소의 이(異)형태

형태소의 형태는 다르지만 기능은 동일한 경우를 이형태라고 한다. 주로 조사와 어미에서 확인할 수 있다.

① 음운론적 이형태: 형태소의 다른 형태를 음운 환경의 차이에 따라 설명 가능한 경우이다.

> **예** 과거 시제 선어말 어미 '-았/-었', 명령형 어미 '-아라/-어라', 주격 조사 '이/가', 목적격 조사 '을/를' 등

② 형태론적 이형태: 형태소의 다른 형태를 음운 환경의 차이에 따라 설명이 가능하지 않은 경우이다.

> **예** 과거 시제 선어말 어미 '-었'과 '-였', 명령형 어미 '-아라/-어라'와 '-너라'

2. 단어(낱말)

단어란 자립할 수 있거나, 자립 형태소에 붙어서 쉽게 분리가 되는 말을 가리킨다. 단어는 하나 이상의 형태소로 구성된다.

주 출제 유형

❶ 형태소의 종류 구분
❷ 형태소의 개수 세기

■ 형태소의 뜻
• 실질적 의미: 어휘적 의미
• 문법적 의미: 어미와 조사와 같은 문법적 관계

■ 형태소의 이(異)형태
형태소의 이형태는 반드시 기능이 동일해야 한다.
예 • 먹을 음식: 을 - 관형사형 어미
　　• 사과를 먹다: 를 - 목적격 조사
따라서 이 경우 이(異)형태가 아니다.

(1) 의존 명사

홀로 쓰이지 못하고 관형어와 함께 쓰여 자립성이 없지만 일반적으로 자립 형태소가 나타나는 환경에 쓰이기 때문에 하나의 단어로 인정한다. 따라서 앞 단어와 반드시 띄어 써야 한다.

> 예 먹을 <u>만큼</u> 먹어 보아라. : 만큼 - 의존 명사로 단어로 인정됨.

(2) 단어와 구의 구별

둘 이상의 단어가 묶여 하나의 의미를 가지는 구(句)는 하나의 단어로 인정되지 않기 때문에 반드시 띄어 써야 한다. 하지만 하나의 단어로 인정되는 경우 사전에 등재되어 반드시 붙여 써야 한다. 하나의 단어로 인정되는 뚜렷한 이유는 존재하지 않기 때문에 띄어쓰기에 유의해야 한다.

하나의 단어로 인정되는 경우

① 실질적인 의미의 통합 여부: 단어로서의 전체의 의미가 각각의 의미의 합과 다르다면 전체를 하나의 단어로 인정한다.
② 사용 빈도와 역사: 자주, 그리고 오랫동안 사용하다 보면 한 단어로 인정한다.

> 예 • 떡값: 직원에게 주는 특별 수당이나 잘 보이기 위하여 바치는 돈을 비유적으로 이르는 말. 전체 의미가 구성 요소 각각의 의미의 합(떡+값)과 다르므로 한 단어로 인정됨.
> • 쌀값, 술값, 책값: 구성 요소 각각의 의미의 합과 단어 전체의 의미가 같으나, 오랜 기간 자주 사용되어 한 단어로 인정됨.
> • 음식 값: '음식'과 '값'의 의미가 각각 유지되므로 한 단어가 아닌 구에 해당하므로 붙여 써서는 안 됨.

3. 어절

어절이란 문장을 구성하고 있는 도막도막의 말마디이다. 〈한글 맞춤법〉에서는 단어를 띄어쓰기 단위로 보지만, 현실적인 띄어쓰기 단위는 어절이다.

> 예 • 나는 이제 풋고추를 먹는다.
> • 나는/이제/풋고추를/먹는다. → 4어절
> • 나/는/이제/풋고추/를/먹는다. → 6단어
> • 나/는/이제/풋/고추/를/먹/는/다. → 9형태소

2 단어의 갈래: 품사

1. 품사의 분류

품사란 문법적 성질이 공통된 단어끼리 모아 놓은 단어의 갈래를 가리킨다. 품사를 나누는 기준은 기능, 의미, 형태가 있다. 기능 기준은 단어가 문장에서 하는 역할에 따라 품사를 나누는 것이다. 의미 기준은 어떤 의미를 가지고 있느냐에 따라 나누는 것이다. 형태 기준은 형태 변화의 유무에 따라 분류하는 것이다.

■ 의존 명사
자립성은 없지만 하나의 단어로 인정되기 때문에 자립 형태소이다.

■ 구(句)가 한 단어로 인정되는 경우의 띄어쓰기는 주의해야 한다.
> 예 보잘것없다. 큰코다치다 등

주 출제 유형
❶ 품사의 종류 구분
❷ 조사의 종류
❸ 본용언과 보조 용언 구분
❹ 규칙 활용과 불규칙 활용 구분

■ 국어의 품사
국어의 품사는 의미에 따라 나눈 9개만 존재한다. 따라서 접속사는 품사 상 부사에 해당하지 별개의 품사가 아니다.

(1) 기능에 따른 품사 분류

체언, 관계언, 용언, 수식언, 독립언

(2) 의미에 따른 품사 분류

명사, 대명사, 수사, 조사, 동사, 형용사, 관형사, 부사, 감탄사

(3) 형태에 따른 품사 분류

① 가변어: 동사, 형용사, 서술격 조사(이다)

② 불변어: 명사, 대명사, 수사, 조사(서술격 조사 '이다' 제외), 관형사, 부사, 감탄사

2. 국어의 품사

(1) 명사

사람이나 사물의 이름을 나타내는 단어로, 구체적인 대상의 이름을 말한다.

① 특징

㉠ 문장에서 조사와 결합하여 모든 문장 성분을 만들 수 있다.

㉡ 관형사의 수식을 받으며 복수형 접미사 '-들'을 취할 수 있다.

② 종류

㉠ 쓰이는 범위에 따라

갈래	뜻	예
보통 명사	같은 사물에 두루 쓰이는 명사	사람, 선생님, 책, 이야기 ……
고유 명사	특정한 사람이나 물건에 붙여진 이름의 명사	이순신, 동대문, 한라산 ……

ⓛ 자립성의 유무(有無)에 따라

갈래	뜻	예
자립 명사	다른 말의 도움을 받지 않고 쓰이는 명사	사람, 선생님, 책, 이야기, 이순신, 동대문 ……
의존 명사	다른 말(관형어)에 기대어 쓰이는 명사	뿐, 바, 것, 수, 채, 데, 줄 ……

의존 명사의 갈래

갈래	뜻	예
보편성 의존 명사	여러 격조사가 두루 붙어서 주어, 목적어, 서술어 등으로 쓰이는 의존 명사	분, 이, 것, 데, 바 ……
주어성 의존 명사	주로 주격 조사와 결합하여 주어로만 쓰이는 의존 명사	지, 수, 리, 나위 ……
서술성 의존 명사	서술어로만 쓰이는 의존 명사	따름, 뿐, 터, 때문 ……
부사성 의존 명사	부사어로만 쓰이는 의존 명사	양, 척, 체, 둥, 만큼 ……
단위성 의존 명사	앞에 오는 명사의 수량 단위를 나타내는 의존 명사(수 관형사의 아래에 쓰임)	분, 마리, 자, 명, 평, 섬 ……

③ 의존 명사

　ⓐ 단어로 인정되지만 자립성이 없어 관형어의 꾸밈을 받는다. 관형어의 수식을 받고, 조사와 결합이 가능하기 때문에 자립성이 없지만 자립 형태소인 명사로 분류한다.

　　예 • 그는 그 일을 할 줄을 모른다.
　　　 • 모자를 쓴 채로 들어오지 말아라.

　ⓛ 의존 명사 중에는 조사나 어미, 접미사와 형태가 같은 것들도 있다.

　　ⓐ 의존 명사는 용언의 관형사형 뒤에 오며 띄어 쓰지만, 조사는 체언 뒤에 오며 붙여 쓴다.

　　　예 • 하는 만큼: 만큼 – 의존 명사
　　　　 • 너만큼: 만큼 – 조사

　　ⓑ 어미는 어간 뒤에 오며, 붙여 쓴다.

　　　예 • 그가 떠난 지 십 일이 지났다.: 지 – 의존 명사
　　　　 • 집이 큰지 작은지 모르겠다.: 지 – 어미의 일부

　　ⓒ 접미사는 어근 뒤에 붙여 쓴다.

　　　예 • 고향에 갔던 차에 선을 보았다.: 차 – 의존 명사
　　　　 • 연수 차 미국에 갔다.: 차 – 접미사

■ 〈한글 맞춤법〉
제42항 의존 명사는 띄어 쓴다.
제43항 단위를 나타내는 명사는 띄어 쓴다.

갈래	뜻	예
유정(有情) 명사	감정이 있고 움직이는 사람이나 동물을 가리키는 명사	사람, 개, 여우, 늑대 ……
무정(無情) 명사	감정이 없고 움직이지 못하는 식물이나 무생물을 가리키는 명사	나무, 집, 학교, 정부 ……

(2) 대명사

사람이나 사물을 대신 나타내는 단어를 말한다.

① 특징

　㉠ 복수 표시가 가능하며, 조사가 붙을 수 있다.

　　예 우리들/우리들은

　㉡ 관형사의 수식을 받을 수 없다.

　　예 이/그/저 우리(X)

　㉢ '나, 너'와 같은 대명사는 주격 조사와 결합되면 '내가, 네가'가 된다.

② 종류

	아주 높임	예사 높임	예사 낮춤	아주 낮춤
1인칭			나, 우리	저, 저희
2인칭	당신, 어른, 어르신	당신, 임자, 그대	자네, 그대	너, 너희
3인칭	당신	이, 그, 저 (이, 분)	이, 그, 저 (사람)	이, 그, 저 (애, 놈)
미지칭	어느, 어떤 (어른)	어느, 어떤 (이, 분)	어느, 어떤 (사람)	어느, 어떤 (애, 놈)
부정칭	아무 (어른)	아무 (분)	아무, 아무개	아무 (놈)

　㉠ 인칭 대명사: 사람을 대신 나타내는 말을 가리킨다. 지시 대상에 따라 화자냐, 청자냐, 그 외의 다른 사람이냐에 따라 각각 1인칭, 2인칭, 3인칭 대명사로 나뉜다. 특정 인물을 지시하느냐에 따라 미지칭, 부정칭 대명사로 나뉘고, 앞에 나온 주어를 나타내는 재귀 대명사가 있다.

　　ⓐ 미지칭(未知稱): 특정 대상을 지시하지만 대상의 이름이나 신분을 모름.

　　　예 누구

　　ⓑ 부정칭(不定稱): 특정 대상을 지시하지 않음.

　　　예 아무, 누구

　　ⓒ 재귀 대명사: 문장에서 사용된 3인칭 주어의 반복을 피하기 위해 대신 사용하는 대명사이다. 국어에는 영어의 '-self/-selves'처럼 특정한 형태가 정해져 있지 않다. 따라서 '자기(예사말)', '저(낮춤말)', '당신(높임말)' 등 문장에서 주어의 반복을 피하기 위해 사용된 것이 재귀 대명사이다.

■ 유정 명사냐 무정 명사냐에 따라 결합하는 부사격 조사가 달라진다.
　예 ・일본 정부에 항의하다.
　　　・일본 장관에게 항의하다.

■ 재귀 대명사
재귀 대명사는 3인칭이지만, 같은 형태이나 인칭이 다른 대명사가 존재한다.
　예 ・할아버지께서는 생전에 당신의 장서를 소중히 다루셨다. – 재귀 대명사(3인칭)
　　　・당신은 누구십니까? – 2인칭 대명사

예 • 중이 제(저+의) 머리를 못 깎는다.
　• 철수는 자기 학교에 방문했다.
　• 애들이 어려서 저희밖에 몰라요.
　• 어머니께서는 당신 고향을 방문하길 원하셨다.

ⓒ 지시 대명사: 사물이나 처소를 대신 나타내는 말을 의미한다.

분류	뜻	근칭(近稱)	중칭(中稱)	원칭(遠稱)	미지칭	부정칭
사물 대명사	사물을 대신하여 가리키는 대명사	이, 이것	그, 그것	저, 저것	무엇	아무것
처소 대명사	처소나 방향을 가리키는 대명사	여기	거기	저기	어디	아무데

3. 수사

사물의 수량이나 순서를 나타내는 단어를 말한다.

(1) 특징

① 관형사, 형용사의 수식을 받을 수 없으며, 복수 표시가 불가능하다.

　예 이 하나, 예쁜 하나, 하나들(X)

② 수사는 조사가 붙어 격을 나타낸다. 이에 비해 수 관형사는 조사가 붙을 수 없다.

　예 • 나는 사과 하나를 먹었다. – 수사
　　• 사과 한 개를 주세요. – 관형사

③ 차례를 나타내면 수사이지만, 차례를 나타내는 말이 사람을 지칭하면 명사이다.

　예 • 시험을 볼 때는 첫째, 실력이 필요하고 둘째, 집중력이 필요하다.
　　　– 수사
　　• 첫째는 공무원이고, 둘째는 경찰이다. – 명사

④ 날짜와 시간의 이름은 수사가 아니라 명사이다.

　예 하루가 지났다. / 비는 사흘 동안 계속되었다. – 명사

(2) 종류

① 양수사(量數詞): 수량을 기리기는 수사

양수사 (量數詞)	고유어계	하나, 둘, 셋, 넷, 다섯, 여섯 …… 열 …… 마흔 …… 일흔 ……
	한자어계	일, 이, 삼, 사, 오, 육 …… 십 …… 사십 …… 칠십 ……

② 서수사(序數詞): 순서(차례)를 나타내는 수사

서수사 (序數詞)	고유어계	첫째, 둘째, 셋째, 넷째, 다섯째 …… 열째 …… 마흔째 ……
	한자어계	제일, 제이, 제삼, 제사, 제오 ……

■ 조사 결합 여부에 따라 수사와 관형사로 품사가 달라지므로 품사 구분을 주의해야 한다.
　예 • 다섯 사람이 – 다섯: 관형사
　　• 사람 다섯이 – 다섯: 수사

확/인/문/제

밑줄 친 단어의 쓰임이 다른 것은?

2013 서울 7급

① 영이야, 이번에는 우리끼리 다녀올게.
② 우리 회사는 우리 손으로 지켜야 합니다.
③ 부장님, 우리 야유회 안 가나요?
④ 철수야, 우리끼리 영화 보러 갈까?
⑤ 우리 모두 힘을 합칩시다.

답 ①

대명사 '우리'와 '당신'

※ 우리

① 말하는 이가 자기와 듣는 이, 또는 자기와 듣는 이를 포함한 여러 사람을 가리키는 1인칭 대명사

예 우리가 나아갈 길 / 우리 둘이 힘을 합치면 못할 일이 뭐가 있겠니? / 어머니, 우리 오늘 도봉산에 갈까요? / 선생님, 우리 과 경쟁률이 제일 높대요.

② 말하는 이가 자기보다 높지 아니한 사람을 상대하여 자기를 포함한 여러 사람을 가리키는 1인칭 대명사

예 우리 먼저 나간다. 수고해라. / 언젠가 자네가 우리 부부를 초대한 적이 있었지. / 우리가 당신한테 무슨 잘못을 했다고 이러시오?

③ (일부 명사 앞에 쓰여) 말하는 이가 자기보다 높지 아니한 사람을 상대하여 어떤 대상이 자기와 친밀한 관계임을 나타낼 때 쓰는 말

예 우리 엄마 / 우리 마누라 / 우리 신랑 / 우리 아기 / 우리 동네 / 우리 학교 교정은 넓지는 않지만 깨끗하다.

※ 당신

① 듣는 이를 가리키는 2인칭 대명사. 하오할 자리에 쓴다.

예 이 일을 한 사람이 당신이오?

② 부부 사이에서, 상대편을 높여 이르는 2인칭 대명사

예 당신의 아내 보냄. / 당신, 요즘 직장에서 피곤하시죠? / 당신에게 좋은 남편이 되도록 노력하겠소.

③ 문어체에서, 상대편을 높여 이르는 2인칭 대명사

예 당신이 꼭 알아야 할 사실들 / 당신의 희생을 잊지 않겠습니다.

④ 맞서 싸울 때 상대편을 낮잡아 이르는 2인칭 대명사

예 뭐? 당신? 누구한테 당신이야. / 당신이 뭔데 참견이야.

⑤ '자기'를 아주 높여 이르는 말

예 할아버지께서는 생전에 당신의 장서를 소중히 다루셨다. / 아버지는 당신과는 아무 상관없는 사람이라도 강자가 약자를 능멸하는 것을 보면 참지 못하신다.

4. 조사

의존 형태소로서, 자립 형태소에 붙어 그 말과 다른 말과의 문법적 관계를 표시해 주거나 뜻을 더해 주는 단어이다.

(1) 특징

① 주로 체언에 연결되어 쓰이나(격조사), 용언이나 부사, 어말 어미 뒤에 올 수도 있다(보조사).

② 조사는 경우에 따라 생략 가능하다.

③ 조사끼리 결합이 가능하다.

(2) 종류

① 격조사(格助詞): 한 문장에서 선행하는 체언으로 하여금 일정한 자격(문장 성분)을 가지도록 해 주는 조사를 말한다.

■ 격조사

격조사는 모든 문장 성분을 만든다. 따라서 국어의 문장 성분은 주어, 보어, 서술어, 목적어, 관형어, 부사어, 독립어가 있다.

갈래	용례	예
주격 조사	-이/-가, -께서, -에서 (단체의 무정 명사 뒤), -서(사람의 수효를 표시)	• 철수가 집에 간다. • 우리 학교에서 우승을 하였다. ('철수, 학교'에 문장 성분의 주어의 자격을 부여함.)
보격 조사	-이/-가(불완전 자동사 '되다, 아니다'를 반드시 동반함)	• 영희는 의사가 되었다. • 순자는 바보가 아니다. ('의사, 바보'에 문장 성분의 보어의 자격을 부여함.)
서술격 조사	-(이)다	이것은 책상이다. ('책상'에 문장 성분의 서술어의 자격을 부여함.)
목적격 조사	-을/-를, -ㄹ(때로는 방향, 처소, 낙착점, 주격에 쓰임)	• 나는 밥을 열심히 먹었다. • 순희는 날아가는 새를 바라보았다. ('밥 새'에 무장 성분의 목적어의 자격을 부여함.)
관형격 조사	-의	철수는 순희의 손을 잡았다. ('순희'에 문장 성분의 관형어의 자격을 부여함.)
호격 조사	-아/-야, -(이)시여, -(이)여	• 철수야, 집에 가자. • 하늘이시여, 우리를 버리지 마소서. ('철수, 하늘'에 문장 성분의 독립어의 자격을 부여함.)
부사격 조사	-에, -에서, -에게, -한테 서, -(으)로, -하고, -와	• 순희는 학교에 간다. • 영희는 동생에게 책을 주었다. ('학교, 동생'에 문장 성분의 부사어의 자격을 부여함.)

② 접속 조사(接續助詞) : 두 단어를 같은 자격으로 이어 주는 조사를 말한다. 이때 양쪽의 체언을 대등하게 연결하여 같은 문장이 되게 한다.

갈래	용례	예
접속 조사	와/과, 에(다), 하고, (이) 며, 랑 ……	• 닭과 오리, 사과와 배 • 수철이는 밥에(다) 떡에(다) 잔뜩 먹었다. • 희철아, 붓하고 벼루하고 가져 오너라. • 상 위에는 감이며 밤이며 없는 것이 없었다. • 수진이는 사과랑 배를 먹었다.

③ 보조사(補助詞) : 어떤 특별한 뜻(일정한 의미)을 더해주는 조사로 말의 표현을 섬세히 하는 데 도움이 되는 조사를 말한다.

갈래	용례	예
주제(대조, 차이) 보조사	은/는	• 나는 중학생이고, 너는 대학생이다. • 나는 냉면 먹을게, 너는 자장면 먹어라
역시(동일) 보조사	도	너도 집에 가거라.
단독(유일) 보조사	만	너만 이 빵을 먹어라
시발(출발) 보조사	·부터	철수야, 여기부터 저기까지 쓸어라.
도착(극한) 보조사	까지	• 서울까지 갈 수 있겠니? • 너까지 나를 못 믿겠니?

확/인/문/제

밑줄 친 것 중 보조사인 것은?

2012 국가 9급

① 이 물건은 시장에서 사 왔다
② 개는 늑대와 비슷하게 생겼다.
③ 그것은 교사로서 할 일이 아니다.
④ 나는 거칠 것 없는 바다의 사나이이다.

답 ④

갈래	용례	예
한계(마지막) 보조사	마저	너마저 나를 떠나는구나.
첨가(더함) 보조사	조차	열심히 공부하던 철수조차 시험에 떨어졌다.
보편 보조사	마다	지나가는 사람마다 철수를 비난했다.
필연(당위, 강조, 감탄) 보조사	(이)야	철수가 설마 그럴 리야 있겠습니까?
최후 선택 보조사	(이)나, (이)나마	• 밥이나 마저 주시오. • 천 원이나마 남았더라면 좋을 텐데.

확/인/문/제

밑줄 친 ㉠의 '으로'와 쓰임이 가장 가까운 것은?

2011 국가 9급

건축 행위라는 것은 자연환경을 인간의 ㉠ 생활 환경으로 고쳐 가는 행위라고 할 수도 있다.

① 콩으로 메주를 쑤다.
② 지각으로 벌을 받다.
③ 나는 광화문으로 발길을 돌렸다.
④ 자식을 훌륭한 사람으로 키우다.

답 ④

부사격 조사의 의미상의 갈래

갈래	용례	예
처소 부사격 조사	① 장소(소재지): 에, 에서 ② 시간(때): 에 ③ 상대(행위의 귀착점): 에 (게), 한테, 께, 더러, 보고 ④ 출발점: 에서, 에게서, 한테서, 로부터 ⑤ 지향점(방향): (으)로, 에게로, 한테로, 에	• 오늘 우리는 학교에서 만나자. • 열 시에 출발하자. • 상민이는 순희보고 비난을 하였다. • 시위대는 울산에서 출발했다. • 영수는 어머니에게로 달려갔다.
도구 부사격 조사	(으)로(써)	영희는 연필로써 그림을 그렸다.
자격 부사격 조사	(으)로(서)	영수는 반장으로 선출되었다.
원인 부사격 조사	에, (으)로	• 나무가 바람에 쓰러졌다. • 도시가 태풍으로 피해를 입었다.
비교 부사격 조사	과/와, 처럼, 만큼, 보다, 하고	• 나는 너와 다르다. • 나도 너처럼 멋진 사람이 되고 싶다.
동반, 공동 (함께 함) 부사격 조사	과/와, 하고	• 순희는 영수와 결혼했다. • 덕칠이는 만수하고 학교에 간다.
변성(바뀜) 부사격 조사	로	얼음이 물로 변했다.
인용 부사격 조사	라고, 고	• 수철이는 "우리 모두 함께 가자."라고 소리쳤다(직접 인용). • 만수는 영희가 어제 사라졌다고 말했다 (간접 인용).

(3) 주의해야 할 조사

　① 관형격 조사 '의'의 쓰임

　　㉠ 소유 피소유의 관계로 쓰인다.

　　　예 시민의 권리, 철수의 집

ⓛ 주어 서술어의 관계로 쓰인다.

　　예 나의 합격, 조선의 독립

ⓒ 목적어 서술어의 관계로 쓰인다.

　　예 평화의 파괴, 약의 섭취

ⓔ 대등 관계('~라는'의 뜻)로 쓰인다.

　　예 납세의 의무, 통일의 위업

ⓜ 대상을 만들거나 이룬 형성자를 나타낼 때 쓰인다.

　　예 다윈의 진화론, 이육사의 작품

② '와/과'의 쓰임: 두 개 이상의 문장으로 바꾸어 쓸 수 있을 때, 즉 겹문장인 경우에 '와/과'는 접속 조사이다. 또 바꾸어 쓸 수 없을 때, 즉 홑문장인 경우에 '와/과'는 부사격 조사이다.

　　예 ・영호와 영희는 학생이다. – '영호는 학생이다. 영희는 학생이다.'의 두 문장으로 나눌 수 있기 때문에 '와'는 접속 조사이다.

　　　・영호와 영희는 비슷하다. – '영호는 비슷하다.(X) 영희는 비슷하다.(X)'의 두 문장으로 나눌 수 없기 때문에 '와'는 부사격 조사이다.

③ 격조사와 보조사 구분

ⓐ 보조사가 결합된 문장의 성분은 다른 격조사로 대체하여 파악한다.

　　예 ・나는 학생이다. – 내가 학생이다.→ 주격 조사 '가' 대신 쓰인 보조사

　　　・내가 밥만 먹었다. – 내가 밥을 먹었다.→ 목적격 조사 '을' 대신 쓰인 보조사

ⓑ 격조사는 주로 체언과 결합하지만 보조사는 관형사를 제외한 모든 품사와 결합할 수 있다. 즉, 부사나 용언과도 결합 가능하다.

　　예 ・내가 밥을 빨리는 먹었다.→ 부사 '빨리' 뒤에 결합한 보조사

　　　・키가 크지도 않은 그가 성공을 했다.→ 용언 '크지' 뒤에 결합한 보조사

ⓒ 보조사는 다른 격조사에 결합하여 쓰이기도 한다.

　　예 ・내가 성적만을 가지고 말하는 게 아니다.→ 목적격 조사 '을'과 결합하여 쓰인 보조사

　　　・나에게는 꿈이 있어요.→ 부사격 조사 '에게'와 결합하여 쓰인 보조사

5. 동사와 형용사(용언)

문장의 주체를 서술하는 기능을 하는 것을 용언이라고 한다. 용언에는 사람이나 사물 따위의 움직임을 나타내는 동사와 상태를 나타내는 형용사가 있다. 이들 용언은 주체를 서술하는 과정에서 형태가 변하기도 하는데, 이를 활용(活用)이라 한다. 체언은 형태가 변하지 않으므로 그것을 그대로 찾으면 되지만 용언의 경우에는 그럴 수 없다. 즉, '잔다, 누워서, 조용한, 고요한'을 찾으면 안 되고, '자다,

■ '와/과'가 접속 조사이냐 부사격 조사냐에 따라 겹문장이냐 홑문장이냐가 달라진다. 접속 조사로 쓰일 경우 겹문장이 되고, 부사격 조사로 쓰일 경우 홑문장이 된다.

■ 보조사는 격조사를 대신해서 쓰이는 경우가 많으므로 보조사가 쓰였을 경우의 문장 성분을 잘 파악해야 한다.

　　예 나는 책만 읽었다.
　　　– 나는: 주어, 책만: 목적어

눕다, 조용하다, 고요하다'를 사전에서 찾게 되는데 이런 형태를 기본형(基本形)이라 한다. 따라서 '잔다, 누워서, 조용한, 고요한'은 활용형이 되는 것이다. 활용형을 보면 활용할 때 변하는 부분과 변하지 않는 부분이 있다. 가령 기본형 '먹다'는 먹고, 먹으면, 먹는다, 먹으니'처럼 활용을 하는데, 이때 변하지 않는 부분은 '먹-'임을 알 수 있고, 기본형에 나타나는 '-다'를 비롯하여 '-고', '-으면', '-는다', '-으니' 등은 변하는 부분임을 알 수 있다. 이처럼 용언이 활용을 할 때 변하지 않는 부분을 어간이라 하고 그 뒤에 붙어서 변하는 부분을 어미라 한다. 이때 사동 접미사나 피동 접미사는 기본형의 어간에 포함된다.

예 • 빨간 사과를 먹었다. → '빨간'은 형용사 '빨갛다'의 활용형이고, '먹었다'는 동사 '먹다'의 활용형이다. 따라서 사전에는 기본형인 '빨갛다'와 '먹다'가 등재되어 있다.
 • 도둑이 경찰에게 잡혔다. → '-히-'는 피동 접미사이므로, 접미사가 포함된 '잡히다'가 기본형으로 사전에 등재되어 있다.

(1) 동사와 형용사의 개념

① 개념

갈래	용례	예
동작 동사	사람의 움직임(명령문, 청유문 가능) → 가다, 먹다 ……	• 철수가 집으로 간다. • 아기가 과자를 먹는다.
작용 동사	자연의 움직임(명령문, 청유문 불가능) → 불다, 흐르다 ……	• 시원한 바람이 불었다. • 시냇물이 세차게 흐른다.
자동사	목적어 필요 없음	• 꽃이 피다. • 해가 솟다.
타동사	목적어 필요함	• 내가 밥을 먹다. • 철수가 노래를 부르다.

㉠ 동사: 주체의 움직임이나 작용, 변화를 나타내는 단어를 말한다. 목적어의 유무에 따라 자동사와 타동사로, 동작의 주체에 따라 동작 동사와 작용 동사로 나뉜다.

갈래	용례	예
성상 형용사	성질이나 상태를 나타내는 형용사 → 고요하다, 예쁘다, 향기롭다 ……	• 후리지아 꽃은 정말 예쁘다. • 이 사탕은 매우 달다.
지시 형용사	지시성을 나타내는 형용사 → 이러하다, 그러하다, 저러하다 ……	• 나는 이렇게 예쁜 꽃 처음 본다. • 내 생각도 역시 그러하다.

㉡ 형용사: 주체의 성질이나 상태를 표시하는 단어를 말한다. 주체의 속성이나 성질을 표시한 성상 형용사와 지시성을 표시한 지시 형용사가 있다.

② 동사와 형용사의 구별법: 형용사는 동사와 달리 활용에 제한이 많다.

　　㉠ 현재 관형사형 어미(어간 + -는), 현재 선어말어미(어간 + -ㄴ다)를 취하면 동사이다. 즉 현재 시제를 나타낼 때 동사는 관형사형 어미 '-는'을, 형용사는 '-(으)ㄴ'을 붙인다.

　　　예 • 가는, 간다 / 먹는, 먹는다 – 동사

　　　　 • 맑는(X), 맑는다(X) / 예쁘는(X), 예쁜다(X) – 형용사

　　㉡ '어간 + -고 있다(진행)'를 취하면 동사이다.

　　　예 • 가고 있다 / 먹고 있다 – 동사

　　　　 • 맑고 있다(X) / 예쁘고 있다(X) – 형용사

　　㉢ 명령형, 청유형을 취하면 동사이다.

　　　예 • 가라, 가자 / 먹어라, 먹자 – 동사

　　　　 • 맑아라(X), 맑자(X) / 예뻐라(X), 예쁘자(X) – 형용사

　　㉣ 목적의 의미 '-러'나 의도의 어미 '-려'가 결합하면 동사이다.

　　　예 • 밥을 먹으러 집에 가다. – 동사

　　　　 • 그들은 내일 일찍 가려 한다. – 동사

　　　　 • 예쁘러 한다.(X) – 형용사

　　　　 • 예쁘려 한다.(X) – 형용사

동사와 형용사 모두 쓰이는 용언

① 크다
- 키가 크다. / 우리 마을에서 큰 인물이 났구나. / 실망이 크다. – 형용사
- 키가 몰라보게 컸구나. / 너 커서 무엇이 되고 싶니? – 동사

② 밝다
- 초저녁부터 달이 휘영청 밝았다. / 모임의 분위기가 밝다. – 형용사
- 벌써 새벽이 밝아 온다. / 날은 차차로 밝아 오다가 삽시간에 아주 훤하니 밝는다. – 동사

③ 늦다
- 우리 일행은 예정보다 늦게 도착했다. / 나는 일하느라 늦도록 점심을 못 먹었다. – 형용사
- 그는 약속 시간에 항상 늦는다. / 그는 버스 시간에 늦어 고향에 가지 못했다. – 동사

④ 굳다
- 철석같이 굳은 결심 / 굳게 맹세하다. / 입을 굳게 다물다. – 형용사
- 떡이 굳어서 먹을 수가 없다. / 나이가 들수록 관절이 조금씩 굳는다. – 동사

⑤ 붉다
- 입술이 붉다. / 참느라고 그녀의 두 눈이 붉게 충혈되어 있었다. – 형용사
- 나를 쳐다보고 자칫 낯이 붉는 듯했다. – 동사

---

(7) 본용언과 보조 용언

　　① 본용언: 뚜렷한 의미와 실질적인 뜻을 지닌, 자립성을 가진 용언을 말한다. 본용언은 단독으로 문장의 서술어가 될 수 있다. 본용언의 개수에 따라 홑문장과 겹문장을 구별할 수 있다.

■ 동사와 형용사를 구분할 때에는 움직임인지, 상태인지와 같은 의미로 구분해서는 안 되고, 반드시 구별법을 적용해서 구분해야 한다.

　예 믿다: 뚜렷한 움직임이 없지만, '믿는, 믿는다, 믿어라'와 같은 표현을 쓸 수 있으므로 동사이다.

■ 주의해야 할 형용사
- 젊다: 형용사 / 늙다: 동사
- 맞다: 동사 / 알맞다, 걸맞다: 형용사
- 있다: 동사, 형용사 / 없다: 형용사

■ 품사의 통용
같은 형태가 다른 품사로 사용되는 경우를 품사의 통용이라고 한다.

예 • 철수는 집에 밥을 먹고 갔다.: 철수는 밥을 먹었다.(본용언) + 철수
는 집에 갔다.(본용언) ⇒ 대등적 연결 어미 → 본용언이 두 개이므로
겹문장

   • 철수는 일단 밥을 먹고 봤다.: 철수는 일단 밥을 먹었다(본용언) +
봤다(보조 용언) 보조적 연결 어미 → 본용언이 한 개이므로 홑문장

② 보조 용언: 본용언과 연결되어 문법적 의미를 보충하는 역할을 한다. 자립성
이 희박하거나 결여되어 단독으로 문장의 서술어가 될 수 없다. 용언이 2개
이상일 때에만 보조 용언이 존재할 수 있으므로 용언이 하나일 때에는 반드
시 본용언이 된다. 보조 용언은 한 문장에서 여러 개가 연달아 쓰일 수도 있
다. 또한 의존 명사 '양, 척, 체, 만, 법, 듯' 등에 '―하다'나 '―싶다'가 결합한
형태도 보조 용언으로 볼 수 있다.

예 • 이것을 먹어 보아라.: '먹는' 행위는 존재하지만, '보는' 행위는 존재
하지 않는다. 따라서 '먹다'는 본용언, '보아라'는 경험과 시도의 뜻을
나타내는 보조 용언이다.

   • 그는 진실을 아는 척한다.: 의존 명사 '척'에 '―하다'가 결합한 보조
용언이다.

③ 보조 동사의 종류

의미	용례	예
부정	(―지) 아니하다(않다). 말다. 못하다.	• 순희는 영수를 사랑하지 <u>않는다</u>. • 철수는 그 일을 제대로 하지 <u>못한다</u>.
사동	(―게) 하다. 만들다.	• 어머니는 동생에게 숙제를 하게 <u>했다</u>. • 선생님은 순자를 집으로 가게 <u>만들었다</u>.
피동	(―아/―어)지다. (―게) 되다.	• 새로운 말이 만들어<u>지다</u>. • 그는 집으로 되돌아가게 <u>되었다</u>.
진행	(―어) 가다. 오다. (―고) 있다. 계시다.	• 일이 순조롭게 잘 진행되<u>어 간다</u>. • 영자는 서울로 오<u>고 있다</u>.
종결(완료)	(―고) 나다. (―아) 내다. 버리다. (―고야) 말다.	• 일을 마치<u>고 나니</u> 기분이 상쾌해졌다. • 동생이 과자를 다 먹<u>어 버렸다</u>.
봉사	(―어) 주다. 드리다.	• 간호사는 환자에게 밥을 먹<u>여 주었다</u>. • 순희는 할머께 편지를 읽<u>어 드렸다</u>.
시행	(―어) 보다.	• 선생님은 영수의 말을 꼼꼼히 들<u>어 보았다</u>.
강세	(―어) 대다. (―어) 쌓다.	• 아이들이 깔깔 웃<u>어 댄다</u>. • 아이가 심하게 울<u>어 쌓는다</u>.
보유	(―어) 두다. 놓다. 가지다.	• 기계는 세<u>워 두면</u> 녹이 슬어요. • 날이 더우니 문을 열<u>어 놓아라</u>.
짐작	(―아/―어) 보이다.	그 친구가 최근에 멋<u>져 보였다</u>.
시인	(―기는) 하다	먹<u>기는 하는</u> 데 다 먹지 못하겠다.
당위(필연)	(―어야) 한다	우리는 이곳을 서둘러 떠나<u>야 한다</u>.

④ 보조 형용사의 종류

의미	용례	예
희망	(–고) 싶다.	나도 전교 1등을 하고 싶다.
부정	(–지) 아니하다(않다). 못하다.	• 순희는 얼굴이 곱지 아니하다. • 철수는 요즘 그 일로 마음이 편안하지 못하다.
추측	(–는가/–ㄴ가, –나) 보다. 듯하다. (–나, –가) 싶다.	• 식구들이 모두 집으로 돌아왔나 보다. • 비가 오는가 싶어 빨래를 걷었다.
상태	(–어/아) 있다. 계시다.	• 나는 돈이 남아 있다. • 어머니께서는 집에 남아 계셨다.
시인	(–기는) 하다.	옷이 좋기는 한데, 가격이 너무 비싸다.

⑤ 보조 동사와 보조 형용사의 구별

　㉠ 일반적인 동사와 형용사의 구별과 같다. 보조 용언이 동사처럼 활용하면 보조 동사, 형용사처럼 활용하면 보조 형용사이다.

　　예 • 책을 책상 위에 얹어 두다. → 어간 다음에 '–ㄴ다'가 들어가므로 보조 동사

　　　 • 집에 가고 싶다. → 어간 다음에 '–ㄴ다/–는다'가 들어갈 수 없으므로 보조 형용사

　　　 • 음악을 들어 보다. → 어간 다음에 '–ㄴ다'가 들어가므로 보조 동사

　　　 • 바람이 부나 보다. → 어간 다음에 '–ㄴ다'가 들어갈 수 없으므로 보조 형용사

　㉡ '아니하다, 못하다'는 보조 동사와 보조 형용사로 두루 쓰이는데, 앞 용언의 성격에 따라 보조 동사인지 보조 형용사인지 결정된다.

　　예 • '아니하다 – 않다'

　　　 – 먹지 않다 → '먹다'가 동사이므로 '아니하다'도 동사

　　　 – 맑지 않다 → '맑다'가 형용사이므로 '아니하다'도 형용사

　　　 – 맞지 않다 → '맞다'가 동사이므로 '아니하다'도 동사

　　　 – 알맞지 않다 → '알맞다'가 형용사이므로 '아니하다'도 형용사

　　　 • '못하다'

　　　 – 가지 못하다 → '가다'가 동사이므로 '못하다'도 동사

　　　 – 좋지 못하다 → '좋나'가 형용사이므로 '못하다'도 형용사

　　　 cf) '–다 못하여'의 구성으로 극에 달해 더 이상 유지할 수 없음을 나타낼 경우는 보조 형용사로 쓰임.

　　　　 예 먹다 못해 음식을 남기다

　㉢ '하다, 보다'도 보조 동사와 보조 형용사로 모두 쓰이는데, 두 용언을 구별하는 방법은 다음과 같다.

■ 동사와 형용사는 활용을 하기 때문에 용언이라고 한다. 활용 여부는 용언과 다른 품사를 구분하는 기준이 된다.
　예 • 새 가방: 새 – 관형사
　　 • 예쁜 가방: 예쁜(예쁘다) – 형용사

ⓐ 하다: 앞말을 긍정 혹은 강조하거나 이유를 나타내면 보조 형용사, 나머지는 보조 동사

> 예 • 옷이 좋기는 한데 가격이 비싸다. → 하다 - 형용사
> • 밥을 안 먹으려 한다. → 하다 - 동사

ⓑ 보다: 추측·의도·원인 등을 나타내면 보조 형용사, 나머지는 보조 동사

> 예 • 그 편지를 누가 볼까 봐 그러니? → '추측'을 나타내므로 보조 형용사
> • 우선 얼굴부터 보고 보자. → '시행'의 의미가 있으므로 보조 동사

(3) 용언의 활용

활용이란 용언이 문법적 관계를 표시하기 위하여 어간 혹은 어미를 여러 형태로 바꾸는 현상을 말한다. 활용에는 규칙 활용과 불규칙 활용이 있다. 규칙 활용이란 일반적인 국어 문법으로 설명할 수 있는 변화이고, 불규칙 활용은 그렇지 않은 변화이다.

① 어간과 어미

  ㉠ 어간: 활용할 때 변하지 않는 부분이다. '강세, 사동, 피동'을 나타내는 접미사는 어간의 일부로 본다.

  ㉡ 어미: 활용할 때 변하는 부분이다. 단어의 끝에 오는 '어말 어미'와 어말 어미 앞에 오는 '선어말 어미'로 나눌 수 있다.

  ㉢ 어미의 종류

■ 어미는 각각 하나의 형태소로 인정한다.
예 가셨겠다: 가 + 시 + 었 + 겠 + 다 → 5개의 형태소

ㄹ 선어말 어미의 종류

갈래		용례	예
높임		-시-	어머니께서 장을 보러 시장에 가셨다.
공손		-사오-, -사옵-, -옵-, -자오-, -자옵-	새로운 광명을 내려 주시옵소서.
시간	현재	-는-, -ㄴ-	• 철수가 밥을 먹는다. • 영희가 영화를 본다.
	과거	-았-, -었-	• 철수가 밥을 먹었다. • 영희가 영화를 봤다.
	미래	-겠-	• 철수가 밥을 먹겠다. • 영희가 영화를 보겠다.
	회상	-더-	• 철수가 밥을 먹더라. • 영희가 영화를 보더라.

■ '-겠-'
• 미래의 일이나 추측을 나타내는 어미
• 주체의 의지를 나타내는 어미
• 가능성이나 능력을 나타내는 어미

ㅁ 어말 어미의 종류

갈래			용례	예
종결 어미	평서형		-다, -네, -오, -ㅂ니다 ……	철수가 학교에 간다.
	감탄형		-(는)구나, -군, -로구나 ……	철수가 학교에 가는구나!
	의문형		-니, -느냐, -는가 ……	철수가 학교에 가니?
	명령형		-어라, -아라	철수야, 학교에 가거라.
	청유형		-자, -세, -ㅂ시다 ……	철수야, 학교에 가자.
비종결 어미	연결 어미	대등적	-고, -며, -자, -면서 ……	철수는 밥을 먹고, 영희는 빵을 먹는다.
		종속적	-면, -니, -나, -려고 ……	내일 날씨가 좋으면 정말 좋겠다.
		보조적	-아/-어, -지, -게, -고	나도 서울대학교에 가고 싶다.
	전성 어미	명사형 제1명사형	-(으)ㅁ	철수는 학생 신분임이 밝혀졌다.
		명사형 제2명사형	-기	나는 영어 받아쓰기를 잘 하면 좋겠다.
		관형사형 현재	-는	그것은 제가 먹는 밥입니다.
		관형사형 과거	-(으)ㄴ	그것은 제가 먹은 밥입니다.
		관형사형 미래	-(으)ㄹ	그것은 제가 먹을 밥입니다.
		관형사형 회상	-던	그것은 제가 먹던 밥입니다.

■ 명사형 전성 어미와 명사형 접미사 구분

예 신나는 꿈을 신나게 꿈

앞의 '꿈'은 관형어의 꾸밈을 받으므로 명사이고, 이때의 '-ㅁ'은 명사형 접미사이나, 뒤의 '꿈'은 부사어의 꾸밈을 받으므로 동사이고, 이때의 '-ㅁ'은 명사형 전성 어미이다.

② 규칙 활용: 용언이 활용할 때 어간과 어미의 모습이 일정한 것과 국어의 일반적인 음운 규칙으로 설명할 수 있는 활용을 말한다.

　㉠ 연결 어미 '–아/–어'를 넣었을 때 어간이 변하지 않는 경우

　　예 먹다 – 먹어, 잡다 – 잡아

　㉡ '으' 탈락: 어간의 말음 '으'가 어말 어미 '–아–/–어–'로 시작되는 어미 및 선어말 어미 '–았–/–었–' 앞에서 탈락되는 경우

　　예 • 동사: 쓰다 – 써, 끄다 – 꺼, 뜨다 – 떠, 따르다 – 따라
　　　• 형용사: 기쁘다 – 기뻐, 슬프다 – 슬퍼, 아프다 – 아파

　㉢ 'ㄹ' 탈락: 어간의 말음 'ㄹ'이 '–느, –ㄴ, –ㄹ, –ㅂ, –오, –시'로 된 어미 앞에서 탈락되는 경우

　　예 • 동사: 울다 – 우는, 살다 – 사는, 날다 – 나는, 알다 – 아는
　　　• 형용사: 멀다 – 먼, 달다 – 단, 길다 – 긴

③ 불규칙 활용

　㉠ 어간이 바뀌는 불규칙 용언: 모음으로 시작하는 연결 어미와 결합할 때 어간이 변하는 경우

갈래	기본형	활용	변화 부분	예
'ㅂ' 불규칙 용언	돕다	돕 + 아 → 도와	모음 어미 앞에서 'ㅂ'이 '오/우'로 바뀜.	굽다, 깁다, 눕다, 줍다, 돕다, 춥다 ……
'ㅅ' 불규칙 용언	짓다	짓 + 어 → 지어	모음 어미 앞에서 'ㅅ'이 탈락함.	잇다, 젓다, 긋다, 짓다, 낫다 ……
'ㄷ' 불규칙 용언	듣다	듣 + 어 → 들어	모음 어미 앞에서 'ㄷ'이 'ㄹ'로 바뀜.	듣다, 걷다, 일컫다, 긷다, 묻다[問] …… (동사만 있음)
'르' 불규칙 용언	오르다	오르 + 아 → 올라	모음 어미 앞에서 '으' 탈락, 'ㄹ' 첨가됨.	가르다, 오르다, 나르다, 흐르다, 다르다, 배부르다, 이르다[謂] ……
'우' 불규칙 용언	푸다	푸 + 어 → 퍼	모음 어미 앞에서 '우'가 탈락함.	'푸다' 하나의 용언만 해당됨.

　㉡ 어미가 변하는 불규칙 용언: 연결 어미 '–아/–어' 대신 다른 어미를 쓰는 경우

갈래	기본형	활용	변화 부분	예
'–여' 불규칙 용언	하다	하 + 아 → 하여	'하–' 뒤에 오는 '–아/–어'가 '–여'로 바뀜.	'하다'와 '하다'가 붙는 모든 용언
'–러' 불규칙 용언	이르다	이르 + 어 → 이르러	'–어'가 '–러'로 바뀜.	'이르다[至], 누르다, 푸르다'의 세 가지뿐임.
'–너라' 불규칙 용언	오다	오 + 어라 → 오너라	명령형 어미 '–어라' 대신 '–너라'가 쓰임.	'오다'와 '–오다'가 붙는 용언
'오' 불규칙 용언	달다	달 + 아라 → 다오	'달다'의 명령형 어미가 '–오'로 바뀜.	'달다'만 해당됨.

© 어간과 어미가 모두 변하는 불규칙 용언

갈래	기본형	활용	변화 부분	예
'ㅎ' 불규칙 용언	노랗다	노랗 + 아서 → 노래서	모음 어미 앞에서 'ㅎ'이 탈락하고 '-아 + -아 → 애'로 바뀜	'좋다'를 제외한 'ㅎ'받침을 가진 모든 형용사(색채 감각어)

■ 'ㅎ'불규칙의 경우 모음 조화를 지켜야 한다.
예 하얗다 – 하얘
　　허옇다 – 허예

6. 관형사

체언 앞에 놓여서 그 내용을 자세하게 꾸며 주는 수식언을 말한다.

(1) 특징

① 관형사는 조사와 결합하지 않는다(체언과의 구분 기준이 됨).

예 새 가방(O) / 새(의) 옷(X)

② 관형사는 불변어로서 활용하지 않는다(용언과의 구분 기준이 됨).

예 새 가방(새 – 관형사) / 예쁜 가방(예쁜 – 형용사)

■ 조사와 결합 여부에 따라 관형사와 체언을 구분할 수 있다.

■ 활용 여부에 따라 관형사와 용언을 구분할 수 있다.

(2) 종류

갈래	의미	세부 갈래	용례
성상(性狀) 관형사	체언이 가리키는 사물의 성질이나 상태를 꾸며 주는 관형사	고유어계	새, 헌, 옛, 헛, 윗, 뒷, 뭇, 딴, 온갖, 오른, 왼 ……
		한자어계	잡(雜), 생(生), 신(新), 초(超), 이(異), 고(故), 단(單), 각(各) ……
지시(指示) 관형사	지시적 성격을 띠고 있는 관형사	고유어계	이, 그, 저, 요, 이런, 그런, 저런, 아무, 다른, 어느, 딴 ……
		한자어계	모(某), 해(該), 현(現), 전(前), 본(本), 당(當), 차(此), 귀(貴) ……
수(數) 관형사	뒤에 오는 명사의 수량을 표시하거나 의존 명사와 어울려 앞에 오는 명사의 수량을 표시하는 관형사	고유어계	한, 두, 세(석), 스무, 여러, 온, 모든, 몇 ……
		한자어계	일(一), 이(二), 삼(三), 반(半), 전(全), 총(總) ……

(3) 관형사의 결합 순서

'지시 관형사 – 수 관형사 – 성상 관형사' 순으로 결합한다.

예 저 모든 새 집

7. 부사

뒤에 오는 용언, 즉 동사와 형용사 등을 주로 꾸밈으로써 그 의미를 분명히 해 주는 기능을 지닌 단어이다. 부사는 용언을 주로 꾸미지만, 관형사나 다른 부사, 때로는 명사를 꾸미기도 한다.

■ 부사형 전성 어미와 부사형 접미사 구별법
'-게'는 부사형 전성 어미로 품사를 바꾸지 못하고, '-이/-히'는 부사형 접미사로 부사로 품사를 바꾼다.
예 • 많다 – 많게(형용사)
　 • 많다 – 많이(부사)

(1) 특징

① 자리 이동이 비교적 자유롭다.

② 격조사와는 결합하지 못하지만 보조사와는 결합할 수 있다.

③ 접속어는 접속 부사이다.

(2) 종류

갈래		의미	세부 갈래	용례
성분(成分) 부사 (특정한 성분을 꾸며 주는 부사)	성상(性狀) 부사	'어떻게'의 방식으로 용언을 꾸미는 부사	성상 부사	잘, 매우, 더욱, 아직, 일찍, 갑자기, 퍽 ……
			의성 부사	땡땡, 졸졸, 딸랑딸랑 ……
			의태 부사	슬슬, 곰실곰실 ……
	지시(指示) 부사	처소, 시간, 앞에 나온 말을 가리키는 부사	처소 부사	이리, 그리, 저리, 여기, 거기, 요리, 조리, 어디 ……
			시간 부사	오늘, 어제, 내일, 그제, 아까 ……
	부정(否定) 부사	용언의 의미를 부정하는 부사	능력 부정	못
			의도 부정	안(아니)
문장(文章) 부사 (문장 전체를 꾸며 주는 부사)	양태(樣態) 부사	말하는 이의 태도와 관련된 부사	양태 부사	과연, 제발, 설마, 만약, 차라리 ……
	접속(接續) 부사	성분과 성분(단어와 단어), 문장과 문장을 이어주면서 뒤의 말을 꾸며 주는 부사	문장 접속	그리고, 그러나, 그러므로, 따라서 ……
			단어 접속	또, 또는, 곧 및, 혹은 ……

8. 감탄사

화자의 부름, 대답, 느낌, 놀람 등을 나타내는 단어로 다른 성분에 비해 비교적 자유롭게 쓰인다.

(1) 특징

① 문장 내에서 자유롭게 쓰이기 때문에 위치 또한 자유롭다.

② 조사가 붙지 않고, 불변어이므로 활용도 하지 않는다.

③ 감탄사 하나로도 문장을 이룰 수 있다.

(2) 종류

구분		용례
본능적인 놀람, 느낌의 말		아, 아차, 아하, 허허, 아이고, 예끼, 에라, 만세, 옛다, 옳지 ……
부르거나 대답하는 말	부름	여보, 여보십시오, 얘, 여보세요, 여보게 ……
	대답	예, 그래, 오냐, 응, 글쎄요 ……
입버릇처럼 내는 말		뭐, 저, 에, 말이야, 어 ……

(3) 감탄사의 구별

① 조사가 붙지 않으며 활용하지 않는다.

> 예 · 그렇지! 바로 그거야. → *그렇게! *그렇고! – 감탄사
> · 들어야 그렇고 그렇지. → 그렇구나. 그렇겠지. – 형용사
> · 정말! 네가 왔구나. → *정말이! *정말을! – 감탄사
> · 네 말이 정말이니?→ 정말로? – 감탄사

② 실제적인 이름으로 상대방을 부르면 감탄사가 아님.

> 예 "길동아! 선생님께서 부르신다." – 명사 + 호격 조사

③ 문장 머리에 놓인 제시어 표제어도 감탄사가 아님.

> 예 청춘, 이는 듣기만 하여도 가슴이 설레는 말이다.

9. 품사의 통용

하나의 단어가 둘 이상의 품사로 쓰일 때 '품사의 통용'이라고 한다.

(1) **명사와 조사**: 관형사형 뒤엔 의존명사, 체언 뒤에 조사

> 예 · 아는 만큼 말해 봐라. – 의존 명사
> · 그녀만큼 사랑할 수 없다. – 조사

(2) **명사와 부사**: 격조사 결합

> 예 · 한 평생을 가족을 위해 헌신했다. – 명사
> · 사람이 평생 한결같을 수는 없다. – 부사

(3) **명사와 감탄사**: 조사와 결합 여부

> 예 · 윙이여 만세를 누리소서. – 명사
> · 만세! 드디어 성공하고야 말았구나! – 감탄사

(4) **수사와 관형사와 명사** : 조사 결합 여부, 차례를 나타내는 말이 사람을 지칭하면 명사

> 예 · 사람 다섯이 길을 나섰다. – 수사
> · 다섯 사람이 오지 않았다. – 관형사
> · 첫째는 선생이고 둘째는 공무원이다. – 명사

확/인/문/제

국어의 단어가 둘 이상의 품사로 쓰일 때 '품사의 통용'이라고 한다. '품사의 통용'의 예로 잘못 제시된 것은? 　2012 지방 9급(하반기)

① 집에서뿐만 아니라 회사에서도 칭찬을 들었다. (조사) / 칼만 안 들었다 뿐이지 순 날강도다. (의존 명사)

② 올해는 꽃이 늦게 핀다. (형용사) / 그는 약속 시간에 항상 늦는다. (동사)

③ 친구와 같이 영화관에 갔다. (부사) / 아버지는 항상 소같이 일만 하신다. (조사)

④ 선생님도 많이 늙으셨네요. (형용사) / 사람은 나이가 들면 늙는다. (동사)

답 ④

(5) 관형사와 대명사 : 조사와 결합하면 체언, 그렇지 않으면 대명사

> 예 · <u>이</u> 책은 내가 사려던 책이다. - 관형사
> · <u>이</u>는 우리가 추구해야 할 점이다. - 대명사

(6) 관형사와 용언 : 활용 여부

> 예 · <u>새</u> 가방이 보기에 좋다. - 관형사
> · <u>예쁜</u> 가방이 보기에 좋다. - 형용사

🔍 주 출제 유형

❶ **단어의 종류 파악**: 단일어와 복합어, 파생어와 합성어
❷ **접두사의 의미**
❸ **접미사의 의미 및 기능**
❹ **합성 방법**: 통사적 합성, 비통사적 합성
❺ **합성어의 종류**: 대등 합성어, 종속 합성어, 융합 합성어

■ 단어 구분

| 단일어 |
| 복합어 | ─┬─ 파생어 |
| | └─ 합성어 |

③ 단어의 형성

1. 단어의 종류

단어는 '마을, 하늘'처럼 형태소 하나로 이루어진 단일어도 있고, '겨울비', '맨발', '꾀보', '높푸르다' 등과 같이 둘 이상으로 이루어진 복합어도 있다. 단어를 이루는 형태소 중에서 실질적인 의미를 나타내는 부분을 어근(語根)이라 하고, 어근에 붙어 뜻을 제한하는 부분을 접사(接辭)라고 한다. '맨발', '꾀보'처럼 어근의 앞이나 뒤에 접사가 붙어 있는 단어는 파생어이고, '겨울비', '높푸르다'처럼 어근으로만 이루어진 단어는 합성어이다.

종류		형태	예
단일어(單一語) (하나의 실질 형태소로 이루어진 말)		실질 형태소(1개)	집, 떡, 나무, 돌, 노래, 사랑, 울다, 먹다, 몹시 ……
복합어(複合語) (둘 이상의 형태소로 이루어진 말)	파생어	형식 형태소+실질 형태소 (접사 + 어근)	맨손, 덧버선, 시퍼렇다 ……
		실질 형태소+형식 형태소 (어근 + 접사)	선생님, 슬픔, 사랑하다, 높이다 ……
	합성어	실질 형태소 + 실질 형태소 (어근 + 어근)	마소, 손목, 돌다리, 통나무집, 큰집 ……

2. 어근과 접사

(1) 어근

실질적 의미를 나타내는, 중심이 되는 부분을 말한다.

(2) 접사

어근에 붙어 그 뜻을 제한하거나, 어근의 품사를 바꿔주는 형식 형태소를 말한다.

위치에 따라	접두사	어근의 앞에 붙는 것	예 맨손, 덧버선
	접미사	어근의 뒤에 붙는 것	예 덮개, 지붕(집 + 웅)
기능에 따라	한정적 접사	품사는 바뀌지 않으면서 어근의 뜻만 제한하는 것	예 집 + 웅, 덧 + 버선
	지배적 접사	품사를 바꾸는 접사	예 덮개(동 → 명), 사람답다(명 → 형)

3. 파생어

(1) 접두사에 의한 파생어

어근의 앞에 붙어 어근의 뜻을 제한하는 접사를 접두사라 한다.

접두사	의미	예
강-	① 다른 것이 섞이지 않고 그것만으로 이루어진	강굴, 강술, 강참숯, 강풀
	② 마른, 물기가 없는	강기침, 강모, 강서리
	③ 억지스러운	강울음, 강호령
	④ 매우 센, 호된	강더위, 강추위, 강타자, 강행군
개-	① 야생 상태의, 질이 떨어지는, 흡사하지만 다른	개금, 개꿈, 개떡, 개살구
	② 헛된, 쓸데없는	개꿈, 개수작, 개죽음
	③ 정도가 심한	개망나니, 개잡놈
군-	① 쓸데없는	군것, 군기침, 군말, 군살, 군불
	② 가외의	군사람, 군식구
날-	① 말리거나 익히거나 가공하지 않은	날것, 날김치, 날고기, 날기와
	② 다른 것이 없는	날바늘, 날소일, 날장구
	③ 장례를 다 치르지 않은	날상가, 날상제
	④ 지독한	날강도, 날건달
	⑤ 교육을 받지 않거나 경험이 없어 어떤 일에 서투른	날뜨기, 날짜(생짜)
덧-	거듭된, 겹쳐 신거나 입는	덧니, 덧버선, 덧신, 덧대다, 덧붙이다
드-	심하게, 높이	드날리다, 드넓다, 드높다, 드세다
들-	무리하게 힘을 들여, 마구, 몹시	들끓다, 들볶다, 들쑤시다
돌-	품질이 떨어지는, 야생으로 자라는	돌배, 돌감, 돌조개
되-	① 도로	되돌아가다, 되찾다, 되팔다
	② 도리어, 반대로	되잡다, 되잡히다
	③ 다시	되살리다, 되새기다, 되씹다
들-	① 야생으로 자라는	들개, 들쥐, 들국화, 들장미
	② 무리하게 힘을 들여, 마구 몹시	들끓다, 들볶다, 들쑤시다
막-	① 거친, 품질이 낮은	막고무신, 막과자, 막국수, 막담배
	② 닥치는 대로 하는	막노동, 막말, 막벌이, 막일
	③ 주저 없이, 함부로	막가다, 막거르다, 막벌다, 막살다
	④ 마지막	막차, 막판
말-	큰	말개미, 말벌, 말매미
맨-	다른 것이 없는	맨눈, 맨다리, 맨땅, 맨발, 맨주먹

접두사	의미	예
민–	① 꾸미거나 딸린 것이 없는	민가락지, 민얼굴, 민저고리
	② 그것이 없는	민무늬, 민소매
불–	① 몹시 심한	불가물, 불호령
	② 붉은 빛깔을 가진	불개미, 불곰
	③ 아님, 아니함, 어긋남	불가능, 불경기, 불공정, 불규칙
생–	① 익지 아니한	생김치, 생나물, 생쌀
	② 물기가 아직 마르지 아니한	생가지, 생나무
	③ 가공하지 아니한	생가죽, 생맥주, 생모시
	④ 직접적인 혈연관계인	생부모, 생어머니
	⑤ 억지스러운, 공연한	생고생, 생과부, 생이별, 생떼, 생트집
	⑥ 지독한, 혹독한	생지옥
	⑦ 얼리지 아니한	생고기
새	매우 짙고 선명하게	새까맣다, 새파랗다
샛		샛노랗다, 샛말갛다
시		시꺼멓다, 시퍼렇다
싯		싯누렇다, 싯멀겋다
선–	서툰, 충분치 않은	선무당, 선웃음, 선잠
시–	남편의	시아버지, 시동생, 시누이
애–	① 맨 처음	애당초
	② 어린, 작은	애벌레, 애호박
올–	① 빨리 자란	올밤, 올콩, 올벼
	② 빨리	올되다
외–	① 혼자인, 하나인, 한쪽에 치우진, 홀로	외갈래, 외아들, 외따로, 외떨어지다
	② 모계 혈족 관계인	외삼촌, 외할머니
	③ 밖, 바깥	외배엽, 외분비, 외출혈
짓–	① 마구, 함부로, 몹시	짓누르다, 짓밟다, 짓이기다
	② 심한	짓고생, 짓망신
참–	① 진짜, 진실하고 올바른	참사랑, 참뜻
	② 품질이 우수한	참먹, 참숯
	③ 먹을 수 있는	참꽃, 참배, 참살구
치–	위로 향하여, 위로 올려	치뜨다, 치닫다, 치받다, 치솟다
풋–	① 처음 나온, 덜 익은	풋감, 풋고추, 풋과일
	② 미숙한, 깊지 않은	풋사랑, 풋잠

접두사	의미	예
한–	① 큰	한걱정, 한길, 한시름
	② 정확한, 한창인	한가운데, 한겨울, 한낮, 한밤중
	③ 바깥	한데
	④ 끼니때 밖	한동자, 한음식, 한저녁
핫–	① 짝을 갖춘	핫아비, 핫어미
	② 솜을 둔	핫것, 핫바지, 핫옷, 핫이불
헛–	① 이유 없는, 보람 없는	헛걸음, 헛고생, 헛소문, 헛수고
	② 보람 없이, 잘못	헛살다, 헛디디다
홀–	짝이 없이 혼자뿐인	홀몸, 홀아비, 홀어미
홑–	한 겹으로 된, 하나인, 혼자인	홑바지, 홑옷, 홑이불, 홑몸
휘–	① 마구, 매우 심하게	휘갈기다, 휘감다, 휘날리다
	② 매우	휘넓다, 휘둥그렇다, 휘둥글다

(2) 접미사에 의한 파생

접미사는 접두사와 달리, 어근의 뜻을 제한할 뿐만 아니라, 품사 자체를 바꾸기
도 한다.

① 명사로 파생되는 경우

ㄱ 어근의 뜻만 제한: 명사 + 접미사 → 명사

예 사람 + 들 → 사람들, 너 + 희 → 너희, 잠 + 꾸러기 → 잠꾸러기,
잎 + 사귀 → 잎사귀

ㄴ 품사 변화: 용언의 어간 + 접미사 → 명사

예 꾸 + ㅁ → 꿈, 덮 + 개 → 덮개, 읽 + 기 → 읽기, 울 + 음 → 울음

명사 파생 접미사

접미사	예	접미사	예
[–(으)ㅁ]	꿈, 잠, 춤, 울음, 걸음 ……	[–이]	갈이, 놀이, 높이 ……
[–애]	노래, 나래 ……	[–개]	날개, 덮개, 베개 ……
[–기]	쓰기, 읽기 ……	[–매]	열매 ……
[–어지]	나머지 ……	[–다리]	늙다리 ……
[–엉]	거멍 ……	[–정]	검정 ……
–[–웅]	마중 ……		

기능	접미사
의미 한정	−가(전문가), −꾸러기(장난꾸러기), −깔(빛깔), −기(바람기), −꾼(구경꾼, 사기꾼), −님(사장님, 해님), −다랗다(높다랗다), −둥이(귀염둥이), −들(너희들), −뜨리다/트리다(깨뜨리다), −바가지(주책바가지), −새(모양새), −씨(김씨), −아지(바가지), −질(걸레질, 곁눈질), −치(넘치다, 기대치), −한(호색한)
품사 변화 — 명사	−음/−ㅁ(꿈), −이(높이), −기(달리기), −개(덮개), −애(마개), −보(울보), −게(지게), −어지(나머지), −엄(무덤), −웅(마중)
품사 변화 — 동사	−하다(공부하다), −이다(망설이다)
품사 변화 — 형용사	−지다(멋지다), −하다(건강하다), −답다(남자답다), −롭다(신비롭다), −스럽다(자랑스럽다), −업−(미덥다), −브−(미쁘다), −읍−(우습다), −ㅂ−(그립다)
품사 변화 — 부사	−이/−히(많이, 넉넉히), −오/−우(비로소, 너무), −로(진실로), −내(마침내), −껏(마음껏)
사동, 피동	−이−, −히−, −리−, −기−, −우−, −구−, −추−, −으키−, −이키−, −애−

② 동사로 파생되는 경우
　㉠ 어근의 뜻만 제한

유형	예
동사 + 접미사 → 동사	깨뜨리다, 떨치다, 놓치다, 먹이다, 잡히다, 벌리다 ……

　㉡ 품사가 바뀜

유형	예
명사 → 동사	일하다, 눈물지다, 위반하다 ……
형용사 → 동사	밝히다, 높이다, 낮추다, 밝히다, 녹이다, 늦추다, 넓히다 ……
부사 → 동사	덜렁거리다, 울렁거리다, 꿈틀거리다, 철렁거리다 ……

　㉢ 문장의 구조와 의미가 바뀜

유형	예
동사 → 사동사	먹이다, 입히다, 울리다, 웃기다, 달구다, 맞추다 ……
동사 → 피동사	보이다, 막히다, 팔리다 ……

③ 형용사로 파생
　㉠ 어근의 뜻만 제한

유형	예
형용사 어근 + 접미사 → 형용사	기다랗다, 깊숙하다, 높직하다, 달콤하다, 차갑다, 까맣다(깜 + 앟 + 다), 높다랗다, 동그랗다(동글 + 앟 + 다)……

　㉡ 품사가 바뀜

유형	예
명사 + 접미사 → 형용사	대견스럽다, 학생답다, 슬기롭다, 가난하다, 값지다, 기름지다, 자연스럽다 ……
동사 어근 + 접미사 → 형용사	미덥다(믿 + 업 + 다), 아깝다(아끼 + 압 + 다), 아프다(앓 + 브 + 다), 그립다(그리 + ㅂ + 다) ……
관형사 + 접미사 → 형용사	새롭다
부사 + 접미사 → 형용사	차근차근하다, 보드랍다(보들 + 압다)

접미사 '−답−', '−롭−', '−스럽−'의 의미

접미사	의미	예
[−답−]	'어떤 자격이 있다'를 의미하는 데 대개 사회적으로나 윤리적으로 긍정적 의미가 내포된다.	학생답다. 교수답다 ……
[−롭−]	추상성을 띤 모음으로 된 말과 결합된다. 구체적 대상을 지시하거나 자음으로 된 말에는 쓰이지 않는다.	향기롭다. 슬기롭다 ……
[−스럽−]	어떤 성격에 근접했음을 표시한다.	어른스럽다 ……

④ 부사로 파생

유형	예
동사 어근 + 접미사 → 부사	마주(맞 + 우), 비로소(비롯 + 오), 도로(돌 + 오), 차마(참 + 아), 너무(넘 + 우) ……
형용사 어근 + 접미사 → 부사	많이, 길이, 조용히, 급히, 없이, 자주(잦 + 우), 깨끗이, 높이, 달리(다르 + 이), 건강히 ……
명사 + 접미사 → 부사	마음껏, 나날이, 끝내, 진실로, 분명히, 정성껏, 힘껏, 정말로
부사 + 접미사 → 부사	더욱이, 일찍이

접미사의 표기

유형	예
어근의 원형을 밝히어 적는 것	벌이, 먹이, 높이다, 잡히다, 많이, 없이, 물음 ……
어근에 원형을 밝히지 않는 것	귀머거리(귀먹 + 어리), 마개(막 + 애), 너무(넘 + 우), 자주(잦 + 우), 이파리(잎 + 아리), 바가지(박 + 아지), 개구리(개굴 + 이), 마주(맞 + 우) ……

4. 합성어

합성어는 두 개의 어근이 결합하여 만들어진 단어이다. 합성어에는 합성 명사, 합성 동사, 합성 형용사, 합성 관형사, 합성 부사 등이 있다.

* 합성 명사: 돌다리, 춘추, 큰형, 새해
* 합성 동사: 돌아가다, 건너오다, 앞서다
* 합성 형용사: 맛있다, 힘차다, 머나멀다
* 합성 관형사: 한두, 두세, 이런저런
* 합성 부사: 이른바, 오락가락, 곧잘

■ 합성어와 파생어는 학자, 교육과정에 따라서 달라지는 모습을 보인다. 그러므로 단어 형성 문제를 풀 때에는 선택지 분석을 통해 파악해야 한다.
예 '해돋이'의 경우 파생어로 보는 견해가 있고, 합성어로 보는 견해가 있다.

(1) 합성법의 유형

① 통사적 합성법: 우리말의 일반적인 단어 배열법과 일치하는 유형의 합성법이다. 두 이근이 결합할 때 그 결합 방식이 구(句)를 이룰 때의 방식과 일치한다.

통사적 합성법의 유형	예
관형사 + 명사	새해, 온종일, 첫사랑 ……
부사 + 용언	가로막다, 잘되다 ……
명사 + 명사	길바닥, 손발, 고무신 ……
용언의 관형사형 + 명사	큰집, 날짐승, 작은아버지 ……
용언 어간 + −아/−어 + 용언	돌아가다, 들어가다 ……
명사(조사 생략) + 용언	귀먹다(귀가 먹다), 힘들다(힘이 들다), 앞서다(앞에 서다) ……

확/인/문/제

통사적 합성어인 것은? 2011 지방 9급
① 큰집   ② 덮밥
③ 늦더위   ④ 검붉다

답 ①

② 비통사적 합성법: 우리말의 일반적인 단어 배열법에 어긋난 유형의 합성법이다. 구(句)에서는 찾아볼 수 없는 특이한 결합 방식으로 두 어근이 결합된 합성어를 말한다.

비통사적 합성법의 유형	예
용언 + 용언	검붉다, 굶주리다, 날뛰다, 굳세다, 높푸르다 ……
용언의 어근 + 명사	늦더위(늦은 더위)
부사 + 명사	부슬비, 산들바람, 촐랑새 ……
우리말과 어순이 다른 한자어	독서(讀書), 등산(登山), 귀향(歸鄕)

■ '늦–'은 《표준국어대사전》에 접두사로 실려 있다. 따라서 통사적 합성어, 비통사적 합성어 구분 문제에서는 비통사적 합성어로 파악하고, 단어 형성 문제에서는 파생어일 수도 있음을 기억해야 한다.

(2) 합성어의 종류

① 합성 명사: 명사로 합성됨.

유형	예
명사 + 명사	길바닥, 집안, 동화책, 손목, 길눈, 산나물, 소나무, 눈웃음, 어깨동무 ……
명사 + 사이 'ㅅ' + 명사	콧물, 시냇물, 치맛바람, 촛불 ……
관형사 + 명사	새마을, 새해, 이것, 저것, 이분 ……
용언의 관형사형 + 명사	날짐승, 열쇠, 어린이, 빈주먹, 큰집, 건널목, 디딜방아, 굳은살 ……
용언의 어간 + 명사	늦더위, 곶감, 접칼 ……
부사(의태 부사) + 명사	부슬비, 산들바람, 촐랑새 ……
부사 + 부사	잘못 ……
명사 + 사이 'ㅂ' + 명사	좁쌀, 멥쌀, 찹쌀, 볍씨 ……
명사 + 사이 'ㅎ' + 명사	안팎, 암탉, 암캐, 수탉, 수캐, 머리카락 ……

② 합성 동사: 동사로 합성됨.

유형	예
주어 + 서술어	힘들다, 빛나다, 겁나다, 맛있다, 정들다, 귀먹다, 맛나다, 병들다 ……
목적어 + 서술어	본받다, 북돋우다, 공부하다, 숨쉬다 ……
부사어 + 서술어	앞서다, 뒤서다, 마주서다, 잘하다, 앞세우다 ……
본동사 + 보조적 연결 어미 + 보조동사	돌아가다, 들어가다, 알아보다, 잡아먹다 ……
두 어간의 합성(비통사적 합성어)	굶주리다, 오가다, 돌보다, 감싸다, 붙잡다, 헐뜯다 ……

③ 합성 형용사: 형용사로 합성됨.

갈래	예
주어 + 서술어	손쉽다, 낯설다, 철없다, 수많다 ……
두 어간의 합성(비통사적 합성어)	굳세다, 검붉다, 높푸르다 ……

④ 합성 부사: 부사로 합성됨.

유형	예
명사 + 명사	밤낮 ……
관형사 + 명사	온종일 ……

(3) 합성어의 모습 변형

합성 명사들 중에는 일반적인 단어 배열법에서는 볼 수 없는 모습의 변형이 일어나는 경우가 있다.

유형	예
사잇소리 첨가	콧등, 촛불, 뱃사공, 뱃노래, 시냇가, 고갯마루 ……
'ㄴ, ㄹ'의 첨가	댓잎(→ 댄닙), 물약(→ 물략), 솔잎(→ 솔립), 솜이불, 밤일 ……
'ㄹ'의 탈락	말 + 소 → 마소, 솔 + 나무 → 소나무, 부나비, 화살 ……
호전(ㄹ → ㄷ)	설 + 달 → 섣달, 이틀 + 날 → 이튿날, 술 + 가락 → 숟가락 ……
'ㅂ'의 첨가	좁쌀, 접때, 볍씨 ……
'ㅎ'의 첨가	머리카락, 안팎, 암탉, 수탉, 수캐 ……
모음 탈락	까마귀 + 까치 → 까막까치

(4) 합성어의 의미상 유형

갈래	의미	예
병렬합성어 (대등합성어)	두 단어나 어근이 본래의 의미를 갖고 대등한 자격으로 합성된 말	마소, 우짖다, 높푸르다 ……
유속합성어 (종속합성어)	두 단어나 어근이 서로 주종 관계를 이루어 합성된 말	소나무, 부삽, 돌다리 ……
융합합성어	새로운 의미를 나타내는 합성어	밤낮(밤 + 낮)(늘), 춘추(춘 + 추)(나이), 세월(세 + 월)(시간), 광음(광 + 음)(시간), 돌아가다(돌아 + 가다)(죽다)

한자어의 특성

한자는 글자마다 뜻을 지니고 있으므로 하나의 글자는 하나의 형태소 자격을 가진다. 또한 다른 글자와 결합하여 새로운 많은 단어를 만들어 낸다.

확/인/문/제

'돌다리'와 합성어의 종류가 같은 것은?   2013 국가 9급

① 손발   ② 논밭
③ 책가방   ④ 연세

답 ③

01 다음 중 형태소가 결합되어 형성된 단어가 아닌 것은?

2016. 통합 소방

① 먹이   ② 어머니
③ 지우개   ④ 미역국

풀이 ②'어머니'는 단일어이다. ① '먹이'는 '먹- + -이', ③ '지우개'는 '지우- + -개'로 구성된 파생어이다. ④ '미역국'은 '미역 + 국'으로 구성된 합성어이다.

02 다음 중 밑줄 친 조사의 종류가 다른 것은?

2015. 경기 소방

① 이것은 연서의 책이다.
② 동생은 의사가 되었다.
③ 그는 영국으로 여행을 떠났다.
④ 다른 사람은 몰라도 너는 꼭 와.

풀이 ④ '는'은 보조사이다. ① '의'는 관형격 조사이고, ② '가'는 보격 조사, ③ '으로'는 부사격 조사이다. 따라서 ① · ② · ③은 모두 격조사에 해당한다.

03 단어의 형성 방식이 나머지와 다른 하나는?

2005. 소방

① 개고기   ② 개살구
③ 개떡   ④ 개죽음

풀이 '개고기'는 어근 '개'와 어근 '고기'가 결합된 합성어이다. ②, ③, ④는 접미사 '개-'가 결합한 파생어이다.

04 〈보기〉의 ㉠에 해당되지 않는 예는?

2017. 소방

보기

　두 개의 동사가 나란히 결합되더라도 그것이 새로운 단어로 만들어지는 ㉠ 합성 동사인지 단순히 문장의 일부를 이루는 구(句) 구성인지 구분해야 한다.

예문	단어
① 채은이는 초조해지면 늘 입술을 깨문다.	깨물다
② 그들은 선생님을 몰라보고 버릇없게 굴었다.	몰라보다
③ 그녀는 배고픔을 견디지 못하고 빵을 먹어버렸다.	먹어버리다
④ 점쟁이가 알아듣게 설명하자 고객들의 표정이 금세 밝아졌다.	알아듣다

풀이 '먹어버리다'는 한 단어가 아니라, 본용언 '먹다'에 보조 용언 '버리다'가 결합된 것이다. 나머지 단어는 모두 하나의 단어로 사전에 등재되어 있다.

정답 01 ② 02 ④ 03 ① 04 ③

05 다음 〈보기〉의 밑줄 친 ㉠~㉣에서 단어 형성 방법이 다른 하나는?

2017. 소방

보기

할머니께서 젊으셨을 때에는 ㉠ 한겨울에도 ㉡ 맨손으로 차가운 물에 빨래를 하셨다고 한다. ㉢ 시퍼렇게 멍든 손과 가슴을 자식들의 재롱을 보며 달래셨을 것을 생각하면 지금도 ㉣ 눈시울이 뜨거워진다.

① ㉠ 한겨울   ② ㉡ 맨손
③ ㉢ 시퍼렇게   ④ ㉣ 눈시울

> **풀이** ④ '눈시울'은 어근 '눈'과 어근 '시울'이 결합된 합성어이다. ①, ②, ③은 접사가 결합된 파생어이다.

06 다음 단어를 통사적 합성어와 비통사적 합성어로 바르게 구분한 것은?

2015. 경기 소방 변형

보기

| 돌부처 | 부슬비 | 덮밥 | 배부르다 |

① 돌부처, 부슬비 – 덮밥, 배부르다
② 부슬비, 덮밥 – 돌부처, 배부르다
③ 덮밥, 배부르다 – 돌부처, 부슬비
④ 돌부처, 배부르다 – 부슬비, 덮밥

> **풀이** '부슬비'는 부사의 어근 '부슬'과 명사 '비'가 결합한 비통사적 합성어이고, '덮밥'은 어간 '덮–'과 명사 '밥'이 결합한 비통사적 합성어이다.

07 다음 〈보기〉의 설명과 일치하지 않는 단어는?

2013. 경기 소방

보기

합성법의 유형 중 비통사적 합성어란 일반적인 우리말의 통사적 구성 방식과 어긋나는 방법으로 용언과 체언이 연결될 때 관형사형 전성 어미가 생략된 경우나, 용언과 용언이 연결될 때 연결 어미가 생략되는 경우 그리고 부사가 체언을 수식하는 경우가 이에 해당한다.

① 논밭   ② 늦더위
③ 접칼   ④ 덮밥

> **풀이** ② 늦더위: 관형사형 어미가 생략된 비통사적 합성어 – 늦–(어간) + (은) + 더위(명사), ③ 접칼: 관형사형 어미가 생략된 비통사적 합성어 – 접–(어간) + (은) + 칼, ④ 덮밥: 관형사형 어미가 생략된 비통사적 합성어 – 덮–(어간) + (은) + 밥

> **정답** 05 ④ 06 ④ 07 ①

🔍 **주 출제 유형**

❶ 문장 성분의 종류 파악하기(조사 주의)
❷ 서술어의 자릿수
❸ 문장의 오류(주술 호응, 필수 부사어)

제4절 문장론

1 문장과 문장 성분

1. 문장의 개념

(1) 개념

문장이란 생각이나 감정을 완결된 내용으로 표현하는 최소의 언어 형식을 말한다. 의미상으로 완결된 내용을 갖추고 형식상으로 문장이 끝났음을 나타내는 표시가 있는 것을 가리킨다.

예 큰일이야! / 어떤? / 그거. — 모두 문장이라 할 수 있다.

(2) 문장의 기본 골격

기본 골격	서술어의 형태	문장의 종류	예
무엇이 어찌한다	동사	동사문	철수가 공부한다.
무엇이 어떠하다	형용사	형용사문	영희가 예쁘다.
무엇이 무엇이다	체언 + 서술격 조사	명사문	순자가 회장이다.

2. 문장의 구성 단위

(1) 구(句)

둘 이상의 어절이 모여 하나의 단어와 동등한 기능을 하는 단위이다.

(2) 절(節)

둘 이상의 어절이 모여 하나의 의미 단위를 이루며, 주어와 서술어를 갖춘 것으로서 문장 안에 포함되어 문장 성분으로 기능한다.

예 • 저 꽃이 정말 아름답다. — 저 꽃: 구
  • 나는 그가 최선을 다하고 있음을 잘 알고 있다. — 그가 최선을 다하고 있음: 절

(3) 어절

현실적 띄어쓰기 단위와 일치한다. 조사나 어미와 같이 문법적 기능을 하는 요소들은 앞의 말에 붙어서 한 어절을 이룬다.

예 그가 춤을 추었다. — 3어절

■ **필수적 성분과 수의적 성분**

필수적 성분은 반드시 있어야 하는 문장 성분을 말하고, 수의적 성분은 있어도 되고 없어도 되는 성분을 말한다.
• 필수적 성분: 주성분 + 필수 부사어
• 수의적 성분: 관형어, 필수 부사어를 제외한 부사어

3. 문장 성분

주성분	주어	'무엇이'에 해당하는 말
	서술어	'어찌한다, 어떠하다, 무엇이다'에 해당하는 말
	목적어	'무엇을'에 해당하는 말
	보어	주어가 아닌 것으로 '되다, 아니다' 앞의 '무엇이'에 해당하는 말

	관형어	체언을 수식하는 말
부속 성분	부사어	용언을 한정하는 말
독립 성분	독립어	문장의 어느 성분과도 직접적인 관계가 없는 말

(1) 주어

① 개념: 문장의 골격에서 '무엇이'에 해당하는 것으로, '어찌한다, 어떠하다, 무엇이다'의 주체를 나타내는 문장 성분을 말한다.

② 주어의 성립: 주어는 체언이나 체언의 기능을 하는 구나 절에 주격 조사가 붙어서 된다.

③ 주격 조사

  ⊙ 체언 명사구 명사절 + 주격 조사(이, 가, 께서)

    예 • <u>산이</u> 매우 높다. / <u>저 산이</u> 매우 높다. / <u>푸른 산이</u> 매우 높다.

      • <u>어머니께서</u> 출발하셨다.

  ⊙ 단체 무정 명사 + 에서

    예 <u>우리 학교에서</u> 축제를 열었다.

  ⊙ 인원수 + (이)서

    예 <u>둘이서</u> 모임을 가졌다.

  ⊙ 체언 + 보조사

    예 <u>나는</u> 집에 가고 싶다.

④ 특징

  ⊙ 주어가 높임 명사이면 서술어에 선어말 어미 '-시-'가 쓰인다.

    예 어머니께서 회사에 가<u>시</u>다.

  ⊙ 주어가 3인칭이고 그것이 반복되면 재귀 대명사가 쓰인다.

    예 그는 <u>자기</u>가 천재라고 생각한다.

  ⊙ 주어에 대한 정보가 주어졌을 때 주어는 생략 가능하다.

주어의 생략 형태	예
묻고 대답할 때	아이들이 어디 갔니? 도서관에 갔지.
명령문인 경우	열심히 공부해라. – 주어: 2인칭
성상 형용사가 서술어일 때	슬프다. 추워요. – 주어: 1인칭

(2) 서술어

① 개념: 주어의 동작, 상태, 성질 따위를 풀이하는 기능을 하는 문장 성분이다. '무엇이 어찌한다', '무엇이 어떠하다', '무엇이 무엇이다'에서 '어찌한다', '어떠하다', '무엇이다'에 해당한다.

② 서술어의 성립

  ⊙ 용언(동사, 형용사)

    예 그가 밥을 <u>먹다</u>.

■ 주어부와 서술부 구분
• 주어부: 주어 또는 주어와 그에 따른 부속 성분
• 서술부: 서술어 또는 서술어와 그에 딸린 부속 성분 및 목적어, 보어의 부분. 즉, 주어 다음부터 서술부임.

ⓛ 체언+서술격 조사(이다)

　예 나는 <u>학생이다</u>.

ⓒ 본용언+보조 용언

　예 유리를 <u>깨뜨려 버렸다</u>.

ⓔ 서술절

　예 그는 <u>머리가 크다</u>.

③ 서술어의 자릿수: 완전한 문장을 이루기 위해, 서술어가 필수적으로 요구하는 성분의 개수를 말한다.

갈래	의미	예
한 자리 서술어	주어를 꼭 요구하는 것으로, 성상 형용사, 자연의 작용, 사건의 발생 등을 나타내는 자동사가 이에 속한다.	• 장미꽃이 <u>붉다</u>. 비가 <u>내린다</u>. • 전쟁이 <u>일어났다</u>.
두 자리 서술어	• 주어 + 목적어: 타동사 • 주어 + 보어: 되다, 아니다 • 주어 + 부사어: 대칭 동사 / 이동 동사, 소유 형용사 등	• 나는 철수를 <u>사랑한다</u>. • 그는 바보가 <u>아니다</u>. • 그는 아버지와 <u>닮았다</u>. • 그는 외국으로 <u>떠났다</u>. • 그가 연구실에 <u>있다</u>.
세 자리 서술어	주어 + 목적어 + 부사어: 수여 동사, 발화 동사, 사동사, '삼다'류 동사 등	• 나는 그녀에게 선물을 <u>주었다</u>. • 그는 나에게 진실을 <u>말했다</u>. • 엄마가 아기에게 젖을 <u>먹였다</u>.

(3) 목적어

① 개념: 타동사에 의해 표현되는 행위의 대상을 나타내는 문장 성분을 말한다.

② 목적어의 성립

㉠ 체언 + 목적격 조사(을/를)

　예 그가 <u>사과를</u> 먹다.

㉡ 체언 상당어(구, 절) + 목적격 조사

　예 <u>네가 합격하기를</u> 기원한다.

㉢ 체언 단독(목적격 조사 생략)

　예 술 먹고 안주 <u>안</u> 먹고

㉣ 체언 + 보조사 + 목적격 조사

　예 나는 <u>너만을</u> 사랑한다.

(4) 보어

① 개념: 동사 '되다'나 형용사 '아니다'가 서술어로 쓰일 때, 주어 외에 꼭 요구되는 문장 성분을 말한다.

② 보어의 성립: 체언 또는 체언 상당어 + 보격 조사(이/가)

　예 • 그는 <u>바보가</u> 아니다.

　　• 그는 <u>벙어리가</u> 되었다.

■ 대칭 동사
같다, 다르다, 닮다, 비슷하다 등
■ 이동 동사
떠나다, 가다, 이동하다 등
■ 소유 형용사
있다, 없다 등

■ 수여 동사
주다, 드리다, 바치다 등
■ '삼다'류 동사
삼다, 여기다, 간주하다 등

(5) 관형어

　① 개념: 체언 앞에 붙어서 그 체언의 뜻을 꾸며 주는 말로, '어떤'에 해당하는 문장 성분을 말한다.

　② 관형어의 성립

　　㉠ 관형사 단독

　　　예 그가 <u>새</u> 가방을 구입했다.

　　㉡ 체언 + 관형격 조사(의)

　　　예 그는 <u>학교의</u> 자랑이다.

　　㉢ 용언의 어간 + 관형사형 어미(-은-/-는-/-을-/-ㄴ-/-ㄹ-)

　　　예 그는 <u>예쁜</u> 소녀를 만났다.

　　㉣ 체언 단독

　　　예 <u>고향</u> 마을에는 꽃이 피었겠지.

　③ 관형어의 특징

　　㉠ 부사어는 단독으로 쓰이지만, 관형어는 단독으로 쓰이지 못한다.

　　㉡ 부사어는 대체로 자리 이동이 자유롭지만, 관형어는 반드시 꾸미는 체언 앞에만 놓인다.

(6) 부사어

　① 개념: 주로 용언을 꾸미는 문장 성분으로 부사나 문장 전체를 수식하기도 한다.

　② 부사어의 성립

　　㉠ 부사 단독

　　　예 하늘이 <u>매우</u> 푸르다.

　　㉡ 체언 + 부사격 조사

　　　예 아이들이 <u>마당에서</u> 놀고 있다.

　　㉢ 용언의 부사형

　　　예 그는 매우 <u>빠르게</u> 달린다.

　③ 부사어의 갈래

갈래	의미		예
성분 부사어	특정한 문장 성분. 주로 서술어를 꾸며 줌.	용언을 꾸밈.	<u>매우</u> 고맙습니다.
		관형사, 부사를 꾸밈.	• <u>아주</u> 새 옷을 입었다. • <u>더</u> 빨리 걷자.
		체언을 꾸밈(수량, 정도, 위치 한정).	<u>바로</u> 앞을 보아라.
문장 부사어	• 문장 전체를 꾸며 줌. • 말하는 이의 태도를 반영함.	• <u>과연</u> 경치가 아름답구나. • <u>확실히</u> 그는 친절한 사람이다. • <u>다행스럽게도</u> 그는 많이 다치지 않았다. • <u>의외로</u> 철수가 시험에 떨어졌다.	

■ 새 가방
'새'는 품사로는 관형사이고, 문장 성분으로는 관형어이다.

■ 예쁜 가방
'예쁜'은 품사로는 형용사이고, 문장 성분으로는 관형어이다.

■ 문장 부사어는 대개 '과연, 설마, 모름지기, 확실히, 제발, 부디'와 같이 말하는 사람의 심리적 태도를 나타내는 부사들이 주류를 이룬다.

④ 부사어의 특징

　　㉠ 보조사를 비교적 자유롭게 취할 수 있다.

　　　　예 그는 밥을 빨리도 먹었다.

　　㉡ 관형어에 비해 자리 이동이 비교적 자유롭다.

　　　　예 · 그는 그녀를 무척 사랑했다.
　　　　　· 그는 무척 그녀를 사랑했다.
　　　　　· 그는 그녀를 사랑했다. 무척.

　　㉢ 부정 부사어(아니, 못)는 자리를 옮길 수 없다.

　　　　예 나는 지금 밥을 못 먹는다.

　　㉣ 관형어와 달리 단독으로 쓸 수 있다.

　　　　예 이곳에 자주 오시나요, 아님 가끔 오시나요? 가끔.

　　㉤ 필수 부사어: 용언에 따라 필수적으로 부사어를 요구하는 경우가 있다.

용언	필수 부사어	예
'같다, 다르다, 비슷하다, 닮다, 틀리다, ……' 등	'체언+과/와'로 된 부사어가 필요하다.	· 이 그림이 실물과 똑같군요. · 철수는 영희와 닮았다.
'넣다, 드리다, 두다, 던지다, 다가서다, ……' 등	'체언+에/에게'로 된 부사어가 필요하다.	· 이 편지를 우체통에 넣어라. · 영희는 철수에게 다가섰다.
수여 동사(주다 …… 등)	'체언+에게'로 된 부사어가 필요하다.	순이가 너에게 무엇을 주더냐?
'삼다, 변하다'	'체언+(으)로'로 된 부사어가 필요하다.	· 할아버지는 조카를 양자로 삼으셨다. · 물이 얼음으로 변하였다.
여기다, 다니다, 주다, 부르다, 하다, 못하다, 바뀌다, 속다, 제출하다, 맞다, 적합하다, 선출하다, 어울리다, (-으로) 만들다, 일컫다, (-이라) 이르다, (-와) 의논하다, (-에서) 살다	'체언+부사격 조사'로 된 부사어가 필요하다.	· 순희는 그를 범인으로 여겼다. · 영수는 숙제를 학교에 제출했다. · 만수는 순자와 어울린다. · 이 문제를 그와 의논했다. · 나는 부산에서 살았다.

(7) 독립어

① 개념: 문장 중의 어느 성분과도 직접적인 관련이 없는 문장 성분을 말한다.

② 독립어의 성립

　　㉠ 감탄사 단독

　　　　예 아, 드디어 끝났구나.

　　㉡ 체언 + 호격 조사(아/야)

　　　　예 철수야, 학교에 가자.

　　㉢ 문장 제시어

　　　　예 청춘, 이야말로 멋진 말이지 않은가.

■ 필수 부사어에 따라 두 자리 서술어와 세 자리 서술어가 나타날 수 있으므로, 부사어의 경우 필수 여부를 반드시 확인해야 한다.

② 문장의 종류

🔍 주 출제 유형

❶ **문장의 종류 구분:** 홑문장과 겹문장, 이어진 문장과 안은 문장
❷ **안은 문장:** 절의 종류 구분
❸ **관형절:** 동격 관형절과 관계 관형절 구분
❹ **이어진 문장:** 대등과 종속 구분

1. 홑문장과 겹문장

(1) 홑문장

주어와 서술어가 각각 하나씩 있는 문장으로 주어와 서술어의 관계가 한 번 이루어져 있는 문장을 말한다. 예 그가 집에 가다.

(2) 겹문장

한 개의 홑문장이 한 성분으로 안겨 들어가서 이루어지거나, 홑문장이 여러 개가 이어져서 여러 겹으로 된 문장을 말한다. 주어와 서술어가 2개 이상 있는 문장을 말한다.

2. 겹문장의 갈래

(1) 안은 문장

문장 속에 다른 홑문장이 성분으로 들어 있는 문장을 말한다.

예 우리는 그가 합격했음을 기뻐했다.

(2) 이어진 문장

홑문장이 이어지거나, 여러 겹으로 된 문장을 말한다.

예 우리는 밥을 먹고, 그들은 라면을 먹었다.

3. 안은 문장

(1) 안김과 안음

안긴 문장	한 문장이 절의 형태로 전체 문장 속에 한 성분으로 안김
안은 문장	속에 다른 문장을 안고 있는 겉의 전체 문장

(2) 명사절로 안김

① 역할: 문장 속에서 주어, 목적어, 보어, 부사어, 서술어 등의 역할을 한다.

■ 보어의 경우 겹문장과 문장 구조가 유사하지만 홑문장이므로 주의해야 한다.
예 • 그는 바보가 아니다. – 홑문장
  • 그는 키가 크다. – 겹문장

■ 명사절
명사절은 조사와 결합하여 여러 문장 성분을 형성하게 된다.

② 명사절의 성립

성립	예
명사형 어미 '-(으)ㅁ'이 붙은 명사절	• 그가 돈이 많음이 알려졌다. – 주어절 • 우리는 그가 성실한 학생임을 알고 있다. – 목적절
명사형 어미 '-기'가 붙은 명사절	• 어린 애가 그런 일을 하기는 쉽지 않다. – 주어절 • 네가 꼭 합격하기를 바란다. – 목적절
관형사형 어미 '-는/-ㄴ' + '것'으로 된 명사절('것' 명사절)	• 지구가 둥글다는 것이 오래 전에 증명되었다. – 주어절 • 나는 그가 성실한 것을 잘 알고 있다. – 목적절 • 기온은 식물이 자라는 것과 관계 있다. – 부사절
'-느냐/-(으)냐, -는가/-(으)ㄴ가, -는지/-(으)ㄴ지' 등의 종결 어미로 끝난 문장은 그대로 명사절로 쓰일 수 있다.	이제부터 네가 어떻게 하느냐(하는가, 할지)가 문제다. – 주어절

■ 서술절은 '주어 + 주어 + 서술어'의 형태를 취한다.
예 코끼리는(주어) 코가(주어) 길다(서술어).

(3) 서술절로 안김

① 서술절의 역할: 절 전체가 문장에서 서술어의 기능을 하게 한다.

② 서술절의 성립: 일반적으로 '주어 + 주어 + 서술어'의 형태를 취한다.

성립	예
서술절의 주어는 전체 문장의 주어의 일부분이거나 그 소유물인 경우가 많다.	• 이 책이 글씨가 너무 작다. • 코끼리는 코가 길다.

(4) 관형절로 안김

① 관형절의 역할: 절 전체가 문장 내에서 체언을 꾸미는 관형어의 역할을 한다.

② 관형절의 성립
　㉠ 긴 관형절: 종결형으로 끝난 문장 + (-고 하)는
　　예 나는 그가 우리를 위해 애썼다(고 하)는 말을 들었다.
　㉡ 짧은 관형절: 용언의 어간 + 관형사형 어미(-는, -ㄴ, -ㄹ, -던)
　　예 그가 우리를 도와 준 일을 잊지 맙시다.

③ 동격 관형절과 관계 관형절

갈래	의미	예
동격 관형절	한 문장의 성분을 갖춘 관형절로, 긴 관형절과 짧은 관형절의 일부로서 뒤에 오는 체언과 동일한 의미를 가지므로 생략이 불가능하다.	• 네가 깜짝 놀랄 일이 생겼다. • 나는 (내가) 그에게 책을 빌려준 기억이 없다.
관계 관형절	성분 중의 하나가 생략되는 관형절로서, 꾸밈을 받는 체언이 생략된 성분과 같다. 짧은 관형절로 이루어진다.	• 그는 이마에 흐르는 땀을 씻었다. 　– 주어 생략 : 땀이 • 이것이 충무공이 쓴 난중일기다. 　– 목적어 생략 : 난중일기를 • 저곳이 내가 책을 산 서점이다. 　– 부사어 생략 : 서점에서

(5) 부사절로 안김

① 부사절의 역할: 절 전체가 문장에서 부사어의 기능을 하며 주로 서술어를 수식하는 기능을 한다.

② 부사절의 성립: '-이', '-게', '-도록', '-(아)서' 등이 붙어서 부사절이 된다.

> **예** • 비가 <u>소리도 없이</u> 내린다.
> • <u>예상했던 것과 같이</u> 우리 편이 이겼다.
> • 그 아이는 <u>형과는 달리</u> 사교에 능하다.
> • 그곳은 <u>그림이 아름답게</u> 장식되어 있다.
> • 그는 <u>발에 땀이 나도록</u> 뛰었다.

(6) 인용절로 안김

① 인용절의 역할: 다른 사람의 말이나 글을 인용한 것이 절의 형식으로 안겨 있는 문장이다.

② 인용절의 성립

갈래	의미	예	
직접 인용절	직접 인용 조사 '라고', '하고'를 붙여서 만드는데, '하고'가 쓰이면 말소리나 억양까지 흉내 내는 것을 나타낸다.	• 윤희가 "난 저렇게 큰 별은 처음 봤어!"<u>라고</u> 말했다. • 영신은 "여러 학생들, 조용히 들어요!" <u>하고</u> 말했다.	
간접 인용절	간접 인용 조사 '고'를 붙여 만드는데, 본디 문장의 종결 어미가 변한다.	평서문, 감탄문	• 누구나 <u>인간은 존엄하다고</u> 믿는다. • 선생님은 <u>철수가 모범생이라고</u> 하셨다.
		의문문	• <u>비가 오느냐고</u> 물었다. • <u>날씨가 맑으냐고</u> 물었다. • <u>어떤 책이 좋은 책이냐고</u> 물었다.
		청유문	철수는 <u>이웃 돕기 성금을 걷자고</u> 제의했다.
		명령문	선생님은 <u>청소를 깨끗이 하라고</u> 강조하셨다.

4. 이어진 문장

(1) 이어진 문장의 갈래

① 대등적으로 이어진 문장: 대등적 연결 어미에 의해 이어진 문장을 말한다.

② 종속적으로 이어진 문장: 종속적 연결 어미에 의해 이어진 문장을 말한다.

(2) 대등적으로 이어진 문장

① 대등하게 이어짐: 대등적 연결 어미 '-고', '-(으)며', '-(으)나', '-지만', '-든지', '-거나' 등에 의해서 이어진 문장이다

■ 직접 인용과 간접 인용에 쓰이는 '라고'와 '고'는 조사로 붙여 써야 하고, '하고'는 용언 '하다'의 활용형이므로 띄어 써야 한다.

■ 대등적 연결 어미와 종속적 연결 어미

연결 어미	대등적	-고, -며, -자, -면서
	종속적	-면, -니, -나, -려고

■ **대등하게 이어진 문장과 종속적으로 이어진 문장의 구분**

앞뒤의 문장을 바꾸면 대등적으로 이어진 문장은 의미 차이가 없지만 종속적으로 이어진 문장은 의미가 바뀌거나 비문이 된다.

② 대등적 연결 어미의 갈래

갈래	대등적 연결 어미	예
나열	'-고', '-며'	• 형은 학교에 가고, 동생은 유치원에 간다. • 하늘도 맑고, 바람도 잠잠하다.
대조	'-지만', '-든지', '-나'	• 산으로 가든지 바다로 가든지 어서 결정합시다. • 함박눈이 내렸지만 날씨가 따뜻하다. • 절약은 부자를 만드나, 절제는 사람을 만든다.

(3) 종속적으로 이어진 문장

① 종속적으로 이어짐: 종속적 연결 어미에 의해 이어진 문장이다.

② 종속적 연결 어미의 갈래

갈래	종속적 연결 어미	예
조건 · 가정	-(으)면, -거든, -라면, -어도	만약 내가 일등을 한다면 부모님께서 기뻐하실 것이다.
이유 · 원인	-(으)니까, -(으)므로, -아서/어서	눈이 와서 길이 미끄럽다.
양보	-(으)ㄹ망정, -(으)ㄹ지 언정	비록 내가 지금은 시시할지언정 나를 무시하지 마라.
덧보탬 · 더함	-(으)ㄹ뿐더러, -(으)ㄹ수록	날이 갈수록 그의 실력은 향상되었다.
의도	-(으)려고, -고자	한라산 등반을 하려고, 우리는 아침 일찍 일어났다.
목적	-(으)러	우리는 개구리를 잡으러 산으로 힘차게 올라갔다.
어떤 일의 배경을 보임	-는데, -(으)ㄴ데	나는 일어나 학교로 가려는데, 폭풍이 거세게 몰아쳤다.
다른 일로 옮아감	-다, -다가	우리는 학교로 가다가 영화관으로 들어갔다.
결과가 예상의 반대임	-(으)나, -아도, -지마는, -라도	비록 우리가 경기에 지더라도 최선을 다해 싸우자.
어떤 상태에 이르기까지 행위가 미침	-도록, -듯이, -게	나는 밤이 깊도록 잠을 이루지 못했다.

(4) 문장의 이어짐과 단어의 이어짐

① 문장의 이어짐

㉠ 주어가 접속 조사로 이어져 있고, 이에 대한 서술어가 하나 밖에 없어도 이어진 문장이다.

> **예** 영수와 철수는 학생이다.

㉡ 목적어가 접속 조사로 이어져 있어도 이어진 문장이다.

> **예** 철수는 영어와 중국어를 할 줄 안다.

ⓒ 두 성분이 동시에 접속 조사로 연결되어 있어도 이어진 문장이다.

　　例 영수와 영희는 서울과 대구에 산다.

ⓔ 한쪽의 서술어가 생략되어 홑문장 같지만 이어진 문장이다.

　　例 영수는 국어를, 철수는 국사를 했다.

② 단어의 이어짐: 동사 '마주치다, 부딪치다, 만나다, 대면하다, 싸우다, 닮다' 등과 형용사 '같다, 비슷하다, 다르다' 등은 복합 주어를 필요로 한다. 이때는 홑문장이 된다.

　　例 • 그와 그녀가 마주쳤다.

　　　　• 그는 아버지와 비슷하다.

3 문법 요소의 의미와 기능

1. 문장의 종결

(1) 문장 종결법

① 말하는 이가 종결 어미에 의지하여, 듣는 이에게 자기의 생각을 표현하는 방식이다.

② 국어의 문장은 마지막에 오는 종결 표현으로 전체의 의미가 결정되며, 이러한 종결법에 의해 평서문, 의문문, 명령문, 청유문, 감탄문 등으로 나눌 수 있다.

(2) 문장 종결법에 의한 문장의 갈래

갈래	의미
평서문(平敍文)	말하는 이가 문장의 내용을 평범하게 진술하는 문장 유형
감탄문(感歎文)	말하는 이가 듣는 이를 거의 의식하지 않거나 독백하는 상황에서 자기의 느낌을 표현하는 문장 유형
의문문(疑問文)	말하는 이가 듣는 이에게 질문을 던짐으로써 해답을 요구하는 문장 유형
명령문(命令文)	말하는 이가 듣는 이에게 무엇을 시키거나 행동을 요구하는 문장 유형
청유문(請誘文)	말하는 이가 듣는 이에게 같이 행동할 것을 요구하는 문장 유형

(3) 평서문

일반적 진술과 응답 진술	일반적 진술: '-다'	날씨가 무척 덥다.
	응답 진술: '-다'	(철수는 자니?) 그래, 아직 잔다.
원칙 평서문	규범에 속하는 객관적 믿음을 일깨워 줄 때: '-느니라, -는다/-ㄴ다'	바른 말을 해야 되느니라.
확인 평서문	주관적 믿음을 표시. 주로 독백에 쓰임. : '-렷-(-리엇-), -것-'	그가 한 말이 틀림없으렷다.
약속 평서문	자기의 의사를 상대방에게 베풀어 그 실현을 기꺼이 약속할 때 쓰임. : '-(으)마, -리-'	내년엔 꼭 그 책을 사 주마.

(4) 감탄문

'-구나' 계열의 감탄문	'서술격 조사 + 로구나', '형용사 + 구나' → '이구나'는 비표준어다.	• 네가 벌써 고등학생이로구나! • 달도 참 밝구나!
'-어라' 계열의 감탄문	상대방을 아주 의식치 않는 독백에 서 나타남. → 대체로 형용사와 결합 하며, 화자 자신의 느낌을 감동적으로 표현할 때 쓴다. 놀라움, 슬픔의 감정 을 표현하는 감탄사와 함께 쓰인다.	• 추워라! 추워! • 아이고, 추워(라)!

(5) 의문문

① 진술 의도에 따라

■ 설명 의문문은 의문사와 함께 쓰
인다.

■ 문학 작품에서 반어(수사) 의문문
이 사용되면 설의법이라고 볼 수
있다.

판정 의문문	듣는 이에게 긍정, 부정의 대답 을 요구한다.	너도 지금 떠나겠느냐?
설명 의문문	어떤 사실에 대하여 구체적인 정 보의 설명을 요구한다.	지금 거기서 무엇을 하니?
반어(수사) 의문문	수사적으로 의문의 효과를 지니 며, 겉으로 나타난 의미와 반대 되는 뜻을 지닌다.	너한테 장난감 하나 못 사 줄까?
감탄 의문문	감탄의 뜻을 지니며, 의미를 존 중하여 느낌표를 붙인다.	그렇게만 된다면 얼마나 좋을까!
명령 의문문	'명령, 금지, 권고'의 뜻을 지닌다.	• 빨리 문을 못 닫겠느냐? - 명령 • 그 일에 왜 참견입니까? - 금지 • 빨리 가지 못하겠느냐? - 강한 권고

② 내용에 따라

부정문에 의한 의문문 (부정 의문문)	철수는 집에 가지 않았니? ╱
확인을 위한 의문문 (확인 의문문)	철수는 갔지 않니? ╲ - 긍정을 가정한 부정 의문문

(6) 명령문

■ 직접 명령과 간접 명령
• 하다 - 해라(직접)/하라(간접)
• 되다 - 돼라(직접)/되라(간접)
• 말다 - 말아라, 마라(직접)/말라
(간접)

직접 명령문	얼굴을 맞대고 하는 명령문, 특정 대상을 지칭한다. → '-아(어)라'	빨리 가 보아라.
간접 명령문	신문, 시험지 등의 매체를 통한 명령문, 대 상이 불분명하다. → '-(으)라'	알맞은 답을 고르라.

(7) 청유문

말하는 이가 듣는 이에게 같이 행동할 것을 제안	빨리 가자. 차 시간이 얼마 안 남았다.
말하는 이의 행동 수행을 제안	나도 한 마디 하자.
말 듣는 이의 행동 수행을 촉구	표 좀 빨리 팝시다.

2. 시간 표현(시제와 동작상)

(1) 시제(時制)

말하는 이가 발화시를 기준으로 하여 사건시의 앞뒤를 제한하는 것을 말한다.

(2) 시제의 갈래

① 절대적 시제

㉠ 발화시를 기준으로 하여 결정되는 시제를 말한다.

㉡ 종결형에서 표시된다.

② 상대적 시제

㉠ 전체 문장의 사건시에 기대어 상대적으로 결정하는 시제를 말한다.

㉡ 관형사형이나 연결형에서 표시된다.

> **예** 철수는 청소하는 누나를 도왔다.
> → 절대적 시제는 '도왔다'를 통해 과거임을 알 수 있고, 상대적 시제는 '청소하는'을 통해 현재임을 알 수 있다.

(3) 시제의 표현

① 현재 시제: 발화시와 사건시가 일치할 때를 말한다.

표현 방법	종결형: 동사 + '-는-/-ㄴ-'. 형용사, 서술격 조사 단독	• 그는 지금 책을 읽는다. • 하늘이 푸르다. • 이것은 책상이다.
	관형사형: 동사 어간 + '-는', 형용사, 서술격 조사 + '-(으)ㄴ'	이처럼 예쁜(예쁘+ㄴ) 꽃은 처음이다.

② 과거 시제: 사건시가 발화시보다 앞설 때의 시제를 말한다.

표현 방법	종결형: 동사, 형용사, 서술격 조사 어간 + '-았-/-었-'	오늘은 정말 열심히 공부를 하였다.
	관형사형: 동사 어간 + '-(으)ㄴ'	나는 어제 읽은 책의 내용을 잊을 수 없었다.
	회상의 선어말 어미 '-더-'	• 그는 집에서 공부하더라. • 그것은 제가 읽던 책입니다. • 아까 어떤 분이 찾아오셨더군요.

③ 미래 시제: 사건시가 모두 발화시 이후일 때의 시제를 말한다.

표현 방법	선어말 어미 '-겠-'	미래 시제 표현		내일은 이 일을 꼭 끝내겠다.
		양태적 의미 표현	추측	내일도 비가 오겠다.
			의지	내가 먼저 가겠다. - 평서문 1인칭, 의문문 2인칭
			가능성	니도 그것은 알겠다.
		현재의 사건 추측		지금은 고향에도 벚꽃이 피겠다.
		과거의 사건 추측		고향에는 벌써 살구꽃이 피었겠다.

■ 사건시와 발화시
• 사건시: 사건이나 상황이 일어난 시간이다.
• 발화시: 문장을 말한 시간으로 항상 현재이다.

■ 종결형으로 결정되는 시제는 절대적 시제이고, 관형사형으로 결정되는 시제는 상대적 시제이다. 특히, 절대적 시제는 시제 선어말 어미에 의해 결정된다.

■ '-겠-'의 용법
• 미래
• 추측
• 의지
• 가능성

| 표현 방법 | '-ㄹ'(관형사 형 미래 시 제) → '-ㄹ 것', '-ㄹ 때' …… | 미래 시제 표현 | 내일은 그가 올 것이다. |
| | | 시간 표시어 앞에 쓰여 특정한 시제로 해석되지 않을 때도 있다. | 우리 모두 합격할 때까지 노력하자. |

(5) 동작상(動作相)

문장 안에서 동작의 양상을 표시하는 문법적 사실을 말한다(보조적 연결 어미와 보조 용언의 결합).

갈래	형태	예
완료상	'-아/-어 있다'	철수는 의자에 앉아 있다.
진행상	'-고 있다', '-는 중이다', '-어 가다', '-곤 하다'	• 철수는 책을 읽고 있다. • 순희는 집에 가는 중이다.
예정상	'-게 되다', '-게 하다', '-고 자 하다'	만수는 내일 집에 가고자 한다.

■ 진행형 문장은 경우에 따라 중의적 문장이 될 수 있다.

3. 피동과 사동

(1) 피동 표현

① 피동 표현
  ㉠ 주어가 다른 주체에 의해서 동작을 당하는 것을 나타내는 것을 말한다.
  ㉡ 주어가 동작을 제힘으로 하는 것을 나타내는 능동 표현과 반대 개념이다.

② 피동문의 실현 방법: 능동문의 주어는 피동문의 부사어가 되고('에게/에'나 '에 의해(서)'의 형태), 능동문의 목적어는 피동문의 주어가 된다.
  예 • 고양이가 쥐를 물었다. - 능동문
       주어   목적어 능동사
     • 쥐가 고양이에게 물렸다. - 피동문
       주어   부사어   피동사

■ 피동과 사동의 경우 접사가 결합 이 되면 그 단어는 모두 파생어가 된다.

③ 피동문의 종류

파생적 피동문	능동사의 어간 + 피동 접미사 '-이-, -히-, -리-, -기-, -되다'	• 벽에 걸려 있는 시계가 보였다. • 도둑이 경찰에 붙잡혔다. • 어디서 음악 소리가 들린다. • 아이가 어머니 품에 안겼다. • 안건이 만장일치로 가결되었다.
통사적 피동문	'-어지다', '-게 되다'를 활용함.	• 이 펜은 글씨가 잘 써진다. • 곧 사실이 드러나게 된다.

■ 피동의 반대는 능동이고, 사동의 반 대는 주동이다. 이때 능동과 주동은 아무 관계가 없다.

④ 피동문과 능동문의 제약: 능동을 피동으로 또는 피동을 능동으로 바꾸지 못 하거나, 바꾸었을 때 그 의미가 달라지거나 어색한 경우가 있다.
  예 철호가 꾸중을 들었다. - 능동문
    → *꾸중이 철호에게 들렸다. - 피동문이 성립하지 않음.

(2) 사동 표현

① 사동 표현: 주어가 남에게 동작을 하도록 시키는 것을 나타내는 것으로, 주어가 동작을 직접 하는 것을 나타내는 주동 표현의 반대 개념이다.

② 사동문의 실현 방법

  ㉠ 주동사가 형용사나 자동사일 때: 주동문의 주어가 사동문의 목적어가 됨.

  ㉡ 주동사가 타동사일 때: 주동문의 주어는 사동문의 부사어가 되고('에게/에'나 '로 하여금'의 형태), 주동문의 목적어는 그대로 목적어가 되며, 사동문의 주어는 새로 도입됨.

  예 • 길이 넓다. – 주동문
    　　주어 서술어(형용사)

  • 철수가 책을 읽는다. – 주동문
    　　주어　목적어 서술어(타동사)

  • 사람들이 길을 넓혔다. – 사동문
    　　주어　목적어 서술어(사동사)

  • 선생님이 철수에게 책을 읽힌다. – 사동문
    　　주어　　부사어　목적어 서술어(사동사)

③ 사동문의 종류

파생적 사동문	주동사의 어간 + 사동 접미사 '–이–, –히–, –리–, –기–, –우–, –구–, –추–, –시키다'	• 누나가 동생에게 죽을 먹였다. • 엄마가 아기에게 옷을 입혔다. • 동생이 운동장에서 연을 날렸다. • 피에로가 사람들을 웃겼다. • 할머니가 손자를 재우셨다. • 폭염이 아스팔트를 달궜다. • 출발 시간을 9시에서 10시로 늦췄다. • 공장의 폐수가 강물을 오염시켰다.
통사적 사동문	'–게 하다'를 활용함.	엄마가 아이에게 옷을 입게 했다.

(3) 피동과 사동의 오류

① 피동의 오류: '–이–/–히–/–리–/–기–' + '–어지다'의 표현은 이중 피동으로 문법상 오류에 해당한다. 또한 '–되어지다'의 경우 '–되다'와 '–어지다'가 결합된 이중 피동에 해당한다.

  예 • 그는 천재로 불려졌다.(X) – 그는 천재로 불렸다.(O)

  • 앞으로 상황이 좋아질 것으로 보여집니다.(X) – 앞으로 상황이 좋아질 것으로 보입니다.(O)

  • 나뉘어진 대한민국(X) – 나뉜 대한민국(O)

  • 생각되어지다(X) – 생각되다(O)

② 사동의 오류: '–하다'를 쓸 수 있는 말에 '–시키다'를 쓰는 것으로 불필요한 사동 표현으로 문법상 오류에 해당한다.

  예 • 내가 친구를 소개시켜 줄게.(X) – 내가 친구를 소개해줄게.(O)

  • 가동시키다(X) – 가동하다(O)

  • 교육시키다(X) – 교육하다(O)

■ 접미사 '-이-/-히-/-리-/-기-' 가 쓰이고 목적어가 있어도 피동이 될 수 있다. 이때는 문장의 의미를 통해 파악해야 한다.
예 그는 선배에게 돈을 빼앗겼다. – 피동

■ 국어의 부정은 문법적 개념이지 의미적 개념이 아니다. 따라서 부정적 의미가 있다고 해서 부정문이 되는 것이 아니다.
예 유식하다 – 무식하다(부정이 아님)/유식하지 않다(부정)

(4) 접미사 '-이-/-히-/-리-/-기-' 피동과 사동 구분: 목적어 유무에 따라 파악한다.

　예 먹이다(사동) – 먹히다(피동)

4. 부정

(1) 부정문의 갈래

갈래	긴 부정문	짧은 부정문
'안' 부정문	-지 아니하다	안 + 용언
'못' 부정문	-지 못하다	못 + 동사

(2) '안' 부정문

① 개념: 의지에 의한 행동 부정

② '안' 부정문의 성립

'안' 부정문의 성립	형태	예
서술어가 명사일 때의 부정	'이다' → '가/이 아니다'	철수는 학생이다. → 철수는 학생이 아니다.
긴 부정문의 성립	용언 → 용언 어간 + '-지 않다(아니하다)'	• 윤희는 예쁘다. → 윤희는 예쁘지 않다. • 철수가 시골에 갔다. → 철수가 시골에 가지 아니하였다.
짧은 부정문의 성립	서술어가 명사일 때: 성립 안 됨.	*철수는 안 학생 회장이다.
	서술어가 용언일 때: '안' + 용언	철수가 시골에 안 갔다.

(3) '못' 부정문

① 개념: 능력의 부정

② '못' 부정문의 성립

'못' 부정문의 성립	형태	예
긴 부정문의 성립	동사의 어간 + '-지 못하다'	나는 학교에 갔다. → 나는 학교에 가지 못했다.
짧은 부정문의 성립	'못' + 동사	나는 학교에 갔다. → 나는 학교에 못 갔다.

(4) 부정문의 해석: 중의적으로 해석될 수 있다.

　예 • 나는 그를 안 때렸다. → 다른 사람이 때렸다. / 다른 사람을 때렸다. / 때린 것 이외의 행동을 했다.

　　 • 내가 철수를 못 만났다. → 내가 못 만난 사람은 철수다. / 철수를 만나지 못한 것은 나다. / 만남 이외의 다른 행동을 했다.

(5) 명령문과 청유문의 부정: 명령과 청유문을 부정할 때에는 '말다' 부정문이 사용된다.

'말다' 부정문의 성립	형태	예
명령문	동사의 어간 + '-지 말다'	여기서 담배를 <u>피우지</u> 말아라/말아/마라/마.
청유문	동사의 어간 + '-지 말다'	여기서 담배를 <u>피우지</u> 말자.

5. 높임법

(1) 높임법의 갈래

① 주체 높임법

㉠ 개념: 문장에서 서술어로 표현되는 동작이나 상태의 주체, 즉 주어를 높인다. 이때 말하는 이는 주체 높임의 대상이 되지 않는다.

㉡ 주체 높임의 표현: 용언의 어간에 높임의 선어말 어미 '-시-'를 결합하여 실현한다. 또한 경우에 따라 특수 어휘를 사용하기도 한다. 조사는 '께서'를 사용한다.

갈래	의미		예
직접 높임	문장의 주체를 직접적으로 높임.		할아버지께서 고향에 가신다.
간접 높임	직접적인 높임의 대상이 아니더라도, 전체 문장의 주어가 높임의 대상이면 '-시-'를 붙여서 간접적으로 높임.	높여야 할 대상의 신체 부분, 소유물을 높임.	할머니께서는 귀가 밝으십니다.
		높여야 할 대상과 관계 깊은 것을 높여서 관심과 친밀감을 표시함.	형님은 직장이 가까우시다.

② 객체 높임법: 대상의 객체인 목적어와 부사어를 높이는 높임법을 말한다. 객체를 높일 때에는 부사격 조사 '에게'가 '께'로 바뀐다. 또한 서술어로 특수 어휘를 사용한다.

예 • 나는 어머니께 선물을 드렸다.

• 나는 어머니를 모시고 학교에 갔다.

③ 상대 높임법: 청자를 높이는 높임법을 말한다. 상대 높임법은 종결 표현에 의해서 실현된다.

㉠ 격식체(格式體): 말하는 이와 말 듣는 이 사이의 거리가 멀 때 쓰는 높임법으로, 공식적, 의례적, 직접적, 단정적, 객관적인 높임법이다.

갈래	형태	예
해라체 (아주 낮춤)	-(는/ㄴ)다, -(느)냐, -(는)구나, -자, -어라	어서 빨리 집으로 <u>가거라</u>.
하게체 (보통 낮춤)	-네, -(는)ㄴ가, -(는)구먼, -세, -게	어서 빨리 집으로 <u>가게</u>.

■ 2015년 12월에 발표되어 2016년 1월 1일부터 시행되는 표준어 추가 결과에 따라 '말아라/말아/마라/마'가 모두 표준어로 인정되었다.

■ 나 자신은 객체 높임의 대상이 될 수 없다.
예 궁금한 것은 나에게 여쭤 보세요.(X) - 저에게 물어 보세요.(O)

■ 압존법
가족 간에 청자 중심주의가 적용되는 높임법을 말한다. 주체가 화자보다 높더라도 청자가 주체보다 높을 경우 주체를 낮추는 높임법이다. 사적 관계에서만 적용되므로 회사에서는 사용할 수 없다.
예 할아버지, 아버지께서 오셨습니다.(X) - 할아버지, 아버지가 왔습니다.(O)

갈래	형태	예
하오체 (보통 높임)	–오, –(는)구료	어서 빨리 집으로 가오.
합쇼체 (아주 높임)	–습니다/–ㅂ니다, –습니까/ –ㅂ니까, –(으)시오	어서 빨리 집으로 가십시오.

ⓛ 비격식체(非格式體): 말하는 이와 말 듣는 이가 가까울 때 쓰는 높임법으로, 비공식적, 비의례적, 비단정적, 주관적, 부드러운 높임법을 말한다.

갈래	형태	예
해체 (두루 낮춤)	–아/–어, –지, –을까	철수야, 빨리 가.
해요체 (두루 높임)	–아/어요, –지요, –을까요	잘 가요. 안녕히 가세요.

구분		평서법	의문법	명령법	청유법	감탄법
격식체	하십 시오체	합니다	합니까?	하십시오	(하시지요)	–
	하오체	하오	하오?	하오, 하구려	합시다	하는구려
	하게체	하네, 함세	하는가?, 하나?	하게	하세	하는구먼
	해라체	한다	하냐?, 하니?	해라	하자	하는구나
비 격식체	해요체	해요, 하지요	해요?, 하지요?	해요, 하지요	해요, 하지요	해요, 하지요
	해체 (반말)	해, 하지	해?, 하지?	해, 하지	해, 하지	해, 하지

③ 높임과 낮춤의 중화: 인쇄물의 '하라체'는 독자를 낮추는 뜻이 없는 것으로 일종의 간접 명령문으로 취급한다.

예 표준말을 쓰라. 알맞은 답을 쓰라.

01 다음 문장에 대한 설명으로 바르지 않은 것은?

2016. 소방

보기

내가 동생한테 용돈을 주었다.

① 어절의 개수는 4개이다.
② 음절의 개수는 12개이다.
③ 단어의 개수는 7개이다.
④ 자음, 모음, 자음으로 이루어진 음절은 7개이다.

풀이 ④ '동/생/한/돈' 또는 '동/생/한/늘'의 4개이다.
오답 ① 어절: 내가/동생한테/용돈을/주었다, ② 음절: 내/가/동/생/한/테/용/돈/을/주/었/다. ③ 단어: 내/가/동생/한테/용돈/을/주었다

02 다음 중 서술어의 자릿수가 다른 것은?

2015. 경기 소방

① 그는 연극을 보았다.
② 정직은 보배와 같다.
③ 그녀는 정말 예쁘다.
④ 이것은 정답이 아니다.

풀이 '그녀는 정말 예쁘다'의 '예쁘다'는 주어만 필요로 하는 한 자리 서술어이다.
오답 ① 주어와 목적어가 필요한 두 자리 서술어, ② 주어와 부사어가 필요한 두 자리 서술어, ④ 주어와 보어가 필요한 두 자리 서술어이다.

03 다음 중 겹문장이 아닌 것은?

2006. 경북 소방

① 철수와 영희 둘이서 오늘 약혼했다.
② 코끼리는 코가 길다.
③ 철수는 밥을 먹었고, 순이는 차를 마셨다.
④ 엄마에게 기분이 좋은 일이 생겼다.

풀이 '약혼하다'는 대칭 서술어로 필수 부사어를 필요로 한다. 따라서 '철수와'의 '와'는 접속 조사가 아니라 부사격 조사이다. 그러므로 겹문장이 아니라 홑문장이다.
오답 ② 서술절을 안은 문장. ③ 대등하게 이어진 문장, ④ 관형절을 안은 문장이다.

04 다음 중 겹문장이 아닌 것은?

2012. 통합 소방

① 그가 도리어 미소를 지었다.
② 수진이가 천재임을 밝혀졌다.
③ 할아버지께서는 인정이 많으시다.
④ 철수가 그린 그림이 특선으로 뽑혔다.

풀이 ① 홑문장, ② 명사절을 안은 문장, ③ 서술절을 안은 문장, ④ 관형절을 안은 문장이다.

정답 01 ④ 02 ③ 03 ① 04 ①

05 다음 중 문장의 짜임새가 다른 것은?

2008. 부산 소방

① 생각했던 것과 같이 우리 학교가 이겼다.
② 철수는 형과는 달리 운동을 잘한다.
③ 그는 우리가 돌아온 사실을 모른다.
④ 호랑이가 소리도 없이 다가왔다.

풀이 ③ '우리가 돌아온'이 관형절로 안긴 문장이다. ①, ②, ④는 부사절을 안은 문장이다.

06 다음 중 수사 의문문이 아닌 것은?

2015. 통합 소방

① 이 고장 특산물이 무엇인가요?
② 내가 널 못 당할쏘냐?
③ 이 사무실 공기가 좀 탁하지 않니?
④ 이 땅에 태어나서 내가 할 일이 없을쏘냐?

풀이 수사 의문문은 수사적으로 의문의 효과를 지니며, 겉으로 나타난 의미와 반대되는 뜻을 지니는 의문문을 말한다. ① 의문사가 있는 의문문으로 설명 의문문이다.

07 다음 중 문장의 종류가 다른 하나는?

2010. 중앙 소방

① 그 사람은 아들이 소방관이다.
② 서울과 부산은 인구가 많다.
③ 선화와 은주가 만났다.
④ 철수는 불어와 영어와 독어를 할 줄 안다.

풀이 ③ 필수 부사어를 가진 홑문장이다. ①, ②, ④는 겹문장이다.

정답 05 ③ 06 ① 07 ③

08 다음 문장에서 '주체 높임, 상대 높임, 객체 높임'이 모두 사용된 문장은?

2017. 소방

① 제 동생은 이웃집 아주머니께 깍듯하게 인사를 해요.

② 아버지께서 할아버지께 진지 드시라고 말씀하셨어요.

③ 우리 어머니께서는 식사를 하실 때마다 늘 정갈하게 드시고는 해.

④ 선생님께서 우리 어머니를 만나시고는 내 칭찬을 얼마나 많이 하셨는지 몰라.

> **풀이** 아버지께서(주체), 할아버지께(객체), -하셨어요(상대)
> **오답** ① 아주머니께(객체), 해요(상대), ③ 어머니께서는(주체), ④ 선생님께서(주체)

09 다음 중 이중 사동 접미사가 아닌 것은?

2011. 서울 소방

① 아이의 잠을 재우다.

② 물을 채우다.

③ 밥을 먹이다.

④ 나를 세우다.

> **풀이** '먹이다'는 '먹다'에 사동 접미사 '-이-'가 결합된 파생어이다.
> **오답** ① 재우다-자+이+우+다, ② 채우다-차+이+우+다, ④ 세우다-서+이+우+다

10 다음 중 주체 높임법에 해당하지 않는 것은?

2013. 경기 소방

① 형이 할머니를 모시고 간다.

② 아버지께서 약주를 드신다.

③ 할아버지는 내일 약속이 있으시다.

④ 할머니는 오늘 댁에서 주무신다.

> **풀이** ①은 높임의 대상이 '할머니'로 목적어이므로 주체 높임법이 아니라 객체 높임법이다.

정답 08 ② 09 ③ 10 ①

제2장 어문 규정

제1절 표준어 규정

제1부 표준어 사정 원칙

제1장 총칙

제1항 표준어는 교양 있는 사람들이 두루 쓰는 현대 서울말로 정함을 원칙으로 한다.

1. 조선어 학회가 1933년 '한글 맞춤법 통일안' 총론 제2항에서 정한 "표준말은 대체로 현재 중류 사회에서 쓰는 서울말로 한다."가 바뀐 것이다. '표준말'을 '표준어'로, '중류 사회'를 '교양 있는 사람들'로, '현재'를 '현대'로 바꾸었다.

제2항 외래어는 따로 사정한다.

1. 외래어 표기법은 문교부 고시 제85-11호(1986. 1. 7.)로 공표되었다. 외래어 표기법은 외국의 고유 명사의 표기까지 포괄하는 표기법으로서 표준어 규정과는 성격을 달리한다.

제2장 발음 변화에 따른 표준어 규정

제1절 자음

제3항 다음 단어들은 거센소리를 가진 형태를 표준어로 삼는다.(ㄱ을 표준어로 삼고, ㄴ을 버림.)

ㄱ	ㄴ	비 고
끄나풀	끄나불	
나팔-꽃	나발-꽃	
녘	녁	동~, 들~, 새벽~, 동틀 ~.
부엌	부억	
살-쾡이	삵-괭이	
칸	간	1. ~막이, 빈~, 방 한 ~. 2. '초가삼간, 윗간'의 경우에는 '간'임.
털어-먹다	떨어-먹다	재물을 다 없애다.

1. '나발꽃'이 '나팔꽃'으로 바뀌었으나 '나발'과 '나팔'은 각각 독립적으로 쓰인다.
2. '삵괭이'의 발음 [삭꽹이]는 언어 현실과 다르므로 '살쾡이'로 현실화하였다. 제26항에는 '살쾡이/삵'과 같이 복수 표준어를 인정하고, '삵피'는 종래대로 그대로 두었다.

■ 표준어 사정 기준
• 계층적 기준: 교양 있는 사람들
• 시대적 기준: 현대
• 지역적 기준: 서울말

■ 거센소리
ㅋ, ㅌ, ㅍ, ㅊ

3. '칸'과 '간'의 구분에서 '칸'은 공간(空間)의 구획이나 넓이를 나타내며, '간(間)'은 '초가 삼간, 대하천간(大厦千間)' 등 관습적인 표현에만 쓰기로 하였다. 그 결과 '일등 칸, 한 칸 벌린다' 등 일반적인 용법에서는 '칸'만 쓰기로 된 것이다.

제4항 다음 단어들은 거센소리로 나지 않는 형태를 표준어로 삼는다.(ㄱ을 표준어로 삼고, ㄴ을 버림.)

ㄱ	ㄴ	비 고
가을-갈이	가을-카리	
거시기	거시키	
분침	푼침	

■ '분침'은 '分針'이다.

제5항 어원에서 멀어진 형태로 굳어져서 널리 쓰이는 것은, 그것을 표준어로 삼는다.(ㄱ을 표준어로 삼고, ㄴ을 버림.)

ㄱ	ㄴ	비 고
강낭-콩	강남-콩	
고삿	고샅	겉~, 속~.
사글-세	삭월-세	'월세'는 표준어임.
울력-성당	위력-성당	떼를 지어서 으르고 협박하는 일.

■ '지붕을 이을 때에 쓰는 새끼'와 '좁은 골목이나 길'을 다 함께 '고샅'으로 써 오던 것을 분화시켜 앞의 것을 '고삿'으로 바꾼 것이다.

다만, 어원적으로 원형에 더 가까운 형태가 아직 쓰이고 있는 경우에는, 그것을 표준어로 삼는다.(ㄱ을 표준어로 삼고, ㄴ을 버림.)

ㄱ	ㄴ	비 고
갈비	가리	~구이, ~찜, 갈빗-대.
갓모	갈모	1. 사기 만드는 물레 밑 고리. 2. '갈모'는 갓 위에 쓰는, 유지로 만든 우비.
굴-젓	구-젓	
말-곁	말-겻	
물-수란	물-수랄	
밀-뜨리다	미-뜨리다	
적-이	저으기	적이-나, 적이나-하면.
휴지	수지	

1. '강남콩(江南~)'은 '남비(제9항)'와 함께 이미 어원을 인식하지 않고, '강낭콩, 냄비'로 쓰이고 있는 언어 현실을 그대로 반영한 것이다.

2. '월세(月貰)'의 딴 말인 '삭월세'를 '朔月貰'의 뜻으로 잡아 '사글세'란 말과 함께 써 오던 것을 '朔月貰'는 단순한 한자 취음일 뿐으로 취할 바가 못 된다 하여 '사글세'만을 표준어로 삼은 것이다.

3. '적이'는 의미적으로 '적다'와는 멀어졌다. 그 때문에 그동안 한편으로는 '저으기'가 널리 보급되기도 하였다. 그러나 '적다'와의 관계를 부정할 수 없어 이것을 인정하는 쪽으로 결정하였다.

제6항 다음 단어들은 의미를 구별함이 없이, 한 가지 형태만을 표준어로 삼는다. (ㄱ을 표준어로 삼고, ㄴ을 버림.)

ㄱ	ㄴ	비 고
돌	돐	생일, 주기.
둘–째	두–째	'제2, 두 개째'의 뜻.
셋–째	세–째	'제3, 세 개째'의 뜻.
넷–째	네–째	'제4, 네 개째'의 뜻.
빌리다	빌다	1. 빌려주다, 빌려 오다. 2. '용서를 빌다'는 '빌다'임.

다만, '둘째'는 십 단위 이상의 서수사에 쓰일 때에 '두째'로 한다.

ㄱ	ㄴ	비 고
열두–째		열두 개째의 뜻은 '열둘째'로.
스물두–째		스물두 개째의 뜻은 '스물둘째'로.

■ 스물두째 생일이다. / 이 채점 답안 지는 스물둘째 답안지이다.

1. '돌'은 생일, '돐'은 '한글 반포 500돐'처럼 주기의 의미로 세분해 썼던 것을, 그러한 구분이 얼마간 인위적인데다가 불필요한 세분이라 판단되어 '돌' 하나로 통합한 것이다.
2. '두째, 세째'는 '첫째'와 함께 차례를, '둘째, 셋째'는 '하나째'와 함께 수량을 나타내는 것으로 구분하여 왔다. 그러나 언어 현실에서 이와 같은 구분 역시 인위적인 것으로 판단되어 '둘째, 셋째'로 통합한 것이다. 따라서 앞으로 '두째, 세째, 네째'와 같은 표기는 어느 경우에도 볼 수 없게 되었다. 다만, 차례를 나타내는 말로 '열두째, 스물두째, 서른두째' 등 '두째' 앞에 다른 수가 올 때에는 받침 'ㄹ'이 분명히 탈락하는 언어 현실을 살려 부득이 종래의 구분을 살렸다.
3. '빌다'에는 '乞, 祝'의 뜻이 있기에, '借'의 뜻으로는 '빌려 오다', '貸'의 뜻으로는 '빌려 주다'로 하여, '빌리다'에는 '借, 貸'의 뜻이 다 들어 있는 것으로 처리한 것이다.

제7항 수컷을 이르는 접두사는 '수–'로 통일한다.(ㄱ을 표준어로 삼고, ㄴ을 버림.)

ㄱ	ㄴ	비 고
수–꿩	수–퀑/숫–꿩	'장끼'도 표준어임.
수–나사	숫–나사	
수–놈	숫–놈	
수–사돈	숫–사돈	
수–소	숫–소	'황소'도 표준어임.
수–은행나무	숫–은행나무	

다만 1. 다음 단어에서는 접두사 다음에서 나는 거센소리를 인정한다. 접두사 '암–'이 결합되는 경우에도 이에 준한다.(ㄱ을 표준어로 삼고, ㄴ을 버림.)

ㄱ	ㄴ	비 고
수–캉아지	숫–강아지	

ㄱ	ㄴ	비 고
수—캐	숫—개	
수—컷	숫—것	
수—키와	숫—기와	
수—탉	숫—닭	
수탕나귀	숫—당나귀	
수—톨쩌귀	숫—돌쩌귀	
수—퇘지	숫—돼지	
수—평아리	숫—병아리	

다만 2. 다음 단어의 접두사는 '숫—'으로 한다.(ㄱ을 표준어로 삼고, ㄴ을 버림.)

ㄱ	ㄴ	비 고
숫—양	수—양	
숫—염소	수—염소	
숫—쥐	수—쥐	

1. '암—수'의 '수'는 역사적으로 명사 '숳'이었다. 오늘날 '수캐, 수탉' 등에 받침 'ㅎ'의 자취가 남아 있다. 그러나 오늘날 '숳'은 명사로 쓰는 일은 '암수'라는 복합어 정도 이외에는 거의 없어지고 접두사로만 쓰이게 되었다. 〈표준어 규정〉에서는 [다만 1]에 제시된 단어만 거센소리 형태를 표준으로 인정하였다. 또한 발음상 사이시옷과 비슷한 소리가 있다고 판단하여 [다만 2]의 단어만을 '숫—'의 형태로 인정하게 되었다.

제2절 모음

제8항 양성 모음이 음성 모음으로 바뀌어 굳어진 다음 단어는 음성 모음 형태를 표준어로 삼는다.(ㄱ을 표준어로 삼고, ㄴ을 버림.)

ㄱ	ㄴ	비 고
깡충—깡충	깡총—깡총	큰말은 '껑충껑충'임.
—둥이	—동이	←童-이. 귀-, 막-, 선-, 쌍-, 검-, 바람-, 흰-.
발가—숭이	발가—송이	센말은 '빨가숭이', 큰말은 '벌거숭이, 뻘거숭이'임.
보퉁이	보통이	
봉죽	봉족	←奉足. ∼꾼, ∼들다.
뻗정—다리	뻗장—다리	
아서, 아서라	앗아, 앗아라	하지 말라고 금지하는 말.
오뚝—이	오똑—이	부사도 '오뚝—이'임.
주추	주초	←柱礎. 주춧—돌.

다만, 어원 의식이 강하게 작용하는 다음 단어에서는 양성 모음 형태를 그대로 표준어로 삼는다.(ㄱ을 표준어로 삼고, ㄴ을 버림.)

■ 현대 국어에 와서 모음 조화는 상당히 문란해지는 경향을 보인다.

ㄱ	ㄴ	비 고
부조(扶助)	부주	~금, 부좃~술.
사돈(査頓)	사둔	밭~, 안~.
삼촌(三寸)	삼춘	시~, 외~, 처~.

1. 종래의 '깡총깡총'은 언어 현실에 따라 '깡충깡충'으로 했다. 그리고 '오똑이'도 명사나 부사에서 다 '오뚝이'로 했다.
2. '-둥이, 발가송이, 보통이'도 음성 모음화를 인정하여 '-둥이, 발가숭이, 보퉁이'로 했다.
3. '봉족(奉足), 주초(柱礎)'는 한자어로서의 형태를 인식하지 않고 쓸 때 '봉죽, 주추'와 같이 음성 모음 형태를 인정하였다.
4. '뻗정다리'는 언어 현실의 수용이다.
5. 종래의 금지사(禁止辭) '앗아, 앗아라'는 '빼앗는다'는 원뜻과는 멀어져 단지 하지 말라는 뜻이므로 발음대로 쓰기로 하고, 다시 언어 현실에 따라 음성 모음 형태를 취하여 '아서, 아서라'로 한 것이다.

제9항 'ㅣ' 역행 동화 현상에 의한 발음은 원칙적으로 표준 발음으로 인정하지 아니하되, 다만 다음 단어들은 그러한 동화가 적용된 형태를 표준어로 삼는다.(ㄱ을 표준어로 삼고, ㄴ을 버림.)

ㄱ	ㄴ	비 고
-내기	-나기	서울-, 시골-, 신출-, 풋-.
냄비	남비	
동댕이-치다	동당이-치다	

[붙임 1] 다음 단어는 'ㅣ' 역행 동화가 일어나지 아니한 형태를 표준어로 삼는다.(ㄱ을 표준어로 삼고, ㄴ을 버림.)

ㄱ	ㄴ	비 고
아지랑이	아지랭이	

[붙임 2] 기술자에게는 '-장이', 그 외에는 '-쟁이'가 붙는 형태를 표준어로 삼는다.(ㄱ을 표준어로 삼고, ㄴ을 버림.)

ㄱ	ㄴ	비 고
미장이	미쟁이	
유기장이	유기쟁이	
멋쟁이	멋장이	
소금쟁이	소금장이	
담쟁이-덩굴	담장이-덩굴	
골목쟁이	골목장이	
발목쟁이	발목장이	

■ 역행 동화
뒤 자음의 영향으로 앞 자음이 바뀐다.

1. '-나기'는 서울에서 났다는 뜻의 '서울나기'는 그대로 쓰임직하나 '신출나기, 풋나기'는 어색하므로 일률로 '-내기'로 한 것이다.

2. '남비'는 일본어 '나베'(鍋)에서 온 말이라 하여 원형을 의식해서 처리했던 것이나, 이제 와서는 제5항에서 '강남콩'을 '강낭콩'으로 처리한 것과 마찬가지로 '냄비'로 한 것이다.

3. '-장이'는 '장인(匠人)'이란 뜻이 살아 있는 말은 '-장이'로, 그 외는 '-쟁이'로 하기로 한 것이다. 따라서 '미장[泥匠], 유기장(鍮器匠)'은 '미장이, 유기장이'로 한 것이다. 갓을 만드는 것을 업으로 하는 사람은 '갓장이', 갓을 멋들어지게 쓰는 사람은 '멋쟁이'의 경우에 준하여 '갓쟁이'로 분화되는 것이다.

제10항 다음 단어는 모음이 단순화한 형태를 표준어로 삼는다.(ㄱ을 표준어로 삼고, ㄴ을 버림.)

ㄱ	ㄴ	비 고
괴팍-하다	괴퍅-하다/괴팩-하다	
-구먼	-구면	
미루-나무	미류-나무	←美柳~.
미륵	미력	←彌勒. ~보살, ~불, 돌~.
여느	여늬	
온-달	왼-달	만 한 달.
으레	으례	
케케-묵다	켸켸-묵다	
허우대	허위대	
허우적-허우적	허위적-허위적	허우적-거리다.

1. '미류나무(美柳~)'는 어원적으로 분명히 '미류~'인데 이제 '미류~'라는 발음은 듣지 못하게 되었다. '으레' 역시 원래 '의례(依例)'에서 '으례'가 되었던 것인데 '례'의 발음이 '레'로 바뀌었고, 나머지들도 모두 모음이 단순화된 예들이다. 그러한 변화를 수용하여 새 형태를 표준어로 삼은 것이다.

제11항 다음 단어에서는 모음의 발음 변화를 인정하여, 발음이 바뀌어 굳어진 형태를 표준어로 삼는다.(ㄱ을 표준어로 삼고, ㄴ을 버림.)

ㄱ	ㄴ	비 고
-구려	-구료	
깍쟁이	깍정이	1. 서울 ~, 알~, 찰~. 2. 도토리, 상수리 등의 받침은 '깍정이'임.
나무라다	나무래다	
미수	미시	미숫-가루.
바라다	바래다	'바램[所望]'은 비표준임.
상추	상치	~쌈.
시러베-아들	실업의-아들	

■ '괴퍅하다'는 발음도 '괴팍하다'로 바뀌었다. 그런데 같은 계열의 단어로서 '강퍅하다, 퍅하다, 퍅성' 등은 '괴팍하다' 만큼 자주 쓰이지 않는 단어이므로 현실적으로 별 문제를 일으키지 않을 것이므로 빠진 것이다.

■ '깍정이 → 깍쟁이'는 'ㅣ' 역행 동화의 일종이나 '깍젱이'가 아니라 '깍쟁이'를 표준어로 삼았다. 비고에서 보듯이 도토리 등의 '깍정이'는 그대로 두었다.

ㄱ	ㄴ	비 고
주책	주착	←主着. ~망나니, ~없다.
지루-하다	지리-하다	←支離.
튀기	트기	
허드레	허드래	허드렛-물, 허드렛-일.
호루라기	호루루기	

1. '-구려'와 '-구료'는 미묘한 의미차가 있는 듯도 하나 확연치 않아 '-구려' 쪽만 살린 것이다.
2. '나무래다, 바래다'는 방언으로 해석하여 '나무라다, 바라다'를 표준어로 삼았다. 그런 데 근래 '바라다'에서 파생된 명사 '바람'을 '바램'으로 쓰는 경향이 있다. '바람[風]'과 의 혼동을 피하려는 심리 때문인 듯하다. 그러나 동사가 '바라다'인 이상 그로부터 파 생된 명사가 '바램'이 될 수는 없어, 비고에서 이를 명기하였다.
3. '미수 → 미시'나 '상추 → 상치'는 치찰음 다음에서의 'ㅣ' 모음화로 보고 '미수, 상추' 를 표준어로 삼은 것이며, '튀기 → 트기'는 모음의 단순화 현상일 터인데 아직 원형이 쓰이고 있다고 보아 제10항에서와는 달리 '튀기'를 표준어로 삼은 것이다.
4. '주책(←주착, 主着), 지루하다(←지리하다, 支離)'는 한자어 어원으로 버리고 변한 형 태를 취한 것이다.
5. '시러베아들(←실업의아들), 허드레(←허드래), 호루라기(←호루루기)'는 현실 발음을 받아들인 것이다.

제12항 '웃-' 및 '윗-'은 명사 '위'에 맞추어 '윗-'으로 통일한다.(ㄱ을 표준어로 삼고, ㄴ을 버림.)

ㄱ	ㄴ	비 고
윗-넓이	웃-넓이	
윗-눈썹	웃-눈썹	
윗-니	웃-니	
윗-당줄	웃-당줄	
윗-덧줄	웃-덧줄	
윗-도리	웃-도리	
윗-동아리	웃-동아리	준말은 '윗동'임.
윗-막이	웃-막이	
윗-머리	웃-머리	
윗-목	웃-목	
윗-몸	웃-몸	~운동.
윗-바람	웃-바람	
윗-배	웃-배	
윗-벌	웃-벌	
윗-변	웃-변	수학 용어.

ㄱ	ㄴ	비 고
윗–사랑	웃–사랑	
윗–세장	웃–세장	
윗–수염	웃–수염	
윗–입술	웃–입술	
윗–잇몸	웃–잇몸	
윗–자리	웃–자리	
윗–중방	웃–중방	

다만 1. 된소리나 거센소리 앞에서는 '위–'로 한다.(ㄱ을 표준어로 삼고, ㄴ을 버림.)

ㄱ	ㄴ	비 고
위–짝	웃–짝	
위–쪽	웃–쪽	
위–채	웃–채	
위–층	웃–층	
위–치마	웃–치마	
위–턱	웃–턱	~구름[上層雲].
위–팔	웃–팔	

다만 2. '아래, 위'의 대립이 없는 단어는 '웃–'으로 발음되는 형태를 표준어로 삼는다.
(ㄱ을 표준어로 삼고, ㄴ을 버림.)

ㄱ	ㄴ	비 고
웃–국	윗–국	
웃–기	윗–기	
웃–돈	윗–돈	
웃–비	윗–비	~걷다.
웃–어른	윗–어른	
웃–옷	윗–옷	

1. 명사 '위'에 사이시옷이 결합된 것으로 해석하여 '윗'을 기본으로 삼았다.
2. 다만, 된소리나 거센소리 앞에서는 사이시옷을 쓰지 않기로 한 한글 맞춤법의 규정에 맞추었다.

제13항 한자 '구(句)'가 붙어서 이루어진 단어는 '귀'로 읽는 것을 인정하지 아니하고, '구'로 통일한다.(ㄱ을 표준어로 삼고, ㄴ을 버림.)

ㄱ	ㄴ	비 고
구법(句法)	귀법	
구절(句節)	귀절	

■ 된소리나 거센소리 앞에서는 사이 시옷을 붙이지 않는다.
예 나루터 / 뒤쪽 / 위층

■ 웃옷과 윗옷
• 웃옷 ↔ 아래옷(X): '웃옷'은 겉옷을 의미한다.
• 윗옷 ↔ 아래옷(O): '윗옷'은 상의를 의미한다.

■ 句: 글귀 구

ㄱ	ㄴ	비 고
구점(句點)	귀점	
결구(結句)	결귀	
경구(警句)	경귀	
경인구(警人句)	경인귀	
난구(難句)	난귀	
단구(短句)	단귀	
단명구(短命句)	단명귀	
대구(對句)	대귀	~법(對句法).
문구(文句)	문귀	
성구(成句)	성귀	~어(成句語).
시구(詩句)	시귀	
어구(語句)	어귀	
연구(聯句)	연귀	
인용구(引用句)	인용귀	
절구(絕句)	절귀	

다만, 다음 단어는 '귀'로 발음되는 형태를 표준어로 삼는다.(ㄱ을 표준어로 삼고, ㄴ을 버림.)

ㄱ	ㄴ	비 고
귀-글	구-글	
글-귀	글-구	

1. 종래 '구'와 '귀'로 혼동이 심했던 '句'의 음을 '구'로 통일한 것이다.
2. 다만, '句'의 훈과 음은 '글귀 구'이다. 따라서 '글귀, 귀글'의 경우는 예외로 한다.

제3절 준말

제14항 준말이 널리 쓰이고 본말이 잘 쓰이지 않는 경우에는, 준말만을 표준어로 삼는다.(ㄱ을 표준어로 삼고, ㄴ을 버림.)

ㄱ	ㄴ	비 고
귀찮다	귀치 않다	
김	기음	~매다.
똬리	또아리	
무	무우	~강즙, ~말랭이, ~생채, 가랑~, 갓~, 왜~, 총각~.
미다	무이다	1. 털이 빠져 살이 드러나다. 2. 찢어지다.
뱀	배암	

ㄱ	ㄴ	비 고
뱀–장어	배암–장어	
빔	비음	설~, 생일~.
샘	새암	~바르다, ~바리.
생–쥐	새앙–쥐	
솔개	소리개	
온–갖	온–가지	
장사–치	장사–아치	

1. 이론적으로만 존재하는, 또는 사전에서만 밝혀져 있을 뿐 현실 언어에서는 전혀 또는 거의 쓰이지 않게 된 본말을 표준어에서 제거하고 준말만으로 표준어로 삼은 것이다. 가령 '귀치 않다'나 '온가지'는 현실 언어에서 사라진 지 오래고 '귀찮다, 온갖'이 유일한 형태로 쓰어 왔다. 준말 형태를 취한 이들 말 중 2음절이 1음절로 된 음절은 대개 긴소리로 발음된다. 그러나 '귀찮다, 솔개, 온갖, 장사치'에서는 짧은 소리로 난다.

제15항 준말이 쓰이고 있더라도, 본말이 널리 쓰이고 있으면 본말을 표준어로 삼는다.(ㄱ을 표준어로 삼고, ㄴ을 버림.)

ㄱ	ㄴ	비 고
경황–없다	경–없다	
궁상–떨다	궁–떨다	
귀이–개	귀–개	
낌새	낌	
낙인–찍다	낙–하다/낙–치다	
내왕–꾼	냉–꾼	
돗–자리	돗	
뒤웅–박	뒹–박	
뒷물–대야	뒷–대야	
마구–잡이	막–잡이	
맵자–하다	맵자다	모양이 제격에 어울리다.
모이	모	
벽–돌	벽	
부스럼	부럼	정월 보름에 쓰는 '부럼'은 표준어임.
살얼음–판	살–판	
수두룩–하다	수둑–하다	
암–죽	암	
어음	엄	
일구다	일다	

ㄱ	ㄴ	비 고
죽–살이	죽–살	
퇴박–맞다	퇴–맞다	
한통–치다	통–치다	

[붙임] 다음과 같이 명사에 조사가 붙은 경우에도 이 원칙을 적용한다.(ㄱ을 표준어로 삼고, ㄴ을 버림.)

ㄱ	ㄴ	비 고
아래–로	알–로	

1. '귀개'는 '귀이개'와 더불어 복수 표준어로 인정해 줄 법도 하나 '귀개'로 표기하면 단음으로 읽힐 염려도 있어 '귀이개' 만을 취하였다.
2. '마음 → 맘', '다음 → 담'의 준말은 표준어로 인정되어 있는데 '어음 → 엄'은 인정하지 않았다. '어음'은 사무적인 용어인 만큼 '맘, 담'과 같은 생활 용어보다는 정확을 기할 필요가 있어 '엄'을 취하지 않은 것이다.

제16항 준말과 본말이 다 같이 널리 쓰이면서 준말의 효용이 뚜렷이 인정되는 것은, 두 가지를 다 표준어로 삼는다.(ㄱ은 본말이며, ㄴ은 준말임.)

ㄱ	ㄴ	비 고
거짓–부리	거짓–불	작은말은 '가짓부리, 가짓불'임.
노을	놀	저녁~.
막대기	막대	
망태기	망태	
머무르다	머물다	모음 어미가 연결될 때에는 준말의 활용형을 인정하지 않음.
서두르다	서둘다	
서투르다	서툴다	
석새–삼베	석새–베	
시–누이	시–뉘/시–누	
오–누이	오–뉘/오–누	
외우다	외다	외우며, 외워: 외며, 외어.
이기죽–거리다	이죽–거리다	
찌꺼기	찌끼	'찌꺽지'는 비표준어임.

1. '외우다/외다'는 복수 표준어로 인정되었지만, '개다/개이다'는 인정되지 않았다. '개이다'의 경우 단순한 잘못된 발음으로 판단하였기 때문이다.
2. 비고란에 "모음 어미가 연결될 때에는 준말의 활용형을 인정하지 않음."이라고 단서를 붙여 준말의 활용형에 제한을 가하고 있는데, '가지다'의 준말 '갖다'의 모음 어미 활용형 '갖아, 갖아라, 갖았다, 갖으오, 갖은' 따위가 성립하지 않는 현상에 유추하여 준말의 활용형을 제한한 것이다. 따라서 '머물어, 서둘어서, 서툴었다'는 '머물러, 서둘러서, 서툴렀다'로 표기하는 것이 옳다.

■이 경우 가능한 경우도 많다.
예 • 이리로 – 일로
  • 저리로 – 절로
  • 조리로 – 졸로
  • 그리고 – 글로

■ 머무르다/서두르다/서투르다
• 머무른(O) – 머문(O)
• 서두른(O) – 서둔(O)
• 서투른(O) – 서툰(O)
• 머물러(O) – 머물어(X)
• 서둘러(O) – 서둘어(X)
• 서툴러(O) – 서툴어(X)

3. '머무르다'와 같은 형인 '짓무르다'는 준말 '짓물다'형을 인정하지 않았다. '무르다'가
   '물다'로 줄 수 없는 것과 같은 이유에서다.

제4절 단수 표준어

제17항 비슷한 발음의 몇 형태가 쓰일 경우, 그 의미에 아무런 차이가 없고, 그
       중 하나가 더 널리 쓰이면, 그 한 형태만을 표준어로 삼는다.(ㄱ을 표준
       어로 삼고, ㄴ을 버림.)

ㄱ	ㄴ	비 고
거든–그리다	거둥–그리다	1. 거든하게 거두어 싸다. 2. 작은말은 '가든–그리다'임.
구어–박다	구워–박다	사람이 한 군데에서만 지내다.
귀–고리	귀엣–고리	
귀–띔	귀–틤	
귀–지	귀에–지	
까딱–하면	까땍–하면	
꼭두–각시	꼭둑–각시	
내색	나색	감정이 나타나는 얼굴빛.
내숭–스럽다	내흉–스럽다	
냠냠–거리다	얌냠–거리다	냠냠–하다.
냠냠–이	얌냠–이	
너[四]	네	~돈, ~말, ~발, ~푼.
넉[四]	너/네	~냥, ~되, ~섬, ~자.
다다르다	다닫다	
댑–싸리	대–싸리	
더부룩–하다	더뿌룩–하다/듬뿌룩–하다	
–던	–든	선택, 무관의 뜻을 나타내는 어미는 '–든'임. 가–든(지) 말–든(지), 보–든(가) 말–든(가).
–던가	–든가	
–던걸	–든걸	
–던고	–든고	
–던데	–든데	
–던지	–든지	
–(으)려고	–(으)ㄹ려고/–(으)ㄹ라고	
–(으)려야	–(으)ㄹ려야/–(으)ㄹ래야	
망가–뜨리다	망그–뜨리다	
멸치	며루치/메리치	

ㄱ	ㄴ	비 고
반빗–아치	반비–아치	'반빗' 노릇을 하는 사람. 찬비(饌婢). '반비'는 밥 짓는 일을 맡은 계집종.
보습	보십/보섭	
본새	뽄새	
봉숭아	봉숭화	'봉선화'도 표준어임.
뺨–따귀	뺌–따귀/뺨–따구니	'뺨'의 비속어임.
뻐개다[斫]	뻐기다	두 조각으로 가르다.
뻐기다[誇]	뻐개다	뽐내다.
사자–탈	사지–탈	
상–판대기	쌍–판대기	
세[三]	세/석	～돈, ～말, ～발, ～푼.
석[三]	세	～냥, ～되, ～섬, ～자.
설령(設令)	서령	
–습니다	–읍니다	먹습니다, 갔습니다, 없습니다, 있습니다, 좋습니다, 모음 뒤에는 '–ㅂ니다'임.
시름–시름	시늠–시늠	
씀벅–씀벅	썸벅–썸벅	
아궁이	아궁지	
아내	안해	
어–중간	어지–중간	
오금–팽이	오금–탱이	
오래–오래	도래–도래	돼지 부르는 소리.
–올시다	–올습니다	
옹골–차다	공골–차다	
우두커니	우두머니	작은말은 '오도카니'임.
잠–투정	잠–투세/잠–주정	
재봉–틀	자봉–틀	발～, 손～.
짓–무르다	짓–물다	
짚–북데기	짚–북세기	'짚북더기'도 비표준어임.
쪽	짝	편(便). 이～, 그～, 저～, 다만, '아무–짝'은 '짝'임.
천장(天障)	천정	'천정부지(天井不知)'는 '천정'임.
코–맹맹이	코–맹녕이	
흉–업다	흉–헙다	

■ '씀벅씀벅'은 '쓰벅쓰벅'의 뜻으로는 버리나 '잘 드는 칼에 쉽사리 계속해서 베어지는 모양이나 그 소리'의 뜻으로는 표준어.

1. 복수 표준어로 인정하려면 그 발음 차이가 이론적으로 설명되든가 두 형태가 비등하게 널리 쓰이든가 하여야 하는데, 여기에서 처리한 것들은 두 형태를 다 표준어로 인정하면 국어를 풍부하게 하는 쪽보다는 혼란을 야기한다고 판단되는 것이어서 단수 표준어로 처리한 것이다.

2. '구어박다(←구워박다)'는 '사람이 한군데서만 지내다'의 뜻으로 쓰일 경우 원뜻과 멀어져 원형을 안 밝힌 것이다.

3. '−습니다'는 종래 '−습니다, −읍니다' 두 가지로 적고 '−습니다' 쪽이 더 깍듯한 표현이라고 해 왔으나, 이 규정에서는 '−습니다'와 '−읍니다' 사이의 그러한 의미차가 확연하지 않고 일반 구어(口語)에서 '−습니다'가 훨씬 널리 쓰인다고 판단하여 '−습니다' 쪽으로 통일한 것이다. '−올습니다, −올시다'에서도 마찬가지 이유로 '−올시다'를 표준어로 삼았다.

제6절 복수 표준어

제18항 다음 단어는 ㄱ을 원칙으로 하고, ㄴ도 허용한다.

ㄱ	ㄴ	비고
네	예	
쇠−	소−	−가죽, −고기, −기름, −머리, −뼈.
괴다	고이다	물이~, 밑을~.
꾀다	꼬이다	어린애를~, 벌레가~.
쐬다	쏘이다	바람을~.
죄다	조이다	나사를~.
쬐다	쪼이다	볕을~.

1. 대답하는 말 '네/예'에서 지금까지는 '예'만을 표준어로 인정하였으나 서울말에서는 오히려 '네'가 더 보편적으로 쓰여 왔고 또 쓰이고 있으므로 그것을 앞에 내세워 '예'와 함께 쓰기로 한 것이다.

2. '쇠/소−'에서 '쇠−'는 전통적 표현이나 '소−'도 우세해져 두 가지를 다 쓰게 한 것이다.

제19항 어감의 차이를 나타내는 단어 또는 발음이 비슷한 단어들이 다 같이 널리 쓰이는 경우에는, 그 모두를 표준어로 삼는다.(ㄱ, ㄴ을 모두 표준어로 삼음.)

ㄱ	ㄴ	비 고
거슴츠레−하다	게슴츠레−하다	
고까	꼬까	~신, ~옷.
고린−내	코린−내	
교기(驕氣)	갸기	교만한 태도.
구린−내	쿠린−내	
꺼림−하다	께름−하다	
나부랭이	너부렁이	

1. 어감(語感)의 차이를 나타내는 것으로 판단되어 복수 표준어로 인정된 단어들이다. 어감의 차이가 있다는 것은 엄밀히 별개의 단어라고 할 수 있으나 워낙 기원을 같이 하는 단어이면서 그 어감의 차이가 미미한 것이어서 복수 표준어로 처리한 것이다.
2. '나부랭이/너부렁이'에서 '너부렁이'를 '나부랭이'에 견주어 '너부렝이'로 처리하지 않은 것은 언어 현실이 아직 거기까지 이르지 않은 것으로 판단하였기 때문이다.

제3장 어휘 선택의 변화에 따른 표준어 규정

제1절 고어

제20항 사어(死語)가 되어 쓰이지 않게 된 단어는 고어로 처리하고, 현재 널리 사용되는 단어를 표준어로 삼는다.(ㄱ을 표준어로 삼고, ㄴ을 버림.)

ㄱ	ㄴ	비 고
난봉	봉	
낭떠러지	낭	
설거지-하다	설겆다	
애달프다	애닯다	
오동-나무	머귀-나무	
자두	오얏	

1. '설겆다'를 버린 것은 '설겆어라, 설겆으니, 설겆더니'와 같은 활용형이 안 쓰여 어간 '설겆-'을 추출해 낼 길이 없기 때문이었다. 그리하여 명사 '설거지'를 '설겆-'에서 파생된 것으로 보지 않고 (따라서 표기도 '설겆이'로 하지 않고) 원래부터의 명사로 처리하고 '설거지하다'는 이 명사에 '-하다'가 결합된 것으로 해석하였다.
2. '애닯다'는 노래 등에는 '애닯다 어이하리' 식으로 쓰이고 있으나 고어(古語)의 잔재일 뿐 이 용언 역시 '애닯으니, 애닯아서, 애닯은(/애달운)' 등의 활용형이 실현되는 일이 없어 고어로 처리하고 '애달파서, 애달픈' 등의 활용형을 가진 '애달프다'를 표준어로 삼았다.
3. '머귀나무'는 '오동나무'의 뜻으로는 버리나 '운향과에 딸린 갈잎 큰키나무'의 뜻으로는 표준어다.

제2절 한자어

제21항 고유어 계열의 단어가 널리 쓰이고 그에 대응되는 한자어 계열의 단어가 용도를 잃게 된 것은, 고유어 계열의 단어만을 표준어로 삼는다.(ㄱ을 표준어로 삼고, ㄴ을 버림.)

ㄱ	ㄴ	비 고
가루-약	말-약	
구들-장	방-돌	
길품-삯	보행-삯	
까막-눈	맹-눈	
꼭지-미역	총각-미역	

■ '오얏'은 '李 오얏 리' 등에 남아 있으나 역시 고어의 화석화일 뿐 현대 국어의 일원으로 쓰이지 않아 고어로 처리하였다.

ㄱ	ㄴ	비 고
나뭇-갓	시장-갓	
늙-다리	노-닥다리	
두껍-닫이	두껍-창	
떡-암죽	병-암죽	
마른-갈이	건-갈이	
마른-빨래	건-빨래	
메-찰떡	반-찰떡	
박달-나무	배달-나무	
밥-소라	식-소라	큰 놋그릇.
사래-논	사래-답	묘지기나 마름이 부쳐 먹는 땅.
사래-밭	사래-전	
삯-말	삯-마	
성냥	화-곽	
솟을-무늬	솟을-문(~紋)	
외-지다	벽-지다	
움-파	동-파	
잎-담배	잎-초	
잔-돈	잔-전	
조-당수	조-당죽	
죽데기	피-죽	'죽더기'도 비표준어임.
지겟-다리	목-발	지게 동발의 양쪽 다리.
짐-꾼	부지-군(負持-)	
푼-돈	분-전/푼-전	
흰-말	백-말/부루-말	'백마'는 표준어임.
흰-죽	백-죽	

1. 본 항의 한자어들은 우리 국어 생활에서 그 쓰임을 보기 어렵게 되었기 때문에 정리
된 것이다. 대응되는 고유어 계열이 더 자연스러운 국어로 느껴져 더 큰 세력을 얻은
결과일 것이다.

제22항 고유어 계열의 단어가 생명력을 잃고 그에 대응되는 한자어 계열의 단어
가 널리 쓰이면, 한자어 계열의 단어를 표준어로 삼는다.(ㄱ을 표준어로
삼고, ㄴ을 버림.)

ㄱ	ㄴ	비 고
개다리-소반	개다리-밥상	
겸-상	맞-상	

■ 한자 표기
• 개다리-소반(小盤)
• 겸상(兼床)
• 고봉(高捧)-밥
• 단(單)-벌
• 민망(憫惘)-스럽다/면구(面灸)-스
럽다
• 방(房)-고래
• 부항(附缸)-단지
• 수삼(水蔘)
• 심(心)-돋우개
• 양(洋)-파
• 윤(閏)-달
• 장력(壯力)-세다
• 제석(祭席)
• 총각(總角)-무
• 칫(齒)-솔, 포수(砲手)

ㄱ	ㄴ	비 고
고봉-밥	높은-밥	
단-벌	홑-벌	
마방-집	마바리-집	馬房~.
민망-스럽다/면구-스럽다	민주-스럽다	
방-고래	구들-고래	
부항-단지	뜸-단지	
산-누에	멧-누에	
산-줄기	멧-줄기/멧-발	
수-삼	무-삼	
심-돋우개	불-돋우개	
양-파	둥근-파	
어질-병	어질-머리	
윤-달	군-달	
장력-세다	장성-세다	
제석	젯-돗	
총각-무	알-무/알타리-무	
칫-솔	잇-솔	
포수	총-댕이	

제3절 방언

제23항 방언이던 단어가 표준어보다 더 널리 쓰이게 된 것은, 그것을 표준어로 삼는다. 이 경우, 원래의 표준어는 그대로 표준어로 남겨 두는 것을 원칙으로 한다.(ㄱ을 표준어로 삼고, ㄴ도 표준어로 남겨 둠.)

ㄱ	ㄴ	비고
멍게	우렁쉥이	
물-방개	선두리	
애-순	어린-순	

1. '멍게/우렁쉥이'에서 '우렁쉥이'가 표준어이나 '멍게'가 더 널리 쓰이게 됨에 따라 표준어로 삼은 것이다.

제24항 방언이던 단어가 널리 쓰이게 됨에 따라 표준어이던 단어가 안 쓰이게 된 것은, 방언이던 단어를 표준어로 삼는다.(ㄱ을 표준어로 삼고, ㄴ을 버림.)

ㄱ	ㄴ	비 고
귀밑-머리	귓-머리	
까-뭉개다	까-무느다	

ㄱ	ㄴ	비 고
막상	마기	
빈대–떡	빈자–떡	
생인–손	생안–손	준말은 '생–손'임.
역–겹다	역–스럽다	
코–주부	코–보	

1. '빈자떡'은 이제 '빈대떡'에 완전히 밀려 쓰이지 않게 되었다고 판단되어 방언이던 '빈대떡'만 표준어로 남긴 것이다. '역스럽다'를 버리고 '역겹다'만 살린 것도 그렇고 나머지도 마찬가지다.
2. '코주부'는 만화 주인공의 이름에서 세력을 얻은 것이라 생각되는데 어떻든 '코보'를 밀어내고 표준어 자리를 차지하게 되었다.
3. '생인손(←생안손)'에서 '생으로 앓게 된 손(가락)'이란 뜻의 '생안손'보다 '생인손'이 더 보편적으로 쓰이게 된 것을 현실화한 것이다. 손가락 모양이 새앙처럼 생긴 '새앙손이'(제25항)와는 구별해서 써야 한다.

제4절 단수 표준어
제25항 의미가 똑같은 형태가 몇 가지 있을 경우, 그중 어느 하나가 압도적으로 널리 쓰이면, 그 단어만을 표준어로 삼는다.(ㄱ을 표준어로 삼고, ㄴ을 버림.)

ㄱ	ㄴ	비 고
–게끔	–게시리	
겸사–겸사	겸지–겸지/겸두–겸두	
고구마	참–감자	
고치다	낫우다	병을～.
골목–쟁이	골목–자기	
광주리	광우리	
괴통	호구	자루를 박는 부분.
국–물	멀–국/말–국	
군–표	군용–어음	
길–잡이	길–앞잡이	'길라잡이'도 표준어임.
까치–발	까치–다리	선반 따위를 받치는 물건.
꼬창–모	말뚝–모	꼬챙이로 구멍을 뚫으면서 심는 모.
나룻–배	나루	'나루[津]'는 표준어임.
납–도리	민–도리	
농–지거리	기롱–지거리	다른 의미의 '기롱지거리'는 표준어임.
다사–스럽다	다사–하다	간섭을 잘하다.

ㄱ	ㄴ	비 고
다오	다구	이리~.
담배-꽁초	담배-꼬투리/담배-꽁치/ 담배-꽁추	
담배-설대	대-설대	
대장-일	성냥-일	
뒤져-내다	뒤어-내다	
뒤통수-치다	뒤꼭지-치다	
등-나무	등-칡	
등-때기	등-떠리	'등'의 낮은말.
등잔-걸이	등경-걸이	
떡-보	떡-충이	
똑딱-단추	딸꼭-단추	
매-만지다	우미다	
먼-발치	먼-발치기	
며느리-발톱	뒷-발톱	
명주-붙이	주-사니	
목-메다	목-맺히다	
밀짚-모자	보릿짚-모자	
바가지	열-바가지/열-박	
바람-꼭지	바람-고다리	튜브의 바람을 넣는 구멍에 붙은, 쇠로 만든 꼭지.
반-나절	나절-가웃	
반두	독대	그물의 한 가지.
버젓-이	뉘연-히	
본-받다	법-받다	
부각	다시마-자반	
부끄러워-하다	부끄리다	
부스러기	부스럭지	
부지깽이	부지팽이	
부항-단지	부항-항아리	부스럼에서 피고름을 빨아내기 위하여 부항을 붙이는 데 쓰는 자그마한 단지.
붉으락-푸르락	푸르락-붉으락	
비켜-덩이	옆-사리미	김맬 때에 흙덩이를 옆으로 빼내는 일, 또는 그 흙덩이.
빙충-이	빙충-맞이	작은말은 '뱅충이'.
빠-뜨리다	빠-치다	'빠트리다'도 표준어임.

- '등나무/등칡'의 '등칡'은 '등나무'의 뜻으로는 버리나 '쥐방울과에 속하는 갈잎 덩굴나무'의 뜻으로는 표준어다.

- '반나절/나절가웃'의 '나절가웃'은 '반나절'의 뜻으로는 버리나 '하루의 3/4'이라는 뜻으로는 표준어로 두었다.

- '붉으락푸르락/푸르락붉으락'은 두 개가 다 인정될 법도 하나 '오락가락'이나 '들락날락'이 '가락오락'이나 '날락들락'이 되지 못하듯이 이 종류의 합성어에는 일정한 어순(語順)이 있는 까닭에 더 널리 쓰이는 '붉으락푸르락'만 표준어로 삼은 것이다. '쥐락펴락/펴락쥐락'의 경우 전자만을 표준어로 삼은 것도 마찬가지다.

ㄱ	ㄴ	비 고
뻣뻣–하다	왜긋다	
뽐–내다	느물다	
사로–잠그다	사로–채우다	자물쇠나 빗장 따위를 반 정도만 걸어 놓다.
살–풀이	살–막이	
상투–쟁이	상투–꼬부랑이	상투 튼 이를 놀리는 말.
새앙–손이	생강–손이	
샛–별	새벽–별	
선–머슴	풋–머슴	
섭섭–하나	애운–하다	
속–말	속–소리	국악 용어 '속소리'는 표준어임.
손목–시계	팔목–시계/팔뚝–시계	
손–수레	손–구루마	'구루마'는 일본어임.
쇠–고랑	고랑–쇠	
수도–꼭지	수도–고동	
숙성–하다	숙–지다	
순대	골–집	
술–고래	술–꾸러기/술–부대/술–보/술–푸대	
식은–땀	찬–땀	
신기–롭다	신기–스럽다	'신기–하다'도 표준어임.
쌍동–밤	쪽–밤	
쏜살–같이	쏜살–로	
아주	영판	
안–걸이	안–낚시	씨름 용어.
안다미–씌우다	안다미–시키다	제가 담당할 책임을 남에게 넘기다.
안쓰럽다	안–슬프다	
안절부절–못하다	안절부절–하다	
앉은뱅이–저울	앉은–저울	
알–사탕	구슬–사탕	
암–내	곁땀–내	
앞–지르다	따라–먹다	
애–벌레	어린–벌레	
얕은–꾀	물탄–꾀	
언뜻	펀뜻	

ㄱ	ㄴ	비 고
언제나	노다지	
얼룩–말	워라–말	
열심–히	열심–으로	
입–담	말–담	
자배기	너벅지	
전봇–대	전선–대	
쥐락–펴락	펴락–쥐락	
–지만	–지만서도	← –지마는.
짓고–땡	지어–땡/짓고–땡이	
짧은–작	짜른–작	
찹–쌀	이–찹쌀	
청대–콩	푸른–콩	
칡–범	갈–범	

1. '–게끔/–게시리'의 '–게시리'는 꽤 많이 쓰이는 편이나 역시 방언 냄새가 짙다고 판단되어 표준어에서 버렸다. 더구나 이들과 같은 의미의 어미로 '–도록'이 널리 쓰이고 있어 '–게끔' 하나만 추가하는 것으로 족하다고 판단한 것이다.

2. '고치다/낫우다'의 '낫우다'는 일부 방언에서만 쓰이고 서울에서는 전혀 쓰이지 않아 표준어로 인정되지 않았다.

3. '다오/다구'는 어감의 차이를 동반하면서 다 쓰일 수도 있을 법하나 역시 '다오'가 정상적인 단어로 인정되어 '다구'는 버렸다.

4. '안절부절못하다/안절부절하다'의 '안절부절하다'는 부정사(不定詞)를 빼고 쓰면서도 의미는 반대가 되지 않고 부정사가 있는 '안절부절못하다'와 같은 의미로 쓰이는 특이한 용법인데, 오용(誤用)으로 판단되어 표준어로 인정하지 않은 것이다.

5. '–지만/–지만서도'의 '–지만서도'도 '–게시리'와 마찬가지로 꽤 널리 쓰이는 편이나 방언 냄새가 짙다 하여 표준어에서 제거하였다.

6. 의미 풀이
   ① 대장일: 대장간에서 쇠붙이를 다루어 기구(器具)를 만드는 일
   ② 며느리발톱: 사람의 새끼발톱 바깥쪽에 붙은 작은 발톱이나, 새 또는 길짐승의 뒷발톱
   ③ 부각: 다시마를 기름에 튀긴 반찬
   ④ 빙충이: 똑똑하지 못하고 어리석게 수줍어하기만 하는 사람
   ⑤ 살풀이: 타고난 살(煞)을 미리 막는 굿
   ⑥ 새앙손이: 손가락의 모양이 새앙처럼 생긴 사람
   ⑦ 안쓰럽다: 손아랫사람이나 형편이 넉넉지 못한 사람에게 폐를 끼치거나 도움을 받아 썩 미안하고 딱함('안'의 어원이 불분명하므로 '–스럽다'를 밝히지 아니하고 소리 나는 대로 적은 것).
   ⑧ 입담: 말재주나 말솜씨

⑨ 자배기: 운두가 과히 높지 않고 아가리가 둥글넓적한 질그릇
⑩ 짓고땡: 노름 방식의 하나
⑪ 짧은작: 길이가 짧은 화살

제5절 복수 표준어

제26항 한 가지 의미를 나타내는 형태 몇 가지가 널리 쓰이며 표준어 규정에 맞
으면, 그 모두를 표준어로 삼는다.

복수 표준어	비 고
가는-허리/잔-허리	
가락-엿/가래-엿	
가뭄/가물	
가엾다/가엽다	가엾어/가여워, 가엾은/가여운.
감감-무소식/감감-소식	
개수-통/설거지-통	'설겆다'는 '설거지하다'로.
개숫-물/설거지-물	
갱-엿/검은-엿	
-거리다/-대다	가물-, 출렁-.
거위-배/횟-배	
것/해	내~, 네~, 뉘~.
게을러-빠지다/게을러-터지다	
고깃-간/푸줏-간	'고깃-관, 푸줏-관, 다림-방'은 비표준어임.
곰곰/곰곰-이	
관계-없다/상관-없다	
교정-보다/준-보다	
구들-재/구재	
귀퉁-머리/귀퉁-배기	'귀퉁이'의 비어임.
극성-떨다/극성-부리다	
기세-부리다/기세-피우다	
기승-떨다/기승-부리다	
깃-저고리/배내-옷/배냇-저고리	
꼬까/때때/고까	~신, ~옷.
꼬리-별/살-별	
꽃-도미/붉-돔	
나귀/당-나귀	
날-걸/세-뿔	윷판의 쨀밭 다음의 셋째 밭.
내리-글씨/세로-글씨	
넝쿨/덩굴	'덩쿨'은 비표준어임.

복수 표준어	비 고
녘/쪽	동~, 서~.
눈-대중/눈-어림/눈-짐작	
느리-광이/느림-보/늘-보	
늦-모/마냥-모	← 만이앙-모.
다기-지다/다기-차다	
다달-이/매-달	
-다마다/-고말고	
다박-나룻/다박-수염	
닭의-장/닭-장	
댓-돌/툇-돌	
덧-창/겉-창	
독장-치다/독판-치다	
동자-기둥/쪼구미	
돼지-감자/뚱딴지	
되우/된통/되게	
두동-무니/두동-사니	윷놀이에서, 두 동이 한데 어울려 가는 말.
뒷-갈망/뒷-감당	
뒷-말/뒷-소리	
들락-거리다/들랑-거리다	
들락-날락/들랑-날랑	
딴-전/딴-청	
땅-콩/호-콩	
땔-감/땔-거리	
-뜨리다/-트리다	깨-, 떨어-, 쏟-.
뜬-것/뜬-귀신	
마룻-줄/용총-줄	돛대에 매어 놓은 줄, ‘이어줄’은 비표준어임.
마-파람/앞-바람	
만장-판/만장-중(滿場中)	
만큼/만치	
말-동무/말-벗	
매-갈이/매-조미	
매-통/목-매	
먹-새/먹음-새	‘먹음-먹이’는 비표준어임.
멀찌감치/멀찌가니/멀찍이	
멱-통/산-멱/산-멱통	

복수 표준어	비 고
면-치레/외면-치레	
모-내다/모-심다	모-내기, 모-심기.
모쪼록/아무쪼록	
목판-되/모-되	
목화-씨/면화-씨	
무심-결/무심-중	
물-봉숭아/물-봉선화	
물-부리/빨-부리	
물-심부름/물-시중	
불주리-나부/불주리-막대	
물-타작/진-타작	
민둥-산/벌거숭이-산	
밑-층/아래-층	
바깥-벽/밭-벽	
바른/오른[右]	~손, ~쪽, ~편.
발-모가지/발-목쟁이	'발목'의 비속어임.
버들-강아지/버들-개지	
벌레/버러지	'벌거지, 벌러지'는 비표준어임.
변덕-스럽다/변덕-맞다	
보-조개/볼-우물	
보통-내기/여간-내기/예사-내기	'행-내기'는 비표준어임.
볼-따구니/볼-퉁이/볼-때기	'볼'의 비속어임.
부침개-질/부침-질/지짐-질	'부치개-질'은 비표준어임.
불뚱-앉다/등화-지다/등화-앉다	
불-사르다/사르다	
비발/비용(費用)	
뾰두라지/뾰루지	
살-쾡이/삵	삵-피.
삽살-개/삽사리	
상두-꾼/상여-꾼	'상도-꾼, 향도-꾼'은 비표준어임.
상-씨름/소-걸이	
생/새앙/생강	
생-뿔/새앙-뿔/생강-뿔	'쇠뿔'의 형용.
생-철/양-철	1. '서양철'은 비표준어임. 2. '生鐵'은 '무쇠'임.

복수 표준어	비 고
서럽다/섧다	'설다'는 비표준어임.
서방–질/화냥–질	
성글다/성기다	
–(으)세요/–(으)셔요	
송이/송이–버섯	
수수–깡/수숫–대	
술–안주/안주	
–스레하다/–스름하다	거무–, 발그–.
시늉–말/흉내–말	
시새/세사(細沙)	
신/신발	
신주–보/독보(櫝褓)	
심술–꾸러기/심술–쟁이	
씁쓰레–하다/씁쓰름–하다	
아귀–세다/아귀–차다	
아래–위/위–아래	
아무튼/어떻든/어쨌든/하여튼/여하튼	
앉음–새/앉음–앉음	
알은–척/알은–체	
애–갈이/애벌–갈이	
애꾸눈–이/외눈–박이	'외대–박이, 외눈–퉁이'는 비표준어임.
양념–감/양념–거리	
어금버금–하다/어금지금–하다	
어기여차/어여차	
어림–잡다/어림–치다	
어이–없다/어처구니–없다	
어저께/어제	
언덕–바지/언덕–배기	
얼렁–뚱땅/엄벙–뗑	
여왕–벌/장수–벌	
여쭈다/여쭙다	
여태/입때	'여직'은 비표준어임.
여태–껏/이제–껏/입때–껏	'여직–껏'은 비표준어임.
역성–들다/역성–하다	'편역–들다'는 비표준어임.
연–달다/잇–달다	

복수 표준어	비 고
엿–가락/엿–가래	
엿–기름/엿–길금	
엿–반대기/엿–자박	
오사리–잡놈/오색–잡놈	'오합–잡놈'은 비표준어임.
옥수수/강냉이	~떡, ~묵, ~밥, ~튀김.
왕골–기직/왕골–자리	
외겹–실/외올–실/홑–실	'홑겹–실, 올–실'은 비표준어임.
외손–잡이/한손–잡이	
욕심–꾸러기/욕심–쟁이	
우레/천둥	우렛–소리, 천둥–소리.
우지/울–보	
을러–대다/을러–메다	
의심–스럽다/의심–쩍다	
–이에요/–이어요	
이틀–거리/당–고금	학질의 일종임.
일일–이/하나–하나	
일찌감치/일찌거니	
입찬–말/입찬–소리	
자리–옷/잠–옷	
자물–쇠/자물–통	
장가–가다/장가–들다	'서방–가다'는 비표준어임.
재롱–떨다/재롱–부리다	
제–가끔/제–각기	
좀–처럼/좀–체	'좀–체로, 좀–해선, 좀–해'는 비표준어임.
줄–꾼/줄–잡이	
중신/중매	
짚–단/짚–뭇	
쪽/편	오른~, 왼~.
차차/차츰	
책–씻이/책–거리	
척/체	모르는~, 잘난~ .
천연덕–스럽다/천연–스럽다	
철–따구니/철–딱서니/철–딱지	'철–때기'는 비표준어임.
추어–올리다/추어–주다	'추켜–올리다'는 비표준어임.
축–가다/축–나다	

복수 표준어	비 고
침-놓다/침-주다	
통-꼭지/통-젖	통에 붙은 손잡이.
파자-쟁이/해자-쟁이	점치는 이.
편지-투/편지-틀	
한턱-내다/한턱-하다	
해웃-값/해웃-돈	'해우-차'는 비표준어임.
혼자-되다/홀로-되다	
흠-가다/흠-나다/흠-지다	

1. '가뭄/가물' 중에서는 '가뭄'이 점점 더 큰 세력을 얻어 가고 있으나 '가물에 콩나듯 한다'에서 보듯 '가물'도 아직 명맥을 유지하고 있다고 보아 복수 표준어로 처리하였다.

2. '가엾다/가엽다'는 활용형에서 '아이, 가엾어라'와 '아이, 가여워'가 다 쓰이므로 복수 표준어로 삼은 것이다. '서럽다/섧다'나 '여쭙다/여쭈다'가 복수 표준어로 인정된 것이 다 같은 근거에 의해서이다. '서럽게 운다'와 '섧게 운다', '여쭤 보아라'와 '여쭈어 보아라'가 다 쓰이고 있는 것이다.

3. '늦모/마냥모'의 '마냥모'는 종래 '만이앙(晩移秧)-모'에서 온 말이라 하여 '만양모'로 적었던 것인데 이번에 원형을 살리지 않고 발음대로 표기를 고쳤다.

4. '되우/된통/되게'의 '되우'는 이제 그 쓰임이 활발치 못한 형편이기는 하나 고어로 처리하기에는 이르다 하여 복수 표준어의 하나로 인정한 것이다.

5. '-뜨리다/-트리다'는 '-거리다/-대다'와 마찬가지로 둘 다 널리 쓰이므로 복수 표준어로 처리하였다. 이들 사이의 어감의 차이가 있는 듯도 하나 그리 뚜렷하지 않다.

6. '-(으)세요/-(으)셔요, -이에요/-이어요'는 전통 어법과 교과서 어법을 함께 인정하여 복수 표준어로 처리하였다.

7. '신발'은 단음절인 '신'만으로는 의미 전달이 모호함을 보충하는 수단으로 '비'를 '빗자루'라 하는 식으로 만들어진 말로서 보편화되어 있는 점을 감안하여 현실화한 것이다.

8. '알은-척/-체'의 '알은'은 'ㄹ' 불규칙 용언이므로 '안'으로 해야 마땅할 것으로되, '알은'으로 굳어 버린 관용을 존중해서 '알은' 형을 그대로 둔 것이다.

9. '우레/천둥'의 '우레'는 본래가 '울다'의 어간 '울-'에 접미사 '-에'가 붙어서 된 말이었는데, 어느 결에 한자어식 표기로 바뀌어 '우뢰(雨雷)'라 씌여 왔던 것이다. 이번 규정에서는 고어에도 '우레'로 나타나는 점을 감안하여 '우레'로 되돌려 처리한 것이다.

10. 의미 풀이
    ① 기세부리다/기세피우다(氣勢~): 남에게 자기의 기운과 세력을 드러내 보이다.
    ② 기승떨다/기승부리다(氣勝~): 성미가 억척스러워 남에게 굽히지 않는 성질을 부리다.
    ③ 다기지다/다기차다(多氣~): 보기보다 당차서 좀처럼 겁을 내지 아니하다.
    ④ 다박나룻/다박수염: 다보록하게 난 수염
    ⑤ 동자기둥(童子~)/쪼구미: 들보 위에 세워 다른 들보를 받쳐 주는 짧은 기둥
    ⑥ 뜬것/뜬귀신: 떠돌아다니는 못된 귀신
    ⑦ 마파람/앞바람: 남쪽에서 불어오는 바람

⑧ 매갈이/매조미(~糙米): 겉벼를 매통으로 겉껍풀만 벗긴 쌀

⑨ 매통/목매: 둥근 통나무 두 짝으로 만든 나무매로, 곡식의 겉껍풀을 벗길 때 쓰는 기구

⑩ 멱통/산멱/산멱통: 살아 있는 동물의 목구멍

⑪ 면치레/외면치레(外面~): 속은 어떻든 겉으로만 꾸며 체면을 닦는 일

⑫ 물타작/진타작(~打作): 벼를 베어 채 마르기도 전에 떠는 일

⑬ 불똥앉다/등화앉다(燈火~): 촛불이나 등잔불의 심지 끝에 엉긴 덩어리가 빨갛게 타다.

⑭ 아귀세다/아귀차다: 마음이 꿋꿋하여 남에게 잘 꺾이지 아니하다.

⑮ 입찬말/입찬소리: 분수를 헤아리지 아니하고 희떱게 장담하는 소리

⑯ 책씻이/책거리: 글방에서 읽던 책을 다 떼었을 때 스승과 동접들에게 한턱을 내는 일

⑰ 편지투/편지틀(便紙~): 편지를 쓸 때에 참고하도록 모범적인 편지를 모은 책

⑱ 해웃값/해웃돈: 술좌석에서 치르는 화대(花代)

제2부 표준 발음법

제1장 총칙

제1항 표준 발음법은 표준어의 실제 발음을 따르되, 국어의 전통성과 합리성을 고려하여 정함을 원칙으로 한다.

1. 표준어의 실제 발음에 따라 표준 발음법을 정한다는 것은 표준어의 규정과 직접적인 관련을 가진다. 표준어 사정 원칙 제1장 제1항에서 "표준어는 교양 있는 사람들이 두루 쓰는 현대 서울말로 정함을 원칙으로 한다."라고 규정하고 있다. 이에 따라 표준 발음법은 교양 있는 사람들이 두루 쓰는 현대 서울말의 발음을 표준어의 실제 발음으로 여기고서 일단 이를 따르도록 정한 것이다.

예 • 값[價]: '값, 값만, 값이, 값을, 값에' 등은 [갑, 감만, 갑씨, 갑쓸, 갑쎄] 등으로 서울말에서 발음되는데, 바로 이러한 실제 발음에 따라 표준 발음을 정한다는 것이다.(제14항 참조)

 • 겹받침 'ㄺ'의 발음: 체언의 경우 '닭이[달기], 닭을[달글]' 등과 같이 모음 앞에서 본음대로 'ㄺ'을 모두 발음하지만 '닭도[닥또], 닭과[닥꽈]' 등과 같이 자음 앞에서는 'ㄹ'을 탈락시키면서 'ㄱ'만을 발음하는데, 용언의 경우에는 환경에 따라 'ㄺ' 중에서 발음되는 자음을 달리한다.

2. 현대 서울말에서조차 실제의 발음에서는 여러 형태로 발음하는 경우가 있어서 그리한 경우에는 국어의 전통성과 합리성을 고려하여 표준 발음을 정한다는 조건을 이어서 제시하였다.

예 '밤[夜]'과 '밤[栗]'을 서울의 대부분의 장년층 이상에서는 소리의 길이를 인식하면서 구별하여 발음한다. 역사적으로 보면 소리의 높이나 길이를 구별해 온 전통을 가지고 있다. 그리하여 표준 발음법에 소리의 길이에 대한 규정을 포함시키게 하였다.

3. 국어의 전통성을 고려하여 정한다는 조건 이외에 다시 합리성을 고려하여 정한다는 조건이 붙어 있다. 이것은 한글 맞춤법의 규정에서 어법에 맞춘다는 것과 맞먹는 조건이다. 말하자면, 국어의 규칙 내지는 법칙에 따라서 표준 발음을 합리적으로 정한다는 뜻이다. 이러한 규정에 벗어나는 경우가 있다면 '다만'으로 규정하였는데, 이는 실제 발음을 따르면서 어법상의 합리성을 고려한 것이다.

　　예 긴소리를 가진 단음절(單音節) 용언 어간은 일부 예외를 제외하면 모음으로 시작된 어미와 결합되는 경우에 짧게 발음한다. 이는 지극히 규칙적이기 때문에 이러한 짧게 발음하는 어법을 규정화하여 표준 발음법을 정하는 것이다. 이에 따라 '알고[알:고], 알아[아라]'와 같이 '곱다[곱:따], 고와[고와]'가 표준 발음이 되는 것이다.

4. 표준어의 실제 발음을 따르되 합리성을 고려하여 표준 발음법을 정함에는 어려움이 있을 경우도 있다.

　　예 '맛있다'는 실제 발음에서는 [마싣따]가 자주 쓰이나 두 단어 사이에서 받침 'ㅅ'을 [ㄷ]으로 발음하는 [마딛따]가 오히려 합리성을 지닌 발음이다. 이러한 경우에는 전통성과 합리성을 고려하여 [마딛따]를 원칙으로 표준 발음으로 정하되, [마싣따]도 표준 발음으로 허용하기로 한 것이다.

제2장 자음과 모음

제2항 표준어의 자음은 다음 19개로 한다.

ㄱ ㄲ ㄴ ㄷ ㄸ ㄹ ㅁ ㅂ ㅃ ㅅ ㅆ ㅇ ㅈ ㅉ ㅊ ㅋ ㅌ ㅍ ㅎ

1. 19개의 자음을 위와 같이 배열한 것은 일반적인 한글 자모의 순서에다가 국어사전에서의 자모 순서를 고려한 것이다.(한글 맞춤법 제4항 붙임 2 참조)
2. 이들 자음의 발음을 위하여 전체적으로 분류하면 다음과 같다.

■ 한글 맞춤법 제4항 [붙임 2]
사전에 올릴 적의 자모 순서는 다음과 같이 정한다.
· 자음: ㄱ ㄲ ㄴ ㄷ ㄸ ㄹ ㅁ ㅂ ㅃ ㅅ ㅆ ㅇ ㅈ ㅉ ㅊ ㅋ ㅌ ㅍ ㅎ
· 모음: ㅏ ㅐ ㅑ ㅒ ㅓ ㅔ ㅕ ㅖ ㅗ ㅘ ㅙ ㅚ ㅛ ㅜ ㅝ ㅞ ㅟ ㅠ ㅡ ㅢ ㅣ

	입술소리	허끝소리	구개음	연구개음	목청소리
예사소리	ㅂ	ㄷ, ㅅ	ㅈ	ㄱ	ㅎ
된소리	ㅃ	ㄸ, ㅆ	ㅉ	ㄲ	
거센소리	ㅍ	ㅌ	ㅊ	ㅋ	
비음	ㅁ	ㄴ		ㅇ	
유음		ㄹ			

3. 이들 자음을 나타내는 자모로 표기된 경우에 그 자모에 해당되는 자음으로 발음한다. '쌀'을 발음할 때에 [살]과 같이 하면 되지 않는다. 표기와 달리 발음하는 경우에는 이 표준 발음법에 제시된 규정에 따라 발음하여야 한다.

　　예 '곱돌'을 발음할 때에는 [곱돌]로 발음하지 않고 표준 발음법 제23항의 '된소리되기' 규정에 따라 [곱똘]로 발음하고, '밭이'는 제17항의 "받침 'ㄷ, ㅌ(ㄾ)'이 조사나 접미사의 모음 'ㅣ'와 결합되는 경우에는 [ㅈ, ㅊ]으로 바꾸어서 뒤 음절 첫소리로 옮겨 발음한다."란 규정에 따라 [바치]로 발음한다.

제3항 표준어의 모음은 다음 21개로 한다.

ㅏ ㅐ ㅑ ㅒ ㅓ ㅔ ㅕ ㅖ ㅗ ㅘ ㅙ ㅚ ㅛ ㅜ ㅝ ㅞ ㅟ ㅠ ㅡ ㅢ ㅣ

1. 표준어의 단모음(單母音)과 이중 모음을 전부 보인 것이다. 이의 배열 순서도 자음의 경우와 마찬가지로 일반적인 한글 자모의 순서와 국어 사전에서의 자모 순서를 함께 고려한 것이다.

> 제4항 'ㅏ ㅐ ㅓ ㅔ ㅗ ㅚ ㅜ ㅟ ㅡ ㅣ'는 단모음(單母音)으로 발음한다.
> [붙임] 'ㅚ, ㅟ'는 이중 모음으로 발음할 수 있다.

1. 단모음의 체계는 대략 다음과 같다.

구분	전설 모음		후설 모음	
	평순 모음	원순 모음	평순 모음	원순 모음
고모음	ㅣ	ㅟ	ㅡ	ㅜ
중모음	ㅔ	ㅚ	ㅓ	ㅗ
저모음	ㅐ		ㅏ	

2. [붙임] 전설 원순 모음인 'ㅚ, ㅟ'는 원칙적으로 단모음으로 규정한다. 즉, 입술을 둥글게 하면서 동시에 'ㅔ, ㅣ'를 각각 발음한다. 그러나 입술을 둥글게 하면서 계기적으로 'ㅔ, ㅣ'를 내는 이중 모음으로 발음함도 허용하는 규정이다. 특히 'ㅚ'는 이중 모음으로 발음하는 경우에 문자와는 달리 'ㅞ'와 발음이 비슷하게 된다.
   예 금괴(金塊)[금괴/금궤], 외국(外局)[외:-/웨:-]

> 제5항 'ㅑ ㅒ ㅕ ㅖ ㅘ ㅙ ㅛ ㅝ ㅞ ㅠ ㅢ'는 이중 모음으로 발음한다.
>
> 다만 1. 용언의 활용형에 나타나는 '져, 쪄, 쳐'는 [저, 쩌, 처]로 발음한다.
>   가지어→가져[가저]   찌어→쪄[쩌]   다치어→다쳐[다처]
>
> 다만 2. '예, 례' 이외의 'ㅖ'는 [ㅔ]로도 발음한다.
>   계집[계:집/게:집]   계시다[계:시다/게:시다]
>   시계[시계/시게](時計)   연계[연계/연게](連繫)
>   몌별[몌별/메별](袂別)   개폐[개폐/개페](開閉)
>   혜택[혜:택/헤:택](惠澤)   지혜[지혜/지헤](智慧)
>
> 다만 3. 자음을 첫소리로 가지고 있는 음절의 'ㅢ'는 [ㅣ]로 발음한다.
>   늴리리   닁큼   무늬   띄어쓰기   씌어
>   틔어   희어   희떱다   희망   유희
>
> 다만 4. 단어의 첫음절 이외의 '의'는 [ㅣ]로, 조사 '의'는 [ㅔ]로 발음함도 허용한다.
>   주의[주의/주이]   협의[혀븨/혀비]
>   우리의[우리의/우리에]   강의의[강:의의/강:이에]

1. [다만 1] '져, 쪄, 쳐'로 적는 경우는 '지어, 찌어, 치어'를 줄여 쓴 것인데, 이때에 각각 [저, 쩌, 처]로 발음한다. 말하자면 [져, 쪄, 쳐]와 같이 'ㅈ, ㅉ, ㅊ' 다음에서 'ㅕ' 같은 이중 모음이 발음되는 경우가 없음을 규정한 것이다.

■ 제8항 '계, 례, 몌, 폐, 혜'의 'ㅖ'는 'ㅔ'로 소리 나는 경우가 있더라도 'ㅖ'로 적는다.

예 지+어 → 져[저], 찌+어 → 쪄[쩌], 치+어 → 쳐[처], 붙이+어 → 붙여[부처]
다지+어 → 다져[다저], 살찌+어 → 살쪄[살쩌], 바치+어 → 바쳐[바처]
돋치+어 → 돋쳐[돋처], 굳히+어+어 → 굳혀[구처], 잊히+어 → 잊혀[이처]

2. [다만 2] 'ㅖ'는 본음대로 [ㅖ]로 발음하여야 한다. 그러나 '예, 례' 이외의 경우에는 [ㅔ]로도 발음하기 때문에 이 실제의 발음까지 고려하여 [ㅔ]로 발음함도 허용한다. (한글 맞춤법 제8항 참조)

예 계산[계:산/게:산], 통계[통:계/통:게], 폐단[폐:단/페:단]
밀폐[밀폐/밀페], 혜성[혜:성/헤:성], 은혜[은혜/은헤]

3. [다만 3] 표기상에서 자음을 얹고 있는 'ㅢ'는 표기와는 달리 [ㅣ]로 발음하고 [ㅡ]나 [ㅡ]로는 발음하지 않는다.(한글 맞춤법 제9항 참조)

예 흰무리[힌무리], 희미하다[히미하다], 유희[유히]
오늬[오니], 하늬바람[하니바람], 보늬[보니]

■ 제9항 '의'나, 자음을 첫소리로 가지고 있는 음절의 'ㅢ'는 'ㅣ'로 소리 나는 경우가 있더라도 'ㅢ'로 적는다.

4. [다만 4] ① 원칙적으로는 [ㅢ]로 발음한다. 이는 위의 [다만 3]이 규정과 어긋나는 듯이 보이나, '무늬'는 [무니]로 발음하고, '문의(問議)'는 [무:늬]가 원칙이고 [무:니]도 허용한다는 뜻이다. 한자어에서 '희'는 언제나 [히]로 발음이 되는데, '문의(問議)'처럼 받침이 '의'와 결합되어 나타나는 음절에서는 연음시켜 본음대로 발음함이 원칙이며 [ㅣ]로 발음함도 인정한다는 것이다.

예 성의(誠意)[성의/성이], 내의(內衣)[내:의/내:이]

② 관형격 조사 '의'도 [ㅢ]로 발음함이 원칙이다. 훈민정음이 창제되었던 15세기에는 모음 조화에 따라 '의/이' 두 형식이 관형격 조사로 쓰이었으나 'ㆍ'가 없어지면서 표기상에서 '이'가 없어지고 '의'로 통일되었다. 그러나 서울 내지는 중부 지방의 일상 회화에서는 [ㅔ]로 발음되는 일이 많아 이를 고려하여 '의'를 [ㅔ]로 발음함도 허용한 것이다.

제3장 음의 길이

제6항 모음의 장단을 구별하여 발음하되, 단어의 첫음절에서만 긴소리가 나타나는 것을 원칙으로 한다.

(1) 눈보라[눈:보라]	말씨[말:씨]	밤나무[밤:나무]
많다[만:타]	멀리[멀:리]	벌리다[벌:리다]
(2) 첫눈[천눈]	참말[참말]	쌍동밤[쌍동밤]
수많이[수:마니]	눈멀다[눈멀다]	떠벌리다[떠벌리다]

다만, 합성어의 경우에는 둘째 음절 이하에서도 분명한 긴소리를 인정한다.

반신반의[반:신바:늬/반:신바:니]   재삼재사[재:삼재:사]

[붙임] 용언의 단음절 어간에 어미 '-아/-어'가 결합되어 한 음절로 축약되는 경우에도 긴소리로 발음한다.

보아 → 봐[봐:]	기어 → 겨[겨:]	되어 → 돼[돼:]
두어 → 둬[둬:]	하여 → 해[해:]	

다만, '오아 → 와, 지어 → 져, 찌어 → 쪄, 치어 → 쳐' 등은 긴소리로 발음하지 않는다.

■ 용언의 단음절 어간에 '-아/-어, -아라/-어라, -았다/-었다' 등이 결합되는 때에 그 두 음절이 다시 한 음절로 축약되는 경우에는 긴소리로 발음한다.(한글 맞춤법 제34~38항 참조)

예 • 이어 → 여[여:], 띠어 → 떠[떠:], 시어 → 셔[셔:]
• 주어 → 줘[줘:], 꾸어 → 꿔[꿔:], 쑤어 → 쒀[쒀:]
• 하여 → 해[해:], 되어 → 돼[돼:], 뵈어 → 봬[봬:]
• 쇠어 → 쇄[쇄:], 죄어 → 좨[좨:], 괴어 → 괘[괘:]

1. 표준 발음으로 소리의 길이를 규정한 것으로, 긴소리와 짧은소리 두 가지만을 인정하되, 그것도 단어의 제1음절에서만 긴소리를 인정하고 그 이하의 음절은 모두 짧게 발음함을 원칙으로 한 것이다.

2. '많이'는 독립적으로 발음할 때에 [마:니]로 발음하지만, '수많이'에서는 짧게 발음한다. '말(이) 많다'의 경우에는 두 단어로 인식할 때에는 [말:만:타]로 발음함이 원칙이나 한 단어로 인식할 때에는 (표기상으로도 붙여 쓴다) [말:만타]로 짧게 발음함이 원칙이다. '낯설다, 눈멀다, 맥없다, 성내다, 침뱉다, 힘세다, 힘없다' 등에서도 마찬가지다. '벌리다'의 첫음절은 긴소리로 발음하지만, '떠벌리다'의 '벌'은 짧게 하는데, '휘몰다, 떠돌다, 비웃다' 등의 '몰−, 돌−, 웃−'도 마찬가지다. 나아가서 합성 동상의 경우에도 마찬가지의 원칙에 따른다. 예컨대 '껴안다, 내뱉다, 빼내다, 뛰어넘다, 갈아대다, 몰아넣다, 죽어지내다' 등의 둘째 동사의 첫음절은 본래의 긴소리에 관계없이 짧게 발음한다

3. [다만] 긴소리는 단어의 첫음절에서만 인정하는데, 때로 둘째 음절 이하에서도 분명히 긴소리로 발음하는 것만은 그 긴소리를 인정한다. 이때에는 '반신−반의, 재삼−재사'처럼 두 단어와 같이 어느 정도로는 끊어서 발음할 수 있는 첩어의 성격을 지니는 경우이다.
   > **예** 반신반의(半信半疑)[반:신바:늬/반:신바:니], 재삼재사(再三再四)[재:삼재:사]
   > 반관반민(半官半民)[반:관반:민], 선남선녀(善男善女)[선:남선:녀]
   > 전신전화(電信電話)[전:신전:화]

4. 그런데 같은 음절이 반복되어 두 음절이 되어 있는 경우에는 절대로 둘째 음절을 긴소리로 발음하지 않는다.
   > **예** 반반(半半)[반:반], 간간(間間)이[간:간−], 영영(永永)[영:영]
   > 서서(徐徐)히[서:서히], 시시비비(是是非非)[시:시비비]

5. 피동, 사동의 경우에 어간과 접미사가 축약된 형태의 경우에도 마찬가지로 긴소리로 발음한다.(한글 맞춤법 제37항 참조)
   > **예** 싸이다 → 쌔다[쌔:다], 누이다 → 뉘다[뉘:다], 펴이다 → 폐다[폐:다]
   > 트이다 → 틔다[티:다], 쏘이다 → 쐬다[쐬:다]

6. [다만] '오아 → 와, 지어 → 져, 찌어 → 쪄, 치어 → 쳐'는 예외적으로 짧게 발음한다. 또 '가+아 → 가, 서+어 → 서, 켜+어 → 켜'처럼 같은 모음끼리 만나 하나가 빠진 경우에도 긴소리로 발음하지 않는다.(한글 맞춤법 제34항 참조)

제7항 긴소리를 가진 음절이라도, 다음과 같은 경우에는 짧게 발음한다.

1. 단음절인 용언 어간에 모음으로 시작된 어미가 결합되는 경우

감다[감:따] − 감으니[가므니]	밟다[밥:따] − 밟으면[발브면]	
신다[신:따] − 신어[시너]	알다[알:다] − 알아[아라]	

다만, 다음과 같은 경우에는 예외적이다.

끌다[끌:다] − 끌어[끄:러]	떫다[떨:따] − 떫은[떨:븐]	
벌다[벌:다] − 벌어[버:러]	썰다[썰:다] − 썰어[써:러]	
없다[업:따] − 없으니[업:쓰니]		

■ 피동 접미사

-이-/-히-/-리-/-기-

■ 사동 접미사

-이-/-히-/-리-/-기-/-우-/
-구-/-추-/-으키-/-이키-/-애-

> **2. 용언 어간에 피동, 사동의 접미사가 결합되는 경우**
>
> 　감다[감:따] － 감기다[감기다]　　　　꼬다[꼬:다] － 꼬이다[꼬이다]
>
> 　밟다[밥:따] － 밟히다[발피다]
>
> **다만, 다음과 같은 경우에는 예외적이다.**
>
> 　끌리다[끌:리다]　　　　벌리다[벌:리다]　　　　없애다[업:쌔다]
>
> **[붙임] 다음과 같은 복합어에서는 본디의 길이에 관계없이 짧게 발음한다.**
>
> 　밀-물　　썰-물　　쏜-살-같이　　　작은-아버지

1. 단음절인 용언 어간이 모음으로 시작된 어미와 결합되는 경우에 그 용언 어간은 짧게 발음한다.

   예 안다[안:따] － 안아[아나]　　　　넘다[넘:따] － 넘으면[너므면]
   　 살다[살:다] － 살아[사라]　　　　밉다[밉:따] － 미워[미워]
   　 닮다[담:따] － 닮아[달마]　　　　묻다[묻:따] － 물어[무러]
   　 밟다[밥:따] － 밟아[발바]　　　　붓다[붇:따] － 부어[부어]
   　 괴다[괴:다] － 괴어[괴어]　　　　쥐다[쥐:다] － 쥐어[쥐어]
   　 꾀다[꾀:다] － 꾀어[꾀어]　　　　뉘다[뉘:다] － 뉘어[뉘어]
   　 쏘다[쏘:다] － 쏘아[쏘아]　　　　쉬다[쉬:다] － 쉬어[쉬어]
   　 호다[호:다] － 호아[호아][縫]　　쑤다[쑤:다] － 쑤어[쑤어]

   위의 예들이 다시 한 음절로 축약되는 경우에는 이미 제6항 [붙임]에서 보인 것처럼 긴소리로 발음한다.

2. 모음으로 시작된 어미와 같아 보이는 '-으오/-오'의 경우에는 다음과 같이 특이하게 발음된다.

   예 안으오[아느오]　　　미우오[미우오]　　　사오[사:오](살다)
   　 밟으오[발브오]　　　물으오[무르오]　　　호오[호:오](호다)

3. 용언 어간이 다음절(多音節)일 경우에는 어미에 따라 짧게 발음하는 경우가 없다.

   예 더럽다[더:럽따]　　　더러운[더:러운]　　　더럽히다[더:러피다]
   　 걸치다[걸:치다]　　　걸쳐[걸:처]　　　　 걸다[걸:다]
   　 졸리다[졸:리다]　　　졸려[졸:려]　　　　 졸다[졸:다]

4. 용언 어간이 이와 같이 모음으로 시작된 어미 앞에서 규칙적으로 짧게 발음되는데도 불구하고 예외들이 있다.

   예 작은[자:근] － 작아[자:가]　　　적은[저:근] － 적어[저:거]
   　 먼[먼:] － 멀어[머:러]　　　　　얻은[어:든] － 얻어[어:더]
   　 웃은[우:슨] － 웃어[우:서]　　　엷은[열:븐] － 엷어[열:버]
   　 끈[끈:] － 끌어[끄:러]　　　　　썬[썬:] － 썰어[써:러]
   　 번[번:] － 벌어[버:러]

5. 단음절 용언 어간의 피동과 사동형은 일반적으로 짧게 발음한다.

   예 안기다[안기다]　　　옮기다[옴기다]　　　알리다[알리다]
   　 쏘이다[쏘이다]　　　울리다[울리다]　　　죄이다[죄이다]
   　 넘기다[넘기다]　　　떼이다[떼이다]

6. [다만] 모음으로 시작된 어미 앞에서도 예외적으로 긴소리를 유지하는 용언 어간들의 피동과 사동형의 경우에 여전히 긴소리로 발음한다.

예 끌리다[끌:리다] 벌리다[벌:리다] 웃기다[욷:끼다]
썰리다[썰:리다] 없애다[업:쌔다]

제4장 받침의 발음

> **제8항** 받침소리로는 'ㄱ, ㄴ, ㄷ, ㄹ, ㅁ, ㅂ, ㅇ'의 7개 자음만 발음한다.

■제8항은 음절의 끝소리 규칙에 해당한다.

1. 음절말 위치에서 실현되는 자음으로는 'ㄱ, ㄴ, ㄷ, ㄹ, ㅁ, ㅂ, ㅇ'의 7개가 있음을 규정한 것이다. '훈민정음'에서는 'ㅅ'이 하나 더 있어서 8종성이었는데, 그 뒤에 'ㅅ'이 'ㄷ'으로 실현됨으로써 현대 국어에서는 7개가 되었다. 이 7개의 자음으로 음절말 위치에서 실현되는 구체적인 경우는 제9항 이하에서 규정하고 있다.

> **제9항** 받침 'ㄲ, ㅋ', 'ㅅ, ㅆ, ㅈ, ㅊ, ㅌ', 'ㅍ'은 어말 또는 자음 앞에서 각각 대표음 [ㄱ, ㄷ, ㅂ]으로 발음한다.
>
> 닦다[닥따] 키읔[키윽] 키읔과[키윽꽈] 옷[옫]
> 웃다[욷:따] 있다[읻따] 젖[젇] 빚다[빋따]
> 꽃[꼳] 쫓다[쫃따] 솥[솓] 뱉다[밷:따]
> 앞[압] 덮다[덥따]

1. 어말 위치에서 또는 자음으로 시작된 조사나 어미 앞에서 'ㄲ, ㅋ', 'ㅅ, ㅆ, ㅈ, ㅊ, ㅌ', 'ㅍ'이 각각 [ㄱ, ㄷ, ㅂ]으로 발음되는 것을 규정한 것이다. 구체적으로 말하면, 받침 'ㄲ, ㅋ'은 'ㄱ'과 같이 [ㄱ]으로 발음하고 받침 'ㅅ, ㅆ, ㅈ, ㅊ, ㅌ'은 받침 'ㄷ'과 같이 [ㄷ]으로 발음하며, 받침 'ㅍ'은 'ㅂ'과 같이 [ㅂ]으로 발음한다. 받침 'ㄴ, ㄹ, ㅁ, ㅇ'은 변화 없이 본음대로 각각 [ㄴ, ㄹ, ㅁ, ㅇ]으로 발음된다. 그리하여 제8항에서 규정한 바와 같이 음절말 위치에서 7개의 자음이 발음되는 셈이다.

> **제10항** 겹받침 'ㄳ', 'ㄵ', 'ㄼ, ㄽ, ㄾ', 'ㅄ'은 어말 또는 자음 앞에서 각각 [ㄱ, ㄴ, ㄹ, ㅂ]으로 발음한다.
>
> 넋[넉] 넋과[넉꽈] 앉다[안따] 여덟[여덜]
> 넓다[널따] 외곬[외골] 핥다[할따] 값[갑] 없다[업:따]
>
> 다만, '밟-'은 자음 앞에서 [밥]으로 발음하고, '넓-'은 다음과 같은 경우에 [넙]으로 발음한다.
>
> (1) 밟다[밥:따] 밟소[밥:쏘] 밟지[밥:찌]
>   밟는[밥:는 → 밤:는] 밟게[밥:께] 밟고[밥:꼬]
> (2) 넓-죽하다[넙쭈카다] 넓-둥글다[넙뚱글다]

1. 두 개의 자음으로 된 겹받침 가운데, 어말 위치에서 또는 자음으로 시작된 조사나 어미 앞에서 'ㄳ'은 [ㄱ]으로 'ㄵ'은 [ㄴ]으로 발음되고 'ㄼ, ㄽ, ㄾ'은 [ㄹ]로 발음되며, 'ㅄ'은 [ㅂ]으로 발음되는 규정한 것이다. 겹받침에서 둘째 받침이 탈락하는 경우이다.
2. [다만] 받침 'ㄼ'은 일반적으로 '여덟[여덜]', 엷고[열:꼬]와 같이 [ㄹ]로 발음하는데, 다만 '밟다'만은 '밟다[밥:따], 밟지[밥:찌], 밟게[밥:께]' 등과 같이 [ㅂ]으로 발음되는 예외적인 것이다. 따라서 '밟는'도 [밤:는]으로 발음하는 것이 표준 발음이 되고, [발:른]은 표준 발음법에 어긋난 발음이 된다.

3. '넓다'의 경우에도 [ㄹ]로 발음하여야 하나, 다만 파생어나 합성어의 경우에 '넓'으로 표기된 것은 [넙]으로 발음한다. [ㄹ]로 발음되는 경우에는 아예 '널따랗다, 널찍하다, 짤따랗다, 짤막하다, 얄따랗다, 얄찍하다, 얄팍하다' 등과 같이 표기하도록 한글 맞춤법 제21항에서 규정하고 있다.

> **예** '넓적하다[넙쩌카다], 넓죽하다[넙쭈카다], 넓둥글다[넙뚱글다], 넓적다리[넙쩍따리]

제11항 겹받침 'ㄺ, ㄻ, ㄿ'은 어말 또는 자음 앞에서 각각 [ㄱ, ㅁ, ㅂ]으로 발음한다.

닭[닥]	흙과[흑꽈]	맑다[막따]	늙지[늑찌]
삶[삼ː]	젊다[점ː따]	읊고[읍꼬]	읊다[읍따]

다만, 용언의 어간 말음 'ㄺ'은 'ㄱ' 앞에서 [ㄹ]로 발음한다.

맑게[말께]	묽고[물꼬]	얽거나[얼꺼나]

---

1. 어말 위치에서 또는 자음 앞에서 겹받침 'ㄺ, ㄻ, ㄿ'이 'ㄹ'을 탈락시키고 각각 [ㄱ, ㅁ, ㅂ]으로 발음함을 규정한 것이다. 겹받침에서 첫째 받침인 'ㄹ'이 탈락하는 경우이다.
2. [다만] 'ㄺ'은 위에 예시한 체언의 경우와는 달리 용언의 경우에는 뒤에 오는 자음의 종류에 따라 두 가지로 발음된다. 즉, 'ㄷ, ㅈ, ㅅ' 앞에서는 [ㄱ]으로 발음하되, 'ㄱ' 앞에서는 이와 동일한 'ㄱ'은 탈락시키고서 [ㄹ]로 발음한다.

> **예** 맑다[막따] – 맑게[말께], 늙다[늑따] – 늙거나[늘꺼나]

3. 파생어들인 '갉작갉작하다, 갉작거리다, 굵다랗다, 굵직하다, 굵적거리다, 늙수그레하다, 늙정이, 얽죽얽죽하다' 등의 경우에도 'ㄱ' 앞이 아니므로 역시 [ㄱ]으로 발음한다. [ㄹ]로 발음되는 경우에는 한글 맞춤법 제21항에서 아예 '말끔하다, 말쑥하다, 말짱하다' 등과 같이 'ㄹ'만을 받침으로 적도록 규정하였다.

제12항 받침 'ㅎ'의 발음은 다음과 같다.

1. 'ㅎ(ㄶ, ㅀ)' 뒤에 'ㄱ, ㄷ, ㅈ'이 결합되는 경우에는, 뒤 음절 첫소리와 합쳐서 [ㅋ, ㅌ, ㅊ]으로 발음한다.

놓고[노코]	좋던[조ː턴]	쌓지[싸치]
많고[만ː코]	않던[안턴]	닳지[달치]

[붙임 1] 받침 'ㄱ(ㄺ), ㄷ, ㅂ(ㄼ), ㅈ(ㄵ)'이 뒤 음절 첫소리 'ㅎ'과 결합되는 경우에도, 역시 두 음을 합쳐서 [ㅋ, ㅌ, ㅍ, ㅊ]으로 발음한다.

각하[가카]	먹히다[머키다]	밝히다[발키다]	맏형[마텽]
좁히다[조피다]	넓히다[널피다]	꽂히다[꼬치다]	앉히다[안치다]

[붙임 2] 규정에 따라 'ㄷ'으로 발음되는 'ㅅ, ㅈ, ㅊ, ㅌ'의 경우에도 이에 준한다.

옷 한 벌[오탄벌]	낮 한때[나탄때]
꽃 한 송이[꼬탄송이]	숱하다[수타다]

2. 'ㅎ(ㄶ, ㅀ)' 뒤에 'ㅅ'이 결합되는 경우에는, 'ㅅ'을 [ㅆ]으로 발음한다.

닿소[다:쏘]　　　　　많소[만:쏘]　　　　　싫소[실쏘]

3. 'ㅎ' 뒤에 'ㄴ'이 결합되는 경우에는, [ㄴ]으로 발음한다.

놓는[논는]　　　　　　　쌓네[싼네]

[붙임] 'ㄶ, ㅀ' 뒤에 'ㄴ'이 결합되는 경우에는, 'ㅎ'을 발음하지 않는다.

앓네[안네]　　　않는[안는]　　　뚫네[뚤네 → 뚤레]　　　뚫는[뚤는 → 뚤른]
* '뚫네[뚤네 → 뚤레], 뚫는[뚤는 → 뚤른]'에 대해서는 제20항 참조.

4. 'ㅎ(ㄶ, ㅀ)' 뒤에 모음으로 시작된 어미나 접미사가 결합되는 경우에는, 'ㅎ'을 발음하지 않는다.

낳은[나은]　　　놓아[노아]　　　쌓이다[싸이다]　　　많아[마:나]
않은[아는]　　　닳아[다라]　　　싫어도[시러도]

1. 받침 'ㅎ'과 이 'ㅎ'이 포함된 겹받침 'ㄶ, ㅀ' 뒤에 'ㄱ, ㄷ, ㅈ'과 같은 예사소리가 결합된 경우에는 'ㅎ+ㄱ→ㅋ, ㅎ+ㄷ→ㅌ, ㅎ+ㅈ→ㅊ'과 같이 축약시켜 각각 [ㅋ, ㅌ, ㅊ]으로 발음한다. 받침 'ㅎ'은 현대어에서 용언 어간에만 쓰이기 때문에 위의 규정은 용언의 활용에만 적용된다. 다만 '싫증'은 [실쯩]으로 발음한다.

2. [붙임 1] 한 단어 안에서 위와는 반대의 순서로 [ㄱ, ㄷ, ㅂ] 다음에 'ㅎ'이 오는 경우에도 각각 둘을 축약하여 [ㅋ, ㅌ, ㅍ]으로 발음한다. 이는 한자어나 합성어 또는 파생어 등의 경우에 적용된다.

예 국화[구콰], 정직하다[정:지카다], 박하다[바카다], 숱하다[수타다], 잊히다[이치다], 맏형[마텽], 입학[이팍], 밟히다[발피다]

3. [붙임 2] 나아서 둘 또는 그 이상의 단어를 이어서 한 마디로 발음하는 경우에도 마찬가지다. 예시된 '옷 한 벌, 낮 한때, 꽃 한 송이' 등이 그것인데, 다음의 경우들도 그 예들이 된다. 물론 단어마다 끊어서 발음할 때에는 '옷 한 벌[온 한 벌]'과 같이 발음한다. 두 가지 모두 인정한다.

예 온갖 힘[온:가틤/온:갇 힘], 밥 한 사발[바판사발/밥 한 사발]

4. [붙임] 'ㄶ, ㅀ' 뒤에 'ㄴ'으로 시작된 어미가 결합되는 경우에는 'ㅎ'은 발음되지 않는데, 다만 'ㅀ' 뒤에서는 'ㄴ'이 [ㄹ]로 발음된다.(표준 발음법 제20항 참조)

제13항　홑받침이나 쌍받침이 모음으로 시작된 조사나 어미, 접미사와 결합되는 경우에는, 제 음가대로 뒤 음절 첫소리로 옮겨 발음한다.

깎아[까까]　　　　옷이[오시]　　　　있어[이써]　　　낮이[나지]
꽂아[꼬자]　　　　꽃을[꼬츨]　　　　쫓아[쪼차]　　　밭에[바테]
앞으로[아프로]　　덮이다[더피다]

1. 이 규정은 받침을 다음 음절의 첫소리로 옮겨서 발음하는 연음(連音)을 뜻하는 것인데, 홑받침의 경우다.

예 부엌이[부어키], 동녘에서[동녀케서], 꽃이[꼬치], 무릎에[무르페], 밭을[바틀]

2. 이 경우에 연음되는 받침은 본음대로 따르는 것이 원칙이나, 제12항에서 규정한 'ㅎ'의 탈락이라든가 제17항에서 보일 구개음화라든가 불규칙 활용과 같은 예외들이 있다.

■ 한자어나 복합어에서 모음과 'ㅎ' 또는 'ㄴ, ㅁ, ㅇ, ㄹ'과 'ㅎ'이 결합된 경우에는 본음대로 발음함이 원칙이다.
예 경제학, 광어회, 신학, 전화, 피곤하다, 임학, 셈하다, 공학, 상학, 경영학 등

> 제14항 겹받침이 모음으로 시작된 조사나 어미, 접미사와 결합되는 경우에는, 뒤엣것만을 뒤 음절 첫소리로 옮겨 발음한다. (이 경우, 'ㅅ'은 된소리로 발음함.)
>
> | | | | |
> |---|---|---|---|
> | 넋이[넉씨] | 앉아[안자] | 닭을[달글] | 젊어[절머] |
> | 곬이[골씨] | 핥아[할타] | 읊어[을퍼] | 값을[갑쓸] |
> | 없어[업:써] | | | |

1. 첫째 받침은 그대로 받침의 소리로 발음하되 둘째 받침은 다음 음절의 첫소리로 옮겨 발음한다. 이때에 연음되는 받침의 소리는 본음대로 발음함이 원칙이나, 제13항에서 지적한 바와 같은 예외가 있다. 그리고 겹받침 'ㄳ, ㄺ, ㅄ'의 경우에는 'ㅅ'을 연음하되 된소리 [ㅆ]으로 발음한다.

   예 닭이[달기], 앓아[아라], 훑이다[훌치다], 몫이[목씨], 외곬으로[외골쓰로]

> 제15항 받침 뒤에 모음 'ㅏ, ㅓ, ㅗ, ㅜ, ㅟ'들로 시작되는 실질 형태소가 연결되는 경우에는, 대표음으로 바꾸어서 뒤 음절 첫소리로 옮겨 발음한다.
>
> | | | |
> |---|---|---|
> | 밭 아래[바다래] | 늪 앞[느밥] | 젖어미[저더미] |
> | 맛없다[마덥따] | 겉옷[거돋] | 헛웃음[허두슴] |
> | 꽃 위[꼬뒤] | | |
>
> 다만, '맛있다, 멋있다'는 [마싣따], [머싣따]로도 발음할 수 있다.
>
> [붙임] 겹받침의 경우에는, 그중 하나만을 옮겨 발음한다.
>
> | | | |
> |---|---|---|
> | 넋 없다[너겁따] | 닭 앞에[다가페] | 값어치[가버치] |
> | 값있는[가빈는] | | |

1. 이 규정은 받침 있는 단어(또는 접두사)와 모음으로 시작된 단어와의 결합에서 발음되는 받침의 소리와 연음에 대한 것이다. 예컨대 '밭 아래'는 '밭'을 일단 독립형인 [받]으로 발음하고 다시 모음 앞에서 그 받침 소리 [ㄷ]을 연음하여 결국 [바다래]로 발음한다는 것이다. 이 규정에서 받침 뒤에 오는 모음으로 'ㅏ, ㅓ, ㅗ, ㅜ, ㅟ'로 한정시킨 이유는 'ㅣ, ㅑ, ㅕ, ㅛ, ㅠ'와의 결합에서는 '앞일[암닐], 꽃잎[꼰닙], 한여름[한녀름]' 등과 같이 연음을 하지 않으면서 [ㄴ]이 드러나는 경우가 있기 때문이다. 그리고 'ㅐ, ㅔ, ㅚ' 등을 들지 않은 것은 표준어에서 그런 경우가 별로 없기 때문이다. 물론 '조국애, 국외' 같은 경우에는 연음시켜 발음해야 하고 '먼 외국' 같은 경우에는 두 단어로 독립시켜 발음할 때에는 [먼:외국]과 같이 연음하지 않고, 한 마디로 발음할 때에는 [머:뇌국]과 같이 연음하여 발음한다.

2. [다만] '맛있다, 멋있다'는 [마딛따], [머딛따]를 표준 발음으로 정하는 것이 합리적이지만, [마싣따], [머싣따]도 실제 발음을 고려하여 표준 발음으로 허용한다.

3. [붙임] 겹받침의 경우에도 원칙은 마찬가지다. 즉, 독립형으로 쓰이는 받침의 소리로 위의 환경에서 연음한다. '값어치[가버치]'는 '10원 어치, 백 불 어치, 팔 푼 어치' 등을 고려하여 두 단어의 결합으로 이루어진 합성어로 해석한 결과다. '어치'는 자립적으로 쓰이지 않지만, 사전에서 이를 접미사로 처리한 것은 잘못이다.

제16항　한글 자모의 이름은 그 받침소리를 연음하되, 'ㄷ, ㅈ, ㅊ, ㅋ, ㅌ, ㅍ, ㅎ'의 경우에는 특별히 다음과 같이 발음한다.

디귿이[디그시]	디귿을[디그슬]	디귿에[디그세]
지읒이[지으시]	지읒을[지으슬]	지읒에[지으세]
치읓이[치으시]	치읓을[치으슬]	치읓에[치으세]
키읔이[키으기]	키읔을[키으글]	키읔에[키으게]
티읕이[티으시]	티읕을[티으슬]	티읕에[티으세]
피읖이[피으비]	피읖을[피으블]	피읖에[피으베]
히읗이[히으시]	히읗을[히으슬]	히읗에[히으세]

1. 한글 자모의 이름에 대한 발음 규정이다. 한글 자모의 이름은 첫소리와 끝소리 둘을 모두 보이기 위한 방식으로 붙인 것이어서 원칙적으로는 모음 앞에서 '디귿이[디그디], 디귿을[디그들]' 등과 같이 발음하여야 하지만, 실제 발음에서는 '[디그시], [디그슬]' 등과 같아 이 현실 발음을 반영시켜 규정화한 것이다. '꽃이[꼬시], 밤낮으로[밤나스로], 숱은[소슨], 무릎을[무르블], 부엌에[부어게]' 등은 표준 발음으로 인정하지 않은 점에서 이 규정은 예외적인 것이 된다.

제5장 음의 동화

제17항　받침 'ㄷ, ㅌ(ㄾ)'이 조사나 접미사의 모음 'ㅣ'와 결합되는 경우에는, [ㅈ, ㅊ]으로 바꾸어서 뒤 음절 첫소리로 옮겨 발음한다.

곧이듣다[고지듣따]	굳이[구지]	미닫이[미:다지]
땀받이[땀바지]	밭이[바치]	벼훑이[벼훌치]

[붙임] 'ㄷ' 뒤에 접미사 '히'가 결합되어 '티'를 이루는 것은 [치]로 발음한다.

굳히다[구치다]	닫히다[다치다]	묻히다[무치다]

1. 구개음화에 대한 규정이다. 즉, 받침 'ㄷ, ㅌ(ㄾ)'이 조사나 접미사의 모음 'ㅣ'와 만나면 연음하여 발음하되 'ㄷ, ㅌ'을 각각 [ㅈ, ㅊ]으로 바꾸어 발음한다. 예컨대 '밭은[바튼], 밭을[바틀], 밭에[바테]'와 같이 모음 앞에서 본음대로 연음시켜 발음하되, 다만 모음 'ㅣ' 앞에서는 '밭이[바치], 밭이다[바치다], 밭입니다[바침니다]'와 같이 받침 'ㅌ'을 구개음 [ㅊ]으로 바꾸어 연음시켜 발음하는 것이다. '해돋이[해도지], 낱낱이[난:나치], 훑이다[훌치다]' 등도 마찬가지다.(한글 맞춤법 제6항 참조)
2. [붙임] '이' 이외에 '히'가 결합될 때에도 받침 'ㄷ'과 합하여 [ㅊ]으로 구개음화하여 발음한다. 즉, '걷히다[거치다], 받히다[바치다]' 등이 그 예다.
3. 구개음화는 조사나 접미사에 의해서만 일어날 수가 있고 합성어에서는 받침 'ㄷ, ㅌ' 다음에 '이'로 시작되는 단어가 결합되어 있을 때에도 구개음화는 일어날 수 없다.
   예 밭이랑[반니랑], 홑이불[혼니불]

제18항　받침 'ㄱ(ㄲ, ㅋ, ㄳ, ㄺ), ㄷ(ㅅ, ㅆ, ㅈ, ㅊ, ㅌ, ㅎ), ㅂ(ㅍ, ㄼ, ㄿ, ㅄ)'은 'ㄴ, ㅁ' 앞에서 [ㅇ, ㄴ, ㅁ]으로 발음한다.

먹는[멍는]	국물[궁물]	깎는[깡는]	키읔만[키응만]

■ 자음의 이름을 발음할 때에만 한정되어 발음되기 때문에 그 외의 경우에는 인정되지 않는다.
　예 • 꽃이: [꼬시](X) [꼬치](O)
　　 • 부엌에: [부어게](X) [부어케](O)

■ [붙임] 이 경우 음운의 변동은 축약과 구개음화가 모두 발생한 것으로 본다.

몫몫이[몽목씨]	긁는[긍는]	흙만[흥만]	닳는[단는]
짓는[진ː는]	옷맵시[온맵씨]	있는[인는]	맞는[만는]
젖멍울[전멍울]	쫓는[쫀는]	꽃망울[꼰망울]	붙는[분는]
놓는[논는]	잡는[잠는]	밥물[밤물]	앞마당[암마당]
밟는[밤ː는]	읊는[음는]	없는[엄ː는]	

[붙임] 두 단어를 이어서 한 마디로 발음하는 경우에도 이와 같다.

책 넣는다[챙넌는다]	흙 말리다[흥말리다]	옷 맞추다[온맏추다]
밥 먹는다[밤멍는다]	값 매기다[감매기다]	

1. 'ㄴ, ㅁ' 등의 비음 앞에서 받침의 소리 [ㄱ, ㄷ, ㅂ]이 각각 [ㅇ, ㄴ, ㅁ]으로 동화되어 발음됨을 규정한 것이다. 예컨대 '값만, 없는'은 우선 'ㅅ'을 탈락시키고서 'ㅁ, ㄴ'에 의하여 'ㅂ'이 [ㅁ]으로 역행 동화되어 [감만], [엄ː는]으로 발음된다. [ㄷ]으로 발음되는 'ㅅ, ㅆ, ㅈ, ㅊ, ㄷ, ㅌ' 받침은 'ㄴ, ㅁ' 앞에서 모두 [ㄴ]으로 발음된다.

2. **[붙임]** 위와 같은 환경만 주어지면 단어와 단어 사이에서도 비음으로 바뀐다.

　　예 국 마시다[궁마시다], 옷 마르다[온마르다], 입 놀리다[임놀리다]

■ 비음화와 유음화가 뚜렷한 기준이 없으므로 각각 단어의 정확한 발음을 익히는 것이 중요하다.

제19항 받침 'ㅁ, ㅇ' 뒤에 연결되는 'ㄹ'은 [ㄴ]으로 발음한다.

담력[담ː녁]	침략[침ː냑]	강릉[강능]	항로[항ː노]	대통령[대ː통녕]

[붙임] 받침 'ㄱ, ㅂ' 뒤에 연결되는 'ㄹ'도 [ㄴ]으로 발음한다.

막론[막논 → 망논]	석류[석뉴 → 성뉴]	협력[협녁 → 혐녁]
법리[법니 → 범니]		

1. 한자어에서 받침 'ㅁ, ㅇ' 뒤에 결합되는 'ㄹ'을 [ㄴ]으로 발음하는 규정이다. 본래 'ㄹ'을 첫소리로 가진 한자는 'ㄴ, ㄹ' 이외의 받침 뒤에서는 언제나 'ㄹ'이 [ㄴ]으로 발음된다.

2. **[붙임]** 받침 'ㄱ, ㅂ' 뒤에서 'ㄹ'은 [ㄴ]으로 발음되는데, 그 [ㄴ] 때문에 'ㄱ, ㅂ'은 다시 [ㅇ, ㅁ]으로 역행 동화되어 발음된다.

　　예 막론(莫論) → [막논] → [망논]

제20항 'ㄴ'은 'ㄹ'의 앞이나 뒤에서 [ㄹ]로 발음한다.

(1)
난로[날ː로]	신라[실라]	천리[철리]
광한루[광ː할루]	대관령[대ː괄령]	

(2)
칼날[칼랄]	물난리[물랄리]	줄넘기[줄럼끼]
할는지[할른지]		

[붙임] 첫소리 'ㄴ'이 'ㅀ', 'ㄾ' 뒤에 연결되는 경우에도 이에 준한다.

닳는[달른]	뚫는[뚤른]	핥네[할레]

다만, 다음과 같은 단어들은 'ㄹ'을 [ㄴ]으로 발음한다.

의견란[의ː견난]	임진란[임ː진난]	생산량[생산냥]
결단력[결딴녁]	공권력[공꿘녁]	동원령[동ː원녕]
상견례[상견녜]	횡단로[횡단노]	이원론[이ː원논]
입원료[이붠뇨]	구근류[구근뉴]	

1. 'ㄴ'이 'ㄹ'의 앞이나 뒤에서 [ㄹ]로 동화되어 발음되는 경우를 규정한 것이다. (1)은 한 자어의 경우이고 (2)는 합성어 또는 파생어의 경우와 '-(으)ㄹ는지'의 경우이다. 이상 의 경우 이외에 다음과 같은 경우에도 'ㄴ'을 [ㄹ]로 발음한다. 물론 이때에는 한 마디 로 발음한다.

   예 땔나무[땔ː라무], 갈 놈[갈롬], 바람 잦을 날[바람자즐랄]

2. [붙임] 'ㅀ, ㄾ'과 같이 자음 앞에서 [ㄹ]이 발음되는 용언 어간 다음에 'ㄴ'으로 시작되 는 어미가 결합되면 그 'ㄴ'을 'ㄹ'로 동화시켜 발음한다. 홑받침 'ㄹ' 다음에 'ㄴ'이 올 때에는 '아는, 아나, 아네' 등과 같이 'ㄹ'이 탈락된 대로 표기하도록 맞춤법에 규정되 어 있다.(한글 맞춤법 제18항 참조)

   예 앓는[알른], 앓나[알라], 앓네[알레]

3. [다만] 한자어에서 'ㄴ'과 'ㄹ'이 결합하면서도 [ㄹㄹ]로 발음되지 않고 [ㄴㄴ]으로 발음 되는 예들을 보인 것이다. '권력[궐력]'에 대해서 '공권력[공꿘녁]'인 셈인데 실제의 발 음을 고려하여 정한 것이다.

제21항 위에서 지적한 이외의 자음 동화는 인정하지 않는다.

감기[감ː기](×[강ː기])	옷감[옫깜](×[옥깜])
있고[읻꼬](×[익꼬])	꽃길[꼳낄](×[꼭낄])
젖먹이[전머기](×[점머기])	문법[문뻡](×[뭄뻡])
꽃밭[꼳빧](×[꼽빧])	

---

1. '신문'을 때로는 역행 동화된 [심문]으로 발음하는 경우가 있는데, 이러한 위치 동화를 표준 발음법에서는 허용하지 않는다는 규정이다. 자음 앞에서 발음되는 받침에 대한 규정(특히 제9항)을 중시한 것이며, 수의적으로 역행 동화된 발음은 표준 발음으로 인정하지 않은 것이다.

■ 표준어 제9항

'ㅣ' 역행 동화 현상에 의한 발음은 원칙적으로 표준 발음으로 인정하지 아니하되, 다만 다음 단어들은 그러한 동화가 적용된 형태를 표준어로 삼는다.

제22항 다음과 같은 용언의 어미는 [어]로 발음함을 원칙으로 하되, [여]로 발음함도 허용한다.

되어[되어/되여]	피어[피어/피여]

[붙임] '이오, 아니오'도 이에 준하여 [이요, 아니요]로 발음함을 허용한다.

---

1. 모음으로 끝난 용언 어간에 모음으로 시작된 어미가 결합될 때에 나타나는 모음 충돌 에 대한 발음 규정이다. '되+어 → 되어'는 [되어]로 발음함이 원칙이다. 때로 모음 충 돌을 피한 발음인 [되여]가 쓰이기도 하여 이를 현실적으로 허용한다는 규정이다. 이 허용에 대하여는 많은 논란이 있었던 것이 사실이다. '이오, 아니오'의 경우에도 마찬 가지였다.

제6장 경음화

제23항 받침 'ㄱ(ㄲ, ㅋ, ㄳ, ㄺ), ㄷ(ㅅ, ㅆ, ㅈ, ㅊ, ㅌ), ㅂ(ㅍ, ㄼ, ㄿ, ㅄ)' 뒤에 연결되는 'ㄱ, ㄷ, ㅂ, ㅅ, ㅈ'은 된소리로 발음한다.

국밥[국빱]	깎다[깍따]	넋받이[넉빠지]	삯돈[삭똔]
닭장[닥짱]	칡범[칙뻠]	뻗대다[뻗때다]	옷고름[옫꼬름]

있던[읻떤]	꽂고[꼳꼬]	꽃다발[꼳따발]	낯설다[낟썰다]
밭갈이[받까리]	솥전[솓쩐]	곱돌[곱똘]	덮개[덥깨]
옆집[엽찝]	값지다[갑찌다]	읊조리다[읍쪼리다]	넓죽하다[넙쭈카다]

1. [ㄱ, ㄷ, ㅂ]으로 발음되는 받침 'ㄱ(ㄲ, ㅋ, ㄳ, ㄺ), ㄷ(ㅅ, ㅆ, ㅈ, ㅊ, ㅌ), ㅂ(ㅍ, ㄼ, ㄿ, ㅄ)' 뒤에서 'ㄱ, ㄷ, ㅂ, ㅅ, ㅈ'은 된소리인 [ㄲ, ㄸ, ㅃ, ㅆ, ㅉ]으로 각각 발음되는 된소리되기를 규정한 것이다. 한 단어 안에서나 체언의 곡용 및 용언의 활용에서나 위의 환경에서는 예외 없이 된소리로 발음된다.

> **제24항** 어간 받침 'ㄴ(ㄵ), ㅁ(ㄻ)' 뒤에 결합되는 어미의 첫소리 'ㄱ, ㄷ, ㅅ, ㅈ'은 된소리로 발음한다.
>
> | | | | |
> |---|---|---|---|
> | 신고[신:꼬] | 껴안다[껴안따] | 앉고[안꼬] | 얹다[언따] |
> | 삼고[삼:꼬] | 더듬지[더듬찌] | 닮고[담:꼬] | 젊지[점:찌] |
>
> 다만, 피동, 사동의 접미사 '-기-'는 된소리로 발음하지 않는다.
>
> | | | | |
> |---|---|---|---|
> | 안기다 | 감기다 | 굶기다 | 옮기다 |

1. 용언 어간의 받침이 'ㄴ(ㄵ), ㅁ(ㄻ)'일 때에도 뒤에 오는 'ㄱ, ㄷ, ㅅ, ㅈ'을 된소리인 [ㄲ, ㄸ, ㅆ, ㅉ]으로 각각 발음한다. 이는 용언 어간에만 적용되는 규정이다. 체언의 경우에는 '신도[신도], 신과[신과], 바람도[바람도]' 등과 같이 된소리로 바꾸어 발음하지 않는다.
2. [다만] 'ㄴ, ㅁ' 받침을 가진 용언 어간의 피동과 사동은 이 규정에 따르지 않는다.
   예 남기다[남기다], 신기다[신기다]
3. 일종의 활용 형식인 용언의 명사형의 경우에는 된소리로 발음한다.
   예 안기[안:끼], 남기[남:끼], 굶기[굼끼]

> **제25항** 어간 받침 'ㄼ, ㄾ' 뒤에 결합되는 어미의 첫소리 'ㄱ, ㄷ, ㅅ, ㅈ'은 된소리로 발음한다.
>
> | | | | |
> |---|---|---|---|
> | 넓게[널께] | 핥다[할따] | 훑소[훌쏘] | 떫지[떨:찌] |

1. 자음 앞에서 [ㄹ]로 발음되는 겹받침 'ㄼ, ㄾ' 다음에서도 뒤에 연결되는 자음을 된소리로 발음한다는 규정이다. 이는 용언 어간에 한정되는 규정인데, 체언의 경우에는 된소리로 발음되지 않는다.
   예 여덟도[여덜도], 여덟과[여덜과], 여덟보다[여덜보다]
2. 이 규정을 겹받침에 한정시킨 것은 홑받침 'ㄹ' 다음에서는 '알고, 알더니, 알지'와 같이 된소리로 발음되지 않기 때문이다.

> **제26항** 한자어에서, 'ㄹ' 받침 뒤에 연결되는 'ㄷ, ㅅ, ㅈ'은 된소리로 발음한다.
>
> | | | | |
> |---|---|---|---|
> | 갈등[갈뜽] | 발동[발똥] | 절도[절또] | 말살[말쌀] |
> | 불소[불쏘](弗素) | 일시[일씨] | 갈증[갈쯩] | 물질[물찔] |
> | 발전[발쩐] | 몰상식[몰쌍식] | 불세출[불쎄출] | |

■ 된소리로 발음되지 않는 예들이 많다.
예 결과, 물건, 불복, 설계, 열기, 절기, 출고, 팔경, 활보 등 다만, 같은 한자가 겹쳐진 단어의 경우에는 된소리로 발음하지 않는다.

　　허허실실[허허실실](虛虛實實)　　　　절절-하다[절절하다](切切-)

제27항 관형사형 '-(으)ㄹ' 뒤에 연결되는 'ㄱ, ㄷ, ㅂ, ㅅ, ㅈ'은 된소리로 발음한다.

할 것을[할꺼슬]	갈 데가[갈떼가]	할 바를[할빠를]
할 수는[할쑤는]	할 적에[할쩌게]	갈 곳[갈꼳]
할 도리[할또리]	만날 사람[만날싸람]	

다만, 끊어서 말할 적에는 예사소리로 발음한다.

[붙임] '-(으)ㄹ'로 시작되는 어미의 경우에도 이에 준한다.

할걸[할껄]	할밖에[할빠께]	할세라[할쎄라]
할수록[할쑤록]	할지라도[할찌라도]	할지언정[할찌언정]
할진대[할찐대]		

1. 관형사형 '-ㄹ, -을' 다음에서는 'ㄱ, ㄷ, ㅂ, ㅅ, ㅈ'을 각각 예외 없이 된소리로 발음한다. '-(으)ㄹ' 다음에 오는 것이 명사가 아니라 보조 용언일 경우에도 역시 그 다음 자음을 된소리로 발음한다.

　예　할 듯하다[할뜨타다], 할 법하다[할뻐파다], 할 성싶다[할썽십따]

2. [붙임] 관형사형 어미와 같은 '-(으)ㄹ'로 시작되는 어미에서도 역시 'ㄹ' 뒤에 오는 자음 'ㄱ, ㄷ, ㅂ, ㅅ, ㅈ'을 된소리로 각각 발음한다. 예컨대, '-(으)ㄹ거나, -(으)ㄹ세, -(으)ㄹ수록, -(으)ㄹ지, -(으)ㄹ진대' 등이 그 예들이다. '-(으)ㄹ까, -(으)ㄹ꼬, -(으)ㄹ쏘냐'는 아예 된소리로 표기한다.

3. 관형사형 어미 '-(으)ㄴ, -는, -던' 등 'ㄴ' 받침을 가진 어미 뒤에서는 된소리로 발음하지 않는다.

　예　간 사람[간사(:)람], 가는 사람[가는사(:)람], 입는다[임는다], 입는데[임는데]

제28항 표기상으로는 사이시옷이 없더라도, 관형격 기능을 지니는 사이시옷이 있어야 할(휴지가 성립되는) 합성어의 경우에는, 뒤 단어의 첫소리 'ㄱ, ㄷ, ㅂ, ㅅ, ㅈ'을 된소리로 발음한다.

문-고리[문꼬리]	눈-동자[눈똥자]	신-바람[신빠람]
산-새[산쌔]	손-재주[손째주]	길-가[길까]
물-동이[물똥이]	발-바닥[발빠닥]	굴-속[굴:쏙]
술-잔[술짠]	바람-결[바람껼]	그믐-달[그믐딸]
아침-밥[아침빱]	잠-자리[잠짜리]	강-가[강까]
초승-달[초승딸]	등-불[등뿔]	창-살[창쌀]
강-줄기[강쭐기]		

1. 표기상으로는 사이시옷이 드러나지 않더라도 기능상 사이시옷이 있을 만한 합성어의 경우에 된소리로 발음되는 예들을 제시하고 있다. 사이시옷은 15세기의 경우에 기본적으로는 관형격의 기능을 나타냈던 것이나, 현대 국어로 내려오면서 많은 변화를 겪

어서 사이시옷에 의한 된소리의 실현도 일정치 않다. '나뭇집(나무를 파는 집)'과 '나무집(나무로 만든 집)'은 그런대로 관형격의 기능을 보여 주지만 '돌집[돌·찝](돌로 지은 집)'은 관형격의 기능이 있을 수 없음에도 된소리로 발음한다. 그리하여 사이시옷이 드러나지 않으면서 된소리로 발음되는 경우에는 사전에 그 된소리로 표시하여야 한다. (한글 맞춤법 제30항 참조)

제7장 음의 첨가

> **제29항** 합성어 및 파생어에서, 앞 단어나 접두사의 끝이 자음이고 뒤 단어나 접미사의 첫음절이 '이, 야, 여, 요, 유'인 경우에는, 'ㄴ' 음을 첨가하여 [니, 냐, 녀, 뇨, 뉴]로 발음한다.
>
> | | | |
> |---|---|---|
> | 솜-이불[솜:니불] | 홑-이불[혼니불] | 막-일[망닐] |
> | 삯-일[상닐] | 맨-입[맨닙] | 꽃-잎[꼰닙] |
> | 내복-약[내:봉냑] | 한-여름[한녀름] | 남존-여비[남존녀비] |
> | 신-여성[신녀성] | 색-연필[생년필] | 직행-열차[지캥녈차] |
> | 늑막-염[능망념] | 콩-엿[콩녇] | 담-요[담:뇨] |
> | 눈-요기[눈뇨기] | 영업-용[영엄뇽] | 식용-유[시굥뉴] |
> | 백분-율[백뿐뉼] | 밤-윷[밤:뉻] | |
>
> 다만, 다음과 같은 말들은 'ㄴ' 음을 첨가하여 발음하되, 표기대로 발음할 수 있다.
>
> | | |
> |---|---|
> | 이죽-이죽[이중니죽/이주기죽] | 야금-야금[야금냐금/야그먀금] |
> | 검열[검:녈/거:멸] | 욜랑-욜랑[욜랑뇰랑/욜랑욜랑] |
> | 금융[금늉/그뮹] | |
>
> **[붙임 1]** 'ㄹ' 받침 뒤에 첨가되는 'ㄴ' 음은 [ㄹ]로 발음한다.
>
> | | | |
> |---|---|---|
> | 들-일[들:릴] | 솔-잎[솔립] | 설-익다[설릭따] |
> | 물-약[물략] | 불-여우[불려우] | 서울-역[서울력] |
> | 물-엿[물렫] | 휘발-유[휘발류] | 유들-유들[유들류들] |
>
> **[붙임 2]** 두 단어를 이어서 한 마디로 발음하는 경우에도 이에 준한다.
>
> | | | |
> |---|---|---|
> | 한 일[한닐] | 옷 입다[온닙따] | 서른여섯[서른녀섣] |
> | 3연대[삼년대] | 먹은 엿[머근녇] | 할 일[할릴] |
> | 잘 입다[잘립따] | 스물여섯[스물려섣] | 1연대[일련대] |
> | 먹을 엿[머글렫] | | |
>
> 다만, 다음과 같은 단어에서는 'ㄴ(ㄹ)' 음을 첨가하여 발음하지 않는다.
>
> | | | |
> |---|---|---|
> | 6·25[유기오] | 3·1절[사밀쩔] | 송별-연[송:벼련] |
> | 등-용문[등용문] | | |

1. 한자어, 합성어 및 접두 파생어에서 앞 단어나 접두사가 자음으로 끝나고 뒤 단어의 첫음절이 '이, 야, 여, 요, 유'인 경우에 'ㄴ'을 첨가시켜 발음함을 규정하고 있다. 따라서 앞 요소의 받침은 첨가된 'ㄴ' 때문에 비음으로 발음된다.

   예 짓이기다 → [짓니기다] → [진니기다]

2. [다만] 어떤 단어들은 위와 같이 'ㄴ'을 첨가하여 발음하기도 하지만, 표기대로 'ㄴ' 첨가 없이 발음하기도 한다. 그러나 '이기죽이기죽'은 'ㄴ'의 첨가 없이 발음하고, '야옹야옹'은 'ㄴ'을 첨가하여 발음한다. 따라서 'ㄴ'이 첨가된 경우에는 사전에서 그 발음을 표시하여야 한다.

3. [붙임 1] 'ㄹ' 받침 뒤에서 첨가되는 'ㄴ'은 [ㄹ]로 동화시켜 발음한다. 예컨대 '수원역'에서는 'ㄴ'을 첨가하여 [수원녁]으로 발음하지만 '서울역'에서는 [ㄹ]로 동화되어 [서울력]으로 발음한다. 만일 이러한 소리의 첨가가 없을 경우에는 자연히 앞의 자음을 연음하여 발음한다. '이글이글' 같은 단어는 [이글리글/이그리글]의 두 가지 발음이 모두 가능하다. '유월 유두'는 [유월류두]로 발음한다. 따라서 'ㄹ'의 첨가도 사전에 표시되어야 한다.

   예 절약[저략], 월요일[워료일], 목요일[모교일], 금요일[그묘일]

4. [붙임 2] 두 단어를 한 단어처럼 한 마디로 발음하는 경우에도 위의 규정에 준한다. 예컨대 '한 일[한닐], 할 일[할릴]' 같은 경우다. '잘 입다, 잘 익히다, 못 이기다, 못 잊다' 등의 경우에는 'ㄴ'(또는 'ㄹ')의 첨가 없이도 발음하는데, 이는 두 단어로 인식하고서 발음하는 것이다. 물론 이때에도 '[자립따]'라든가 [모디기다]와 같이 연음하여 발음한다.

5. [다만] 'ㄴ, ㄹ'을 첨가하지 않고 발음하는 예들이다.

   예 6.25[유기오], 8.15[파리로]

6. '-이오?'를 줄여서 '-요?'라고 할 경우에는 'ㄴ'이나 'ㄹ'의 첨가 없이 받침을 연음하여 발음한다.

   예 문-요?[무뇨], 담-요?[다묘], 물-요?[무료], 상-요?[상요]

제30항 사이시옷이 붙은 단어는 다음과 같이 발음한다.

1. 'ㄱ, ㄷ, ㅂ, ㅅ, ㅈ'으로 시작하는 단어 앞에 사이시옷이 올 때는 이들 자음만을 된소리로 발음하는 것을 원칙으로 하되, 사이시옷을 [ㄷ]으로 발음하는 것도 허용한다.

냇가[내:까/낻:까]	샛길[새:낄/샏:낄]
빨랫돌[빨래똘/빨랟똘]	콧등[코뜽/콛뜽]
깃발[기빨/긷빨]	대팻밥[대:패빱/대:팯빱]
햇살[해쌀/핻쌀]	뱃속[배쏙/밷쏙]
뱃전[배쩐/밷쩐]	고갯짓[고개찓/고갣찓]

2. 사이시옷 뒤에 'ㄴ, ㅁ'이 결합되는 경우에는 [ㄴ]으로 발음한다.

콧날[콛날 → 콘날]	아랫니[아랟니 → 아랜니]
툇마루[퇻:마루 → 퇸:마루]	뱃머리[밷머리 → 밴머리]

3. 사이시옷 뒤에 '이' 음이 결합되는 경우에는 [ㄴㄴ]으로 발음한다.

베갯잇[베갣닏 → 베갠닏]	깻잎[깯닙 → 깬닙]
나뭇잎[나묻닙 → 나문닙]	도리깻열[도리깯녈 → 도리깬녈]
뒷윷[뒫:늍 → 뒨:늍]	

■ 사이시옷 뒤에 '이' 또는 '야, 여, 유, 유' 등이 결합되는 경우에는 'ㄴ'이 첨가되기 때문에 사이시옷은 자연히 [ㄴ]으로 발음된다.
예 뒷일[뒨:닐]

'1. 깃발'의 경우 [긷빨]을 표준 발음으로 정하는 것이 합리적이지만, 실제 발음을 고려하여 [기빨]과 [긷빨] 모두를 표준 발음으로 허용하게 하였다.

2. 'ㄴ, ㅁ' 같은 비음 앞에서 사이시옷이 들어간 경우에는 'ㅅ→ㄷ→ㄴ'의 과정에 따라 사이시옷을 [ㄴ]으로 발음한다.

　　예 콧날 → [콛날] → [콘날]

제2절 한글 맞춤법

제1장 총칙

> **제1항** 한글 맞춤법은 표준어를 소리대로 적되, 어법에 맞도록 함을 원칙으로 한다.

1. 표준어를 소리대로 적는다는 것은 표준어의 발음 형태대로 적는다는 뜻이다. 맞춤법이란 주로 음소 문자(音素文字)에 의한 표기 방식을 이른다. 한글은 표음 문자(表音文字)이며 음소 문자다. 따라서 자음과 모음의 결합 형식에 의하여 표준어를 소리대로 표기하는 것이 근본 원칙이다.

　　예 구름, 나무, 하늘, 놀다, 달리다 – 표준어를 소리 나는 대로 적는 형식

2. 표준어를 소리대로 적는다는 원칙만을 적용하기 어려운 경우도 있다.

　　예 꽃[花]: ① [꼬ㅊ] – 꽃이[꼬치], 꽃을[꼬츨]
　　　　　　　　 ② [꼰] – 꽃나무[꼰나무], 꽃망울[꼰망울]
　　　　　　　　 ③ [꼳] – 꽃과[꼳꽈], 꽃다발[꼳따발]

　　⇒ 이것을 소리대로 적는다면, 그 뜻이 얼른 파악되지 않고, 따라서 독서의 능률이 크게 저하된다. 그리하여 어법에 맞도록 한다는 또 하나의 원칙이 붙은 것이다.

3. 어법(語法)이란 언어 조직의 법칙, 또는 언어 운용의 법칙이라고 풀이된다. 어법에 맞도록 한다는 것은, 결국 뜻을 파악하기 쉽도록 하기 위하여 각 형태소의 본 모양을 밝히어 적는다는 말이다. 형태소는 단어의 기초 단위가 되는 요소인 실질 형태소와 접사나 어미, 조사처럼 실질 형태소에 결합하여 보조적 의미를 덧붙이거나 문법적 관계를 표시하는 요소인 형식 형태소로 나뉜다. 맞춤법에서는 각 형태소가 지닌 뜻이 분명히 드러나도록 하기 위하여, 그 본 모양을 밝히어 적는 것을 또 하나의 원칙으로 삼은 것이다.

　　예 늙고[늘꼬], 늙지[늑찌], 늙는[능는]처럼 발음되는 단어를 '늙–'으로 쓰는 것은, '늙어[늘거], 늙은[늘근]'을 통하여 실질 형태소(어간)의 본 모양이 '늙–'임을 인정하게 되기 때문이다.

4. 이 원칙은 모든 언어 형식에 적용될 수는 없는 것이어서, 형식 형태소의 경우는 변이 형태(變異形態)를 인정하여 소리 나는 대로 적을 수 있도록 한 것이다.

　　예 막–아/먹–어, 소–가/말–이

　　⇒ 음운 형태소가 현저하게 다른 것을 한 가지 형태로 통일할 수는 없기 때문이다.

5. '어법에 맞도록 한다'가 아니라, '어법에 맞도록 함을 원칙으로 한다'라는 표현에는 예외가 있을 수 있다는 뜻이 담겨 있다.

제2항 문장의 각 단어는 띄어 씀을 원칙으로 한다.

1. 단어는 독립적으로 쓰이는 말의 단위이기 때문에, 글은 단어를 단위로 하여 띄어 쓰는 것이 가장 합리적인 방식이라 할 수 있다. 다만, 우리말의 조사는 접미사 범주에 포함시키기 어려운 것이어서 하나의 단어로 다루어지고 있으나, 형식 형태소이며 의존 형태소이므로, 그 앞의 단어에 붙여 쓰는 것이다.

제3항 외래어는 '외래어 표기법'에 따라 적는다.

1. 외래어의 표기에서는 각 언어가 지닌 특질이 고려되어야 하므로, 외래어 표기법을 따로 정하고, 그 규정에 따라 적도록 한 것이다.

제2장 자모

제4항 한글 자모의 수는 스물넉 자로 하고, 그 순서와 이름은 다음과 같이 정한다.

ㄱ(기역)	ㄴ(니은)	ㄷ(디귿)	ㄹ(리을)	ㅁ(미음)
ㅂ(비읍)	ㅅ(시옷)	ㅇ(이응)	ㅈ(지읒)	ㅊ(치읓)
ㅋ(키읔)	ㅌ(티읕)	ㅍ(피읖)	ㅎ(히읗)	
ㅏ(아)	ㅑ(야)	ㅓ(어)	ㅕ(여)	ㅗ(오)
ㅛ(요)	ㅜ(우)	ㅠ(유)	ㅡ(으)	ㅣ(이)

[붙임 1] 위의 자모로써 적을 수 없는 소리는 두 개 이상의 자모를 어울러서 적되, 그 순서와 이름은 다음과 같이 정한다.

ㄲ(쌍기역)	ㄸ(쌍디귿)	ㅃ(쌍비읍)	ㅆ(쌍시옷)	ㅉ(쌍지읒)
ㅐ(애)	ㅒ(얘)	ㅔ(에)	ㅖ(예)	ㅘ(와)
ㅙ(왜)	ㅚ(외)	ㅝ(워)	ㅞ(웨)	ㅟ(위)
ㅢ(의)				

[붙임 2] 사전에 올릴 적의 자모 순서는 다음과 같이 정한다.

자음: ㄱ ㄲ ㄴ ㄷ ㄸ ㄹ ㅁ ㅂ ㅃ ㅅ
ㅆ ㅇ ㅈ ㅉ ㅊ ㅋ ㅌ ㅍ ㅎ

모음: ㅏ ㅐ ㅑ ㅒ ㅓ ㅔ ㅕ ㅖ
ㅗ ㅘ ㅙ ㅚ ㅛ ㅜ ㅝ ㅞ
ㅟ ㅠ ㅡ ㅢ ㅣ

1. [붙임 1] 한글 자모 24자만으로 적을 수 없는 소리들을 적기 위하여, 두 개 자모를 어우른 글자인 'ㄲ, ㄸ, ㅃ, ㅆ, ㅉ', 'ㅐ, ㅒ, ㅔ, ㅖ, ㅘ, ㅚ, ㅝ, ㅟ, ㅢ'와 세 개 자모를 어우른 글자인 'ㅙ, ㅞ'를 쓰고 있는 것이다.

2. [붙임 2] 사전에 올릴 적의 차례를 정했는데, 글자(특히 겹글자)의 차례가 일정하지 않기 때문에 사전 편찬자가 임의로 배열하는 데 따른 혼란을 막기 위한 것이다. 받침 글자의 차례가 다루어지지 않았으나, 그 순서는 다음과 같다.

ㄱ ㄲ ㄳ ㄴ ㄵ ㄶ ㄷ ㄹ ㄺ ㄻ ㄼ ㄽ ㄾ ㄿ ㅀ ㅁ ㅂ ㅄ ㅅ ㅆ ㅇ ㅈ ㅊ ㅋ ㅌ ㅍ ㅎ

■ 한글 자모의 수와 차례 및 이름은 통일안(한글 맞춤법 통일안)에서와 마찬가지로 하였다. 글자 이름에서, 'ㄱ, ㄷ, ㅅ'도 나머지 글자의 경우처럼 '기윽, 디읃, 시읏'으로 하자는 의견이 있었으나, 기억하기 쉽도록 한다는 것이 오랜 관용(慣用)을 바꾸어야 할 이유가 되지 않기 때문에, 관용대로 '기역, 디귿, 시옷'으로 하였다.

제3장 소리에 관한 것

제1절 된소리

■ 여기에서 말하는 '한 단어 안'은 하나의 형태소 내부를 뜻하는 것으로 풀이된다. 예시어 중 '소쩍-새, 아끼-다' 따위는 두 개 형태소로 분석되는 구조이긴 하지만, 된소리 문제는 그중 한 형태소에만 해당하는 것이다.

■ '뚜렷한 까닭 없이 나는 된소리'란 발음에 있어서 경음화의 규칙성이 적용되는 조건이 아님을 말하는 것이다. 바꾸어 말하면, 본디 예사소리인 것이 환경에 따른 변이음(變異音)으로서의 된소리로 나타나는 현상이 아님을 말한다.

> **제5항** 한 단어 안에서 뚜렷한 까닭 없이 나는 된소리는 다음 음절의 첫소리를 된소리로 적는다.
>
> **1. 두 모음 사이에서 나는 된소리**
>
> | | | | | |
> |---|---|---|---|---|
> | 소쩍새 | 어깨 | 오빠 | 으뜸 | 아끼다 |
> | 기쁘다 | 깨끗하다 | 어떠하다 | 해쓱하다 | 가끔 |
> | 거꾸로 | 부썩 | 어찌 | 이따금 | |
>
> **2. 'ㄴ, ㄹ, ㅁ, ㅇ' 받침 뒤에서 나는 된소리**
>
> | | | | | |
> |---|---|---|---|---|
> | 산뜻하다 | 잔뜩 | 살짝 | 훨씬 | 담뿍 |
> | 움찔 | 몽땅 | 엉뚱하다 | | |
>
> 다만, 'ㄱ, ㅂ' 받침 뒤에서 나는 된소리는, 같은 음절이나 비슷한 음절이 겹쳐 나는 경우가 아니면 된소리로 적지 아니한다.
>
> | | | | |
> |---|---|---|---|
> | 국수 | 깍두기 | 딱지 | 색시 |
> | 싹둑(~싹둑) | 법석 | 갑자기 | 몹시 |

1. ① 한 개의 형태소 내부에 있어서, 두 모음 사이에서 (곧 모음 뒤에서) 나는 된소리는 된소리로 적는다. 예컨대 '소쩍(-새)'은 그 새의 울음소리를 시늉(음성 상징)한 의성어(擬聲語)이므로, '솟/적'처럼 갈라질 수 없고, '어깨'는 '엇개, 억개'처럼 적을 이유가 없는 것이다.

   예 꾀꼬리, 메뚜기, 부뚜막, 새끼, 가꾸다, 가까이, 부쩍 등

   ② '숫제[숟쩨](거짓이 아니라 참말로, 무엇을 하기 전에 차라리)는 흔히 [수쩨]로 발음되지만, 이 경우의 '숫'은 '숫-되다, 숫-접다, 숫-지다' 등과 연관되며, '숫접-이 → 숫저비 → 숫저이 → 숫제'처럼 분석되는 것이므로, '수쩨'로 적지 않는다.

   ③ 다만, '기쁘다(나쁘다, 미쁘다, 바쁘다)'는 어원적인 형태가 '깃-브다(낮-브다, 믿-브다, 밫-브다)'로 해석되는 것이지만, 현실적으로 그 원형(原形)이 인식되지 않으므로, 본 항에서 다룬 것이다.

2. 한 개 형태소 내부에 있어서, 울림소리 'ㄴ, ㄹ, ㅁ, ㅇ' 뒤에서 나는 된소리는 된소리로 적는다. 받침 'ㄴ, ㄹ, ㅁ, ㅇ'은 예사소리를 경음화시키는 필연적인 조건이 되지 않기 때문이다.

   예 단짝, 번쩍, 물씬, 절뚝거리다, 듬뿍, 함빡, 껑뚱하다, 뭉뚱그리다 등

3. [다만] ① 한 개 형태소 내부에 있어서도, 'ㄱ, ㅂ' 받침 뒤는 경음화의 규칙성이 적용되는 환경이므로, 된소리로 나더라도 된소리로 적지 않기로 한 것이다.

   예 늑대[늑때], 낙지[낙찌], 접시[접씨], 납작하다[납짜카다]

   ② 하나의 형태소 내부에 있어서도, 예컨대 '똑똑(-하다), 쓱싹(-쓱싹), 쌉쌀(-하다)' 따위처럼 같은 음절이나 비슷한 음절이 거듭되는 경우에는 (첫소리가) 같은 글자로 적는다.(제6절 제13항 참조)

제2절 구개음화

제6항 'ㄷ, ㅌ' 받침 뒤에 종속적 관계를 가진 '-이(-)'나 '-히-'가 올 적에는 그 'ㄷ, ㅌ'이 'ㅈ, ㅊ'으로 소리 나더라도 'ㄷ, ㅌ'으로 적는다.(ㄱ을 취하고, ㄴ을 버림.)

ㄱ	ㄴ	ㄱ	ㄴ
맏이	마지	핥이다	할치다
해돋이	해도지	걷히다	거치다
굳이	구지	닫히다	다치다
같이	가치	묻히다	무치다
끝이	끄치		

1. 실질 형태소의 끝 받침 'ㄷ, ㅌ'이 구개음화하여 [ㅈ, ㅊ]으로 발음되더라도, 그 기본 형태를 밝히어 'ㄷ, ㅌ'으로 적는다. 그런데 앞에서 말한 바와 같이, 형식 형태소의 경우는 변이 형태를 인정하여 소리 나는 대로 적지만, 실질 형태소의 경우는 그 본 모양을 밝히어 적는 것이 원칙이므로, [ㅈ, ㅊ]으로 소리 나더라도 'ㄷ, ㅌ'으로 적는 것이다.

   예 곧이(-곧대로, -듣다), (미-, 여-)닫이, (해-)돋이, 맏이, (휘-)묻이
   (땀-, 물-, 씨-)받이, 굳히다, 닫히다, 묻히다, 낱낱이, (겨레-, 살-, 일가-, 피-)붙이, 샅샅이, 붙이다, 벼훑이, 핥이다, 훑이다
   ⇒ 'ㄷ, ㅌ, ㄾ' 받침 뒤에 조사나 접미사의 '-이, -히'가 결합되는 구조에도 적용된다.

2. '맏이[마지]'는 '맏-아들, 맏-손자, 맏-형' 등을 통하여 '태어난 차례의 첫 번'이란 뜻을 나타내는 형태소가 '맏'임을 인정하게 되므로, '맏이'로 적기로 하였다.

제3절 'ㄷ' 소리 받침

제7항 'ㄷ' 소리로 나는 받침 중에서 'ㄷ'으로 적을 근거가 없는 것은 'ㅅ'으로 적는다.

덧저고리	돗자리	엇셈	웃어른	핫옷
무릇	사뭇	얼핏	자칫하면	뭇[衆]
옛	첫	헛		

1. 'ㄷ'으로 적을 근거가 없는 것이란, 그 형태소가 'ㄷ' 받침을 가지지 않는 것을 말한다.
   예 갓-스물, 걸핏-하면, 그-까짓, 기껏, 놋-그릇, 덧-셈, 빗장, 삿대, 숫-접다, 자칫, 짓-밟다, 풋-고추, 햇-곡식

2. 'ㄷ'으로 적을 근거가 있는 것
   ① 본디 'ㄷ' 받침을 가지고 있는 것
   예 걷-잡다(거두어 붙잡다), 곧-장(똑바로 곧게), 낟-가리(낟알이 붙은 곡식을 쌓은 더미), 돋-보다(도두보다)

■ '종속적(從屬的) 관계'란 형태소 연결에 있어서 실질 형태소인 체언, 어근, 용언 어간 등에 형식 형태소인 조사, 접미사, 어미 등이 결합하는 관계를 말한다. 이 경우, 형식 형태소는 실질 형태소에 딸려 붙는 (종속되는) 요소인 것이다.

■ 'ㄷ'소리로 나는 받침이란, 음절 끝소리로 발음될 때 [ㄷ]으로 실현되는 'ㅅ, ㅆ, ㅈ, ㅊ, ㅌ' 등을 말한다. 이 받침들은, 뒤에 형식 형태소의 모음이 결합될 경우에는 제 소리 값대로 뒤 음절 첫소리로 내리 이어져 발음되지만, 단어의 끝이나 자음 앞에서는, 즉 음절 말음으로 실현될 때는 모두 [ㄷ]으로 발음된다.

② 호전 작용

예 반짇-고리(바느질+고리), 사흗-날(사흘+날), 숟-가락(술+가락)

3. 사전에서 '밭-'형으로 다루고 있는 '밭사돈, 밭상제'는 '바깥'과의 연관성을 살리기 위하여 '밭-'형을 취하기로 하였다.

예 밭벽, 밭부모, 밭사돈, 밭상제, 밭어버이, 밭쪽

제4절 모음

제8항 '계, 례, 몌, 폐, 혜'의 'ㅖ'는 'ㅔ'로 소리 나는 경우가 있더라도 'ㅖ'로 적는다.(ㄱ을 취하고, ㄴ을 버림.)

ㄱ	ㄴ	ㄱ	ㄴ
계수(桂樹)	게수	혜택(惠澤)	헤택
사례(謝禮)	사레	계집	게집
연몌(連袂)	연메	핑계	핑게
폐품(廢品)	페품	계시다	게시다

다만, 다음 말은 본음대로 적는다.

계송(偈頌)   계시판(揭示板)   휴게실(休憩室)

1. '계, 례, 몌, 폐, 혜'는 현실적으로 [게, 레, 메, 페, 헤]로 발음되고 있다. 곧 '예' 이외의 음절에 쓰이는 이중 모음 'ㅖ'는 단모음화하여 [ㅔ]로 발음되고 있는 것이다.(표준 발음법 제5항 다만 2 참조)

2. [다만] 한자 '게(偈), 게(揭), 게(憩)'는 본음인 'ㅔ'로 적기로 하였다.

예 게구(偈句), 게기(揭記), 게방(揭榜), 게양(揭揚), 게재(揭載), 게판(揭板), 게류(憩流), 게식(憩息), 게제(偈諦), 게휴(憩休)

3. 한편, '으레, 케케묵다'는 표준어 규정(제10항)에서 단모음화한 형태를 취하였으므로, '으레, 케케묵다'로 적어야 한다.

제9항 '의'나, 자음을 첫소리로 가지고 있는 음절의 'ㅢ'는 'ㅣ'로 소리 나는 경우가 있더라도 'ㅢ'로 적는다.(ㄱ을 취하고, ㄴ을 버림.)

ㄱ	ㄴ	ㄱ	ㄴ
의의(意義)	의이	닁큼	닝큼
본의(本義)	본이	띄어쓰기	띠어쓰기
무늬[紋]	무니	씌어	씨어
보늬	보니	틔어	티어
오늬	오니	희망(希望)	히망
하늬바람	하니바람	희다	히다
늴리리	닐리리	유희(遊戲)	유히

1. '늬'의 단모음화 현상을 인정하여, 표준 발음법(제5항 다만 3, 4)에서는
　　① 자음을 첫소리로 가지고 있는 음절의 '늬'는 [ㅣ]로 발음하고,
　　　예 늴리리[닐리리], 띄어[띠어], 유희[유히]
　　② 단어의 첫음절 이외의 '의'는 [이]로, 조사 '의'는 [에]로 발음할 수 있다.
　　　예 주의[주의/주이], 우리의[우리의/우리에]
　　라고 규정하였다. 그러나 현실적으로 '늬'와 'ㅣ', '늬'와 'ㅔ'가 각기 변별적 특징을 가
　　지고 있고, 발음 현상보다 보수성을 지니는 표기법에서는 변화의 추세를 그대로 반
　　영할 수는 없으므로, '늬'가 [ㅣ]나 [ㅔ]로 발음되는 경향이 있더라도 '늬'로 적기로 한
　　것이다.

제5절 두음 법칙

> 제10항 한자음 '녀, 뇨, 뉴, 니'가 단어 첫머리에 올 적에는, 두음 법칙에 따
> 라 '여, 요, 유, 이'로 적는다.(ㄱ을 취하고, ㄴ을 버림.)
>
> | ㄱ | ㄴ | ㄱ | ㄴ |
> |---|---|---|---|
> | 여자(女子) | 녀자 | 유대(紐帶) | 뉴대 |
> | 연세(年歲) | 년세 | 이토(泥土) | 니토 |
> | 요소(尿素) | 뇨소 | 익명(匿名) | 닉명 |
>
> 다만, 다음과 같은 의존 명사에서는 '냐, 녀' 음을 인정한다.
> 　　냥(兩)　　　　　냥쭝(兩-)　　　　　년(年)(몇 년)
>
> [붙임 1] 단어의 첫머리 이외의 경우에는 본음대로 적는다.
> 　　남녀(男女)　　　당뇨(糖尿)　　　결뉴(結紐)　　　은닉(隱匿)
>
> [붙임 2] 접두사처럼 쓰이는 한자가 붙어서 된 말이나 합성어에서, 뒷말의 첫
> 소리가 'ㄴ' 소리로 나더라도 두음 법칙에 따라 적는다.
> 　　신여성(新女性)　　　　공염불(空念佛)　　　　남존여비(男尊女卑)
>
> [붙임 3] 둘 이상의 단어로 이루어진 고유 명사를 붙여 쓰는 경우에도 붙임 2
> 에 준하여 적는다.
> 　　한국여자대학　　　　　　대한요소비료회사

1. 본음이 '녀, 뇨, 뉴, 니'인 한자가 첫머리에 놓일 때는 '여, 요, 유, 이'로 적는다.
　　예 연도(年度), 열반(涅槃), 요도(尿道), 육혈(衄血), 이승(尼僧), 이토(泥土),
　　　익사(溺死)
2. [다만] 의존 명사인 '냥(←兩), 냥쭝(←兩-), 년(年)' 등은 그 앞의 말과 연결되어 하나
　　의 단위를 구성하는 것이므로, 두음 법칙을 적용하지 않고 소리 나는 대로 적기로 한
　　것이다. '년(年)'이 '연 3회'처럼 '한 해(동안)'란 뜻을 표시하는 경우엔 의존 명사가 아
　　니므로, 두음 법칙이 적용된다.
3. 고유어 중에서도 다음 의존 명사에는 두음 법칙이 적용되지 않는다.
　　예 녀석(고얀 녀석), 년(괘씸한 년), 님(바느질 실 한 님), 닢(엽전 한 닢, 가마니 두 닢)

■단어 첫머리에 위치하는 한자의 음
이 두음 법칙에 따라 달라지는 것
은 달라지는 대로 적는다. 음소 문
자인 한글은 원칙적으로 1자 1음
(소)의 체계를 취하지만, 표의 문자
인 한자의 경우는, 국어의 음운 구
조에 따라 두 가지 형식을 취한 것
이다.

4. [붙임 1] 단어 첫머리가 아닌 경우에는 두음 법칙이 적용되지 않으므로, 본음대로 적는다.

예 소녀(小女), 만년(晩年), 배뇨(排尿), 결뉴(結紐), 비구니(比丘尼), 운니(雲泥), 은닉(隱匿), 탐닉(耽溺)

5. [붙임 2] ① '접두사처럼 쓰이는 한자'란 사전들에서 접두사로 다루어지는 게 통례이긴 하나, 그 성격상 접두사로 단정하기 어려운 한자어 형태소를 말한다. 예컨대 '신(新), 구(舊)'는 의존 형태소라는 점에서 접사적 성격을 띠는 것이지만, '신구(新舊)'와 같이 양자가 대등한 관계로 결합된 구조에서는 명사적 성격을, '신인(新人)', '신참(新參)'과 같이 수식과 피수식의 관계로 결합된 구조에서는 형용사 또는 부사적 성격을 띠는 것이다. 따라서 한자어의 구조적 특질을 고려할 때, '신-세계, 신-여성'처럼 독립성을 지닌 단어 앞에 결합한 구조에서만 접두사로 분석하는 게 과연 합리적인 처리이냐 하는 의문이 제기될 수 있다는 점에서, 이와 같이 표현한 것이다.

② 독립성이 있는 단어에 접두사처럼 쓰이는 한자어 형태소가 결합하여 된 단어나, 두 개 단어가 결합하여 된 합성어(혹은 이에 준하는 구조)의 경우, 뒤의 단어에는 두음 법칙이 적용된다. '신-여성, 구-여성, 공-염불'은 독립성이 있는 단어, '여성, 염불'에 접두사적 성격의 한자어 형태소 '신-, 구-, 공-'이 결합된 구조이므로 '신녀성, 구녀성, 공념불'로 적지 않으며, '남존-여비, 남부-여대' 등은 각각 단어(혹은 절) 성격인 '남존, 남부'와 '여비, 여대'가 결합한 구조이므로, '남존녀비, 남부녀대'로 적지 않는다.

③ 한편, 예컨대 '신년도, 구년도' 등은 그 발음 형태가 [신년도, 구:년도]이며, 또 '신년-도, 구년-도'로 분석되는 구조이므로, 이 규정이 적용되지 않는다.

6. [붙임 3] 둘 이상의 단어로 이루어진 고유 명사를 붙여 쓰는 경우에도, '한국 여자 약사 회 → 한국여자약사회'처럼 결합된 각 단어를 두음 법칙에 따라 적는다. 이것은 합성어의 경우에 준하는 형식이다.

제11항 한자음 '랴, 려, 례, 료, 류, 리'가 단어의 첫머리에 올 적에는, 두음 법칙에 따라 '야, 여, 예, 요, 유, 이'로 적는다.(ㄱ을 취하고, ㄴ을 버림.)

ㄱ	ㄴ	ㄱ	ㄴ
양심(良心)	량심	용궁(龍宮)	룡궁
역사(歷史)	력사	유행(流行)	류행
예의(禮儀)	례의	이발(理髮)	리발

다만, 다음과 같은 의존 명사는 본음대로 적는다.

리(里): 몇 리냐?

리(理): 그럴 리가 없다.

[붙임 1] 단어의 첫머리 이외의 경우에는 본음대로 적는다.

개량(改良)	선량(善良)	수력(水力)	협력(協力)
사례(謝禮)	혼례(婚禮)	와룡(臥龍)	쌍룡(雙龍)
하류(下流)	급류(急流)	도리(道理)	진리(眞理)

다만, 모음이나 'ㄴ' 받침 뒤에 이어지는 '렬, 률'은 '열, 율'로 적는다.(ㄱ을 취하고, ㄴ을 버림.)

ㄱ	ㄴ	ㄱ	ㄴ
나열(羅列)	나렬	분열(分裂)	분렬
치열(齒列)	치렬	선열(先烈)	선렬
비열(卑劣)	비렬	진열(陳列)	진렬
규율(規律)	규률	선율(旋律)	선률
비율(比率)	비률	전율(戰慄)	전률
실패율(失敗率)	실패률	백분율(百分率)	백분률

[붙임 2] 외자로 된 이름을 성에 붙여 쓸 경우에도 본음대로 적을 수 있다.

신립(申砬)   최린(崔麟)   채륜(蔡倫)   하륜(河崙)

[붙임 3] 준말에서 본음으로 소리 나는 것은 본음대로 적는다.

국련(국제 연합)   한시련(한국 시각 장애인 연합회)

[붙임 4] 접두사처럼 쓰이는 한자가 붙어서 된 말이나 합성어에서, 뒷말의 첫소리가 'ㄴ' 또는 'ㄹ' 소리로 나더라도 두음 법칙에 따라 적는다.

역이용(逆利用)   연이율(年利率)   열역학(熱力學)
해외여행(海外旅行)

[붙임 5] 둘 이상의 단어로 이루어진 고유 명사를 붙여 쓰는 경우나 십진법에 따라 쓰는 수(數)도 붙임 4에 준하여 적는다.

서울여관   신흥이발관   육천육백육십육(六千六百六十六)

1. 본음이 '랴, 려, 례, 료, 류, 리'인 한자가 단어 첫머리에 놓일 때에는 '야, 여, 예, 요, 유, 이'로 적는다. 성씨(姓氏)의 '양(梁), 여(呂), 염(廉), 용(龍), 유(柳), 이(李)' 등도 이 규정에 따라 적는다.
   예 양기탁, 여운형, 염온동, 유관순, 이이 등
2. [다만] 의존 명사 '량(輛), 리(理, 里, 厘)' 등은 두음 법칙과 관계없이 본음대로 적는다.
   예 객차(客車) 오십 량(輛), 2푼 5리(厘)
3. [다만] 모음이나 'ㄴ' 받침 뒤에 결합되는 '렬(列, 烈, 裂, 劣), 률(律, 率, 栗, 慄)'은 발음 형태가 [나열, 서:열 …]이므로, 관용에 따라 '열, 율'로 적는다.
   예 나열(羅列), 서열(序列), 분열(分列), 전열(前列), 의열(義烈), 치열(熾烈), 서열(先烈), 사분오열(四分五裂), 균열(龜裂), 분열(分裂), 비열(卑劣), 우열(優劣), 천열(賤劣), 규율(規律), 자율(自律), 운율(韻律), 선율(旋律), 비율(比率), 이율(利率), 백분율(百分率), 외율(煨栗), 조율(棗栗), 전율(戰慄), 명중률(命中率), 합격률(合格率)
4. [붙임 2] 한 글자(음절)로 된 이름을 성에 붙여 쓰는 경우, 본음대로 적는 것을 허용하였다. 그러나 이것은 한 글자 이름의 경우에 국한되는 허용 규정이므로, 두 글자 이름의 경우에는 허용되지 않는다.

5. [붙임 3] 둘 이상의 단어로 이루어진 말이 줄어져서 두 개 단어로 인식되지 않는 것은, 뒤 한자의 음을 본음대로 적는다. 이 경우, 뒤의 한자는 하나의 단어가 아니기 때문에 두음 법칙이 적용되지 않는 것이다.

> **예** 국제 연합(두 개 단어) – 국련(두 단어로 인식되지 않음.)
> 교육 연합회(두 개 단어) – 교련(두 단어로 인식되지 않음.)

6. [붙임 4] ① 독립성이 있는 단어에 접두사처럼 쓰이는 한자어 형태소가 결합하여 된 단어나, 두 개 단어가 결합하여 된 합성어(또는 이에 준하는 구조)의 경우, 뒤의 단어에는 두음 법칙이 적용된다.

> **예** 몰–이해(沒理解), 과–인산(過燐酸), 가–영수(假領收), 등–용문(登龍門), 불–이행(不履行), 사–육신(死六臣), 생–육신(生六臣), 선–이자(先利資), 소–연방(蘇聯邦), 청–요리(淸料理), 수학–여행(修學旅行), 낙화–유수(落花流水), 무실–역행(務實力行), 시조–유취(時調類聚)

> ② 사람들의 발음 습관이 본음의 형태로 굳어져 있는 것은 예외 형식을 인정한다.

> **예** 미–립자(微粒子), 소–립자(素粒子), 수–류탄(手榴彈), 총–유탄(銃榴彈), 파–렴치(破廉恥), 몰–염치(沒廉恥)

> ③ 다만, 고유어 뒤에 한자어가 결합한 경우는 뒤의 한자어 형태소가 하나의 단어로 인식되므로, 두음 법칙을 적용하여 적는다.

> **예** 개–연(蓮), 구름–양(量), 허파숨–양(量), 수–용(龍)

7. [붙임 5] '육육삼십육(6×6=36)' 같은 형식도 이에 준하여 적는다. 다만, '오륙도(五六島), 육륙봉(六六峰)' 등은 두 단어로 갈라지는 구조가 아니므로, 본음대로 적는다.

제12항 한자음 '라, 래, 로, 뢰, 루, 르'가 단어의 첫머리에 올 적에는, 두음 법칙에 따라 '나, 내, 노, 뇌, 누, 느'로 적는다.(ㄱ을 취하고, ㄴ을 버림.)

ㄱ	ㄴ	ㄱ	ㄴ
낙원(樂園)	락원	뇌성(雷聲)	뢰성
내일(來日)	래일	누각(樓閣)	루각
노인(老人)	로인	능묘(陵墓)	릉묘

[붙임 1] 단어의 첫머리 이외의 경우에는 본음대로 적는다.

쾌락(快樂)	극락(極樂)	거래(去來)	왕래(往來)
부로(父老)	연로(年老)	지뢰(地雷)	낙뢰(落雷)
고루(高樓)	광한루(廣寒樓)	동구릉(東九陵)	가정란(家庭欄)

[붙임 2] 접두사처럼 쓰이는 한자가 붙어서 된 단어는 뒷말을 두음 법칙에 따라 적는다.

내내월(來來月)	상노인(上老人)	중노동(重勞動)	비논리적(非論理的)

1. 본음이 '라, 래, 로, 뢰, 루, 르'인 한자가 첫머리에 놓일 때는 '나, 내, 노, 뇌, 누, 느'로 적는다.

2. [붙임 1] 단어 첫머리 이외의 경우는 두음 법칙이 적용되지 않으므로, 본음대로 적는다. '왕릉(王陵), 정릉(貞陵), 동구릉(東九陵)'처럼 쓰이는 '릉'이나, '독자란(讀者欄),

비고란(備考欄)'처럼 쓰이는 '란'은 한 음절로 된 한자어 형태로서, 한자어 뒤에 결합할 때에는 통상 하나의 단어로 인식되지 않기 때문에, 본음대로 적기로 한 것이다. 다만, 고유어나 (구미) 외래어 뒤에 결합하는 경우에는, 제11항 [붙임 4]에서 보인 경우처럼 두음 법칙을 적용하여 적는다.

예 강릉(江陵), 태릉(泰陵), 서오릉(西五陵), 공란(空欄), 답란(答欄), 투고란(投稿欄), 어린이-난, 어머니-난, 가십-난

2. [붙임 2] 접두사처럼 쓰이는 한자어 형태소가 결합하여 된 단어나, 두 개 단어가 결합하여 된 합성어(또는 이에 준하는 구조)의 경우, 뒤의 단어는 두음 법칙에 따라 적는다.

예 반-나체(半裸體), 실-낙원(失樂園), 중-노인(中老人), 육체-노동(肉體勞動), 부화-뇌동(附和雷同), 사상-누각(沙上樓閣), 평지-낙상(平地落傷)

3. '고랭지(高冷地)'는 '표고(標高)가 높고 찬 지방'이란 뜻을 나타내는 단어이므로, '고-냉지'로 적지 않고 '고랭-지'로 적는 것이다.

제6절 겹쳐 나는 소리

제13항 한 단어 안에서 같은 음절이나 비슷한 음절이 겹쳐 나는 부분은 같은 글자로 적는다.(ㄱ을 취하고, ㄴ을 버림.)

ㄱ	ㄴ	ㄱ	ㄴ
딱딱	딱닥	꼿꼿하다	꼿곳하다
쌕쌕	쌕색	놀놀하다	놀롤하다
씩씩	씩식	눅눅하다	눙눅하다
똑딱똑딱	똑닥똑닥	밋밋하다	민밋하다
쓱싹쓱싹	쓱삭쓱삭	싹싹하다	싹삭하다
연연불망(戀戀不忘)	연련불망	쌉쌀하다	쌉살하다
유유상종(類類相從)	유류상종	씁쓸하다	씁슬하다
누누이(屢屢-)	누루이	짭짤하다	짭잘하다

1. '딱딱, 쌕쌕' 등은 의성어 '딱, 쌕'이 겹쳐진 첩어(疊語)이며, 한자어 '연연(-불망), 유유(-상종), 누누(-이)' 등도 첩어적 성격을 지닌 것이다. 그런데 '꼿꼿하다, 놀놀하다' 등에서의 '꼿, 놀' 따위는 의미적 단위가 아니기 때문에, 성격상의 차이가 있는 것이다. 그러나 두 가지(왼쪽 제시어와 오른쪽 제시어) 유형이 마찬가지로 동일 음절, 혹은 유사 음절이 중복되는 형식이므로 본 항에서 함께 다룬 것이다.

2. '연연불망, 유유상종, 누누이'는 사람들의 발음 형태가 [여:년-], [유유-], [누:누-]로 굳어져 있는 것이므로, 관용 형식을 취하여 '연연-, 유유-, 누누-'로 적기로 한 것이다. 이러한 예로 '노노법사(老老法師), 요요무문(寥寥無聞), 요요(寥寥)하다' 등도 있다.

■ 그 밖의 경우는 본음대로 적는 것이 원칙이다.

예 낭랑(朗朗)하다, 냉랭(冷冷)하다, 녹록(碌碌)하다, 늠름(凜凜)하다, 연년생(年年生), 염념불망(念念不忘), 역력(歷歷)하다, 인린(燐燐)하다, 적나라(赤裸裸)하다

제4장 형태에 관한 것

제1절 체언과 조사

> **제14항** 체언은 조사와 구별하여 적는다.

떡이	떡을	떡에	떡도	떡만
손이	손을	손에	손도	손만
팔이	팔을	팔에	팔도	팔만
밤이	밤을	밤에	밤도	밤만
집이	집을	집에	집도	집만
옷이	옷을	옷에	옷도	옷만
콩이	콩을	콩에	콩도	콩만
낮이	낮을	낮에	낮도	낮만
꽃이	꽃을	꽃에	꽃도	꽃만
밭이	밭을	밭에	밭도	밭만
앞이	앞을	앞에	앞도	앞만
밖이	밖을	밖에	밖도	밖만
넋이	넋을	넋에	넋도	넋만
흙이	흙을	흙에	흙도	흙만
삶이	삶을	삶에	삶도	삶만
여덟이	여덟을	여덟에	여덟도	여덟만
곬이	곬을	곬에	곬도	곬만
값이	값을	값에	값도	값만

1. 실질 형태소인 체언의 형태를 고정시키고, 조사도 모든 체언에 공통적으로 결합하는 통일된 형식을 유지시켜 적기로 한 것이다. 실질 형태소의 형태가 여러 가지로 표기되면 그 의미 파악이 어려워지고, 따라서 독서의 능률이 크게 저하될 것이다.

2. 체언과 조사를 구별하여 적는다는 것은, 결국 체언의 끝 받침을 조사의 첫소리 자리로 내리 이어 적지 않는 것을 말한다. 예컨대 '밭―이'를 '바티' 혹은 '바치'로 적는다고 하면, 체언의 형태가 파괴될 뿐 아니라, 주격을 표시하는 조사의 형태가 불분명해진다. 그리하여 '田'이란 뜻을 표시하는 실질 형태소를 '밭'으로 고정시키고, 여기에 주격을 표시하는 '이'가 결합한 형태는 '밭이'로 적는 것이 합리적인 방식이다.

제2절 어간과 어미

> **제15항** 용언의 어간과 어미는 구별하여 적는다.

먹다	먹고	먹어	먹으니	신다	신고	신어	신으니
믿다	믿고	믿어	믿으니	울다	울고	울어	(우니)
넘다	넘고	넘어	넘으니	입다	입고	입어	입으니
웃다	웃고	웃어	웃으니	찾다	찾고	찾아	찾으니
좇다	좇고	좇아	좇으니	같다	같고	같아	같으니
높다	높고	높아	높으니	좋다	좋고	좋아	좋으니
깎다	깎고	깎아	깎으니	앉다	앉고	앉아	앉으니

많다	많고	많아	많으니	늙다	늙고	늙어	늙으니
젊다	젊고	젊어	젊으니	넓다	넓고	넓어	넓으니
훑다	훑고	훑어	훑으니	읊다	읊고	읊어	읊으니
옳다	옳고	옳아	옳으니	없다	없고	없어	없으니
있다	있고	있어	있으니				

[붙임 1] 두 개의 용언이 어울려 한 개의 용언이 될 적에, 앞말의 본뜻이 유지되고 있는 것은 그 원형을 밝히어 적고, 그 본뜻에서 멀어진 것은 밝히어 적지 아니한다.

(1) 앞말의 본뜻이 유지되고 있는 것

넘어지다	늘어나다	늘어지다	돌아가다	되짚어가다
들어가다	떨어지다	벌어지다	엎어지다	접어들다
틀어지다	흩어지다			

(2) 본뜻에서 멀어진 것

드러나다	사라지다	쓰러지다

[붙임 2] 종결형에서 사용되는 어미 '-오'는 '요'로 소리 나는 경우가 있더라도 그 원형을 밝혀 '오'로 적는다.(ㄱ을 취하고, ㄴ을 버림.)

ㄱ	ㄴ
이것은 책이오.	이것은 책이요.
이리로 오시오.	이리로 오시요.
이것은 책이 아니오.	이것은 책이 아니요.

[붙임 3] 연결형에서 사용되는 '이요'는 '이요'로 적는다.(ㄱ을 취하고, ㄴ을 버림.)

ㄱ	ㄴ
이것은 책이요, 저것은 붓이요, 또 저것은 먹이다.	이것은 책이요, 저것은 붓이오, 또 저것은 먹이다.

1. 실질 형태소인 어간의 형태를 고정시키고, 형식 형태소인 어미도 모든 어간에 공통적으로 결합하는 통일된 형식을 유지시켜 적기로 한 것이다. 어간과 어미의 형태를 분명히 구별함으로써, 어간이 표시하는 어휘적 의미와 어미가 표시하는 문법적 의미가 쉽게 파악될 수 있는 것이다.

2. [붙임 1] '드러나다, 사라지다, 쓰러지다' 등은 '들다/나다', '살다/지다', '쓸다/지다'처럼 분석되지 않는다. ㄱ 밖의 예

   예 나타나다, 바라보다, 바라지다(坼), 배라먹다(乞食), 부서지다(碎), 불거지다(凸), 부러지다(折), 자라나다(長)

3. [붙임 2, 3] 연결형의 경우는, 옛말에서 '이고'의 'ㄱ'이 묵음화하여 '이오'로 굳어진 것이긴 하지만, 다른 단어의 연결형에 '오' 형식이 없으므로 소리나는 대로 '요'로 적는 것이다. 그러나 종지형의 경우는 '나도 가오', '집이 크오'처럼 모든 용언 어간에 공통적으로 결합하는 형태가 '오'인데, '이-' 뒤에서만 예외적인 형태 '요'를 인정하는 것은 체계 있는 처리가 아니므로 '오'로 적는 것이다.

■전통적인 형식으로서의 모음 조화의 규칙성에 따른 구별인데, 어미의 모음이 어간의 모음에 의해서 자동적으로 제약받는 현상이다.

제16항 어간의 끝음절 모음이 'ㅏ, ㅗ'일 때에는 어미를 '-아'로 적고, 그 밖의 모음일 때에는 '-어'로 적는다.

1. '-아'로 적는 경우

나아	나아도	나아서	막아	막아도	막아서
얇아	얇아도	얇아서	돌아	돌아도	돌아서
보아	보아도	보아서			

2. '-어'로 적는 경우

개어	개어도	개어서	겪어	겪어도	겪어서
되어	되어도	되어서	베어	베어도	베어서
쉬어	쉬어도	쉬어서	저어	저어도	저어서
주어	주어도	주어서	피어	피어도	피어서
희어	희어도	희어서			

■이 경우 '요'는 보조사이다.

제17항 어미 뒤에 덧붙는 조사 '요'는 '요'로 적는다.

읽어	읽어요
참으리	참으리요
좋지	좋지요

1. 이 경우의 '요'는 그것만으로 끝날 수 있는 어미 뒤에 결합하여 높임의 뜻을 더하는 성분인데, 어미에 결합하는 조사로 설명되고 있다. 이 '요'는 의문형 어미 뒤에도 결합한다.

예 가리-요, 가지-요, 가나-요, 가는가-요

■'ㄹ'탈락: 규칙 활용

제18항 다음과 같은 용언들은 어미가 바뀔 경우, 그 어간이나 어미가 원칙에 벗어나면 벗어나는 대로 적는다.

1. 어간의 끝 'ㄹ'이 줄어질 적

갈 다: 가니	간	갑니다	가시다	가오
놀 다: 노니	논	놉니다	노시다	노오
불 다: 부니	분	붑니다	부시다	부오
둥글다: 둥그니	둥근	둥급니다	둥그시다	둥그오
어질다: 어지니	어진	어집니다	어지시다	어지오

[붙임] 다음과 같은 말에서도 'ㄹ'이 준 대로 적는다.

마지못하다	마지않다	(하)다마다	(하)자마자
(하)지 마라	(하)지 마(아)		

1. 어간 끝 받침 'ㄹ'이 어미의 첫소리 'ㄴ, ㅂ, ㅅ' 및 '-(으)오, -(으)ㄹ' 앞에서 죽어지는 경우, 준 대로 적는다. 어간 끝 받침이 'ㄹ'인 용언은 모두 이에 해당한다.

예 살다: 사네, 사세, 사오, 살수록

빌다: 비네, 비세, 비오, 빕시다, 빌뿐더러

2. [붙임] ① 어간 끝 받침 'ㄹ'은 'ㄷ, ㅈ, 아' 앞에서 줄지 않는 게 원칙인데, 관용상 'ㄹ'

이 줄어진 형태가 굳어져 쓰이는 것은 준 대로 적는다. 다만 2015년 12월 발표(2016년 1월 1일 시행)된 '표준어 추가'에 따라 '말아, 말아라/마, 마라' 모두 표준어로 인정되었다.

② 문어체 명령형이나 간접 인용법의 형식에서는 '말라'가 사용된다.

　예 가지 말라, 읽지 말라고 하였다.

2. 어간의 끝 'ㅅ'이 줄어질 적

긋다: 그어	그으니	그었다
낫다: 나아	나으니	나았다
잇다: 이어	이으니	이었다
짓다: 지어	지으니	지었다

1. 어간 끝에 'ㅅ' 받침을 가진 용언 중 '낫다, 낫다, 붓다, 잇다, 잣다, 젓다, 짓다' 등이 이에 해당되고, '벗다, 빗다, 빼앗다, 솟다, 씻다, 웃다' 등은 'ㅅ' 받침이 줄어지지 않는다.
2. '줏다'가 상당히 널리 사용되고 있으나, '줍다'의 방언으로 다루어진다. 어원적으로 '줏다'에서 파생된 부사 '주섬주섬'은 '주엄주엄'으로 적지 않는다.

3. 어간의 끝 'ㅎ'이 줄어질 적

그렇다: 그러니	그럴	그러면	그러오
까맣다: 까마니	까말	까마면	까마오
동그랗다: 동그라니	동그랄	동그라면	동그라오
퍼렇다: 퍼러니	퍼럴	퍼러면	퍼러오
하얗다: 하야니	하얄	하야면	하야오

1. 2015년 12월 발표(2016년 1월 1일 시행)된 표준어 추가에 따라 'ㅎ'불규칙 용언이 어미 '-네'와 결합할 때는 어간의 끝 'ㅎ'이 탈락하기도 하고, 탈락하지 않기도 한다.

　예 노랗다 – 노라네/노랗네, 퍼렇다 – 퍼러네/퍼렇네
2. 어미 '-아/-어'와 결합할 때는 '-애/-에'로 나타난다. 이때 모음 조화에 주의해야 한다. 어간 끝에 'ㅎ' 받침을 가진 형용사 중 '좋다' 이외의 단어는 모두 이에 해당된다.

　예 하얗다 – 하얘, 허옇다 – 허예

4. 어간의 끝 'ㅜ, ㅡ'가 줄어질 적

푸 다: 퍼	펐다	뜨 다: 떠	떴다
끄 다: 꺼	껐다	크 다: 커	컸다
담그다: 담가	담갔다	고프다: 고파	고팠다
따르다: 따라	따랐다	바쁘다: 바빠	바빴다

1. 어간이 모음 'ㅜ'로 끝나는 동사 '푸다'와, 어간이 모음 'ㅡ'로 끝나는 용언 중 8, 9에 해당하는 단어 이외의 단어들은, 뒤에 어미 '-어'가 결합하면 'ㅜ, ㅡ'가 줄어진다. 'ㅜ'가 줄어지는 단어는 '푸다' 하나뿐이며, 'ㅡ'가 줄어지는 단어로는 '끄다, 담그다, 따르다, 뜨다, 잠그다, 치르다, 트다, 가쁘다, 고프다, 기쁘다, 나쁘다, 미쁘다, 바쁘다, 슬프다, 아프다, 예쁘다, 크다' 등이 있다.

　예 푸다 – 퍼, 퍼서, 펐다 / 바쁘다 – 바빠, 바빠도, 바빴다

■ 'ㅅ'불규칙: 어간 불규칙

■ 'ㅎ'불규칙: 어간 어미 불규칙

■ '우'불규칙: 어간 불규칙
■ '으'탈락: 규칙 활용

5. 어간의 끝 'ㄷ'이 'ㄹ'로 바뀔 적

걷다[步]: 걸어	걸으니	걸었다
듣다[聽]: 들어	들으니	들었다
묻다[問]: 물어	물으니	물었다
싣다[載]: 실어	실으니	실었다

1. 어간 끝에 'ㄷ' 받침을 가진 용언 중, '걷다[步], 긷다, 깨닫다, 눋다, 닫다[走], 듣다, 묻다[問], 붇다, 싣다, 일컫다' 등이 이에 해당되고, '걷다[收, 撤], 닫다[閉], 돋다, 뜯다, 묻다[埋], 믿다, 받다, 벋다, 뻗다, 얻다, 곧다, 굳다' 등은 'ㄷ'이 'ㄹ'로 바뀌지 않는다.

6. 어간의 끝 'ㅂ'이 'ㅜ'로 바뀔 적

깁 다: 기워	기우니	기웠다
굽다[炙]: 구워	구우니	구웠다
가 깝 다: 가까워	가까우니	가까웠다
괴 롭 다: 괴로워	괴로우니	괴로웠다
맵 다: 매워	매우니	매웠다
무 겁 다: 무거워	무거우니	무거웠다
밉 다: 미워	미우니	미웠다
쉽 다: 쉬워	쉬우니	쉬웠다

다만, '돕-, 곱-'과 같은 단음절 어간에 어미 '-아'가 결합되어 '와'로 소리 나는 것은 '-와'로 적는다.

돕다[助]: 도와	도와서	도와도	도왔다
곱다[麗]: 고와	고와서	고와도	고왔다

1. 어간 끝에 'ㅂ' 받침을 가진 용언 중, '굽다[炙], 깁다, 눕다, 줍다, 가깝다, 가볍다, 간지럽다, 괴롭다, 그립다, 노엽다, 더럽다, 덥다, 맵다, 메스껍다, 무겁다, 미덥다, 밉다, 사납다, 서럽다, 쉽다, 아니꼽다, 어둡다, 역겹다, 즐겁다, 지겹다, 차갑다, 춥다' 등과, 접미사 '-답다, -롭다, -스럽다'가 결합하여 된 단어들이 이에 해당된다.
2. '(손-)꼽다(屈指), 뽑다, 씹다, 업다, 잡다, 접다, 집다, (손이) 곱다, 굽다[曲], 좁다' 등은 'ㅂ' 받침이 '우'로 바뀌지 않는다.
3. 'ㅂ' 불규칙의 '와'형은 '곱다, 돕다'가 있고, 그밖에 'ㅂ' 불규칙 용언은 '워'형이다.
   예 곱다 - 고와, 돕다 - 도와 / 아름답다 - 아름다워, 아니꼽다 - 아니꼬워

7. '하다'의 활용에서 어미 '-아'가 '-여'로 바뀔 적

하다: 하여	하여서	하여도	하여라	하였다

1. 제16항 규정을 적용한다면, 어간 '하-' 뒤에는 어미 '-아'가 결합되어야 한다. 그런데 '하-' 뒤에서는 분명히 [여]로 발음되기 때문에 예외적인 형태인 '여'로 적는 것이다.

8. 어간의 끝음절 '르' 뒤에 오는 어미 '-어'가 '-러'로 바뀔 적

이르다[至]: 이르러	이르렀다

노르다: 노르러	노르렀다	
누르다: 누르러	누르렀다	
푸르다: 푸르러	푸르렀다	

1. 제16항 규정을 적용한다면, '이르–, 노르–' 뒤에는 어미 '–어'가 결합되어야 한다. 그런데 '이르다[至], 노르다, 누르다, 푸르다' 따위의 경우는 분명히 [러]로 발음되기 때문에 예외적인 형태인 '러'로 적는다.

9. 어간의 끝음절 '르'의 '_'가 줄고, 그 뒤에 오는 어미 '–아/–어'가 '–라/–러'로 바뀔 적

가르다: 갈라	갈랐다	부르다: 불러	불렀다	
거르다: 걸러	걸렀다	오르다: 올라	올랐다	
구르다: 굴러	굴렀다	이르다: 일러	일렀다	
벼르다: 별러	별렀다	지르다: 질러	질렀다	

1. 어간 끝음절이 '르'인 용언 중, 4나 8에 해당하는 단어 이외의 것들은 다 이에 해당된다. 그리고 어간 끝음절 '르' 뒤에 피동사화, 사동사화 접미사 '–이'가 결합하는 경우에도 역시 어간 모음 '_'가 줄면서 '르'이 앞 음절의 받침으로 올라붙고, '이'가 '리'로 바뀌어 나타난다.

예 누르이다 – 눌리다, 오르이다 – 올리다, 흐르이다 – 흘리다

제3절 접미사가 붙어서 된 말

제19항 어간에 '–이'나 '–음/–ㅁ'이 붙어서 명사로 된 것과 '–이'나 '–히'가 붙어서 부사로 된 것은 그 어간의 원형을 밝히어 적는다.

1. '–이'가 붙어서 명사로 된 것

길이	깊이	높이	다듬이	땀받이	달맞이
먹이	미닫이	벌이	벼훑이	살림살이	쇠붙이

2. '–음/–ㅁ'이 붙어서 명사로 된 것

걸음	묶음	믿음	얼음	엮음	울음
웃음	졸음	죽음	앎		

3. '–이'가 붙어서 부사로 된 것

같이	굳이	길이	높이	많이	실없이
좋이	짓궂이				

4. '–히'가 붙어서 부사로 된 것

밝히	익히	작히

다만, 어간에 '–이'나 '–음'이 붙어서 명사로 바뀐 것이라도 그 어간의 뜻과 멀어진 것은 원형을 밝히어 적지 아니한다.

굽도리	다리[髢]	목거리(목병)	무녀리
코끼리	거름(비료)	고름[膿]	노름(도박)

[붙임] 어간에 '-이'나 '-음' 이외의 모음으로 시작된 접미사가 붙어서 다른 품사로 바뀐 것은 그 어간의 원형을 밝히어 적지 아니한다.

1. 명사로 바뀐 것

귀머거리	까마귀	너머	뜨더귀	마감
마개	마중	무덤	비렁뱅이	쓰레기
올가미	주검			

2. 부사로 바뀐 것

거뭇거뭇	너무	도로	뜨덤뜨덤	바투
불긋불긋	비로소	오긋오긋	자주	차마

3. 조사로 바뀌어 뜻이 달라진 것

나마	부터	조차

1. [1, 2] 명사화 접미사 '-이, -음'은 비교적 널리 (여러 어간에) 결합하며, 또 본디 어간 형태소의 뜻이 그대로 유지된다.

   예 (굽다) 굽이, (걸다) 귀걸이, (밝다) 귀밝이, (넓다) 넓이, (놀다) 놀음놀이, (더듬다) 더듬이, (뚫다) 대뚫이, 받다 (물받이), (뿜다) 물뿜이, (앓다) 배앓이, (놀다) 뱃놀이, (맞다) 손님맞이, (잡다) 손잡이, (막다) 액막이, (닫다) 여닫이, (걸다) 옷걸이, (박다) 점박이, (살다) 하루살이, (돋다) 해돋이, (씻다) 호미씻이, (묻다) 휘묻이, (갈다) 갈음(-하다), (볶다) 고기볶음, (그을다) 그을음, (모질다) 모질음, (살다) 삶, (섧다) 설움, (솎다) 솎음, (수줍다) 수줍음, (갚다) 앙갚음, (엮다) 엮음, (솟다) 용솟음, (일컫다) 일컬음, (놀다) 탈놀음, (막다) 판막음

2. '겨레붙이, 쇠붙이, 일가붙이, 피붙이'의 경우 '붙-'에는 '붙다, 딸리다'란 뜻이 유지되고 있는 것으로 해석되기 때문에 '붙이'로 적기로 하였다.

3. [3, 4] 부사화 접미사 '-이, -히'도 비교적 규칙적으로 널리 (여러 어간에) 결합한다.

   예 (곧다) 곧이(-듣다), (없다) 덧없이, (옳다) 옳이, (적다) 적이, (밝다) 밝히, (익다) 익히, (작다) 작히

4. [다만] 명사화 접미사 '-이, -음'이 결합하여 된 단어라도, 그 어간의 본뜻과 멀어진 것은 원형을 밝힐 필요가 없으므로 소리 나는 대로 적는다.

   예 너비, 도리깨, 두루마리, 목도리, 빈털터리, 턱거리(언턱거리, 종기)

5. [붙임] 비교적 널리 (여러 어간에) 결합하는 '-이, -음'과는 달리, 불규칙적으로 결합하는, 모음으로 시작된 접미사가 붙어서 다른 품사로 바뀐 것은, 그 원형을 밝히지 않고 소리 나는 대로 적는다.

   ① 명사로 된 것

   예 (꾸짖웅) 꾸중, (남어지) 나머지, (눈웅지) 누룽지, (늙으막) 늘그막, (돌앙) 도랑, (돌으래) 도르래, (동글아미) 동그라미, (붉엉이) 불겅이, (뻗으렁) 뻐드렁니, (옭아미) 올가미, (짚앙이) 지팡이, (뚫에) 코뚜레

   ② 부사로 된 것

   예 (늘우) 느루, (돋우) 도두, (돌오) 도로, (맞우) 마주, (비뚤오) 비뚜로, (밟암) 발밤발밤, (잡암) 자밤자밤, (줏엄) 주섬주섬

■ '넘어, 너머, 너무'는 '산을 넘어(동사) 날아간다, 산 너머(명사)에 있는 마을, 사람이 너무(부사) 많다.'처럼 구별되며, '참아, 차마'는 '괴로움을 참아(동사) 왔다, 차마(부사) 때릴 수는 없었다.'처럼 구별된다.

③ 조사로 된 것

> **예** '나마, 부터, 조차' – 동사 '남다, 붙다, 좇다'의 부사형 '남아, 붙어, 좇아'가 허사화(虛辭化)한 것인데, 형식 형태소인 조사이므로 소리 나는 대로 적는다.

제20항 명사 뒤에 '–이'가 붙어서 된 말은 그 명사의 원형을 밝히어 적는다.

1. 부사로 된 것

곳곳이	낱낱이	몫몫이	샅샅이	앞앞이	집집이

2. 명사로 된 것

곰배팔이	바둑이	삼발이
애꾸눈이	육손이	절뚝발이/절름발이

[붙임] '–이' 이외의 모음으로 시작된 접미사가 붙어서 된 말은 그 명사의 원형을 밝히어 적지 아니한다.

꼬락서니	끄트머리	모가치	바가지
바깥	사타구니	싸라기	이파리
지붕	지푸라기	짜개	

---

1. 명사가 중복되면서 '이'가 결합하여 부사화하는 형식

> **예** 간간이, 겹겹이, 길길이, 눈눈이, 땀땀이, 번번이, 사람사람이, 옆옆이, 줄줄이, 참참이, 철철이, 첩첩이, 틈틈이, 나날이, 다달이, 골골샅샅이, 구구절절이, 사사건건이

2. 품사는 달라지지 않으면서 뜻만 달라지는 것

> **예** 각설이, 검정이, 고리눈이, 네눈이, 딸깍발이, 맹문이, 생손이, 왕눈이, 외톨이, 외팔이, 우걱뿔이, 퉁방울이

3. [붙임] 명사 뒤에 '–이' 이외의 모음으로 시작된 접미사가 결합하여 된 단어는 그것이 규칙적으로 결합하는 형식이 아니므로, 명사의 형태를 밝히어 적지 아니한다.

> **예** (골앙) 고랑, (굴엉) 구렁, (끝으러기) 끄트러기, (목아지) 모가지, (삳애) 사태-고기, (속아지) 소가지, (솥앵) 소댕, (올아기) 오라기, (털억) 터럭

4. '모가치, 값어치, 벼슬아치, 반빗아치'는 예외적인 형식을 인정하여 관용적인 형태를 인정한 단어들이다.

■ '외톨이'는 '외톨(외돌토리)'에 '–이' 가 결합한 구조이므로 '외톨이'로 적는 것이다.

제21항 명사나 혹은 용언의 어간 뒤에 자음으로 시작된 접미사가 붙어서 된 말은 그 명사나 어간의 원형을 밝히어 적는다.

1. 명사 뒤에 자음으로 시작된 접미사가 붙어서 된 것

값지다	홑지다	넋두리	빛깔	옆댕이	잎사귀

2. 어간 뒤에 자음으로 시작된 접미사가 붙어서 된 것

낚시	늙정이	덮개	뜯게질
갉작갉작하다	갉작거리다	뜯적거리다	뜯적뜯적하다
굵다랗다	굵직하다	깊숙하다	넓적하다
높다랗다	늙수그레하다	얽죽얽죽하다	

다만, 다음과 같은 말은 소리대로 적는다.

(1) 겹받침의 끝소리가 드러나지 아니하는 것

할짝거리다	널따랗다	널찍하다	말끔하다
말쑥하다	말짱하다	실쭉하다	실큼하다
얄따랗다	얄팍하다	짤따랗다	짤막하다
실컷			

(2) 어원이 분명하지 아니하거나 본뜻에서 멀어진 것

넙치	올무	골막하다	납작하다

1. 명사나 어간에 자음으로 시작된 접미사가 결합하여 된 단어는, 그 명사나 어간의 형태를 밝히어 적는다.

   예 (값) 값지다, (꽃) 꽃답다, (끝) 끝내, (맛) 맛깔스럽다, (멋) 멋지다, (밑) 밑지다, (볕) 볕뉘, (부엌) 부엌데기, (빚) 빚쟁이, (빛) 빛깔, (숯) 숯장이, (숲) 숲정이, (앞) 앞장(-서다), (옆) 옆구리, (잎) 잎사귀, (흙) 흙질(-하다), (긁) 긁적거리다, 긁죽거리다, (넓) 넓죽하다, (높) 높다랗다, (늙) 늙다리, 늙바탕, 늙수그레하다, (묽) 묽숙하다, 묽수그레하다, (얽) 얽적얽적하다, (엎) 엎지르다, (읊) 읊조리다

2. [다만] (1) 겹받침에서 뒤엣것이 발음되는 경우에는 그 어간의 형태를 밝히어 적고, 앞엣것만 발음되는 경우에는 어간의 형태를 밝히지 않고 소리 나는 대로 적는다는 것이다.

   예 할짝거리다, 말끔하다, 실쭉하다

제22항 용언의 어간에 다음과 같은 접미사들이 붙어서 이루어진 말들은 그 어간을 밝히어 적는다.

1. '-기-, -리-, -이-, -히-, -구-, -우-, -추-, -으키-, -이키-, -애-'가 붙는 것

맡기다	옮기다	웃기다	쫓기다	뚫리다
울리다	낚이다	쌓이다	핥이다	굳히다
굽히다	넓히다	앉히다	얽히다	잡히다
돋구다	솟구다	돋우다	갖추다	곧추다
맞추다	일으키다	돌이키다	없애다	

다만, '-이-, -히-, -우-'가 붙어서 된 말이라도 본뜻에서 멀어진 것은 소리대로 적는다.

도리다(칼로 ~)	드리다(용돈을 ~)	고치다
바치다(세금을 ~)	부치다(편지를 ~)	거두다
미루다	이루다	

2. '-치-, -뜨리-, -트리-'가 붙는 것

놓치다	덮치다	떠받치다	받치다	밭치다
부딪치다	뻗치다	엎치다	부딪뜨리다/부딪트리다	

■ '-으키-'는 '일다'와 결합하는 사동 접미사이고, '-이키-'는 '돌다'와 결합하는 사동 접미사이다. 또 '-애-'는 '없다'와 결합하는 사동 접미사이다.

쏟뜨리다/쏟트리다	젖뜨리다/젖트리다
찢뜨리다/찢트리다	흩뜨리다/흩트리다

[붙임] '-업-, -읍-, -브-'가 붙어서 된 말은 소리대로 적는다.

미덥다	우습다	미쁘다

1. 이 접미사들은 다만 피동, 사동 등의 의미와 기능을 표시하는 요소이므로, 실질 형태소인 (본디의) 어간과는 분명하게 구별된다. '(본디의) 어간 + 피동화·사동화 요소 + 어미'의 구조에 있어서 피동화·사동화 요소의 첨가는 규칙적인 형식으로 성립되는 것이다. 피동화·사동화 접미사가 파생어의 어간을 형성하는 성분이면서도 본디의 어간과 분명히 구별되며, 규칙적인 형식으로 결합하는 요소이기 때문에, 본디 어간의 형태를 밝히어 적음으로써, 그 의미가 쉽게 파악되도록 하는 것이다.

2. [다만] 어원적인 형태는 어간에 접미사 '-이, -히, -우'가 결합한 것으로 해석되더라도, 본뜻에서 멀어졌기 때문에 피동이나 사동의 형태로 인식되지 않는 것은 소리 나는 대로 적는다.

   예 도리다, 드리다, 고치다, 바치다, 부치다, 거두다, 미루다, 이루다

3. [붙임] '미덥다, 우습다, 미쁘다'는 '(믿다) 믿업다, (웃다) 웃읍다, (믿다) 믿브다'처럼 형성된 단어인데, 제19항 붙임 규정이 적용되는 것이므로 소리 나는 대로 적는다.

제23항 '-하다'나 '-거리다'가 붙는 어근에 '-이'가 붙어서 명사가 된 것은 그 원형을 밝히어 적는다.(ㄱ을 취하고, ㄴ을 버림.)

ㄱ	ㄴ	ㄱ	ㄴ
깔쭉이	깔쭈기	살살이	살사리
꿀꿀이	꿀꾸리	쌕쌕이	쌕쌔기
눈깜짝이	눈깜짜기	오뚝이	오뚜기
더펄이	더퍼리	코납작이	코납자기
배불뚝이	배불뚜기	푸석이	푸서기
삐죽이	삐주기	홀쭉이	홀쭈기

[붙임] '-하다'나 '-거리다'가 붙을 수 없는 어근에 '-이'나 또는 다른 모음으로 시작되는 접미사가 붙어서 명사가 된 것은 그 원형을 밝히어 적지 아니한다.

개구리	귀뚜라미	기러기	깍두기	꽹과리
날라리	누더기	동그라미	두드러기	딱따구리
매미	부스러기	뻐꾸기	얼루기	칼싹두기

1. '-하다'나 '-거리다'가 붙는 어근이란, 곧 동사나 형용사가 파생될 수 있는 어근을 말한다. 제19항 및 제24항과 연관되는 규정인데, 실질 형태소인 어근의 형태를 고정시킴으로써 그 의미가 쉽게 파악되도록 하는 것이다.

   예 쌕쌕이: '제트기'를 이르는 말, '쌕쌕거리다'와 거리가 먼 곤충의 이름은 '쌕쌔기'로 적음.

■ '하다'가 단독으로 쓰이면 동사이지만, 다른 단어와 결합하여 쓰이게 되면 접미사로 파생어를 형성한다.

2. [붙임] '깍두기, 칼싹두기'에서의 '깍둑, 싹둑'은 '깍둑거리다, 싹둑거리다'에서의 '깍둑-, 싹둑-'과 연관시켜 볼 수도 있으나, 어근의 본뜻이 인식되지 않는 것이므로, 그 형태를 밝히어 적지 않는다. 그리고 '부스러기'는 '부스럭거리다'란 의성어와는 무관한 것이므로, '부스럭이'로 적지 않는다.

제24항 '-거리다'가 붙을 수 있는 시늉말 어근에 '-이다'가 붙어서 된 용언은 그 어근을 밝히어 적는다.(ㄱ을 취하고, ㄴ을 버림.)

ㄱ	ㄴ	ㄱ	ㄴ
깜짝이다	깜짜기다	속삭이다	속사기다
꾸벅이다	꾸버기다	숙덕이다	숙더기다
끄덕이다	끄더기다	울먹이다	울머기다
뒤척이다	뒤처기다	움직이다	움지기다
들먹이다	들머기다	지껄이다	지꺼리다
망설이다	망서리다	퍼덕이다	퍼더기다
번득이다	번드기다	허덕이다	허더기다
번쩍이다	번쩌기다	헐떡이다	헐떠기다

1. 접미사 '-이다'는 규칙적으로 널리 (여러 어근에) 결합한다. 이때 실질 형태소의 형태가 고정되지 않으면, 의미 파악이 어려우므로 어근과 '-이다'가 구별되게 적는 것이다.

   예 간질이다, 깐족이다, 꿈적이다, 끈적이다, 끔적이다, 덜렁이다, 덥적이다, 뒤적이다, 들썩이다, 펄럭이다, 훌쩍이다

제25항 '-하다'가 붙는 어근에 '-히'나 '-이'가 붙어서 부사가 되거나, 부사에 '-이'가 붙어서 뜻을 더하는 경우에는 그 어근이나 부사의 원형을 밝히어 적는다.

1. '-하다'가 붙는 어근에 '-히'나 '-이'가 붙는 경우

   급히   꾸준히   도저히   딱히   어렴풋이   깨끗이

[붙임] '-하다'가 붙지 않는 경우에는 소리대로 적는다.

   갑자기   반드시(꼭)   슬며시

2. 부사에 '-이'가 붙어서 역시 부사가 되는 경우

   곰곰이   더욱이   생긋이   오뚝이   일찍이   해죽이

1. '-하다'가 붙는 어근이랑, '급(急)하다, 꾸준하다, 도저(到底)하다'처럼 접미사 '-하다'가 결합하여 용언이 파생되는 어근 형태소를 말한다. 그리고 부사에 '-이'가 붙어서 뜻을 더하는 경우란, 품사는 바뀌지 않으면서 발음 습관에 따라, 혹은 감정적 의미를 더하기 위하여 독립적인 부사 형태에 '-이'가 결합하는 형식을 말한다.

2. '-이'나 '-히'는 규칙적으로 널리 (여러 어근에) 결합하는 부사화 접미사이다. 그리하여 명사화 접미사 '-이'나 동사, 형용사화 접미사 '-하다, -이다' 등의 경우와 마찬가지로 그것이 결합하는 어근의 형태를 밝히어 적는다.

예 (나란하다) 나란히, (넉넉하다) 넉넉히, (무던하다) 무던히, (속하다) 속히, (뚜렷
하다) 뚜렷이, (버젓하다) 버젓이

3. 그러나 '-하다'가 붙지 않는 경우는 어근과 접미사의 결합체로 분석되지 않으므로,
소리 나는 대로 적는 것이다. '반듯하다(正, 直)'의 '반듯-'에 '-이'가 붙은 '반듯이(반
듯하게)'와 '반드시[必]'는 뜻이 다른 단어이다.

예 반듯이 (반듯하게) 서라. / 그는 반드시 (꼭) 돌아온다.

제26항 '-하다'나 '-없다'가 붙어서 된 용언은 그 '-하다'나 '-없다'를 밝히
어 적는다.

1. '-하다'가 붙어서 용언이 된 것

딱하다	술하다	착하다	텁텁하다	푹하다

2. '-없다'가 붙어서 용언이 된 것

부질없다	상없다	시름없다	열없다	하염없다

---

1. '-하다'는 규칙적으로 널리 결합하는 접미사다. 그러므로 '-하다'가 결합된 형식임을
밝히어 적음으로써 형태상의 체계를 유지하는 것이다.

예 꽁하다, 눅눅하다, 단단하다, 멍하다, 뻔하다, 성하다, 욱하다, 찜찜하다, 칠칠
하다, 털털하다

제4절 합성어 및 접두사가 붙은 말

제27항 둘 이상의 단어가 어울리거나 접두사가 붙어서 이루어진 말은 각각
그 원형을 밝히어 적는다.

국말이	꺾꽂이	꽃잎	끝장	물난리
밑천	부엌일	싫증	옷안	웃옷
젖몸살	첫아들	칼날	팥알	헛웃음
홀아비	홑몸	흙내		
값없다	겉늙다	굶주리다	낮잡다	맞먹다
받내다	벋놓다	빗나가다	빛나다	새파랗다
샛노랗다	시꺼멓다	싯누렇다	엇나가다	엎누르다
엿듣다	옻오르다	짓이기다	헛되다	

[붙임 1] 어원은 분명하나 소리만 특이하게 변한 것은 변한 대로 적는다.

할아버지	할아범

[붙임 2] 어원이 분명하지 아니한 것은 원형을 밝히어 적지 아니한다.

골병	골탕	끌탕	며칠	아재비
오라비	업신여기다	부리나케		

[붙임 3] '이[齒, 虱]'가 합성어나 이에 준하는 말에서 '니' 또는 '리'로 소리 날
때에는 '니'로 적는다.

간니	덧니	사랑니	송곳니	앞니	어금니
윗니	젖니	톱니	틀니	가랑니	머릿니

1. 둘 이상의 어휘 형태소가 결합하여 합성어를 이루거나, 어근에 접두사가 결합하여 파생어를 이룰 때, 그 사이에서 발음 변화가 일어나더라도 실질 형태소의 본 모양을 밝히어 적음으로써, 그 뜻이 분명히 드러나도록 하는 것이다. 예컨대 '꺾꽂이'는 '꺾다'와 '꽂다'란 뜻이 드러나게 하기 위하여 '꺽꽂이, 꺾꽂이'로 적지 않고, '받내다'는 '받다, 내다'란 뜻이 드러나게 하기 위하여 '반내다, 밧내다'로 적지 않는 것이다.

2. 접두사 '새-/시-, 샛-/-싯'
   ① 된소리나 거센소리 앞에는 '새-/시-'를 붙이되, 어간 첫 음절이 양성 계열 모음일 때는 '새-', 음성 계열 모음일 때는 '시-'로 적는다.
   예 새까맣다/시꺼멓다, 새빨갛다/시뻘겋다, 새파랗다/시퍼렇다, 새하얗다/시허옇다
   ② 울림소리 앞에는 '샛-/싯-'으로 적는다.
   예 샛노랗다/싯누렇다

3. [붙임 1] '할아버지, 할아범'은 '한아버지, 한아범'이 바뀐 형태이다. 곧, 옛말에서 '큰'이란 뜻을 표시하는 '한'이 '아버지, 아범'에 결합한 형태가 바뀐 것이다. 이 규정은 ① 어원은 분명하나(한-아버지, 한-아범), ② 소리만 특이하게 변한 것은 변한 대로 적는다.(한 → 할), ③ 다만 실질 형태소의 기본 형태를 밝히어 적는다. ((할)아버지, (할)아범)

4. [붙임 2] '며칠'은 실질 형태소인 '몇'과 '일(日)'이 결합한 형태라면 [(면닐→)면칠]로 발음되어야 하는데, 형식 형태소인 접미사나 어미, 조사가 결합하는 형식에서와 마찬가지로 'ㅊ' 받침이 내리 이어져 [며칠]로 발음된다. 따라서 '몇 일'로 적지 않고 '며칠'로 적는다.

5. [붙임 3] 합성어나 이에 준하는 구조의 단어에서 실질 형태소는 본 모양을 밝히어 적는 것이 원칙이지만, '이[齒, 虱]'의 경우는 예외로 다룬 것이다.

■ 음운의 변동 중 'ㄹ'탈락에 해당한다.

제28항 끝소리가 'ㄹ'인 말과 딴 말이 어울릴 적에 'ㄹ' 소리가 나지 아니하는 것은 아니 나는 대로 적는다.

다달이(달-달-이)	따님(딸-님)	마되(말-되)
마소(말-소)	무자위(물-자위)	바느질(바늘-질)
부삽(불-삽)	부손(불-손)	싸전(쌀-전)
여닫이(열-닫이)	우짖다(울-짖다)	화살(활-살)

1. 합성어나 (접미사가 붙은) 파생어에서 앞 단어의 'ㄹ' 받침이 발음되지 않는 것은 발음되지 않는 형태로 적는다. 이것은 합성어나, 자음으로 시작된 접미사가 결합하여 된 파생어의 경우는 실질 형태소의 본 모양을 밝히어 적는다는 원칙에서 벗어나는 규정이지만, 역사적인 현상으로서 'ㄹ'이 떨어져 있기 때문에, 어원적인 형태를 밝혀 적지 않는 것이다. 'ㄹ'은 대체로 'ㄴ, ㄷ, ㅅ, ㅈ' 앞에서 탈락하였다.
   예 나날이, 무논, 무수리, 미닫이, 부넘기, 아드님, 주낙, 차돌, 차조, 차지다, 하느님

2. 한자 '불(不)'이 첫소리 'ㄷ, ㅈ' 앞에서 '부'로 읽히는 단어의 경우도 'ㄹ'이 떨어진 대로 적는다.
   예 부단(不斷), 부당(不當), 부동(不同), 부득이(不得已), 부등(不等), 부적(不適), 부정(不正), 부조리(不條理), 부주의(不注意)

제29항 끝소리가 'ㄹ'인 말과 딴 말이 어울릴 적에 'ㄹ' 소리가 'ㄷ' 소리로 나는 것은 'ㄷ'으로 적는다.

반짇고리(바느질~)	사흗날(사흘~)	삼짇날(삼질~)
섣달(설~)	숟가락(술~)	이튿날(이틀~)
잗주름(잘~)	푿소(풀~)	섣부르다(설~)
잗다듬다(잘~)	잗다랗다(잘~)	

1. 'ㄹ' 받침을 가진 단어(나 어간)가 다른 단어(나 접미사)와 결합할 때, 'ㄹ'이 [ㄷ]으로 바뀌어 발음되는 것은 'ㄷ'으로 적는다. 이 경우 역시 합성어나, 자음으로 시작된 접미사가 결합하여 된 파생어는 실질 형태소의 본 모양을 밝히어 적는다는 원칙에 벗어나는 규정이지만, 역사적 현상으로서 'ㄷ'으로 바뀌어 굳어져 있는 단어는 어원적인 형태를 밝히어 적지 않는 것이다. 그리고 이 규정의 대상은 'ㄹ'이 'ㄷ'으로 바뀐 것이므로, 제7항 규정이 적용되지 않는다. 이러한 현상을 호전 작용이라고 한다.

예 나흗날, 잗갈다, 잗갈리다, 잗널다, 잗달다, 잗타다

제30항 사이시옷은 다음과 같은 경우에 받치어 적는다.

1. 순우리말로 된 합성어로서 앞말이 모음으로 끝난 경우

(1) 뒷말의 첫소리가 된소리로 나는 것

고랫재	귓밥	나룻배	나뭇가지	냇가
댓가지	뒷갈망	맷돌	머릿기름	모깃불
못자리	바닷가	뱃길	볏가리	부싯돌
선짓국	쇳조각	아랫집	우렁잇속	잇자국
잿더미	조갯살	찻집	쳇바퀴	킷값
핏대	햇볕	혓바늘		

(2) 뒷말의 첫소리 'ㄴ, ㅁ' 앞에서 'ㄴ' 소리가 덧나는 것

멧나물	아랫니	텃마당	아랫마을	뒷머리
잇몸	깻묵	냇물	빗물	

(3) 뒷말의 첫소리 모음 앞에서 'ㄴㄴ' 소리가 덧나는 것

도리깻열	뒷윷	두렛일	뒷일	뒷입맛
베갯잇	욧잇	깻잎	나뭇잎	댓잎

2. 순우리말과 한자어로 된 합성어로서 앞말이 모음으로 끝난 경우

(1) 뒷말의 첫소리가 된소리로 나는 것

귓병	머릿방	뱃병	봇둑	사잣밥
샛강	아랫방	자릿세	전셋집	찻잔
찻종	촛국	콧병	탯줄	텃세
핏기	햇수	횟가루	횟배	

(2) 뒷말의 첫소리 'ㄴ, ㅁ' 앞에서 'ㄴ' 소리가 덧나는 것

곗날	제삿날	훗날	툇마루	양칫물

■ 음운의 변동 중 호전 작용에 해당한다.

(3) 뒷말의 첫소리 모음 앞에서 'ㄴㄴ' 소리가 덧나는 것

| 가욋일 | 사삿일 | 예삿일 | 홋일 |

3. 두 음절로 된 다음 한자어

| 곳간(庫間) | 셋방(貰房) | 숫자(數字) | 찻간(車間) |
| 툇간(退間) | 횟수(回數) | | |

1. (1) 고유어끼리 결합한 합성어(및 이에 준하는 구조) 또는 고유어와 한자어가 결합한 합성어 중, 앞 단어의 끝 모음 뒤가 폐쇄되는 구조
    ① 뒤 단어의 첫소리 'ㄱ, ㄷ, ㅂ, ㅅ, ㅈ' 등이 된소리로 나는 것
    ② 폐쇄시키는 음([ㄷ])이 뒤의 'ㄴ, ㅁ'에 동화되어 [ㄴ]으로 발음되는 것
    ③ 뒤 단어의 첫소리로 [ㄴ]이 첨가되면서 폐쇄시키는 음([ㄷ])이 동화되어 [ㄴㄴ]으로 발음되는 것
  (2) 두 글자(한자어 형태소)로 된 한자어 중, 앞 글자의 모음 뒤에서 뒤 글자의 첫소리가 된소리로 나는 6개 단어에 사이시옷을 붙여 적기로 한 것이다.
2. 사이시옷 관련 사항 정리
  ① 개구멍, 배다리, 새집(짐승), 머리말
    ⇒ 된소리 발음, ㄴ 덧나는 경우, ㄴㄴ 덧나는 경우 모두 아님. 따라서 사이시옷을 붙이지 않음.
  ② 개똥, 보리쌀, 허리띠, 개펄, 배탈, 허리춤, 뒤뜰, 나루터
    ⇒ 뒤 단어의 첫소리가 된소리나 기센소리이므로 사이시옷을 붙이지 않음.
  ③ 갯값, 냇가, 뱃가죽, 샛길, 귓병, 깃대, 셋돈, 홧김
    ⇒ 된소리 발음이므로 사이시옷을 붙임.
  ④ 뱃놀이, 콧날, 빗물, 잇몸, 무싯날, 봇물, 팻말
    ⇒ 'ㄴ' 덧나는 경우이므로 사이시옷을 붙임.
  ⑤ 깻잎, 나뭇잎, 뒷윷, 허드렛일, 가욋일, 봇일
    ⇒ 'ㄴㄴ'이 덧나는 경우이므로 사이시옷을 붙임.
  ⑥ 곳간, 찻간, 툇간, 숫자, 횟수, 셋방
    ⇒ 한자어이지만 예외의 단어로 사이시옷을 붙임.
  ⑦ 찻잔, 찻종
    ⇒ '茶'의 훈이 '차'이므로 '다'와 구별하여 우리말에 넣어둠.
  ⑧ 해님, 나라님
    ⇒ 합성어가 아니기 때문에 사이시옷을 붙이지 않음.
  ⑨ 머리말, 머리글, 예사말, 농사일, 인사말
    ⇒ 된소리 발음, ㄴ 덧나는 경우, ㄴㄴ 덧나는 경우 모두 아님. 따라서 사잇소리를 붙이지 않음.

제31항 두 말이 어울릴 적에 'ㅂ' 소리나 'ㅎ' 소리가 덧나는 것은 소리대로 적는다.

1. 'ㅂ' 소리가 덧나는 것

| 댑싸리(대ㅂ싸리) | 멥쌀(메ㅂ쌀) | 볍씨(벼ㅂ씨) | 입때(이ㅂ때) |

입쌀(이ㅂ쌀)   접때(저ㅂ때)   좁쌀(조ㅂ쌀)   햅쌀(해ㅂ쌀)

2. 'ㅎ' 소리가 덧나는 것

머리카락(머리ㅎ가락)   살코기(살ㅎ고기)   수캐(수ㅎ개)
수컷(수ㅎ것)   수탉(수ㅎ닭)   안팎(안ㅎ밖)
암캐(암ㅎ개)   암컷(암ㅎ것)   암탉(암ㅎ닭)

1. '싸리[荊], 쌀[米], 씨[種], 때[時]' 등은 단어 첫머리에 'ㅂ'음을 가지고 있었던 단어다. 이 단어들이 다른 단어 또는 접두사와 결합하는 경우, 두 형태소 사이에서 'ㅂ' 음이 발음되기도 한다. 그런데 이런 구조의 합성어나 파생어에 있어서는 뒤의 단어가 주장이 되는 것이므로, '싸리, 쌀, 씨, 때' 따위의 형태를 고정시키고, 첨가되는 'ㅂ'을 앞 형태소의 받침으로 붙여 적는 것이다. 이런 단어로는 '냅뜨다, 부릅뜨다, 치뜨리다, 휩싸다, 휩쓸다' 등도 있다.

2. 옛말에서 'ㅎ' 곡용어이었던 '머리[頭], 살[肌], 수[雄], 암[雌], 안[內]' 등에 다른 단어가 결합하여 이루어진 합성어 중에서, [ㅎ]음이 첨가되어 발음되는 단어는 소리 나는 대로 (뒤 단어의 첫소리를 거센소리로) 적는다. '암-, 수-'가 결합하는 단어의 경우는 표준어 규정(제7항 다만)에서 '수캉아지, 수캐, 수컷, 수키와, 수탉, 수탕나귀, 수톨쩌귀, 수퇘지, 수평아리, 암캉아지, 암캐, 암컷, 암키와, 암탉, 암탕나귀, 암톨쩌귀, 암퇘지, 암평아리'를 예시하였다.

제5절 준말

> 제32항 단어의 끝모음이 줄어지고 자음만 남은 것은 그 앞의 음절에 받침으로 적는다.

본말	준말	본말	준말
기러기야	기럭아	어제그저께	엊그저께
어제저녁	엊저녁	가지고, 가지지	갖고, 갖지
디디고, 디디지	딛고, 딛지		

1. 단어 또는 어간의 끝음절 모음이 줄어지고 자음만 남는 경우, 그 자음을 앞 음절의 받침으로 올려붙여 적는다. 곧, 실질 형태소가 줄어진 경우에는 줄어진 형태를 밝히어 적는 것이다.

> 제33항 체언과 조사가 어울려 줄어지는 경우에는 준 대로 적는다.

본말	준말	본말	준말
그것은	그건	그것이	그게
그것으로	그걸로	나는	난
나를	날	너는	넌
너를	널	무엇을	뭣을/무얼/뭘
무엇이	뭣이/무에		

1. 체언과 조사가 결합할 때 어떤 음이 줄어지거나 음절의 수가 줄어지는 것은, 그 본 모 양을 밝히지 않고 준 대로 적는다.

   예 그 애는 → 걔는 → 걘, 그 애를 → 걔를 → 걜

   그리로 → 글로, 이리로 → 일로, 저리로 → 절로, 조리로 → 졸로

   그것으로 → 그걸로, 이것으로 → 이걸로, 저것으로 → 저걸로

2. 다만, '아래로 → 알로'는 비표준어로 처리하였다.(표준어 규정 제15항)

제34항 모음 'ㅏ, ㅓ'로 끝난 어간에 '-아/-어, -았-/-었-'이 어울릴 적에는 준 대로 적는다.

본말	준말	본말	준말
가아	가	가았다	갔다
나아	나	나았다	났다
타아	타	타았다	탔다
서어	서	서었다	섰다
켜어	켜	켜었다	켰다
펴어	펴	펴었다	폈다

[붙임 1] 'ㅐ, ㅔ' 뒤에 '-어, -었-'이 어울려 줄 적에는 준 대로 적는다.

본말	준말	본말	준말
개어	개	개었다	갰다
내어	내	내었다	냈다
베어	베	베었다	벴다
세어	세	세었다	셌다

[붙임 2] '하여'가 한 음절로 줄어서 '해'로 될 적에는 준 대로 적는다.

본말	준말	본말	준말
하여	해	하였다	했다
더하여	더해	더하였다	더했다
흔하여	흔해	흔하였다	흔했다

■ 준말만 인정되는 경우이다.

■ 준말과 본말이 모두 인정되는 경우이다.

■ 준말과 본말이 모두 인정되는 경우이다.

1. 모음 'ㅏ/ㅓ'로 끝나는 어간에 어미 '-아/-어'가 붙는 형식에서는 '아/어'가 줄어지며, '-았/-었'이 붙는 형식에서는 '아/어'가 줄어지고 'ㅆ'만 남는다.

   예 따아 → 따, 따아서 → 따서, 따아도 → 따도, 따았다 → 땄다

   건너어 → 건너, 건너어서 → 건너서, 건너어도 → 건너도, 건너었다 → 건넜다

2. [다만] 'ㅅ'불규칙 용언의 어간에서 'ㅅ'이 줄어진 경우에는 '아/어'가 줄어지지 않는 게 원칙이다.

   예 (낫다) 나아, 나아서, 나아도, 나아야, 나았다

   (젓다) 저어, 저어서, 저어도, 저어야, 저었다

3. [붙임 1] 어간 끝 모음이 'ㅐ, ㅔ' 뒤에 '-아-어'가 붙을 때 '어'가 줄어지기도 한다.

    예 매어 → 매, 매어라 → 매라, 매었다 → 맸다, 매어 두다 → 매 두다

    떼어 → 떼, 떼어라 → 떼라, 떼었다 → 뗐다, 떼어 놓다 → 떼 놓다

4. [다만] 어간 모음 'ㅏ' 뒤에 접미사 '-이'가 결합하여 'ㅐ'로 줄어지는 경우는, '어'가 줄어지지 않는 게 원칙이다.

    예 빈틈없이 (짜이어→)째어 있다

    우묵우묵 (파이어→)패어 있다.

5. [붙임 2] '하다'는 '여'불규칙 용언이므로, '하아'로 되지 않고 '하여'로 된다. 이 '하여'가 한 음절로 줄어진 형태는 '해'로 적는다.

    예 하여 → 해, 하여라 → 해라, 하여서 → 해서, 하였다 → 했다.

제35항 모음 'ㅗ, ㅜ'로 끝난 어간에 '-아/-어 -았-/-었-'이 어울려 'ㅘ/ㅝ, 왔/웠' 될 적에는 준 대로 적는다.

본말	준말	본말	준말
꼬아	꽈	꼬았다	꽜다
보아	봐	보았다	봤다
쏘아	쏴	쏘았다	쐈다
두어	둬	두었다	뒀다
쑤어	쒀	쑤었다	쒔다
주어	줘	주었다	줬다

[붙임 1] '놓아'가 '놔'로 줄 적에는 준 대로 적는다.

[붙임 2] 'ㅚ' 뒤에 '-어, -었-'이 어울려 'ㅙ, 쌨'으로 될 적에도 준 대로 적는다.

본말	준말	본말	준말
괴어	괘	괴었다	괬다
되어	돼	되었다	됐다
뵈어	봬	뵈었다	뵀다
쇠어	쇄	쇠었다	쇘다
쐬어	쐐	쐬었다	쐤다

1. 모음 'ㅗ/ㅜ'로 끝난 어간에 어미 '-아/-어'가 붙어서 'ㅘ/ㅝ'로 줄어지는 것은 'ㅘ/ㅝ'로 적는다.

    예 오아 → 와, 오아도 → 와도, 오아서 → 와서, 오았다 → 왔다

2. 다만, 제18항 4에서 다루어진 '푸다'의 경우는 '푸어 → 퍼'처럼 어간 모음 'ㅜ'가 줄어지므로, '풔'로 적지 않는다.

3. [붙임 1] 예컨대 '좋다'의 어간 '좋-'에 어미 '-아'가 붙으면 '좋아'가 되는데, 이 '좋아'가 줄어져서 '좌'가 되지 않는다. 그러나 '놓다'(규칙 동사)의 경우는 '놓아 → 놔, 놓아라 → 놔라'처럼 어간 받침 'ㅎ'이 줄면서 두 음절이 하나로 줄어진다. 그리하여 '놓다'의 경우는 예외적인 형식을 인정한 것이다.

■ 이 경우 '괴어'로 표기해야지 '괴여'로 표기해서는 안 된다.

4. [붙임 2] 어간 모음 'ㅚ' 뒤에 '-어'가 붙어서 'ㅙ'로 줄어지는 것은 'ㅙ'로 적는다. '되다 → 되어 → 돼, 죄다 → 죄어 → 좨, 쬐다 → 쬐어 → 쫴'처럼 줄어진다.

제36항 'ㅣ' 뒤에 '-어'가 와서 'ㅕ'로 줄 적에는 준 대로 적는다.

본말	준말	본말	준말
가지어	가져	가지었다	가졌다
견디어	견뎌	견디었다	견뎠다
다니어	다녀	다니었다	다녔다
막히어	막혀	막히었다	막혔다
버티어	버텨	버티었다	버텼다
치이어	치여	치이었다	치였다

1. 접미사 '-이, -히, -기, -리, -으키, -이키' 뒤에 '-어'가 붙은 경우도 이에 포함된다.
    예 녹이어 → 녹여, 먹이어서 → 먹여서, 숙이었다 → 숙였다, 업히어 → 업혀,
    입히어서 → 입혀서, 굵기어 → 굵겨, 굴리어 → 굴려, 일으키어 → 일으켜,
    돌이키어 → 돌이켜

제37항 'ㅏ, ㅕ, ㅗ, ㅜ, ㅡ'로 끝난 어간에 '-이-'가 와서 각각 'ㅐ, ㅖ, ㅚ, ㅟ, ㅢ'로 줄 적에는 준 대로 적는다.

본말	준말	본말	준말
싸이다	쌔다	누이다	뉘다
펴이다	폐다	뜨이다	띄다
보이다	뵈다	쓰이다	씌다

1. 어간 끝모음 'ㅏ, ㅕ, ㅗ, ㅜ, ㅡ' 뒤에 '-이'가 결합하여 'ㅐ, ㅖ, ㅚ, ㅟ, ㅢ'로 줄어진 것은 'ㅐ, ㅖ, ㅚ, ㅟ, ㅢ'로 적는다.
    예 까이다 → 깨다, 켜이다 → 켸다, 쏘이다 → 쐬다, 트이다 → 틔다
2. '놓이다'가 '뇌다'로 줄어지는 경우도 '뇌다'로 적는다. 또 형용사화 접미사 '-스럽(다)'에 '-이'가 결합한 '스러이'가 '-스레'로 줄어지는 경우도 준 대로 적는다.
    예 새삼스러이 → 새삼스레, 천연스러이 → 천연스레

■ 이 경우 '-이어'의 축약 형태를 인정하고, '-이여'의 축약 형태는 인정하지 않는다.
    예 보이어 – 뵈어/보여(O)
          뵈여(X)

제38항 'ㅏ, ㅗ, ㅜ, ㅡ' 뒤에 '-이어'가 어울려 줄어질 적에는 준 대로 적는다.

본말	준말	본말	준말
싸이어	쌔어 / 싸여	뜨이어	띄어
보이어	뵈어 / 보여	쓰이어	씌어 / 쓰여
쏘이어	쐬어 / 쏘여	트이어	틔어 / 트여
누이어	뉘어 / 누여		

1. 어간 끝모음 'ㅏ, ㅗ, ㅜ, ㅡ' 뒤에 '-이어'가 결합하여 줄어질 때는 두 가지 형식으로 나타난다. 곧 '이'가 앞(어간) 음절에 올라붙으면서 줄어지기도 하고, 뒤(어미) 음절에 내리 이어지면서 줄어지기도 한다.

   예 까이어 → 깨어/까여, 꼬이어 → 꾀어/꼬여, 누이어 → 뉘어/누여, 띄이어 → 띄어/(눈이) 뜨여, 쓰이어 → 씌어/쓰여, 트이어 → 틔어/트여

2. '띄어쓰기, 띄어 쓰다, 띄어 놓다' 따위는 관용상 '뜨여쓰기, 뜨여 쓰다, 뜨여 놓다' 같은 형태가 사용되지 않는다. 그리고 '(뜨이우다)띄우다, (쓰이우다)씌우다, (트이우다)틔우다'처럼 '-이' 뒤에 다시 '-우'가 붙은 형식에서는, '-이'를 앞 음절에 올려붙여 적는다.

제39항 어미 '-지' 뒤에 '않-'이 어울려 '-잖-'이 될 적과 '-하지' 뒤에 '않-'이 어울려 '-찮-'이 될 적에는 준 대로 적는다.

본말	준말	본말	준말
그렇지 않은	그렇잖은	만만하지 않다	만만찮다
적지 않은	적잖은	변변하지 않다	변변찮다

1. 제36항 규정을 적용하면, '-지 않-', '-치 않-'이 줄어지면 '잖, 찮'이 된다. 그러나 줄어진 형태가 하나의 단어처럼 다루어지는 경우에는, 구태여 그 원형과 결부시켜 준 과정의 형태를 밝힐 필요가 없다는 견해에서, 소리 나는 대로 '잖, 찮'으로 적기로 한 것이다.

제40항 어간의 끝음절 '하'의 'ㅏ'가 줄고 'ㅎ'이 다음 음절의 첫소리와 어울려 거센소리로 될 적에는 거센소리로 적는다.

본말	준말	본말	준말
간편하게	간편케	다정하다	다정타
연구하도록	연구토록	정결하다	정결타
가하다	가타	흔하다	흔타

[붙임 1] 'ㅎ'이 어간의 끝소리로 굳어진 것은 받침으로 적는다.

않다	않고	않지	않든지
그렇다	그렇고	그렇지	그렇든지
아무렇다	아무렇고	아무렇지	아무렇든지
어떻다	어떻고	어떻지	어떻든지
이렇다	이렇고	이렇지	이렇든지
저렇다	저렇고	저렇지	저렇든지

[붙임 2] 어간의 끝음절 '하'가 아주 줄 적에는 준 대로 적는다.

본말	준말	본말	준말
거북하지	거북지	넉넉하지 않다	넉넉지 않다
생각하건대	생각건대	못하지 않다	못지않다

■ 접미사 '-하다'가 결합된 파생어가 준말이 될 때에는 '-하-'의 앞 글자의 받침이 울림소리이거나 없으면 축약, 안울림소리이면 탈락이 된다.

예 · 간편하게 - 간편케
· 넉넉하지 - 넉넉지

본말	준말	본말	준말
생각하다 못해	생각다 못해	섭섭하지 않다	섭섭지 않다
깨끗하지 않다	깨끗지 않다	익숙하지 않다	익숙지 않다

[붙임 3] 다음과 같은 부사는 소리대로 적는다.

결단코	결코	기필코	무심코	아무튼	요컨대
정녕코	필연코	하마터면	하여튼	한사코	

1. 앞에 울림소리가 있으면 어간의 끝음절 '하'의 'ㅏ'가 줄고, 'ㅎ'이 다음 절의 첫소리와 어울려 거센소리로 된다. 반면에 앞에 안울림소리가 있으면 '하'가 탈락하게 된다.

   예 가(可)하다 부(否)하다 → 가타부타, 무능하다 → 무능타, 부지런하다 → 부지런타, 감탄하게 → 감탄케, 당(當)하지 → 당치, 분발하도록 → 분발토록, 실천하도록 → 실천토록, 갑갑하지 → 갑갑지, 깨끗하지 → 깨끗지, 넉넉하지 → 넉넉지, 못하지 → 못지, 생각하건대 → 생각건대, 익숙하지 못하다 → 익숙지 못하다

제5장 띄어쓰기

제1절 조사

> **제41항** 조사는 그 앞말에 붙여 쓴다.
>
> | | | | | |
> |---|---|---|---|---|
> | 꽃이 | 꽃마저 | 꽃밖에 | 꽃에서부터 | 꽃으로만 |
> | 꽃이나마 | 꽃이다 | 꽃입니다 | 꽃처럼 | 어디까지나 |
> | 거기도 | 멀리는 | 웃고만 | | |

1. 같이: '당신같이'의 '같이'는 조사이므로 앞말에 붙여 쓴다. 이때의 '같이'는 '처럼'으로 교체 가능하다. '친구와 같이'처럼 조사가 앞에 오는 경우는 '함께'를 의미하는 부사로 띄어 써야 한다. 또한 '같은'은 용언 '같다'의 활용형이므로 반드시 띄어 써야 한다.

   예 당신같이 친절한 사람은 없을 거야. / 친구와 같이 오세요. / 당신 같은 사람은 없을 거야.

2. 밖에: 부정적인 의미를 나타내는 서술어와 호응하여 '한정'의 의미를 나타내면 조사로 붙여 쓰고, '안[內]'과 반대의 의미를 가지는 경우는 명사이므로 띄어 써야 한다.

   예 • 가진 것이 천 원밖에 없어. 이런 일은 철수밖에 못할걸.
   • 학교 밖에 사람들이 많이 서 있다. 이 밖에 다른 사례가 많이 있다.

3. 하고: '와/과'로 바꿀 수 있는 '하고'는 조사로 붙여 쓰고, 인용문 뒤의 '하고'는 용언이므로 띄어 쓴다.

   예 • 친구하고 같이 여행을 갔다.
   • 할아버지께서는 "알았구나." 하고 말씀하셨습니다.

4. 주의해야 할 조사: 이다, 부터, 까지, 는커녕, 조차, 보다

   예 이곳은 국립국어원입니다. 5시부터 7시까지 수업이 있습니다.
   노래는커녕 말하기조차 어렵다. 다른 회사보다 늦게 끝난다.

5. 조사는 둘 이상 겹치거나 어미 뒤에 붙는 경우에도 붙여 쓴다.

   예 학교에서처럼만 행동하면 된다. 집에서만이라도 편하게 쉬고 싶었다.
   언제인지부터는 정확히 모르겠지만 소화가 되지 않는다.

■ 조사는 자립성이 없는 의존 형태소이므로, 단독으로 쓰지 않고 앞말에 붙여 써야 한다.

■ 할아버지께서는 "알았구나."라고 말씀하셨습니다. – 이 문장의 '라고'는 조사이므로 붙여 쓴다.

제2절 의존 명사, 단위를 나타내는 명사 및 열거하는 말 등

> **제42항 의존 명사는 띄어 쓴다.**
>
> 아는 **것**이 힘이다. 나도 할 **수** 있다.
> 먹을 **만큼** 먹어라. 아는 **이**를 만났다.
> 네가 뜻한 **바**를 알겠다. 그가 떠난 **지**가 오래다.

1. 의존 명사는 의미적 독립성은 없으나 다른 단어 뒤에 의존하여 명사적 기능을 담당하므로, 하나의 단어로 다루어진다.
   - 예 • 할 <u>수</u> 없이 부탁을 들어주기로 했다. / 할 <u>수</u>밖에 없었다.
   - • 일을 제시간에 끝내야 할 <u>터</u>인데.
   - • 부재 <u>시</u> 관리실에 맡겨 주세요.
   - • 회의 <u>중</u>이오니 조용히 해 <u>주</u>십시오.
   - • 기간 <u>내</u>에 제출할 것.
2. 대로: 체언 뒤에 붙어 '그와 같이'란 뜻을 나타내면 조사로 붙여 쓰고, 용언의 관형사형 뒤에서 '그와 같이'라는 뜻을 나타내면 의존 명사로 띄어 쓴다.
   - 예 • 너는 너<u>대로</u> 나는 나<u>대로</u> 마음대로 해라.
   - • 당신 좋으실 <u>대로</u> 하세요. 지칠 <u>대로</u> 지친 몸.
3. 만큼: 체언 뒤에 붙어 '그런 정도로'라는 뜻을 나타내면 조사로 붙여 쓰고, 용언의 관형사형 뒤에서 '그런 정도로', '실컷'이란 뜻을 나타내는 경우는 의존 명사로 띄어 쓴다.
   - 예 • 여자도 남자<u>만큼</u> 일한다.
   - • 애쓴 <u>만큼</u> 얻는다.
4. 뿐: 체언 뒤에 붙어 한정의 뜻을 나타내면 접미사로 붙여 쓰고, 용언의 관형사형 뒤에 올 때는 의존 명사로 띄어 쓴다
   - 예 • 너<u>뿐</u>만 아니라, 온 사람은 철수<u>뿐</u>이다.
   - • 열심히 노력할 <u>뿐</u>이다.
5. 만: 체언 뒤에서 한정 또는 비교를 나타내면 조사로 붙여 쓰고, '시간의 경과'를 나타낼 때는 의존 명사로 띄어 쓴다.
   - 예 • 혼자<u>만</u> 여행을 떠났다. / 밥<u>만</u> 먹는다.
   - • 떠난 지 사흘 <u>만</u>에 돌아왔다.
6. 지: 용언의 관형사형 뒤에서 경과한 시간을 나타내면 의존 명사이므로 띄어 쓴다.
   - 예 제시간에 도착할 <u>지</u> 모르겠다. / 고향을 떠난 <u>지</u> 십 년 만에 돌아왔다.
7. 데: '에'를 비롯한 조사가 결합할 수 있으면 의존 명사로 띄어 쓰고, 결합할 수 없으면 어미인 '-ㄴ데'의 일부이므로 띄어 쓰지 않는다.
   - 예 • 이 일을 하는 <u>데</u> 며칠이 걸렸다. - 하는 데에(가능)
   - • 학교에 가<u>는데</u> 비가 오기 시작했다. - 가는데에(불가능)
   - • 얼굴이 예쁜 <u>데</u>(에)다가 마음씨도 곱다.
8. 바: 의존 명사 / 어미인 '-ㄴ바'의 일부에 조사를 붙일 수 있으면 의존 명사로 띄어 쓴다. 그렇지 않으면 어미인 '-ㄴ바'의 일부로 붙여 쓴다.
   - 예 • 금강산에 가 <u>본바</u> 과연 절경이더군.
   - • 그 일은 고려해 본 <u>바</u>(가) 없다.

■ 의존 명사는 독립성이 없지만, 명사로서 자립 형태소이므로 앞말과 띄어 써야 한다.

■ 오랜만
'오래간만'의 준말이므로 띄어 쓰지 않는다.

■ 만하다
'만'은 의존 명사이고 '만하다'는 보조 형용사 - 띄어 쓰는 게 원칙이나 붙여 쓸 수 있다.
예 음악이 들을 만하다. / 음악이 들을만하다.

9. 걸, 게: '것을', '것이'로 바꿀 수 있으면 의존 명사의 형태로 띄어 쓴다.

　　예 • 나중에 후회할걸. / 후회할 걸 왜 그랬어?

　　　　• 나 먼저 할게. / 집에 가서 할 게 아주 많아.

10. 간: 시간을 나타내는 명사 뒤에 오면 '시간의 경과'를 나타내는 접미사이므로 붙여 쓴다. '거리, 사이, 관계'를 나타내면 의존 명사이므로 띄어 쓴다.

　　예 • 삼 분간 기다려 주십시오.

　　　　• 서울 부산 간 급행열차가 곧 출발합니다.

　　　　• 한미 간, 한일 간, 국가 간, 가족 간, 친구 간, 동료 간

11. 들: 한 단어에 결합하면 복수를 나타내는 접미사로 붙여 쓰고, 두 개 이상의 사물을 열거하면 의존 명사로 띄어 쓴다.

　　예 • 학생들이 모여 있다.

　　　　• 쌀, 보리, 콩, 조 들을 오곡이라 한다.

12. 차(次): 명사 뒤에 붙어 '~하려고'를 나타내면 접미사로 붙여 쓰고, 용언의 관형사형 뒤에서 '어떤 기회에 겸해서'를 나타내면 의존 명사로 띄어 쓴다.

　　예 • 연수차 미국에 갔다.

　　　　• 고향에 갔던 차에 선을 보았다.

> **제43항** 단위를 나타내는 명사는 띄어 쓴다.
>
> | | | | |
> |---|---|---|---|
> | 한 개 | 차 한 대 | 금 서 돈 | 소 한 마리 |
> | 옷 한 벌 | 열 살 | 조기 한 손 | 연필 한 자루 |
> | 버선 한 죽 | 집 한 채 | 신 두 켤레 | 북어 한 쾌 |
>
> 다만, 순서를 나타내는 경우나 숫자와 어울리어 쓰이는 경우에는 붙여 쓸 수 있다.
>
> | | | |
> |---|---|---|
> | 두시 삼십분 오초 | 제일과 | 삼학년 |
> | 육층 | 1446년 10월 9일 | 2대대 |
> | 16동 502호 | 제1실습실 | 80원 |
> | 10개 | 7미터 | |

1. 단위를 나타내는 의존 명사는 그 앞의 수 관형사와 띄어 쓴다.

　　예 나무 한 그루 / 고기 두 근 / 열 길 물 속 / 은 넉 냥 / 토끼 두 마리 / 국수 한 사리 / 벼 석 섬 / 밥 한 술 / 흙 한 줌 / 집 세 채 / 밤 한 톨

2. 수 관형사 뒤에 의존 명사가 붙어서 차례를 나타내는 경우나, 의존 명사가 아라비아 숫자 뒤에 붙는 경우는 붙여 쓸 수 있다.

　　예 제일 편 → 제일편 / 제삼 장 → 제삼장 / 제칠 항 → 제칠항

3. '제-'가 생략된 경우라도, 차례를 나타내는 말일 때는 붙여 쓸 수 있다.

　　예 이십칠 대 → 이십칠대 / 오십팔 회 → 오십팔회 / 육십칠 번 → 육십칠번

4. 다음의 경우도 붙여 쓸 수 있다.

　　예 일 학년 → 일학년 / 칠 연대 → 칠연대 / 16 통 → 16통 / 274 번지 → 274번지, 제1 연구실 → 제1연구실

5. 연월일, 시각 등도 붙여 쓸 수 있다.

　　예 일천구백팔십팔 년 오 월 이십 일 → 일천구백팔십팔년 오월 이십일

　　　　여덟 시 오십구 분 → 여덟시 오십구분

측면 주석

■ '부자간, 모자간, 부녀간, 모녀간, 형제간, 자매간' 등은 한 단어로 굳어져서 붙여 쓴다.

■ 단위성 의존 명사 앞 단어의 품사는 관형사이다.

■ '제-'는 차례를 나타내는 접두사이다. 따라서 그 다음 글자와 붙여 써야 한다.

6. 수효를 나타내는 '개년, 개월, 일, 시간' 등은 붙여 쓰지 않는다.

    예 삼 (개)년 육 개월 이십 일(간) 체류하였다.

7. 아라비아 숫자 뒤에 붙는 의존 명사는 모두 붙여 쓸 수 있다.

    예 35원 / 42마일 / 26그램 / 3년 6개월 20일간

8. '-여'는 '그 수를 조금 넘음'을 의미하는 접미사이므로 앞말에 붙여 쓴다.

    예 십여만 명 / 십여 년 / 삼십여 년간 / 두 시간여

제44항 수를 적을 적에는 '만(萬)' 단위로 띄어 쓴다.

십이억 삼천사백오십육만 칠천팔백구십팔

12억 3456만 7898

---

1. [다만] 금액을 적을 때는 변조 등의 사고를 방지하려는 뜻에서 붙여 쓰는 게 관례로 되어 있다.

    예 일금: 삼십일만오천육백칠십팔원정.

     돈: 일백칠십육만오천원임.

제45항 두 말을 이어 주거나 열거할 적에 쓰이는 다음의 말들은 띄어 쓴다.

국장 겸 과장   열 내지 스물   청군 대 백군

책상, 걸상 등이 있다   이사장 및 이사들   사과, 배, 귤 등등

사과, 배 등속   부산, 광주 등지

■ 두 말을 이어 주거나 열거할 적에 쓰이는 말은 의존 명사 또는 부사이므로 품사 구분이 필요하다.

1. 겸(兼): 한 가지 일 밖에 또 다른 일을 아울러 함을 뜻하는 한자어 형태소이다. '국장 겸 과장' 같은 경우, 한문 구조에서는 '겸'이 뒤의 '과장'을 목적어로 취하는 타동사로 설명되는 것이지만, 국어에서는 '뽕도 딸 겸 일도 볼 겸'처럼 관형어의 수식을 받는 구조로도 사용되므로, 의존 명사로 다루어지고 있다.

    예 장관 겸 부총리, 친구도 만날 겸 구경도 할 겸

2. 대(對): '청군 대 백군'의 경우도, 한문 구조에서는 '대(對)'가 뒤의 '백군'을 목적어로 취하는 타동사로 설명되지만, 예컨대 '윗마을 대 아랫마을', '다섯 대 셋'처럼 고유어 사이에서 '상대하는', 또는 '짝이 되는, 비교되는' 같은 뜻을 나타내기도 하므로, 의존 명사로 다루어지고 있다.

    예 한국 대 일본, 남자 대 여자, 5 대 3

3. 내지(乃至): 순서나 정도를 나타내는 데 그 중간을 줄일 때 쓰는 말이라고 풀이되고 있으나, 흔히 '혹은, 또는' 같은 뜻을 표시하므로, 접속 부사로 다루어 띄어 쓴다.

    예 하나 내지 넷, 열흘 내지 보름, 경주 내지 포항

4. 및: '그 밖에도 또, ……와 또'처럼 풀이되는 접속 부사이므로 띄어 쓰는 것이다.

    예 위원장 및 위원들 / 사과 및 배, 복숭아

5. 등(等), 등등(等等), 등속(等屬), 등지(等地): 열거의 뜻을 표시하는 의존 명사이므로 띄어 쓴다.

    예 • ㄴ, ㄹ, ㅁ, ㅇ 등은 울림소리이다.

     • 과자, 과일, 식혜 등등 먹을 것이 많다.

     • 사과, 배, 복숭아 등속을 사 왔다.

     • 충주, 청주, 대전 등지로 돌아다녔다.

> **제46항** 단음절로 된 단어가 연이어 나타날 적에는 붙여 쓸 수 있다.
>
> 좀더 큰것   이말 저말   한잎 두잎

1. 글을 띄어 쓰는 것은 그 의미를 쉽게 파악할 수 있도록 하려는 데 목적이 있다. 그런데 한 음절로 이루어진 단어가 여럿 이어지는 경우, '좀 더 큰 이 새 집'처럼 띄어 쓰면 기록하기에도 불편할 뿐 아니라, 시각적 부담을 가중시킴으로써 독서 능률이 감퇴될 염려가 있는 것이다. 그리하여 '좀더 큰 이 새집'처럼 붙여 쓸 수 있도록 한 것이다. 이 허용 규정은 단음절어인 관형사와 명사, 부사와 부사가 연결되는 경우와 같이, 자연스럽게 의미적으로 한 덩이를 이룰 수 있는 구조에 적용되는 것이다.

2. 관형어와 관형어, 부사와 관형어는 원칙적으로 띄어 쓴다. 그리고 부사와 부사가 연결되는 경우에는 의미적 유형이 다른 단어끼리는 붙여 쓰지 않는 게 원칙이다.

   예 훨씬 더 큰 새 집 – 훨씬 더큰 새집(X) / 더 큰 이 새 책상 – 더큰 이새 책상(X)
   더 못 간다 – 더못 간다(X) / 늘 더 먹는다 – 늘더 먹는다(X)

제3절 보조 용언

> **제47항** 보조 용언은 띄어 씀을 원칙으로 하되, 경우에 따라 붙여 씀도 허용한다.(ㄱ을 원칙으로 하고, ㄴ을 허용함.)

ㄱ	ㄴ
불이 꺼져 **간다.**	불이 꺼져**간다.**
내 힘으로 막아 **낸다.**	내 힘으로 막아**낸다.**
어머니를 도와 **드린다.**	어머니를 도와**드린다.**
그릇을 깨뜨려 **버렸다.**	그릇을 깨뜨려**버렸다.**
비가 올 **듯하다.**	비가 올**듯하다.**
그 일은 할 **만하다.**	그 일은 할**만하다.**
일이 될 **법하다.**	일이 될**법하다.**
비가 올 **성싶다.**	비가 올**성싶다.**
잘 아는 **척한다.**	잘 아는**척한다.**

> 다만, 앞말에 조사가 붙거나 앞말이 합성 용언인 경우, 그리고 중간에 조사가 들어갈 적에는 그 뒤에 오는 보조 용언은 띄어 쓴다.
>
> 잘도 놀아만 **나는구나!**   책을 읽어도 **보고……**.
> 네가 덤벼들어 **보아라.**   이런 기회는 다시없을 **듯하다.**
> 그가 올 듯도 **하다.**   잘난 체를 **한다.**

1. 여기서 말하는 보조 용언은 (1) '-아/-어' 뒤에 연결되는 보조 용언, (2) 의존 명사에 '-하다'나 '-싶다'가 붙어서 된 보조 용언을 가리킨다.

보조 용언	원칙	허용
가다(진행)	늙어 간다, 되어 간다	늙어간다, 되어간다
가지다(보유)	알아 가지고 간다	알아가지고 간다

보조 용언	원칙	허용
나다(종결)	겪어 났다. 견뎌 났다	겪어났다. 견뎌났다
내다(종결)	이겨 낸다. 참아 냈다	이겨낸다. 참아냈다
놓다(보유)	열어 놓다, 적어 놓다	열어놓다, 적어놓다
대다(강세)	떠들어 댄다	떠들어댄다
두다(보유)	알아 둔다, 기억해 둔다	알아둔다, 기억해둔다
드리다(봉사)	읽어 드린다	읽어드린다
버리다(종결)	놓쳐 버렸다	놓쳐버렸다
보다(시행)	뛰어 본다, 써 본다	뛰어본다, 써본다
쌓다(강세)	울어 쌓는다	울어쌓는다
오다(진행)	참아 온다, 견뎌 온다	참아온다, 견뎌온다
지다(피동)	이루어진다, 써진다, 예뻐진다	

2. '-아/-어' 뒤에 '서'가 줄어진 형식에서는 뒤의 단어가 보조 용언이 아니므로 허용되지 않는다.
- **예**
  - (시험 삼아) 고기를 잡아 본다.(O) – 잡아본다.(O) / 고기를 잡아(서) 본다. – 잡아본다.(X)
  - (그분의) 사과를 깎아 드린다.(O) – 깎아드린다.(O) / 사과를 깎아(서) 드린다. – 깎아드린다.(X)

3. 의존 명사 '양, 척, 체, 만, 법, 듯' 등에 '-하다'나 '-싶다'가 결합하여 된 보조 용언의 경우도 앞말에 붙여 쓸 수 있다.

보조 용언	원칙	허용
양하다	학자인 양하다	학자인양하다
체하다	모르는 체한다	모르는체한다
듯싶다	올 듯싶다	올듯싶다
뻔하다	놓칠 뻔하였다	놓칠뻔하였다

4. 의존 명사 뒤에 조사가 붙거나, 앞 단어가 합성 동사인 경우 붙여 쓰지 않는다.
- **예** 아는 체를 한다. 비가 올 듯도 하다. 값을 물어만 보고. 믿을 만은 하다. 밀어내 버렸다. 잡아매 둔다. 매달아 놓는다. 집어넣어 둔다.

5. 보조 용언이 거듭되는 경우는 앞의 보조 용언만을 붙여 쓴다.
- **예** 기어해 둘 만하다 – 기억해둘 만하다, 읽어 볼 만하다 읽어볼 만하디 도와 줄 법하다 – 도와줄 법하다, 되어 가는 듯하다 – 되어가는 듯하다

제4절 고유 명사 및 전문 용어

제48항 성과 이름, 성과 호 등은 붙여 쓰고, 이에 덧붙는 호칭어, 관직명 등은 띄어 쓴다.

김양수(金良洙)　　　서화담(徐花潭)　　　채영신 씨
최치원 선생　　　　박동식 박사　　　　충무공 이순신 장군

■ '양, 척, 체, 만, 법, 듯'이 단독으로 쓰이면 의존 명사이고, '-하다'나 '-싶다'와 결합하면 파생어가 된다.

다만, 성과 이름, 성과 호를 분명히 구분할 필요가 있을 경우에는 띄어 쓸 수 있다.

남궁억/남궁 억 　　　　　　　　　독고준/독고 준
황보지봉(皇甫芝峰)/황보 지봉

1. 성과 이름은 붙여 쓰고, 이름과 마찬가지 성격을 지닌 호(號)나 자(字)가 성에 붙는 형식도 이에 준한다.
   예 정송강('송강'은 호), 이태백('태백'은 자), 이충무공[충무공은 시호(諡號)]
2. 씨: 그 사람을 높이거나 대접하여 부르거나 이르는 경우는 명사로 띄어 쓰고, '그 성씨 자체', '그 성씨의 가문이나 문중'의 뜻을 더하는 경우는 접미사로 붙여 쓴다.
   예 • 강인구 씨, 박 씨
   　　• 우리나라에는 김씨 성이 가장 많다.

제49항 성명 이외의 고유 명사는 단어별로 띄어 씀을 원칙으로 하되, 단위별로 띄어 쓸 수 있다.(ㄱ을 원칙으로 하고, ㄴ을 허용함.)

ㄱ	ㄴ
대한 중학교	대한중학교
한국 대학교 사범 대학	한국대학교 사범대학

1. 여기서 말하는 '단위'란 그 고유 명사로 일컬어지는 대상물의 구성 단위를 뜻하는 것으로 설명된다. 다시 말하면, 어떤 체계를 가지는 구조물에 있어서, 각각 하나의 독립적인 지시 대상물로서 파악되는 것을 이른다.
   예 (원칙) 서울 대공원 관리 사업소 관리부 동물 관리과
   　　(허용) 서울대공원관리사업소 관리부 동물관리과
2. '부설(附設), 부속(附屬), 직속(直屬), 산하(傘下)' 따위는 고유 명사로 일컬어지는 대상물이 아니라, 그 대상물의 존재 관계(형식)를 나타내는 말이므로, 원칙적으로 앞뒤의 말과 띄어 쓴다.
   예 (원칙) 대통령 직속 국가 안전 보장 회의
   　　(허용) 대통령 직속 국가안전보장회의

제50항 전문 용어는 단어별로 띄어 씀을 원칙으로 하되, 붙여 쓸 수 있다. (ㄱ을 원칙으로 하고, ㄴ을 허용함.)

ㄱ	ㄴ
만성 골수성 백혈병	만성골수성백혈병
중거리 탄도 유도탄	중거리탄도유도탄

1. 전문 용어란, 특정의 학술 용어나 기술 용어를 말하는데, 대개 둘 이상의 단어가 결합하여 하나의 의미 단위에 대응하는 말, 곧 합성어의 성격으로 되어 있다. 따라서 붙여 쓸 만한 것이지만, 그 의미 파악이 쉽도록 하기 위하여 띄어 쓰는 것을 원칙으로 하고, 편의상 붙여 쓸 수 있도록 하였다.

제6장 그 밖의 것

> **제51항** 부사의 끝음절이 분명히 '이'로만 나는 것은 '-이'로 적고, '히'로만 나거나 '이'나 '히'로 나는 것은 '-히'로 적는다.
>
> ### 1. '이'로만 나는 것
>
> | | | | | |
> |---|---|---|---|---|
> | 가붓이 | 깨끗이 | 나붓이 | 느긋이 | 둥긋이 |
> | 따뜻이 | 반듯이 | 버젓이 | 산뜻이 | 의젓이 |
> | 가까이 | 고이 | 날카로이 | 대수로이 | 번거로이 |
> | 많이 | 적이 | 헛되이 | 겹겹이 | 번번이 |
> | 일일이 | 집집이 | 틈틈이 | | |
>
> ### 2. '히'로만 나는 것
>
> | | | | | |
> |---|---|---|---|---|
> | 극히 | 급히 | 딱히 | 속히 | 작히 |
> | 족히 | 특히 | 엄격히 | 정확히 | |
>
> ### 3. '이, 히'로 나는 것
>
> | | | | | |
> |---|---|---|---|---|
> | 솔직히 | 가만히 | 간편히 | 나른히 | 무단히 |
> | 각별히 | 소홀히 | 쓸쓸히 | 정결히 | 과감히 |
> | 꼼꼼히 | 심히 | 열심히 | 급급히 | 답답히 |
> | 섭섭히 | 공평히 | 능히 | 당당히 | 분명히 |
> | 상당히 | 조용히 | 간소히 | 고요히 | 도저히 |

1. '이'로 적는 것
   ① (첩어 또는 준첩어인) 명사 뒤
   > **예** 간간이, 겹겹이, 골골샅샅이, 곳곳이, 길길이, 나날이, 다달이, 땀땀이, 몫몫이, 번번이, 샅샅이, 알알이, 앞앞이, 줄줄이, 짬짬이, 철철이
   ② 'ㅅ' 받침 뒤
   > **예** 기웃이, 나긋나긋이, 남짓이, 뜨뜻이, 버젓이, 번듯이, 빠듯이, 지긋이
   ③ 'ㅂ' 불규칙 용언의 어간 뒤
   > **예** 가벼이, 괴로이, 기꺼이, 너그러이, 부드러이, 새로이, 쉬이, 외로이, 즐거이, -스러이
   ④ '-하다'가 붙지 않는 용언 어간 뒤
   > **예** 같이, 굳이, 길이, 깊이, 높이, 많이, 실없이, 적이, 헛되이
   ⑤ 부사 뒤(제25항 2참조.)
   > **예** 곰곰이, 디욱이, 생긋이, 오뚝이, 일찍이, 히죽이
2. '히'로 적는 것
   ① '-하다'가 붙는 어근 뒤(단, 'ㅅ' 받침 제외.)
   > **예** 극히, 급히, 딱히, 속히, 족히, 엄격히, 정확히, 간편히, 고요히, 공평히, 과감히, 급급히, 꼼꼼히, 나른히, 능히, 답답히
   ② '-하다'가 붙는 어근에 '-히'가 결합하여 된 부사가 줄어진 형태
   > **예** 익숙하다 → 익숙히 → 익히, 특별하다 → 특별히 → 특히

■ '-이' 또는 '-히'가 결합하는 것은 발음을 따르지만, 구분이 쉽지 않으므로 사전을 통해 정확한 표현을 파악하는 것이 중요하다.

③ 어원적으로 '-하다'가 붙지 않는 어근에 부사화 접미사가 결합한 형태로 분석되더라도, 그 어근 형태소의 본뜻이 유지되고 있지 않은 단어의 경우는 익어진 발음 형태대로 '히'로 적는다.

　예 작히(어찌 조그만큼만, 오죽이나)

3. '도저히, 무단히, 열심히' 등은, '-하다'가 결합한 형태가 널리 사용되지는 않지만, '도저(到底)하다, 무단(無斷)하다, 열심(熱心)하다' 등이 사전에서 다루어지고 있다.

4. 예외: 고즈넉이, 그윽이, 깊숙이, 끔찍이, 나지막이, 나직이, 느지막이, 두둑이, 수북이, 야트막이, 진득이 등

■ 기타

예 본댁(本宅)/시댁(媤宅)/댁내(宅內)/자택(自宅), 모란(牡丹)/단심(丹心), 통찰(洞察)/동굴(洞窟), 사탕(砂糖)/당분(糖分)

제52항 한자어에서 본음으로도 나고 속음으로도 나는 것은 각각 그 소리에 따라 적는다.

본음으로 나는 것	속음으로 나는 것
승낙(承諾)	수락(受諾), 쾌락(快諾), 허락(許諾)
만난(萬難)	곤란(困難), 논란(論難)
안녕(安寧)	의령(宜寧), 회령(會寧)
분노(忿怒)	대로(大怒), 희로애락(喜怒哀樂)
토론(討論)	의논(議論)
오륙십(五六十)	오뉴월, 유월(六月)
목재(木材)	모과(木瓜)
십일(十日)	시방정토(十方淨土), 시왕(十王), 시월(十月)
팔일(八日)	초파일(初八日)

제53항 다음과 같은 어미는 예사소리로 적는다.(ㄱ을 취하고, ㄴ을 버림.)

ㄱ	ㄴ	ㄱ	ㄴ
-(으)ㄹ거나	-(으)ㄹ꺼나	-(으)ㄹ걸	-(으)ㄹ껄
-(으)ㄹ게	-(으)ㄹ께	-(으)ㄹ세	-(으)ㄹ쎄
-(으)ㄹ세라	-(으)ㄹ쎄라	-(으)ㄹ수록	-(으)ㄹ쑤록
-(으)ㄹ시	-(으)ㄹ씨	-(으)ㄹ지	-(으)ㄹ찌
-(으)ㄹ지니라	-(으)ㄹ찌니라	-(으)ㄹ지라도	-(으)ㄹ찌라도
-(으)ㄹ지어다	-(으)ㄹ찌어다	-(으)ㄹ지언정	-(으)ㄹ찌언정
-(으)ㄹ진대	-(으)ㄹ찐대	-(으)ㄹ진저	-(으)ㄹ찐저
-올시다	-올씨다		

다만, 의문을 나타내는 다음 어미들은 된소리로 적는다.

　　-(으)ㄹ까?　　　　-(으)ㄹ꼬?　　　　-(스)ㅂ니까?

　　-(으)리까?　　　　-(으)ㄹ쏘냐?

1. 형식 형태소인 어미의 경우, 규칙성이 적용되지 않는 현상일 때는 변이 형태를 인정하여 소리 나는 대로 적는 것을 원칙으로 삼았다. 그러므로 '-ㄹ꺼나, -ㄹ껄, -ㄹ께, ……'처럼 적을 것으로 생각하기 쉬우나, 'ㄹ' 뒤에서 된소리로 발음되는 것은 된소리로 적지 않기로 하였다. 다만, '-ㄹ까, -ㄹ꼬, -ㄹ쏘냐(-나이까, -더이까, -리까, -ㅂ니까 / -습니까, -ㅂ디까 / -습디까)' 등은 된소리로 적는다.

제54항 다음과 같은 접미사는 된소리로 적는다.(ㄱ을 취하고, ㄴ을 버림.)

ㄱ	ㄴ	ㄱ	ㄴ
심부름꾼	심부름군	귀때기	귓대기
익살꾼	익살군	볼때기	볼대기
일꾼	일군	판자때기	판잣대기
장꾼	장군	뒤꿈치	뒷굼치
장난꾼	장난군	팔꿈치	팔굼치
지게꾼	지겟군	이마빼기	이맛배기
때깔	땟갈	코빼기	콧배기
빛깔	빛갈	객쩍다	객적다
성깔	성갈	겸연쩍다	겸연적다

1. '-군/-꾼'은 '꾼'으로 통일하여 적는다.
   예 개평꾼, 거간꾼, 곁꾼, 구경꾼, 나무꾼, 낚시꾼, 난봉꾼, 내왕꾼, 노름꾼, 농사꾼, 도망꾼, 땅꾼, 막벌이꾼, 만석꾼, 말썽꾼, 목도꾼, 몰이꾼, 봉죽꾼, 사기꾼, 사냥꾼, 소리꾼, 술꾼, 씨름꾼, 장타령꾼, 정탐꾼, 주정꾼, 짐꾼, 투전꾼, 헤살꾼, 협잡꾼, 훼방꾼, 흥정꾼
2. '-갈/-깔'은 '깔'로 통일하여 적는다.
   예 맛깔, 태깔
3. '-대기/-때기'는 '때기'로 적는다.
   예 저적때기, 나무때기, 등때기, 배때기, 송판때기, -판때기(널-), 팔때기
4. '-굼치/-꿈치'는 '꿈치'로 적는다.
   예 발꿈치, 발뒤꿈치
5. '-배기/-빼기'가 혼동될 수 있는 단어는,
   첫째, [배기]로 발음되는 경우는 '배기'로 적고,
   둘째, 한 형태소 내부에 있어서, 'ㄱ, ㅂ' 받침 뒤에서 [빼기]로 발음되는 경우는 '배기'로 적으며,(제5항 다만 참조.)
   셋째, 다른 형태소 뒤에서 [빼기]로 발음되는 것은 모두 '빼기'로 적는다.
   예 • 귀퉁배기, 나이배기, 대짜배기, 육자배기, 주정배기, 포배기, 혀짤배기
   　　• 뚝배기, 학배기
   　　• 고들빼기, 그루빼기, 대갈빼기, 머리빼기, 재빼기, 곱빼기, 과녁빼기, 언덕빼기, 밥빼기, 악착빼기, 앍둑빼기, 앍작빼기, 억척빼기, 얽둑빼기, 얽빼기, 얽적빼기
6. '-적다/-쩍다'가 혼동될 수 있는 단어는,
   첫째, [적다]로 발음되는 경우는 '적다'로 적고,

둘째, '적다'의 뜻이 유지되고 있는 합성어의 경우는 '적다'로 적으며,

셋째, '적다'의 뜻이 없이, [쩍다]로 발음되는 경우는 '쩍다'로 적는다.

예 괘다리적다, 괘달머리적다, 딴기적다, 열퉁적다, 맛적다(맛이 적어 싱겁다), 맥쩍다, 멋쩍다, 해망쩍다, 행망쩍다

제55항 두 가지로 구별하여 적던 다음 말들은 한 가지로 적는다.(ㄱ을 취하고, ㄴ을 버림.)

ㄱ	ㄴ
맞추다(입을 맞춘다. 양복을 맞춘다.)	마추다
뻗치다(다리를 뻗친다. 멀리 뻗친다.)	뻐치다

1. '주문하다'란 뜻의 단어는 '마추다'로, '맞게 하다'란 뜻의 단어는 '맞추다'로 쓰던 것을, 두 가지 경우에 마찬가지로 '맞추다'로 적는다. 그리고 '이 끝에서 저 끝까지 닿다, 멀리 연하다'란 뜻일 때는 '뻐치다'로, '뻗다, 뻗지르다'의 강세어는 '뻗치다'로 쓰던 것을, 구별 없이 '뻗치다'로 적는다.

예 • 양복을 맞춘다. 구두를 맞춘다. 맞춤 와이셔츠. 입을 맞춘다. 나사를 맞춘다. 차례를 맞춘다.

　　 • 세력이 남극까지 뻗친다. 다리를 뻗친다.

제56항 '-더라, -던'과 '-든지'는 다음과 같이 적는다.

1. 지난 일을 나타내는 어미는 '-더라, -던'으로 적는다.(ㄱ을 취하고, ㄴ을 버림.)

ㄱ	ㄴ
지난겨울은 몹시 춥더라.	지난겨울은 몹시 춥드라.
깊던 물이 얕아졌다.	깊든 물이 얕아졌다.
그렇게 좋던가?	그렇게 좋든가?
그 사람 말 잘하던데!	그 사람 말 잘하든데!
얼마나 놀랐던지 몰라.	얼마나 놀랐든지 몰라.

2. 물건이나 일의 내용을 가리지 아니하는 뜻을 나타내는 조사와 어미는 '(-)든지'로 적는다.(ㄱ을 취하고, ㄴ을 버림.)

ㄱ	ㄴ
배든지 사과든지 마음대로 먹어라.	배던지 사과던지 마음대로 먹어라.
가든지 오든지 마음대로 해라.	가던지 오던지 마음대로 해라.

1. 지난 일을 말하는 형식에는 '-더'가 결합한 형태를 쓴다. 그런 형태로는 '-더구나, -더구려, -더구먼, -더군(←-더구나, 더구먼), -더냐, -더니, -더니라, -더니만(←더니마는), -더라, -더라면, -던, -던가, -던걸, -던고, -던데, -던들, -던지' 등이 있고, 이 밖에 '더'형 어미로 '-더라도' 따위가 있다.

2. '–던'은 지난 일을 나타내는 '더'에 관형사형 어미 '–ㄴ'이 붙어서 된 형태이며, '–든'은 내용을 가리지 않는 뜻을 표시하는 연결 어미 '든지'가 줄어진 형태다.

예 • 어렸을 때 놀던 곳

 • 아침에 먹던 밥

 • 그 집이 크던지 작던지 생각이 안 난다.

 • 그가 집에 있었던지 없었던지 알 수 없다.

 • 가든(지) 말든(지) 마음대로 하렴.

 • 많든(지) 적든(지) 관계없다.

제57항 다음 말들은 각각 구별하여 적는다.

가름	둘로 가름.
갈음	새 책상으로 갈음하였다.

---

1. '가름'은 '가르다'의 어간에 '–ㅁ'이 붙은 형태이며, '갈음'은 '갈다'의 어간에 '–음'이 붙은 형태다. '가름'은 나누는 것을, '갈음'은 대신하는 것, 대체하는 것을 뜻한다.

예 • 가름: 둘로 가름. / 편을 가름. / 판가름

 • 갈음: 연하장으로 세배를 갈음한다. / 가족 인사로 약혼식을 갈음한다.

거름	풀을 썩힌 거름.
걸음	빠른 걸음.

---

1. '거름'은 '(땅이) 걸다'의 어간 '걸–'에 '–음'이 붙은 형태로, '걸음'은 '걷다'의 어간 '걷–'에 '–음'이 붙은 형태로 분석되는 것이지만, '거름'은 '(땅이) 건 것'을 뜻하는 게 아니라 비료를 뜻하므로, 본뜻에서 멀어진 것으로 다루어진다. 그리하여 소리 나는 대로 '거름'으로 적어서, 시각적으로 '걸음'과 구별하는 것이다.(제19항 참조.)

예 • 거름: 밭에 거름을 준다. / 밑거름 / 거름기

 • 걸음: 걸음이 빠르다. / 걸음걸이 / 걸음마

거치다	영월을 거쳐 왔다.
걷히다	외상값이 잘 걷힌다.

---

1. '거치다'는 '무엇에 걸려서 스치다, 경유하다'란 뜻을 나타내며, '걷히다'는 '걷다'의 피동사다.

예 • 거치다: 대전을 거쳐서 논산으로 간다. / 가로거치다

 • 걷히다: 안개가 걷힌다. / 세금이 잘 걷힌다.

걷잡다	걷잡을 수 없는 상태.
겉잡다	겉잡아서 이틀 걸릴 일.

---

1 '걷잡다'는 '쓰러지는 것을 거두어 붙잡다'란 뜻을 나타내며, '겉잡다'는 '겉기량하여 민저 어림치다'란 뜻을 나타낸다.

예 • 걷잡다: 걷잡을 수 없게 악화한다. / 걷잡지 못할 사태가 발생한다.

 • 겉잡다: 겉잡아서 50만 명 정도는 되겠다.

그러므로(그러니까)	그는 부지런하다. 그러므로 잘 산다.
그럼으로(써)	그는 열심히 공부한다. 그럼으로(써)
(그렇게 하는 것으로)	은혜에 보답한다.

1. '그러므로'는 '그러하기 때문에, 그렇게 하기 때문에'란 뜻을 나타내며, '그럼으로(써)'는 대개 '그렇게 하는 것으로(써)'란 뜻을 나타낸다. 곧, '그러므로'는 '(그러하다 →) 그렇다'의 어간 '그렇 → 그러('ㅎ'불규칙)'에 까닭을 나타내는 어미 '-므로'가 붙은 형태, 또는 '(그렇게 하다 →)그러다'의 어간 '그러-'에 까닭을 나타내는 어미 '-므로'가 결합한 형태이며, '그럼으로'는 '(그렇게 하다 →)그러다'의 명사형 '그럼'에 조사 '-으로(써)'가 붙은 형태다.

> 예 • 그러므로: ① (그러하기 때문에) 규정이 그러므로, 이를 어길 수 없다.
> ② (그리 하기 때문에) 그가 스스로 그러므로, 만류하기가 어렵다.
> ③ (그렇기 때문에) 그는 훌륭한 학자다. 그러므로 존경을 받는다.
> • 그럼으로(써): (그렇게 하는 것으로써) 그는 열심히 일한다. 그럼으로써 삶의 보람을 느낀다.

2. 조사 '-(으)로써'가 이유를 표시하기도 한다. 그리하여 '그러므로(써)'가 '그렇게 하는 것 때문에'로 풀이되기도 한다.

> 예 그럼으로(써): (그렇게 하는 것 때문에) 네가 그럼으로(써), 병세가 더 악화하였다.

노름	노름판이 벌어졌다.
놀음(놀이)	즐거운 놀음.

1. '노름'도 어원적인 형태는 '놀-'에 '-음'이 붙어서 된 것으로 분석되지만, 그 어간의 본뜻에서 멀어진 것이므로, 소리 나는 대로 적는다.(제19항 붙임 1 참조.) 그리고 '놀음'은 '놀다'의 '놀-'에 '-음'이 붙은 형태인데, 어간의 본뜻이 유지되는 것이므로, 그 형태를 밝히어 적는다.(제19항 2 참조.)

> 예 • 노름: 노름꾼, 노름빚, 노름판(도박판)
> • 놀음: 놀음놀이, 놀음판(←놀음놀이판)

느리다	진도가 너무 느리다.
늘이다	고무줄을 늘인다.
늘리다	수출량을 더 늘린다.

1. '느리다'는 '속도가 빠르지 못하다'란 뜻을, '늘이다'는 '본디보다 길게 하다, 아래도 처지게 하다'란 뜻을, '늘리다'는 '크게 하거나 많게 하다'란 뜻을 나타낸다.

> 예 • 느리다: 걸음이 느리다. / 느리광이
> • 늘이다: 바지 길이를 늘인다. / (지붕 위에서 아래로) 밧줄을 늘여 놓는다.
> • 늘리다: 마당을 늘린다. / 수효를 늘린다.

다리다	옷을 다린다.
달이다	약을 달인다.

1. '다리다'는 '다리미로 문지르다'란 뜻을, '달이다'는 '끓여서 진하게 하다, 약제에 물을 부어 끓게 하다'란 뜻을 나타낸다.

예 • 다리다: 양복을 다린다. / 다리미질	
• 달이다: 간장을 달인다. / 한약을 달인다.	

다치다	부주의로 손을 다쳤다.
닫히다	문이 저절로 닫혔다.
닫치다	문을 힘껏 닫쳤다.

1. '다치다'는 '부딪쳐서 상하다, 부상을 입다'란 뜻을 나타내며, '닫히다'는 '닫다'의 피동사이니, '닫아지다'와 대응하는 말이다. '닫치다'는 '닫다'의 강세어이므로, '문을 닫치다(힘차게 닫다)'처럼 쓰인다.
   예 • 다치다: 발을 다쳤다. / 허리를 다치었다.
   • 닫히다: 문이 닫힌다.

마치다	벌써 일을 마쳤다.
맞히다	여러 문제를 더 맞혔다.

1. '마치다'는 '끝내다'란 뜻을, '맞히다'는 '표적(標的)에 맞게 하다, 맞는 답을 내놓다, 침이나 매 따위를 맞게 하다, 눈 · 비 · 서리 따위를 맞게 하다'란 뜻을 나타낸다.
   예 • 마치다: 일과(日課)를 마친다. / 끝마치다.
   • 맞히다: 활로 과녁을 맞힌다. / 답을 (알아)맞힌다. / 침을 맞힌다. / 비를 맞힌다.

목거리	목거리가 덧났다.
목걸이	금목걸이, 은목걸이.

1. '목거리'는 '목이 붓고 아픈 병'을, '목걸이'는 '목에 거는 물건(목도리 따위), 또는 여자들이 목에 거는 장식품'을 이른다.
   예 • 목거리: 목거리(병)가 잘 낫지 않는다.
   • 목걸이: 그 여인은 늘 목걸이를 걸고 다닌다.

바치다	나라를 위해 목숨을 바쳤다.
받치다	우산을 받치고 간다.
	책받침을 받친다.
받히다	쇠뿔에 받혔다.
밭치다	술을 체에 밭친다.

1. '바치다'는 '신이나 웃어른께 드리다, 마음과 몸을 내놓다, 세금 따위를 내다'란 뜻을, '받치다'는 '밑을 괴다, 모음 글자 밑에 자음 글자를 붙여 적다, 위에서 내려오는 것을 아래에서 잡아 들다' 등의 뜻을 나타내며, '받히다'는 '받다'의 피동사, '밭치다'는 '밭다'(체 따위로 쳐서 액체만 받아내다)의 강세어다.
   예 • 바치다: 재물을 바친다. / 정성을 바친다. / 목숨을 바친다. / 세금을 바친다.
   • 받치다: 기둥 밑을 돌로 받친다. / 우산을 받친다('받다'의 강세어).
     / 받침 / 밑받침
   • 받히다: 소에게 받히었다.
   • 밭치다: 체로 밭친다. / 술을 밭친다.

반드시	약속은 반드시 지켜라.
반듯이	고개를 반듯이 들어라.

1. '반드시'는 '꼭, 틀림없이'란 뜻을, '반듯이'는 '비뚤어지거나 기울거나 굽지 않고 바르게'란 뜻을 나타낸다.

   예 • 반드시: 그는 반드시 온다. / 성(盛)한 자는 반드시 쇠할 때가 있다.
   • 반듯이: 반듯이 서라. / 선을 반듯이 그어라. / 반듯이 〈 번듯이

부딪치다	차와 차가 마주 부딪쳤다.
부딪히다	마차가 화물차에 부딪혔다.

1. '부딪치다'는 '부딪다' (물건과 물건이 서로 힘있게 마주 닿다, 또는 그리 되게 하다.)의 강세어이고, '부딪히다'는 '부딪다'의 피동사다.

   예 • 부딪다: 뒤의 차가 앞 차에 부딪는다. / 몸을 벽에 부딪는다.
   • 부딪치다: 자동차에 부딪친다. / 몸을 벽에 부딪친다.
   • 부딪히다(부딪음을 당하다): 자전거에 부딪혔다.
   • 부딪치이다(부딪침을 당하다): 자동차에 부딪치이었다.

부치다	힘이 부치는 일이다.
	편지를 부친다.
	논밭을 부친다.
	빈대떡을 부친다.
	식목일에 부치는 글.
	회의에 부치는 안건.
	인쇄에 부치는 원고.
	삼촌 집에 숙식을 부친다.
붙이다	우표를 붙인다.
	책상을 벽에 붙였다.
	흥정을 붙인다.
	불을 붙인다.
	감시원을 붙인다.
	조건을 붙인다.
	취미를 붙인다.
	별명을 붙인다.

1. '부치다'는 ① 힘이 미치지 못하다. ② 부채 같은 것을 흔들어서 바람을 일으키다. ③ 편지 또는 물건을 보내다. ④ 논밭을 다루어서 농사를 짓다. ⑤ 번철에 기름을 바르고 누름적, 저냐 따위를 익혀 만들다. ⑥ 어떤 문제를 의논 대상으로 내놓다. ⑦ 원고를 인쇄에 넘기다. ⑧ 몸이나 식사 따위를 의탁하다. 등의 뜻을 나타낸다.

2. '붙이다'는 ① 붙게 하다. ② 서로 맞닿게 하다. ③ 두 편의 관계를 맺게 하다. ④ 암컷과 수컷을 교합(交合)시키다. ⑤ 불이 옮아서 타게 하다. ⑥ 노름이나 싸움 따위를 어울리게 만들다. ⑦ 딸려 붙게 하다. ⑧ 습관이나 취미 등이 익어지게 하다. ⑨ 이름을 가지게 하다. ⑩ 뺨이나 볼기를 손으로 때리다. 등의 뜻을 나타낸다.

예 • 부치다: 힘에 부치는 일. / 부채로 부친다. / 편지를 부친다. / 책을 소포로 부친다. / 남의 논을 부친다. / 저냐를 부친다. / 그 문제를 토의에 부친다. / 원고를 인쇄에 부친다. / 당숙 댁에 몸을 부치고 있다.

• 붙이다: 포스터를 붙인다. / 찬장을 벽에 붙인다. / 흥정을 붙인다. / 불을 붙인다. / 접을 붙인다(→접붙인다). / 싸움을 붙인다. / 경호원을 붙인다. / 단서(但書)를 붙인다. / 습관을 붙인다. / 이름(호, 별명)을 붙인다. / 한 대 올려 붙인다.

• 부치이다('부치다'의 피동사, 곧 '부치어지다'): 바람에 부치이다. / 풍구로 부치이다.

시키다	일을 시킨다.
식히다	끓인 물을 식힌다.

1. '시키다'는 '하게 하다'긴 뜻을 나타내며, '식이다'는 '식다'의 사동사(식게 하다)다. 다만, '공부-시키다, 청소-시키다'처럼 쓰일 경우는, '시키다'를 사동화 접미사로 다루어 붙여 쓴다.

예 • 시키다: 공부를 시킨다. / 청소를 시킨다.

• 식히다: 뜨거운 물을 식힌다.

아름	세 아름 되는 둘레.
알음	전부터 알음이 있는 사이.
앎	앎이 힘이다.

1. '아름'은 '두 팔을 벌려서 껴안은 둘레의 길이'를 나타내며, 밤, 상수리 따위가 저절로 충분히 익은 상태를 이르는 '아람'과 구별된다.(아람-벌다) '알음'은 '아는 것'이란 뜻을 나타낸다. '알음'은 '알다'의 어간 '알-'에 '-음'이 붙은 형태인데, 그것이 한 음절로 줄어지면 '앎'이 된다.(살음 → 삶)

예 • 아름: 둘레가 한 아름 되는 나무.

• 알음: 서로 알음이 있는 사이. / 알음알음 / 알음알이

• 앎: 바로 앎이 중요하다. / 앎의 힘으로 문화를 창조한다.

안치다	밥을 안친다.
앉히다	윗자리에 앉힌다.

1. '안치다'는 '끓이거나 찔 물건을 솥이나 시루에 넣다'란 뜻을 나타내며, '앉히다'는 '앉다'의 사동사(앉게 하다)다. '앉히다'는 또 '버릇을 가르치다. 문서에 무슨 줄거리를 따로 잡아 기록하다'란 뜻으로 풀이되기도 한다.

예 • 안치다: 밥을 안치다. / 떡을 안치다.

• 앉히다: 자리에 앉힌다. / 꿇어앉히다. / 버릇을 앉히다.

어름	두 물건의 어름에서 일어난 현상.
얼음	얼음이 얼었다.

1. '어름'은 '두 물건의 끝이 닿은 데'를 뜻하며, '얼음'은 '물이 얼어서 굳어진 것'을 뜻한다. '얼음'은 '얼다'의 어간 '얼-'에 '-음'이 붙은 형태이므로, 어간의 본 모양을 밝히어 적는다.(제19항 2 참조.)

예 • 어름: 바다와 하늘이 닿은 어름이 수평선이다. / 왼쪽 산과 오른쪽 산 어름에
　　숯막들이 있었다.
　　• 얼음: 얼음이 얼다. / 얼음과자 / 얼음물 / 얼음장 / 얼음주머니 / 얼음지치기

이따가	이따가 오너라.
있다가	돈은 있다가도 없다.

1. '이따가'는 '조금 지난 뒤에'란 뜻을 나타내는 부사이고, '있다가'는 '있다'의 '있-'에 어
떤 동작이나 상태가 끝나고 다른 동작이나 상태로 옮겨지는 뜻을 나타내는 어미 '-다
가'가 붙은 형태다. '이따가'도 어원적인 형태는 '있다가'로 분석되는 것이지만, 그 어
간의 본뜻에서 멀어진 것이므로, 소리 나는 대로 적는다.
　　예 • 이따가: 이따가 가겠다. / 이따가 만나세.
　　• 있다가: 여기에 있다가 갔다. / 며칠 더 있다가 가마.

저리다	다친 다리가 저린다.
절이다	김장 배추를 절인다.

1. '저리다'는 '살이나 뼈마디가 오래 눌리어 피가 잘 돌지 못해서 힘이 없고 감각이 둔하
다'처럼 풀이되며, '절이다'는 '절다'의 사동사(염분을 먹여서 절게 하다.)다.
　　예 • 저리다: 발이 저리다. / 손이 저리다.
　　• 절이다: 배추를 절인다. / 생선을 절인다.

조리다	생선을 조린다. / 통조림, 병조림.
졸이다	마음을 졸인다.

1. '조리다'는 '어육(魚肉)이나 채소 따위를 양념하여 국물이 바특하게 바짝 끓이다'란 뜻
을, '졸이다'는 '속을 태우다시피 마음을 초조하게 먹다'란 뜻을 나타낸다.
　　예 • 조리다: 생선을 조린다. / 장조림 / 통조림
　　• 졸이다: 마음을 졸인다.

주리다	여러 날을 주렸다.
줄이다	비용을 줄인다.

1. '주리다'는 '먹을 만큼 먹지 못하여 배곯다'란 뜻을 나타내며, '줄이다'는 '줄다'의 사동
사(줄게 하다)다.
　　예 • 주리다: 오래 주리며 살았다. / 주리어 죽을지언정 / 굶주리다
　　• 줄이다: 양을 줄인다. / 수효를 줄인다. / 줄임표(생략부)

하노라고	하노라고 한 것이 이 모양이다.
하느라고	공부하느라고 밤을 새웠다.

1. '-노라고'는 말하는 이의 말로, '자기 나름으로는 한다고'란 뜻을 표시하며, '-느라고'
는 '하는 일로 인하여'란 뜻을 표시한다.

예 • –노라고: 하노라고 하였다. / 쓰노라고 쓴 게 이 모양이다.
  • –느라고: 소설을 읽느라고 밤을 새웠다. / 자느라고 못 갔다.

| –느니보다(어미) | 나를 찾아오느니보다 집에 있거라. |
| –는 이보다(의존 명사) | 오는 이가 가는 이보다 많다. |

1. 현행 맞춤법에서는 어미 '–느니보다'를 다루지 않기 때문에 '–는 이보다'로 적어야 할 것이지만, 현대 국어에서는 의존 명사 '이'가 사람을 뜻할 뿐 사물을 뜻하지는 않으므로, 이것을 어미로 처리하여 '–느니보다'로 적기로 하였다.

예 • –느니보다: 마지못해 하느니보다 안 하는 게 낫다.
        당치 않게 떠드느니보다 잠자코 있어라.
  • –는 이보다(세 개 단어): 아는 이보다 모르는 이가 더 많다.
        비근빌하는 이보나 아침하는 이를 가까이 한다.

| –(으)리만큼(어미) | 나를 미워하리만큼 그에게 잘못한 일이 없다. |
| –(으)ㄹ 이만큼(의존 명사) | 찬성할 이도 반대할 이만큼이나 많을 것이다. |

1. '–(으)ㄹ이만큼'으로 적던 것을 '–(으)리만큼'으로 바꾸었다. 사람을 뜻하는 경우에만 의존 명사 '이'를 밝히어 적도록 한 것이다. '–(으)리만큼'은 '–ㄹ 정도만큼'이란 뜻을 표시하는 어미로 다루어지며, '–ㄹ이만큼(세 개 단어)'은 '–ㄹ사람만큼'이란 뜻을 표시한다.

예 • –(으)리만큼: 싫증이 나리만큼 잔소리를 들었다. / 배가 터지리만큼 많이 먹었다.
  • –(으)ㄹ 이만큼: 반대할 이는 찬성할 이만큼 많지 않을 것이다.

| –(으)러(목적) | 공부하러 간다. |
| –(으)려(의도) | 서울 가려 한다. |

1. '(으)러'는 그 동작의 직접 목적을 표시하는 어미이고, '–(으)려(고)'는 그 동작을 하려고 하는 의도를 표시하는 어미이다.

예 • –(으)러: 친구를 만나러 간다. / 책을 사러 간다.
  • –(으)려: 친구를 만나려(고) 한다. / 무엇을 하려(고) 하느냐?

| –(으)로서(자격) | 사람으로서 그럴 수는 없다. |
| –(으)로써(수단) | 닭으로써 꿩을 대신했다. |

1. '–(으)로서'는 '어떤 지위나 신분이나 자격을 가진 입장에서'란 뜻을 나타내면, '–(으)로써'는 '새료, 수난, 방법'을 나타내는 조사이다.

예 • –(으)로서: ① (~가 되어서) 교육자로서, 그런 짓은 할 수 있나?
        사람의 자식으로서, 인륜을 어길 수는 없다.
        정치인으로서의 책임과 학자로서의 임무
      ② (~의 입장에서) 사장으로서 하는 말이다.
        친구로서, 가만히 있을 수가 없다.
        피해자로서, 가만히 있을 수가 없다.
        피해자로서 항의한다.

③ (~의 자격으로) 주민 대표로서 참석하였다.
　　위원의 한 사람으로서 발언한다.
④ (~로 인정하고) 그를 친구로서 대하였다.
　　그 분을 선배로서 예우하였다.
- −(으)로써: ① (~를 가지고) 톱으로(써) 나무를 자른다.
　　꾀로(써) 이긴다.
　　동지애로(써) 결속한다.
② (~때문에) 병으로(써) 결근하였다.

−(으)므로(어미)	그가 나를 믿으므로 나도 그를 믿는다.
(−ㅁ, −음)으로(써)(조사)	그는 믿음으로(써) 산 보람을 느꼈다.

1. '−(으)므로'는 까닭을 나타내는 어미이며, '−(으)ㅁ으로(써)'는 명사형 어미 또는 명사화 접미사 '−(으)ㅁ'에 조사 '−으로(써)'가 붙은 형태. 어미 '−(으)므로'에 '써'가 붙는 형식은 없다.
　　예 • −(으)므로: 날씨가 차므로, 나다니는 사람이 적다. / 비가 오므로, 외출하지 않았다. / 책이 없으므로, 공부를 못한다.
　　　 • −(으)ㅁ으로(써): 그는 늘 웃음으로(써) 대한다. / 책을 읽음으로(써) 시름을 잊는다. / 담배를 끊음으로(써) 용돈을 줄인다.

제3절 문장 부호

문장 부호는 글에서 문장의 구조를 드러내거나 글쓴이의 의도를 전달하기 위하여 사용하는 부호이다. 문장 부호의 이름과 사용법은 다음과 같이 정한다.

1. 마침표(.)
(1) 서술, 명령, 청유 등을 나타내는 문장의 끝에 쓴다.
　　예 젊은이는 나라의 기둥입니다.
　　예 제 손을 꼭 잡으세요.
　　예 집으로 돌아갑시다.
　　예 가는 말이 고와야 오는 말이 곱다.

[붙임 1] 직접 인용한 문장의 끝에는 쓰는 것을 원칙으로 하되, 쓰지 않는 것을 허용한다.(ㄱ을 원칙으로 하고, ㄴ을 허용함.)
　　예 ㄱ. 그는 "지금 바로 떠나자."라고 말하며 서둘러 짐을 챙겼다.
　　　 ㄴ. 그는 "지금 바로 떠나자"라고 말하며 서둘러 짐을 챙겼다.

[붙임 2] 용언의 명사형이나 명사로 끝나는 문장에는 쓰는 것을 원칙으로 하되, 쓰지 않는 것을 허용한다.(ㄱ을 원칙으로 하고, ㄴ을 허용함.)
　　예 ㄱ. 목적을 이루기 위하여 몸과 마음을 다하여 애를 씀.
　　　 ㄴ. 목적을 이루기 위하여 몸과 마음을 다하여 애를 씀

예 ㄱ. 결과에 연연하지 않고 끝까지 최선을 다하기.

　　　ㄴ. 결과에 연연하지 않고 끝까지 최선을 다하기

예 ㄱ. 신입 사원 모집을 위한 기업 설명회 개최.

　　　ㄴ. 신입 사원 모집을 위한 기업 설명회 개최

예 ㄱ. 내일 오전까지 보고서를 제출할 것.

　　　ㄴ. 내일 오전까지 보고서를 제출할 것

다만, 제목이나 표어에는 쓰지 않음을 원칙으로 한다.

　　예 압록강은 흐른다　　　　　**예** 꺼진 불도 다시 보자

　　예 건강한 몸 만들기

(2) 아라비아 숫자만으로 연월일을 표시할 때 쓴다.

　　예 1919. 3. 1.　　　　　　**예** 10. 1.~10. 12.

(3) 특정한 의미가 있는 날을 표시할 때 월과 일을 나타내는 아라비아 숫자 사이에 쓴다.

　　예 3.1 운동　　　　　　　**예** 8.15 광복

[붙임] 이때는 마침표 대신 가운뎃점을 쓸 수 있다.

　　　예 3 · 1 운동　　　　　　**예** 8 · 15 광복

(4) 장, 절, 항 등을 표시하는 문자나 숫자 다음에 쓴다.

　　예 가. 인명　　　　　　　**예** ㄱ. 머리말

　　예 Ⅰ. 서론　　　　　　　**예** 1. 연구 목적

[붙임] '마침표' 대신 '온점'이라는 용어를 쓸 수 있다.

2. 물음표(?)

(1) 의문문이나 의문을 나타내는 어구의 끝에 쓴다.

　예 점심 먹었어?

　예 이번에 가시면 언제 돌아오세요?

　예 제가 부모님 말씀을 따르지 않을 리가 있겠습니까?

　예 남북이 통일되면 얼마나 좋을까?

　예 다섯 살짜리 꼬마가 이 멀고 험한 곳까지 혼자 왔다?

　예 지금?

　예 뭐라고?

　예 네?

[붙임 1] 한 문장 안에 몇 개의 선택적인 물음이 이어질 때는 맨 끝의 물음에만 쓰고, 각 물음이 독립적일 때는 각 물음의 뒤에 쓴다.

　　예 너는 중학생이냐, 고등학생이냐?

　　예 너는 여기에 언제 왔니? 어디서 왔니? 무엇하러 왔니?

[붙임 2] 의문의 정도가 약할 때는 물음표 대신 마침표를 쓸 수 있다.

> 예 도대체 이 일을 어쩐단 말이냐.
> 예 이것이 과연 내가 찾던 행복일까.

다만, 제목이나 표어에는 쓰지 않음을 원칙으로 한다.

> 예 역사란 무엇인가   예 아직도 담배를 피우십니까

(2) 특정한 어구의 내용에 대하여 의심, 빈정거림 등을 표시할 때, 또는 적절한 말을 쓰기 어려울 때 소괄호 안에 쓴다.

> 예 우리와 의견을 같이할 사람은 최 선생(?) 정도인 것 같다.
> 예 30점이라, 거참 훌륭한(?) 성적이군.
> 예 우리 집 강아지가 가출(?)을 했어요.

(3) 모르거나 불확실한 내용임을 나타낼 때 쓴다.

> 예 최치원(857~?)은 통일 신라 말기에 이름을 떨쳤던 학자이자 문장가이다.
> 예 조선 시대의 시인 강백(1690?~1777?)의 자는 자청이고, 호는 우곡이다.

3. 느낌표(!)

(1) 감탄문이나 감탄사의 끝에 쓴다.

> 예 이거 정말 큰일이 났구나!   예 어머!

[붙임] 감탄의 정도가 약할 때는 느낌표 대신 쉼표나 마침표를 쓸 수 있다.

> 예 어, 벌써 끝났네.   예 날씨가 참 좋군.

(2) 특별히 강한 느낌을 나타내는 어구, 평서문, 명령문, 청유문에 쓴다.

> 예 청춘! 이는 듣기만 하여도 가슴이 설레는 말이다.
> 예 이야, 정말 재밌다!   예 지금 즉시 대답해!
> 예 앞만 보고 달리자!

(3) 물음의 말로 놀람이나 항의의 뜻을 나타내는 경우에 쓴다.

> 예 이게 누구야!   예 내가 왜 나빠!

(4) 감정을 넣어 대답하거나 다른 사람을 부를 때 쓴다.

> 예 네!   예 네, 선생님!
> 예 흥부야!   예 언니!

4. 쉼표(,)

(1) 같은 자격의 어구를 열거할 때 그 사이에 쓴다.

> 예 근면, 검소, 협동은 우리 겨레의 미덕이다.
> 예 충청도의 계룡산, 전라도의 내장산, 강원도의 설악산은 모두 국립 공원이다.
> 예 집을 보러 가면 그 집이 내가 원하는 조건에 맞는지, 살기에 편한지, 망가진 곳은 없는지 확인해야 한다.
> 예 5보다 작은 자연수는 1, 2, 3, 4이다.

다만, (가) 쉼표 없이도 열거되는 사항임이 쉽게 드러날 때는 쓰지 않을 수 있다.

> 예 아버지 어머니께서 함께 오셨어요.

> 예 네 돈 내 돈 다 합쳐 보아야 만 원도 안 되겠다.

(나) 열거할 어구들을 생략할 때 사용하는 줄임표 앞에는 쉼표를 쓰지 않는다.

> 예 광역시: 광주, 대구, 대전……

(2) 짝을 지어 구별할 때 쓴다.

> 예 닭과 지네, 개와 고양이는 상극이다.

(3) 이웃하는 수를 개략적으로 나타낼 때 쓴다.

> 예 5, 6세기   예 6, 7, 8개

(4) 열거의 순서를 나타내는 어구 다음에 쓴다.

> 예 첫째, 몸이 튼튼해야 한다.

> 예 마지막으로, 무엇보다 마음이 편해야 한다.

(5) 문장의 연결 관계를 분명히 하고자 할 때 절과 절 사이에 쓴다.

> 예 콩 심은 데 콩 나고, 팥 심은 데 팥 난다.

> 예 저는 신뢰와 정직을 생명과 같이 여기고 살아온바, 이번 비리 사건과는 무관하다는 점을 분명히 밝힙니다.

> 예 떡국은 설날의 대표적인 음식인데, 이걸 먹어야 비로소 나이도 한 살 더 먹는다고 한다.

(6) 같은 말이 되풀이되는 것을 피하려고 일정한 부분을 줄여서 열거할 때 쓴다.

> 예 여름에는 바다에서, 겨울에는 산에서 휴가를 즐겼다.

(7) 부르거나 대답하는 말 뒤에 쓴다.

> 예 지은아, 이리 좀 와 봐.   예 네, 지금 가겠습니다.

(8) 한 문장 안에서 앞말을 '곧', '다시 말해' 등과 같은 어구로 다시 설명할 때 앞말 다음에 쓴다.

> 예 책의 서문, 곧 머리말에는 책을 지은 목적이 드러나 있다.

> 예 원만한 인간관계는 말과 관련한 예의, 즉 언어 예절을 갖추는 것에서 시작된다.

> 예 호준이 어머니, 다시 말해 나의 누님은 올해로 결혼한 지 20년이 된다.

> 예 나에게도 작은 소망, 이를테면 나만의 정원을 가졌으면 하는 소망이 있어.

(9) 문장 앞부분에서 조사 없이 쓰인 제시어나 주제어의 뒤에 쓴다.

> 예 돈, 돈이 인생의 전부이더냐?

> 예 열정, 이것이야말로 젊은이의 가장 소중한 자산이다.

> 예 지금 네가 여기 있다는 것, 그것만으로도 나는 충분히 행복해.

> 예 저 친구, 저러다가 큰일 한번 내겠어.

> 예 그 사실, 넌 알고 있었지?

(10) 한 문장에 같은 의미의 어구가 반복될 때 앞에 오는 어구 다음에 쓴다.

> 예 그의 애국심, 몸을 사리지 않고 국가를 위해 헌신한 정신을 우리는 본받아야 한다.

(11) 도치문에서 도치된 어구들 사이에 쓴다.

> 예 이리 오세요, 어머님.　　　　예 다시 보자, 한강수야.

(12) 바로 다음 말과 직접적인 관계에 있지 않음을 나타낼 때 쓴다.

> 예 갑돌이는, 울면서 떠나는 갑순이를 배웅했다.
> 예 철원과, 대관령을 중심으로 한 강원도 산간 지대에 예년보다 일찍 첫눈이 내렸습니다.

(13) 문장 중간에 끼어든 어구의 앞뒤에 쓴다.

> 예 나는, 솔직히 말하면, 그 말이 별로 탐탁지 않아.
> 예 영호는 미소를 띠고, 속으로는 화가 치밀어 올라 잠시라도 견딜 수 없을 만큼 괴로웠지만, 그들을 맞았다.

[붙임 1] 이때는 쉼표 대신 줄표를 쓸 수 있다.

> 예 나는 – 솔직히 말하면 – 그 말이 별로 탐탁지 않아.
> 예 영호는 미소를 띠고 – 속으로는 화가 치밀어 올라 잠시라도 견딜 수 없을 만큼 괴로웠지만 – 그들을 맞았다.

[붙임 2] 끼어든 어구 안에 다른 쉼표가 들어 있을 때는 쉼표 대신 줄표를 쓴다.

> 예 이건 내 것이니까 – 아니, 내가 처음 발견한 것이니까 – 절대로 양보할 수 없다.

(14) 특별한 효과를 위해 끊어 읽는 곳을 나타낼 때 쓴다.

> 예 내가, 정말 그 일을 오늘 안에 해낼 수 있을까?
> 예 이 전투는 바로 우리가, 우리만이, 승리로 이끌 수 있다.

(15) 짧게 더듬는 말을 표시할 때 쓴다.

> 예 선생님, 부, 부정행위라니요? 그런 건 새, 생각조차 하지 않았습니다.

[붙임] '쉼표' 대신 '반점'이라는 용어를 쓸 수 있다.

5. 가운뎃점(·)

(1) 열거할 어구들을 일정한 기준으로 묶어서 나타낼 때 쓴다.

> 예 민수 · 영희, 선미 · 준호가 서로 짝이 되어 윷놀이를 하였다.
> 예 지금의 경상남도 · 경상북도, 전라남도 · 전라북도, 충청남도 · 충청북도 지역을 예부터 삼남이라 일러 왔다.

(2) 짝을 이루는 어구들 사이에 쓴다.

> 예 한(韓) · 이(伊) 양국 간의 무역량이 늘고 있다.
> 예 우리는 그 일의 참 · 거짓을 따질 겨를도 없었다.

예 하천 수질의 조사 · 분석

예 빨강 · 초록 · 파랑이 빛의 삼원색이다.

다만, 이때는 가운뎃점을 쓰지 않거나 쉼표를 쓸 수도 있다.

　　예 한(韓) 이(伊) 양국 간의 무역량이 늘고 있다.

　　예 우리는 그 일의 참 거짓을 따질 겨를도 없었다.

　　예 하천 수질의 조사, 분석

　　예 빨강, 초록, 파랑이 빛의 삼원색이다.

(3) 공통 성분을 줄여서 하나의 어구로 묶을 때 쓴다.

　예 상 · 중 · 하위권　　　　　**예** 금 · 은 · 동메달

　예 통권 제54 · 55 · 56호

[붙임] 이때는 가운뎃점 대신 쉼표를 쓸 수 있다.

　　예 상, 중, 하위권　　　　　**예** 금, 은, 동메달

　　예 통권 제54, 55, 56호

6. 쌍점(:)

(1) 표제 다음에 해당 항목을 들거나 설명을 붙일 때 쓴다.

　예 문방사우: 종이, 붓, 먹, 벼루

　예 일시: 2014년 10월 9일 10시

　예 흔하진 않지만 두 자로 된 성씨도 있다.(: 남궁, 선우, 황보 등)

　예 올림표(#): 음의 높이를 반음 올릴 것을 지시한다.

(2) 희곡 등에서 대화 내용을 제시할 때 말하는 이와 말한 내용 사이에 쓴다.

　예 김 과장: 난 못 참겠다.

　예 아들: 아버지, 제발 제 말씀 좀 들어 보세요.

(3) 시와 분, 장과 절 등을 구별할 때 쓴다.

　　예 오전 10:20(오전 10시 20분)

　　예 두시언해 6:15(두시언해 제6권 제15장)

(4) 의존명사 '대'가 쓰일 자리에 쓴다.

　　예 65:60(65 대 60)　　　　　**예** 청군:백군(청군 대 백군)

[붙임] 쌍점의 앞은 붙여 쓰고 뒤는 띄어 쓴다. 다만, (3)과 (4)에서는 쌍점의 앞뒤를 붙여 쓴다.

7. 빗금(/)

(1) 대비되는 두 개 이상의 어구를 묶어 나타낼 때 그 사이에 쓴다.

　예 먹이다/먹히다　　　　　**예** 남반구/북반구

　예 금메달/은메달/동메달　　**예** (　　　)이/가 우리나라의 보물 제1호이다.

(2) 기준 단위당 수량을 표시할 때 해당 수량과 기준 단위 사이에 쓴다.

> 예 100미터/초
> 예 1,000원/개

(3) 시의 행이 바뀌는 부분임을 나타낼 때 쓴다.

> 예 산에 / 산에 / 피는 꽃은 / 저만치 혼자서 피어 있네

다만, 연이 바뀜을 나타낼 때는 두 번 겹쳐 쓴다.

> 예 산에는 꽃 피네 / 꽃이 피네 / 갈 봄 여름 없이 / 꽃이 피네 // 산에 / 산에 / 피는 꽃은 / 저만치 혼자서 피어 있네

[붙임] 빗금의 앞뒤는 (1)과 (2)에서는 붙여 쓰며, (3)에서는 띄어 쓰는 것을 원칙으로 하되 붙여 쓰는 것을 허용한다. 단, (1)에서 대비되는 어구가 두 어절 이상인 경우에는 빗금의 앞뒤를 띄어 쓸 수 있다.

8. 큰따옴표(" ")

(1) 글 가운데에서 직접 대화를 표시할 때 쓴다.

> 예 "어머니, 제가 가겠어요."
> "아니다. 내가 다녀오마."

(2) 말이나 글을 직접 인용할 때 쓴다.

> 예 나는 "어, 광훈이 아니냐?" 하는 소리에 깜짝 놀랐다.
> 예 밤하늘에 반짝이는 별들을 보면서 "나는 아무 걱정도 없이 가을 속의 별들을 다 헬 듯합니다."라는 시구를 떠올렸다.
> 예 편지의 끝머리에는 이렇게 적혀 있었다.
> "할머니, 편지에 사진을 동봉했다고 하셨지만 봉투 안에는 아무것도 없었어요."

9. 작은따옴표(' ')

(1) 인용한 말 안에 있는 인용한 말을 나타낼 때 쓴다.

> 예 그는 "여러분! '시작이 반이다.'라는 말 들어 보셨죠?"라고 말하며 강연을 시작했다.

(2) 마음속으로 한 말을 적을 때 쓴다.

> 예 나는 '일이 다 틀렸나 보군.' 하고 생각하였다.
> 예 '이번에는 꼭 이기고야 말겠어.' 호연이는 마음속으로 몇 번이나 그렇게 다짐하며 주먹을 불끈 쥐었다.

10. 소괄호(( ))

(1) 주석이나 보충적인 내용을 덧붙일 때 쓴다.

> 예 니체(독일의 철학자)의 말을 빌리면 다음과 같다.
> 예 2014. 12. 19.(금)

> **예** 문인화의 대표적인 소재인 사군자(매화, 난초, 국화, 대나무)는 고결한 선비 정신을 상징한다.

(2) 우리말 표기와 원어 표기를 아울러 보일 때 쓴다.

> **예** 기호(嗜好), 자세(姿勢)
> **예** 커피(coffee), 에티켓(étiquette)

(3) 생략할 수 있는 요소임을 나타낼 때 쓴다.

> **예** 학교에서 동료 교사를 부를 때는 이름 뒤에 '선생(님)'이라는 말을 덧붙인다.
> **예** 광개토(대)왕은 고구려의 전성기를 이끌었던 임금이다.

(4) 희곡 등 대화를 적은 글에서 동작이나 분위기, 상태를 드러낼 때 쓴다.

> **예** 현우: (가쁜 숨을 내쉬며) 왜 이렇게 빨리 뛰어?
> **예** "관찰한 것을 쓰는 것이 습관이 되었죠. 그러다 보니, 상상력이 생겼나 봐요." (웃음)

(5) 내용이 들어갈 자리임을 나타낼 때 쓴다.

> **예** 우리나라의 수도는 (   )이다.
> **예** 다음 빈칸에 알맞은 조사를 쓰시오.
> 민수가 할아버지(   ) 꽃을 드렸다.

(6) 항목의 순서나 종류를 나타내는 숫자나 문자 등에 쓴다.

> **예** 사람의 인격은 (1) 용모, (2) 언어, (3) 행동, (4) 덕성 등으로 표현된다.
> **예** (가) 동해, (나) 서해, (다) 남해

11. 중괄호({ })

(1) 같은 범주에 속하는 여러 요소를 세로로 묶어서 보일 때 쓴다.

> **예** 주격 조사 $\left\{ \begin{array}{c} 이 \\ 가 \end{array} \right\}$

> **예** 국가의 성립 요소 $\left\{ \begin{array}{c} 영토 \\ 국민 \\ 주권 \end{array} \right\}$

(2) 열거된 항목 중 어느 하나가 자유롭게 선택될 수 있음을 보일 때 쓴다.

> **예** 이이들이 모두 학교{에, 로, 까시} 갔어요.

12. 대괄호([ ])

(1) 괄호 안에 또 괄호를 쓸 필요가 있을 때 바깥쪽의 괄호로 쓴다.

> **예** 어린이날이 새로 제정되었을 당시에는 어린이들에게 경어를 쓰라고 하였다.
> [윤석중 전집(1988), 70쪽 참조]
> **예** 이번 회의에는 두 명[이혜정(실장), 박철용(과장)]만 빼고 모두 참석했습니다.

(2) 고유어에 대응하는 한자어를 함께 보일 때 쓴다.

예 나이[年歲]　　　예 낱말[單語]
예 손발[手足]

(3) 원문에 대한 이해를 돕기 위해 설명이나 논평 등을 덧붙일 때 쓴다.

예 그것[한글]은 이처럼 정보화 시대에 알맞은 과학적인 문자이다.
예 신경준의 《여암전서》에 "삼각산은 산이 모두 돌 봉우리인데, 그 으뜸 봉우리
　를 구름 위에 솟아 있다고 백운(白雲)이라 하며 [이하 생략]"
예 그런 일은 결코 있을 수 없다.[원문에는 '업다'임.]

13. 겹낫표(『 』)와 겹화살괄호(《 》)

• 책의 제목이나 신문 이름 등을 나타낼 때 쓴다.

예 우리나라 최초의 민간 신문은 1896년에 창간된 『독립신문』이다.
예 『훈민정음』은 1997년에 유네스코 세계 기록 유산으로 지정되었다.
예 《한성순보》는 우리나라 최초의 근대 신문이다.
예 윤동주의 유고 시집인 《하늘과 바람과 별과 시》에는 31편의 시가 실려 있다.

[붙임] 겹낫표나 겹화살괄호 대신 큰따옴표를 쓸 수 있다.

예 우리나라 최초의 민간 신문은 1896년에 창간된 "독립신문"이다.
예 윤동주의 유고 시집인 "하늘과 바람과 별과 시"에는 31편의 시가 실려 있다.

14. 홑낫표(「 」)와 홑화살괄호(〈 〉)

• 소제목, 그림이나 노래와 같은 예술 작품의 제목, 상호, 법률, 규정 등을 나타
낼 때 쓴다.

예 「국어 기본법 시행령」은 「국어 기본법」에서 위임된 사항과 그 시행에 필요한
　사항을 규정함을 목적으로 한다.
예 이 곡은 베르디가 작곡한 「축배의 노래」이다.
예 사무실 밖에 「해와 달」이라고 쓴 간판을 달았다.
예 〈한강〉은 사진집 《아름다운 땅》에 실린 작품이다.
예 백남준은 2005년에 〈엄마〉라는 작품을 선보였다.

[붙임] 홑낫표나 홑화살괄호 대신 작은따옴표를 쓸 수 있다.

예 사무실 밖에 '해와 달'이라고 쓴 간판을 달았다.
예 '한강'은 사진집 "아름다운 땅"에 실린 작품이다.

15. 줄표(─)

• 제목 다음에 표시하는 부제의 앞뒤에 쓴다.

예 이번 토론회의 제목은 '역사 바로잡기 ─ 근대의 설정 ─'이다.
예 '환경 보호─ 숲 가꾸기 ─'라는 제목으로 글짓기를 했다.

다만, 뒤에 오는 줄표는 생략할 수 있다.

예 이번 토론회의 제목은 '역사 바로잡기 – 근대의 설정'이다.

예 '환경 보호 – 숲 가꾸기'라는 제목으로 글짓기를 했다.

[붙임] 줄표의 앞뒤는 띄어 쓰는 것을 원칙으로 하되, 붙여 쓰는 것을 허용한다.

16. 붙임표(–)

(1) 차례대로 이어지는 내용을 하나로 묶어 열거할 때 각 어구 사이에 쓴다.

예 멀리뛰기는 도움닫기–도약–공중 자세–착지의 순서로 이루어진다.

예 김 과장은 기획–실무–홍보까지 직접 발로 뛰었다.

(2) 두 개 이상의 어구가 밀접한 관련이 있음을 나타내고자 할 때 쓴다.

예 드디어 서울–북경의 항로가 열렸다.

예 원–날러 환율

예 남한–북한–일본 삼자 관계

17. 물결표(~)

• 기간이나 거리 또는 범위를 나타낼 때 쓴다.

예 9월 15일~9월 25일

예 김정희(1786~1856)

예 서울~천안 정도는 출퇴근이 가능하다.

예 이번 시험의 범위는 3~78쪽입니다.

[붙임] 물결표 대신 붙임표를 쓸 수 있다.

예 9월 15일–9월 25일

예 김정희(1786–1856)

예 서울–천안 정도는 출퇴근이 가능하다.

예 이번 시험의 범위는 3–78쪽입니다.

18. 드러냄표(˙)와 밑줄(＿)

• 문장 내용 중에서 주의가 미쳐야 할 곳이나 중요한 부분을 특별히 드러내 보일 때 쓴다.

예 한글의 본디 이름은 훈민정음이다.

예 중요한 것은 왜 사느냐가 아니라 어떻게 사느냐이다.

예 지금 필요한 것은 <u>지식</u>이 아니라 <u>실천</u>입니다.

예 다음 보기에서 명사가 <u>아닌</u> 것은?

[붙임] 드러냄표나 밑줄 대신 작은따옴표를 쓸 수 있다.

예 한글의 본디 이름은 '훈민정음'이다.

예 중요한 것은 '왜 사느냐'가 아니라 '어떻게 사느냐'이다.

예 지금 필요한 것은 '지식'이 아니라 '실천'입니다.

예 다음 보기에서 명사가 '아닌' 것은?

19. 숨김표(○, ×)

(1) 금기어나 공공연히 쓰기 어려운 비속어임을 나타낼 때, 그 글자의 수효만큼 쓴다.

> 예 배운 사람 입에서 어찌 ○○○란 말이 나올 수 있느냐?
> 예 그 말을 듣는 순간 ×××란 말이 목구멍까지 치밀었다.

(2) 비밀을 유지해야 하거나 밝힐 수 없는 사항임을 나타낼 때 쓴다.

> 예 1차 시험 합격자는 김○영, 이○준, 박○순 등 모두 3명이다.
> 예 육군 ○○ 부대 ○○○ 명이 작전에 참가하였다.
> 예 그 모임의 참석자는 김×× 씨, 정×× 씨 등 5명이었다.

20. 빠짐표(□)

(1) 옛 비문이나 문헌 등에서 글자가 분명하지 않을 때 그 글자의 수효만큼 쓴다.

> 예 大師爲法主□□賴之大□薦

(2) 글자가 들어가야 할 자리를 나타낼 때 쓴다.

> 예 훈민정음의 초성 중에서 아음(牙音)은 □□□의 석 자다.

21. 줄임표(……)

(1) 할 말을 줄였을 때 쓴다.

> 예 "어디 나하고 한번……." 하고 민수가 나섰다.

(2) 말이 없음을 나타낼 때 쓴다.

> 예 "빨리 말해!"
> "……."

(3) 문장이나 글의 일부를 생략할 때 쓴다.

> 예 '고유'라는 말은 문자 그대로 본디부터 있었다는 뜻은 아닙니다. …… 같은 역사적 환경에서 공동의 집단생활을 영위해 오는 동안 공동으로 발견된, 사물에 대한 공동의 사고방식을 우리는 한국의 고유 사상이라 부를 수 있다는 것입니다.

(4) 머뭇거림을 보일 때 쓴다.

> 예 "우리는 모두…… 그러니까…… 예외 없이 눈물만…… 흘렸다."

[붙임 1] 점은 가운데에 찍는 대신 아래쪽에 찍을 수도 있다.

> 예 "어디 나하고 한번.......". 하고 민수가 나섰다.
> 예 "실은...... 저 사람...... 우리 아저씨일지 몰라."

[붙임 2] 점은 여섯 점을 찍는 대신 세 점을 찍을 수도 있다.

> 예 "어디 나하고 한번…." 하고 민수가 나섰다.
> 예 "실은... 저 사람... 우리 아저씨일지 몰라."

[붙임 3] 줄임표는 앞말에 붙여 쓴다. 다만, (3)에서는 줄임표의 앞뒤를 띄어 쓴다.

제4절 외래어 표기법

제1장 표기의 기본 원칙

제1항 외래어는 국어의 현용 24 자모만으로 적는다.

제2항 외래어의 1 음운은 원칙적으로 1 기호로 적는다.

제3항 받침에는 'ㄱ, ㄴ, ㄹ, ㅁ, ㅂ, ㅅ, ㅇ'만을 쓴다.

제4항 파열음 표기에는 된소리를 쓰지 않는 것을 원칙으로 한다.

제5항 이미 굳어진 외래어는 관용을 존중하되, 그 범위와 용례는 따로 정한다.

1. 제1항은 외래어를 표기할 때 원음에 충실하게 적기 위하여 국어의 현용 24 자모(자음 14, 모음 10) 외의 글자나 기호를 만들어 사용하지 않는다는 뜻이다. 장모음을 표기하기 위하여 자모 아닌 기호를 도입하거나, 국어에 없는 음을 표기하기 위하여 현대 국어에 없는 'ㆄ, ㅸ'을 사용하거나 'ㅇㅂ, ㅇㅅ'과 같은 글자를 만들지 않는다는 것을 표현한 것이다.

2. 제2항은 외래어의 음운과 국어의 자모를 일대일 대응으로 하는 것이 원칙임을 밝힌 것으로 부득이한 경우에는 일대이 대응, 이대일 대응이 될 수도 있다. 예를 들어, 영어의 [p]는 '퍼센트, 수프, 숍'과 같이 'ㅍ, 프, ㅂ'로 다양하게 적고, [r], [l]은 '리본, 레이스'와 같이 모두 'ㄹ'로 똑같이 적는다. 영어의 [f]는 1 음운 1 기호 원칙에 따라 'ㅍ'으로 적는다. '프라이, 패밀리, 파이팅' 등으로 적어야 한다.

3. 제3항은 외래어를 표기할 때 국어의 받침법칙을 적용한다는 뜻이다. 즉, 국어에서는 홑받침과 겹받침 모두를 합하면 27개의 받침을 쓸 수 있는 것과는 달리 외래어 표기에서는 받침의 수를 제한한다는 것이다. 그 이유는 다음과 같다. 예컨대, 국어에서 '꽃'은 단독으로 발음하면 [꼳]으로 중화된다. 그러나 모음으로 시작하는 조사 등과 함께 쓰이면 '꽃에'가 [꼬체]로, '꽃으로도'가 [꼬츠로도]로 발음되어 '꽃'의 원래 모양을 확인할 수 있다. 그러나 '디스켙'과 '커피숖'으로 쓰이기도 하는 'discket'과 'coffee shop'에 조사 '-이'와 '-에다', '-에서'를 각각 붙인 것을 [디스케시]와 [디스케세다], [커피쇼비]와 [커피쇼베서]처럼 '디스켓'과 '커피숍'으로 발음하지 한국 사람 중 어느 누구도 [디스케티]와 [디스케테다], [커피쇼피]와 [커피쇼페서]로 발음하지 않음을 볼 수 있다. 또 'discket'을 '디스켇'으로 적지 않는 까닭은 고유어나 한자어에서 'ㄷ' 받침 체언이 존재하지 않는 것과 관련이 있다. 고유어나 한자어의 음절 말 자음은 단독으로 발음되거나 자음 앞에서는 'ㄱ, ㄴ, ㄷ, ㄹ, ㅁ, ㅂ, ㅇ'의 7개 음운으로 중화되고 모음으로 시작하는 조사 앞에서도 'ㄷ' 말음이 유지되지 않아 현대 표준어에는 'ㄷ' 받침의 체언이 존재하지 않는다. 따라서 외국어가 국어에 수용될 때는 음절 말이 [t]로 끝나는 단어들이 'ㄷ'이 아니라 'ㅅ'으로 적는다.

4. 제4항은 외래어 표기에서 파열음 된소리인 'ㅃ, ㄸ, ㄲ'을 사용하지 않는다는 규정이다. 영어의 무성 파열음은 된소리보다 거센소리에 가깝고 프랑스어나 일본어의 무성 파열음은 거센소리보다 된소리에 가깝지만, 외국어의 정확한 발음 전사는 불가능하므로 일관성과 간결성을 살려서 거센소리로 통일하여 적음을 밝힌 것이다. 이에 따라

서 영어의 'game, dam, bus'는 '께임, 땜, 뻐스'가 아니라 '게임, 댐, 버스'로, 프랑스어의 'cafe, latte, Paris'는 '까페, 라떼, 빠리'가 아니라 '카페, 라테, 파리'로 적는다.

5. 그동안 외래어 표기에서 된소리를 허용한 것은 관용어의 '빵, 껌' 등과 중국어의 '마오쩌둥'이나 '쑨원', 일본어의 '쓰시마', '쓰나미' 정도였다. 그러다가 2004년 동남아 3개 국어에 대한 표기법을 고시하면서 베트남어의 '땀'이나 '호찌민' 등과 타이어의 푸껫 등의 외래어가 된소리로 표기되게 됨으로써 된소리 표기의 폭이 다소 넓어졌다.

6. 제5항은 이미 언중들이 오랫동안 사용하여 굳어진 외래어는 표기법에 맞지 않아도 관용을 존중하여 사용한다는 뜻이다. 'camera[kӕmərə]'를 '캐머러'가 아니라 '카메라'로, 'radio[reidiou]'를 '레이디오'가 아니라 '라디오'로, 'system[sistəm]'을 '시스팀'이 아니라 '시스템'으로 적는 것이 그 예이다.

제2장 표기 일람표

• 국제 음성 기호와 한글 대조표

자음			반모음		모음	
국제 음성 기호	한글		국제 음성 기호	한글	국제 음성 기호	한글
	모음 앞	자음 앞 또는 어말				
p	ㅍ	ㅂ, 프	j	이*	i	이
b	ㅂ	브	ɥ	위	y	위
t	ㅌ	ㅅ, 트	w	오, 우*	e	에
d	ㄷ	드			ø	외
k	ㅋ	ㄱ, 크			ɛ	에
g	ㄱ	그			ɛ̃	앵
f	ㅍ	프			œ	외
v	ㅂ	브			œ̃	욍
θ	ㅅ	스			æ	애
ð	ㄷ	드			a	아
s	ㅅ	스			ɑ	아
z	ㅈ	즈			ɑ̃	앙
ʃ	시	슈, 시			ʌ	어
ʒ	ㅈ	지			ɔ	오
ts	ㅊ	츠			ɔ̃	옹
dz	ㅈ	즈			o	오
tʃ	ㅊ	치			u	우
dʒ	ㅈ	지			ə**	어
m	ㅁ	ㅁ			ɚ	어
n	ㄴ	ㄴ				
ɲ	니*	뉴				

자음			반모음		모음	
국제 음성 기호	한글		국제 음성 기호	한글	국제 음성 기호	한글
	모음 앞	자음 앞 또는 어말				
ŋ	ㅇ	ㅇ				
l	ㄹ, ㄹㄹ	ㄹ				
r	ㄹ	르				
h	ㅎ	흐				
ç	ㅎ	히				
x	ㅎ	흐				

* [j], [w]의 '이'와 '오, 우', 그리고 [ɲ]의 '니'는 모음과 결합할 때 제3장 표기 세칙에 따른다.
** 독일어의 경우에는 '에', 프랑스어의 경우에는 '으'로 적는다.

제3장 표기 세칙

제1절 영어의 표기

국제 음성 기호와 한글 대조표에 따라 적되, 다음 사항에 유의하여 적는다.

제1항 무성 파열음 ([p], [t], [k])

1. 짧은 모음 다음의 어말 무성 파열음([p], [t], [k])은 받침으로 적는다.
   【보기】gap[gæp] 갭　　cat[kæt] 캣　　book[buk] 북
2. 짧은 모음과 유음·비음([l], [r], [m], [n]) 이외의 자음 사이에 오는 무성 파열음
   ([p], [t], [k])은 받침으로 적는다.
   【보기】apt[æpt] 앱트　　setback[setbæk] 셋백　　act[ækt] 액트
3. 위 경우 이외의 어말과 자음 앞의 [p], [t], [k]는 '으'를 붙여 적는다.
   【보기】stamp[stæmp] 스탬프　　　　　　cape[keip] 케이프
   　　　　nest[nest] 네스트　　　　　　　part[pɑ:t] 파트
   　　　　desk[desk] 데스크　　　　　　　make[meik] 메이크
   　　　　apple[æpl] 애플　　　　　　　　mattress[mætris] 매트리스
   　　　　chipmunk[tʃipmʌŋk] 치프멍크　　sickness[siknis] 시크니스

제2항 유성 파열음([b], [d], [g])

어말과 모든 자음 앞에 오는 유성 파열음은 '으'를 붙여 적는다.
   【보기】bulb[bʌlb] 벌브　　　　　　　land[lænd] 랜드
   　　　　zigzag[zigzæg] 지그재그　　　lobster[lɔbstə] 로브스터
   　　　　kidnap[kidnæp] 키드냅　　　　signal[signəl] 시그널

제3항 마찰음([s], [z], [f], [v], [θ], [ð], [ʃ], [ʒ])

1. 어말 또는 자음 앞의 [s], [z], [f], [v], [θ], [ð]는 '으'를 붙여 적는다.
   【보기】mask[mɑ:sk] 마스크　　　　　jazz[dʒæz] 재즈
   　　　　graph[græf] 그래프　　　　　olive[ɔliv] 올리브
   　　　　thrill[θril] 스릴　　　　　　　bathe[beið] 베이드

2. 어말의 [ʃ]는 '시'로 적고, 자음 앞의 [ʃ]는 '슈'로, 모음 앞의 [ʃ]는 뒤따르는 모음에 따라 '샤', '섀', '셔', '셰', '쇼', '슈', '시'로 적는다.

【보기】 flash[flæʃ] 플래시　　　　　　　 shrub[ʃrʌb] 슈러브
　　　　shark[ʃɑːk] 샤크　　　　　　　　 shank[ʃænk] 섕크
　　　　fashion[fæʃən] 패션　　　　　　　 sheriff[ʃerif] 셰리프
　　　　shopping[ʃɔpiŋ] 쇼핑　　　　　　　 shoe[ʃuː] 슈
　　　　shim[ʃim] 심

3. 어말 또는 자음 앞의 [ʒ]는 '지'로 적고, 모음 앞의 [ʒ]는 'ㅈ'으로 적는다.

【보기】 mirage[mirɑːʒ] 미라지　　　　　　 vision[viʒən] 비전

제4항 파찰음([ts], [dz], [tʃ], [dʒ])

1. 어말 또는 자음 앞의 [ts], [dz]는 '츠', '즈'로 적고, [tʃ], [dʒ]는 '치', '지'로 적는다.

【보기】 Keats[kiːts] 키츠　　　　　　　　 odds[ɔdz] 오즈
　　　　switch[switʃ] 스위치　　　　　　 bridge[bridʒ] 브리지
　　　　Pittsburgh[pitsbəːg] 피츠버그　　 hitchhike[hitʃhaik] 히치하이크

2. 모음 앞의 [tʃ], [dʒ]는 'ㅊ', 'ㅈ'으로 적는다.

【보기】 chart[tʃɑːt] 차트　　　　　　　　 virgin[vəːdʒin] 버진

제5항 비음([m], [n], [ŋ])

1. 어말 또는 자음 앞의 비음은 모두 받침으로 적는다.

【보기】 steam[stiːm] 스팀　　　　　　　 corn[kɔːn] 콘
　　　　ring[riŋ] 링　　　　　　　　　　 lamp[læmp] 램프
　　　　hint[hint] 힌트　　　　　　　　 ink[iŋk] 잉크

2. 모음과 모음 사이의 [ŋ]은 앞 음절의 받침 'ㅇ'으로 적는다.

【보기】 hanging[hæŋiŋ] 행잉　　　　　　 longing[lɔŋiŋ] 롱잉

제6항 유음([l])

1. 어말 또는 자음 앞의 [l]은 받침으로 적는다.

【보기】 hotel[houtel] 호텔　　　　　　　 pulp[pʌlp] 펄프

2. 어중의 [l]이 모음 앞에 오거나, 모음이 따르지 않는 비음([m], [n]) 앞에 올 때에는 'ㄹㄹ'로 적는다. 다만, 비음([m], [n]) 뒤의 [l]은 모음 앞에 오더라도 'ㄹ'로 적는다.

【보기】 slide[slaid] 슬라이드　　　　　　 film[film] 필름
　　　　helm[helm] 헬름　　　　　　　　 swoln[swouln] 스월른
　　　　Hamlet[hæmlit] 햄릿　　　　　　 Henley[henli] 헨리

제7항 장모음

• 장모음의 장음은 따로 표기하지 않는다.

【보기】 team[tiːm] 팀　　　　　　　　　 route[ruːt] 루트

제8항 중모음([ai], [au], [ei], [ɔi], [ou], [auə])

• 중모음은 각 단모음의 음가를 살려서 적되, [ou]는 '오'로, [auə]는 '아워'로 적는다.

【보기】time[taim] 타임　　　　　　　house[haus] 하우스

skate[skeit] 스케이트　　　　　　oil[ɔil] 오일

boat[bout] 보트　　　　　　　　tower[tauə] 타워

제9항 반모음([w], [j])

1. [w]는 뒤따르는 모음에 따라 [wə], [wɔ], [wou]는 '워', [wɑ]는 '와', [wæ]는 '왜', [we]는 '웨', [wi]는 '위', [wu]는 '우'로 적는다.

【보기】word[wəːd] 워드　　　　　　want[wɔnt] 원트

woe[wou] 워　　　　　　　　wander[wɑndə] 완더

wag[wæg] 왜그　　　　　　　west[west] 웨스트

witch[witʃ] 위치　　　　　　　wool[wul] 울

2. 자음 뒤에 [w]가 올 때에는 두 음절로 갈라 적되, [gw], [hw], [kw]는 한 음절로 붙여 적는다.

【보기】swing[swiŋ] 스윙　　　　　　twist[twist] 트위스트

penguin[peŋgwin] 펭귄　　　　whistle[hwisl] 휘슬

quarter[kwɔːtə] 쿼터

3. 반모음 [j]는 뒤따르는 모음과 합쳐 '야', '얘', '여', '예', '요', '유', '이'로 적는다. 다만, [d], [l], [n] 다음에 [jə]가 올 때에는 각각 '디어', '리어', '니어'로 적는다.

【보기】yard[jɑːd] 야드　　　　　　yank[jæŋk] 얭크

yearn[jəːn] 연　　　　　　　yellow[jelou] 옐로

yawn[jɔːn] 욘　　　　　　　you[juː] 유

year[jiə] 이어　　　　　　　Indian[indjən] 인디언

battalion[bətæljən] 버탤리언　union[juːnjən] 유니언

제10항 복합어

1. 따로 설 수 있는 말의 합성으로 이루어진 복합어는 그것을 구성하고 있는 말이 단독으로 쓰일 때의 표기대로 적는다.

【보기】cuplike[kʌplaik] 컵라이크　　bookend[bukend] 북엔드

headlight[hedlait] 헤드라이트　　touchwood[tʌtʃwud] 터치우드

sit-in[sitin] 싯인　　　　　　bookmaker[bukmeikə] 북메이커

flashgun[flæʃgʌn] 플래시건　　topknot[tɔpnɔt] 톱놋

2. 원어에서 띄어 쓴 말은 띄어 쓴 대로 한글 표기를 하되, 붙여 쓸 수도 있다.

【보기】Los Alamos[lɔsæləmous] 로스 앨러모스/로스앨러모스

top class[tɔpklæs] 톱 클래스/톱클래스

제4장 인명, 지명 표기의 원칙

제1절 표기 원칙

> **제1항** 외국의 인명, 지명의 표기는 제1장, 제2장, 제3장의 규정을 따르는 것을 원칙으로 한다.
>
> **제2항** 제3장에 포함되어 있지 않은 언어권의 인명, 지명은 원지음을 따르는 것을 원칙으로 한다.
>   【보기】Ankara 앙카라   Gandhi 간디
>
> **제3항** 원지음이 아닌 제3국의 발음으로 통용되고 있는 것은 관용을 따른다.
>   【보기】Hague 헤이그   Caesar 시저
>
> **제4항** 고유 명사의 번역명이 통용되는 경우 관용을 따른다.
>   【보기】Pacific Ocean 태평양   Black Sea 흑해

제2절 동양의 인명, 지명 표기

> **제1항** 중국 인명은 과거인과 현대인을 구분하여 과거인은 종전의 한자음대로 표기하고, 현대인은 원칙적으로 중국어 표기법에 따라 표기하되, 필요한 경우 한자를 병기한다.
>
> **제2항** 중국의 역사 지명으로서 현재 쓰이지 않는 것은 우리 한자음대로 하고, 현재 지명과 동일한 것은 중국어 표기법에 따라 표기하되, 필요한 경우 한자를 병기한다.
>
> **제3항** 일본의 인명과 지명은 과거와 현대의 구분 없이 일본어 표기법에 따라 표기하는 것을 원칙으로 하되, 필요한 경우 한자를 병기한다.
>
> **제4항** 중국 및 일본의 지명 가운데 한국 한자음으로 읽는 관용이 있는 것은 이를 허용한다.
>   【보기】東京 도쿄, 동경   京都 교토, 경도
>   上海 상하이, 상해   臺灣 타이완, 대만
>   黃河 황허, 황하

1. 중국 인명은 신해혁명(1911)을 기준으로, 과거인은 한자음대로 현대인은 원칙적으로 중국어 표기법을 준수하되 필요 시 한자를 병기한다.
   예 공자(孔子), 맹자(孟子), 덩샤오핑－등소평(鄧小平), 마오쩌둥－모택동(毛澤東), 주룽지－주용기(朱鎔基), 장궈룽－장국영(張國榮)

2. 중국 지명 중, 현재 쓰이지 않는 것은 한자음대로 현재 지명과 동일한 것은 중국어 표기법을 준수한다.
   예 강남(江南), 후난 성(湖南省), 광저우(廣州), 항저우(杭州)

3. 일본 인명과 지명은 과거와 현재의 구분 없이 일본어 표기법을 준수하며, 필요시 한자를 병기할 수 있다. 일본어 표기에서 촉음(促音) 'ッ'는 'ㅅ'으로 적는다.

예 도요토미 히데요시(豊臣秀吉), 후쿠다 야스오(福田康夫), 이토 히로부미(伊藤博文), 아베 신조(安倍晋三), 가고시마(鹿兒島), 삿포로(札幌)

4. 중국과 일본의 지명 가운데 한국 한자음으로 읽는 관용이 있는 것은 이를 허용한다.

예 北京-베이징/북경, 黃河-황하/황허, 臺灣-타이완/대만, 東京-도쿄/동경, 上海-상하이/상해, 京都-교토/경도

제3절 바다, 섬, 강, 산 등의 표기 세칙

제1항 바다는 '해(海)'로 통일한다.
　【보기】홍해, 발트해, 아라비아해

제2항 우리나라를 제외하고 섬은 모두 '섬'으로 통일한다.
　【보기】타이완섬, 코르시카섬(우리나라: 제주도, 울릉도)

제3항 한자 사용 지역(일본, 중국)의 지명이 하나의 한자로 되어 있을 경우, '강', '산', '호', '섬' 등은 겹쳐 적는다.
　【보기】온타케산(御岳)　　　　　주장강(珠江)
　　　　 도시마섬(利島)　　　　　하야카와강(早川)
　　　　 위산산(玉山)

제4항 지명이 산맥, 산, 강 등의 뜻이 들어 있는 것은 '산맥', '산', '강' 등을 겹쳐 적는다.
　【보기】Rio Grande 리오그란데강　　　Monte Rosa 몬테로사산
　　　　 Mont Blanc 몽블랑산　　　　Sierra Madre 시에라마드레산맥

제5절 국어의 로마자 표기법

제1장 표기의 기본 원칙

제1항 국어의 로마자 표기는 국어의 표준 발음법에 따라 적는 것을 원칙으로 한다.

제2항 로마자 이외의 부호는 되도록 사용하지 않는다.

1. 국어의 로마자 표기는 국어의 표준 발음법에 따라 적는 것을 원칙으로 한다.
   – 전음법(轉音法)을 로마자 표기 방식의 기본 원칙으로 한다.

구분	전자법(轉字法)	전음법(轉音法)
개념	한글의 철자를 로마자로 옮겨 적음.	우리말이 발음되는 대로 로마자로 옮겨 적음.
장점	표기와 한글 복원이 쉬움.	외국인들도 읽기 쉬움.
단점	외국인이 우리말의 발음 규칙대로 발음하기 어려움.	표기 후 원래의 한글로 된 철자를 알기 어려움.

2. 로마자 이외의 부호는 되도록 사용하지 않는다. 로마자 이외의 부호는 사용하지 않되 붙임표(‒)만은 제한된 조건하에서 사용할 수 있다.

제2장 표기 일람

제1항 모음은 다음 각 호와 같이 적는다.

1. 단모음

ㅏ	ㅓ	ㅗ	ㅜ	ㅡ	ㅣ	ㅐ	ㅔ	ㅚ	ㅟ
a	eo	o	u	eu	i	ae	e	oe	wi

2. 이중 모음

ㅑ	ㅕ	ㅛ	ㅠ	ㅒ	ㅖ	ㅘ	ㅙ	ㅝ	ㅞ	ㅢ
ya	yeo	yo	yu	yae	ye	wa	wae	wo	we	ui

[붙임 1] 'ㅢ'는 'ㅣ'로 소리 나더라도 'ui'로 적는다.
　　【보기】 광희문　　　　　Gwanghuimun

[붙임 2] 장모음의 표기는 따로 하지 않는다.

제2항 자음은 다음 각 호와 같이 적는다.

1. 파열음

ㄱ	ㄲ	ㅋ	ㄷ	ㄸ	ㅌ	ㅂ	ㅃ	ㅍ
g, k	kk	k	d, t	tt	t	b, p	pp	p

2. 파찰음

ㅈ	ㅉ	ㅊ
j	jj	ch

3. 마찰음

ㅅ	ㅆ	ㅎ
s	ss	h

4. 비음

ㄴ	ㅁ	ㅇ
n	m	ng

5. 유음

ㄹ
r, l

[붙임 1] 'ㄱ, ㄷ, ㅂ'은 모음 앞에서는 'g, d, b'로, 자음 앞이나 어말에서는 'k, t, p'로 적는다.([ ] 안의 발음에 따라 표기함.)

　　【보기】 구미 Gumi　　　　　영동 Yeongdong　　　　　백암 Baegam
　　　　　옥천 Okcheon　　　　합덕 Hapdeok　　　　　호법 Hobeop
　　　　　월곶[월곧] Wolgot　　벚꽃[벋꼳] beotkkot
　　　　　한밭[한받] Hanbat

[붙임 2] 'ㄹ'은 모음 앞에서는 'r'로, 자음 앞이나 어말에서는 'l'로 적는다. 단, 'ㄹㄹ'은 'll'로 적는다.

　　【보기】 구리 Guri　　　설악 Seorak　　　칠곡 Chilgok
　　　　　임실 Imsil　　　울릉 Ulleung　　　대관령[대괄령] Daegwallyeong

제3장 표기상의 유의점

제1항 음운 변화가 일어날 때에는 변화의 결과에 따라 다음 각 호와 같이 적는다.

1. 자음 사이에서 동화 작용이 일어나는 경우

　【보기】백마[뱅마] Baengma　　　신문로[신문노] Sinmunno

　　　　종로[종노] Jongno　　　　왕십리[왕심니] Wangsimni

　　　　별내[별래] Byeollae　　　　신라[실라] Silla

2. 'ㄴ, ㄹ'이 덧나는 경우

　【보기】학여울[항녀울] Hangnyeoul　　　알약[알략] allyak

3. 구개음화가 되는 경우

　【보기】해돋이[해도지] haedoji　　같이[가치] gachi

　　　　굳히다[구치다] guchida

4. 'ㄱ, ㄷ, ㅂ, ㅈ'이 'ㅎ'과 합하여 거센소리로 소리 나는 경우

　【보기】좋고[조코] joko　　　　놓다[노타] nota

　　　　잡혀[자펴] japyeo　　　　낳지[나치] nachi

　　다만, 체언에서 'ㄱ, ㄷ, ㅂ' 뒤에 'ㅎ'이 따를 때에는 'ㅎ'을 밝혀 적는다.

　　　【보기】묵호 Mukho　　　　집현전 Jiphyeonjeon

　　[붙임] 된소리되기는 표기에 반영하지 않는다.

　　　【보기】압구정 Apgujeong　　　낙동강 Nakdonggang

　　　　　죽변 Jukbyeon　　　　낙성대 Nakseongdae

　　　　　합정 Hapjeong　　　　팔당 Paldang

　　　　　샛별 saetbyeol　　　　울산 Ulsan

제2항 발음상 혼동의 우려가 있을 때에는 음절 사이에 붙임표(-)를 쓸 수 있다.

　　　【보기】중앙 Jung-ang　　　반구대 Ban-gudae

　　　　　세운 Se-un　　　　해운대 Hae-undae

제3항 고유 명사는 첫 글자를 대문자로 적는다.

　　　【보기】부산 Busan　　　　세종 Sejong

제4항 인명은 성과 이름의 순서로 띄어 쓴다. 이름은 붙여 쓰는 것을 원칙으로 하되 음절 사이에 붙임표(-)를 쓰는 것을 허용한다.(　)안의 표기를 허용함.)

　　　【보기】민용하 Min Yongha (Min Yong-ha)

　　　　　송나리 Song Nari (Song Na-ri)

1. 이름에서 일어나는 음운 변화는 표기에 반영하지 않는다.

　　　【보기】한복남 Han Boknam (Han Bok-nam)

　　　　　홍빛나 Hong Bitna (Hong Bit-na)

2. 성의 표기는 따로 정한다.

제5항 '도, 시, 군, 구, 읍, 면, 리, 동'의 행정 구역 단위와 '가'는 각각 'do, si, gun, gu, eup, myeon, ri, dong, ga'로 적고, 그 앞에는 붙임표(-)를 넣는다. 붙임표(-) 앞뒤에서 일어나는 음운 변화는 표기에 반영하지 않는다.

【보기】충청북도 Chungcheongbuk-do　　　　제주도 Jeju-do
　　　　의정부시 Uijeongbu-si　　　　　　　양주군 Yangju-gun
　　　　도봉구 Dobong-gu　　　　　　　　신창읍 Sinchang-eup
　　　　삼죽면 Samjuk-myeon　　　　　　　인왕리 Inwang-ri
　　　　당산동 Dangsan-dong　　　　　　　봉천1동 Bongcheon 1(il)-dong
　　　　종로 2가 Jongno 2(i)-ga　　　　　　퇴계로 3가 Toegyero 3(sam)-ga

[붙임] '시, 군, 읍'의 행정 구역 단위는 생략할 수 있다.

【보기】청주시 Cheongju　　　　　　　　함평군 Hampyeong
　　　　순창읍 Sunchang

제6항 자연 지물명, 문화재명, 인공 축조물명은 붙임표(-) 없이 붙여 쓴다.

【보기】남산 Namsan　　　　　　　　　속리산 Songnisan
　　　　금강 Geumgang　　　　　　　　독도 Dokdo
　　　　경복궁 Gyeongbokgung　　　　　무량수전 Muryangsujeon
　　　　연화교 Yeonhwagyo　　　　　　극락전 Geungnakjeon
　　　　안압지 Anapji　　　　　　　　　남한산성 Namhansanseong
　　　　화랑대 Hwarangdae　　　　　　불국사 Bulguksa
　　　　현충사 Hyeonchungsa　　　　　독립문 Dongnimmun
　　　　오죽헌 Ojukheon　　　　　　　촉석루 Chokseongnu
　　　　종묘 Jongmyo　　　　　　　　다보탑 Dabotap

제7항 인명, 회사명, 단체명 등은 그동안 써 온 표기를 쓸 수 있다.

제8항 학술 연구 논문 등 특수 분야에서 한글 복원을 전제로 표기할 경우에는 한글 표기를 대상으로 적는다. 이때 글자 대응은 제2장을 따르되 'ㄱ, ㄷ, ㅂ, ㄹ'은 'g, d, b, l'로만 적는다. 음가 없는 'ㅇ'은 붙임표(-)로 표기하되 어두에서는 생략하는 것을 원칙으로 한다. 기타 분절의 필요가 있을 때에도 붙임표(-)를 쓴다.

【보기】집 jib　　　　　　　　　　짚 jip
　　　　밖 bakk　　　　　　　　　값 gabs
　　　　붓꽃 buskkoch　　　　　　먹는 meogneun
　　　　독립 doglib　　　　　　　문리 munli
　　　　물엿 mul-yeos　　　　　　굳이 gud-i
　　　　좋다 johda　　　　　　　　가곡 gagog
　　　　조랑말 jolangmal　　　　　없었습니다 eobs-eoss-seubnida

기출문제로 실력잡기

표준어와 표준 발음

01 다음의 사례에서 알 수 있는 표준어의 기능은 무엇인가?   2006. 경기 소방

보기

혜교는 비와 걸어가다가 어떤 사람들이 말하는 것을 들었다.
"이기 다 니끼가 이기가."
"그럼 내끼지, 니끼란 말이가."
이 대화를 듣고 혜교는
"저 사람들은 일본 사람들인가 봐."라고 말했다.

① 표준어는 우월의 기능을 갖는다.
② 표준어는 통일의 기능을 갖는다.
③ 표준어는 독립의 기능을 갖는다.
④ 표준어는 한국의 독자성을 강조하는 기능을 갖는다.

풀이 〈보기〉에서 혜교는 방언을 쓰는 사람들의 대화를 이해하지 못하고, 한국어가 아닌 일본어로 인식하고 있다. 따라서 방언으로 인해 의사소통이 원활하지 못하는 것을 막기 위해 표준어를 제정하는 것으로 이해할 수 있다. 즉, 표준어의 통일의 기능을 설명함을 알 수 있다.

02 표기가 모두 올바른 것은?   2013. 소방

① 오늘은 웬지 바람이 불 것 같다.
② 빨리 합격하는 것이 나의 간절한 바램이다.
③ 철수는 넉넉지 못한 형편에도 열심히 공부한다.
④ 철수는 점장이인데, 옷을 잘 입고 다니는 멋장이이기도 해.

풀이 '넉넉지'는 '넉넉하지'의 준말인데, '-하'의 앞 글자가 안울림소리로 끝났기 때문에 '-하-'가 탈락한다. 따라서 '넉넉지'는 바른 표기이다.
오답 ① '웬지'가 아니라 '왠지'로 고쳐야 한다. ② '바램'이 아니라 '바람'으로 고쳐야 한다. ④ '점장이'를 '점쟁이'로, '멋장이'를 '멋쟁이'로 고쳐야 한다.

03 다음 중 표준어가 아닌 것은?   2005. 울산 소방

① 귀머거리   ② 개구쟁이
③ 나들이   ④ 미숫가루
⑤ 뻐꾹이

풀이 ⑤ '뻐꾹이'가 아니라 '뻐꾸기'이다.

정답 01 ② 02 ③ 03 ⑤

04 다음 밑줄 친 부분 중 옳은 것은?

2006. 인천 소방 변형

① 눈이 부시게 <u>푸르른</u> 하늘
② 할아버지의 <u>바람</u>은 통일이다.
③ 하늘을 <u>날으는</u> 새가 되고 싶다.
④ 무슨 일이든 <u>삼가하는</u> 자세가 필요하다.
⑤ 눈에 생긴 <u>발자욱</u>이 사람의 흔적을 나타낸다.

풀이 소망을 의미하는 '바람'은 표준어이다. 2015년 12월 14일자로 '푸르르다'도 표준어로 추가되었다.
오답 ③ '날다'의 활용형은 '나는'이다. ④ '삼가는'이 적절하다. ⑤ '발자국'이 적절하다.

05 다음 중 틀린 것은?

2005. 전북 소방

① 윗쪽
② 웃어른
③ 윗눈썹
④ 윗니
⑤ 윗목

풀이 '뒤에 된소리나 거센소리가 있으면 사이시옷을 붙일 수 없다. 따라서 '위쪽'이 옳은 표기이다.

06 다음 설명과 관련이 없는 표준발음은?

2013. 경기 소방

보기

합성어 및 파생어에서, 앞 단어나 접두사의 끝이 자음이고 뒤 단어나 접미사의 첫음절이 '이, 야, 여, 요, 유'인 경우에는, 'ㄴ'음을 첨가하여 [니, 냐, 녀, 뇨, 뉴]로 발음한다.

① 홑이불 [혼니불]
② 막일 [망닐]
③ 새잎 [새닙]
④ 콩엿 [콩녇]

풀이 'ㄴ' 첨가 현상에 대한 설명이다. 'ㄴ' 첨가의 경우 앞 단어나 접두사의 끝이 자음일 경우에 발생한다. '새잎'의 경우 '새'와 '잎'이 결합한 합성어인데, '새'의 경우 모음으로 끝나기 때문에 'ㄴ' 첨가 현상이 발생할 수 없다. 따라서 '새잎'은 [새입]으로 발음해야 한다.

07 다음 중 표준어 규정에 어긋난 것은?

2007. 경북 소방

① 깡총깡총
② 미루나무
③ 곱빼기
④ 수캉아지

풀이 '깡총깡총'이 아니라 '깡충깡충'이 표준어이다.

정답 04 ①, ② 05 ① 06 ③ 07 ①

08 다음 중 표기와 발음이 일치하는 것은?

2016. 통합 소방

① 옷
② 잎
③ 발전
④ 설거지

풀이 '설거지'의 발음은 [설거지]이므로 표기와 발음이 일치한다.
오답 ① 옷 – [온], ② 잎 – [입], ③ 발전 – [발쩐]으로 표기와 발음이 일치하지 않는다.

09 다음 중 표준 발음이 아닌 것은?

2006. 소방

① 쫓다[쫃따]
② 헛웃음[허두슴]
③ 값 있는[가빈는]
④ 옷감[옥깜]

풀이 '옷감'은 [옫깜]으로 발음해야 한다.

10 다음 발음이 옳은 것은?

2006. 인천 소방

① 넓다[넙따]
② 밟다[밥:따]
③ 고가도로[고까도로]
④ 깨끗이[깨끄치]

풀이 '넓다'는 [널따]로 발음해야 한다. '고가도로'는 [고가도로]로 발음해야 한다. '깨끗이'는 [깨끄시]로 발음해야 한다.

11 다음 중 발음이 옳은 것은?

2006. 경북 소방 변형

① 넓죽하다[넙쭈카다]
② 읊다[을따]
③ 맑다[말따]
④ 밟다[발:따]

풀이 '넓-'의 경우 '넓적하다, 넓죽하다, 넓둥글다'는 [넙]으로 발음한다.
오답 ② [읍따], ③ [막따]
④ [밥:따]

12 다음 중 발음이 틀린 것은?

2006. 충남 소방 변형

① 물난리[물랄리]
② 백로[백노]
③ 옷 한 벌[오탄벌]
④ 낮 한 때[나탄때]

풀이 '백로'는 자음 동화 현상에 따라 [뱅노]라고 발음해야 한다.

정답 08 ④ 09 ④ 10 ② 11 ① 12 ②

13 다음 중 발음이 잘못된 것은?

2005. 경남 소방

① 홑이불[호디불]　　　　② 핥다[할따]

③ 입원료[이붠뇨]　　　　④ 먹는[멍는]

풀이 '홑이불'은 'ㄴ'첨가 현상이 발생한다. 따라서 [혼니불]로 발음해야 한다.

맞춤법과 띄어쓰기

01 다음 괄호 안의 단어 중 맞는 것끼리만 짝지어진 것은?

2013. 경기 소방

보기

• 네가 집으로 (ⓐ 가던지 오던지 / 가든지 오든지) 마음대로 하렴.

• 그런데 작년 겨울은 무척이나 (ⓑ 춥드라 / 춥더라).

• 이것에 더 첨가하여 양을 (ⓒ 늘리다 / 늘이다).

	ⓐ	ⓑ	ⓒ
①	가던지　오던지	춥드라	늘이다
②	가든지　오든지	춥더라	늘리다
③	가던지　오던지	춥더라	늘이다
④	가든지　오든지	춥드라	늘리다

풀이 ⓐ 나열된 동작이나 상태, 대상들 중에서 어느 것이든 선택될 수 있음을 나타내는 연결 어미는 '-든지'이다. 참고로 '-던지'는 막연한 의문이 있는 채로 그것을 뒤 절의 사실과 관련시키는 데 쓰는 연결 어미로 쓰인다. ⓑ 과거 어느 때에 직접 경험하여 알게 된 사실을 현재의 말하는 장면에 그대로 옮겨 와서 전달한다는 뜻을 나타내는 어미는 '-더-'이다. ⓒ 무게나 분량을 크게 하거나 많게 함을 의미하는 것은 '늘리다'이다. 참고로 '늘이다'는 본디보다 길게 함을 의미한다.

02 다음 글의 괄호 안에 들어갈 단어가 바르게 짝지어진 것은?

2013. 통합 소방

보기

한글 맞춤법은 표준어를 (　　)대로 적되, (　　)에 맞도록 함을 원칙으로 한다.

① 발음 – 어법

② 소리 – 어법

③ 발음 – 표기

④ 어법 – 소리

풀이 한글 맞춤법 총칙 제1항이다. 한글 맞춤법은 표준어를 소리대로 적되, 어법에 맞도록 함을 원칙으로 한다.

정답 13 ① / 01 ② 02 ②

03 다음 중 올바르게 고치지 못한 것은?

2015. 경기 소방 변형

① 두 방송사 간에 <u>시청율</u> 경쟁이 치열하다. → 시청률
② 이것은 <u>책이요</u>, 저것은 붓이다. → 책이오
③ 오늘이 <u>몇일</u>이지? → 며칠
④ 그는 활동하기에 <u>간편게</u> 옷을 입었다. → 간편케

풀이 한글 맞춤법 제15항의 붙임을 보면 연결형에서 사용되는 '이요'는 '이요'로 적음을 알 수 있다. ②의 경우 종결형이 아니라 연결형이므로 '이오'로 쓰지 않고 '이요'로 써야 한다.

04 다음 중 한글 맞춤법에 맞는 문장은?

2005. 중앙 소방

① 소득이 세 갑절로 늘었다.
② 물줄기가 산을 따라 구비구비 흐르고 있다.
③ 나는 벌써 이 일에 싫증을 내고 있다.
④ 오늘은 웬지 기분이 안 좋다.

풀이 ① '갑절'은 어떤 수나 양을 두 번 합한 만큼을 의미한다. 이 경우는 일정한 수나 양이 그 수만큼 거듭됨을 이르는 말인 '곱절'을 써야 한다. ② '굽이굽이'가 맞는 표현이다. ④ '왜인지'의 준말인 '왠지'를 써야 한다.

05 다음 밑줄 친 표기가 맞춤법에 맞는 것은?

2013. 통합 소방

① <u>내로라하는</u> 사람들이 모두 모였다.
② 운전을 할 때는 <u>끼여들기</u>를 하지 말아야 한다.
③ 사장님이 나에게 어음을 <u>결재</u>하라고 하셨다.
④ 오늘이 우리 아기 <u>돐</u>이다.

풀이 어떤 분야를 대표할 만하다의 의미를 가진 말은 '내로라하다'이다.
오답 ② '끼다'와 '들다'가 결합하였으므로 연결 어미 '-어-'가 들어가 '끼어들기'라고 해야 한다. ③ 돈이나 증권 따위를 주고받아 당사자 사이의 거래 관계를 끝맺는 것은 '결제(決濟)'이다. ④ '돐'이 아니라 '돌'이다.

06 밑줄 친 한자어가 바르지 않은 것은?

2014. 방재 안전

① 이 친구와 나는 <u>막역한</u> 사이이다.
② 빚쟁이들이 무서워 <u>야반도주</u>하였다.
③ 그야말로 <u>절대절명</u>의 위기로, 어떤 방법으로도 해결할 수 없다.
④ <u>삼수갑산</u>에 가는 한이 있어도 그 사람만큼은 내 손으로 잡겠다.

풀이 몸도 목숨도 다 되었다는 뜻으로 어찌할 수 없는 절박한 경우를 나타내는 말은 '절대절명'이 아니라 '절체절명(絕體絕命)'이다.

정답 03 ② 04 ③ 05 ① 06 ③

07 다음 중 표기가 바른 것은?

2013. 통합 소방

① 백분률 　　　　② 깍뚜기
③ 씁쓸하다 　　　④ 깨끗히

풀이 '백분율', '깍두기', '깨끗이'가 맞는 표현이다.

08 다음 밑줄 친 부분이 맞는 문장은?

2012. 통합 소방

① 어떡하든 그 일을 마무리 짓도록 해라.
② 이것은 기존의 생각을 송두리채 뒤엎는 혁신적인 사상이다.
③ 철수는 공무원으로써 자부심을 느낀다.
④ 그를 보는 순간에 미소를 띄게 되었다.

풀이 '어떻게 하든'의 준말이므로 '어떡하든'은 정확한 표현이다.
오답 ② 일부 명사 뒤에 붙어 그대로 또는 전부의 뜻을 더하는 말은 '째'이다. '채'는 그러한 상태를 유지하면서의 뜻이다. ③ '로서'는 자격을, '로써'는 수단과 방법을 나타낸다. ④ 사람이 감정이나 기운 따위를 감지할 수 있을 만큼 드러냄을 의미하는 말은 '띠다'이다.

09 다음 중 맞춤법이 틀린 것은?

2005. 경기 소방

① 약을 달이다. / 옷을 다리다
② 나라를 위해 목숨을 바쳤다. / 우산을 받치고 간다.
③ 줄 간격을 벌리다. / 친구와 논쟁을 벌이다.
④ 봉투에 우표를 부치다. / 편지를 붙이다.

풀이 '붙이다'는 맞닿아 떨어지지 아니함의 사동형이므로 '봉투에 우표를 붙이다'라고 표현해야 한다. '부치다'는 편지나 물건 따위를 일정한 수단이나 방법을 써서 상대에게로 보냄을 의미하므로 '편지를 부치다'라고 표현해야 한다.

10 다음 중 사이시옷의 표기가 바르지 않는 것은?

2005. 충남 소방

① 셋방(貰房)
② 댓가(對價)
③ 찻간(車間)
④ 숫자(數字)

풀이 한자와 한자가 결합할 때에는 사이시옷을 적지 않는 것을 원칙으로 한다. 다만 '곳간, 찻간, 툇간, 숫자, 횟수, 셋방'은 예외로 사이시옷을 적는다.

정답 07 ③ 08 ① 09 ④ 10 ②

11 ㉠~㉢을 고쳐 쓰기 위한 방안으로 적절하지 않은 것은?

2015. 통합 소방

> [보기]
>
> 지난해에는 어느 해보다 대형 안전사고가 많았다. 이와 같은 안전사고를 겪으며 사회적 이목이 집중되고 안전에 대한 국민적 인식도 높아지고 있으나, 평화롭고 안전한 ㉠ <u>한해</u>를 소망하던 국민의 ㉡ <u>바람</u>과 달리 을미년 ㉢ <u>년초</u>부터 OO도 XX아파트 화재와 같은 대형 사고의 뉴스 속보가 이어지고 있다.
>
> 재난은 예상하지 못한 곳에서 소리 없는 불청객으로 다가온다. 사후약방문(死後藥方文)이라는 한자성어와 같이 재난이 발생한 뒤에 수습하는 것보다는 사전 예방이 더욱 중요하다는 것은 누구나 잘 알고 있다. 하지만 아무도 이러한 상황을 어떻게 해결해 나가야 ㉣ <u>할 지</u> 수수방관(袖手傍觀)저 기세만 치키고 있다.

① ㉠의 '한'은 관형사이므로 '한 해'와 같이 띄어 쓴다.
② ㉡의 '바람'은 맞춤법에 어긋나므로 '바램'으로 고쳐 쓴다.
③ ㉢의 '년'은 두음 법칙이 적용되므로 '연초'로 고쳐 쓴다.
④ ㉣의 '지'는 의존 명사가 아니므로 '할지'와 같이 붙여 쓴다.

12 다음 중 표기법과 띄어쓰기가 모두 옳은 문장은?

2016 . 충남 소방

① 아내는 지난밤 늦게까지 술을 마신 남편을 위해 북엇국을 끓이고 있다.
② 책을 읽기 전에 머리말을 보면 작가의 의도를 짐작할수 있다.
③ 전셋방에서 살림을 시작한 지 십년 만에 집을 장만했다.
④ 소숫점 아래 숫자는 무시하고 계산하시오.

외래어 표기법과 로마자 표기법

01 다음의 단어를 로마자 표기법에 맞게 쓴 것은?

2006. 소방

> [보기]
>
> 윷놀이[윤노리]   윷가락[윧까락]

① yunnori, yutggarak
② yunnori, yutgarak
③ yoonnori, yutkkarak
④ yoonnori, yutkarak

02 다음 중 국어의 로마자 표기법으로 맞지 않는 것은?

2015. 통합 소방

① 울산 – Ulsan
② 설악 – Seorak
③ 종로 – Jongno
④ 호법 – Hobeob

[풀이] '바라다'의 명사형은 '바램'이 아니라 '바람'이다. 고쳐 쓸 필요가 없다.
[오답] ① 단어별로 띄어 써야 하므로 '한 해'와 같이 띄어 써야 한다. ③ '년'이 의존 명사가 아니므로 두음 법칙에 따라 '연초'로 써야 한다. ④ 막연한 의문이나 느낌을 나타내는 연결 어미나 종결 어미 '-ㄴ지'는 붙여 써야 한다.

[풀이] '지난밤'은 한 단어이므로 붙여 쓰는 것이 옳다. 그리고 '국'은 우리말이므로 '북어'와 '국'이 결합한 합성어는 사이시옷을 넣어 '북엇국'이라고 표기하는 것이 옳다.
[오답] ② '짐작할수'에서 '수'는 의존 명사이므로 띄어 써야 한다. ③ '전셋방'과 '소숫점'은 한자와 한자의 결합이므로 '전세방', '소수점'이라고 써야 한다.

[풀이] 자음 동화는 로마자 표기에 반영하지만, 된소리되기에는 반영하지 않는다. 따라서 '윷놀이[윤노리]'는 'yunnori'로 표기하고, '윷가락[윧까락]'은 'yutgarak'으로 표기한다.

[풀이] '호법'은 'Hobeop'으로 적어야 한다.

[정답] 11 ② 12 ① / 01 ② 02 ④

03 다음은 우리나라 외래어 표기를 나열한 것이다. 이를 보고 외래어 표기법을 설명한 것 중 틀린 것은?

2006. 서울 소방

> **보기**
>
> 갭, 스냅, 로봇, 북, 로켓, 라켓, 메이크, 스탬프

① 받침에는 'ㄱ, ㄴ, ㄹ, ㅁ, ㅂ, ㅅ, ㅇ'만을 쓴다.
② 파열음이 모음 앞에 올 때는 된소리를 쓰지 않는 것을 원칙으로 한다.
③ 이미 굳어진 외래어는 관용을 존중하되, 그 범위와 용례는 따로 정한다.
④ 짧은 모음 다음의 어말 무성 파열음은 받침으로 적지 않는다.

풀이 짧은 모음 다음의 어말 무성 파열음은 받침으로 적는다. 예를 들어 'gap'은 '갭'으로, 'cat'은 '캣'으로, 'book'은 '북'으로 적는다.

04 다음 중 로마자 표기법에 맞지 않는 것은?

2016. 충남 소방

① 압구정 – Apgujeong
② 백마 – Baengma
③ 알약 – alyak
④ 경복궁 – Gyeongbokgung

풀이 '알약'은 [알략]으로 발음한다. 따라서 'allyak'으로 적어야 한다.

05 로마자 표기법 중 틀린 것은?

2012. 통합 소방

① ㅏ[a]
② ㅔ[eo]
③ ㅚ[oe]
④ ㅟ[wi]

풀이 ② 'ㅔ'는 'e'이고, 'eo'는 'ㅓ'이다.

06 다음 중 로마자 표기법에 맞는 것은?

2008. 부산 소방

① 볶음밥: Bokkeumbap .
② 동래: Dongrae
③ 제주도: Jeju–do
④ 식혜: shikhye

풀이 ① 볶음밥은 'bokkeum bap', ② 동래는 'Dongnae', ④ 식혜는 'sikhye'로 적어야 한다.

정답 03 ④ 04 ③ 05 ② 06 ③

07 다음 외래어 표기법이 모두 맞는 것은?

2016. 충남 소방

① 뷔페, 카페, 씽크대
② 초콜릿, 소세지, 소파
③ 팜플렛, 호찌민, 파일
④ 매뉴얼, 비전, 매트리스

풀이 ① 씽크대는 '싱크대', ② 소세지는 '소시지', ③ 팜플렛은 '팸플릿'으로 고쳐야 한다.

08 외래어 표기가 모두 옳지 않은 것으로만 묶인 것은?

2011. 서울 소방

① 커피숖 – 가운 – 필름 – 앙케이트
② 디지탈 – 슈퍼마켓 – 휘슬 – 꽁트
③ 까스 – 케잌 – 플룻 – 모짜르트
④ 브라우스 – 사이다 – 디스켙 – 컨닝

풀이 ③ '가스 – 케이크 – 플루트 – 모차르트'가 적절한 표기이다.
오답 ① '커피숍 – 앙케트', ② '디지털 – 콩트', ④ '블라우스 – 디스켓 – 커닝'이라고 해야 한다.

09 밑줄 친 말 중 외래어 표기법에 맞는 것은?

2008. 경기 소방

① 방에 커텐을 새로 했다.
② 친구들이랑 렌트카로 강원도를 일주하고 왔지.
③ 라면이라면 자다가도 벌떡 일어나는 마니아잖아.
④ 요즘 방송국에서는 스탭이 많이 부족하다더군.

풀이 ① 커텐은 '커튼', ② 렌트카는 '렌터카', ④ 스탭은 '스태프'라고 해야 한다.

정답 07 ④ 08 ③ 09 ③

II

비문학

• 기출문제로 실력잡기

제 1 장 작문

① 개요 작성 및 수정
② 자료 활용

1 작문의 성격

1. 의사소통 행위로서의 작문

글쓰기는 문자 언어를 통해 자신의 생각과 정서를 표현하여 사람들과 의사소통을 하는 행위이다.

2. 창조적 사고 과정으로서의 작문

글쓰기 이전의 막연한 생각들은 글쓰기를 통해 창조적 사고 과정을 거치며 구체적인 사고로 발전하게 된다.

3. 문제 해결 과정으로서의 작문

글쓰기는 사회관계 속에서 발생하는 문제를 해결하는 의사소통 행위로, 문제 상황을 인식하고 문제를 해결해 나가는 방식을 취한다.

4. 사회적 실전 행위로서의 작문

글쓰기는 개인적 행위를 넘어서서 공동체의 문화와 가치를 유지하고 발전시켜 나가는 행위이다.

2 작문의 요소

1. 발신자와 수신자

작문은 발신자와 수신자의 간접 대면이 주를 이루는데, 둘은 시·공간적으로 떨어져 있어서 즉각적인 상호 반응이 이루어지지는 않는다. 예상 독자가 누구냐에 따라 글의 종류, 내용, 조직 방식, 표현 방식, 어휘 선택 등이 달라지는 상호 교섭적 성격을 가진다.

2. 전언과 매체

① 전언: 전달하고자 하는 메시지로, 언어적 메시지와 관계적 메시지로 구성된다.

② 매체: 전언이 전달되는 통로로, 작문의 매체는 주로 문자 언어로써 필자가 전달하는 메시지에 크게 의존하는 성격을 가진다.

3 작문의 과정

1. 계획하기

글쓰기의 목적과 독자를 고려하여 주제를 정하고, 사고 과정에 따라 글쓰기 계획을 단계적으로 세우는 일련의 활동을 말한다.

> 예상 독자 및 주제문 설정 → 독자 분석 → 전략 수립 → 내용 선정 → 조직

(1) 주제: 글의 중심이 되는 생각

(2) 주제문: 주제를 완결된 문장으로 표현한 것

(3) 주제문 작성 시 유의점

① 평서문이어야 한다.

② 완결성을 지니고 있어야 한다.

③ 표현이 정확하고 구체적이어야 한다.

④ 비유적인 표현이어서는 안 된다.

⑤ 의문문이나 부정문으로 표현해서는 안 된다.

(4) 예상 독자 고려

예상 독자의 나이, 성별, 지적 수준, 취미와 관심사 등을 고려하여 주제를 정해야 한다.

2. 내용 생성하기

(1) 내용 생성을 위한 사고 활동

창의적인 사고 활동(브레인스토밍, 자유 연상, 자유롭게 쓰기)과 체계적인 사고 활동(개요 작성, 내용 구조도) 등을 통해 글의 내용을 풍부하게 한다.

연상의 과정

① 추상화와 구체화
- 추상화: 구체적이고 감각적인 사물에서 그것과 관련된 관념적인 의미를 이끌어 내는 사고 과정
  - 예 길 → 도리(道理)
- 구체화: 추상적이고 관념적인 단어로 구체적 개념을 가진 단어를 이끌어 내는 사고 과정
  - 예 평화 → 비둘기

② 일반화와 특수화
- 일반화: 개별적인 것에서 일반적이고 보편적인 것을 이끌어 내는 사고 과정
  - 예 시 → 문학
- 특수화: 상위 범주에서 하위 범주로 연상이 전개되는 것
  - 예 과일 → 사과

■ 작문 과정

계획하기(글쓰기 계획 및 주제 설정) → 내용 생성하기(자료의 수집과 활용) → 내용 조직하기(개요 작성) → 표현하기 → 고쳐 쓰기(퇴고)

■ 표제와 부제
- 표제: 신문 기사의 제목
- 부제: 표제에 덧붙여 보충하는 성격의 제목

■ 창의적 사고 활동
- 브레인스토밍: 여러 사람이 도표를 활용하여 생각이나 내용의 흐름을 표시하는 기법
- 자유 연상: 꼬리를 물고 떠오르는 생각의 흐름을 따라가며 내용을 떠올리는 방법
- 자유롭게 쓰기: 떠오르는 내용을 빠르게 종이에 옮기는 방법

(2) 자료의 요건

① 주제를 뒷받침할 수 있는 것이어야 한다.

② 풍부하고 다양해야 한다.

③ 합리적이고 공정한 것이어야 한다.

④ 근거가 분명하고 내용이 확실한 것이어야 한다.

⑤ 참신하며 독자의 관심과 흥미를 유발할 수 있는 것이어야 한다.

(3) 자료 활용 문제 해결 방법

① 주제와 관련 없는 것들은 제외한다.

② 내용이나 성격이 비슷한 자료끼리 묶는다.

③ 자료들 간의 공통점과 차이점을 분석한다.

④ 주제를 바탕으로 자료의 의미를 해석한다.

⑤ 해석된 자료 내용을 통해 논지의 타당성 여부를 파악한다.

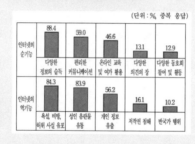

자료 활용(2015 국가 9급)

(단위 : %, 중복 응답)

• 인터넷을 이용하면 필요한 정보를 다양하게 얻을 수 있음을 서술한다.		
• 자신의 권리가 침해되지 않도록 보안 강화 방안을 적극적으로 제안한다.		
• 타인의 권리를 침해하지 않도록 인터넷 윤리 교육의 필요성을 강조한다.		

3. 내용 조직하기

(1) 개요 작성

글을 쓰기 전에 주제와 목적에 맞게 수집한 글감들을 항목별로 체계화한 글의 설계도이다.

(2) 개요 작성 과정

① 주제를 살릴 수 있는 제목을 정한다.

② 글의 형식을 논리적으로 구성해야 한다.

③ 항목 간의 상하 관계가 명확하고 긴밀하게 연결되도록 글감을 배열해야 한다.

(3) 개요 작성 원리

① 통일성: 글의 주제와 이를 뒷받침하는 다양한 요소들이 내용상의 일치를 이루어 하나의 주제를 향해 종합되어야 한다는 원리

② 일관성: 글감들이 서로 긴밀한 관계를 가지고 논리적으로 연결되어야 한다는 원리

③ 단계성: 처음−중간−끝이 분명하도록 써야 한다는 원리

(4) 개요 작성 시 유의점

① 주제문으로서 여건을 갖춘 것인지 확인한다.

② 원인 분석 항목과 대안 제시 항목의 대응 여부를 확인한다.

③ 상위 항목이 하위 항목을 포괄하는지 파악한다.

④ 글감이 주제와 부합하는지 파악한다.

⑤ 결론이 지나치게 추상적인지 파악한다.

■ 개요 작성 관련 문제 풀이 방안
· 주제 및 제목과의 관련성 파악하기
· 상위 항목과 하위 항목의 관련성
  파악하기
· 요인과 방안의 대칭 구조 파악하기

개요 수정과 보완(2014 국가 9급)

Ⅰ. 서론: 청소년 디지털 중독의 심각성

Ⅱ. 본론

  1. 청소년 디지털 중독의 폐해 ·· ㉠

    가. 타인과의 관계를 원활하게 하지 못하는 사회 부적응 야기

    나. 다양한 기능과 탁월한 이동성을 가진 디지털 기기의 등장 ········· ㉡

  2. 청소년 디지털 중독에 영향을 미치는 요인

    가. 디지털 중독의 심각성에 대한 개인적, 사회적 인식 부족

    나. 뇌의 기억 능력을 심각하게 퇴화시키는 디지털 치매의 심화 ········ ㉢

    다. 신체 활동을 동반한 건전한 놀이를 위한 시간 및 프로그램의 부족

    라. 자극적이고 중독적인 디지털 콘텐츠의 무분별한 유통

  3. 청소년 디지털 중독을 해결하기 위한 방안

    가. 디지털 중독의 심각성에 대한 교육과 홍보를 위한 전문기관 확대

    나. 학교, 지역 사회 차원에서 신체 활동을 위한 시간 및 프로그램의 확대

    다. (   ) ·········· ㉣

Ⅲ. 결론: 청소년 디지털 중독을 줄이기 위한 개인적, 사회적 노력의 촉구

· ㉠의 하위 항목으로 '우울증이나 정서 불안 등의 심리적 질환 초래'를 추가한다.

· ㉡은 'Ⅱ-1'과 관련된 내용이 아니므로 삭제한다.

· ㉢은 'Ⅱ-2'의 내용과 어울리지 않으므로, 'Ⅱ-1'의 하위 항목으로 옮긴다.

· ㉣에는 'Ⅱ-2'와의 관련성을 고려하여 '자극적이고 중독적인 디지털 콘텐츠의 무분별한 유통을 막는 방안'을 추가한다.

---

4. 표현하기

개요 작성 후 실제 글로 표현하는 단계로, 문체 및 진술 방식 등의 활용이 결정된다.

(1) 문체

① 길이에 따른 분류: 간결체와 만연체

  ㉠ 간결체: 문장이 대체로 짧은 문체로, 긴장감이 있고 선명한 인상을 준다.

  ㉡ 만연체: 문장이 대체로 긴 문체로 내용을 충분하게 나타낼 수 있지만 지루함을 줄 수 있다.

② 수식에 따른 분류: 건조체와 화려체

  ㉠ 건조체: 수식어를 거의 쓰지 않아 간결하게 핵심 내용을 전달하지만 무미건조하고 딱딱한 느낌을 줄 수 있다.

■ 문체의 분류
· 길이: 간결체와 만연체
· 수식: 건조체와 화려체
· 어감: 강건체와 우유체

ⓒ 화려체: 수식어를 통해 아름다운 정감을 나타낼 수 있지만 핵심 전달이
　　　어려울 수 있다.
　③ 어감에 따른 분류: 강건체와 우유체
　　　⊙ 강건체: 남성적인 강한 어조를 사용하는 문체로, 호소력이 강하다.
　　　ⓒ 우유체: 부드럽고 우아한 여성적 어조를 사용하는 문체로, 독자에게 여유
　　　　와 친밀감을 줄 수 있다.

(2) 주요 진술 방식
　① 정의: 개념을 명확하게 규정하는 방식
　② 유추: 어렵고 생소한 내용을 쉽고 익숙한 내용에 견주어 설명하는 방식
　③ 비교와 대조: 둘 이상의 대상에 대해 공통점이나 차이점을 밝히는 방식
　④ 예시: 구체적 사례나 사건 등을 통해 중심 문장을 뒷받침하는 방식
　⑤ 분류: 일정한 기준에 따라 대상을 나누는 방식
　⑥ 분석: 구성 요소들로 나누어 설명하는 방식

5. 고쳐 쓰기

(1) 퇴고의 3원칙
　① 삭제의 원칙
　　　⊙ 불필요한 부분을 없애는 것
　　　ⓒ 내용이 중복되거나, 있음으로 해서 글의 내용을 해치는 것 등을 없애는
　　　　것으로 글을 간결하게 하는 원리
　② 부가의 원칙
　　　⊙ 필요한 내용을 보충하는 것
　　　ⓒ 빈약한 내용을 풍부히 하거나, 내용 이해에 필요한 것 등을 덧붙이는 것
　　　　으로 글의 충실성을 높이는 원리
　③ 재구성의 원칙
　　　⊙ 글에서의 조직이나 전개를 재편하는 것
　　　ⓒ 단락의 순서를 바꾸거나, 단락의 전개 방식 등을 바꾸는 것으로 글의 전
　　　　달 효과와 밀접한 관계가 있음.

■ 퇴고의 3원칙
• 삭제의 원칙
• 부가의 원칙
• 재구성의 원칙

고쳐 쓰기 유의 사항

• 주어와 서술어의 호응 파악하기
• 시제의 사용 주의하기
• 체언과 다른 성분의 관계를 나타내는 조사의 쓰임 파악하기
• 부사와 서술어의 호응 파악하기
• 우리말답지 않은 표현(이중 피동, 불필요한 사동) 파악하기
• 적절한 단어 선택 여부 파악하기

고쳐 쓰기(2014 지방 9급)

선생님, 그동안 안녕하셨어요? 선생님과 함께 생활했던 시간이 엊그제 같은데 벌써 졸업한 지 반 년이 지났습니다. 전 아직도 선생님과 함께했던 소중한 시간들을 잊지 못하고 있습니다. 선생님과 함께 ⓘ <u>운동도, 도시락도 먹던</u> 기억이 고스란히 남아 있습니다. 그리고 종례 시간마다 해 주셨던 말씀은 제 인생에서 중요한 지침이 되고 있습니다. 특히 선생님께서 고3 때 아무리 어려운 상황에서도 ⓒ <u>희망을 잃지 않았다는</u> 말은 당시 저에게 큰 도움이 되었습니다. 제가 대학에 들어온 이후 취미를 갖게 되었는데, ⓒ <u>기악부 동아리에서 악기를 연주하고 있다는 것입니다.</u> 고등학교 시절에는 공부에 쫓겨 엄두도 못 냈었는데 지금은 여유롭게 음악에 몰두할 수 있어서 좋습니다. 조만간 꼭 찾아뵐게요. ⓔ <u>항상 건강 조심하십시오.</u>

- ⓘ: '운동도 하고, 도시락도 먹던'으로 바꾸어 필요한 성분을 모두 갖춘다.
- ⓒ: '희망을 잃지 않으셨다는 말씀은'으로 바꾸어 높임 표현을 바르게 한다.
- ⓒ: '그것은 기악부 동아리에서 악기를 연주하는 일입니다.'로 바꾸어 주어와 서술어가 호응을 이루도록 한다.
- ⓔ: '조심하다'는 명령형으로 쓰일 수 없으므로 해요체 '조심히 지내세요'를 사용한다.

제2장 화법

■ 반언어적 표현과 비언어적 표현
• 반언어적 표현: 언어 표현과 직접
 적인 관련을 맺고 있는 표현
  예 발음, 고저, 어조, 속도, 성량 등
• 비언어적 표현: 언어 표현과는 관
 련없이 독립적으로 나타내는 행동
 따위
  예 손동작, 몸짓, 표정 등

1 화법의 성격

1. 구두 언어적 성격

① 쌍방향 소통이 이루어진다.

② 시·공간적 공유를 통한 즉각적 상호 작용이 가능하다.

③ 반언어적·비언어적 표현이 많이 사용된다.

2. 대인 관계적 성격

일방적 전달이 아닌 쌍방향적 행위로 상대와 소통하는 행위이다.

3. 사회·문화적 성격

다양한 사회·문화적 현상의 배경을 이해하고, 서로 다른 사회·문화가 조화를
이루는 행위이다.

4. 상호 교섭적 성격

화자와 청자가 대화를 통해 화제가 유동적으로 변화하거나 새로운 의미를 만들
어 가는 것을 말한다.

2 화법의 구성 요소

1. 화자

2. 청자

3. 메시지(전언)

4. 장면(시공간)

3 화법의 유형

1. 친교 화법

타인과 상호 작용을 통하여 친밀한 관계를 맺고, 그러한 관계를 발전시켜 나가려
는 목적으로 하는 말하기이다.

2. 정보 전달 화법

경험, 기술, 문화, 정보, 지식 등을 청중에게 전달하여 알려주는 말하기이다.

3. 설득 화법

주장을 통해 듣는 이의 심리 또는 행동을 변화시키는 말하기이다.

4. 오락 화법

반복적 일상이 주는 정신적 긴장감을 이완하고 감정을 정화하는 말하기이다.

4 대화

1. 대화의 개념

두 사람 이상이 말을 통해 생각을 주고받는 상호 교섭적 활동을 말한다.

2. 대화의 원리

(1) 협력의 원리

① 양의 격률: 대화의 목적에 필요한 만큼의 정보를 제공할 것

예 A: 주말에 뭐 할 거니?

　　B: 난 우선 8시에 일어나서 아침 간단히 먹고, 집 앞 공원에 간 뒤에 마트에 가서 가방을 살 거야.

　　⇒ 필요 이상의 정보를 상세하게 제시한 경우로 양의 격률을 위반한 경우이다. 또한 최소한의 정보를 주지 않는 경우도 양의 격률을 위한 경우라 할 수 있다.

② 질의 격률: 타당한 근거를 들어 진실을 말할 것

예 A: 너 어디쯤 왔어?

　　B: (이제 막 나가고 있는 상황) 어, 그게…… 거의 다 왔어.

　　⇒ 실제 상황과 다르게 거짓말을 한 경우로 질의 격률을 위반한 경우에 해당한다.

③ 관련성의 격률: 대화의 목적이나 주제와 관련된 것 말할 것

예 A: 오늘은 '원가 절감 방안'을 주제로 이야기해 보도록 합시다.

　　B: 저는 오늘 회식을 하는 게 좋다고 생각합니다.

　　⇒ 대화의 주제와 어긋난 말을 하고 있으므로 관련성의 격률을 위반한 경우에 해당한다.

④ 태도의 격률: 모호성이나 중의적 표현을 하지 말고, 간결하고 조리 있게, 또한 언어 예절에 맞게 말하기

■ 대화의 원리
협력의 원리, 순서 교대의 원리, 공손성의 원리 ⇒ 매끄럽게 대화하는 방법과 상대방과의 관계를 조절하는 방법을 다룸.

■ 협력의 원리
대화에 참여하는 주체들이 대화의 목적에 최대한 기여할 수 있도록 상호 협력해야 한다는 원리

예 A: 너 어제 내가 시킨 일 어떻게 됐니?

B: 아, 그게요, 하긴 했는데요, 갑자기 친구가 찾아와서……그러다 보니 생각처럼…… 그냥 그래요.

⇒ 묻는 말에 모호한 태도로 얼버무리며 대답하고 있기 때문에 태도의 격률을 위반한 경우에 해당한다.

(2) 공손성의 원리

■ 공손성의 원리
상대방과의 관계를 우호적으로 조절하는 데 초점을 맞춘 것으로 상대방을 존중하는 표현은 최대화하고 그렇지 못한 표현은 최소화하는 어법이다.

① 요령의 격률: 상대방에게 부담이 되는 표현은 최소화하고 이익을 극대화하는 표현은 최대화하기

예 문 좀 닫아.(X) → 어디서 계속 찬바람이 들어오지 않니?(O)

② 관용의 격률: 화자 자신에게 혜택을 주는 표현은 최소화하고 부담을 주는 표현은 최대화하기

예 선생님, 설명을 못 알아듣겠어요.(X) → 선생님, 죄송하지만 제가 그 부분을 잘 몰라서 그러는데 다시 한 번 설명해 주시겠어요.(O)

③ 찬동의 격률: 다른 사람에 대한 비방은 최소화하고 칭찬은 최대화하기

예 달리기 좀 잘한다고 으스대지마. 누구나 너 정도는 해.(X) → 너 달리기 정말 잘한다, 운동선수 같아.(O)

④ 겸양의 격률: 자신에 대한 칭찬은 최소화하고 자신에 대한 비방을 최대화하기

예 따님이 이번에 우등상을 받게 되었다면서요? 네, 저를 닮아서 공부를 잘해요.(X) → 이번에 운이 좋았나 봐요.(O)

⑤ 동의의 격률: 자신의 의견과 다른 사람의 의견 사이의 다른 점은 최소화하고 일치점을 최대화하기

예 너는 어떻게 그런 생각을 할 수가 있니?(X) → 그래, 그 점에서는 네 말이 옳아. 그런데 상대방 입장에서는 조금 억울할 수도 있지 않겠니?(O)

⑤ 토의

1. 개념

여러 사람이 모여서 공동의 문제를 해결하기 위하여 협의하는 화법이다.

2. 목적

공동의 문제에 대해 다양한 의견을 자유롭게 교환하여 최선의 해결 방법을 찾고자 한다.

■ 토의와 토론
토론은 반드시 찬성과 반대가 존재해야 하지만, 토의는 그렇지 않다.

3. 과정

문제 선정 → 문제 조사 → 해결 방안 도출 → 해결 방안의 평가와 검증 → 해결 방안 실천

4. 구성원의 역할

(1) 사회자

① 토의의 계획과 준비

② 토의의 실제 진행: 토의 문제 규정, 순서 제시, 요약 및 질문

③ 토의 내용 정리와 보고

(2) 참여자

① 토의 문제에 대한 사전 지식과 해결 방안을 갖추어야 한다.

② 적극적 참여를 통해 목적을 달성해야 한다.

③ 사회자의 지시에 따라 토의 절차를 지켜야 한다.

④ 다른 참여자의 의사와 발언권을 존중해야 한다.

5. 유형

(1) 심포지엄

① 어떤 논제에 대하여 여러 측면으로 나누어 각 측면이 전문가가 각자의 의견을 발표하는 토의이다.

② 발표자 상호 간 토의는 진행하지 않으며, 학술적 성격이 강하다.

(2) 패널 토의

① 3~6명의 전문가(패널)가 일반 청중 앞에서 토의 문제에 대하여 서로 의견을 주고받는 토의이다.

② 토의하는 문제에 대해 깊이 있는 논의를 통해 다양한 각도에서 문제 해결의 실마리를 찾을 수 있으며, 대표적 성격이 강하다.

(3) 포럼

① 공공의 장소에서 전문가가 어떤 문제에 대한 해결 방안을 발표한 다음 청중과 질의·응답하는 토의이다.

② 공공적 성격이 강하다.

(4) 원탁 토의

10명 내외의 사람들이 원탁에 둘러앉아 상하 구별 없이 자유롭게 의견을 나누는 토의이다.

(5) 회의

어떤 조직이나 공동체의 문제를 해결하고 의사 결정을 하기 위한 토의이다.

(6) 세미나

연구자가 학술 논문을 발표한 뒤 참석자와 질의·응답 방식으로 자유롭게 의견을 나누는 토의이다.

■ 심포지엄
예 한국 문학의 세계화 방안

■ 패널
예 유해 환경 개선 방안

■ 포럼
예 초등학교 주변 유해 환경 대처 방안

(7) 콜로퀴엄

세미나와 비슷하지만, 권위 있는 전문가를 초빙하여 다른 사람들의 잘못된 의견을 바로잡아 주는 토의이다.

(8) 브레인스토밍

참석자들이 새롭게 기발한 의견들을 자유롭게 제시한 뒤에 그것들 중에서 평가나 토의를 통해 해결책을 선택하는 것이다.

6 토론

1. 개념

어떤 논제에 대하여 찬성 측 토론자와 반대 측 토론자가 논거를 들어 자신의 주장이 옳음을 내세우고, 상대방의 주장이나 논거가 부당하다는 것을 명백하게 하는 화법이다.

2. 목적

치열한 논박을 통해 최선의 결론을 도출하고자 한다.

3. 논제

① 찬성과 반대로 의견이 나뉠 수 있어야 한다.

② 공공적 성격이 강한 문제이어야 한다.

③ 문제가 구체적이고 명확해야 한다.

> **논제의 종류**
>
> • 사실 논제: 사실임을 입증할 수 있도록 믿을 만한 정보를 바탕으로 사실 관계를 입증하면서 자신의 주장을 펼쳐야 함.
>   예 우리나라의 실업률은 높다.
> • 가치 논제: 가치 판단의 기준을 상대와 공유하면서 어떤 가치가 다른 가치보다 더 수용할 만하다는 점을 입증해야 함.
>   예 환경을 보존하는 것이 개발하는 것보다 더 중요하다.
> • 정책 논제: 자신의 주장이 현재의 문제를 해결하거나 현재보다 더 나은 결과를 가져올 수 있다는 점을 입증해야 함.
>   예 사형 제도는 존치되어야 한다.

4. 토론의 논거

(1) 의미: 주장의 타당성, 신뢰성, 적합성을 내세울 수 있는 증거 자료

(2) 유형: 사실 논거(통계, 사례 등), 의견 논거(전문가 의견 등)

5. 절차

논제 설정 → 찬성 측 주장(입론) → 주장에 대한 반박 → 합리적 방안 선택

6. 참여자의 역할

(1) 사회자

① 객관적 입장에서 토론이 원만하게 진행될 수 있도록 공정하게 진행해야 한다.

② 규칙을 미리 알려주어 토론이 정상적 궤도에서 벗어나지 않도록 해야 한다.

③ 질문과 요약을 통해 토론의 진행을 도와야 한다.

(2) 토론자

① 자기의 주장을 분명하게 말하며, 상대의 주장을 논리적으로 반박해야 한다.

② 토론 규칙을 지키며, 공동의 문제를 바람직한 방향으로 해결할 수 있도록 해야 한다.

③ 논리적 오류를 범하지 않도록 주의하며, 윤리에 어긋나는 언동을 삼가해야 한다.

(3) 청중

① 객관적 입장에서 찬성자와 반대자의 의견을 들어야 한다.

② 논거의 정확성, 타당성, 신뢰성 등을 파악해야 한다.

③ 논지의 일관성, 토론 규칙 준수 여부 등을 파악해야 한다.

7. 유형

(1) 고전적 토론

① 찬성 측과 반대 측을 각각 두 명씩 구성하여 토론한다.

② 번갈아 가며 입론과 반론을 한다.

③ 입론 → 반론 → 평결의 순서로 이루어진다.

④ 한 토론자가 자신의 주장을 제시하면, 상대 토론자가 그 주장을 반박하면서 자신의 주장을 내세운다.

⑤ 각 토론자는 두 번씩 입론과 반론을 하기 때문에 총 8차례의 발언을 하게 된다.

⑥ 발언이 모두 끝나면 배심원 또는 청중이 평결한다.

(2) 반대 신문식 토론

① 토론의 논제에 대해 찬성 측과 반대 측이 상대측의 주장에 대해 질문한다.

② 질문을 통해 상대측의 주장이 불합리함을 밝힌다.

③ 고전적 토론 단계에서 바로 앞 상대 토론자에 대한 반대 신문을 추가한 형태이다.

토의는 어떤 공통된 문제에 대해 최선의 해결안을 얻기 위하여 여러 사람이 의논하는 말하기 양식이다. 패널 토의, 심포지엄 등이 그 대표적 예이다. ㉠ 패널 토의는 3~6인의 전문가들이 사회자의 진행에 따라, 일반 청중 앞에서 토의 문제에 대한 정보나 지식, 의견이나 견해 등을 자유롭게 주고받는 유형이다. 토의가 끝난 뒤에는 청중의 질문을 받고 그에 대해 토의자들이 답변하는 시간을 갖는다. 이 질의·응답 시간을 통해 청중들은 관련 문제를 보다 잘 이해하게 되고 점진적으로 해결 방안을 모색하게 된다. ㉡ 심포지엄은 전문가가 참여한다는 점, 청중과 질의·응답 시간을 갖는다는 점에서는 패널 토의와 그 형식이 비슷하다. 다만 전문가가 토의 문제의 하위 주제에 대해 서로 다른 관점에서 연설이나 강연의 형식으로 10분 정도 발표한다는 점에서는 차이가 있다.

- ㉠과 ㉡은 모두 '샛강 살리기'와 관련하여 전문가의 의견을 들은 이후, 질의·응답 시간을 갖는다. (O)
- ㉠과 ㉡은 모두 '샛강을 어떻게 살릴 수 있을까?'라는 문제에 대해 최선의 해결책을 얻기 위함이 목적이다. (O)
- ㉡은 토의자가 샛강의 생태적 특성, 샛강 살리기의 경제적 효과 등의 하위 주제를 발표한다. (O)
- ㉠은 '샛강 살리기'에 대해 찬반 입장을 나누어 이야기한 후 절차에 따라 청중이 참여한다. (X)
  ⇒ 찬반 입장을 나누어 이야기하는 것은 토의가 아니라 토론에 해당한다.

제3장 독서

제3장

제1절 독서의 본질

1 독서의 의미와 특성

1. 독서의 의미와 의의

(1) 독서의 의미

① 독서란 글을 매개로 글쓴이와 독자가 대화를 하는 의사소통 행위이다.

② 독자는 독서를 하면서 자신의 배경지식과 경험을 활용하여 능동적으로 글의 의미를 구성한다.

③ 독자와 글쓴이의 의사소통 행위는 작게는 독자와 글쓴이가 개인적으로 만나는 일(개인적 소통 행위)이며, 크게는 독자와 글쓴이가 속한 집단과 집단, 계층과 계층, 지역과 지역, 나아가 시대와 시대가 만나는 사회·문화적 사건(사회적 소통 행위)이다.

(2) 독서의 의의

① 개인적·사회적 소통 행위를 통해 지식과 문화가 전수되고 창출된다.

② 글을 읽는 독자 개인의 성장과 사회 구성원들 간의 교류와 통합에 기여한다.

2. 독서의 일반적 특성

(1) 의미 구성 행위

독서는 독서의 상황과 목적에 맞게 글의 의미를 재구성하는 행위이다. 독자는 자신의 배경지식과 경험 등을 활용해 자기 나름으로 글의 의미를 구성할 수 있다. 따라서 독자는 자신이 읽은 글을 근거로 하여 다양하고 능동적으로 글을 이해하고 해석할 수 있다.

(2) 문제 해결 행위

독자가 독서를 통해 자신의 문제를 해결할 수 있다.

(3) 의사소통 행위

독서는 글을 통해 독자와 글쓴이가 나누는 대화로, 사회·문화적 소통 행위이다.

■ 독해의 원리

상향식 과정(글을 이루는 작은 단위들에 대한 이해를 통합하여 큰 단위에 대한 이해로 올라감.)과 하향식 과정(글의 내용과 관련되는 경험이나 지식, 가치관 등을 활용하여 글의 내용에 대해 예측하고 추론함.)이 상호 보완적으로 작용하여 이루어진다.

② 독해의 원리와 과정

1. 독해의 원리

① 읽는다는 것은 글자를 단순히 읽을 줄 아는 해독(解讀)과 글을 읽고 글쓴이가 전달하고자 하는 의미를 이해하는 독해(讀解)로 구분할 수 있다.

② 독해는 읽기의 모든 과정에서 글과 독자의 배경지식이 상호작용하는 역동적이고 능동적인 사고 과정이다.

2. 독해의 과정

(1) 독해 전

① 독해의 목적 확인하기

② 자신의 경험과 배경지식을 떠올리며 글의 내용 예측하기

③ 글 내용에 대한 질문 작성하기

(2) 독해 중

① 자신의 언어로 바꾸어 이해하기

② 머릿속에 연상하며 읽기

③ 내용 정확하게 파악하기

④ 숨겨진 내용이나 집필 의도 등을 추론하며 읽기

⑤ 글쓴이의 주장에 대해 비판적 태도로 읽기

⑥ 사실성, 논리성, 타당성 등을 염두에 두고 읽기

(3) 독해 후

① 전체 내용 요약하기

② 핵심 화제 및 주제 파악하기

③ 독해를 통한 깨달음과 그것의 실천 방안 모색하기

④ 독해의 정확성 및 적절성 파악하기

③ 독서의 종류

1. 다독(多讀)

많은 양의 책이나 글을 읽는 것으로, 지식의 양은 많지만 깊이가 없다.

2. 정독(精讀)

내용을 자세히 깊이 있게 읽는 것으로, 교과서나 전문 서적 등을 읽을 때 사용되는 방법이다.

■ 독서의 방법
• 발성 여부에 따른 방법
 – 음독 / 묵독
• 글을 읽는 횟수에 따른 방법
 – 한 번 읽기 / 여러 번 읽기
• 글을 읽는 범위에 따른 방법
 – 전부 읽기 / 발췌해서 읽기
• 꼼꼼하게 읽는 정도에 따른 방법
 – 훑어 읽기 / 자세히 읽기
• 글의 내용에 대한 태도에 따른 방법
 – 수용적 읽기 / 비판적 읽기

3. 통독(通讀)

대체적인 내용을 파악하기 위해 훑어 내려가며 읽는 방법으로, 주로 소설이나 신문 등을 읽을 때 사용된다.

4. 발췌독(拔萃讀)

필요한 부분만을 뽑아서 읽는 것으로, 학문 연구나 수험 준비 등에 주로 사용된다. 선독(選讀), 적독(摘讀)이라고도 한다.

5. 속독(速讀)

단시간 내에 많은 양의 내용을 읽는 것을 말한다.

제2절 | 전개 방식

※ 표현 의도에 따라 설명, 논증, 묘사, 서사 등이 있다.

■ 전개 방식

1. 설명

설명이란 대상을 알기 쉽게 풀이하여 상대방을 이해시키기 위하여 사용하는 전개 방식으로, 시간성을 중시하지 않는 정태적 방식과 시간성을 중시하는 동태적 방식으로 나눌 수 있다.

> 그림 한 장이나 장면 장면을 연결하여 영화 한 편을 만드는 방식에는 '장면화'와 '편집'이라는 두 가지 기법이 있다. 장면화는 보통 '미장센(mise-en-scène)'이라 하여, 그림[직사각형의 화면 또는 스크린] 한 장에 어떻게 감독의 의도를 잘 살릴 수 있는 무대 배치를 할까 하는 작업을 말한다. 마치 연극에서 연출자가 무대와 배우, 소도구 등의 위치를 선정하는 것처럼 영화에서는 감독이 자신의 의도대로 화면 구도를 잡는다. 편집은 '몽타주(montage)'라고 하여, 숏·신 등 장면 장면을 어떻게 연결시켜 의미를 발생시킬까 하는 결합 작업을 말한다. 미장센이 한 장면의 그림으로 표현되는 이미지라면 몽타주는 이미지와 이미지 사이의 관계를 일컫는다.

⇒ 위 글은 개념을 설명하는 정의의 방식과 차이점을 바탕으로 하는 대조의 방식을 통해 '장면화'와 '편집'의 특징에 대해 이해할 수 있도록 전개하고 있다. 따라서 정의, 대조와 같은 정태적 방식을 통한 설명의 방식을 나타내고 있음을 알 수 있다.

2. 논증

논증이란 주장을 논리적으로 증명하고 그 정당성을 입증하여 독자로 하여금 지신의 의견에 동조하도록 설득하는 방법이다.

■ 정태적 방식

정의, 지정, 비교, 대조, 예시, 분류, 분석, 묘사, 유추 등

■ 동태적 방식

서사, 과정, 인과 등

대부분의 기상학자들은 인간의 활동으로 인해 기후 변화가 일어나고 있고, 앞으로 더 심각해질 것이라는 데 동의한다. 전 인류가 기후 변화를 막기 위해 노력하지 않으면 21세기에 기후 파탄이 일어날 수 있다. 기후 변화는 전 지구적인 현상이기 때문에 한 지역, 한 나라의 노력만으로 억제될 수 있는 것이 아니다. 따라서 지구상의 모든 국가, 모든 사람이 힘을 합쳐서 온실가스 배출량을 줄여 가는 데 최선의 노력을 기울여야 한다.

⇒ 위 글은 기후 변화를 막지 않으면 심각한 문제가 발생할 수 있다는 현상적 문제를 제시한 후 그것을 해결하기 위한 방안으로, 지구상의 모든 존재들이 온실가스 배출량을 줄여 가야 함을 주장하고 있다. 따라서 이 글은 논거를 바탕으로 자신의 의견을 주장하는 논증의 방식을 사용하고 있다.

3. 묘사

대상에 대해 시각적 이미지를 사용하여 그림을 그리듯이 생생하게 표현하는 기법이다. 작가의 생각을 배제하고 있는 그대로의 모습을 치밀하게 그려 내는 객관적 묘사와 작가의 주관적인 느낌이나 인상을 그리는 주관적 묘사가 있다.

이지러는 졌으나 보름을 갓 지난 달은 부드러운 빛을 흐뭇이 흘리고 있다. 대화까지는, 팔십 리의 밤길, 고개를 둘이나 넘고 개울을 하나 건너고 벌판과 산길을 걸어야 된다. 달은 지금 긴 산허리에 걸려 있다. 밤중을 지난 무렵인지 죽은 듯이 고요한 속에서 짐승 같은 달의 숨소리가 손에 잡힐 듯이 들리며, 콩포기와 옥수수 잎새가 한층 달에 푸르게 젖었다. 산허리는 온통 메밀밭이어서 피기 시작한 꽃이 소금을 뿌린 듯이 흐뭇한 달빛에 숨이 막힐 지경이다. 붉은 대공이 향기같이 애잔하고 나귀들의 걸음도 시원하다. 길이 좁은 까닭에 세 사람은 나귀를 타고 외줄로 늘어섰다.

이효석, 〈메밀꽃 필 무렵〉

⇒ 위 글은 작가의 주관적 느낌이나 인상을 바탕으로 서정성을 강조하고 있다. 따라서 묘사 중에서 주관적 묘사를 활용하며 표현하고 있다.

4. 서사

사건의 진행 과정이나 움직임, 변화를 시간의 흐름에 따라 진술하는 방식이다. 시간의 흐름에 따라 '누가 무엇을 했는가'가 주된 내용이 된다. 서사의 3요소로는 행위, 시간, 의미를 들 수 있다.

그는 이맛살을 찌푸리면서 성냥을 득 그었다. 그래 그런지 몰라도 불은 이내 픽 하고 꺼져 버렸다. 성냥 알맹이 네 개째에서 겨우 심지에 불이 당겨졌다. 심지에 불이 붙는 것을 보자, 그는 얼른 몸을 굴 밖으로 날렸다. 바깥으로 막 나서려는 때였다.

하근찬, 〈수난이대〉

⇒ 위 글은 시간의 흐름을 바탕으로 서술하고 있다. 따라서 서사의 방식을 사용하고 있다.

❷ 설명

어떤 대상을 알기 쉽게 풀이하여 상대방을 이해시키기 위하여 사용하는 전개 방식이다. 시간성을 고려하는 동태적 방식에는 서사, 과정, 인과 등이 있고, 시간성을 중시하지 않는 정태적 방식에는 지정, 정의, 분류, 구분, 비교, 대조, 분석, 유추, 묘사 등이 있다.

1. 정태적 전개 방식

(1) 지정

어떠한 질문에 대하여 손가락으로 가리키듯 지적하거나 확인하는 설명 방법이다.

> 예 • '이육사'는 적극적인 저항시를 쓴 우리나라의 유명한 시인이다.
> • 저기 공을 차고 있는 학생들 중에서 머리가 짧고 안경을 쓴 학생이 우리 반 반장이야.

■ 지정과 정의는 'A는 B이다.'의 유사한 형식을 갖는다. 다만, 개념에 대한 풀이가 있으면 정의, 그렇지 않으면 지정이다

(2) 정의

어떤 대상의 개념을 풀이함으로써 설명하는 방법이다.

> 예 • 문학은 인간의 정서나 사상을 언어로 나타내는 예술 및 그 작품을 의미한다.
> • 국어란 한 나라의 국민이 공통으로 사용하는 언어이다.

(3) 비교와 대조

① 비교: 둘 이상의 사물을 공통되는 성질이나 유사성을 중심으로 설명하는 방법이다.

② 대조: 둘 이상의 사물의 특성을 그 상대되는 성질이나 차이점을 들어 설명하는 방법이다.

③ 비교와 대조는 같은 층위의 항목들 사이에서 이루어져야 한다.

■ 원래, 비교는 둘 이상의 사물을 견주어 서로 간의 유사점, 차이점, 일반 법칙 따위를 고찰하는 일을 말한다. 따라서 경우에 따라 비교와 대조를 포괄하는 개념으로 비교가 사용되고는 한다.

(4) 예시

구체적인 예를 들어 일반적이고 추상적인 진술을 설명하는 방법이다.

> 예 우리나라에는 1920년대 낭만주의 작가들이 많은 활동을 했다. 이상화, 나도향, 홍사용 등이 그들이다.

(5) 분류와 구분

어떤 대상들이나 생각들을 일정한 기준에 따라 나누어 구분 짓는 설명 방법이다. 하위 항목을 상위 항목으로 묶어 가는 것을 '분류', 상위 항목을 하위 항목으로 나누는 것을 '구분'이라 한다.

> 예 • 문학은 시, 소설, 수필, 희곡으로 나눌 수 있다. → 구분
> • 시, 소설, 수필, 희곡을 문학이라 한다. → 분류

■ 시험에서 분류와 구분을 나누어 출제하는 경우도 있지만, 분류와 구분을 합하여 분류로 출제하는 경우도 있음을 명심해야 한다.

(6) 분석

어떤 대상의 구성 요소나 부분으로 나누어 각 부분들의 관계를 설명하는 방법이다.

예 시계는 태엽, 톱니바퀴, 시침, 분침 등으로 이루어진다. 태엽이 시계가 움직일 수 있도록 동력을 공급하면, 톱니바퀴는 시침과 분침으로 동력을 공급한다. 또 시침은 시 단위의 시간을, 분침은 분 단위의 시간을 가리킨다.

(7) 묘사

어떤 대상을 있는 그대로, 한 폭의 그림을 그리듯이 언어로써 생생하게 그려 내는 설명 방식이다.

① 객관적 묘사: 대상을 정확하고 사실적·객관적으로 그리는 것이다. 정보 전달을 주된 목적으로 하므로, 애매한 표현은 피한다.

예 사자는 수컷이 몸길이 2.6~3.3m, 꼬리길이 70~105cm, 몸무게 160~280kg, 어깨높이는 0.9~1.1m에 이른다.

② 주관적 묘사: 주로 문학 작품에서 쓰이는 묘사로, 대상에 대한 주관적인 인상이나 느낌을 그리는 것이다.

예 밤중을 지난 무렵인지 죽은 듯이 고요한 속에서 짐승 같은 달의 숨소리가 손에 잡힐 듯이 들리며, 콩포기와 옥수수 잎새가 한층 달에 푸르게 젖었다. 산허리는 온통 메밀밭이어서 피기 시작한 꽃이 소금을 뿌린 듯이 흐뭇한 달빛에 숨이 막힐 지경이다.

– 이효석, 〈메밀꽃 필 무렵〉

(8) 유추

■ 유추의 방식
A:B = C:D

① 개념: 생소한 개념이나 복잡한 주제를 보다 친숙하고 단순한 것과 비교하여 설명하는 방법이다.

② 특성
  ㉠ 유추의 두 대상 사이에는 유사성이 있어야 한다.
  ㉡ 유추의 두 대상 성질이 1:1로 대응되어야 한다.

예 • 인생은 마라톤과 같다. 마라톤을 할 때는 초반의 스피드보다 지구력과 끈기가 필요하듯이, 우리의 삶도 장기적인 계획을 세워 이에 대비하는 것이 필요하다.
  ⇒ 인생:마라톤

• 영어를 자유롭게 구사하는 일은 새 시대를 살아가는 필수 조건이다. 하지만, 우리말을 바로 세우는 일에도 소홀해서는 절대 안 된다. 황소개구리의 황소울음 같은 소리에 익숙해져 참개구리의 소리를 잊어서는 안 되는 것처럼.
  ⇒ 영어:우리말 = 황소개구리:참개구리

2. 동태적 전개 방식

(1) 서사

■ 서사는 주로 인물의 행위를 중심으로 진술하는 것을 말한다. 따라서 소설과 희곡은 서사적인 성격을 지니고 있음을 알 수 있다.

사건이나 행동, 움직임의 변화를 시간의 흐름에 따라 적어 나가는 진술 방식을 말한다. 의미 있는 행동이 시간의 흐름 속에서 어떻게 전개되는지를 구체적으로 표현하는 방식이 이에 해당한다.

> **예** 노승은 미소 띤 얼굴로 경암과 나를 맞아 주었다. 나는 말이 통하지 않으므로 노승 앞에 발을 모으고 서서 정중히 합장을 올렸다. 어저께 진기수 씨 앞에서 연거푸 머리를 수그리던 것과는 달리, 이번에는 한 번만 머리를 수그려 절을 했다.

(2) 과정

어떤 특정의 결말이나 결과를 야기하는 일련의 행동, 변화, 기능, 단계, 작용 등에 초점을 두는 방법이다. 과정은 일어난 일의 단계를 순차적으로 밝히는 것을 말한다.

> **예** 몸은 수평하게 일직선을 유지한다. 팔은 머리 앞쪽으로 뻗었다가 몸의 안쪽을 향해 끌어당기는 동작을 왼손, 오른손 반복한다. 다리는 팔과 타이밍을 맞추어 한쪽 손이 앞쪽으로 뻗쳤을 때 반대편 다리를 강하게 찬다. 이때 호흡은 팔 젓기가 끝난 직후 머리를 옆으로 돌려 단숨에 들이쉬고 천천히 내뱉는다. 이상의 동작을 반복한다.

(3) 인과

시간의 순서보다 사건의 원인이나 결과를 먼저 제시하고 그에 따른 결과, 또는 원인을 제시하는 방법을 말한다.

> **예** 산업화로 말미암아 도시가 비대해지면서, 화석 에너지 및 공업 용수의 사용이 급속히 늘어나 대기, 식수원 및 토양의 오염을 초래하게 되었다.

❸ 논증

어떤 주장의 옳고 그름을 이유를 들어 밝히는 것을 의미한다. 타당한 논거를 바탕으로, 논리적 과정에 입각하여 상대를 설득하는 방법이다.

■ 논증의 3요소
명제, 논거, 추론

1. 명제

(1) 명제의 성격

① 정언 명제: 술어가 다른 제한 조건 없이 주어의 전체나 부분을 긍정 또는 부정하는 명제

② 가언 명제: 어떤 조건하에서 어떤 상황이 성립함을 말하는 명제

(2) 명제의 양

① 전칭 명제: 주어 개념 아래 속하는 모든 사물에 대해 어떤 성질을 긍정하거나 부정하는 명제

② 특칭 명제: 주어 개념의 외연 일부에 대해 무언가 긍정하거나 부정하는 명제

(3) 명제의 질

① 긍정 명제: 주어와 서술어가 일치

② 부정 명제: 주어와 서술어가 불일치

(4) 명제의 종류

① 사실 명제: 객관적 기준에 근거하여 사실의 진위 여부를 밝히는 명제

② 가치 명제: 가치 판단에 관한 명제

③ 정책 명제: '~해야 한다'의 형식으로 주장, 의견, 방안 등을 제시하는 명제

2. 논거

(1) 논거

명제를 뒷받침하는 논리적 근거를 말한다.

(2) 논거의 종류

① 사실 논거: 객관적으로 증명될 수 있는 논거

② 소견 논거: 권위자의 말이나 일반적인 여론 등

3. 추론

(1) 추론 유형

① 대당 관계에 의한 추론: 주어와 술어가 동일하고, 양 또는 질의 어느 한 면 또는 두 면이 서로 다른 두 명제를 비교하여 전제가 되는 명제의 진위를 바탕으로 다른 명제의 진위를 판단하는 추론

㉠ 대소 대당: 양이 다른 두 명제의 대칭 관계(동시에 참이거나 동시에 거짓인 관계)

• 전칭 명제가 참일 때, 특칭 명제도 반드시 참이다.

예 모든 사람은 동물이다.(참) - 어떤 사람은 동물이다.(참)

• 전칭 명제가 거짓일 때, 특칭 명제는 참인지 거짓인지 판단할 수 없다.

예 모든 사람은 여자이다.(거짓) - 어떤 사람은 여자이다.(참)

모든 동물은 사람이다.(거짓) - 어떤 동물은 사람이다.(거짓)

• 특칭 명제가 참일 때, 전칭 명제는 참인지 거짓인지 판단할 수 없다.

예 어떤 가수는 여자이다.(참) - 모든 가수는 여자이다.(거짓)

어떤 사람은 동물이다.(참) - 모든 사람은 동물이다.(참)

• 특칭 명제가 거짓일 때, 전칭 명제는 반드시 거짓이다.

예 어떤 동물은 사람이다.(거짓) - 모든 동물은 사람이다.(거짓)

㉡ 모순 대당: 양과 질이 모두 다른 관계로 동시에 참도 거짓도 될 수 없는 관계

• 한 명제가 참이면, 다른 명제는 반드시 거짓이다.

예 모든 여자는 사람이다.(참) - 어떤 여자는 사람이 아니다.(거짓)

- 한 명제가 거짓이면, 다른 명제는 반드시 참이다.

  예 모든 사람은 가수이다.(거짓) − 어떤 사람은 가수가 아니다.(참)

ⓒ 반대 대당: 전칭 명제의 양은 같고 질은 다른 관계로 동시에 참일 수는 없으나 거짓일 수 있는 관계

- 한 명제가 참이면, 다른 명제는 거짓이다.

  예 모든 호랑이는 동물이다.(참) − 모든 호랑이는 동물이 아니다.(거짓)

- 한 명제가 거짓이면, 다른 명제는 참일 수도 거짓일 수도 있다.

  예 모든 개는 동물이 아니다.(거짓) − 모든 개는 동물이다.(참)

  　모든 가수는 부자가 아니다.(거짓) − 모든 가수는 부자이다.(거짓)

ⓔ 소반대 대당: 특칭 명제의 양은 같은 질만 다른 관계로 동시에 참일 수는 있지만 거짓일 수는 없는 관계

- 한 명제가 참이면, 다른 명제는 참일 수도 거짓일 수도 있다.

  예 어떤 가수는 부자이다.(참) − 어떤 가수는 부자가 아니다.(참)

  　어떤 개는 동물이다.(참) − 어떤 개는 동물이 아니다.(거짓)

- 한 명제가 거짓이면, 다른 명제는 반드시 참이다.

  예 어떤 개는 동물이 아니다.(거짓) − 어떤 개는 동물이다.(참)

② 환위법: 원판단의 주어 개념과 술어 개념의 위치를 바꾸어 동일한 뜻의 새로운 판단을 이끌어내는 추론(전칭 부정 명제와 특칭 긍정 명제에서만 가능)

'~' : '~가 아니다' / '→' : '~이면'

- 조건문: p → q

  예 사람은 동물이다.
- 역: q → p

  예 동물은 사람이다.
- 이: ~p → ~q

  예 사람이 아니면 동물이 아니다.
- 대우: ~q → ~p ⇔ p → q

  예 동물이 아니면 사람이 아니다.

---

(2) 추론 방식

① 연역 추론(삼단 논법): 둘 이상의 명제를 기초로 하여 새로운 명제를 이끌어내는 사고 과정

ⓐ 정언 삼단 논법: 대전제와 소전제가 모두 정언 명제이며, 결론도 정언 판단인 추리로 전제가 단정적으로 이루어진 삼단 논법

예 · 인간은 모두 죽는다. (대전제)

　· 나는 인간이다. (소전제)

　· 그러므로 나는 죽는다. (결론)

■ 소방직 공무원의 경우 추론 방식은 복잡하지 않게 출제되고 있다. 연역과 귀납을 정확하게 파악하는 것이 무엇보다 중요하다.

ⓛ 가언 삼단 논법
- 대전제가 두 개의 명제로 구성된 것으로 '~라면'이라는 가정의 형식을 취하는 논법이 전제에 주어진 가언 명제의 전건을 긍정하여 결론을 이끌어내는 전건 긍정과 후건을 부정하여 결론을 이끌어내는 후건 부정이 있음.
- '만약 A라면 B이다.' 'A이다.' '그러므로 B이다.'의 형식을 취하는 논법
  예 • 만약 비가 오면 땅이 젖는다.
    • 비가 왔다.
    • 그러므로 땅이 젖었을 것이다.
ⓒ 선언 삼단 논법
- 대전제가 선언 명제로 되어 있고, 소전제는 이 선언 명제의 일부를 긍정 또는 부정하는 명제로 구성됨.
- 'A 또는 B이다.' 'A는 아니다.' '그러므로 B이다.'의 형식을 취하는 논법
  예 • 내일은 반드시 비가 오거나 눈이 올 것이다.
    • 비가 오지 않을 것이다.
    • 그러므로 눈이 올 것이다.
ⓔ 딜레마 논법
- 대전제는 두 개의 가언 명제로, 소전제는 하나의 선언 명제로 추론한 삼단 논법
- 'A는 B이다. C이면 D이다.' 'A이거나 C이다.' '그러므로 B이다.'의 형식을 취하는 삼단 논법
  예 • 만약 네가 거짓말을 한다면 신이 너를 미워할 것이다.
    반면에 거짓말을 하지 않는다면 사람들이 너를 미워할 것이다.
    • 너는 거짓말을 하거나 하지 않을 것이다.
    그러므로 너는 어떤 경우에든 미움을 받을 것이다.
② 귀납 추론
  ⓐ 개별적 사실로부터 공통적인 진리를 이끌어내는 추리
  ⓑ 전제가 모두 '참'이라 해도 결론이 반드시 '참'인 것은 아니라는 점에서 연역 추리와 다름.
    예 모든 개는 포유동물이고 허파를 가졌다. (개별적 사실)
      모든 소는 포유동물이고 허파를 가졌다. (개별적 사실)
      그러므로 포유동물은 허파를 가졌을 것이다. (결론)
③ 변증법 : 두 개의 대립되는 개념 A(正)와 B(反)가 있을 때, A가 성립하면 B가 성립하지 못하고, B가 성립하면 A가 성립하지 못할 때, A, B를 모두 버리고 새로운 개념(合)을 이끌어내는 방식(正 − 反 − 合)
    예 다독(多讀)은 박(博)하나 정(精)하지 못하다. − 정(正)
      정독(精讀)은 정(精)하나 박(博)하지 못하다. − 반(反)
      독서는 정(精)하면서 박(博)해야 한다. − 합(合)

4. 오류의 유형

(1) 논리적 오류

① 전건 부정의 오류: 전건을 부정해서 후건 부정의 결론을 이끌어내어 발생하는 오류

> 예 미인은 잠꾸러기이다. – 미인이 아니면 잠꾸러기가 아니다.

② 후건 긍정의 오류: 후건을 긍정해서 전건 긍정의 결론을 이끌어내어 발생하는 오류

> 예 모든 사람은 죽는다. – 모든 죽는 것은 사람이다.

③ 선언지 긍정의 오류: 포괄적 의미의 '또는'과 배타적 의미의 '또는'을 혼동하여 발생하는 오류

> 예 곰은 미련한 동물이든지 위험한 동물이다. – 곰은 미련한 동물이다. – 따라서 곰은 위험한 동물이 아니다.

(2) 자료의 오류

① 성급한 일반화의 오류: 부적합하고 대표성이 결여된 근거들을 이용하여 특수한 사례를 성급하게 일반화하여 발생하는 오류

> 예 그는 약속보다 1시간이나 늦게 왔다. 따라서 그는 결코 신용할 수 없는 사람이다.

② 결합의 오류: 부분의 성질로부터 그것의 전체를 참이라고 잘못 추리하는 오류

> 예 그녀는 눈, 코, 입, 귀가 예쁘다. 따라서 그녀는 미인임에 틀림없다.

③ 분할의 오류: 전체의 성질이 참인 것을 전제로 부분의 성질 또한 가지고 있을 것으로 판단하여 발생하는 오류

> 예 일본은 경제 대국이다. 따라서 일본 사람들은 모두 부자이다.

④ 무지에의 호소: 어떤 주장이 거짓이라는 것을 밝힐 수 없어 참이라고 하는 오류

> 예 UFO의 존재를 증명할 수 없으므로 그 존재를 인정해야 한다.

⑤ 순환 논증의 오류: 논증하는 주장과 동의어에 불과한 명제를 논거로 삼을 때 범하는 오류

> 예 그는 성실한 사람이다. 왜냐하면 그는 항상 부지런하기 때문이다.

⑥ 복합 질문의 오류: 두 개 이상의 복합적 질문에 단순한 대답을 할 때 범하는 오류

> 예 이제는 담배를 끊을 거지? ('예'나 '아니오'로 어떤 답을 하더라도 과거에 담배를 피웠다는 것을 인정하게 됨.)

⑦ 거짓 원인의 오류: 두 사건 사이에 인과 관계가 없는데도 두 사건이 시간상으로 동시에 또는 선후 관계가 성립한다는 이유로 한 사건이 다른 사건의 원인이라고 규정할 때 생기는 오류

> 예 이번 경기는 꼭 이겨야 한다. 그래서 넌 중계방송을 보면 안 된다. 왜냐하면 네가 경기를 보면 항상 지기 때문이다.

■ 소방 공무원 시험에서 오류가 차지하는 부분은 극히 적다. 예문을 중심으로 이해하는 것이 중요하다.

(3) 언어적 오류

① 애매어의 오류: 두 가지 이상의 의미를 지닌 애매어를 사용하거나 애매한 문법적 구조 때문에 의미가 잘못 이해되는 오류

> **예** 모든 사람은 죄인이다. 따라서 모든 사람은 감옥에 가야 한다.

② 은밀한 재정의의 오류: 용어의 의미를 자의적으로 재정의하여 사용함으로써 생기는 오류

> **예** 요즘 세상에 뇌물을 받다니 미친 것이 분명해. 정신병원에 보내야겠어.

(4) 감정 또는 사람에게 호소하는 오류

① 대중에의 호소: 다수가 그 주장을 받아들인다는 이유로 군중 심리를 자극하여 논지를 받아들이게 하는 오류

> **예** 1000만이 넘는 관객이 그 영화를 봤으니 그 영화는 좋은 영화가 분명해.

② 권위에의 호소: 논지가 직접적 관련 없는 권위자의 견해를 바탕으로 신뢰를 하게 하여 생기는 오류

> **예** 이 책은 서울대 교수가 저술하였으니 정말 좋은 책일 거야.

③ 감정에의 호소: 동정, 연민, 공포, 증오 등의 감정에 호소하여 논지를 받아들이게 하는 오류

> **예** 저는 부양해야 하는 가족이 많기 때문에 좀 더 많은 월급을 받아야 합니다.

④ 원천 봉쇄의 오류: 반론의 가능성이 있는 요소를 원천적으로 비난·봉쇄하여 발생하는 오류

> **예** 나의 주장은 정의를 바탕으로 한 것이다. 따라서 나의 주장에 반대하는 건 정의를 부정하는 것이다.

⑤ 흑백 논리의 오류: 선언지를 둘만 인정하여 다른 선언지가 존재함에도 불구하고 두 선언지로만 추리하여 발생하는 오류

> **예** 너는 나를 좋아하지 않는다. 그래서 너는 나를 미워하는 것이 분명하다.

⑥ 사적 관계에의 호소: 정 때문에 논지를 받아들이게 하는 오류

> **예** 너는 나하고 제일 친하기 때문에 나를 도와줘야 한다.

⑦ 인신공격의 오류: 주장을 한 사람의 인품이나 성격을 비난함으로써 그 주장이 잘못이라고 하는 데서 발생하는 오류

> **예** 그 사람의 말을 믿을 수가 없다. 매일 지각을 하기 때문이다.

⑧ 정황에 호소하는 오류: 어떤 사람의 직책, 직업, 나이, 행적 등의 정황을 논리적 판단에 이용함으로써 발생하는 오류

> **예** 그는 야당 의원이기 때문에 그의 정책에 대한 의견을 들을 필요가 없다.

⑨ 피장파장의 오류: 비판 받은 내용이 비판하는 사람에게도 동일하게 적용됨을 근거로 비판에서 벗어나려는 오류

> **예** 넌 뭐 잘났냐? 넌 더 하더라.

⑩ 논점 일탈의 오류: 주제나 논점과 관계없는 것을 말함으로써 생기는 오류

> **예** 요즘 학생들은 자신과 남의 옷차림에 관심이 많아. 옷에 관심을 갖는 것은 학생 신분에 어울리지 않는데 말이지. 게다가 이기적이고 애국심도 부족해.

제3절) 독해 유형

1 사실적 독해

1. 사실적 독해의 개념

사실적 독해는 글에 제시된 내용을 있는 그대로 이해하는 것으로, 독해의 과정 중에 가장 기본이 된다. 사실적 독해의 목적은 글에 제시된 정보나 내용을 충실하게 이해하는 데 있다.

2. 사실적 독해의 방법

(1) 글에 나타난 정보 확인하기

한 편의 글은 단어, 문장, 문단 등의 구성단위들이 모여서 구조화되어 있다. 따라서 글을 읽을 때는 단어, 문장, 문단 등에 나타난 정보를 확인해야 한다. 그리고 이때 그들 사이의 의미 관계를 파악하는 것이 중요하다.

(2) 글의 화제와 중심 내용 파악하기

화제는 글쓴이가 말하고자 하는 중심 제재로 글에서 차지하는 비중이 크기 때문에 자주 언급될 수밖에 없다. 따라서 글을 읽을 때에는 화제를 찾고, 화제를 바탕으로 중심 내용을 파악해야 한다.

(3) 중심 문장과 뒷받침 문장 파악하기

중심 문장은 문단의 중심 내용이 드러나 있는 문장을 말하며, 뒷받침 문장은 중심 문장을 상세화한 문장이나, 중심 문장의 근거나 이유가 되는 문장을 말한다. 독해를 할 때에는 무엇보다 중심 문장을 찾는 것이 중요하다.

(4) 문단 간의 관계와 글의 구조 파악하기

한 편의 완성된 글은 여러 문단으로 구성되어 있고, 각각의 문단은 각각이 역할이 있다. 따라서 문단별로 핵심 내용을 정리한 뒤 그것들의 유기적 관계를 파악하여 글의 구조를 이해하면 전체 내용을 이해하는 데 도움이 된다.

(5) 글의 구조 및 전개 방식 파악하기

정태적 방법(정의, 예시, 분석, 비교와 대조, 분류, 묘사, 유추 등)과 동태적 방법(서사, 과정, 인과 등)을 이해하는지, 설명, 서술, 설득, 논증 등 논지 전개 방식들을 이해하는지를 묻는 것이다.

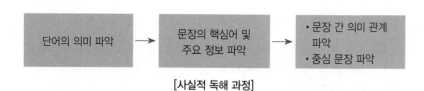

[사실적 독해 과정]

대표 문제 유형

❶ 이 글의 내용을 바탕으로 추론한 것 중 옳지 않은 것은?

❷ 이 글로 미루어 알 수 있는 것은?

❸ 이 글의 집필 의도로 적절한 것은?

❹ 이 글을 통해 이끌어 낼 수 있는 주장으로 가장 적절한 것은?

❺ 이 글에 대한 독자의 반응으로 가장 적절한 것은?

❻ 이 글에서 글쓴이가 OO을 보는 관점으로 가장 적절한 것은?

■ 추론적 독해의 필요성
글에 생략되어 있거나 감추어져 있는 의미를 파악할 수 있다.

■ 글의 단서
1. 글의 내용
2. 담화 표지: 내용들 사이의 관계를 나타내 주는 언어적 단서

② 추론적 독해

1. 추론적 독해의 개념

글을 정확하고 깊이 있게 읽기 위해서는 행간의 의미를 정확히 파악할 수 있어야 한다. 즉, 명시적으로 제시되어 있지 않더라도 앞뒤 상황을 고려하여 그 글의 의미를 추론해 낼 수 있어야 한다. 추론적 독해는 글에서 생략된 정보를 추측하고, 글에 드러난 단서를 바탕으로 필자의 의도, 목적, 숨겨진 주제 등을 논리적으로 추측하는 활동이다.

2. 추론적 독해의 방법

(1) 생략된 내용 추론하기

생략된 내용을 추론하기 위해서는 문맥, 글을 구성하는 단어나 문장 등에 나타난 여러 단서를 파악하고 독자의 지식과 경험을 적극적으로 활용해야 한다.

(2) 글쓴이의 의도, 목적, 숨겨진 주제 추론하기

독해는 글에 직접적으로 드러난 내용을 파악하는 것이다. 하지만 그것만으로는 부족하다. 글쓴이가 여러 상황을 고려하여 글의 의도나 목적, 주제 등을 숨겨 놓을 수 있기 때문이다. 따라서 직접적으로 드러난 내용 파악에서 머물지 말고, 겉으로 드러나지 않은 필자의 의도나 목적, 숨겨진 주제 등을 정확히 파악할 수 있어야 한다.

(3) 독서 상황과 연결하여 의미 구성하기

같은 글이라도 글을 읽는 시간, 장소, 목적, 상황에 따라 구성되는 의미가 달라질 수 있다. 따라서 자신에게 가치 있게 다가오는 내용으로 의미를 구성하는 것 또한 주요 추론 능력이 된다.

■ 글의 구성 요소
글에 제시된 정보, 담화 표지, 문체, 편집 등

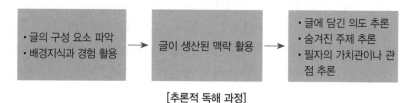

[추론적 독해 과정]

③ 비판적 독해

1. 비판적 독해의 개념

글에는 글쓴이의 주장과 의견, 정보, 사실 등이 나타난다. 비판적 독해는 자신의 가치관을 바탕으로, 글의 내용과 글쓴이의 의견에 공감 또는 반박하면서 비판적으로 읽는 것을 말한다. 즉, 글에 사용된 자료나 표현이 적절하므로, 글에 나타난 필자의 주장이나 의견이 타당하고 공정한지 등을 따지면서 읽는 것이다.

2. 비판적 독해의 방법

(1) 내용의 타당성과 공정성 파악하기

타당성이란 글에서 제시하고 있는 주장이나 의견과 그에 대한 근거가 합리적이고 일관성을 갖추고 있는지를 의미하고, 공정성이란 글쓴이가 글의 내용과 관련하여 어느 한쪽으로 치우치지 않고 균형적으로 접근하고 있는지를 의미한다. 글을 읽을 때에는 글 속 내용이 잘못된 것이 있지는 않은지, 왜곡된 정보가 있지는 않은지, 글쓴이의 태도가 어느 한쪽으로 치우치지는 않았는지 등을 비판적 태도로 판단하며 읽어야 한다.

(2) 자료의 정확성과 적절성 파악하기

정확성이란 글쓴이가 글을 쓰는 데 사용한 자료가 정확한 출처를 바탕으로 객관적 사실과 일치하고, 인용 과정에 왜곡이 없음을 의미한다. 적절성이란 글쓴이가 사용한 자료가 글의 내용에 적합하고, 정확한 형태로 적절한 위치에 구조화되어 있어야 한다는 것이다. 글을 읽을 때에는 이러한 정확성과 적절성을 갖추고 있는지 판단하며 읽어야 한다.

(3) 공감하거나 반박할 부분 찾기

글을 제대로 읽기 위해서는 글쓴이의 생각을 무조건적으로 수용해서는 안 된다. 언제나 주체적인 태도로 비판을 하며 읽어야 하는 것이다. 글을 읽으면서 글쓴이의 생각과 동의하는 점, 동의하지 않는 점을 파악할 수 있어야 한다.

(4) 글쓴이의 가치관이나 이념 파악하기

글에는 글쓴이의 가치관이 드러나 있다. 또한 그 글이 쓰일 당시의 사회·문화적 이념이 반영되어 있다. 따라서 글을 읽을 때에는 글쓴이의 가치관과 사회·문화적 이념이 우리 사회의 일반적 가치관에 부합하는지 여부 등을 파악하며 읽어야 한다.

④ 창의적 독해

1. 창의적 독해의 개념

창의적 독해는 내용에 대한 창의적 사고를 하는 읽기이다. 독자는 글을 읽는 중이나 읽은 후에 책에서 얻은 정보를 새로운 상황에 어떻게 적용할 것인가를 생각할 수 있고, 새로운 결과를 만들어 내는 데 이용할 수도 있다.

🔍 대표 문제 유형

❶ 이 글에 비추어 볼 때 타당한 것은?
❷ 다음과 같이 판단할 수 있는 근거로 가장 적절한 것은?
❸ 글쓴이의 주장을 뒷받침할 만한 것으로 적절한 것은?
❹ 글쓴이가 독자를 설득하는 방법으로 적절한 것은?
❺ ㉠에서 발생한 논리적 오류에 대한 설명으로 적절한 것은?

■ 비판적 독해가 필요성

내용이 정확하지 않거나 적절하지 않은 경우, 글쓴이가 의도적으로 왜곡하고 있는 경우, 글쓴이의 관점이나 생각 자체에 문제가 있는 경우를 구분하기 위해서이다.

■ 자료의 적절성 파악하기
• 내용의 사실성, 신뢰성, 적절성 파악하기
• 형식의 적절성 파악하기

🔍 대표 문제 유형

❶ 이 글을 다음과 같이 바꾸어 쓴다고 할 때 빈칸에 들어갈 수 있는 내용은?
❷ 이 글을 보완할 수 있는 방안으로 적절한 것은?

2. 창의적 독해의 방법

(1) 화제나 주제, 관점 등을 논리적으로 재구성하기

글을 읽을 때에는 글쓴이의 생각을 넘어서서 독자 자신만의 생각을 갖는 것이 중요하다. 이를 위해 우선 글의 화제나 주제, 관점 등을 자세히 살펴보고 새로운 측면에서 접근을 해야 한다. 그리고 이러한 내용의 재조직을 통해서 독자 자신만의 생각을 논리적으로 재구성해야 한다.

(2) 독자의 사회 문제 해결 방법 찾기

독서를 통해 자신의 고민을 해결하고, 나아가 사회 문제를 해결할 수 있는 방안을 찾을 수 있다. 일상에서 겪는 문제의 해법을 책 속에서 찾으려는 노력, 책에서 알게 된 지식을 일상에 적용해 보려는 노력 등이 필요하다.

(3) 보완과 대체 방안 찾기

글의 내용을 그대로 수용해서도 안 된다. 글을 읽으면서 미흡한 부분이 어떤 점인지 파악하고, 그것을 보완하거나 대체할 수 있는 방안을 염두에 두고 읽어야 한다.

작문

01 〈보기〉의 자료를 활용하여 글을 쓰려고 할 때 적절하지 않은 것은?

2017. 통합 소방

보기

(가) 통계표

1. 기부를 하지 않는 이유(통계청, 2013)

경제적 여유가 없어서	기부에 대한 관심이 없어서	기부 단체 등에 대한 불신	직접적인 요청을 받은 적이 없어서	기부 방법을 몰라서	기타
60.9%	18.3%	8.2%	7.8%	4.2%	0.6%

2. 기부 문화 확산을 위해 가장 필요한 것(통계청, 2013)

사회 지도층과 부유층의 모범적 기부 증대	기부 단체의 자금 운용 투명성 강화	나눔에 대한 인식 개선	소득 공제 확대 등 정부 지원 강화	기부 방법의 편리성 증대	다양한 기부 방법 홍보	기타
54.2%	19.6%	17.2%	4.9%	2.5%	1.2%	0.4%

(나) 전문가 의견

　우리나라의 기부 문화는 아직 초보 단계에 머물러 있습니다. 세계 기부 지수(World Giving Index)에 따르면, 우리나라는 146개국 중 45위로 인도네시아(7위), 캄보디아(40위)보다도 낮은 실정입니다. 이는 무엇보다도 '나눔의 기쁨'이라는 기부 행위에 대한 인식이 자리 잡지 못하고 있기 때문입니다. 선진국들처럼 일상 속에서 지속적으로 기부 행위가 이루어지기 위해서는 시혜적 기부 개념이 나눔의 개념으로 바뀌는 근본적인 의식 차원의 변화가 필요하다고 볼 수 있습니다.

① (가)를 활용하여 부유층이 모범적으로 기부하는 모습을 보여 주는 것이 기부 문화 활성화에 필요한 것임을 주장한다.

② (가)를 활용하여 기부금 모금 단체에 대한 불신이 기부 문화 활성화의 주된 걸림돌임을 제시한다.

③ (나)를 활용하여 우리보다 못사는 나라의 기부 지수가 우리보다 높음을 제시하며 기부에 대한 우리의 인식이 잘못되었음을 지적한다.

④ (가), (나)를 활용하여 기부에 대한 생각이나 인식이 베푸는 것이 아닌 나누는 것으로 바뀌어야 할 필요성을 주장한다.

풀이 (가) 1. 기부를 하지 않는 이유를 보면 '경제적 여유가 없어서'가 가장 큰 비중을 차지하고 있다. 따라서 기부금 모금 단체에 대한 불신이 주된 걸림돌이라는 설명은 적절하지 않다.

정답 01 ②

02 다음 〈보기〉 중 결론에 해당하는 것은?

2012. 통합 소방

> **보기**
>
> ㉠ 철수한테 차를 사 주면 안 된다.
> ㉡ 철수는 책임감이 없어서 자동차를 관리할 수가 없다.
> ㉢ 철수는 스피드광이라 사고의 위험이 있다.
> ㉣ 철수의 부모님은 돈이 있는데도 없다고 안 사 주실 분이 아니다.

① ㉠

② ㉡

③ ㉢

④ ㉣

풀이 결론은 글쓴이의 핵심 의견이 들어가야 한다. ㉠, ㉡, ㉢, ㉣을 통해 내릴 수 있는 핵심 의견은 '철수한테 차를 사 주면 안 된다'는 것이다. 따라서 ㉠이 결론으로 적절하다.

화법

01 〈보기〉의 밑줄 친 부분과 관련된 대화 상황으로 적절한 것은?

2017. 통합 소방

> **보기**
>
> Grice는 대화자들이 서로 연관이 없는 말을 계속 교환하지 않고 어떤 공동의 목적을 위해 적어도 어느 정도 서로 협력하여 서로가 원하는 방향으로 대화를 하고 또 그렇게 해야만 원만한 대화가 이루어진다는 점에서 이러한 대화상의 원리를 협력 원리로 규정하였다. 협력 원리를 양, 질, 관계, 태도의 네 가지 격률로 구분하고 이를 다시 하위 격률로 간단히 설명하고 있다. 그런가 하면 실제 의사소통 과정에서 사람들은 의도적으로 이 대화의 격률들을 위반함으로써 자신의 발화 의도를 함축적으로 전달하기도 한다.

① A: 나 수학 문제 좀 가르쳐 줄래?

　B: (알고 있으면서) 나도 그 문제 모르겠는데.

② A: 와, 너 그림 정말 잘 그린다.

　B: 아니야, 네가 좋게 봐 줘서 그렇지 아직 부족한 부분이 많아.

③ A: 엄마 생신 선물로 시계를 사드리는 건 어떨까?

　B: 난 시계는 별로야. 엄마가 전부터 읽고 싶어 하시던 책을 사드리자.

④ A: 우리 내일 영화 보러 가지 않을래? 어제 개봉했는데 무척 재미있대.

　B: 난 시험공부도 해야 하고 집안일도 도와드려야 하는데.

풀이 〈보기〉의 밑줄 친 부분은 의도적으로 대화의 격률을 위반하여 발화 의도를 직접적이 아닌 함축적으로 전달하는 경우를 말하고 있다. ④ 양의 격률과 관련성의 격률을 의도적으로 어기면서 가고 싶지 않은 발화 의도를 함축적으로 전달하고 있다.

정답 02 ① / 01 ④

02 토론을 할 때 사회자의 역할로만 적절하게 묶은 것은?

2017. 통합 소방

보기

㉠ 토론의 내용을 중간에 정리해 준다.
㉡ 토론의 주제 및 순서를 제시한다.
㉢ 토론 내용의 근거와 정당성을 판단하여 반박한다.
㉣ 토론이 과열될 경우 토론을 중간에서 정리하여 구성원의 동등한 참여의 기회를 부여한다.

① ㉠, ㉡, ㉢
② ㉠, ㉡, ㉣
③ ㉠, ㉢, ㉣
④ ㉡, ㉢, ㉣

풀이 토론을 진행하는 사회자는 찬성과 반대, 어느 쪽으로도 치우쳐서는 안 되고 공정한 태도로 진행해야 한다. 따라서 토론 내용의 근거와 정당성을 판단하여 반박하는 것은 사회자의 역할에 해당하지 않는다.

03 두발 자유화에 대한 찬성 의견이 아닌 것은?

2012. 통합 소방

① 개인의 자유를 억압하는 것은 바람직하지 못하다.
② 공동생활을 위해 규율을 지키는 법을 배워야한다.
③ 두발은 개성을 나타낼 수 있는 수단이다.
④ 기본권에는 외모에 대한 자유가 있다.

풀이 공동생활을 위해 규율을 지키는 법은 오히려 개인의 자유를 억압하는 성격을 가지고 있으므로 두발 자유화에 대한 찬성 의견으로 적절하지 않다.

04 다음 논제로 토론을 할 때, 입장이 다른 것은?

2015. 통합 소방

보기

논제 : 학교 폭력과 관련된 징계 사실을 학교 생활 기록부에 기록해야 한다.

① 기록이 남는다는 경각심을 줌으로써 더 큰 폭력을 막을 수 있다.
② 한 번의 실수로 지나치게 큰 불이익을 당하는 것을 막을 수 있다.
③ 학교생활을 공정하게 평가하여 상과 벌을 분명히 할 수 있다.
④ 학교 폭력이 발생하였을 때 그에 따르는 책임이 있음을 분명히 알 수 있다.

풀이 ①, ③, ④는 논제에 대해 찬성의 입장을 나타내고 있다. 하지만 ②는 논제에 대한 반대의 입장에 해당한다.

정답 02 ② 03 ② 04 ②

독해

01 다음 글의 주된 설명 방법으로 옳은 것은?

2016. 통합 소방

> **보기**
>
> 음악은 기호로 적거나 마음에 담아 두는 방법으로 전해진다. 대개의 서양 음악은 기호로, 동양 음악은 마음과 입으로 이어왔다. 두 방법은 그 음악을 즐기는 데서 우선 큰 차이가 난다. 마음속에 담아 둔 음악은 길게 하고 싶으면 길게 노래하고, 시간이 없으면 빨리 끝낼 수 있다. 청중의 반응이 좋으면, 예정에 없던 가락을 더 넣을 수도 있다. 바로 즉흥 음악(即興音樂)이다. 이런 즉흥 음악을 '자루 음악'이라고 하는데, 넣은 물건에 따라 모양이 길쭉하게도, 둥그렇게도 되는 자루처럼 듣는 이나 연주자의 능력과 흥취에 따라 늘 새로운 음악이 되기 때문이다.
>
> 판소리를 예로 들어보자. 노래와 사설이 섞인 장면들이 모여 한 마당을 이루는 판소리는 시간이 짧으면 짧은 대로, 길게 하고 싶으면 길게, 자세하게 부를 수 있다. 또 청중이 중학생 정도라면 그들에게 알맞게, 대학생이라면 젊은이의 취향에 맞춰, 할아버지 할머니들이 모인 자리라면 그에 맞게, 처해진 형편대로 부른다. 무엇보다 중요한 것은 청중과의 교감이다. 할머니가 손주의 표정을 살펴가며 이야기하듯 판소리를 하는 이들도 청중의 반응을 보아가며 노래한다.

① 묘사 / 분석

② 묘사 / 예시

③ 정의 / 분석

④ 정의 / 예시

풀이 첫 번째 문단에서 '이런 즉흥 음악을 자루 음악이라고 하는데~'의 표현을 통해 '자루 음악'의 정의를 제시하고 있다. 두 번째 문단에서는 판소리를 예로 들어 설명하고 있다. 따라서 주된 설명 방법은 '정의'와 '예시'이다.

02 다음 중 글의 통일성을 위해서 삭제해도 되는 문장은?

2012. 통합 소방

> **보기**
>
> 성대는 소리를 내지 않을 때에는 넓게 열려 있지만, 소리를 낼 때에는 양쪽이 팽팽하게 당겨지면서 폐에서 나온 공기에 진동을 일으킵니다. 그리고 ㉠ 여기에서 진동이 일어난 소리는 다시 입과 코를 지나면서 변화를 겪습니다. ㉡ 특히 목젖을 지나 입안으로 들어온 공기는 혀, 이, 입술의 작용을 통해 다양한 말소리로 만들어지는 것이지요. ㉢ 물론 다른 포유류도 성대가 있긴 해요. ㉣ 사람은 태어날 때 이미 언어 학습에 필요한 신경 회로를 가지고 태어난다고 합니다. 하지만 인간의 성대는 좀 다릅니다.

① ㉠

② ㉡

③ ㉢

④ ㉣

풀이 이 글의 핵심 화제는 성대이다. 하지만 ㉣은 성대가 아니라 신경 회로에 대한 내용이므로 핵심 화제와 관련이 없다. 따라서 삭제해야 한다.

정답 01 ④ 02 ④

03 다음 글의 빈칸에 들어갈 단어가 알맞은 것은?

2016. 통합 소방

> **보기**
>
> 글을 읽는 방법은 다음과 같이 몇 가지로 나누어 볼 수 있다. 먼저 발성 여부에 따라 음독(音讀)과 묵독(默讀)으로 나눌 수 있다. 음독은 소리 내어 읽는 것이며 묵독은 눈으로 읽는 것을 가리킨다. 오늘날에는 일반적으로 묵독을 하는 경우가 대부분이다.
>
> 읽는 횟수에 따라서는 한 번 읽기와 여러 번 읽기로 읽는 속도에 따라서는 빠르게 읽는 속독(速讀)과 느리게 꼼꼼히 읽는 정독(精讀)으로 나눌 수 있다. 책을 읽는 범위에 따라서는 처음부터 끝까지 읽는 통독(通讀)과 필요한 부분만 찾아 읽는 발췌독(拔萃讀)으로 나눌 수 있다.
>
> 예컨대 신문이나 잡지는 [㉠]을/를 하는 경우가 많으며 합숙 서적은 여러 번 읽기와 [㉡]을/를 통해 내용을 정밀하게 파악한다. 대체로 소설은 전체 내용을 [㉢]을/를 하지만 줄거리의 흐름을 파악하려면 [㉣]을/를 해야 한다.

① ㉠ 정독   ② ㉡ 속독

③ ㉢ 발췌독   ④ ㉣ 통독

풀이 통독은 정독을 하기 전, 전체 내용을 훑어보기 위한 독해의 방법이다. 따라서 줄거리의 흐름을 파악하기 위한 방법으로 적절하다.

04 다음 글의 내용에서 확인할 수 없는 것은?

2015. 통합 소방

> **보기**
>
> 조선 시대 상속은 어떻게 이루어졌을까? 고대로부터 조선 시대 중기까지만 해도 상속에서 자녀는 동등하게 부모로부터 재산을 분배받을 수 있었다. 신라 시대나 고려 시대의 문헌을 보면 경제력을 가졌던 여성의 경우도 많이 나오고 아버지가 재산을 자녀에게 분배할 때 아들 딸 구별 없이 골고루 나누어 주었음이 확인된다. 조선 시대 기본 법전인 '경국대전'에는 아들과 딸에게 차별 없이 재산을 똑같이 나누어 주도록 명시하고 있는 등 균등 상속에 대한 내용이 자세히 기술되어 있다. 즉, 적자 소생일 경우 장자, 차자, 딸의 성별 구별 없이 모두에게 같은 양의 재산을 분배하고 그 가운데 제사를 지내는 자식에 한해서 상속분의 5분의 1을 더해 주도록 규정하고 있다. 또한 첩의 자식에게도 재산을 나눠 주는데, 첩의 신분이 양인일 경우에는 적자녀의 1/7을 상속 받을 수 있고, 첩의 신분이 천민일 경우에는 적자녀의 1/10을 상속 받을 수 있다. 이 경우에도 아들과 딸 구분 없이 균등하게 상속 받을 수 있다'고 되어 있다.

① 조선 시대에도 기본적인 법전이 존재했다.

② 고려 시대에는 여성들도 경제력을 지닌 경우가 많았다.

③ 조선 시대에는 남녀 구별 없이 첩의 자식에게까지 균등하게 상속하였다.

④ 조선 시대 상속에서 차등을 둘 수 있는 요인은 제사를 지내는 자녀이다.

풀이 ③ 첩의 자식의 경우 첩의 신분에 따라 1/7 또는 1/10을 상속 받는다고 하였으므로 첩의 자식에게까지 균등하게 상속하였다는 설명은 확인할 수 없다.

05 다음 글에서 필자가 지향하는 독서의 목적은 무엇인가?

2016. 통합 소방

보기

처음 배우는 사람은 모름지기 뜻을 세우되, 반드시 성인(聖人)이 되겠다고 스스로 기약하여, 털끝만큼이라도 자신을 작게 여겨서 핑계 대려는 생각을 가져서는 안 된다. 보통 사람이나 성인이나 그 본성은 마찬가지이다. 비록 기질은 맑고 흐림과 순수하고 잡됨의 차이가 없을 수 없지만, 만약 참되게 알고 실천하여 옛날에 물든 나쁜 습관을 버리고 그 본성의 처음을 회복한다면 털끝만큼도 보태지 않고서 온갖 선이 넉넉히 갖추어질 것이니, 보통 사람들이 어찌 성인을 스스로 기약하지 않을 수 있겠는가. 그 때문에 맹자께서는 모든 사람의 본성이 착하다고 주장하시되 반드시 요 임금과 순 임금을 일컬어 실증하시며 "사람은 모두 요 임금이나 순 임금처럼 될 수 있다."고 말씀하셨으니, 어찌 나를 속이겠는가.

① 정보의 습득
② 지식의 축적
③ 인격의 수양
④ 문제의 해결

풀이 처음 배우는 사람은 반드시 성인이 되겠다고 기약하며 핑계를 대지 말아야 한다고 말하고 있다. 따라서 독서를 하는 목적은 인격의 수양임을 알 수 있다.

06 다음 글의 제목으로 적절한 것은?

2015. 통합 소방

보기

잡지보다는 신문으로 만드는 것이 더 좋다. 거리보다는 바닷가가 더 낫다. 처음에는 걸으면 안 되고 달려야 한다. 한 번에 성공하지 못할 때가 많으므로 여러 번 시도해야 한다. 기술이 필요하지만 배우기는 쉽지 않다. 그렇지만 어린아이라도 이것을 즐길 수도 있다. 일단 성공하기만 하면, 다음은 문제가 없다. 새들은 거의 가까이 오지 않는다. 그렇지만 비가 내리면 금방 젖는다. 같은 일을 하는 사람이 너무 많아도 문제가 된다. 각각 넓은 공간이 필요하기 때문이다. 골칫거리만 없으면 아주 평화롭다. 그러나 이것이 도망을 치고 나면, 당신에게는 다시는 기회가 오지 않는다.

① 비석치기
② 연날리기
③ 고무줄 놀이
④ 딱지치기

풀이 '신문으로 만들고, 달려야만 성공할 수 있다'는 내용 등으로 미루어볼 때 이 글은 연날리기에 대한 내용이다.

정답 05 ③ 06 ②

07 다음 글의 중심 내용으로 옳은 것은?

2015. 경기 2차

> 보기

인쇄술의 등장으로 책을 만드는 일이 종전과는 비교할 수 없을 만큼 쉬워졌으며 대량 생산이 가능하여 보다 싼 값으로 책을 구해 볼 수 있게 되었다. 따라서 일부 계층에만 국한되었던 교육과 지식의 보급이 일반인들에게까지 널리 이루어지게 되었으며, 이는 사회 전반에 걸쳐 변혁을 일으키는 원동력이 되었다.

인쇄술의 보급은 서구 사회에 있어 정치적으로는 절대 왕권 사회가 근대 시민 사회로 바뀌는 원동력이 되었다. 종교적으로는 성서의 보급을 확대시켜 마침내 종교 개혁까지 가능하게 했으며, 사회적으로는 권위주의가 무너지고 자유주의가 싹트게 되었다. 《인쇄의 5백년》이라는 책을 지은 스타인버그(Steinberg, S.H.)는 인쇄술로 인해 사회 전반에 중대한 변화가 일어났다고 전제하면서 "정치, 법률, 교회 그리고 경제에 관한 일들과 사회학적, 철학적, 문학적인 운동도 인쇄술이 끼친 영향을 고려하지 않고는 충분하게 이해할 수 없다"고 서술하고 있다.

이처럼 인쇄술은 교육의 보급과 종교 개혁, 나아가서는 문예 부흥의 길을 열게 하였으며, 근대 사회를 형성하는 데 결정적인 작용을 하였다. 이러한 일련의 변혁들은 모두가 정신문화를 수용해서 메시지화하고 널리 보급시킬 수 있었던 인쇄가 있었기 때문에 가능했다. 즉, 기존의 문화를 보존하고 전승시킴으로써 지식과 정보를 확대, 재생산시켜 나갈 수 있었던 것이다.

① 인쇄술의 등장과 지식의 보급
② 과학 기술의 발달과 인쇄술의 발달
③ 인쇄술의 발달로 인한 사회적 변화
④ 인쇄술의 발달로 인한 종교 개혁

풀이 1문단에서 인쇄술 등장이 사회 변혁의 원동력임을 말하고 있다. 2문단에서는 인쇄술 보급이 절대 왕권 사회를 시민 사회로 바꾸었다고 말하고 있다. 3문단에서 인쇄술로 인해 사회 전반에 중대한 변화가 일어났음을, 마지막 4문단에서 인쇄술이 근대 사회 형성에 결정적 작용을 하였음을 말하고 있다. 따라서 이 모든 내용을 포괄하는 '인쇄술의 발달로 인한 사회적 변화'가 중심 내용이다.

08 다음 글 다음에 올 내용으로 적절하지 않은 것은?

2013. 통합 소방

> 보기
> 한글 전용은 점진적으로 이루어져야 한다.

① 한글 전용은 우리가 생각하는 이상(理想)이다.
② 한자어가 절반 이상을 차지하는 우리의 언어 현실도 간과할 수 없다.
③ 한자는 기본적으로 사물의 모양을 본떠서 만든 글자이다.
④ 한글 전용은 극단적으로 이루어져서는 안 되고, 후세의 교육과정에서 점진적으로 이루어져야 한다.

풀이 ③ 한자에 대한 설명으로 핵심 화제와 어긋났기 때문에 적절하지 않다.

정답 07 ③ 08 ③

09 다음 글의 중심 내용으로 가장 적절한 것은?

2014. 방재안전

보기

예전에 뉴스에서 지하철에 끼인 사람을 구하고자 여러 사람이 힘을 합해 전동차를 움직였다는 보도가 있었다. 결과적으로 그들이 대단한 일을 해낸 건 분명하지만, 그러기 위해서 엄청난 노력을 한 건 아니었다. 전동차를 함께 밀자는 누군가의 제안에 다른 사람들이 손을 보탰을 뿐이다.

집단에 속해 있을 때 우리는 상황을 변화시키기 위해 뭔가 획기적이고 거대한 계획과 노력이 동반되어야 한다고 생각한다. 그러나 모든 변화가 그런 노력을 필요로 하는 것은 아니다. 아주 사소한 시도로 집단이 변화하고 더 큰 결과를 만들어 내는 경우가 많다. 다시 말해 상황이란 우리 자신이 만드는 것이고 그것을 바꾸는 것 역시 우리이다.

상황의 힘은 때로 너무나도 압도적이어서 인간을 꼼짝 못 하게 만들기도 하고 말도 안 되는 권위에 복종하게도 만든다. 심지어는 위기에 처한 사람을 방관하여 한 사람의 목숨이 사라지기도 한다. 그러나 우리에게는 상황에 굴복하지 않는 또 다른 얼굴이 있다. 우리는 상황의 빈틈을 노려보다 인간에게 유익한 방향으로 상황의 힘을 이용하기도 하고, 아주 사소한 것에 주의를 기울임으로써 순식간에 상황을 역전시킬 수도 있다. 무엇보다 중요한 것은 우리 내면에 상황의 힘을 거부하고 다른 사람을 위해 뛰쳐나갈 수 있는 본성이 존재하고 있다는 사실이다.

① 상황에 굴복하려는 인간의 본성
② 상황을 극복하려는 인간의 본성
③ 상황의 변화에 적응하려는 인간의 본성
④ 상황의 변화를 기다리려는 인간의 본성

풀이 마지막 문단에 '우리에게는 상황에 굴복하지 않는 또 다른 얼굴이 있다.'라고 말하고 있다. 따라서 이 글의 중심 내용은 ②가 가장 적절하다.

10 다음 주장에 대한 반론으로 가장 적절한 것은?

2014. 방재안전

보기

우리는 다이어트를 통해 자신감을 얻을 수 있습니다. 다이어트의 결과로 마른 몸을 얻게 된 많은 사람들은 타인 앞에 서는 것을 부끄러워하거나 두려워하지 않습니다. 그리고 그들 대부분은 타인과 적극적으로 대인 관계를 맺습니다. 어떤 연예인은 다이어트 이후 대중 앞에 더 당당하게 설 수 있었다고 합니다. 그리고 많은 사람들이 그 모습에 호감을 느끼고 그녀를 더욱 아끼게 되었다고 합니다. 이것은 다이어트가 자신감을 형성해 준다는 것을 보여 주는 좋은 예라고 할 수 있습니다.

① 진정한 자신감은 외모가 아니라 내면에서 우러나오는 것이다.
② 지나친 다이어트는 오히려 사람의 건강을 해칠 수 있다.
③ 우리가 생각하는 매력적인 몸은 매스 미디어에 의해 조작된 것이다.
④ 인간은 타인의 평가를 바탕으로 자신에 대한 정체성을 형성한다.

풀이 이 글은 다이어트를 통해 자신감을 얻을 수 있다는 내용이다. 따라서 이 주장에 대한 반론으로는 ①이 가장 적절하다.

정답 09 ② 10 ①

11 다음 글에 나타난 내용과 일치하지 않는 것은?

> 보기

하늘과 땅 자연의 소리가 있으면 곧 반드시 하늘과 땅 자연의 글이 있다. 그러므로 옛사람들은 소리에 따라 글자를 만들어 만물의 정을 통하고 삼재의 이치를 실었으니 후세의 세상에서도 바꾸지 못하는 것이다. 그러나 사방의 풍토가 다르고 소리의 기운이 또한 이에 따라 다르다. 대개 외국말이 그 소리는 있으나 글자가 없어서 중국의 글자를 빌어서 통용하고 쓰고 있는데, 이는 마치 가는 구멍에 큰 괭이를 맞추어 넣는 것과 같은 것이다. 어찌 백성이 통달할 수 있으며 막힘이 없겠는가?

요컨대 다 각각 처해 있는 곳에 따라 편리케 할 일이지 억지로 똑같게 해서는 안 되는 것이다. 우리나라는 예악과 문화, 즉 도덕과 예술 문화가 중국에 찬란하였던 하나라와 견줄 만하나 다만 우리말들이 속된 말이고 같지 않아서 글을 배우는 사람은 그 뜻을 깨우치기 어려움을 걱정하고 그 뜻을 아는 것이 힘이 든다. 옥사를 다스리는 사람은 그 곡절을 서로 통하기가 힘들고 옛날 신라의 설총이 비로소 이두를 만들어 관청과 부처와 민간에 이를 사용하고 있다. 지금에까지 행하는 데 이르러 전부 다 중국에 글자를 빌리어 쓰고 있으나 혹은 걸리고 혹은 막히어 다만 비루하고 상고할 것이 없을 뿐만 아니라 말 사이에 이르러서는 곧 만분의 일도 잘 통달하지 못하는 것이다.

계해년 세종 25년(1433)의 겨울에 우리 임금께서 정음 28글자를 처음으로 만드시어 간략하게 보기와 뜻을 들어 보이시고 이름을 훈민정음이라 하시었다. 글을 본뜨되 글자가 옛날의 전자와 비슷하고 소리를 따라 음은 일곱 가락에 맞으니 삼극의 뜻과 음양의 묘가 다 들지 아니함이 없는 것이다. 이러한 28글자로서 옮기고 바뀌고 하는 것이 끝이 없어 간단하고도 요긴하고 정묘하고 통하는 까닭에 그런고로 슬기로운 사람은 아침을 마치지 않아도 깨우치고 어리석은 사람이라도 열흘 정도면 배울 수가 있는 것이다.

이로써 글을 풀면 가히 그 뜻을 알 수가 있으며 이로써 관청의 송사와 관련하여 그 사사로움의 정황을 가히 알 수가 있는 것이다. 글자의 운에 있어서 청탁을 능히 판단할 수가 있으며, 노래는 곧 음률이 고르게 되며, 쓰는데 마다 갖추어지지 않는 것이 없으니 가는 바에 따라서 통달되지 않는 것이 없는 것이다. 비록 바람소리와 학의 울음소리 닭의 울음소리, 개짓는 소리라도 다 글로 쓸 수가 있는 것이다.

– 훈민정음(訓民正音) 해례(解例) 정인지(鄭麟趾) 서문(序文)-

① 훈민정음은 배우기가 쉬운 우수한 문자이다.
② 문자가 없어서 우리나라의 문화 수준이 중국보다 낮다.
③ 훈민정음은 세종이 백성들을 위한 마음으로 만들었다.
④ 소리가 다른데 반드시 같은 문자를 쓸 필요가 없다.

풀이 2문단에서 '우리나라는 예악과 문화, 즉 도덕과 예술 문화가 중국에 찬란하였던 하나라와 견줄만하나~'라 말하며, 우리나라의 문화가 중국에 견줄 만하다고 하였다. 따라서 ② '문자가 없어서 우리나라의 문화 수준이 중국보다 낮다.'는 적절하지 않다

12 다음 글의 내용과 부합하지 않는 것은?

2014. 방재안전

보기

위와 십이지장에서 발생한 궤양은 소화와 관련이 있어 소화성 궤양이라고 한다. 이런 소화성 궤양은 오랫동안 인류의 가장 흔한 질병들 중 하나였고, 스트레스와 잘못된 식습관 때문에 생긴다고 알려져 왔다.

임상 병리학자인 로빈 워런 박사는 위내시경 검사를 마친 많은 환자의 위 조직 표본에서 나선형 박테리아를 발견했다. 이 박테리아는 위의 상피 세포와 결합하여 두꺼운 점액층의 도움을 받고 있었기 때문에 위산의 공격에도 위 조직에 존재하고 있었다. 워런 박사는 이 박테리아가 위염의 원인이라고 주장하였다.

마셜 박사는 워런 박사가 발견한 박테리아들을 배양했지만 모두 실패하고 말았다. 그러다가 실수로 배양기에 넣어 두었던 것에서 워런 박사의 것과 동일한 박테리아가 콜로니를 형성한 것을 관찰하였고, 이를 '헬리코박터 파일로리'라고 명명하였다. 이 두 박사는 임상 실험을 실시한 결과 궤양을 앓고 있는 환자들 대부분의 위에서 헬리코박터 파일로리균이 발견되었으며, 이 균이 점막에 염증을 일으킨다는 것도 알게 되었다.

헬리코박터균과 궤양의 관계가 분명해지기 전까지 이 질병은 만성적인 것이었지만, 이제는 항생제를 사용해 위에서 이 박테리아를 제거하면 이 질병을 완치할 수 있게 된 것이다.

① 헬리코박터균이 배양된 것은 우연의 결과이다.
② 궤양과 헬리코박터균의 상관관계는 밀접하다.
③ 소화성 궤양은 근대 사회에 들어서면서 발견된 질병이다.
④ 박테리아가 위 조직에 존재하는 것은 상피 세포와의 결합 때문이다.

풀이 1문단에서 '소화성 궤양은 오랫동안 인류의 가장 흔한 질병들 중 하나였고'를 통해 소화성 궤양이 오래전부터 존재한 것임을 알 수 있다.

13 다음 글의 내용을 바르게 이해한 것은?

2014. 방재안전

보기

동서양 유토피아의 가장 큰 개념 차이는 역사관에서 유래한다. 동양의 유토피아는 순환 사관에 입각하여 상실한 시대로의 복귀를 꿈꾸는 것이 특징이다. 서양의 유토피아도 초기에는 동양의 복고적 의식과 별다른 차이가 없었으나 모어의 유토피아를 계기로 그러한 의식이 급변하게 된다.

다시 말해서 인간 역사의 진보에 대한 낙관이 유토피아의 내용을 고대의 움직이지 않는 질서로부터 신세기의 역동적인 물질계로 바꾸어 놓은 것이다. 이때의 유토피아는 과거와는 달리 진보를 향해 직선으로 나아가는 미래 지향적인 움직임이며, 과학적인 수단을 통해 이 세상에 구축될 수 있는 인간의 작품인 것이다. 이러한 개념은 인간 의식이 종교적 권위로부터 벗어나 독자적인 길을 걷기 시작한 근대 이후에나 비로소 가능할 수 있었다.

① 동양의 유토피아는 현실에 구축된 공간이다.
② 동양과 서양의 유토피아가 유사한 시기가 있었다.
③ 모어의 유토피아는 종교적 권위에 의존하고 있었다.
④ 동서양의 유토피아는 모두 과학에 대한 낙관에 근거하였다.

풀이 1문단에서 서양의 유토피아도 초기에는 동양의 복고적 의식과 별다른 차이가 없었다고 말하고 있다. 따라서 동양과 서양의 유토피아가 유사한 시기가 있었음을 짐작할 수 있다.

14 밑줄 친 ㉠이 추론될 수 있는 전제로 가장 적절한 것은?

2015. 경기 2차

풀이 3문단에서 여백은 아무 것도 없지만, 자세히 그린 것 보다 더욱 많은 것을 표현하 고 암시하기도 한다고 말하고 있다. 따라서 ②의 내용이 가 장 적절하다.

보기

'동양화의 특징은 여러 가지가 있겠지만 그중 여백의 미를 빼놓을 수 없다. 여백의 미를 살리지 않은 그림은 동양화라 할 수 없을 정도로 여백은 동양화에서 흔히 볼 수 있는 특징이다. 이 여백은 다양하게 표현된다. 화면 한쪽을 넓게 비워 놓는 큰 여백이 있는가 하면, 화면의 형체 사이사이에 좁게 비워 놓는 작은 여백도 있다. 또한 여백은 아무것도 그리지 않은 빈 공간으로 표현하는 것이 보통이지만, 물이나 하늘, 안개나 구름과 같은 어떤 실체를 표현하기도 한다. 그리고 빽빽함에 대비되는 성김으로, 드러남에 대비되는 감춤으로 여백 표현을 대신하기도 한다.

여백이 어떤 역할을 하는지 조선 후기의 화가 김홍도의 '관폭도(觀瀑圖)'를 통해 살펴보자. 그림을 보면 선비들이 모여 있는 곳과 산(山)의 일부를 제외하고는 구석구석이 비어 있다. 심지어 산에서 떨어지는 폭포조차도 형체를 그리는 대신에 여백으로 표현하였다. 이렇듯 화면의 여러 부분을 비워 둠으로써 여백은 화면에 여유와 편안함을 주고 이로 인해 감상자는 시원함을 느끼게 된다. 동양화 속의 일부 경물들이 세밀하고 빽빽하게 그려져 있더라도 그리 복잡하거나 산만하게 보이지 않는 것은 바로 이 여백이 있기 때문이다. 특히 산수화에서의 여백은 세밀하게 표현된 경물들을 산만하지 않게 잘 정리해 주어 화면 전체에 안정감을 제공한다.

여백은 상상력을 발휘할 수 있는 바탕이 되기도 한다. 여백은 아무것도 없지만, 오히려 자세히 그린 것보다 더욱 많은 것을 표현해 주고 암시해 준다. 그림에서 선비들이 바라보는 곳에 주목해 보자. 폭포 건너편에 있는 선비들은 그림의 오른쪽에 있는 무언가를 바라보는 모습으로 처리되어 있는데, 작가는 선비들이 바라보는 대상을 여백으로 처리하였다. 선비들이 바라보는 대상은 그림 속 공간 안에 있을 수도 있고, 그림 바깥에 저 멀리 있을 수도 있다. 만약 작품의 오른쪽에 봉우리를 그렸다면 선비들이 봉우리를 바라보고 있는 것으로 단정 짓게 되지만, 여백으로 남겨 두었기 때문에 나무, 집, 바위 등 더 많은 것들을 생각할 수 있다. 그래서 ㉠ 여백은 일종의 적극적 표현이다.

여백은 화면에 여유와 안정감을 주면서 독자의 상상력을 자극하는 효과를 갖는다. 여백이 지닌 이러한 효과들로 동양화의 감상자는 운치와 여운을 느낄 수 있다. 이처럼 여백은 다 그리고 난 나머지로서의 여백이 아니라, 저마다 역할이 있는 의도적인 표현이다. '동양화의 멋은 여백에서 찾을 수 있다'고 할 정도로 여백은 동양화의 특징을 잘 드러내는 중요한 표현 방법이다.

① 여백은 경물에 담긴 의미를 명확하게 보여 준다.
② 여백은 표현된 것 이외의 것들을 상상할 수 있게 해 준다.
③ 여백은 작가의 예술적 능력을 보여 준다.
④ 여백은 작품 속 경물들을 산만하지 않게 정리해 준다.

정답 14 ②

15 (가)와 (나)의 내용으로 가장 적절한 것은?

2014. 방재안전

보기

(가) 빈부 격차 현상은 기본적으로 장기적인 불황과 고용 사정의 악화로 인해 저임금 근로자와 영세 자영업자들의 생업 기반이 무너진 탓에 심화되었다. 고소득층의 소비가 주로 해외에서 이뤄지기 때문에 내수 회복이나 서민 경제에 별 도움이 되지 않는다는 지적도 있다. 넘쳐흐르는 물이 바닥을 고루 적시는 것과 같이, 이른바 '낙수(落水, 트리클 다운) 효과'가 일어나지 않고 있다는 뜻이다.

(나) 과거의 실패를 거울삼아 저소득층 소득 향상을 통한 근본적인 빈부 격차 개선책을 제시하여 빈자에게 희망을 불어넣어야 한다. 그렇다고 고소득자와 대기업을 욕하거나 경원해서는 안 된다. 무엇보다 기업 투자와 내수 경기를 일으키는 일이 긴요하다. 그래야 일자리가 생기고 서민 소득도 늘어나게 된다. 세제를 통한 부의 재분배 정책을 추진할 필요가 있다. 세제만큼 유효한 부의 재분배 수단도 없다. 동시에 장기적인 관점에서 각 부문의 양극화 개선을 위해 경제 체질과 구조 개선을 서두르지 않으면 안 된다.

① 빈부 격차 심화 현상의 원인과 결과
② 빈부 격차 심화 현상의 원인과 해결책
③ 빈부 격차 심화 현상의 실태와 원인
④ 빈부 격차 심화 현상의 실태와 해결책

풀이 (가)에서는 빈부 격차 현상이 심화된 원인에 대해서 논하고, (나)에서는 그 해결책을 말하고 있다. 따라서 이 글은 빈부 격차 심화 현상의 원인과 해결책에 대한 내용이다.

정답 15 ②

Ⅲ
문학

문학 이론

제1절 | 문학의 이해

1 문학의 이해

1. 문학의 개념과 특성

(1) 개념

언어를 사용하여 가치 있는 인생 체험을 형상화한 예술을 말한다. 문학은 언어를 사용하기 때문에 다른 예술과 표현 매체 면에서 차이가 있다.

(2) 특성

① 보편성: 공간을 초월하여 누구에게나 통용되는 보편적인 가치를 다룬다. - 공시적 개념

② 항구성: 시대를 초월하여 인간의 정서를 전달한다. - 통시적 개념

③ 개연성: 문학은 현실에서 있을 법한 일을 그리는 개연성(蓋然性)을 가진다. - 문학은 현실을 유추, 모방, 반영, 재현, 재구성함.

> ■ 문학은 현실을 모사(模寫)하지 않고, 묘사(描寫)한다.

2. 문학의 기원과 기능

(1) 문학의 기원

발라드 댄스(ballad dance)설은 문학의 여러 기원설 중 하나로 문학은 원시 종합 예술에서 분화되어 발생하였다는 의견이다. 현재 가장 설득력 있게 받아들여지고 있는 기원설로 몰튼(R. G. Moulton)이 주장하였다. 국문학의 기원설이기도 하다.

> ■ 발라드 댄스설 이외에 심리학적 기원, 발생학적 기원설 등도 있지만 현재 가장 설득력 있는 기원설은 발라드 댄스설이다.

(2) 문학의 기능

① 쾌락적 기능: 문학의 기능 중 독자에게 미적인 쾌감과 즐거움을 주는 기능을 말한다. 아리스토텔레스는 문학의 효용성이 감정의 정화, 즉 '카타르시스(catharsis)'에 있다고 말했다. 즉, 비극에 처한 주인공의 모습을 보며 인간의 정서가 순화된다고 한 것이다.

　　예 유미주의, 탐미주의, 예술지상주의, 김동인의 예술론, 순수 문학론 등

② 교훈적 기능: 문학의 기능 중 삶에 필요한 교훈과 지식을 줄 뿐만 아니라 인생의 가치와 도덕을 고양시키는 효용성을 주는 기능을 말한다.

　　예 공리주의, 계몽주의, 사실주의, 고전 소설(권선징악), 일제 강점기의 계몽 문학, 카프 계열의 문학, 참여 문학 등

③ 종합적 기능

  ㉠ 쾌락적 기능과 교훈적 기능을 절충한 입장이다.

  ㉡ 문학 당의정설(文學糖衣錠說): 쾌락적 기능과 교훈적 기능을 절충하는 설이지만 교훈적 기능을 강조한다.

3. 문학의 갈래

(1) 서정

① 세계의 자아화: 객관적인 세계가 개인의 주관적인 정서로 표현된다.

② 개인의 주관적인 정서를 운율적 언어로 표현하는 문학이다.

  예 현대시, 고대 가요, 향가, 고려 가요, 시조 등

(2) 서사

① 자아와 세계의 갈등: 주관적인 개인(자아)과 객관적인 세계가 대립하고 갈등하는 것을 바탕으로 내용이 전개된다.

② 서술자가 있으며, 주로 과거 시제로 표현된다.

  예 현대 소설, 설화, 서사 무가, 고전 소설, 신소설 등

(3) 극

① 자아와 세계의 갈등: 주관적인 개인(자아)과 객관적인 세계가 대립하는 측면에서 서사 갈래와 유사하다.

② 서술자의 개입이 없고 현재 시제로 표현되는 면에서 서사 갈래와 차이를 보인다.

③ 무대 상연을 전제로 하며, 대화와 행동을 통해 인물이 제시된다.

  예 현대 희곡, 탈춤, 인형극, 신파극 등

(4) 교술

① 자아의 세계화: 객관적 세계가 주관적 개인의 정서로 변형되지 않고 전달된다.

② 경험을 바탕으로 깨달음과 교훈을 주로 전달한다.

  예 현대 수필, 패관 문학, 가전체 문학, 경기체가, 악장, 가사 등

4. 미의식

(1) 숭고미(崇高美)

자연을 인식하는 '나'가 자연의 조화를 현실에서 추구하고 실현하고자 하는 태도를 보일 때, 그 아름다움은 숭고(崇高)로 나타난다. 주로 종교적이고 엄숙한 분위기를 나타낸다. **예** 월명사, 〈제망매가〉 / 충담사, 〈찬기파랑가〉 등

(2) 우아미(優雅美)

자연을 바라보는 '나'가 자연의 조화라는 가치에 순응하는 태도를 보일 때 그 아름다움은 우아(優雅)로 나타난다. 주로 자연 친화적 작품에서 나타난다.

  예 김상용, 〈남으로 창을 내겠소〉 / 송순, 〈십 년을 경영하여〉 등

■ 당의정

불쾌한 맛이나 냄새를 피하고 약물의 변질을 막기 위하여 표면에 당분을 입힌 정제

■ 문학의 4분법

서정	서사
극	교술

■ 미의식

있어야 할 것

숭고	비장

융합 ──────── **상반**

우아	골계

있는 것

- 있는 것: 현실적
- 있어야 할 것: 이상적

■ 〈제망매가〉의 경우 누이를 잃은 슬픔에서는 '비장미'가, 종교적으로 극복하는 부분에서는 '숭고미'를 느낄 수 있다.

(3) 비장미(悲壯美)

자연의 조화를 현실에서 추구하고 실현하고자하는 '나'의 의지가 현실적 여건 때문에 좌절될 때 비장(悲壯)이 나타난다.

> 예 김상헌, 〈가노라 삼각산아〉 / 김소월, 〈초혼〉 등

(4) 골계미(滑稽美)

자연의 질서나 이치를 의의 있는 것으로 존중하지 않고 추락시킬 때 골계(滑稽)가 나타난다.

> 예 사설시조, 판소리, 탈춤 등

5. 문학 감상의 관점

■ 문학 감상의 관점
• 시대 중심: 반영론
• 작가 중심: 표현론
• 독자 중심: 효용론
• 작품 중심: 구조론

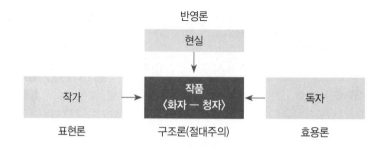

(1) 외재적 관점

사회나 시대, 역사 등의 작품 외적인 세계와 작품을 연결시켜 이해하는 관점이다.

① 반영론: '모방론'에서 비롯된 것으로, 작품과 현실 세계와의 관계를 중시하는 관점을 말한다.

> 예 이 시의 창작 시기로 미루어 생각해 보면 '어둠은 일제 강점기'라는 부정적 현실이라고 해석할 수 있어.

② 표현론: 문학 작품은 작가의 체험, 사상, 감정의 반영물로 작가의 창조 능력의 소산으로 보는 관점을 말한다.

> 예 '육첩방'은 당시 일본 유학 중이던 시인이 생활하던 공간으로서 시인의 현실적 상황을 상징적으로 보여 주는 역할을 해.

③ 효용론: 문학은 독자에게 미적 쾌감, 교훈, 감동 등의 효과를 주기 위해 창작한 것이다.

> 예 자기 삶에 대해 반성하는 화자의 모습을 통해 안일하게 살아가는 나의 삶의 태도를 되돌아보는 계기가 되었어.

(2) 구조론(절대주의)

■구조론(절대주의)은 내재적 관점이라고도 한다.

작품 자체를 우선적으로 고려하는 관점이다.

> 예 내면적 자아와 현실적 자아가 갈등하고 화해하기까지의 과정을 순차적으로 보여 주면서 시상을 전개하고 있어.

1 문예 사조의 이해

1. 문예 사조의 근원

(1) 헬레니즘

① 인성(人性) 중시, 휴머니즘 강조

② 지성적, 객관적, 사실적, 현세적, 지상 낙원주의적 경향

③ 고전주의, 사실주의, 자연주의, 주지주의, 실존주의 등에 영향

(2) 헤브라이즘

① 신성(神性) 중시, 내세 중시

② 영적, 정신적, 도덕적, 신성 본위, 내세적, 천상 낙원주의적 경향

③ 낭만주의, 유미주의, 상징주의, 다다이즘, 초현실주의 등에 영향

2. 서구 문예 사조의 흐름

(1) 고전주의

① 17세기 후반 유럽에서 발생한 사조로 고대 그리스 · 로마의 고전 문학에 나타나는 특징을 계승하였다.

② 전통적이고 보편적인 세계와 가치를 절대적 가치로 삼아 엄격한 조화와 균형, 절제된 형식미를 중시하였다.

> 예 셰익스피어의 4대 비극 / 괴테, 〈파우스트〉 / 단테, 〈신곡〉 등

(2) 낭만주의

① 고전주의의 엄격한 형식주의, 몰개성적 성격에 반발하여 18세기 말부터 19세기 전반 유럽에 전파된 사조이다.

② 이성, 형식, 규범에서 벗어나 개인의 자유로운 사상과 감정의 표현을 중시하였다.

③ 주관적, 개성적, 낭만적, 창조적인 성격을 지녔다.

④ 현실의 제약으로부터 탈피하여 꿈과 낭만, 이상을 추구하고자 하는 경향을 보였으며, 이로 인해 이상 세계의 동경, 이국적 정서의 강조, 혁명적 개혁 추구 등의 특징을 보인다.

> 예 괴테, 〈젊은 베르테르의 슬픔〉 / 빅토르 위고, 〈레 미제라블〉 / 워즈워스, 〈수선화〉 등

(3) 사실주의

① 낭만주의의 이상주의적 · 비현실적인 성격과 정취에 반발하여 19세기 중 · 후반에 등장한 사조이다.

■ 한국의 낭만주의

1920년대 초 3 · 1 운동 실패 및 서구 상징주의 등의 영향으로 우울하고 감상적인 정서를 격정적으로 표출하는 시가 많이 창작된다. 이러한 경향을 감상적 낭만주의 또는 병적 낭만주의라고 한다.

■ 한국의 사실주의 문학

김동인, 염상섭, 현진건 등의 1920년대 소설가들은 사실주의적 단편 소설의 기틀을 확립하였으며, 하층민의 비참한 삶을 사실적으로 그리고자 했다.

② 인간 사회의 문제를 형상화하고자 한 사조이다.

③ 사실 그대로 재현하고 반영하는 데 초점을 맞춘다.

> **예** 발자크, 《인간 희극》 / 모파상, 〈여자의 일생〉 / 디킨스, 〈올리버 트위스트〉 / 도스토옙스키, 〈죄와 벌〉 · 〈카라마조프가의 형제들〉 등

(4) 자연주의(졸라이즘)

① 사실주의가 추구하고자 했던 인간 사회의 현실적 반영에 과학적인 시각과 방법을 적용하고자 한 사조이다.

② 과학적, 실험적, 분석적, 해부적 방식을 사용하였다.

③ 주로 자본주의 사회의 어둡고 타락한 현실 속에서 고통 받는 인간의 불행을 폭로하였다.

> **예** 에밀 졸라, 〈목로주점〉 / 입센, 〈인형의 집〉 등

(5) 상징주의

① 사실주의와 자연주의의 현실 반영과 묘사를 거부하고 예술적 기교와 형식을 추구하고자 한 사조이다.

② 언어의 음악성, 상징성, 암시성 등을 중시하였다. 넓은 의미로 쓰일 때는 유미주의를 포함하기도 하고, 상징주의가 유미주의의 일면을 계승했다고도 본다.

> **예** 말라르메, 〈목신의 오후〉 / 랭보, 〈지옥의 계절〉 등

(6) 모더니즘

① 기성세대의 모든 도덕과 전통, 권위에서 벗어나 근대적 가치와 문명을 다루고자 한 사조이다.

② 다다이즘(Dadaism): 제1차 세계 대전의 불안 의식을 반영한 문학 운동이다. 기존의 권위에 저항하여 모든 규범과 형식을 파괴하고자 한 혁신적 운동으로 논리적 구성이나 뚜렷한 주제의 표현 등을 거부하는 실험적 경향을 보인다.

③ 초현실주의: 다다이즘과 프로이트 정신 분석학의 영향을 받아 무의식의 세계에 관심을 갖고 잠재의식의 세계를 그대로 표현하고자 했다. 꿈과 무의식의 상태를 그대로 기술하는 '자동기술법'과 이성에 의해 통일되고 조직되기 전의 의식을 그대로 잡으려 한 '의식의 흐름 기법' 등을 통해 현실 너머의 인간 내면을 창조하고자 하였다.

> **예** 제임스 조이스, 〈율리시즈〉 / 프루스트, 〈잃어버린 시간을 찾아서〉 / 버지니아 울프, 〈세월〉 등

④ 표현주의: 사실주의와 자연주의의 반영론적 모방적 예술 이론에 반대하여 개인의 주관과 내면의 표현을 앞세운 사조이다. 현대인의 내면 의식과 불안감, 소외 등을 표현하기 위해 종종 과장되고 왜곡된 장치를 사용하기도 한다.

⑤ 주지주의: 낭만주의의 감상성 및 주정주의(主情主義)에 반대하여 지성을 중시한 사조이다. 감정의 표출이 아닌 이미지의 제시, 구체적 심상의 표현을 중시하였다.

> **예** 엘리엇, 〈황무지〉 등

■ 한국의 자연주의

예 염상섭, 〈표본실의 청개구리〉

■ 유미주의

19세기 후반의 탐미주의 · 예술 지상주의를 앞세운 사조이다. 도덕과 규범으로서의 문학을 거부하고 예술을 위한 예술을 표방하였다.

■ 한국의 상징주의

예 김억: 서구 상징주의 시를 번역 · 소개

⑥ 이미지즘: 구체적 심상을 통해 명확한 이미지를 제시하고자 하였다. 시의 회화성에 초점을 두고 있다.

한국의 모더니즘 문학

1920년대 중반 이후에 초현실주의, 다다이즘, 주지주의, 이미지즘 등이 본격적으로 도입되면서 이미지를 중시하는 주지주의적 시가 등장하기 시작하였다. 특히 1920년대 김기림과 김광균, 정지용에 의해 수용된 주지주의와 이미지즘은 구체적 언어를 사용해 회화적 이미지를 강조하였다. 또한 이상은 초현실주의적 언어 실험을 통해 불안과 공포의 내면 의식을 노래하여 독자적인 시 세계를 이룩하였다.
이러한 1930년대의 모더니즘은 이후 1950년대에 김수영, 박인환, 김경린 등 후반기 동인에게 계승되어 후기 모더니즘 시들로 이어지게 되었다.

(7) 실존주의

제2차 세계 대전 이후 프랑스를 중심으로 일어난 현실 참여 문학 운동이다. 제2차 세계 대전 이후 사르트르는 존재보다 실존을 강조하였다. 이러한 상황 속에서 실존주의는 극한적 상황에 처한 인간의 선택 의지 등을 다루면서 휴머니즘을 강조하였다.

예 사르트르, 〈자유에의 길〉 / 카뮈, 〈이방인〉 등

한국의 실존주의 문학

한국의 실존주의는 1950년대의 전후 문학에서 등장하였다. 6·25 전쟁 이후 문학은 서구의 실존주의 문학을 수용하면서 극한적 상황 속에서의 인간의 실존에 대한 관심을 보였다. 전쟁으로 인해 파괴된 인간성을 고발하며, 이를 극복하기 위해 강한 휴머니즘적 정신을 강조하였다.
예 손창섭, 장용학, 오상원 등

(8) 포스트모더니즘

① 개념: 모더니즘이 지니고 있던 가치와 관념을 거부하며 발생한 전위적이고 실험적인 예술 운동을 말한다. 포스트모더니즘은 과거의 전통과 권위, 예술이 지닌 목적성을 거부하고 실험과 혁신, 경계의 파괴 등을 내세운다.

② 주요 표현 기법

　　㉠ 패러디(parody): 문학에서 특정 작가의 약점이나 특정 문학유파의 과도한 상투성을 강조하기 위해 그들의 문체나 수법을 흉내 내는 일종의 풍자적 비평이나 익살스러운 조롱조의 글을 말한다. 포스트모더니즘 계열의 작품에서는 원전에 대한 차이를 강조하여 새로운 창작품을 탄생시키는 주요한 기법으로 인정받는다.

　　㉡ 패스티시(pastiche): 기존 작품의 모방이라는 측면에서는 패러디와 동일하지만, 패스티시는 모방을 긍정적으로 수행하며 풍자나 희극적인 요소를 배제한다. 즉 패러디는 원전과의 차이점을 강조하며, 패스티시는 원전과의 유사성을 강조한다.

■ 사조 관련 주요 용어
• 데카당스: 퇴폐주의, 이성을 잃은 향락, 여흥 등의 경향을 말한다.
• 동반자: 공산주의 혁명에 호의는 있으나 적극 가담하지 않고, 나아가는 대로 따라가는 지식인 작가 계급을 말한다.
　예 이효석, 유진오 등
• 엑조티시즘: 이국적 정서, 외국 문학의 영향으로 작품 속에서 이국적 분위기를 풍기는 것으로 우리나라의 주지시를 가리킨다.

1 수사법

1. 비유법(比喩法)

어떤 현상이나 사물을 표현하는 데 있어서 이를 곧바로 말하지 않고, 그와 비슷한 성질을 가진 다른 현상이나 사실을 끌어대어 표현하는 법을 말한다.

(1) 직유법(直喩法)

'~같이, ~처럼, ~듯이, ~양' 등의 말이 뒤따르거나, '예컨대, 마치' 따위의 말을 앞에 놓아 'A는 B와 같다' 또는 'A와 같은 B' 하는 식의 비유를 말한다.

> **예** • 꽃 같이 아름다운 소녀
> • 보름달 같은 얼굴
> • 유수(流水) 같은 세월
> • 푸른 하늘이 홑이불처럼 이 골목을 덮어……
> • 먹물을 끼얹은 듯 검은 하늘에……
> • 인생은 배우와 같다.
> • 물 퍼붓듯 쏟아지는 비……
> • 소마냥 느린 걸음
> • 정신이 은화(銀貨)처럼 맑다.
> • 내 누님같이 생긴 꽃이여!

(2) 은유법(隱喩法)

비유하는 말과 비유되는 말을 동일한 것으로 단언하듯 표현하는 법을 말한다. 'A는 B이다' 'A의 B'의 형태로 주로 표현한다.

> **예** • 인생은 나그네다.
> • 호수는 커다란 비취, 물 담은 하늘
> • 내 마음은 호수
> • 간디는 인도 국민에게 빛을 준 큰 별이었다.
> • 백설의 피부, 밤의 장막
> • 계절의 여왕 오월의 여신(女神)이여 !
> • 마음의 거울에 비추어 보라.

(3) 의인법(擬人法)

사람 아닌 동물이나 자연을 사람인 듯 표현하는 법을 말한다.

> **예** • 매미가 하품을 한다.
> • 성난 파도
> • 오월 햇빛 아래 얼굴을 붉히고 다소곳이 머리 숙인 다알리아꽃
> • 부끄러움을 가득 안은 아카시아꽃
> • 길가에서 가는 목들을 갸우뚱거리며 웃는 코스모스

■ **직유와 은유**
직유는 매개어를 통해 공통적 속성을 직접적으로 표현하지만, 은유는 매개어 없이 공통적 속성을 드러내지 않으며 표현한다.

■ **의인법과 활유법**
사람이 아닌 대상을 사람으로 표현하면 의인법이고, 무생물을 생물처럼 표현하면 활유법이다.

- 아침 이슬을 머금고 나팔꽃이 방긋 웃고 있다.
- 꽃이 방긋 웃고, 버들이 손짓한다.
- 돌담에 속삭이는 햇발

(4) 활유법(活喩法)

생명 없는 것을 생명이 있는 것처럼 비유하는 표현법을 말한다.

예 • 소리 지르며 달리는 냇물
  - 숨이 차 헐떡이면서 비탈길을 기어오르는 증기 기관차
  - 청산(靑山)이 훨훨 깃을 친다.
  - 파도가 울부짖는다.
  - 들이 가슴을 열었다.

(5) 의태법(擬態法)

사물의 모양을 흉내 내어 표현하는 법을 말한다.

예 • 말랑말랑한 손
  - 매끈매끈한 살결
  - 아기가 아장아장 걷는다.
  - 저기 가는 저 영감 꼬부랑 영감, 어물어물 하다가는 큰일 납니다.
  - 뭉게뭉게 피어오르는 구름
  - 해는 뉘엿뉘엿 지고……
  - 확 풍겨 오는 향기……
  - 토실토실한 손등
  - 노루가 껑충껑충 뛰어 달아난다.

(6) 의성법(擬聲法)

소리를 흉내 내어 표현하는 법을 말한다.

예 • 학교 종이 땡땡 친다.
  - 멍멍 개야 짖지 말고, 꼬꼬 닭아 울지 마라.
  - 찌르릉찌르릉 비켜나세요.
  - "만세! 만세! 대한민국 만세!"
  - 뻐꾹새 뻐꾹, 까마귀 꼴깍, 비둘기 꾹꾹

(7) 대유법(代喻法)

① 제유법(提喻法): 한 부분을 가지고 그 사물 전체를 나타내는 법을 말한다.

예 • 빵만으론 살 수 없다: 빵 → 식량, 식생활
  - 사육신: 성삼문, 박팽년, 유응부, 이개, 하위지, 유성원
  - 무슨 악주 드셨습니꺼?: 악주 → 모든 술
  - 빼앗긴 들에도 봄은 오는가?: 들 → 조국

② 환유법(換喻法): 하나의 사물을 다른 명칭을 들어 비유하는 법을 말한다.

예 • 별 → 장군
  - 강태공 → 낚시꾼

■ 음성 상징어
의성어와 의태어

■ 대유법
제유법과 환유법을 포괄하여 대유법
이라고 한다.

• 태극기(한국)가 일장기(일본)를 눌렀다.
• 무궁화 삼천리 → 대한민국
• 바지 저고리 → 촌사람

(8) 풍유법(諷喻法)

원관념을 완전히 숨기고, 비유하는 보조 관념만 나타내되, 교훈적·풍자적이어야 한다. 속담은 모두 여기에 속한다. 엉뚱한 말 속에 참뜻을 담아 본뜻을 추측하게 한다. = 우유법(寓喻法)

[예] • 지렁이도 밟으면 꿈틀한다.
• 꿀 먹은 벙어리요, 침 먹은 지네다.
• 개구리 올챙이 적 생각 못한다.
• 까마귀 날자 배 떨어진다.

(9) 중의법(重義法)

한 말에 두 가지 이상의 뜻을 포함시켜 표현하는 법을 말한다.

[예] • 청산리 <u>벽계수</u>야 수이 감을 자랑 마라.
일도 창해하면 다시 오기 어려왜라.
<u>명월</u>이 만공산하니 쉬어 간들 어떠리.

■ 중의법의 예
• 벽계수 → 시냇물, 사람 이름
• 명월 → 달, 황진이

2. 강조법(強調法)

문장의 인상을 강하게 만드는 표현법이다. 감정보다는 의미상의 강조가 주가 되는 방식이다.

(1) 과장법(誇張法)

실제보다 훨씬 크게 또는 작게 표현하는 법을 말한다.

[예] • 하늘에 닿은 수풀
• 간이 콩알만 해졌다.
• 눈물의 홍수

■ 하루를 천추같이 기다린다. → 직유법, 과장법

(2) 영탄법(咏嘆法)

기쁨, 슬픔, 놀라움, 무서움 따위의 감정을 높이는 표현법을 말한다. 감탄사, 감탄형 어미를 주로 쓰지만, 때로는 의문형을 쓰기도 한다.

[예] • 아! 아름다운 하늘이여!
• 오, 이거 얼마만인가?
• 어즈버, 태평연월(太平烟月)이 꿈이런가 하노라.
• 이렇게도 간절함이여!
• 슬프다, 붓을 놓고 통곡하고 싶구나!
• 어이할꺼나, 나는 사랑을 가졌어라!
• 저주받은 인생이여!
• 그리움마저 얼어붙은 가슴인가?
• 그리움으로 여기 섰노라!

(3) 반복법(反復法)

같거나 비슷한 말을 되풀이하여 강조하는 법을 말한다.

> 예 • 산에는 꽃 피네, 꽃이 피네. 갈 봄 여름 없이 꽃이 피네.
> • 문 열어라, 문 열어라, 정 도령님아.
> • 쉬어 가자, 벗이여, 쉬어서 가자.
> • 눈물로 적시고 또 적시어도.

(4) 점층법(漸層法)

어구(語句)의 의미를 점차로 강하게, 크게, 깊게, 높게 함으로써 그 뜻이나 가락을 절정으로 끌어올리는 법을 말한다.

> 예 • 내 이웃에서 시작하여 내 마을, 내 고장, 내 나라, 아니 세계로 뻗어 나가야 한다.
> • 가족은 사회에, 국가에 대한 의무가 있습니다.
> • 한 사람이 죽음을 두려워하지 않으면, 열 사람을 당한다. 열은 백을 당하고, 백은 천을 당하며, 천은 만을 당하리라.

(5) 점강법(漸降法)

뜻을 점차로 여리게, 작게, 얕게, 낮게 벌여 나가는 법을 말한다.

> 예 • 책보만한 해가 손바닥만해졌다.
> • 만 원이 안 되면 천 원이라도, 천 원이 안 되면 백 원, 그것도 안 되면 십 원도 좋다.

(6) 대조법(對照法)

서로 상반되는 사물을 맞세워 그중 하나를 두드러지게 나타내는 법을 말한다. 한 구절의 말뿐 아니라, 한 작품 전체에도 쓰일 수 있다.

> 예 • 잘 되면 제 탓, 못 되면 조상 탓
> • 앉아 주고, 서서 받는다.
> • 얕은 내도 깊게 건너라.
> • 인생은 짧고, 예술은 길다.
> • 여자는 약하나, 어머니는 강하다.
> • 강물이 푸르니 새 더욱 희고, 산이 퍼러니 꽃빛이 불붙는 듯 하도다.

(7) 미화법(美化法)

좀 과장되게, 아름답게 표현하는 법을 말한다.

> 예 • 이슬은 가을 예술의 주옥편(珠玉篇)이다.
> • 화장실(化粧室) ← 변소
> • 거리의 천사 ← 거지
> • 부처님 가운데 토막 ← 착한 사람
> • 양상 군자(梁上君子) ← 도둑
> • 꽃마음 ← 아름다운 마음

(8) 열거법(列擧法)

비슷한 말귀나 내용적으로 관계있는 말귀를 늘어놓는 법을 말한다.

> **예** • 유적의 도시, 역사의 도시, 명승의 도시……
> • 푸른 하늘과 바다와 들과 산
> • 어느 시대, 어느 사회, 어느 민족을 막론하고……

(9) 억양법(抑揚法)

우선 누르고 추켜 주거나, 추켜세운 후 눌러 버리는 법을 말한다.

> **예** • 얼굴은 곱지만, 마음씨가 고약하다.
> • 그는 마음은 좋지만, 행실이 나쁘다.
> • 그는 좀 모자라지만, 사람은 착하다.

(10) 현재법(現在法)

과거나 미래형으로 쓸 말을 현재형으로 나타내는 법을 말한다.

> **예** • 검찰, 깡패 소탕에 나서다.
> • 1919년 3월 1일, 삼일운동이 일어나다.

(11) 비교법(比較法)

두 가지 이상의 사물이나 개념이 비슷한 것을 비교시키는 법을 말한다.

> **예** • 여름 바다도 좋지만, 가을 단풍이 더 좋다.
> • 달이 쟁반보다도 크다.
> • 양귀비꽃보다도 더 붉은 그 마음 흘러라.

■ 정반대의 뜻을 가진 말을 맞세우면 대조법, 비슷한 것을 비교시키면 비교법이 된다.

(12) 연쇄법(連鎖法)

앞말의 꼬리를 따서 그 다음 말의 머리에 놓아 표현하는 법을 말한다.

> **예** • 고향, 고향은 가을의 동화를 들려 준다.
> • 고인(故人)도 날 못 보고, 나도 고인 못 뵈 고인을 못 뵈어도 녀던 길 앞에 있네. 녀던 길 앞에 있거든 아니 녀고 어떨꼬.

■ 같은 말이 되풀이는 반복법, 비슷한 말을 늘어놓으면 열거법, 앞말의 꼬리를 따면 연쇄법이 된다.

3. 변화법(變化法)

단조로운 문장에 변화를 주어 주의를 높이려는 법이다.

(1) 도치법(倒置法)

문법상, 논리상으로 순서를 바꿔 놓는 법을 말한다.

> **예** • 가자, 나를 부르는 고향으로.
> • 그는 머뭇거렸다, 처음으로.
> • 나는 생각해 보았다, 내가 지금 어디로 가고 있는가를.
> • 가오리다, 임께서 부르시면.
> • "바보야, 넌!"
> • "뭐라 하느냐, 남의 앞에서……"

(2) 인용법(引用法)

남의 말이나 격언, 명언을 따다가 인용하는 법을 말한다.

① 직접 인용(明引法): 따옴표 등의 표시로 선명히 인용이 드러나는 법을 말한다.

> 예 • "인간은 생각하는 갈대다."라는 말이 있다.
>
> • "구하라 주실 것이요, 문을 두드리라 열릴 것이다." 그리스도께서 말씀하셨으니 어찌 나아가 구하지 않을 것이랴.

② 간접 인용(暗引法): 따옴표 등이 없이 문장 속에 숨어 있게 표현하는 법을 말한다.

> 예 • 아버지께서는 늘 게으른 사람은 꼭 고생을 하게 마련이라고 말씀하신다.
>
> • 등하불명(燈下不明)이라더니, 네 뒷집에서 일어난 일을 몰라?

(3) 설의법(設疑法)

서술로 해도 좋은 것을 의문형으로 나타내는 법을 말한다. 답을 필요로 하지 않는다.

> 예 • 한 치의 국토라도 외적에게 빼앗길 수 있겠는가?
>
> • 이래도 거리에 사람이 없다 하겠느냐?
>
> • 저런 사람도 애국자라 할 수 있겠는가?

(4) 대구법(對句法)

가락이 비슷한 글귀를 짝지어 나란히 놓아 흥취를 높이려는 법을 말한다.

> 예 • 콩 심은 데 콩 나고, 팥 심은 데 팥 난다.
>
> • 호랑이는 죽어서 가죽을 남기고, 사람은 죽어서 이름을 남긴다.

(5) 반어법(反語法)

표면의 말과는 반대의 뜻을 나타내는 법을 말한다.

> 예 • 너 오늘 또 칭찬 받을 일을 했더구나. ← 꾸중 들을 짓을 하다.
>
> • 그놈 참 얄밉게도 생겼다. ← 예쁘다.
>
> • 나보기가 역겨워 가실 때에는 / 죽어도 아니 눈물 흘리오리다.

■ 인용법에는 반드시 " " 또는 ' ' 또는 ~라고, ~하고, ~고 등의 조사가 들어가게 마련이다.

■ 설의법과 영탄법

의문문의 형태이면 설의법이고, 감탄문의 형태이면 영탄법이다.

■ 대조법은 뜻이나 내용이 대조(반대)를 이루는 데 반해 대구법은 내용은 같건 말건 가락이 비슷한 점만을 노리는 것이다.

기출문제로 실력잡기

01 다음 밑줄 친 ㉠과 표현 방식이 유사한 것은?

2016. 소방 9급

보기

아이들이 큰 소리로 책을 읽는다.
나는 물끄러미 그 소리를 듣고 있다.
한 아이가 소리 내어 책을 읽으면
딴 아이도 따라서 책을 읽는다.
청아한 목소리로 꾸밈없는 목소리로
"아니다 아니다!"하고 읽으니
"그렇다 그렇다!" 따라서 읽는다.
㉠ 외우기도 좋아라 하급반 교과서
활자도 커다랗고 읽기에도 좋아라
목소리도 하나도 흐트러지지 않고
한 아이가 읽는 대로 따라 읽는다.

이 봄날 쓸쓸한 우리들의 책읽기여
우리나라 아이들의 목청들이여

— 김명수, 〈하급반 교과서〉

① 아아, 님은 갔지마는 나는 님을 보내지 아니하였습니다.
② 먼 훗날 당신이 찾으시면 그때에 내 말이 잊었노라.
③ 삼백예순 날 하냥 섭섭해 우옵니다.
④ 초록은 동색이요 가재는 게 편이라, 양반은 도시 양반이오, 그려.

풀이 ㉠에 사용된 수사법은 반어법이다. ②도 반어법이 사용되었다.

오답 ① 역설법, ③ 과장법, ④ 대구법이 사용되었다.

02 다음 작품에 쓰이지 않은 표현 기법은?

2016. 소방 9급

보기

雨歇長堤草色多	비 갠 긴 둑에는 풀빛이 짙어지고
送君南浦動悲歌	남포에서 임 보내니 슬픈 노래 울린다.
大同江水何時盡	대동강 저 물은 어느 때나 마르겠나
別淚年年添綠波	해마다 흘린 이별 눈물이 푸른 물결 보태니.

— 정지상, 〈송인〉

① 도치법　　　　　　② 과장법
③ 풍유법　　　　　　④ 설의법

풀이 속담이나 격언을 활용하는 풍유법은 사용되지 않았다.

오답 ① 전구와 결구에서 도치법이 사용되었다. ② 전구와 결구에서 과장법이 사용되었다. ④ 전구에서 설의법이 사용되었다.

정답 01 ② 02 ③

03 다음 작품이 안정감을 나타내는 표현상의 특징은 무엇인가? 2016. 소방 9급

> 보기
>
> 나 보기가 역겨워
> 가실 때에는
> 말없이 고이 보내 드리우리다.
>
> 영변(寧邊)에 약산(藥山)
> 진달래꽃
> 아름 따다 가실 길에 뿌리우리다.
>
> 가시는 걸음 걸음
> 놓인 그 꽃을
> 사뿐히 즈려 밟고 가시옵소서.
>
> 나 보기가 역겨워
> 가실 때에는
> 죽어도 아니 눈물 흘리오리다.
>
> – 김소월, 〈진달래꽃〉

① 수미상관의 구조를 통해 안정감을 나타냈다.
② 동일한 종결 어미의 반복을 통해 안정감을 표현했다.
③ 선명한 색채어를 통해 안정감을 나타냈다.
④ 동일한 문장의 반복을 통해 안정감을 나타냈다.

04 겉으로는 모순적 표현이지만, 속으로는 진실을 표현하는 역설 표현이 아닌 것은? 2006 인천 소방

① 외로운 황홀한 심사
② 소리 없는 아우성
③ 찬란한 슬픔의 봄
④ 죽어도 아니 눈물 흘리오리다.

풀이 수미상관은 시의 첫 연과 마지막 연을 동일하게 반복하여 운율을 형성하고 주제를 강조한다. 또한 구조적 안정감을 부여한다.
오답 ② 동일한 종결 어미(~우리다)와 ④ '나 보기가 역겨워 가실 때에는~'의 문장을 반복하는 것은 맞으나, 이러한 반복은 운율을 형성하는 것이다. 안정감과는 거리가 있다.
③ 색채어가 사용되지 않았다.

풀이 ④ '죽어도 아니 눈물 흘리오리다.'는 반어법이다.
오답 ①, ②, ③은 모두 역설법이다.

정답 03 ① 04 ④

05 표현 방식이 밑줄 친 '외로운 황홀한 심사'와 유사한 것은?　　2012. 경기 소방

> 보기
>
> 유리(琉璃)에 차고 슬픈 것이 어린거린다.
> 열없이 붙어서서 입김을 흐리우니
> 길들은 양 언 날개를 파다거린다.
> 지우고 보고 지우고 보아도
> 새까만 밤이 밀려 나가고 밀려와 부딪히고,
> 물 먹은 별이, 반짝, 보석(寶石)처럼 백힌다.
> 밤에 홀로 유리를 닦는 것은
> <u>외로운 황홀한 심사</u>이어니,
> 고흔 폐혈관(肺血管)이 찢어진 채로
> 아아, 늬는 산(山)ㅅ새처럼 날아갔구나!
>
> – 정지용, 〈유리창〉

① 펜은 칼보다 강하다.
② 얼룩백이 황소가 해설피 금빛 게으른 울음을 우는 곳
③ 돌담에 속삭이는 햇발같이, 풀 아래 웃음짓는 샘물같이
④ 향기로운 님의 목소리에 귀먹고 꽃다운 님의 얼굴에 눈멀고

풀이 〈보기〉는 역설적 표현의 예이다. ④는 역설법에 해당한다.

오답 ① 대유법과 비교법. ② 공감각적 표현. ③은 의인법에 해당한다.

제2장 현대 문학의 갈래별 이해

제1절 현대시

1 시의 개념과 특징

1. 개념

인간의 사상과 정서를 운율이 있는 말로 압축하여 표현한 운문 문학의 한 갈래를 말한다.

2. 특징

(1) 압축적 형태

절제된 언어를 사용하고 압축된 형식미를 중요시한다.

(2) 함축적·운율적 언어

언어가 지니는 운율적 요소를 많이 활용하며, 사전적 의미만을 가진 일상적 언어와는 다른 다양한 의미를 내포하는 함축적 언어를 사용하여 정서를 표현한다.

(3) 시어의 기능

① 음악적 효과(운율)를 준다.

② 함축적 의미와 다의성을 지닌다.

③ 이미지와 분위기를 형성한다.

④ 어조를 통해 정서를 나타낸다.

(4) 시적 화자 사용

시인의 작중 대리인인 시적 화자를 통해 전달한다.

(5) 정서 환기

단순한 의미 전달보다는 정서 환기를 목적으로 하며, 정서나 사상을 통해 삶의 문제를 형상화한다.

2 시의 갈래

1. 내용에 따른 갈래

(1) 서정시

개인의 감정이나 정서를 주관적으로 표현한 시이다.

■ 함축적 의미

정서적 효과를 불러일으키기 위해 사용되는 상징적이고 암시적인 의미를 말한다. 사전에 풀이된 의미에 한정되지 않고 더 많은 의미를 내포하고 있으며, 시 전체에서 새롭게 얻게 된 주관적 의미이다.

■ 어조(語調)

시에 나타난 시적 화자의 말투나 목소리의 특성을 말한다. 어조는 시의 정서나 분위기를 효과적으로 전달하는 데 중요한 역할을 한다. 주로 시어의 선택이나 문장의 종결 형태를 통해 드러난다.

(2) 서사시

서사(이야기)를 운율이 있는 언어로 표현한 시이다.

(3) 극시

극적 내용을 운율이 있는 언어로 표현한 희곡 형식의 시이다.

2. 형식에 따른 갈래

(1) 자유시

정해진 형식이나 운율에 구애받지 않고 자유롭게 쓴 시이다. 주로 내재율을 지니고 있다.

(2) 정형시

엄격한 형식이나 규칙적 운율에 맞춰 쓴 시이다. 주로 외형률을 지니고 있다.

(3) 산문시

산문처럼 행과 연 구분이 없이 쭉 써 내려간 시이다. 주로 내재율을 지니고 있다.

3. 태도와 경향에 따른 갈래

(1) 주정시

독자의 감정에 호소하는 시로, 주로 서정시가 이에 해당한다.

(2) 주지시

감정이 아닌 지성과 이성에 주로 의지하는 시로, 감각적 이미지의 사용이 두드러진다.

(3) 주의시

일정한 의도를 가진 의지적 내용을 표현한 시이다(주정+주지).

❸ 시적 화자와 운율

1. 시적 화자

■ 시적 화자
시적 화자는 시인의 작중 대리인이기는 하지만, 시인 자신은 아니다.

시인이 자신의 생각, 느낌 등 말하고자 하는 바를 효과적으로 전달하기 위해 의도적으로 설정한 대상으로, 시 속의 말하는 이이다.

시적 화자의 태도	• 시 속에 나타나는 대상 혹은 세계에 대한 시적 화자의 특정한 자세 • 작품의 분위기나 시적 화자의 어조를 통해 알 수 있음.
시적 화자의 정서	• 시적 대상이나 상황에 대해 시적 화자가 느끼는 감정과 생각 • 시적 화자가 어떤 심리 상태에 있는지 파악함으로써 알 수 있음.

2. 시의 운율

(1) 종류

① 내재율: 명시적이지는 않지만 작품 전체를 하나로 통합하고 질서를 부여하는 운율

② 외형률: 시의 표면에 뚜렷하게 드러나는 규칙적인 운율

ㄱ 음수율: 음절의 수가 규칙적으로 반복되어 형성된 운율

예 3·4조, 7·5조, 3·3·2조 등

ㄴ 음위율: 음의 위치가 규칙적으로 반복되어 형성된 운율

- 두운(頭韻): 시행의 처음에 같거나 비슷한 음이 반복
- 요운(腰韻): 시행의 중간에 같거나 비슷한 음이 반복
- 각운(脚韻): 시행의 끝에 같거나 비슷한 음이 반복

ㄷ 음보율: 음보가 규칙적으로 반복되어 형성된 운율

ㄹ 음성율: 음의 고저, 장단, 강약 등의 반복으로 형성된 운율로 우리나라의 현대시에서는 찾아볼 수 없다.

(2) 형성 방법

같은 소리, 단어, 구절, 문장의 반복	같은 소리나 단어, 구절, 문장이 반복되면서 생기는 운율 **예** 해야 솟아라. 해야 솟아라. 말갛게 씻은 얼굴 고운 해야 솟아라. －박두진, 〈해〉 중에서
유사한 문장 구조의 반복	비슷한 문장 구조가 반복되어 생기는 운율 **예** 벚꽃 지는 걸 보니 / 푸른 솔이 좋아. 　푸른 솔 좋아하다 보니 / 벚꽃마저 좋아. －김지하, 〈새봄〉 중에서
일정한 글자 수의 반복	글자 수가 일정하게 반복되어 생기는 운율 **예** 산 너머 남촌에는(7) / 누가 살길래(5) / 　해마다 봄바람이(7) / 남으로 오네(5) → 7·5조의 운율 －김동환, 〈산 너머 남촌에는〉 중에서
일정한 음보 수의 반복	일정한 간격으로 끊어 읽으면서 생기는 운율 **예** 비 오자∨장독간에∨봉선화∨반만 벌어 　해마다∨피는 꽃을∨나만 두고∨볼 것인가. → 4음보 －김상옥, 〈봉선화〉 중에서
의성어나 의태어의 사용	행동이나 소리를 흉내 내면서 발생하는 운율 **예** 연분홍 송이송이 못내 반가와 / 나비는 너훌너훌 춤을 춥니다. －김억, 〈연분홍〉 중에서

4 시의 심상과 표현 방법

1. 시의 심상(이미지)

(1) 의미

시에서는 관념이나 추상적 대상을 감각적으로 인식할 수 있는 대상으로 표현하는데, 이때 언어에 의해 마음속에 떠오르는 감각적인 형상을 이미지 또는 심상이라고 한다.

■ 음보
호흡 마디

■ 음보율
• 고려: 3음보(고려가요, 경기체가)
• 조선: 4음보(시조, 가사)

(2) 종류(감각의 종류에 따라)

　① 시각적 심상

　　　예 • 지나가던 구름이 하나 새빨간 노을에 젖어 있었다. – 김광균, 〈외인촌〉
　　　　　• 비는 하이얀 진주 목걸이를 사랑한다. – 장만영, 〈비〉
　　　　　• 좁은 들길에 들장미 열매 붉어 – 신석정, 〈그 먼 나라를 알으십니까〉

　② 청각적 심상

　　　예 • 접동 / 접동 / 아우래비 접동 – 김소월, 〈접동새〉
　　　　　• 둥기둥 줄이 울면 초가 삼간 달이 뜨고 – 이완영, 〈조국〉
　　　　　• 머리맡에 찬물을 쏴아 퍼붓고는 – 김동환, 〈북청 물장수〉

　③ 후각적 심상

　　　예 • 강한 향기로 흐르는 코피 – 서정주, 〈대낮〉
　　　　　• 어마씨 그리운 솜씨에 향그러운 꽃지짐 – 김상옥, 〈사향〉

　④ 미각적 심상

　　　예 물새알은 간간하고 짭조름한 미역 냄새 – 김소월, 〈물새알 산새알〉

　⑤ 촉각적 심상

　　　예 불현듯 아버지의 서느런 옷자락을 느끼는 것은 – 김종길, 〈성탄제〉

　⑥ 공감각적 심상: 한 종류의 감각을 다른 종류의 감각으로 전이시켜 표현하는 것이다. 공감각적 이미지는 감각적 인상을 개성적으로 전달하기 위한 방법이다. → 감각의 전이

　　　예 • 분수처럼 흩어지는 푸른 종 소리(청각의 시각화) – 김광균, 〈외인촌〉
　　　　　• 금으로 타는 태양의 즐거운 울림(시각의 청각화) – 박남수, 〈아침 이미지〉
　　　　　• 관이 향기로운 너는(시각의 후각화)
　　　　　• 동해 쪽빛 바람에(촉각의 시각화)
　　　　　• 나는 향기로운 님의 말소리에 귀먹고(청각의 후각화)
　　　　　• 매운 계절의 채찍에 갈겨(촉각의 미각화)

(3) 기능

　① 구체성: 추상적 관념을 구체적 언어로 생생하게 전달한다.

　② 함축성: 여러 가지 의미와 느낌을 함축적으로 표현한다.

　③ 직접성: 뚜렷하고 직접적인 인상을 주어 정서적 반응을 불러일으킨다.

2. 시의 표현 방법

(1) 비유

　① 의미: 표현하고자 하는 대상(원관념)을 그와 유사한 다른 대상(보조 관념)에 빗대어 표현하는 방법을 말한다.

■ 복합 감각적 심상과 공감각적 심상
복합 감각적 심상은 감각이 전이가 아니라 여러 가지 감각이 함께 나열되어 표현되는 것이다.
예 • 술 익는 마을마다 타는 저녁놀 → 후각과 시각의 나열
　　• 꽃처럼 붉은 울음 → 청각의 시각화

② 종류

직유법	'~처럼', '~같이' 등을 사용하여 원관념을 보조 관념에 직접 연결하여 표현하는 방법
은유법	연결하는 말을 사용하지 않고 원관념과 보조 관념을 'A는 B이다'의 형태로 표현하여 동일 관계로 표현하는 방법
의인법	비인간적 대상에 인격을 부여하여 사람처럼 표현하는 방법
활유법	무생물을 생물인 것처럼 빗대어 표현하는 방법
대유법	어떤 대상의 부분, 속성, 특징 등을 통해 전체를 대신하도록 표현하는 방법
풍유법	속담이나 고사 성어, 격언 등 다른 말이나 이야기를 인용하여 본래 의미를 암시하여 표현하는 방법

(2) 상징

① 의미: 추상적인 사물이나 관념 또는 사상을 구체적인 다른 대상으로 대신하여 표현하는 방법을 말한다.

② 종류

원형적 상징	• 인류의 역사를 통해 형성된 근본적 이미지로서의 상징 • 역사, 종교, 문학 등에서 끊임없이 되풀이하여 표현됨으로써 인류에게 유사한 의미나 정서를 불러일으킴. 예 '물'은 '생명력, 소생, 탄생, 속죄, 정화' 등의 원형적 상징을 지님.
관습적(제도적) 상징	동일 집단의 사람들에게 오래 전부터 형성되어 보편적으로 통용되는 상징 예 '비둘기'는 '평화'를 상징함.
개인적(창조적) 상징	• 시인이 독창적으로 창조해 낸 상징 • 해당 작품에서만 특별한 의미를 지님. 예 윤동주의 시 〈십자가〉에서 '십자가'는 기독교의 상징이 아니라 자기희생이라는 개인적 상징을 지님.

비유와 상징 비교

구분	비유	상징
공통점	자신의 생각이나 감정을 간접적이고 우회적으로 드러냄.	
차이점	• 원관념과 보조 관념이 함께 나타나며 일대일로 명확하게 대응 • 원관념과 보조 관념 사이에 유사성이 있음. • 일회적으로 사용됨.	• 보조 관념만 나타나며 원관념과 보조 관념이 다수 대 일로 연결됨. • 원관념과 보조 관념 사이에 유사성이 없는 경우가 많음. • 한 작품에서 반복적으로 사용됨.

(3) 역설

겉으로 보면 모순되고 이치에 맞지 않는 표현이지만 궁극적으로는 그 속에 진리와 진실을 담고 있는 표현 방법을 말한다.

■ 대유법

대유법은 하나의 사물이나 관념을 나타내는 말이 경험적으로 그것과 밀접하게 연관된 다른 사물이나 관념을 나타내도록 표현하는 방법으로 제유법과 환유법으로 나눌 수 있다. 제유법은 표현하고자 하는 대상의 일부를 통해 전체를 나타내는 방법이고, 환유법은 표현하려는 대상과 관련된 다른 사물이나 속성을 들어 그 대상을 대신해 나타내는 방법이다.

■ 원형(原型)

역사나 문학, 종교, 풍습 등에서 수없이 되풀이된 이미지나 화소(모티프) 또는 주제를 말한다. 집단 무의식을 구성하는 보편적 상징으로, 민족이나 문화를 초월하여 나타난다.

■ 역설

역설 중에는 수식어와 피수식어 사이에 모순이 발생하는 것이 있는데, 이를 가리켜 '모순 형용'이라고 한다. 이것은 작품 전체의 구조와는 무관하게 시구 자체에 모순이 담긴 것으로 '표면적 역설'이라고도 한다.

예 나는 아직 기다리고 있을 테요, 찬란한 슬픔의 봄을. −김영랑, 〈모란이 피기까지는〉 중에서

(4) 반어

표현된 것과 표현의 의도가 상반된 진술 방식으로, 표현하고자 하는 의도와 반대가 되도록 표현한 방법을 말한다. 의도적으로 서로 어울릴 수 없는 말끼리 연결하여 언어의 용법에 어긋나게 쓴 표현 방식이다.

예 나 보기가 역겨워 / 가실 때에는 / 죽어도 아니 눈물 흘리오리다.
−김소월, 〈진달래꽃〉 중에서

(5) 감정 이입

자신의 감정을 대상에 이입하여 마치 대상도 그렇게 느끼고 생각하는 것처럼 표현하는 방법을 말한다.

예 붉은 해는 서산에 걸리었다 / 사슴의 무리도 슬피 운다
−김소월, 〈초혼〉 중에서

5 감상 관점

1. 내재적 관점

운율, 심상, 표현, 작품 구조 등 작품 자체를 근거로 하여 작품의 내부적 특징을 고려하며 감상하는 방법을 말하며, 절대적 또는 구조적 관점이라고도 한다.

2. 외재적 관점

작가, 독자, 현실 등 작품에 영향을 주는 여러 외부적 요소를 근거로 하여 그들 사이의 관계를 통해 작품을 감상하는 방법을 말한다.

표현론적 관점	작가와 작품의 관계에 초점을 맞추어 감상하는 방법
효용론적 관점	작품이 독자에게 미치는 영향에 초점을 두어 감상하는 방법
반영론적 관점	작품과 현실의 관계에 초점을 맞추어 감상하는 방법

현대시 감상

강은교, 〈우리가 물이 되어〉

우리가 물이 되어 만난다면
가문 어느 집에선들 좋아하지 않으랴.
우리가 키 큰 나무와 함께 서서
우르르 우르르 비 오는 소리로 흐른다면.

흐르고 흘러서 저물녘엔
저 혼자 깊어지는 강물에 누워
죽은 나무뿌리를 적시기도 한다면
아아, 아직 처녀(處女)인
부끄러운 바다에 닿는다면.

그러나 지금 우리는
불로 만나려 한다.
벌써 숯이 된 뼈 하나가
세상에 불타는 것들을 쓰다듬고 있나니

만 리(萬里) 밖에서 기다리는 그대여
저 불 지난 뒤에
흐르는 물로 만나자.
푸시시 푸시시 불 꺼지는 소리로 말하면서
올 때는 인적(人跡) 그친
넓고 깨끗한 하늘로 오라.

▶ **갈래**: 자유시, 서정시
▶ **성격**: 상징적, 의지적, 역설적
▶ **어조**: 소망의 간절함을 드러내는 의지적 어조
▶ **표현**
　① 가정법 구문을 사용하여 간절한 소망을 표현함.
　② 물과 불의 이미지를 통해 주제를 형상화함.
▶ **제재**: 물의 흐름과 만남
▶ **구성**
　① 기(1연): 물과의 합일을 지향함.
　② 승(2연): 순수와 합일의 세계를 추구함.
　③ 전(3연): 대결과 증오에 대한 안타까움.
　④ 결(4연): 순수한 합일에 대해 염원함.
▶ **특징**: 생명을 낳는 물과, 세상을 깨끗이 정화하는 불을 노래하면서 생명력이 충
　만하고 청정한 삶들끼리의 만남을 희구하고 있는 작품
▶ **주제**: 충만한 생명력과 조화로운 합일에 대한 희구

■ 강은교(姜恩喬, 1945~2004)
시인. 1968년 《사상계》 신인 문학상
에 〈순례자의 잠〉이 당선되어 등단
하였다. 〈70년대〉 동인. 허무를 주제
로 존재의 본질을 탐구하는 것에서
출발하였는데, 점차 생명의 신비와
공동체적 삶으로 관심을 넓혀 갔다.
시집에 《풀잎》(1974), 《빈자 일기》
(1978), 《붉은 강》(1984) 등이 있다.

■ 고은(1933~)

시인. 1952년 20세에 입산하여 승려가 되었으며, 1958년 《현대문학》에 '폐결핵'을 발표하면서 등단하였다. 참여의식과 역사의식을 형상화한 시를 주로 썼다. 시집에 《조국의 별》(1984), 《만인보》(1986), 《백두산》(1987), 《머나먼 길》(1999) 등이 있다.

고은, 〈머슴 대길이〉

새터 관전이네 머슴 대길이는
상머슴으로
누룩도야지 한 마리 번쩍 들어
도야지 우리에 넘겼지요.
그야말로 도야지 멱 따는 소리까지도 후딱 넘겼지요.
밥때 늦어도 투덜댈 줄 통 모르고
이른 아침 동네 길 이슬도 털고 잘도 치워 훤히 가리마 났지요.
그러나 낮보다 어둠에 빛나는 먹눈이었지요.
머슴 방 등잔불 아래
나는 대길이 아저씨한테 가갸거겨 배웠지요.
그리하여 장화홍련전을 주룩주룩 비오듯 읽었지요.
어린아이 세상에 눈 떴지요.
일제 36년이 지나간 뒤 가갸거겨 아는 놈은 나밖에 없었지요.

대길이 아저씨더러는
주인도 동네 어른도 함부로 대하지 않았지요.
살구꽃 핀 마을 뒷산에 올라가서
홑적삼 큰아기 따위에는 눈요기도 안 하고
지게 작대기 뉘어 놓고 먼 데 바다를 바라보았지요.
나도 따라 바라보았지요.
우르르르 달려가는 바다 울음소리 들었지요.
찬 겨울 눈더미 가운데서도
덜렁 겨드랑이에 바람 잘도 드나들었지요.
그가 말했지요.
사람이 너무 호강하면 저밖에 모른단다.
남하고 사는 세상인데

대길이 아저씨
그는 나에게 불빛이었지요.
자다 깨어도 그대로 켜져서 밤 새우는 불빛이었지요.

▶ 시대: 1980년
▶ 갈래: 자유시, 서정시
▶ 성격: 민중적, 토속적, 회상적, 비판적, 현실 참여적
▶ 표현: 소박하고 단순한 일상적 표현을 구사하고 있음.
▶ 어조: 소박하고 친근한 어조
▶ 특징
　① 소박하고 단순한 일상적 표현을 구사함.
　② 산문적인 구성을 취함.
▶ 주제: 소외되고 억눌린 민중의 건강한 삶, 민중의 삶의 건강성과 더불어 사는 삶의 아름다움

📝 구상, 〈초토(焦土)의 시 8-적군 묘지 앞에서〉

오호, 여기 줄지어 누워있는 넋들은
눈도 감지 못하였겠구나.

어제까지 너희의 목숨을 겨눠
방아쇠를 당기던 우리의 그 손으로
썩어 문드러진 살덩이와 뼈를 추려
그래도 양지 바른 두메를 골라
고이 파묻어 떼마저 입혔거니,

죽음은 이렇듯 미움보다도 사랑보다도
더욱 신비로운 것이로다

이곳서 나와 너희의 넋들이
돌아가야 할 고향 땅은 30리면
가로막히고
무주공산(無主空山)의 적막만이
천만 근 나의 가슴을 억누르는데,

살아서는 너희가 나와
미움으로 맺혔건만,
이제는 오히려 너희의
풀지 못한 원한이
나의 바램 속에 깃들어 있도다.

손에 닿을 듯한 봄 하늘에
구름은 무심히도
북으로 흘러 가고

어디서 울려오는 포성(砲聲) 몇 발
나는 그만 이 은원(恩怨)의 무덤 앞에
목놓아 버린다.

▶ **시대**: 1950년대
▶ **갈래**: 자유시, 서정시
▶ **성격**: 윤리적, 인도주의적, 기독교적
▶ **어조**: 비장하고 격정적인 어조
▶ **운율**: 내재율
▶ **특징**
　① 평범한 시어를 통해 직설적으로 표현함.
　② 비장하고 애통한 격정의 어조를 띰.
　③ 인도주의에 바탕을 둔 인간애를 다룸.
▶ **주제**: 적군의 죽음에 대한 애도와 분단에 대한 통한

■ **구상(1919~2004)**
1919년 함경남도 원산 출생. 시집 '응향' 사건으로 인해 '북조선 예술 총동맹'으로부터 반동 시인으로 찍혀 곧바로 월남하였으며, 한국 전쟁 때 종군 시인으로 활동하였다. 그의 시는 카톨릭의 종교 의식을 바탕으로 삼아 인간 존재와 우주의 의미를 탐구하는 구도적 경향이 짙다. 시집으로는 《시집 구상》, 《초토의 시》 등이 있다.

■ 김광균(金光均, 1914~1993)
시인. 개성 출생. 김기림, 정지용과 더불어 1930년대 모더니즘을 확산시키는 데 큰 역할을 하였다. 《시인 부락》과 《자오선》의 동인으로 활동하였으며, 회화적 이미지를 잘 구사하였던 기교파 시인으로 도시인의 비애를 즐겨 노래하였다. 시집에 《와사등》(1939), 《기항지》(1947), 《황혼가》(1957) 등이 있다.

김광균, 〈추일서정〉

낙엽은 폴란드 망명 정부의 지폐
포화(砲火)에 이지러진
도룬 시의 가을 하늘을 생각케 한다.
길은 한 줄기 구겨진 넥타이처럼 풀어져
일광(日光)의 폭포 속으로 사라지고
조그만 담배 연기를 내뿜으며
새로 두 시의 급행 열차가 들을 달린다.
포플라나무의 근골(筋骨) 사이로
공장의 지붕은 흰 이빨을 드러내인 채
한 가닥 구부러진 철책(鐵柵)이 바람에 나부끼고
그 위에 셀로판지로 만든 구름이 하나.
자욱한 풀벌레 소리 발길로 차며
호올로 황량(荒凉)한 생각 버릴 곳 없어
허공에 띄우는 돌팔매 하나.
기울어진 풍경의 장막(帳幕) 저 쪽에
고독한 반원(半圓)을 긋고 잠기어 간다.

▶ 갈래: 자유시, 서정시

▶ 성격: 회화적, 감각적, 주지적

▶ 어조: 관조적이고 애상적인 어조

▶ 표현

① 회화적 이미지로 묘사함.

② 서구적, 도시적 감각의 소재를 사용함.

③ 비유적 표현을 사용함.

▶ 제재: 가을 풍경

▶ 주제: 가을 풍경에서 느끼는 애수와 고독

■ 김광섭(金珖燮, 1905~1977)
시인. 함북 경성 출생. 호는 이산(怡山). 1928년 일본 와세다 대학 영문과 졸업. 《해외 문학》과 《문예 월간》 동인으로 창작을 시작하여 해방 후 중앙 문화 협회, 조선 문필가 협회 등을 창립하였다. 등단 초기 조용한 서정과 냉철한 지성을 혼합하는 시풍으로 주목을 끌었으며, 건강 악화 이후 발표한 시집 《성북동 비둘기》(1969)가 그의 시적 결정으로 평가받았다. 시집으로 《동경》(1938), 《해바라기》(1957), 《김광섭 시선집》(1974) 등이 있다.

김광섭, 〈성북동 비둘기〉

성북동 산에 번지가 새로 생기면서
본래 살던 성북동 비둘기만이 번지가 없어졌다.
새벽부터 돌 깨는 산울림에 떨다가
가슴에 금이 갔다.
그래도 성북동 비둘기는
하느님의 광장 같은 새파란 아침 하늘에
성북동 주민에게 축복의 메시지나 전하듯
성북동 하늘을 한 바퀴 휘돈다.

성북동 베마른 골짜기에는
조용히 앉아 콩알 하나 찍어 먹을

널찍한 마당은커녕 가는 데마다
채석장 포성이 메아리쳐서
피난하듯 지붕에 올라앉아
아침 구공탄 굴뚝 연기에서 향수를 느끼다가
산 1번지 채석장에 도로 가서
금방 따낸 돌 온기에 입을 닦는다.

예전에는 사람을 성자(聖者)처럼 보고
사람 가까이서
사람과 같이 사랑하고
사람과 같이 평화를 즐기던
사랑과 평화의 새 비둘기는
이제 안오 잃고 사람도 잃고
사랑과 평화의 사상까지
낳지 못하는 쫓기는 새가 되었다.

▶**시대**: 1968년
▶**갈래**: 자유시, 서정시
▶**성격**: 문명 비판적, 주지적, 상징적, 우의적
▶**표현**
　① 감각적 이미지로 시적 상황을 구체적으로 표현함.
　② 비둘기를 의인화하여 인간과 자연의 문제를 대립적으로 설정함.
▶**어조**: 차분하고 날카로운 비판적 어조
▶**운율**: 내재율
▶**특징**
　① 비둘기를 의인화 시켜 인간의 문제를 우의적으로 표현함.
　② 평이한 시어를 산문적으로 구사하여 주제를 효과적으로 드러냄.
　③ 주로 시각적 · 청각적 이미지를 사용하여 상황의 심각성을 강조함.
▶**주제**: 자연미에 대한 향수와 문명에 대한 비판

🖊 김남조, 〈설일(雪日)〉

겨울 나무와
바람
머리채 긴 바람들은 투명한 빨래처럼
진종일 가지 끝에 걸려
나무도 바람도
혼자가 아닌 게 된다.

혼자는 아니다.
누구도 혼자는 아니다.

■ 김남조(1927~)
시인. 경북 대구 출생. 카톨릭적 사랑의 세계와 윤리 의식을 바탕으로 신에 대한 은총과 인간외 사랑 그리고 인간주의적인 밝고 경건한 삶에 대한 예찬 등을 여성 특유의 섬세한 필치로 그렸다. 주요 작품으로 〈겨울바다〉, 〈설인〉, 〈정념의 기〉 등의 시가 있으며, 시집 《나아느의 향유》(1955), 《정념의 기》(1960), 《겨울바다》(1967) 등이 있다.

나도 아니다.
실상 하늘 아래 외톨이로 서 보는 날도
하늘만은 함께 있어 주지 않던가.

삶은 언제나
은총(恩寵)의 돌층계의 어디쯤이다.
사랑도 매양
섭리(攝理)의 자갈밭의 어디쯤이다.

이적진 말로써 풀던 마음
말없이 삭이고
얼마 더 너그러워져서 이 생명을 살자.
황송한 축연이라 알고
한 세상을 누리자.

새해의 눈시울이
순수의 얼음꽃
승천한 눈물들이 다시 땅위에 떨구이는
백설을 담고 온다.

▶ 갈래: 자유시, 서정시
▶ 성격: 서정적, 종교적, 성찰적, 상징적
▶ 표현
　① 시각적 이미지를 선명하게 제시하고 있음.
　② 자연 현상에서 인생의 의미를 유추해 내고 있음.
▶ 어조: 차분하면서 설득적이며 기원적인 어조
▶ 운율: 내재율
▶ 특징
　① 기독교적 신앙심이 배어남.
　② 서술적, 시각적 심상을 사용하여 표현함.
▶ 주제: 긍정적 삶의 인식과 새해의 다짐

김소월, 〈진달래꽃〉

나 보기가 역겨워
가실 때에는
말없이 고이 보내 드리오리다.

영변(寧邊)에 약산(藥山)
진달래꽃
아름 따다 가실 길에 뿌리오리다.

■ 김소월(金素月, 1902~1934)
시인. 본명은 정식. 평북 구성 출생.
1920년 《창조》에 5편의 시를 발표
하면서 등단하였다. 민족의 보편적인
정서를 민요조의 율격에 담아 격조
높은 시를 많이 발표하였다. 대표작
에 〈금잔디〉, 〈엄마야 누나야〉, 〈진달
래꽃〉 등이 있고, 시집에 《진달래꽃》
(1925), 《소월 시초》(1939)가 있다.

가시는 걸음 걸음
놓인 그 꽃을
사뿐히 즈려 밟고 가시옵소서.

나 보기가 역겨워
가실 때에는
죽어도 아니 눈물 흘리오리다.

▶ 시대: 1922년
▶ 갈래: 자유시, 서정시
▶ 성격: 민요적, 토속적, 감상적, 낭만적, 향토적
▶ 표현
  ① 7 · 5조, 3음보의 민요적 운율을 사용함.
  ② 반어적 표현과 경어체를 사용함.
▶ 어조: 여성적인 간결한 어조
▶ 운율: 3음보, 각운(~오리다)
▶ 특징: ① 전통적 정서와 율격을 사용함.
       ② 여성적인 간결한 어조
       ③ 도치, 반복, 반어, 명령법의 사용으로 주제를 효과적으로 표현함.
▶ 주제: 승화된 이별의 정한

🖊 김수영, 〈눈〉

눈은 살아 있다.
떨어진 눈은 살아 있다.
마당 위에 떨어진 눈은 살아 있다.

기침을 하자.
젊은 시인(詩人)이여 기침을 하자.
눈 위에 대고 기침을 하자.
눈더러 보라고 마음 놓고 마음 놓고
기침을 하자.

눈은 살아 있다.
죽음을 잊어버린 영혼(靈魂)과 육체(肉體)를 위하여
눈은 새벽이 지나도록 살아 있다.

기침을 하자.
젊은 시인(詩人)이여 기침을 하자.
눈을 바라보며
밤새도록 고인 가슴의 가래라도
마음껏 뱉자.

■ 김수영(1921~1968)
서울 출생. 연희전문 영문과 졸업. 북한 의용군에 강제 징집, 거제도 포로수용소에서 석방되었다. 1945년 《예술부락》에 〈묘정(廟廷)의 노래〉로 등단하였으며, 1948년 김경린, 박인환 등과 함께 시집 《새로운 도시와 시민들의 합창》을 발행하여 모더니스트로 출발하였다. 그러나 1959년에 시집 《달나라의 장난》을 발간함으로써 문학에 있어 안이한 서정성의 배격과 지식인의 회의(懷疑), 방황, 좌절, 고뇌 등이 깊이 새겨진 참여시의 새로운 지평을 열었다. 유고 시집으로 《거대한 뿌리》(1974), 《사랑의 변주곡》(1988) 등이 있다.

▶출전: 시집 《달나라의 장난》(1959)

▶갈래: 자유시, 서정시, 참여시

▶성격: 의지적, 비판적, 주지적, 상징적, 반성적

▶어조: 단정적, 권유적, 자기 반성적

▶운율: 내재율. 반복, 변형, 첨가, 대칭 등에 의한 리듬의 창출

▶특징

　① 동일한 문장의 반복과 문장 변형 및 첨가를 통한 점층적 진행으로 리듬감 강조

　② '눈'과 '기침'이라는 두 개념에 대한 상징성을 부각시킴으로써 주지적인 성격을
　　보다 명확히 함.

▶주제: 순수한 생명 의식을 통한 부정적 현실의 극복에 대한 갈망과 고뇌(영혼과
양심의 순결성을 희망하는 의지)

■ 박두진(朴斗鎭, 1916~1998)
시인. 호는 혜산(兮山). 경기도 안성
출생. 1939년 《문장(文章)》지에 〈묘
지송〉 등을 발표하면서 등단하였다.
초기에는 자연과의 친화와 교감을
산문체의 독백 형식으로 표현하였으
며, 후기에는 현실에 대한 불굴의 자
세와 신념을 노래하였다. 시집에 《청
록집》(1946), 《해》(1949), 《오도》
(1953) 등이 있다.

📝 박두진, 〈해〉

　해야 솟아라, 해야 솟아라, 말갛게 씻은 얼굴 고운 해야 솟아라. 산 넘어 산 넘어서 어둠을 살라 먹고 산 넘어서 밤새도록 어둠을 살라 먹고, 이글이글 앳된 얼굴 고운 해야 솟아라.

　달밤이 싫여, 달밤이 싫여, 눈물 같은 골짜기에 달밤이 싫여, 아무도 없는 뜰에 달밤이 나는 싫여……

　해야, 고운 해야. 늬가 오면 늬가사 오면, 나는 나는 청산이 좋아라. 훨훨훨 깃을 치는 청산이 좋아라. 청산이 있으면 홀로래도 좋아라.

　사슴을 따라, 사슴을 따라, 양지로 양지로 사슴을 따라, 사슴을 만나면 사슴과 놀고,

　칡범을 따라, 칡범을 따라, 칡범을 만나면 칡범과 놀고…….

　해야, 고운 해야, 해야 솟아라. 꿈이 아니래도 너를 만나면, 꽃도 새도 짐승도 한자리에 앉아. 워어이 워어이 모두 불러 한자리 앉아, 애띠고 고운 날을 누려 보리라.

▶시대: 1949년

▶갈래: 산문시, 서정시

▶성격: 열정적, 상징적, 예언적

▶표현: ① 반복을 통해 소망의 간절함을 나타내고 있음.

　　② 4음보의 급박한 리듬을 사용함.

▶어조: 강렬하고 의지적인 남성의 명령적 목소리

▶운율: 내재율, 4음보율

▶특징: 'aaba'의 운율 구조와 반복법, 4음보를 사용하여 급박한 리듬을 형성함으로
써 시적 화자의 소망이 절실함을 강조

▶주제: 민족의 웅대하고 기쁨에 찬 미래상 추구

박목월, 〈이별가〉

뭐락카노, 저 편 강기슭에서
니 뭐락카노, 바람에 불려서

이승 아니믄 저승으로 떠나가는 뱃머리에서
나의 목소리도 바람에 날려서

뭐락카노 뭐락카노
썩어서 동아 밧줄은 삭아 내리는데

하직을 말자, 하직을 말자
인연은 갈밭을 건너는 바람

뭐락카노 뭐락카노 뭐락카노
니 흰 옷자락기만 펄럭거리고……

오냐, 오냐, 오냐.
이승 아니믄 저승에서라도……

이승 아니믄 저승에서라도
인연은 갈밭을 건너는 바람

뭐락카노, 저 편 강기슭에서
니 음성은 바람에 불려서

오냐, 오냐, 오냐.
나의 목소리도 바람에 날려서.

▶시대: 1968년
▶갈래: 자유시, 서정시
▶성격: 전통적, 초월적
▶어조: 나직하고 안타까운 어조
▶운율: 내재율, 3음보
▶특징
　① 방언을 사용하여 소박한 정감을 표현함.
　② 반복과 점층을 통해 그리움과 안타까움을 심화함.
▶주제: 삶과 죽음을 초월한 이별의 정한

■ 박목월(1916~1978)
시인. 본명은 영종(泳鍾). 경상북도 경주 출신. 1935년 대구의 계성중학교를 졸업하였다. 1946년 무렵부터 교직에 종사하였다. 1947년 한국문필가협회 발족과 더불어 상임위원으로 문학 운동에 가담하였다. 1933년 《어린이》지에 동시 〈통딱딱 통딱딱〉이 특선되었고, 같은 해 《신가정(新家庭)》지에 동요 〈제비맞이〉가 당선된 이후 많은 동시를 썼다. 1955년 시집 《산도화(山桃花, 1954)》로 제3회 아시아자유문학상, 1968년 《청담(晴曇)》으로 대한민국문예상 본상(本賞) 등을 수상하였다. 수필집으로는 《구름의 서정》(1956), 《토요일의 밤하늘》(1958) 등이 있다. 시사적(詩史的)인 면에서 김소월(金素月)과 김영랑(金永郎)을 잇는 향토적 서정성을 심화시켰으며, 애국적 사상을 바탕으로 민요조를 개성있게 수용하여 재창조한 시인이다.

박재삼, 〈추억에서〉

진주(晉州) 장터 생어물전(生魚物廛)에는
바닷밑이 깔리는 해다진 어스름을,

울엄매의 장사 끝에 남은 고기 몇 마리의
빛 발(發)하는 눈깔들이 속절없이
은전(銀錢)만큼 손 안 닿는 한(恨)이던가
울엄매야 울엄매,

별밭은 또 그리 멀리
우리 오누이의 머리맞댄 골방 안 되어
손시리게 떨던가 손시리게 떨던가,

진주(晉州) 남강(南江) 맑다 해도
오명 가명
신새벽이나 밤빛에 보는 것을,
울엄매의 마음은 어떠했을꼬,
달빛 받은 옹기전의 옹기들같이
말없이 글썽이고 반짝이던 것인가

▶ **시대**: 1960년대
▶ **갈래**: 자유시, 서정시
▶ **성격**: 회상적, 애상적, 향토적, 영탄적, 토속적
▶ **표현**
   ① 시각적 이미지를 통해 한의 정서를 형상화하였음.
   ② 경상도 방언의 사용으로 향토적인 느낌을 주고 있음.
   ③ 의문형 종결 어미의 사용으로 감정의 절제를 보여 주고 있음.
   ④ 시어의 함축적 의미
      예 빛 발하는(고기) 눈깔 = 은전: 경제적 어려움(가난함)에서 오는 어머니의 한(恨) → 시각적 이미지
      예 달빛 받은 옹기 = 눈물: 남몰래 흘렸을 어머니의 눈물(슬픔) → 시각적 이미지(슬픔의 시각화)
▶ **어조**: 애상적 어조
▶ **운율**: 내재율(7 · 5조의 변형)
▶ **특징**
   ① 시각적 심상을 이용한 추억 회상
   ② 시어와 시구의 반복으로 리듬감 형성 예 '울엄매, 오명 가명, 손시리게 떨던가' 등
   ③ 구체적 지명 및 사투리 사용으로 향토적 정감을 환기시키고 있음.
   ④ '~던가', '~ㄹ꼬' 등 가정(假定)과 영탄의 종결 어미를 적절히 사용하여 애틋한 한(恨)의 정서를 심화시키고 있음.
▶ **주제**: 어머니의 삶과 한(恨)

백석, 〈여승〉

여승은 합장하고 절을 했다.
가지취의 내음새가 났다.
쓸쓸한 낯이 옛날같이 늙었다.
나는 불경처럼 서러워졌다.

평안도의 어느 산(山) 깊은 금점판
나는 파리한 여인에게서 옥수수를 샀다.
여인은 나어린 딸아이를 따리며 가을밤같이 차게 울었다.

섶벌같이 나아간 지아비 기다려 십 년(十年)이 갔다.
지아비는 돌아오지 않고,
어린 딸은 도라지꽃이 좋아 돌무덤으로 갔다.

산꿩도 섦게 울은 슬픈 날이 있었다.
산 절의 마당귀에 여인이 머리오리가 눈물방울과 같이 떨어진 날이 있었다.

▶ **시대**: 1930년대 일제 강점기
▶ **갈래**: 자유시, 서정시
▶ **성격**: 서사적, 애상적, 회상적
▶ **표현**: 감정 이입의 표현 기법
▶ **어조**: 회상적 어조
▶ **운율**: 내재율
▶ **특징**
　① 역순행적 구성 방식을 취하였음.
　② 감정 이입을 통해 슬픔을 형상화하였음.
　③ 서사적 구조와 같은 이야기가 삽입되어 있음.
▶ **주제**: 일제 강점기 한 여인의 비극적인 삶

서정주, 〈추천사〉

향단(香丹)아 그넷줄을 밀어라.
머언 바다로
배를 내어 밀듯이.
향단아.

이 다소곳이 흔들리는 수양버들나무와
베갯모에 놓이듯 한 풀꽃 더미로부터,
자잘한 나비 새끼 꾀꼬리들로부터,
아주 내어 밀듯이, 향단아.

■ 백석(1912~1996)

시인. 본명은 기행. 평안북도 정주 출생. 1935년 《조선일보》에 〈정주성〉을 발표하면서 등단하였다. 초기 시는 정주 지방의 사투리를 구사하거나 토속적인 소재들을 시어로 채택하여 파괴되지 않은 농촌 공동체의 정서를 표현하였다. 이후에는 여행 중에 접한 풍물을 표현하는 기행시나 모더니즘 계열의 시를 창작하였다. 시집으로는 《사슴》, 《백석 시 선집》이 있다.

■ 서정주(徐廷柱, 1915~2000)

시인. 호는 미당(未堂). 전북 고창 출생. 1936년 《동아일보》 신춘 문예에 〈벽〉이 당선되어 등단하였으며, 《시인 부락》, 《자오선》 동인으로 활약하였다. 대표시로는 〈귀촉도〉, 〈국화 옆에서〉, 〈무등을 보며〉, 〈자화상〉, 〈추천사〉, 〈춘향 유문〉 등이 있으며, 시집에 《화사(花蛇)》, 《귀촉도(歸蜀途)》, 《동천(冬天)》, 《국화 옆에서》 등이 있다.

산호(珊瑚)도 섬도 없는 저 하늘로
나를 밀어 올려 다오.
채색(彩色)한 구름같이 나를 밀어 올려 다오.
이 울렁이는 가슴을 밀어 올려 다오!

서(西)으로 가는 달같이는
나는 아무래도 갈 수가 없다.

바람이 파도(波濤)를 밀어 올리듯이
그렇게 나를 밀어 올려 다오.
향단아.

▶시대: 1950년대
▶갈래: 자유시, 서정시
▶성격: 상징적, 이상적, 낭만적, 초월적, 전통적
▶운율: 내재율
▶특징
　① 표면적으로는 대화의 어조를 띠나 내용상으로는 독백에 해당함.
　② 그네의 운동에 따라 시상을 전개하고 있음.
▶주제: 초월적인 이상에 대한 갈망과 의지

신경림, 〈목계장터〉

■ 신경림(1936~)
시인. 충북 충주 출생. 초기에는 관념적인 시를 썼으나, 이후에는 주로 농촌 현실을 바탕으로 가난하고 억압받는 민중(농민)의 편에 서서 그들의 울분과 애환을 노래하는 작품을 썼다. 시집에 《새재》, 《달넘세》, 《남한강》, 《가난한 사랑 노래》, 《길》 등이 있다.

하늘은 날더러 구름이 되라 하고
땅은 날더러 바람이 되라 하네.
청룡(靑龍) 흑룡(黑龍) 흩어져 비 개인 나루
잡초나 일깨우는 잔바람이 되라네.
뱃길이라 서울 사흘 목계 나루에
아흐레 나흘 찾아 박가분 파는
가을볕도 서러운 방물 장수 되라네.
산은 날더러 들꽃이 되라 하고
강은 날더러 잔돌이 되라 하네.
산서리 맵차거든 풀 속에 얼굴 묻고
물여울 모질거든 바위 뒤에 붙으라네.
민물 새우 끓어 넘는 토방 툇마루
석삼년에 한 이레쯤 천치(天痴)로 변해
짐 부리고 앉아 있는 떠돌이가 되라네.
하늘은 날더러 바람이 되라 하고
산은 날더러 잔돌이 되라 하네.

▶출전: 《농무》(1973)
▶갈래: 자유시, 서정시

▶성격: 관념적, 상징적, 토속적, 서정적, 비유적

▶표현: 반복법, 상징법, 의인법

▶어조: 삶의 애환을 차분하고 독백적인 어조로 표현

▶운율: 4음보의 전통적 율격

▶특징

　① 민요적 가락과 일상적 · 토속적 시어를 사용함.

　② 방랑과 정착의 심상이 대립됨.

　③ 자연물을 통해 정서를 표현함.

▶주제: 떠돌이 민중들의 삶의 애환과 갈등

✎ 신동엽, 〈껍데기는 가라〉

껍데기는 가라.
사월도 알맹이만 남고
껍데기는 가라.

껍데기는 가라.
동학년(東學年) 곰나루의, 그 아우성만 살고
껍데기는 가라.

그리하여, 다시
껍데기는 가라.
이곳에선, 두 가슴과 그곳까지 내논
아사달 아사녀가
중립의 초례청 앞에 서서
부끄럼 빛내며
맞절할지니

껍데기는 가라.
한라에서 백두까지
향그러운 흙가슴만 남고
그, 모오든 쇠붙이는 가라.

▶갈래: 서정시, 자유시, 참여시

▶성격: 직설적, 관념적, 저항적, 의지적, 비판적

▶어조: 불의와 부정에 저항하며, 순수함에의 강한 열정을 지닌, 강건하고 의지에
찬 남자의 목소리(격정적, 의지적)

▶운율: 내재율(2음보와 3음보의 교체)

▶특징

　① 직설적인 명령형의 표현으로 강한 의지를 드러냄.

　② 반복법을 통해 운율적 효과를 얻고 있음.

　③ 수미 상관과 반복을 통한 주제를 강조함.

■ 신동엽(申東曄, 1930~1969)

시인. 충남 부여 출생. 1959년 《조선일보》 신춘 문예에 장시 〈이야기하는 쟁이꾼의 대지(大地)〉가 당선되어 등단하였다. 민족 현실에 대한 치열한 인식을 바탕으로 한 시를 주로 발표하였다. 교직 생활을 하며 시극(詩劇) 운동에 참여하여 〈그 입술에 파인 그늘〉 같은 작품을 남겼다. 강렬한 민중 의식을 시화한 〈아사녀〉, 〈금강〉 등을 발표하였으며, 시론으로는 〈시인 정신론(詩人精神論)〉이 있다. 유작인 〈술을 마시고 산 어젯밤〉에서는 통일을 염원하고 있다. 대표작으로는 〈삼월〉, 〈밥〉, 〈주린 땅의 지도 원리(指導原理)〉, 〈4월은 갈아엎는 달〉, 〈우리가 본 하늘〉 등이 있다. 시집에는 《아사녀》, 《금강》, 《누가 하늘을 보았다 하는가》 등이 있다.

④ 밝고 힘찬 어조임.

⑤ 간절한 염원을 표출함.

▶심상: 토속적인 느낌을 주는 '아사달 아사녀', '향그러운 흙 가슴' 등 순수와 순결을 의미하는 상징적이며, 은유적인 시어를 사용

▶구성: 전체 4연 구성

① 1연: 허상에 대한 거부(4월 혁명의 순수함 회복)

② 2연: 허상에 대한 거부(동학 농민 운동의 순수함 회복)

③ 3연: 민족 원형적 화해 희구(이 땅의 순수함 회복)

④ 4연: 통일과 평화 기원(조국 분단과 무력을 극복할 수 있는 순수함 = 흙가슴)

▶주제: 민중적 · 민주적 사회에 대한 열망(왜곡된 역사 극복의 의지)

■ 신석정(辛夕汀, 1907~1974)

시인. 본명 석정(錫正). 전라북도 부안(扶安) 출생. 그의 시풍은 잔잔한 전원적인 정서를 음악적인 리듬에 담아 노래하는 데 특색이 있고, 그 맑은 시정(詩情)은 읽는 이의 마음까지 순화시키는 감동적인 호소력을 지니고 있다.

신석정, 〈꽃덤불〉

태양을 의논하는 거룩한 이야기는
항상 태양을 등진 곳에서만 비롯하였다.

달빛이 흡사 비오듯 쏟아지는 밤에도
우리는 헐어진 성터를 헤매이면서
언제 참으로 그 언제 우리 하늘에
오롯한 태양을 모시겠느냐고
가슴을 쥐어뜯으며 이야기하며 이야기하며
가슴을 쥐어뜯지 않았느냐?

그러는 동안에 영영 잃어버린 벗도 있다.
그러는 동안에 멀리 떠나 버린 벗도 있다.
그러는 동안에 몸을 팔아 버린 벗도 있다.
그러는 동안에 맘을 팔아 버린 벗도 있다.
그러는 동안에 드디어 서른여섯 해가 지나갔다.

다시 우러러보는 이 하늘에
겨울밤 달이 아직도 차거니
오는 봄엔 분수처럼 쏟아지는 태양을 안고
그 어느 언덕 꽃덤불에 아늑히 안겨 보리라.

▶시대: 해방 직후 1946년

▶갈래: 자유시, 서정시.

▶성격: 상징적, 서술적, 독백적, 이지적

▶표현: 반복법, 상징적 시어가 많음, 대립적 이미지(밝음, 어두움)

▶어조: 비판적, 의지적

▶운율: 내재율

▶특징: 대립적 이미지를 사용하여 주제를 강조함.

▶주제: 광복의 기쁨과 새로운 민족 국가 수립에 대한 염원

✒️ 심훈, 〈그날이 오면〉

그날이 오면, 그날이 오며는
삼각산(三角山)이 일어나 더덩실 춤이라도 추고
한강(漢江)물이 뒤집혀 용솟음칠 그날이,
이 목숨이 끊기기 전에 와 주기만 하량이면,
나는 밤하늘에 날으는 까마귀와 같이
종로(鍾路)의 인경(人磬)을 머리로 들이받아 울리오리다.
두개골(頭蓋骨)은 깨어져 산산(散散)조각이 나도
기뻐서 죽사오매 오히려 무슨 한(恨)이 남으오리까.

그날이 와서, 오오 그날이 와서
육조(六曹)앞 넓은 길을 울며 뛰며 뒹굴어도
그래도 넘치는 기쁨에 가슴이 미어질 듯하거든
드는 칼로 이몸의 가죽이라도 벗겨서
커다란 북[鼓] 만들어 들쳐 메고는
여러분의 행렬(行列)에 앞장을 서오리다.
우렁찬 그 소리를 한번이라도 듣기만 하면,
그 자리에 꺼꾸러져도 눈을 감겠소이다.

▶ **시대**: 1949년
▶ **갈래**: 자유시, 저항시
▶ **성격**: 참여적, 의지적, 격정적, 저항적, 역동적
▶ **표현**
  ① 반복법, 과장법, 대구법을 사용하여 주제를 강조함.
  ② 경어체의 종결 어미를 사용함.
▶ **어조**: 절절한 호소와 강인한 의지가 담긴 격정적 어조
▶ **운율**: 내재율
▶ **특징**: 미래 지향적 · 극한적인 시어, 경어의 종결 어법, 비유적 · 촉각적 · 역동적 심상을 사용함.
▶ **주제**: 조국 광복에 대한 간절한 염원

■ 심훈(1901~1936)
시인이자 소설가. 영화인이자 언론인. 본명은 대섭. 서울 노량진 출생. 대표작으로 농촌 계몽 소설 《상록수》, 《동방의 애인》 등과 유고 시집 《그날이 오면》(1949) 등이 있다.

✒️ 유치환, 〈깃발〉

이것은 소리 없는 아우성.
저 푸른 해원(海原)을 향하여 흔드는
영원한 노스텔지어의 손수건.
순정은 물결같이 바람에 나부끼고
오로지 맑고 곧은 이념의 푯대 끝에
애수(哀愁)는 백로처럼 날개를 펴다.
아! 누구인가?
이렇게 슬프고도 애달픈 마음을
맨 처음 공중에 달 줄을 안 그는.

■ 유치환(柳致環. 1908~1967)
시인. 호는 청마(靑馬). 경남 충무 출생. 작품 경향은 생명에의 열애를 바탕으로 하고 있으며, 한편으로는 동양적인 허무의 세계를 추구하였다. 또한 이러한 허무의 세계를 극복하려는 원시적인 의지도 엿보인다. 서정주와 더불어 '생명파'또는 '인생파'로 불린다. 시집으로는 《청마 시초》(1939), 《생명의 서(書)》(1947), 《울릉도》(1948) 등이 있다.

▶시대: 1930년대

▶갈래: 자유시, 서정시

▶성격: 낭만적, 서정적, 애상적, 상징적, 역동적

▶표현: 역설, 은유, 의인, 색채의 대조

▶구성

　① 1~3행: 깃발의 역동적인 모습

　② 4~6행: 깃발의 순정과 애수

　③ 7~9행: 인간 존재의 운명적 한계에 대한 비극적 슬픔

▶어조: 동경, 가망의 어조와 비애, 탄식의 어조

▶운율: 내재율

▶특징

　① 역설적인 표현을 구사하였음.

　② 대상이 지닌 역동적 이미지를 잘 살려 표현하였음.

　③ 색채 대비를 통해 대상의 선명한 인상을 부각시켰음.

　④ 구체적 대상으로부터 추상적이고 관념적인 여러 대상으로 비유하였음.

▶주제: 이상향에 대한 동경과 좌절 및 비애

■ 윤동주(尹東株, 1917~1945)

시인. 《가톨릭 소년》에 여러 편의 동시를 발표하였다. 일제 강점기의 불안과 고독, 그리고 절망을 극복하려는 강인한 정신을 표출하였다. 유고 시집인 《하늘과 바람과 별과 시》(1948)가 있다.

윤동주, 〈서시〉

죽는 날까지 하늘을 우러러
한 점 부끄럼이 없기를
잎새에 이는 바람에도
나는 괴로워했다.
별을 노래하는 마음으로
모든 죽어가는 것을 사랑해야지
그리고 나한테 주어진 길을
걸어가야겠다.
오늘 밤에도 별이 바람에 스치운다.

▶갈래: 자유시, 서정시

▶성격: 성찰적, 고백적, 의지적, 참여적

▶표현: 상징적인 시어의 사용, 시각적 심상

▶어조: 고백적, 의지가 느껴지는 차분함.

▶특징: 이미지의 대조를 통해 주제를 드러내고, 자연물에 상징적인 의미를 부여함.

▶시상 전개: 시간의 흐름(1~4행-과거, 5~8행-미래, 9행-현재)

▶구성

　① 기(1~4행): 시적 화자의 순결한 소망

　② 서(5~8행): 시적 화자의 실천적 의지

　③ 결(9행): 시적 화자의 결백한 양심

▶제재: 하늘, 별, 길
▶주제: 부끄러움 없는 삶에 대한 소망과 의지

✎ 이육사, 〈광야〉

까마득한 날에
하늘이 처음 열리고
어디 닭 우는 소리 들렸으랴.

모든 산맥(山脈)들이
바다를 연모(戀慕)해 휘달릴 때에도
차마 이 곳을 범(犯)하던 못하였으리라.

끊임없는 광음(光陰)을
부지런한 계절(季節)이 피어선 지고
큰 강물이 비로소 길을 열었다.
지금 눈 내리고
매화 향기(梅花香氣) 홀로 아득하니
내 여기 가난한 노래의 씨를 뿌려라.

다시 천고(千古)의 뒤에
백마(白馬) 타고 오는 초인(超人)이 있어
이 광야에서 목놓아 부르게 하리라.

▶시대: 1940년대
▶갈래: 자유시, 서정시
▶성격: 상징적, 의지적, 저항적, 지사적, 미래 지향적
▶구성
　① 기(1~3연): 과거의 광야 → 광야의 웅대한 모습과 힘
　② 서(4연): 현재의 광야 → 암울한 현실과 자기희생 의지
　③ 결(5연): 미래의 광야 → 미래에 대한 기다림과 희구
▶어조: 웅건하고 강건함
▶운율: 내재율
▶특징
　① '과거-현재-미래'의 시간의 흐름에 따른 시상 전개 구조를 보이고 있음.
　② 한시(漢詩)의 구성 방식(1·2연-기, 3연-승, 4연-전, 5연-결)
　③ 설의, 의인, 비유 등 다양한 수사법을 사용하고 있음.
　④ 종결 어미 '-(리)라'를 사용하여 의지적 태도를 강조하고 있음.
▶주제: 조국 광복에 대한 신념과 의지

■ 이육사(1904~1944)
시인. 본명은 원록(原綠). 독립운동가. 1937년 《자오선》 동인에 참가하였다. 절박한 현실에 대한 저항과 초인 의지를 보인 작품이 많다. 독립운동으로 일본 경찰에 체포되어 17회나 투옥되었고, 북경 감옥에서 옥사하였다. 유고 시집으로 《육사시집》(1946)이 있다.

■ 정지용(1902~1950)
시인. 한국 전쟁 때 납북 후 사망.
1933년 《가톨릭 청년》의 편집 고문
으로 있을 때, 이상(李箱)의 시를 실
어 그를 시단에 등장시켰다. 또한
1939년 《문장(文章)》을 통해 조지
훈·박두진·박목월의 청록파를 등
장시켰다. 섬세하고 독특한 언어를
구사하여 대상을 선명히 묘사, 한국
현대시의 신(新)경지를 열었다.

✒ 정지용, 〈유리창〉

유리(琉璃)에 차고 슬픈 것이 어른거린다.
열없이 붙어서서 입김을 흐리우니
길들은 양 언 날개를 파다거린다.
지우고 보고 지우고 보아도
새까만 밤이 밀려나가고 밀려와 부딪치고,
물먹은 별이 반짝, 보석처럼 박힌다.
밤에 홀로 유리를 닦는 것은
외로운 황홀한 심사이어니,
고운 폐혈관(肺血管)이 찢어진 채로
아아, 늬는 산(山)새처럼 날아 갔구나!

▶ 시대: 1930년대
▶ 갈래: 자유시, 서정시
▶ 성격: 상징적, 회화적, 감각적
▶ 어조: 슬픔을 절제한 지성적
▶ 운율: 내재율
▶ 특징
　① 감정이 대위법에 의한 절제
　② 선명한 이미지와 감각적 언어 사용
▶ 주제: 죽은 아이에 대한 그리움과 슬픔

■ 조지훈(趙芝薰, 1920~1968)
시인. 본명은 조동탁(趙東卓). 《문
장》에 〈승무〉 등이 추천되어 등단하
였으며, 청록파의 한 사람이다. 전통
에 대한 항수를 고전적 운율로 노래
하였다. 시집에 《청록집》(1946, 공
동 시집), 《풀잎 단장》(1952), 《역사
앞에서》(1959) 등이 있다. 수필집에
《지조론》(1962) 등이 있다.

✒ 조지훈, 〈승무〉

얇은 사(紗) 하이얀 고깔은
고이 접어서 나빌레라.

파르라니 깎은 머리
박사(薄紗) 고깔에 감추오고,

두 볼에 흐르는 빛이
정작으로 고와서 서러워라.

빈 대에 황촉(黃燭) 불이 말없이 녹는 밤에
오동잎 잎새마다 달이 지는데,

소매는 길어서 하늘은 넓고,
돌아설 듯 날아가며 사뿐히 접어 올린 외씨버선이여!

까만 눈동자 살포시 들어
먼 하늘 한 개 별빛에 모두오고,

복사꽃 고운 뺨에 아롱질 듯 두 방울이야
세사(世事)에 시달려도 번뇌(煩惱)는 별빛이라.

휘어져 감기우고 다시 접어 뻗는 손이
깊은 마음 속 거룩한 합장(合掌)인 양하고,

이 밤사 귀또리도 지새우는 삼경(三更)인데,
얇은 사 하이얀 고깔은 고이 접어서 나빌레라.

▶ **갈래**: 자유시, 서정시
▶ **성격**: 묘사적, 종교적(불교적), 고전적, 전통적
▶ **표현**: 비유, 상징, 역설
▶ **어조**: 예스러우면서 부드러움
▶ **특징**
　① 동적인 이미지와 정적인 이미지를 교차시켜 세속적인 번뇌를 극복하는 모습
　　을 제시함.
　② 우리말의 아름다움을 섬세하게 표현, 우아한 느낌을 표현하기 위해 시적 허용
　　의 단어를 구사함.
　③ 수미상관의 구성으로 의미를 강조하면서 안정감을 확보함.
▶ **시상 전개**
　① 시간의 흐름(춤의 시작과 진행, 종료)에 따른 추보식 전개
　② 공간의 이동(화자의 시선 이동)에 따른 전개
▶ **구성**
　① 1~3연: 춤추려는 찰나 여승의 모습
　② 4연: 무대와 배경
　③ 5연: 승무의 춤동작(동적 이미지)
　④ 6~7연: 여승의 내면 세계(정적 이미지)
　⑤ 8연: 승무의 춤동작(동적 이미지)
　⑥ 9연: 계속되는 승무
▶ **제재**: 여승의 춤추는 모습
▶ **주제**: 세속적 욕망과 삶의 번뇌를 종교적으로 승화, 해탈을 염원

✎ 천상병, 〈귀천〉

나 하늘로 돌아가리라.
새벽빛 와 닿으면 스러지는
이슬 더불어 손에 손을 잡고,

■ 천상병(千祥炳, 1930~1993)
시인. 인생과 죽음의 문제를 깊은 통
찰로 보여 주는 시편을 발표하였다.
시집으로 《새》 등이 있다.

나 하늘로 돌아가리라.
노을빛 함께 단둘이서
기슭에서 놀다가 구름 손짓하면은,

나 하늘로 돌아가리라.
아름다운 이 세상 소풍 끝내는 날,
가서, 아름다웠더라고 말하리라······.

▶ 시대: 1970년대

▶ 갈래: 자유시, 서정시

▶ 성격: 관조적, 독백적

▶ 표현

　① 3음보의 반복과 변조를 통해 시의 분위기를 이끌어 가고 있음.

　② 단순하고 소박한 어법과 구조를 보여 주고 있음.

▶ 어조: 내면적, 독백적

▶ 운율: 내재율

▶ 특징

　① 짙은 우수 속에서도 절제된 목소리를 유지하고 있음.

　② 작가의 도가(道家)적 인생관이 드러남.

▶ 주제: 삶과 죽음에 대한 달관의 자세

✎ 한용운, 〈님의 침묵〉

■ 한용운(韓龍雲, 1879~1944)
독립운동가. 승려. 시인. 충남 홍성 출생. 호는 만해. 시에 있어 퇴폐적인 서정성을 배격하고 불교적인 '님'을 자연으로 형상화하였으며, 고도의 은유법을 구사하여 일제에 저항하는 민족정신과 불교에 의한 중생 제도를 노래하였다.

님은 갔습니다. 아아, 사랑하는 나의 님은 갔습니다.

푸른 산빛을 깨치고 단풍나무 숲을 향하여 난 작은 길을 걸어서, 차마 떨치고 갔습니다.

황금(黃金)의 꽃같이 굳고 빛나던 옛 맹서(盟誓)는 차디찬 티끌이 되어서 한숨의 미풍(微風)에 날아갔습니다.

날카로운 첫 키스의 추억(追憶)은 나의 운명의 지침(指針)을 돌려 놓고, 뒷걸음쳐서 사라졌습니다.

나는 향기로운 님의 말소리에 귀먹고, 꽃다운 님의 얼굴에 눈멀었습니다.

사랑도 사람의 일이라, 만날 때에 미리 떠날 것을 염려하고 경계하지 아니한 것은 아니지만, 이별은 뜻밖의 일이 되고, 놀란 가슴은 새로운 슬픔에 터집니다.

그러나 이별을 쓸데없는 눈물의 원천(源泉)을 만들고 마는 것은 스스로 사랑을 깨치는 것인 줄 아는 까닭에, 걷잡을 수 없는 슬픔의 힘을 옮겨서 새 희망(希望)의 정수박이에 들어부었습니다.

우리가 만날 때에 떠날 것을 염려하는 것과 같이, 떠날 때에 다시 만날 것을 믿습니다.

아아, 님은 갔지마는 나는 님을 보내지 아니하였습니다.

제 곡조를 못 이기는 사랑의 노래는 님의 침묵을 휩싸고 돕니다.

▶ 갈래: 자유시, 서정시

▶ 성격: 낭만적, 상징적, 의지적

▶ 표현: 시각적 · 후각적 · 촉각적 · 서술적 심상

▶어조: 영탄적, 연가풍의 여성적 어조
▶운율: 내재율
▶주제: 임에 대한 영원한 사랑

🔍 황동규, 〈즐거운 편지〉

〈1〉

  내 그대를 생각함은 항상 그대가 앉아 있는 배경에서 해가 지고 바람이 부는 일처럼 사소한 일일 것이나 언젠가 그대가 한없이 괴로움 속을 헤매일 때에 오랫동안 전해오던 그 사소함으로 그대를 불러 보리라.

〈2〉

  진실로 진실로 내가 그대를 사랑하는 까닭은 내 나의 사랑을 한없이 잇닿은 그 기다림으로 바꾸어 버린데 있었다. 밤이 들면서 골짜기엔 눈이 퍼붓기 시작했다. 내 사랑도 언제쯤에선 반드시 그칠 것을 믿는다. 다만 그때 내 기다림의 자세를 생각하는 것뿐이다. 그 동안에 눈이 그치고 꽃이 피어나고 낙엽이 떨어지고 또 눈이 퍼붓고 할 것을 믿는다.

▶시대: 1960년대
▶갈래: 산문시, 서정시
▶성격: 서정적, 낭만적, 반어적
▶표현: 반어법을 사용하여 자신이 지닌 사랑의 간절함을 고백하고 있음.
▶어조: 반어적, 의지적, 고백적
▶운율: 내재율
▶특징
  ① 긴 호흡에 자신의 절절한 심정을 담아 표현함.
  ② 사랑과 그리움의 감정을 절제된 방식으로 표현함.
  ③ 자연 현상에 빗대어 표현하고 있음.
▶주제: 사랑의 간절함과 불변성에 대한 고백

✏️ 황지우, 〈새들도 세상을 뜨는구나〉

영화가 시작하기 전에 우리는
일제히 일어나 애국가를 경청한다.
삼천리 화려 강산의
을숙도에서 일정한 군을 이루며
갈대숲을 이륙하는 흰 새떼들이
자기들끼리 끼룩거리면서
자기들끼리 낄낄대면서
일렬 이열 삼렬 횡대로 자기들의 세상을
이 세상에서 떼어 내고
이 세상 밖 어디론가 날아간다.

■ 황동규(1938~)
시인. 서울 출생. 1958년 《현대 문학》에 〈시월〉, 〈즐거운 편지〉 등이 추천되어 등단하였다. 지식인의 현대적 서정을 이미지즘에 의거하여 표현하는 시적 경향을 보인다. 주요 작품으로 〈즐거운 편지〉 〈조그만 사랑 노래〉, 연작시 〈풍장(風葬)〉과 〈기항지(寄港地)〉 등이 있다.

■ 황지우(1952~)
시인. 전남 해남 출생. 1980년 《중앙일보》 신춘문예에 〈연혁(沿革)〉이 입선하고 《문학과 지성》에 〈대답 없는 날들을 위하여〉 등을 발표하면서 등단하였다. 1983년 첫 시집 《새들도 세상을 뜨는구나》를 간행하였고, 그 해 제3회 김수영 문학상을 수상하였다. 그 후 제2시집 《겨울 나무로부터 봄 나무에로》, 제3시집 《나는 너다》, 제4시집 《게눈 속의 연꽃》을 냈다. 황지우의 작품들은 대체로 회화적이면서도 감각적 이미지들이 현실의 상황을 아파하는 시인의 심정을 드러내고 있다.

우리도 우리들끼리
낄낄대면서
깔쭉대면서
우리의 대열을 이루며
한 세상 떼어 메고
이 세상 밖 어디론가 날아갔으면
하는데 대한 사람 대한으로
길이 보전하세로
각각 자기 자리에 앉는다.
주저앉는다.

▶시대: 1980년대
▶갈래: 자유시, 서정시
▶성격: 현실 비판적, 풍자적
▶표현
　① 풍자적 기법: 애국가에 대한 신성 모독을 통해 시대와 현실에 대한 극적인 야유의 효과를 거두고 있음.
　② 실제 현실과 모순된 애국가의 상영 장면을 통해 억압적 세계에 대응하는 우회적인 대응 방법을 보여 주고 있음.
▶어조: 자조와 빈정거림이 섞인 탄식
▶운율: 내재율
▶특징
　① 반어법, 반복법
　② '애국가'의 시작과 끝에 맞춘 구성을 취함.
▶주제: 암울한 현실을 벗어나고 싶은 소망과 그 좌절

1 소설의 개념과 특성

1. 개념

사실 또는 작가의 상상력에 바탕을 두고 허구적으로 이야기를 꾸며 나간 산문 문학의 한 갈래이다. 허구적인 인물이나 사건의 전개를 통해 현실 세계에서 실제 있을 법한 일을 들려줌으로써 독자에게 감동을 주거나 인생의 진실을 표현한다.

2. 특성

(1) 허구성

현실에서 소재를 취하지만, 작가의 상상력에 의해 새롭게 꾸며진 픽션(fiction)의 세계이다.

(2) 서사성

인물, 사건, 배경을 갖추고 일정한 시간의 흐름에 따라 진행되는 이야기의 형식을 지닌다.

(3) 개연성

꾸며 낸 이야기이지만 현실에서 실제 일어날 수 있는 사건이나 존재할 만한 인물을 그림으로써, 그럴 듯하다고 수긍할 수 있는 이야기이다.

(4) 진실성

허구의 세계이지만 그것을 통해 인생의 참모습과 의미를 깨닫는 계기를 주며, 이를 위해 개연성과 필연성을 확보하고자 한다.

(5) 산문성

소설은 주로 서술, 대화, 묘사에 의해 기술되는 산문 문학으로, 복잡한 사상과 감정을 드러내기 위해 줄글로 표현한다.

2 소설의 요소

1. 주제

(1) 의미

작가가 작품을 통해 나타내려고 하는 중심 생각을 말한다. 당대의 특수성과 시대나 공간을 뛰어넘어 인간성을 구현하는 보편성을 동시에 지니고 있어야 한다.

(2) 제시 방법

① 직접적 제시

ⓐ 직서: 작가의 직접적 진술로 표현함.

ⓑ 대화: 인물의 대화를 통해 표현함.

■ 필연성(必然性)

사건과 사건 간에 계기적 인과 관계가 성립하는 것을 말한다. 현실성을 바탕으로 하며, 복선을 통해 암시되는 경우가 많다.

② 간접적 제시

    ㉠ 극화: 사건의 진행에 따라 드러남.

    ㉡ 암시: 배경 묘사를 통해 암시함.

2. 구성

(1) 단계

① 발단: 이야기의 도입 단계로, 등장인물을 소개하고 배경을 제시하며 작품의 실마리를 제공한다.

② 전개: 사건이 본격적으로 펼쳐지는 단계로, 사건이 구체화되고 갈등이 발생한다.

③ 위기: 사건의 극적 반전의 계기가 제시되는 단계로, 새로운 사태가 발생하고 갈등이 심화되고 고조된다.

④ 절정: 갈등이 최고조에 이르는 단계로, 주제가 선명하게 드러나며 결말의 계기가 마련된다.

⑤ 결말: 사건이 마무리되는 단계로, 갈등이 해결되고 등장인물의 운명이 결정된다.

(2) 유형

① 중심 사건의 수에 따른 분류

단일 구성	하나의 사건에 대한 이야기로만 전개되는 구성
복합 구성	둘 이상의 사건에 대한 이야기가 복잡하게 얽혀 전개되는 구성

② 사건의 진행 방식에 따른 분류

평면적 구성	• 순행적 구성 • 사건이 시간의 흐름에 따라 전개되는 구성
입체적 구성	• 역순행적 구성 • 사건이 시간의 흐름을 따르지 않고 시간의 역전이 일어나는 구성을 말함. • 과거에 대한 회상 장면이 포함되는 경우가 많음.

③ 이야기의 배열 방식에 따른 분류

액자식 구성	외부 이야기(외화) 속에 하나 또는 여러 개의 내부 이야기(내화)가 들어 있는 구성 예 이청준, 〈매잡이〉
피카레스크식 구성	• 동일한 주인공(들)이 유사한 여러 사건들에 등장하여 이야기를 전개하는 구성 • 동일한 주제 아래 병렬적으로 연결되어 있음. 예 박태원, 〈천변 풍경〉
옴니버스식 구성	서로 독립적이면서 단편적인 이야기들이 하나의 주제로 묶여 있는 구성 예 양귀자, 〈원미동 사람들〉

■ 플롯과 스토리

구성은 소설의 짜임새를 이루는 말로써 '플롯(plot)'이라고 하는데, 인과 관계에 중점을 두어 사건을 서술하는 것이다. 반면 줄거리는 '스토리(story)'라고 하여 시간의 순서에 따라 배열된 사건의 서술을 말한다.

■ 액자식 구성

액자식 구성에서 이야기의 비중은 외화보다는 내화가 크고, 작가의 주제 역시 내화를 통해 구현되거나 제시된다. 액자식 구성은 내화가 작가의 허구, 즉 지어낸 이야기가 아니라는 사실감을 준다.

3. 문체와 어조

(1) 문체

문장에 나타나 있는 작가의 개성, 즉 문장의 개성적인 특색을 가리킨다. 시대나 문장의 종류, 작가에 따라 그 특성이 드러난다. 작가마다 단어의 선택, 문장의 길이, 구체성, 비유 등 언어를 사용하는 방식과 표현 기법이 다르며 세상을 바라보는 시각의 차이로 인해 문체가 달라진다.

(2) 문체의 요소

서술	• 서술자가 독자에게 인물, 사건, 배경 등을 직접 설명하는 방법 • 해설적, 추상적, 요약적인 성격을 가지며 이야기의 진행을 빠르게 함.
묘사	• 서술자가 객관적인 위치에서 인물, 사건, 배경 등을 구체적으로 그려 내듯이 보여 주는 방법 • 독자에게 생생한 이미지를 전달할 수 있음.
대화	• 등장인물이 주고받는 말로, 묘사와 같은 극적 제시의 한 방법 • 주제를 표출하며 인물의 성격을 제시하고 극적 사실감을 높여 줌. • 사건을 요약하여 제시하고 정보를 전달하기도 함.

(3) 어조

언어에 의해 나타나는 글의 분위기, 기분(mood)을 말한다. 등장인물의 말투에서 드러나는 우호적 · 적대적 태도와 풍자, 해학, 반어, 냉소적 어조 등과 같이 등장인물에 대한 서술자의 태도를 의미한다.

4. 인물

(1) 유형

① 역할에 따른 분류

　㉠ 주동 인물: 주인공, 사건 행위의 주체가 되는 인물

　㉡ 반동 인물: 주인공의 의지나 행위에 맞서 대립과 갈등을 빚는 인물

② 역할의 중요도에 따른 분류

　㉠ 중심인물: 주인공, 사건을 이끌어 나가는 인물

　㉡ 주변 인물: 이야기의 진행을 돕는 부수적 인물

③ 성격에 따른 분류

　㉠ 전형적 인물: 특정 부류나 계층의 보편적 성격을 대변하는 인물

　㉡ 개성적 인물: 자기만이 개성이 뚜렷한 인물

④ 성격 변화 여부에 따른 분류

　㉠ 평면적 인물: 처음부터 끝까지 성격의 변화가 없는 인물

　㉡ 입체적 인물: 사건이 전개되면서 환경이나 상황의 변화에 따라 성격이 변하는 인물

■ 작가의 개성

문체는 작가의 개성적인 특징이 특히 잘 드러나는 부분이다. 대표적인 예로 황순원은 객관적인 문체를 주로 사용한다. 또 채만식은 냉소적, 김유정은 해학적인 문체가 주로 나타난다.

■ 주동 인물

주동 인물은 사건을 주도적으로 이끌고 작가가 표현하고자 하는 주제를 실천하는 인물이다. 일반적으로 작품의 주인공을 의미하며, 작가가 말하고자 하는 주제 의식을 대변한다.

(2) 제시 방법

구분	직접적 제시 (분석적 제시, 편집자적 논평, 말하기, telling)	간접적 제시 (극적 제시, 보여 주기, showing)
의미	• 서술자가 직접 인물의 성격이나 내면을 요약하거나 설명하는 방법 • 서술자가 작중 상황에 적극적으로 개입하여 논평하기도 함.	인물의 외양이나 행동, 대화 등을 통해 인물의 심리 상태나 성격을 간접적으로 드러내는 방법
장점	등장인물의 심리를 명백히 설명해 주어 서술이 간단하고 소설의 속도를 빠르게 해 줌.	인물의 성격을 생생하고 구체적으로 드러낼 수 있어 독자의 상상력이 참여할 여지가 많음.
단점	구체성을 잃기 쉽고 독자의 상상에 방해가 됨.	서술자의 견해를 나타내기에는 한계가 있으며, 인물에 대한 오해의 소지가 있음.

5. 사건

등장인물 사이에 구체적으로 전개되는 이야기로, 소설은 등장인물들이 겪는 갈등을 중심으로 이루어진다고 할 수 있다.

(1) 갈등

등장인물이 겪는 대립적 관계로, 인물의 내적 혼란이나 인물과 그를 둘러싼 외적 요소가 대립하여 충돌하거나 복잡하게 얽혀 있는 상태를 말한다.

(2) 갈등의 양상

① 내적 갈등: 양심과 비양심, 선의와 악의 등 한 개인 내면의 심리적 모순과 대립에 의한 갈등이다.

② 외적 갈등
  ㉠ 개인과 개인 사이의 갈등: 서로 다른 가치관을 가진 개인과 개인 사이에 일어나는 갈등
  ㉡ 개인과 집단과의 갈등: 한 개인과 집단 사이에 일어나는 갈등
  ㉢ 개인과 사회와의 갈등: 개인이 그가 속한 사회의 윤리나 제도에 의해 겪게 되는 갈등
  ㉣ 개인과 운명과의 갈등: 개인의 삶이 어쩔 수 없이 타고난 운명에 의해 좌우되면서 오는 갈등
  ㉤ 개인과 자연과의 갈등: 개인이 자연환경이나 자연재해에 맞서 싸우며 겪는 갈등

(3) 갈등의 역할

① 사건을 전개시키고 인물의 성격을 뚜렷하게 드러내는 역할을 한다.

② 갈등이 고조되고 해결되는 과정 속에서 작품의 주제가 자연스럽게 드러나도록 만든다.

③ 복잡하게 얽혀 있는 갈등과 갈등의 해결 과정을 통해 이야기를 흥미롭게 만들어 준다.

④ 사건 전개에 긴장감을 더해 주고 사건에 필연성을 부여하여 현실감을 준다.

6. 배경

(1) 의미

행위나 사건이 일어난 시간적·공간적인 구체적 정황을 말한다. 배경은 자연적 배경과 사회적 배경으로 나뉘는 것이 보통이지만 현대 소설에서는 심리적 배경이나 상황적 배경이 더 중시된다.

(2) 종류

자연적 배경	인물들의 행동이 발생하는 구체적인 시간과 공간으로 자연환경, 인공적 건조물 등을 포함함.
사회적 배경	• 인물을 둘러싼 사회 현실과 역사적 상황을 의미함. • 정치, 경제, 문화뿐만 아니라 직업, 계층 등의 문제와 시대적 상황까지 포함함.
심리적 배경	• 인물이 놓여 있는 심리적 상황이나 독특한 내면세계를 의미함. • 사건 전개보다는 인물의 내면 심리를 분석하는 소설에 주로 등장함.
상황적 배경	주로 실존주의 소설에 등장하는 배경으로, 실존적인 상황을 암시하고 상징함.

(3) 역할

① 인물의 행동과 사건을 생생하고 사실적으로 보이도록 한다.

② 작품의 전반적인 분위기를 조성하고 소설의 주제를 드러내는 역할을 한다.

③ 인물의 성격과 태도, 의식의 형성에 영향을 준다.

④ 배경 자체가 상징적 의미를 나타내기도 한다.

⑤ 인물의 심리와 사건의 전개를 암시한다.

3 소설의 시점과 거리

1. 시점

(1) 의미

소설 속의 이야기가 누구에 의해 어떠한 위치에서 서술되고 있는가를 결정하는 서술의 시각과 방법으로 소설에서 사건을 바라보고 이야기하는 서술자(작중 화자)의 관점과 각도를 의미한다. 따라서 서술자는 작가의 허구적 대리인이라고 할 수 있다.

■ 실존주의

부조리한 현실에 대한 허무와 절망, 불안, 초조 속에서 고립된 인간이 극한적인 상황을 극복하여 진정한 인간상을 확립하고 잃어버린 자아를 찾고자 하는 문예 사조이다. 참담한 현실에서 인간 실존의 의미를 추구하며 인간의 내면적 심리를 자세하게 묘사하였다.

(2) 시점의 종류

시 점		의 미	특 징
1인칭 시점	1인칭 주인공 시점	작품 속 주인공인 '나'가 자신의 이야기를 말하는 시점	• 독자에게 신뢰감과 친근감을 줌. • 주인공의 내면적 갈등이나 감정의 변화를 생생하게 전달할 수 있음. • 객관성이 결여될 수 있고 독자는 주인공이 보고 느낀 것만을 알 수 있음.
	1인칭 관찰자 시점	작품 속 인물인 '나'가 주인공을 관찰하여 서술하는 시점	• 인물의 초점은 '나'가 아니라 주인공에게 있음. • 주인공의 어느 한 측면을 날카롭게 표현할 수 있음. • '나'의 눈에 비친 외부 세계만을 다루게 되므로 제한적임.
3인칭 시점	작가 관찰자 시점	작가가 작품 밖에서 작품 속 상황을 객관적으로 관찰하여 전달하는 시점	• 서술자의 개입을 막고 대화, 행동, 모습 등 극적인 방법을 사용하여 서술함. • 독자가 직접 상황을 판단하도록 유도함. • 서술자가 객관적 태도를 유지하므로 독자의 상상력이 개입할 여지가 많음.
	전지적 작가 시점	작품 밖의 서술자가 작품 속 인물의 내면이나 심리, 행동 등 모든 것을 파악하고 분석하여 서술하는 시점	• 서술자가 작품 속에 직접 개입하여 사건을 진행하고 인물을 논평함. • 작가가 자신의 사상과 세계관을 직접 드러낼 수 있음. • 독자의 상상을 제한할 수 있음.

2. 거리

서술자와 인물, 독자 사이의 심리적 친밀도로, 시점과 서술 방법에 따라 달라진다.

서술 방법	시 점	서술자와 인물 사이의 거리	서술자와 독자 사이의 거리	독자와 인물 사이의 거리
말하기	1인칭 주인공 시점	가깝다.	가깝다.	가깝다.
	전지적 작가 시점	가깝다.	멀다.	멀다.
보여 주기	1인칭 관찰자 시점	멀다.	가깝다.	가깝다.
	작가 관찰자 시점	멀다.	멀다.	가깝다.

현대 소설 감상

김동리, 〈역마〉

▶ 줄거리

　남사당 패 우두머리가 경남 하동의 화개 장터에서 주막집 홀어미와 하룻밤의 인연을 맺는다. 그는 전라도 지방을 여행하다가 40여 년 만에야 어린 딸 계연이를 데리고 화개에 들른다. 옛 주막집에는 그 홀어미 대신 딸이 환대한다.

　화개 장터에서 주막을 꾸려 가며 사는 옥화는 하나밖에 없는 아들의 역마살을 없애기 위해 쌍계사에 보내 생활하게 하고 장날에만 집에 와 있게 한다.

　어느 날 체장수 영감이 딸 계연을 데리고 와 주막에 맡기고 장삿길을 떠난다. 옥화는 세인을 성기와 결혼시켜 역마살을 막아 보려는 심정에서 성기와 계연이 가깝게 지내도록 한다. 계연으로 하여금 성기의 시중도 들게 한다. 그러던 어느 날 우연히 계연의 귓바퀴에 난 사마귀를 보고 놀란 옥화는 계연이 자신의 동생일지 모른다는 예감이 들어 두 사람이 가까이하지 못하게 한다. 남사당 패 우두머리가 바로 체장수 영감이고, 옥화와 계연은 서로 이복 자매가 되는 예감이 든 것이다. 체장수 영감이 돌아옴으로써 예감은 맞게 되고, 옥화와 계연이 이복 자매임이 밝혀지게 된다. 36년 전, 옥화의 모와 하룻밤 관계한 체장수의 딸이 옥화임이 밝혀진 것이다. 서로 맺어질 수 없는 사이이기에 체장수 영감은 계연을 데리고 고향으로 떠나가게 된다. 이 일이 있은 후 성기는 중병을 앓게 되고 병이 낫자 역마살을 따라 엿판을 꾸려 집을 떠난다. 계연이 간 반대 방향으로……

▶ 갈래: 단편 소설, 순수 소설

▶ 성격: 무속적, 운명적

▶ 배경: 전라도와 경상도의 접경 지역인 화개 장터

▶ 시점: 전지적 작가 시점

▶ 구성: 단순 구성, 입체적 구성

▶ 문체: 간결체, 화려체

▶ 주제: 팔자소관에 순응함으로써 구원됨.

▶ 상징

　① 역마: 사회에 정착하지 못하고 유랑할 수밖에 없는 운명

　② 화개: 남녀 간의 사랑

▶ 등장인물

　① 성기: 역마살을 타고난 운명적 인물, 계연과의 사랑이 좌절되면서 역마살을 극복하지 못하고 팔자에 따라 고향을 떠남.

　② 옥화: 성기의 모, 주막을 운영하고 아들의 역마살 제거에 힘쓰나 실패하고 운명을 받아들임.

　③ 계연: 옥화의 이복동생, 성기를 사랑하나 사랑을 이루지 못하고 아버지를 따라 떠남.

　④ 체장수: 계연의 부, 역마살이 낀 인물로 36년 전 옥화의 어머니와 관계한 일이 있음.

■ 김동리(金東里, 1913~1995)

소설가. 본명은 시종(始鍾). 경북 경주 출생. 1935년 단편 〈화랑의 후예〉가 《조선중앙일보》에 당선되어 등단하였다. 처음에는 서정주 등과 함께 '시인 부락' 동인으로서 시를 쓰기도 하였다. 대표작으로 〈무녀도〉, 〈황토기〉, 〈등신불〉, 〈사반의 십자가〉, 〈을화〉 등이 있다.

■ 김승옥(1941~)

소설가. 1962년 〈생명 연습〉으로 등단하였다. 감각적인 문체로 전쟁의 상처 속에 자라난 당시 신세대의 사고방식과 삶을 잘 그려냄으로써 1960년대 문학을 대표하는 작가로 평가 받는다. 주요 작품으로는 〈환상수첩〉, 〈무진기행〉, 〈서울, 1964년 겨울〉, 〈누이를 이해하기 위하여〉 등이 있다.

✎ 김승옥, 〈무진기행〉

▶ 줄거리

(1장) 무진으로 가는 버스

나는 아내의 권고도 있고, 현실에서 실패를 맛볼 때의 의례적 습관으로, 이번에도 무진으로 내려가게 되었다. 짙은 안개는 무진의 명물이었다. 그러나 무진은 나에게 관념 속에서 그리고 있는 어느 아득한 장소일 뿐이며 어둡던 청년 시절을 보낸 그러한 곳이었다.

(2장) 밤에 만난 사람들

순박한 후배 박 선생을 만나서 세무서장이 되어 거들먹거리는 중학교 동창 조가의 집에 밤중에 같이 가게 된다. 거기서 성악 공부를 했다는 하인숙이라는 여선생이 주위의 청에 못 이겨 '목포의 눈물'을 부르는 것을 보고는 '우리나라에서는 대학을 다녔다는 것이 무슨 의미가 있는가?'하는 서글픔에 잠기기도 한다. 그것은 곧 나의 젊은 시절 방황하는 모습의 편린이었다고 생각하고 하인숙에게 연민의 정을 느낀다.

(3장) 바다로 뻗은 방죽

하인숙은 나를 서울로 데려다 줄 구원의 존재로 보고 접근하였고, 무료한 나는 곧 하인숙과 깊은 관계에 빠지지만, 결코 사랑한다고는 말하지 않는다. 그것은 어디까지나 한순간의 감정이기 때문이다.

(4장) 당신은 무진을 떠나고 있습니다.

서울로부터 아내의 전보를 받고는 과거의 의식에서 깨어나게 되었고, 하인숙에게는 이별과 함께, 다시 만날 기약의 편지를 쓰지만 곧 찢어 버리고, 무진을 영원 속에 묻어 버리기로 결심하면서 덜컹거리는 버스를 타고 상경한다. 순간 심한 부끄러움을 느낀다.

▶ 갈래: 단편 소설, 귀향 소설, 여로형 소설

▶ 성격: 상징적, 암시적, 서정적

▶ 문체: 독백체, 감성적 문체

▶ 배경: 시간적 - 1960년대, 공간적 - 무진

▶ 시점: 1인칭 주인공 시점

▶ 구성: '서울 → 무진 → 서울', '일상 → 추억 → 일상', '떠남 → 경험 → 복귀'의 여로(旅路) 구조

　① 발단: '나'는 서울을 떠나 고향인 '무진'으로 떠남.

　② 전개: 하인숙을 만나 그녀에게서 동질감을 느낌.

　③ 절정: 자살한 술집 여자의 시체의 목격과 하인숙과의 짧은 사랑

　④ 결말: 아내의 '전보'에 '나'는 무진을 떠남.

▶ 제재: 안개, 편지, 전보

▶ 주제

　① 안개로 상징되는 허무로부터 벗어나 일상의 공간으로 돌아오는 한 젊은이의 귀향 체험

　② 진정한 자아의 욕망을 저버리고 현실에 타협함으로써 일상을 유지하는 현대인의 자기 반성

✒ 김유정, 〈만무방〉

▶ 줄거리

전과자요 만무방인 응칠은 동생 응오의 동네에서 송이 파적을 하며, 갖다 팔아 돈을 마련하려고 보통 농민들은 맛도 보지 못하는 송이를 먹다가 고기 생각이 나서 근처에 돌아 다니는 닭을 잡아 먹는다.

숲에서 나온 응칠은 성팔이를 만나 응오네 논의 벼를 도둑맞았다는 말을 듣고 성팔을 의심해 본다. 사실 응칠이도 5년 전에는 처자와 함께 살던 성실한 농군이었다. 빚을 갚을 길이 없어 가족과 함께 한밤중에 도망을 쳐서 구걸로 연명하다가 아내의 제안으로 헤어진 뒤로부터 절도와 도박 등으로 살아가다가 감옥에까지 드나들게 된다. 그러다가 동생 응오가 그리워 찾아왔던 것이다.

응오는 순박하고 성실한 모범 농군이었지만, 피땀 흘려 농사를 지어도 삭초와 도지, 잘리쌀을 제하고 나면 남는 것 없이 빚만 늘어가게 되지, 지주의 착취에 밎서 벼를 베지 않고 있다. 그런 벼를 도둑맞은 것이다.

응칠은 전과자인 자신이 도둑으로 지목될 것 같아 오늘밤에는 도둑을 잡고 동네를 뜨기로 마음먹는다. 응칠이 응오의 논으로 가던 중 산속 굴에서 노름판이 벌어져 있는 것을 보고 거기 끼어들었다가 논 가까이에 숨어서 도둑을 기다린다.

닭이 세 해를 울 때, 복면을 한 그림자가 나타나 벼를 훔치는 것을 보고 몽둥이로 내리친 뒤 복면을 벗긴다. 그 순간 응칠은 망연자실한다. 그 도둑은 바로 동생 응오였던 것이다. 자기 논의 벼를 자기가 훔친 것이다.

눈물을 흘리던 응칠은 황소를 훔치자고 동생을 달랬지만, 부질없다는 듯 형의 손을 뿌리치는 응오를 몽둥이질로 쓰러뜨린다. 응칠은 한숨을 쉬며 동생을 업고 고개를 내려온다.

▶ **갈래**: 단편 소설, 농촌 소설
▶ **성격**: 향토적, 반어적
▶ **배경**: 1930년대 가을, 어느 산골 마을
▶ **시점**: 전지적 작가 시점
▶ **제재**: 두 형제의 상반된 삶
▶ **주제**: 식민지 농촌 사회의 황폐한 모습과 농민의 참담한 삶

■ 김유정(金裕貞, 1908~1937)
소설가. 강원도 춘천 출생. 1932년 처녀작인 단편 〈심청〉을 탈고(발표는 1936년)하였다. 1935년 단편 〈소낙비〉가 《조선일보》에, 단편 〈노다지〉가 《중외일보》 신춘문예에 각각 당선되면서 문단에 등단하였다. 한때 '구인회(九人會)'에 가담하였으며, 토속적 어휘와 요설체(饒舌體) 문장을 사용하였다. 심한 폐결핵으로 사망하였다. 대표작으로 소설 〈산골 나그네〉, 〈금따는 콩밭〉, 〈금〉, 〈떡〉, 〈만무방〉, 〈산골〉, 〈소〉, 〈정분〉, 〈봄봄〉 등이 있다.

✒ 김정한, 〈모래톱 이야기〉

▶ 줄거리

건우란 소년은 내가 식섭 남임했던 제자다. 당시 나는 K라는 소위 일류 중학에서 교편을 잡고 있었다. 낙동강 하류의 조마이섬 사람들은 땅에 대한 한(恨)을 지니고 있다. 자기네 땅을 가지고 살지 못하는 것이다. 그것은 외세의 압제와 제도의 불합리로 말미암아 오늘에 이르도록 토지 소유의 혜택을 입지 못하고 사는 것이다. 일제 때는 농양 적식 회사의 땅으로, 그 후에는 문둥이 수용소로 소유자가 바뀌었다. 건우네 집도 마찬가지였다. 건우네는 아버지가 삼치잡이에 나가서 죽고 할아버지 갈밭새 영감, 어머니와 같이 지낸다. 살기가 매우 힘들었다.

이렇게 살기가 힘든 어느 날 조마이섬에 장마가 닥치고, 강둑을 파헤치지 않고는 섬 주민들이 살 수 없는 위급한 상황이 된다. 이때 유력자의 앞잡이인 청년들이 나타

■ 김정한(金廷漢, 1908~1996)
소설가. 호는 요산(樂山). 부산 동래 출신. 1936년 일제 강점기 궁핍한 농촌의 현실과 친일파 승려들의 잔혹함을 그린 〈사하촌(寺下村)〉이 《조선일보》에 당선되어 등단하였다. 그 후 〈항진기〉, 〈기로〉 등의 작품을 발표하면서 '민중을 선동하는 요수의 작가'로 지목되기도 하였다. 대표작으로 〈낙일홍〉, 〈인간 단지〉, 〈수라도〉, 〈삼별초〉 등이 있다.

나 이를 방해하고 엉터리로 둑을 막는다. 섬을 통째로 삼키려는 무리들의 소행에 화가 난 갈밭새 영감이 청년 하나를 탁류에 던진다. 이로 인해 영감은 구속되고 감옥살이를 하게 되고 건우는 행방 불명된다. 모래톱은 황폐해졌고, 새 학기가 되어도 건우는 나타나지 않고 조마이섬을 군대가 정지(整地)하였다. 나는 조마이섬에 사는 윤춘삼씨에게 이런 이야기를 들으며, 그의 눈에서 떨어지는 눈물을 이방인처럼 보고 있었다.

그리고 새학기가 되어도 건우는 학교에 나타나지 않았다. 끝내 돌아오지 않았다. 그의 일기장에는 어떠한 글이 적힐는지?

황폐한 모래톱 ─── 조마이섬을 군대가 정지하고 있다는 소문이 들렸다.

▶ 갈래: 단편 소설, 농촌 소설, 참여 소설
▶ 성격: 저항적, 현실 고발적
▶ 배경
　① 시간: 일제 강점기부터 1960년대
　② 공간: 낙동강 하류 조마이섬
▶ 시점: 1인칭 관찰자 시점
▶ 구성
　① 발단: 건우 소년에 대한 '나'의 관심, 가정 방문을 감.
　② 전개: 조마이섬 사람들의 비참한 삶, 윤춘삼 씨와 갈밭새 영감으로부터 섬 이야기를 들음.
　③ 위기·절정: 조마이섬에 덮친 홍수, 조마이섬 주민을 구하려고 둑을 허물다 갈밭새 영감은 살인죄를 저지름.
　④ 결말: 폭풍우가 끝난 뒤의 이야기
▶ 제재: 조마이섬을 둘러싼 인간들의 모습
▶ 주제: 소외당한 인간의 비참한 삶과 부조리한 현실에 대한 저항

박태원, 〈소설가 구보 씨의 일일〉

▶ 줄거리

소설가 구보는 장가를 들지 않은 26세의 룸펜 인텔리로 자신의 집 다옥정을 출발하여 거리로 나선다. 이 시간 동안 구보는 대학 노트를 들고 경성 중심가를 배회하는데, 그가 들르는 곳은 다방, 카페, 식당, 경성역 등이다. 그는 정처없이 경성 거리를 배회하면서 여러 사람들의 모습을 관찰하고, 또 자신의 과거를 회상하게 된다. 그가 관찰한 것은 근대 문명의 풍물과 세태이며, 그가 주로 기억해 내는 것은 로맨틱한 과거이다. 이러한 가운데 구보는 자신에게는 없는 '행복'에 대한 갈망과 고독한 자신의 모습을 발견하며 새벽에 귀가하게 된다. 귀가하면서 구보는 하루 종일 어머니를 잊고 지낸 것을 자책하며 슬픈 생각에 잠긴다.

▶ 갈래: 중편 소설, 심리 소설, 모더니즘 소설, 세태 소설
▶ 성격: 사색적, 관찰적
▶ 배경:
　① 시간: 1930년대 어느 하루

■ 박태원(朴泰遠 1909~1986)
서울 출생. 호는 구보(丘甫, 仇甫, 九甫). 경성제일고보, 동경법정대학 수학. 1933년 이태준, 이상, 김기림, 김유정, 이무영, 이효석 등과 함께 '구인회(九人會)'를 조직하였다. 1926년 시 〈누님〉이 《조선문단》에 당선되면서 등단하였다. 주요 작품으로는 단편 소설 〈성탄제〉, 〈비량〉, 〈수호전〉 등이 있고, 장편 소설로 〈천변풍경〉이 있다.

② 공간: 서울 거리

    – 현실적 공간: 서울에서의 하루

    – 의식의 공간: 첫사랑을 시작한 어린 소년기 동경 유학 시절

▶**시점**: 3인칭 전지적 작가 시점

▶**구성**: 이 작품은 '발단–전개–위기–절정–결말'이라는 일반적인 소설의 구성 방식을 따르지 않고 있음. 다만, 외출해서 '전차 안 → 다방 → 거리 → 경성역 대합실 → 다방 → 거리 → 술집' 그리고 귀가까지 작중 화자의 관찰과 심리가 서술되고 있을 뿐임.

▶**주제**: 1930년대 무기력한 문학인의 눈에 비친 일상사

▶**의의**

    ① 자신의 창작 방법론을 고현학(modernologe: 현대적 일상생활의 풍속을 면밀히 조사 탐구하는 행위)이라 했는데, 이를 적용시킨 작품

    ② 박태원의 실제 생활을 반영한 자전적 소설임.

손창섭, 〈비 오는 날〉

▶**줄거리**

이렇게 비내리는 날이면 원구의 마음은 감당할 수 없도록 무거워지는 것이었다. 그것은 동욱 남매의 음산한 생활 풍경이 그의 뇌리를 영사막처럼 흘러가기 때문이었다. 빗소리를 들을 때마다 원구는 으레 동욱과 그의 여동생 동옥이 생각나는 것이었다. 그들의 어두운 방에 쓰러져 가는 목조 건물이 비의 장막 저편에 우울하게 떠오르는 것이었다. 비록 맑은 날일지라도 동욱의 오누이의 생활을 생각하면, 원구의 귀에는 빗소리가 설레이고 그 마음 구석에는 빗물이 흐르는 것 같았다. 원구의 머리 속에 떠오른 동욱과 동옥은 그 모양으로 언제나 비에 젖어 있는 인생들이었다.

동욱은 현재 누이동생 동옥과 1.4 후퇴 때 월남해서 살고 있다. 소학교 시절부터 친구인 원구 역시 월남해서 행상을 하며 어렵게 살고 있으나 오히려 친구인 동욱과 동옥의 생활을 걱정한다. 피난지 부산에서 원구는 리어카에 잡화를 팔며 생계를 유지하고 있다. 동옥은 어려서부터 그림을 좋아하는 감수성이 예민한 인물로 왼쪽 다리가 불편한 지체 부자유자이다. 그의 오빠인 동욱은 대학에서 영문학을 전공하였으며 착실한 교인으로 목사 지망생이었다.

그러나 6.25라는 전쟁은 그들의 운명을 바꾸어 놓았다. 월남 이후 동욱은 미군 부대를 전전하면서 초상화를 주문 받고 동옥은 집에서 초상화를 그리면서 생계를 간신히 꾸려 나간다. 그들은 인가에서 외딴 곳, 황폐한 집에 사는데, 그들이 살고 있는 목조 건물은 그들의 비참한 생활을 나타내고 있다. 동옥이 사람 많은 것을 싫어하기 때문에 그런 곳에 사는 것이다. 장마가 진 어느 날 원구가 동욱의 집을 찾아갔으나 동옥의 얼굴에서는 자조적인 웃음밖에 발견할 수 없었고, 오히려 냉담하게 대하는 것이다.

그래서 원구는 돌아오다가 동욱을 만나 다시 집으로 들어간다. 지붕은 비가 새어 방안에 양동이를 받쳐 놓았는데 빗물이 가득한 것을 버리려다 쏟고 말았다. 그때 물을 피하려 일어나는 동옥을 보고야 동옥이 다리 불구라는 것을 알았다. 그 후 비오는 날이면 자주 그 집을 방문하였는데, 점차 동옥이 원구를 대하는 태도가 좋아진다.

그러던 어느날, 동욱은 그의 유일한 생계인 초상화 작업마저 하지 못하게 된다. 그래서 동옥이 너무 불안해 하니 자주 찾아와 위로해 주라는 부탁을 동욱이 원구에게

■ **손창섭(孫昌涉, 1922~2010)**

평양 출생. 만주, 일본 등지를 전전하며 수학. 1952년 〈공휴일〉로 《문예》의 추천을 받아 등단하였으며, 1973년 일본에 건너가 귀화하였다. 한국 전쟁 후, 1950년대의 음울한 분위기와 불구적 인간형을 그려내어 전후의 우리 현실을 반영하였다. 초기 단편들은 심신 장애자가 주인공이고, 후기 단편들은 비정상적인 삶을 영위하는 인간들이 주인공이다. 그 자신의 표현에 의하면, 그는 소설에 기성 사회에 대한 '나'의 반발을 그리려고 하다 보니 자연스럽게 냉소와 자조, 실의와 체념, 허위와 불신, 질서의 상실, 생활의 분열 등이 나타나게 된다고 하였다. 1955년 〈혈서〉로 현대문학신인상을, 1959년 〈잉여 인간〉으로 동인문학상을 수상하였다. 대표작으로는 〈미해결의 장〉(1955), 〈낙서족〉(1959), 〈인간동물원초〉(1956) 등이 있다.

한다. 다시 비오는 날, 그들을 찾아가니, 동옥이 그동안 모아둔 돈을 빚낸 주인 노파가 도망가 버렸다고 한다. 그래서 동옥은 더욱 절망해 있었다. 엎친 데 덮친 격으로 동욱과 동옥이 세들어 살던 집마저 주인이 몰래 팔고 도망가 버려 결국 그 집에서 나오게 된다.

원구가 한달여 만에 그 집을 방문했을 때 이미 그들은 떠나고 없어 궁금해 한다. 아마도 동욱은 군대에 끌려가고 – 그 당시는 검문해 증명이 없으면 군대에 끌려 가게 되어 있었다. – 동옥은 주인 녀석이 사창가에 팔아 먹은 것같다는 격분과 자책을 안고 돌아온다.

마음 속 한 구석을 의식하면서도 천근의 무게를 감당할 수 없어 그는 말없이 발길을 돌이키었다. '이놈 네가 동옥을 팔아먹었구나.' 하는 흥분한 소리가 까마득히 먼 곳에서 자기를 향하고 날아오는 것 같은 착각에 오한을 느끼며 원구는 호박 덩굴 우거진 밭두둑 길을 앓고난 사람 모양 휘청거리는 다리로 걸어나가는 것이었다.

▶ **갈래**: 단편 소설, 전후 소설
▶ **성격**: 허무적, 냉소적, 사실적, 실존주의적
▶ **배경**:
　① 시간적: 6·25 전쟁 시기의 장마철
　② 공간적: 피란지 부산
▶ **시점**: 전지적 작가 시점
▶ **구성**: 단일 구성
　① 발단: 비가 내리는 날이면 동욱 남매의 음산한 생활 풍경을 회상하는 원구
　② 전개: 원구가 황폐한 동욱의 집을 방문하여 동욱과 그의 누이동생 동옥을 만난 과정
　③ 위기: 유일한 생계인 초상화 작업을 더 이상 하지 못하게 된 동욱 남매
　④ 절정: 동욱이 노파에게 돈을 떼인 뒤 동욱과 동옥의 갈등이 심화됨.
　⑤ 결말: 다시 그 집을 방문했을 때, 이미 떠나버린 그들 때문에 원구는 자책감에 빠짐.
▶ **제재**: 전쟁 피난민의 무기력한 삶
▶ **주제**: 전쟁의 극한 상황으로 인한 무기력한 삶과 허무 의식

■ 오상원(1930~1985)
소설가. 언론인. 평북 선천 출생. 서울대 불문과 졸업. 1955년 《한국일보》 신춘문예에 〈유예〉가 당선되어 소설가로 등단하였다. 주로 전쟁 및 전후(戰後) 사회와 개인의 삶, 정치적 상황 등에 관심을 보였으며, 전후 세대의 정신적 좌절을 행동주의적 안목으로 주제화하였다.

✎ 오상원, 〈유예〉

▶ **줄거리**

주인공인 '나'는 국군 소대장으로 한국 전쟁에 참전하였다가 본대아 연락이 끊긴 채, 소대원을 데리고 후퇴하다가 모든 소대원을 잃게 된다. 그러다가 인민군들이 아군 병사를 처형하려는 모습을 보게 되자 그의 죽음이 곧 자신의 죽음일 수 있다는 생각으로 위험을 무릅쓰고 그를 구하려다가 의식을 잃은 채 포로가 된다. 적이 끊임없이 자신을 회유하지만 공산주의로의 전향을 거부하고 사형을 맞게 된다.

적은 '나'에게 남쪽으로 뻗은 길을 걸어가라면서 뒤에서 총을 겨눈다. '나'는 죽음 앞에서도 인간의 존엄성을 잃지 않고 자신의 의지를 굳건히 지키려 하지만 자신의 죽음에서 아무런 의미도 찾을 수 없음에 허무감을 느낀다.

▶ 갈래: 단편 소설, 전후 소설

▶ 성격: 독백적, 실존적

▶ 배경

  ① 시간: 6 · 25 전쟁 당시의 겨울

  ② 공간: 전쟁으로 폐허가 된 어느 산골 마을의 움막과 눈 덮인 대지

▶ 시점: 전지적 작가 시점(부분적으로 1인칭 주인공 시점이 쓰임.)

▶ 구성: '발단−전개−위기−절정−결말'의 5단 구성

  ① 발단: 처형까지 한 시간의 유예 시간이 주어진 가운데 움 속 감옥에 갇힌 '나'

  ② 전개: 너무 적진 깊이 들어갔다가 후퇴하면서 부대원들을 잃고 홀로 남음.

  ③ 위기: 인민군들에 의해 처형당하는 병사를 보며 총을 난사함.

  ④ 절정: 적에게 체포가 되고, 적의 회유와 인간 존재의 비극성을 인식함.

  ⑤ 결말: 죽는다는 것은 아무것도 아닌 것이라고 생각하며 적에게 처형되는 '나'

▶ 제재: 6 · 25 전쟁 당시 포로가 된 한 군인의 죽음

▶ 주제: 전쟁이라는 극한 상황 속에서 인간의 고뇌와 죽음(전쟁의 비인간성)

🖋 윤흥길, 〈장마〉

▶ 줄거리

    지루한 장마가 계속되던 어느 날 밤, 외할머니는 국군 소위로 전쟁터에 나간 아들이 전사하였다는 통지를 받는다. 이후부터 하나밖에 없는 아들을 잃은 외할머니는 빨치산을 향해 저주를 퍼붓는다. 같은 집에 살고 있는 친할머니가 이 소리를 듣고 노발대발한다. 그것은 곧 빨치산에 나가 있는 자기 아들더러 죽으라는 저주와 같았기 때문이다.

    빨치산 대부분이 소탕되고 있던 때라서 가족들은 대부분 할머니의 아들, 곧 삼촌이 죽었을 것이라고 믿지만, 할머니는 점쟁이의 예언을 근거로 아들의 생환을 굳게 믿고 아들을 맞을 준비를 한다. 그러나 예언한 날이 되어도 아들은 돌아오지 않는다.

    실의에 빠져 있는 할머니, 그때 난데없이 구렁이 한 마리가 애들의 돌팔매에 쫓기어 집 안으로 들어 온다. 할머니는 별안간 졸도한다. 집 안은 온통 쑥대밭이 되는데, 외할머니는 아이들과 외부인들을 쫓아 버리고 감나무에 올라앉은 구렁이에게 다가가 말을 하기 시작한다.

    아무런 반응이 없자 할머니 머리에서 빠진 머리카락을 불에 그을린다. 그 냄새에 구렁이는 땅에 내려와 대밭으로 사라져 간다. 그 후 할머니는 외할머니와 화해하게 되고 일주일 후 숨을 거둔다. 장마가 그친다.

▶ 시대: 1970년대

▶ 갈래: 중편 소설, 사실주의 소설

▶ 성격: 회상적, 사실적, 상징적

▶ 배경

  ① 시간: 한국 전쟁

  ② 공간: 어느 농촌

▶ 시점: 1인칭 관찰자 시점

▶ 주제: 전쟁으로 인한 어린 시절의 가족 갈등

<aside>
■ 윤흥길(尹興吉, 1942∼)

소설가. 1968년 《한국일보》에 〈회색 면류관의 계절〉로 신춘문예에 당선되었다. 독특한 리얼리즘의 기법에 의해 한국현대사에 대한 예리한 통찰을 보여 주며 산업화와 소외 문제에 대한 비판적 시각도 보여 주고 있다. 주요 작품에 〈장마〉, 〈묵시의 바다〉, 〈에미〉, 〈완장〉 등이 있다.
</aside>

■ 이광수(1892~1950)
호는 춘원(春園). 평북 정주 출생. 일
본 명치학원(明治學院) 중학부를 졸
업하고 1915년 와세다[早稻田]대
학에 입학하였다. 1917년 《청춘》에
〈소년의 비애〉, 〈어린 벗에게〉 등 단
편을 발표하였다. 1917년 《매일신
보》에 현대적 장편 〈무정〉을 발표하
여 한국문학사에 신기원을 이룩하였
다. 1924년 《조선문단》을 주재하고
《독립신문》 편집국장, 《동아일보》 편
집국장 등을 역임하였으며, 친일 문
학 단체인 조선문인협회장을 역임하
였다. 1940년 일본명 가야마 미쓰오
(香山光郎)로 창씨개명하는 등 친일
행위를 하였고, 6·25 전쟁 때 납북
되어 생사 불명이었으나 최근 1950
년 북한 남포병원에서 벽초 홍명희의
배려로 입원 중 사망하였음이 알려
졌다. 작품 세계는 이상주의에 바탕
을 둔 계몽적 민족의식을 표현하고,
1930년대에 이르러서는 역사의식을
반영하는 쪽으로 나타났다. 대표작
으로는 〈무정〉(1917), 〈유정〉(1933),
〈사랑〉(1939), 〈흙〉(1932), 〈단종애
사〉(1929) 등이 있다.

📝 이광수, 〈무정〉

▶줄거리

　이야기의 서두는 경성영어학교 교사 이형식(李亨植)이 장안의 부호 김장로의 고명
딸인 선형(善馨)의 영어 개인 지도를 부탁 받고 첫번 방문하는데서부터 시작된다. 본
래 형식은 동경 유학을 마친 당대 일류 지식인이나 일찍이 고아가 되어 역경을 겪은
데다 내성적 성격이라 여성 교제가 거의 없었다. 그러던 중 개인 지도를 하면서 선형
에게 연정을 품게 된다.

　그런데 그날 밤 하숙집에 돌아와서 형식은 뜻밖의 손님인 박영채(朴英彩)를 만나게
된다. 영채는 이형식이 어릴 때 고아일 적에 형식을 데려다 기르고 자식처럼 대하여
준 은사 박 진사의 딸인데 장차 형식의 아내가 될 사람으로 정혼했었다. 그러나 박 진
사의 개화 운동이 세상 사람들의 개화 문명에 대한 이해 부족으로 실패하고 집안이
망하자 형식이는 영채와 이별하게 되었는데, 7년만에 해후하여 그 뒤 영채가 감옥에
계신 아버지를 도우려 기생이 되고 형식을 사모하며 수절해 왔다는 전말을 듣게 된다.

　이 과정에서 형식은 눈물을 흘리는 한편, 그녀가 기생이라는 혐오감과 미인이라는
유혹의 갈등을 주체하지 못한다. 이에 형식은 선형에 대한 연정과 은사의 딸이자 지
난 날 아내로 암시되었던 영채에 대한 의무 사이에서 고민하고 갈등을 겪게 된다. 또
기생인 영채를 구해낼 돈 천 원이 없음을 한탄하는 사이에 영채는 지금까지 형식을
위해 지켜 오던 정조를 배학감(명식), 경성학교 교주의 아들인 김현수 일당에게 유린
당하고 만다. 그리고 유서를 남긴 채 자살하러 평양행 기차에 오른다.

　그녀의 유서를 쥐고 눈물을 뿌리며 영채를 만나려고 뒤따라 평양에 간 이형식은 소
득없이 돌아와서 오히려 학생들에게 기생을 따라갔다는 오해만 사고 이에 분격하여
급기야 학교를 그만두기에 이른다. 이는 김현수가 거짓 소문을 낸 까닭이었다. 그러나
김장로는 난관에 빠진 형식을 딸 선형과 결혼시켜 둘이 함께 미국 유학을 갈 수 있도
록 해 준다.

　한편 자살길에 오른 영채는 차 안에서 소위 신여성인 병욱을 만나 그녀의 황주집에
한 달간 머무는 동안 봉건적 사고 방식에서 근대적 합리주의로 정신적 발전을 이룬
다. 그리고 병욱의 호의로 함께 동경 유학길에 오르던 중, 기차 안에서 미국 유학을
떠나는 형식과 선형을 만나게 된다. 이리하여 형식은 새삼 애정과 의리 간에 갈등에
빠지게 되고 선형과 영채 사이에는 삼각 관계의 불협 화음이 생긴다.

　기차는 삼랑진 수재 현장에 이르러 연착하게 되고 여기에서 네 젊은이는 고통을 당
하는 수재민을 위해 자선 음악회 등 함께 봉사 활동을 전개한다. 이 과정에서 그들
간의 개인적인 감정은 사라지고, 그 대신 토론을 통해 허물어진 민족의 장래를 담당
할 역군으로서 사명을 다짐한다. 그리고 마지막으로 등장인물들의 근황을 소개하고
작가의 계몽 의식을 직접적으로 서술한다.

▶갈래: 장편 소설, 현대 소설, 계몽 소설, 연장체(連章體. 126회) 소설
▶배경
　① 시대적: 일제 치하의 개화기
　② 공간적: 서울을 중심으로 평양, 삼랑진 등
　③ 종교적: 기독교와 유교
▶시점: 전지적 작가 시점

▶주제

　① 신문명을 받아들이고 배워 조국의 발전을 꾀하자.

　② 근대적 시민 사회의 탄생을 겨냥한 민족적 자각과 혁신

　③ 자유 연애와 민족주의 고취

▶출전: 1917년 《매일신보》(126회까지 연재한 신문 연재 소설)

▶문체

　① 순국문체와 산문체, 묘사체(일부 서술체 잔존), 구어체(일부 문어체 잔존)

　② 서술 형태에서 현재 시제를 씀.

▶의의

　① 최초의 근대적 장편 소설

　② 운문체의 탈피와 구어체를 통한 언문 일치의 확립

　③ 자유 연애 사상, 계몽 의식의 표면화

▶무정의 근대성

　① 등장인물의 자아의 각성이 나타남.

　② 문장의 산문성과 취재의 현실성이 있음.

　③ 심리 묘사와 성격 참조

▶무정의 장편 소설적 특징

　① 한 시대와 사회를 대표하는 인물이 등장함.

　② 복잡한 사건의 갈등 구조를 지니고 있음.

　③ 등장인물들이 상황의 변화와 함께 변모함.

🖊 이문열, 〈우리들의 일그러진 영웅〉

▶줄거리

　'나'는 아버지의 좌천으로 서울의 명문 초등학교에서 Y읍의 초라한 곳으로 전학하게 된다. 그곳에서, 학급 반장 엄석대가 담임 선생의 두터운 신임과 아이들의 절대적 복종을 받으며 군림하고 있는 현실에 대해 저항해 보지만, '엄석대'는 '나'보다 월등한 학업성적과 무소불위(無所不爲)의 권력을 지니고 있는 터라서 달리 대항해 볼 방도를 찾지 못한다. '나'는 엄석대의 폭력·위압·비행을 담임에게 고발하지만 시기와 질투로 인식되어 배척받고 소외당한다.

　결국 엄석대에게 굴복하고 동조하며 그의 시혜를 받는데, 민주적 의식의 새 담임의 개혁 의지로 엄석대 체제는 몰락하게 된다. 학급은 새로운 체제의 환경에 시행 착오를 겪으며 허우적거리지만 점차 용기를 얻고 민주적 질서를 회복한다.

　그 후, 사회인으로 성장한 '나'는 부조리한 현실에서 힘겹게 살아가며 엄석대에 대한 일조의 향수마저 느낀다. 그러던 중에 피서길에서, 수갑을 차고 경찰에 붙들려 가는 엄석대와 맞닥뜨린다.

▶갈래: 중편 소설, 풍자 소설

▶사상: 우화적, 회상적, 비판적

■ 이문열(1948~)

소설가. 대중적 인기와 예술성을 동시에 확보한 몇 안 되는 작가로 평가된다. 〈황제를 위하여〉, 〈젊은 날의 초상〉, 〈그대 다시는 고향에 가지 못하리〉 등을 썼다.

▶배경

　①현재: 민주화 시대

　②회상기: 자유당 독재 치하

▶시점: 1인칭 주인공 시점

▶제재: 시골 초등학교 학급 운영을 둘러싼 아이들의 갈등

▶주제: 절대 권력의 허구성과 소시민들의 안이한 대응에 대한 비판

■ 이상(李箱, 1910~1937)
서울 출생. 본명은 김해경(金海卿). 보성 고보, 경성 고공 건축과 졸업. 1930년 《조선》에 〈12월 12일〉을 발표하여 등단하였으며, 조선 미전에 〈자화상〉으로 입선하였다. 1937년 불령선인으로 오인되어 일본 경찰에 체포·감금되었고, 1937년 동경제대부속병원에서 폐결핵 악화로 사망하였다. '구인회' 회원이며,《조선중앙일보》에 난해시 〈오감도〉를 발표하여 당시 문단에 충격을 던졌다. 그의 작품 세계는 인간의 내면세계를 깊이 있게 탐구하였으며, 심리주의 경향을 보여 준다. 주요 작품으로는 〈날개〉, 〈동해(童骸)〉, 〈지주회시〉, 〈종생기〉, 〈실락원〉 등이 있다.

✎ 이상, 〈날개〉

▶줄거리

　지식 청년인 '나'는 놀거나 밤낮없이 잠을 자면서 아내에게 사육된다. '나'는 몸이 건강하지 못하고 자의식이 강하며 현실 감각이 없다. 오직 한 번 아내를 차지해 본 이외에는 단 한 번도 남편이었던 적이 없다.

　아내가 외출하고 난 뒤에 아내의 방에 가서 화장품 냄새를 맡거나 돋보기로 화장지를 태우면서 아내에 대한 욕구를 대신한다. 아내는 자신의 매음 행위에 거추장스러운 '나'를 볕 안드는 방에서 나오지 못하도록 수면제를 먹인다. 그 약이 감기약 아스피린인 줄 알고 지내던 '나'는 어느 날 그것이 수면제 아달린이라는 것을 알고 산으로 올라가 아내를 연구한다.

　'나'를 죽음으로 몰고 갔을지도 모를 수면제 ─ 그것을 한꺼번에 여섯 알이나 먹고 일주야를 자고 깨어나서, 아내에 대한 의혹을 미안해 한다. '나'는 아내에게 사죄하러 집으로 돌아온다. 그리고 그만 아내의 매음 현장을 목격하고 만다.

　도망쳐 나온 '나'는 거리를 쏘다니던 끝에 미스꼬시 백화점 옥상에 올라 스물여섯 해의 과거를 회상한다. 이때 정오의 사이렌이 울고, '나'는 "날개야 다시 돋아라. 한번만 더 날아 보자꾸나."라고 외치고 싶어진다.

▶갈래: 단편 소설, 심리주의적 소설

▶성격: 고백적, 상징적

▶배경

　①시간적: 1930년대 어느 날

　②공간적: 서울, 18가구가 살고 있는 33번지 유곽(遊廓)

▶시점: 1인칭 주인공 시점

▶제재: 일제 강점기 지식인의 무기력한 삶

▶주제: 억압된 삶에서 벗어나 정신적 자유를 찾으려는 의지

■ 이청준(李淸俊, 1939~2008)
전남 장흥 출생. 서울대 독문과 졸업. 1965년 《사상계》 신인 문학상에 〈퇴원〉이 당선되었다. 주로 생활과 예술, 이상과 현실 사이의 갈등을 중심 문제로 하여, 관념적이기는 하나 집요하게 진실을 추구하는 작가로 정평이 나 있다. 대표작으로 〈병신과 머저리〉, 〈매잡이〉(1968), 〈이어도〉(1974), 〈잔인한 도시〉(1978), 〈살아 있는 늪〉(1979) 등이 있다.

✎ 이청준, 〈병신과 머저리〉

▶줄거리

　'나'는 화가다. 형 친구의 소개로 나의 화실에 나왔던, 혜인에게서 청첩장을 받는다. 그녀는 '나' 대신에 장래가 확실한 의사를 택한 것이다. 나는 무기력하게 그 사실을 받아들인다. 그리고 그림은 진전이 없다.

형은 의사다. 6.25 때 패잔병으로 낙오되었다가 동료를 죽이고 탈출했다는 아픈 과거를 지니고 있다. 20여 년 동안 외과 의사로 실수 한 번 없던 그는 달포 전 수술을 한 어린 소녀가 죽자 병원 문을 닫고 소설을 쓰기 시작한다. 그것은 형의 체험담이었다.

소설의 중심 인물은 셋이다. 표독한 이등중사 오관모, 신병 김 일병, 그리고 서술자인 '나'(그것은 형이다). 그들은 패주한다. 김 일병은 팔이 잘려 나가 썩어 가고 있다. 그들은 동굴 속에서 숨어 지낸다. 오관모는 전부터 김 일병을 남색(男色)의 대상으로 삼았는데, 김의 상처에서 나는 역한 냄새로 그 짓이 불가능해지자 그를 죽이려 한다.

형의 소설은 거기서 멈춰 있다. '나'의 그림 역시 진전이 없다. '나'는 형 대신 소설의 결말을 써 나간다(오관모가 오기 전에 형이 김 일병을 쏘아 버린다. 형은 참새 가슴처럼 떨고 있다.라고).

형은 그것을 읽고 병신, 머저리라고 욕한다. 그리고는 오관모가 김 일병을 죽이고, 뒤따라간 자신이 오관모를 죽이는 것으로 끝맺는다.

이 뜻밖의 결말은 '나'를 혼란에 빠뜨린다. 그런데 애인의 결혼식에서 돌아온 형은 자신의 소설을 태워 버린다. 결혼식장에서 오관모를 만났다는 것이다. 그리고 형은 건강한 생활인으로 돌아가 다시 병원문을 연다.

▶ **갈래**: 단편 소설, 액자 소설, 본격 소설, 순수 소설
▶ **성격**: 논리적, 사변적
▶ **배경**
　① 외화: 1960년대 화실과 병원
　② 내화: 6 · 25 전쟁 중의 어느 시골
▶ **시점**: 1인칭 주인공 및 관찰자 시점 혼합
▶ **주제**: 두 형제의 서로 다른 삶의 방식을 통하여 '아픔'의 원인과 그 극복 과정

✎ 이효석, 〈메밀꽃 필 무렵〉

▶ **줄거리**

봉평장의 파장 무렵, 왼손잡이인 드팀전의 허 생원은 장사가 시원치 않아서 속이 상한다. 조 선달에 이끌려 충주집을 찾는다. 거기서 나이가 어린 장돌뱅이 동이를 만난다. 허 생원은 대낮부터 충주집과 짓거리를 벌이는 동이가 몹시 밉다. 머리에 피도 안 마른 주제에 계집하고 농탕질이냐고 따귀를 올린다. 동이는 별 반항도 하지 않고 그 자리를 물러난다. 허 생원은 좀 마음이 개운치 않다. 조 선달과 술잔을 주고받고 하는데 동이가 황급히 달려온다. 나귀가 밧줄을 끊고 야단이라는 것이다. 허 생원은 자기를 외면할 줄로 알았던 동이가 그런 기별까지 하자 여간 기특하지 않다. 나귀에 짐을 싣고 다음 장터로 떠나는데, 마침 그들이 가는 길가에는 달빛에 메밀꽃이 흐드러지게 피어 있다.

달빛 아래 펼쳐지는 메밀꽃의 정경에 감정이 동했음인지 허 생원은 조 선달에게 몇 번이나 들려준 이야기를 다시 꺼낸다. 한때 경기가 좋아 한밑천을 두둑이 잡은 적이 있었다. 그것을 노름판에서 다 잃어버렸다. 그리고 평생 여자와 인연이 없었다. 그런데 메밀꽃이 핀 여름 밤, 그날 그는 토방이 무더워 목욕을 하러 개울가로 갔다. 달이 너무도 밝은 까닭에 옷을 벗으러 물방앗간으로 갔다. 그리고 거기서 성 서방네 처녀를 만났다. 성 서방네는 파산을 한 터여서 처녀는 신세 한탄을 하며 눈물을 보였다.

■ 이효석(李孝石, 1907~1942)
강원 평창 출생. 호는 가산(可山). 제일고보, 경성제대 영문과 졸업. 1928년 《조선지광》에 단편 〈도시와 유령〉을 발표하였다. '구인회' 회원으로 초기에 동반자 작가로서 경향적(傾向的)인 면모를 보였으나, 인간의 순수한 자연성, 원초적 욕망의 세계를 탐구하여 서정성 높은 작품을 발표하였다. 대표작으로 〈노령 근해〉(1930), 〈돈〉(1933), 〈산〉, 〈분녀〉, 〈들〉, 〈메밀꽃 필 무렵〉(1936), 〈잔미병들다〉(1938) 등이 있다.

그런 상황 속에서 허 생원은 처녀와 관계를 맺었고, 그 다음날 처녀는 가족과 함께 줄 행랑을 놓아 버렸다.

그런 이야기 끝에 허 생원은 동이가 편모만 모시고 살고 있음을 알게 된다. 발을 빗 디딘 그는 물에 빠지고 동이가 부축해서 업어준다. 허 생원은 마음에 짐작되는 데가 있어 동이에게 물어 본다. 그 어머니의 고향 역시 봉평임을 확인한다. 그리고 어둠 속 에서도 동이가 자기처럼 왼손잡이임을 눈여겨본다.

▶ 갈래: 단편 소설
▶ 성격: 서정적, 낭만적
▶ 배경: 어느 여름날 낮부터 밤까지 '봉평'에서 '대화'에 이르는 산길
▶ 시점: 전지적 작가 시점
▶ 특징
　① 낭만적이고 서정적인 분위기
　② 암시와 추리를 통해 주제를 간접적으로 부각
　③ 대화를 중심으로 사건 전개
▶ 제재: 장돌뱅이의 삶
▶ 주제: 자연적이고 신비한 인간 본연의 애정

조세희, 〈난쟁이가 쏘아 올린 작은 공〉

▶ 줄거리

서울 낙원구 행복동에 사는 김불이는 다섯 식구의 가장으로, 사람들은 그를 난장 이로 불렀다. 키는 172센티미터였지만 몸무게는 32킬로그램에 불과하기 때문이다. 칼 갈이, 고층 건물 유리 닦기, 수도 고치기 등 안 해 본 일이 없지만 늘 가난에서 벗어날 수가 없었다. 식구들은 노비의 후손이기 때문에 그렇다고 생각한다. 어느 날 그 지역 이 재개발 사업 구역으로 지정되었으니 정해진 기일 내에 건물을 자진 철거하라는 계 고장을 받는다. 철거 대신 아파트 입주권을 받았지만 그림의 떡일 뿐이다. 결국, 다른 사람들과 마찬가지로 입주권을 헐값에 팔고 이사 가기 전날 막내 영희가 사라진다. 어 머니는 공장에 다니던 영수와 영호가 직장에서 쫓겨나는 바람에 더욱 어려워진 집안 형편을 보다 못해 돈을 벌러 나갔으리라고 생각한다. 영호는 영희가 비행접시를 타고 날아갔다는 주정뱅이의 말을 듣고 밤새워 기다려 보지만, 비행접시도 영희도 나타나 지 않는다.

한편, 영희는 아파트 입주권을 팔던 날, 어떻게든 그것을 되찾아볼 양으로 자기 집 입 주권을 사간 사나이를 따라나섰고 그의 집에서 생활을 한다. 성적 학대를 받으면서 기 회를 엿보던 중 사나이를 마취시키고 입주권을 찾아 도망나온다. 영희는 입주 신청을 하고 옛날 살던 집으로 돌아오지만 식구들은 이미 떠난 뒤였다. 더구나 아버지가 그 동 안 일을 해 왔던 벽돌 공장이 철거되는 날 굴뚝에 올라갔다가 죽음을 당했다는 소식을 듣는다. 몸에 이상을 느껴 병원을 찾은 영희는 희미한 의식 속에서도 오빠들을 만나는 꿈을 꾸고 아버지를 난장이로 부르는 사람들을 혼내 줄 것을 힘주어 당부한다.

▶ 갈래: 소설(연작 소설)
▶ 성격: 현실 비판적, 사실적, 사회 고발적

■ 조세희(1942~　)
1965년 《경향신문》에 〈돛대 없는 장선〉이 당선되어 등단하였다. 소외 된 노동자와 빈민의 삶을 현실의 모 순 속에서 밝혀내고 문학적 실험을 통해 보여 주고자 하였다. 대표작으 로 〈뫼비우스의 띠〉, 〈은강 노동 가족 의 생계비〉, 〈내 그물로 오는 가시고 기〉 등이 있다.

▶ 배경: 1970년대 가난한 동네
▶ 시점: 1인칭 주인공 시점
▶ 구성: 복합 구성(1, 2, 3부가 각각 영수, 영호, 영희의 시점에서 서술)
▶ 제재: 도시 빈민들의 고단한 삶
▶ 주제: 산업화 과정의 모순과 도시 빈민들의 고통

✎ 채만식, 〈태평천하〉

▶ 줄거리

1930년대 후반의 어느 늦가을. 서울 계동의 만석꾼 부자 윤직원 영감은 명창대회를 구경하고 집으로 돌아오는 중이다. 소작료와 수혜 장사를 11에 신수만 인을 쳉기는 이 거부 윤직원 영감은 타고 온 인력거에서 내리자마자 인력거꾼과 요금 시비를 벌인다. 30전은 주어야겠다는 인력거꾼과 15전밖에 못 주겠다며 옥신각신하다가 마침내 25전으로 낙착을 보자 거만의 갑부 윤직원은 몹시 속이 상해서 집으로 들어간다. 매년 십 수만을 버는 윤직원 영감이지만 밖으로 나가는 돈은 이처럼 절치부심, 아까워하는 것이다. 치재의 비결이 워낙 이러한지라 윤직원 영감은 버스를 타더라도 짐짓 큰 돈을 내밀어 거스름돈을 받지 못한다는 핑계로 무임승차를 즐기는 터이기도 하다.

거만의 부를 움켜쥐고 있는 윤직원이지만 그에게도 비참한 역사는 있다. 노름꾼이던 그의 아비 윤용규가 어찌어찌 한몫을 잡아 가산이 일게 되면서부터 윤두섭(윤직원의 본명) 부자는 화적떼로부터 무수한 약탈을 당했는데, 급기야는 어느날 밤 들이닥친 화적떼에게 윤용규가 무참히 살해당하고 말았던 것이다. 그때 고의춤도 여미지 못한채 달아나 명을 보전한 윤두섭은 화적들이 물러간 뒤 돌아와 참경을 목도하고 비장하게 외친 바 있다. "오오냐, 우리만 빼놓고 어서 망해라." 화적떼에게 뺏기고 관리들에게 수탈당하던 두꺼비 윤두섭이 세상에 외친 위대한 선언이었던 것이다. 이러한 연고를 겪으면서 모은 거만의 재산이니 그가 한푼의 돈을 쓰는 것에도 벌벌 떠는 것이 무리가 아니라 하겠지만, 그는 착취니 뭣이니 하는 말에도 펄쩍 뛰는 무치의 소유자이기도 하다.

이만큼 돈을 번 것은 자신의 치재 수단이 좋았고 시운이 따라 가능했던 것이지 절대로 남의 것을 뺏은 것은 아니라는 탄탄한 소신이 그에게 내장되어 있는 탓이다. 시골 치안의 허술함과 후손 교육을 기회삼아 서울로 올라온 윤직원 영감에겐 지금이야말로 '태평천하'이다. 든든한 경찰이 있어 도둑 걱정없고 자신의 고리대금업은 날로 번창하고 있으니 이런 좋은 세상이 어디 있느냐는 것이다. 이러니만큼 현재의 그에게는 사회주의 운동 운운하는 자들이야말로 가장 경멸스럽고 두려운 인물들이다.

그러나 현실적 위험이 없으니 그것도 피안의 불일 따름, 윤직원 영감에게 절박한 위협이 없으니 그것도 피안의 불일 따름, 윤직원 영감에게 절박한 근심은 없다. 단지 남은 소원이 있다면 그의 두 손자 ─ 종수와 종학이 각각 하나는 군수, 하나는 경찰서장이 되어 집안에 지위와 명성을 보태어주는 것뿐이다. 돈이 있으니만큼 이러한 자리 욕심이 생긴 터인데, 사실 직원이라는 그의 직함도 시골에 있을 무렵, 향교의 수장자리를 돈주고 사들인 것이나.

자신의 만수무강과 후손의 영화를 위해 자신의 소변으로 눈을 씻고 어린아이의 소변을 사서 매일 아침 장복하는 등 갖은 양생법을 실천하는 윤직원 영감이지만 실인즉 그의 집안 사정은 난맥상을 드러내가고 있다. 그의 외아들 창식은 진작 첩살림을

■ 채만식(蔡萬植, 1902~1950)
소설가. 전북 옥구 출생. 일본 와세다대학 영문과 수학. 1924년 《조선문단》에 단편 〈세길로〉로 등단하였다. 그의 작품은 초기에는 동반자적 입상에서 창작하였으나 후기에는 풍자적이고 토속적인 면에서 다루어진 작품이 많다. 대표작으로는 장편 소설에 〈탁류〉(1937), 〈태평천하〉(1937), 그리고 단편 소설에 〈레디메이드 인생〉(1934), 〈치숙〉(1937) 등이 있다.

차려나가 하는 일이라곤 노름에 계집질뿐으로 주색잡기에 수천금을 뿌리고 있으며, 맏손자인 종수는 군수가 되리라는 명목으로 시골 군청의 고원으로 취직해 있으면서 역시 첩살림에 갖은 주색잡기로 수만의 가산을 탕진하고 있는 판이다.

둘째 손자 종학은 일본에서 대학을 다니고 있어 윤직원이 가장 기대하고 있는 터이지만 이도 서울집에 있는 본부인과 이혼하겠다며 성화를 피우고 있다.

또 윤직원 영감은 회춘을 하려고 여러 차례 동기를 바꾸어 가며 동접(童接)을 기도하나, 이번에는 열다섯살짜리 동기(童妓) 춘심이년이 애간장을 태우게 한다. 실은 춘심이는 윤직원의 증손자 경손이와 눈이 맞아 연애를 즐기는 중이었다.

이런 신선놀음을 하고 있는 윤직원 영감에게 비보가 날아든다. 맏아들 창식이 동경으로부터 온 전보를 윤직원에게 전해주는 바, 거기에는 '종학, 사상관계로 피검'이란 활자가 선연히 찍혀 있다. 윤직원의 차손 종학이 사회주의 운동을 하다 경찰에 체포되었다는 것이다. 자신이 가장 증오하고 두려워해 마지않는 사회주의에, 가장 큰 희망이요 보람이었던 경찰서장감 종학이 연루되었다는 것을 안 윤직원은 격노하여 비틀거리며 소리지른다. 왜 태평천하에 사회주의 운동에 가담하느냐는 것이다. 그리고는 사랑으로 사라진다.

▶갈래: 중편 소설, 사회 소설, 풍자 소설, 가족사 소설
▶성격: 풍자적, 사실주의
▶배경
   ① 시간: 1930년대
   ② 공간: 서울, 평민 출신의 대지주 집안
▶시점: 전지적 작가 시점
▶구성
   ① 발단: 인력거를 탄 후 삯을 깎으려는 윤직원 영감의 행태
   ② 전개: 윤직원 영감 집안의 내력과 치부 과정
   ③ 위기: 둘째 손자 종학에 대한 윤직원 영감의 기대, 윤직원 영감의 아들 '창식'과 큰 손자 '종수'의 타락하고 방탕한 생활
   ④ 절정·결말: 둘째 손자 '종학'이가 사상 관계로 일본 경시청에 피검되었다는 전보에 충격을 박은 윤직원 영감
▶제재: 윤직원 집안의 몰락 과정
▶주제: 개화기에서 일제 강점기에 이르는 윤직원 일가의 타락한 삶과 몰락 과정

■ 최인훈(1936~2018)
소설가. 극작가. 함북 회령 출생. 1959년 《자유문학》에 〈그레이 부락부 전말기〉, 〈라울전〉 등으로 추천을 받아 등단하였다. 1960년 〈가면고〉와 〈쌍상〉을 발표하면서 긱굉을 받기 시작하였다. 그는 현대인의 고뇌와 불안을 묘사하기 위해 꿈·일기·회상·내적 독백 등의 기교를 다채롭게 사용하면서도 플롯을 중시하며, 소설 미학을 견지하는 작품들을 발표하였다. 작품집으로 《광장》, 《총독의 소리》, 《문학을 찾아서》, 《서유기》 등이 있다.

최인훈, 〈광장〉

▶줄거리

주인공 이명준은 해방 후 만주에서 귀국하였다. 서울에서 그의 어머니가 죽고, 아버지 이형도가 당신의 이념에 따라 월북하자 그는 아버지의 친구인 변 선생의 후의로 더부살이를 한다. 대학의 철학과에 다니면서 그는 변 선생의 아들인 태식과 가까이 지내면서 현실에 대하여 많은 생각을 하고 지내지만 현실에 대하여 깊은 환멸을 느낀다. 자기만의 밀실에 들어 앉아 현실을 관념적으로만 파악하게 되는 것이다.

그러던 중 월북한 남로당원 아버지로 인해 명준은 경찰서에 끌려가 취조를 당하게 되고, 고문을 당하게 된다. 이 일로 인하여 비로소 현실에 눈을 뜬 그에게 비친 남한 의 현실은 타락하고, 부조리하며, 보람있는 삶을 살 수 있는 곳이 아니었다. 그는 윤 애라는 여인과의 사랑을 통해 이 관념과 현실의 간격을 없애려 노력하나 실패하고 번 민과 환멸 속에 인천에서 배를 얻어 타고 월북하고 만다.

그러나 그가 찾아 월북한 북한도 만족할 만한 곳은 아니었다. 이상적인 혁명가로 생각했던 아버지는 젊은 여자와 재혼하여 부르주아적인 생활을 하고 있고, 북한은 혁 명은 간데 없고 혁명의 자취만 있는 곳이었다. 즉, 이데올로기와 허위에 가득찬 곳이 었다. 공개적인 광장만 있을 뿐, 개성적인 삶은 없는 곳이었다. 북한에서 그는 아버지 의 힘으로 노동신문의 기자가 되지만 그가 작성한 기사가 당 간부들에게 핀잔을 듣 자, 기자 생활을 버리고 노동판에 뛰어들어 작업한다. 그러던 중 실족으로 다리를 다 치게 되고, 위문온 무용수 은혜와 만나 새로운 사랑을 누리게 된다. 북한 사회에서 못 느끼는 삶에 대한 애착을 은혜를 통해 느끼려는 듯 명준은 은혜에게 매우 집착한 다. 은혜의 모스크바 유학으로 명준은 은혜와 떨어지게 된다.

한국 전쟁이 발생하고 인민군 정치보위부 장교가 되어 서울로 남하한 명준은 그곳 에서 친구인 태식과 그의 아내가 된 옛 여인 윤애를 만나게 된다. 점령군 장교로서 그 는 간첩 혐의로 잡혀온 태식을 구하기 위해 찾아온 윤애를 겁탈하려고 하나, 하지 못 하고 둘을 탈출시킨다. 그리고는 치열한 낙동강 전투에 배치받아 가게 된다. 거기서 명준은 뜻밖에 간호병으로 자원 참전한 은혜를 다시 만나 동굴 속에서 재회의 기쁨 을 누린다. 재회 속에 명준의 아이를 임신했음을 명준에게 말하고 헤어져 가던 중 그 녀는 전사하고 만다.

결국 밀리는 전투 속에서 포로가 된 명준은 포로 교환이 있을 때 남한도 북한도 아 닌 중립국을 택한다. 그가 본 두 사회는 모두 환멸만이 있으며, 보람있는 삶을 줄 수 없다고 판단했기 때문이다.

그리하여 그는 인도로 가는 배 위에서 갈매기를 은혜와 딸의 환영으로 보고 바다 에 뛰어들어 자살하고 만다.

▶ 갈래: 장편 소설, 실존주의 소설
▶ 성격: 관념적, 철학적
▶ 배경
  ① 현실 부분: 타고르 호 위에서의 이틀
  ② 회상 부분: 8 · 15 광복으로부터 6 · 25 종전에 이르는 시기의 남한과 북한
▶ 시점: 전지적 작가 시점
▶ 구성: 복합 구성
▶ 주제
  ① 분단의 과정과 비극 속에서 고뇌하는 지식인의 모습
  ② 이념의 갈등 속에서 이상적 삶의 방식을 추구하는 인간의 모습

■ 현진건(玄鎭健, 1900~1943)
소설가. 호는 빙허(憑虛). 사실주의 문학의 대표 작가이고, 근대 단편 소설의 개척자이다. 대표작으로는 〈빈처〉(1921), 〈운수 좋은 날〉(1924), 〈B사감과 러브레터〉(1925) 등이 있다.

현진건, 〈운수 좋은 날〉

▶ 줄거리

　　김첨지는 인력거꾼이었다. 장사가 잘 안 되어 며칠 동안이나 돈 구경을 옳게 못했는데, 이 날은 이상하다고 하리만큼 운수가 좋았다. 앞집 마나님을 위시해서 교원인 듯싶은 양복장이를 학교까지 태워다 주고서는 첫 번에 삼십 전, 둘째 번에 오십 전 도합 팔십 전을 벌었다. 눈물이 날 만큼 기뻤다. 앓아 누워 있는 아내에게 설렁탕 한 그릇을 사다 줄 수 있으니까 말이다. 그의 아내는 앓아 누운 지 오래 되었지만 약 한첩을 못 쓰니 완치가 될 수가 없었다. 아내는 사흘 전부터 설렁탕 국물이 마시고 싶다고 졸라댔다.

　　그러나 그의 행운은 그걸로 그치지 않았다. 비를 그냥 맞으면서 학생을 남대문 정거장까지 태워다 주고서 일 원 오십 전이란 큰 돈을 받았다. 기뻤다. 한편으로는 겁이 나기도 했다. 오늘따라 운수가 너무 좋으니 말이다.

　　더구나 아침에 나올 때 아내가 오늘은 제발 나가지 말아달라고 당부했었다. 어쩐지 불길한 예감이 머리에 떠올랐다. 정거장에서 돌아오는 길에 커다란 짐을 가진 손님을 한 사람 태워다 주었다. 기적 같은 벌이였다. 아무래도 이 기쁨이 계속되지 않을 것 같았다. 불행이 곧 덜미를 내리짚을 것만 같았다. 그러던 차에 마침 길가 선술집에서 나오는 그의 친구인 치삼이를 만났다. 그대로 끌고 들어가 곱배기로 넉 잔을 마셨다. 눈이 개개 풀렸다. 머리를 억누르는 불안을 풀어 버리기 위해 벼락같이 고함을 지르다가 금방 껄껄거리며 웃고, 그러다가는 또다시 목놓아 울기도 하며 법석을 떨었다. 김첨지는 취중에도 설렁탕을 사 가지고 집으로 돌아갔다

　　집이래야 남의 행랑방이었다. 너무 조용하다. 다만 어린애의 빈 젖 빠는 소리가 날 뿐이었다. 김 첨지는 목청을 있는 대로 내어 욕을 퍼부으며 발을 들어 누운 아내의 다리를 찼다. 그러나 아무 반응이 없었다. 나무등걸과 같다. 아내는 죽어 있었다. 이때에 '빽빽' 소리가 '응아' 소리로 변하였다. 남편은 아내 머리를 흔들었다.

　　"이년아 죽었단 말이냐, 왜 말이 없어." 산 사람의 눈에서 떨어진 눈물이 죽은 이의 뻣뻣한 얼굴을 적시었다. 김 첨지는 미친 듯이 제 얼굴을 죽은 아내의 얼굴에 한데 비비대며 중얼거렸다. "설렁탕을 사다 놓았는데 왜 먹지를 못하니, 왜 먹지를 못하니…… 괴상하게도 오늘은! 운수가 좋더니만……"

▶ 갈래: 단편 소설, 현대 소설
▶ 성격: 반어적, 현실 고발적, 사실주의적
▶ 배경: 일제 강점기의 서울
▶ 시점: 전지적 작가 시점(부분적으로 작가 관찰자 시점)
▶ 제재: 뜻밖의 행운으로 벌이가 좋아 기쁨과 불안에 부대끼는 인력거꾼
▶ 주제: 일제 강점기 한국 하층민의 비참한 생활상

황석영, 〈삼포 가는 길〉

▶줄거리

　공사판을 떠돌아 다니는 영달은 넉 달 동안 머물러 있던 공사판의 공사가 중단되자 밥값을 떼어먹고 도망쳐 나온다. 어디로 갈까 망설이다가 정씨를 만나 동행이 된다.

　정씨는 교도소에서 목공, 용접 등의 기술을 배우고 나와 영달이처럼 공사판을 떠돌아다니던 노동자인데, 그는 영달이와는 달리 고향인 삼포로 가는 길이다.

　그들은 찬샘이라는 마을에서 백화라는 색시가 도망을 쳤다는 사실을 알게 된다. 술집 주인으로부터 그녀를 잡아오면 만 원을 내겠다는 제안을 받는다. 그들은 감천으로 행선을 바꾸어 가던 중에 그 백화를 만난다. 백화는 이제 겨우 스물두 살이지만 열여덟에 가출해서 수많은 술집을 전전해서인지 삼십이 훨씬 넘은 여자처럼 늙어 보이는 작부였다. 그들은 그녀의 신세가 측은하게 느껴져 동행이 된다.

　그들은 눈이 쌓인 산골길을 함께 가나가 길가의 폐가에 늘어가 잠시 몸을 녹인다. 백화는 영달에게 호감을 느껴 그것을 표현하지만 영달은 무뚝뚝하게 응대한다. 그들은 다시 길을 나선다. 눈길을 걷다가 백화가 발을 다쳐 걷지 못하게 되자 영달이 백화를 업는다. 일곱 시쯤에 감천 읍내에 도착한다.

　역에 도착하자 백화는 영달에게 자기 고향으로 가자는 제안을 하지만 영달은 이에 응하지 않고 자신의 비상금을 모두 털어 백화에게 차표와 요기 거리를 사 준다.

　백화가 떠난 후 영달과 정씨는 삼포로 가는 기차를 기다리던 중 삼포에도 공사판이 벌어졌다는 사실을 알게 된다. 영달이는 일자리가 생겨 반가웠지만 정씨는 발걸음이 내키질 않는다. 그는 마음의 정처를 방금 잃어버렸기 때문이다.

▶갈래: 단편 소설, 여로형 소설

▶성격: 사실적, 비판적

▶배경: 1970년대 초 시골의 어느 마을

▶시점: 전지적 작가 시점

▶표현

① 간결한 문장을 많이 사용함.

② 대화나 행동 묘사를 통해 극적인 효과를 거둠.

③ 간단한 대화를 위주로 내용을 압축하여 표현함.

④ 상징적 어휘를 통해 의도하는 바를 암시적으로 나타냄.

▶주제

① 급속한 산업화 과정 속에서 고향을 상실하고 떠돌아다니는 뜨내기 인생의 애환

② 산업화로 인한 민중들의 궁핍한 삶과 따뜻한 인정, 연대 의식

■ 황석영(黃晳暎, 1943~　)

소설가. 1962년 《사상계》 신인문학상 〈입석부근〉으로 등단하였다. 1970년 《조선일보》 신춘문예에 〈탑〉이 당선되면서 본격적인 작품 활동을 시작하였으며, 부랑 노동자가 지니는 사회적 관계의 핵심을 포착하는 작품과 분단의 현실, 이데올로기의 문제를 다루는 작품을 썼다. 주요 작품으로는 〈객지〉, 〈한씨 연대기〉, 〈어둠의 자식들〉, 〈장길산〉 등이 있다.

제3절 수필 문학

① 수필의 개념과 특징

1. 개념

작가가 일상생활이나 자연 속에서 체험하고 느끼고 생각한 내용을 일정한 형식에 얽매이지 않고 비교적 자유롭게 쓴 글이다.

2. 특징

(1) 개성적 관점

개인적 경험이나 감상 등을 내용으로 하여 작가의 개성적인 인생관, 가치관, 태도, 성품 등을 드러내는 주관적이고 고백적인 성격의 문학이다.

(2) 자유로운 형식

다른 갈래와는 달리 특별한 형식상의 제약을 받지 않는다.

(3) 다양한 제재

인생에 대한 성찰, 사회나 역사에 대한 인식, 자연에 대한 감상 등 일상생활에서 접하는 모든 것이 글의 제재가 될 수 있다.

(4) 비전문적·개방적 성격

수필은 글을 쓰는 데 특별한 재능이나 조건이 요구되지 않아 누구나 쓸 수 있는 대중적인 문학 갈래로, 개방적이며 비전문적인 성격을 가지고 있다.

(5) 관조와 사색

일상생활에 대한 체험을 바탕으로 인생에 대한 통찰과 사색의 과정을 거쳐 얻은 깨달음을, 작가의 개성을 입혀 독자에게 전달한다. 독자는 이를 통해 자신의 삶을 되돌아보고 깨달음을 얻게 된다.

■ 자유로운 형식
수필은 붓 가는 대로 쓰는 자유로운 산문이기 때문에 특정한 형식적 제약을 받지는 않는다. 이런 점 때문에 '무형식의 형식'이라고 불리는데, 이것은 형식을 무시하고 아무렇게나 써도 된다는 뜻이 아니라 다양한 형식으로 쓸 수 있다는 의미이다.

② 수필의 분류

1. 태도에 따른 분류

구 분	경수필	중수필
의미	글쓴이의 체험과 인상 등을 자유롭게 표현한 수필	일정한 주제에 대해 논리적이고 객관적으로 표현한 수필
특징	• 가벼운 소재를 다룸. • 자기 고백적이며 '나'가 겉으로 드러남. • 개인적, 주관적, 감성적 성격이 나타남. • 자유로운 내용과 비격식적 구조를 가짐.	• 주로 사회적, 학문적, 철학적 문제를 다룸. • '나'가 겉으로 드러나지 않음. • 이론적, 사색적, 지성적 성격이 나타남. • 체계적 내용과 논리적 구조를 가짐.

구 분	경수필	중수필
형식	일기, 편지, 기행문, 독후감, 감상문 등의 형식이 많음.	비평이나 전기문 등의 형식이 많음.

2. 진술 방식에 따른 분류

(1) 교훈적 수필

자연이나 인간, 인생에 대한 작가의 오랜 체험이나 성찰을 바탕으로 교훈을 주는 내용을 담은 수필 **예** 피천득, 〈플루트 연주자〉

(2) 희곡적 수필

자신이나 다른 사람이 경험한 내용을 극적 전개 위주로 서술한 수필

예 계용묵, 〈구두〉

(3) 서정적 수필

일상생활이나 자연에서 느낀 주관적이고 주정적인 감상을 예술적으로 표현한 수필 **예** 나도향, 〈그믐달〉

(4) 서사적 수필

일생생활이나 자연에 대해 주관성을 배제하고 객관적으로 서술한 수필

예 윤오영, 〈방망이 깎던 노인〉

❸ 수필의 구성 요소

1. 주제

작가가 작품을 통해 나타내고자 하는 중심 생각으로, 작가의 인생관이나 가치관 등이 드러난다. 주제는 제재를 통해 형상화되므로 제재에 대한 작가의 해석 또는 제재에 대한 작가의 평가나 의미 부여라고 할 수 있다.

2. 제재

작가가 주제를 구현하기 위해 선택한 소재를 의미한다. 작가가 체험하고 사고할 수 있는 모든 것이 포함된다.

3. 구성

주제를 형상화하기 위해 제재를 적절하게 배열하고 결합시키는 것이다. 주제를 효과적으로 구현하기 위해서는 작품 내의 각 요소들이 긴밀하게 구성되어야 한다.

4. 문체

작가의 사상이나 개성이 나타나 있는 문장의 특색을 뜻한다. 수필에서 문체를 형성하는 진술 방식으로 설명, 묘사, 서사, 논증 등이 있다.

■ 진술 방식
수필은 일반적으로 설명, 묘사, 서사, 논증의 진술 방식을 사용한다. 이 중 논증은 주로 중수필에 사용되는 방식이다.

■ 문체의 종류
• 문장의 길이
　-만연체: 문장이 길고 늘어지는 문체
　-간결체: 문장이 짧고 경쾌한 문체
• 내용
　-건조체: 비유나 수사가 없거나 적은 문체
　-화려체: 비유나 수식이 많은 문체
• 표현의 느낌
　-강건체: 강직하고 크고 거세며 힘이 있는 문체
　-우유체: 부드럽고 우아하고 순한 문체

김소운, 〈피딴 문답〉

■ 김소운(金素雲, 1907~1981)
수필가. 시인. 본명은 교중(教重). 호
는 삼오당(三誤堂). 부산 출생. 일본
에 한국 문학을 소개한 번역가로 《시
대일보》에 시 〈신조〉를 발표하여
등단하였다. 1960년 무렵까지 일본
에 머물면서 한국의 민요와 현대시들
을 번역해 소개하였다. 귀국 후 수필
가로 활발한 활동을 하였다. 후기에는
격조 높은 수필을 발표하여 많은 감
동을 불러일으켰다. 수필집에 《목근
통신(木槿通信)》,《하늘 끝에 살아도》
등이 있다.

"자네, '피딴'이란 것 아나?"

"피딴이라니, 그게 뭔데⋯⋯?"

"중국집에서 배갈 안주로 내는 오리알[鴨卵] 말이야. '피단(皮蛋)'이라고 쓰지."

"시퍼런 달걀 같은 거 말이지, 그게 오리알이던가?"

"오리알이지. 비록 오리알일망정, 나는 그 피딴을 대할 때마다, 모자를 벗고 절이라도 하고 싶어지거든⋯⋯."

"그건 또 왜?"

"내가 존경하는 요리니까⋯⋯."

"존경이라니⋯⋯, 존경할 요리란 것도 있나?"

"있고말고. 내 얘기를 들어 보면 자네도 동감일 걸세. 오리알을 껍질째 진흙으로 싸서 겨 속에 묻어 두거든⋯⋯. 한 반 년쯤 지난 뒤에 흙덩이를 부수고, 껍질을 까서 술안주로 내놓는 건데, 속은 굳어져서 마치 삶은 계란 같지만, 흙덩이 자체의 온기(溫氣) 외에 따로 가열(加熱)을 하는 것은 아니라네."

"오리알에 대한 조예(造詣)가 매우 소상하신데⋯⋯."

"아니야, 나도 그 이상은 잘 모르지. 내가 아는 건 거기까지야. 껍질을 깐 알맹이는 멍이 든 것처럼 시퍼런데도, 한 번 맛을 들이면 그 풍미(風味)가 기막히거든. 연소(燕巢)나 상어 지느러미[鰭]처럼 고급 요리 축에는 못 들어가도, 술안주로는 그만이지⋯⋯."

"그래서 존경을 한다는 건가?"

"아니야, 생각을 해 보라고. 날것째 오리알을 진흙으로 싸서 반년씩이나 내버려 두면, 썩어 버리거나, 아니면 부화(孵化)해서 오리 새끼가 나와야 할 이치 아닌가 말야⋯⋯. 그런데 썩지도 않고, 오리 새끼가 되지도 않고, 독자의 풍미를 지닌 피딴으로 화생(化生)한다는 거, 이거 놀라운 일이 아닐 수 없지. 허다한 값나가는 요리를 제쳐 두고, 내가 피딴 앞에 절을 하고 싶다는 연유가 바로 이것일세."

"그럴싸한 얘기로구먼. 썩지도 않고, 오리 새끼도 되지 않는다⋯⋯?"

"그저 썩지만 않는다는 게 아니라, 거기서 말 못 할 풍미를 맛볼 수 있다는 거, 그것이 중요한 포인트지⋯⋯. 남들은 나를 글줄이나 쓰는 사람으로 치부하지만, 붓 한 자루로 살아 왔다면서, 나는 한 번도 피딴만한 글을 써 본 적이 없다네. '망건을 십 년 뜨면 문리(文理)가 난다.'는 속담도 있는데, 글 하나 쓸 때마다 입시를 치르는 중학생 마냥 긴장을 해야 하다니, 망발도 이만저만이지⋯⋯."

"초심불망(初心不忘)이라지 않아⋯⋯. 늘어 죽도록 중학생일 수만 있다면 오죽 좋아⋯⋯."

"그런 건 좋게 하는 말이고, 잘라 말해서, 피딴만큼도 문리가 나지 않는다는 거야⋯⋯. 이왕 글이라도 쓰려면, 하다못해 피딴 급수(級數)는 돼야겠는데⋯⋯."

"썩어야 할 것이 썩어 버리지 않고, 독특한 풍미를 풍긴다는 거, 멋있는 얘기로구먼. 그런 얘기 나도 하나 알지. 피딴의 경우와는 좀 다르지만⋯⋯."

"무슨 얘긴데⋯⋯?"

"해방 전 오래된 얘기지만, 선배 한 분이 평양 갔다 오는 길에 역두(驛頭)에서 전별(餞別)로 받은 쇠고기 뭉치를, 서울까지 돌아와서도 행장 속에 넣어 둔 채 까맣게 잊어버리고 있었다나. 뒤늦게야 생각이 나서 고기 뭉치를 꺼냈는데, 썩으려 드는 직전이라, 하루만 더 두었던들 내버릴밖에 없었던 그 쇠고기 맛이 그렇게 좋을 수가 없었더란 거야. 그 뒤부터 그 댁에서는 쇠고기를 으레 며칠씩 묵혀 두었다가, 상하기 시작할 하루 앞서 장만한 것이 가풍(家風)이 됐다는데, 썩기 직전이 제일 맛이 좋다는 게, 뭔가 인생하고도 상관있는 얘기 같지 않아……?"

"썩기 바로 직전이란 그 '타이밍'이 어렵겠군……. 썩는다는 말에 어폐(語弊)가 있긴 하지만, 이를테면 새우젓이니, 멸치젓이니 하는 젓갈 등속도 생짜 제 맛이 아니고, 삭혀서 내는 맛이라고 할 수 있지……. 그건 그렇다 하고, 우리 나가서 피딴으로 한 잔 할까? 피딴에 경례도 할 겸……:"

▶ **시대**: 1970년대
▶ **갈래**: 경수필, 희곡적 수필
▶ **성격**: 희곡적, 비유적, 교훈적
▶ **구성**: 화제에 따른 2단 구성
  ① 피딴의 독자적인 풍미와 작자의 창작 활동 대비
  ② 썩기 직전의 쇠고기 맛과 중용의 도를 지키는 인생의 원숙미 대비
▶ **문체**: 대화체, 간결체
▶ **제재**: 피딴
▶ **주제**: 원숙한 인생의 멋에 대한 예찬

✎ 법정, 〈무소유〉

소유욕은 이해(利害)와 정비례한다. 그것은 개인뿐 아니라 국가 간의 관계도 마찬가지. 어제의 맹방(盟邦)들이 오늘에는 맞서게 되는가 하면, 서로 으르렁대던 나라끼리 친선 사절을 교환하는 사례를 우리는 얼마든지 보고 있다. 그것은 오로지 소유(所有)에 바탕을 둔 이해관계 때문인 것이다. 만약 인간의 역사가 소유사(所有史)에서 무소유사(無所有史)로 그 향(向)을 바꾼다면 어떻게 될까. 아마 싸우는 일은 거의 없을 것이다. 주지 못해 싸운다는 말은 듣지 못했다.

간디는 또 이런 말도 하고 있다. "내게는 소유가 범죄처럼 생각된다……." 그가 무엇인가를 갖는다면 같은 물건을 갖고자 하는 사람들이 똑같이 가질 수 있을 때 한한다는 것. 그러나 그것은 거의 불가능한 일이므로 자기 소유에 대해서 범죄처럼 자책하지 않을 수 없다는 것이다. 우리들의 소유 관념(所有觀念)이 때로는 우리들의 눈을 멀게 한다. 그래서 자기의 분수까지도 돌볼 새 없이 들뜨게 되는 것이다. 그러나 우리는 언제나 한 번은 빈손으로 돌아갈 것이다. 내 이 육신마저 버리고 홀홀히 떠나갈 것이다. 하고 많은 물량일지라도 우리를 어떻게 하지 못할 것이다.

크게 버리는 사람만이 크게 얻을 수 있다는 말이 있다. 물건으로 인해 마음이 상하고 있는 사람들에게는 한 번쯤 생각해 볼 말씀이다. 아무것도 갖지 않을 때 비로소 온 세상을 갖게 된다는 것은 무소유(無所有)의 역리(逆理)이니까.

■ 법정(法頂, 1932~2010)
승려. 수필가. 법정은 법명(法名). 1954년 효봉 선사의 문하에 입산하여 불도에 정진하였다. 그의 수필은 불교적 지성을 바탕으로 현실의 아이러니를 예리하게 파헤쳐 불교적 득도(得道)의 모습을 보이는 것이 특색이다. 수필집에 《영혼의 모음(母音)》, 《서 있는 사람들》, 《말과 침묵》, 《무소유》 등이 있다.

▶ 시대: 1970년대

▶ 갈래: 경수필

▶ 성격: 사색적, 체험적, 교훈적

▶ 특징

① 인용을 통해 자신의 생각을 뒷받침함.

② 자신의 체험을 제시하여 설득력을 높임.

③ 사색적 담담한 어조, 평이한 문체

▶ 제재: 소유에 대한 집착과 무소유의 자세

▶ 주제: 진정한 자유와 무소유의 의미

■ 피천득(1910~2007)

호는 금아(琴兒). 서울 출생. 그의 시는 대체로 투명한 서정으로 일관되어 모든 사상, 관념, 대상을 배제하고 순수한 정서에 의해 생활의 서정을 노래한다. 또한 생활을 통한 주관적, 명상적 소재로 쓴 수필들은 섬세한 문체로 수필 문학의 정수를 보여 준다. 주요 수필로 〈봄〉, 〈여성의 미〉, 〈인연〉, 〈수필〉 등이 있으며, 시집으로는 《서정시집》이 있다.

✎ 피천득, 〈수필〉

수필(隨筆)은 청자 연적(靑瓷硯滴)이다. 수필은 난(蘭)이요, 학(鶴)이요, 청초(淸楚)하고 몸맵시 날렵한 여인(女人)이다. 수필은 그 여인이 걸어가는, 숲속으로 난 평탄(平坦)하고 고요한 길이다. 수필은 가로수 늘어진 포도(鋪道)가 될 수도 있다. 그러나 그 길은 깨끗하고 사람이 적게 다니는 주택가(住宅街)에 있다.

수필은 청춘(靑春)의 글은 아니요, 서른여섯 살 중년(中年) 고개를 넘어선 사람의 글이며, 정열(情熱)이나 심오한 지성(知性)을 내포한 문학이 아니요, 그저 수필가(隨筆家)가 쓴 단순한 글이다.

수필은 흥미는 주지마는, 읽는 사람을 흥분시키지 아니한다. 수필은 마음의 산책(散策)이다. 그 속에는 인생의 향기와 여운(餘韻)이 숨어 있다.

수필의 빛깔은 황홀 찬란(恍惚燦爛)하거나 진하지 아니하며, 검거나 희지 않고, 퇴락(頹落)하여 추(醜)하지 않고, 언제나 온아 우미(溫雅優美)하다. 수필의 빛은 비둘기 빛이거나 진주빛이다. 수필이 비단이라면, 번쩍거리지 않는 바탕에 약간의 무늬가 있는 것이다. 그 무늬는 사람 얼굴에 미소(微笑)를 띠게 한다.

수필은 한가하면서도 나태(懶怠)하지 아니하고, 속박(束縛)을 벗어나고서도 산만(散漫)하지 않으며, 찬란하지 않고 우아하며 날카롭지 않으나 산뜻한 문학이다.

수필의 재료는 생활 경험, 자연 관찰, 인간성이나 사회 현상에 대한 새로운 발견 등 무엇이나 좋을 것이다. 그 제재(題材)가 무엇이든지 간에 쓰는 이의 독특한 개성(個性)과 그 때의 심정(心情)에 따라, '누에의 입에서 나오는 액(液)이 고치를 만들 듯이' 수필은 써지는 것이다.

또 수필은 플롯이나 클라이맥스를 필요로 하지는 않는다. 필자(筆者)가 가고 싶은 대로 가는 것이 수필의 행로(行路)이다. 그러나 차(茶)를 마시는 것과 같은 이 문학은, 그 차가 방향(芳香)을 가지지 아니할 때에는 수돗물같이 무미(無味)한 것이 되어 버리는 것이다.

수필은 독백(獨白)이다. 소설이나 극작가(劇作家)는 때로 여러 가지 성격(性格)을 가져 보아야 된다. 셰익스피어는 햄릿도 되고 오필리아 노릇도 한다. 그러나 수필가 찰스 램은 언제나 램이면 되는 것이다. 수필은 그 쓰는 사람을 가장 솔직(率直)히 나타내는 문학 형식이다. 그러므로 수필은 독자(讀者)에게 친밀감을 주며, 친구에게 받은 편지와도 같은 것이다.

덕수궁(德壽宮) 박물관에 청자 연적이 하나 있었다. 내가 본 그 연적(硯滴)은 연꽃 모양으로 된 것으로, 똑같이 생긴 꽃잎들이 정연(整然)히 달려 있었는데, 다만 그 중에 꽃잎 하나만이 약간 옆으로 꼬부라졌었다. 이 균형(均衡) 속에 있는, 눈에 거슬리지 않는 파격(破格)이 수필인가 한다. 한 조각 연꽃잎을 옆으로 꼬부라지게 하기에는 마음의 여유(餘裕)를 필요로 한다.

이 마음의 여유가 없어 수필을 못 쓰는 것은 슬픈 일이다. 때로는 억지로 마음의 여유를 가지려다가, 그런 여유를 가지는 것이 죄스러운 것 같기도 하여, 나의 마지막 10분의 1까지도 숫제 초조(焦燥)와 번잡(煩雜)에다 주어 버리는 것이다.

▶ **갈래**: 수필, 경수필, 서정적 수필
▶ **성격**: 주관적, 설득적, 주정적, 평론적, 비유적
▶ **구성**: 병렬식 구성
▶ **문체**: 긴길하면시노 화러안 분세
▶ **특징**
  ① 대상에 대한 비유가 독창적임.
  ② 이미지를 통해 대상을 정서적으로 전달함.
  ③ 섬세하면서도 단정적인 문체를 사용함.
▶ **제재**: 수필
▶ **주제**: 수필의 본질과 특성

제4절 | 희곡

1 희곡의 개념과 특징

1. 개념

무대에서 배우가 공연하는 것을 목적으로 한 연극의 대본으로 산문 문학의 한 갈래이면서 동시에 연극의 전제가 된다.

2. 특징

(1) 무대 상연의 문학

(2) 행동의 문학

희곡에서의 행동은 압축과 생략, 집중과 통일이 이루어져야 하며, 배우의 연기에 의해 무대에서 직접 형상화된다.

(3) 대사의 문학

소설에서는 마음껏 묘사와 설명을 할 수 있지만, 희곡에서는 오직 극중 인물의 대사와 행동만으로 이루어진다.

(4) 현재화된 인생을 보여 주는 문학

(5) 내용이 막(幕, act)과 장(場, scene)으로 구분되는 문학

(6) 시간적, 공간적 제약을 받는 문학

① 내용이 너무 길면 안 된다. 소설은 읽기를 중단했다가 얼마든지 다시 읽을 수 있지만 연극은 한 번 시작하면 끝까지 그 전부를 보아야 하는 것이므로 내용이 너무 길면 공연하기 곤란하다.

② 각 장면은 무대에서 공연할 수 있는 것이어야 한다. 소설에서는 그 배경이 어느 곳이나 자유로울 수 있지만 희곡에 있어서는 언제나 무대를 염두에 둔, 구체적이고 제한된 것일 수밖에 없다. 또 장면이 빠르게 바뀐다거나 자주 바뀌어서도 곤란하며, 많은 사람이 한꺼번에 등장하는 장면도 공연하기 어렵다.

(7) 의지의 대립, 갈등을 본질로 하는 문학

2 희곡의 구성

1. 희곡의 3요소

(1) 형식상의 3요소

① 해설: 희곡의 첫머리 부분으로 막이 오르기 전후에 필요한 무대 장치, 인물, 배경(시간적·공간적) 등을 설명하는 글이다.

② 지문: 배경, 효과, 조명, 등장인물의 행동, 표정, 심리 등을 지시하고 설명하는 글로 '바탕글'이라고도 하며 현재형으로 쓴다.

■ 레제 드라마(Lese drama)
읽기 위해 쓰인 희곡

③ 대사: 등장인물이 하는 말로 모든 극적인 주제와 사건은 대사를 바탕으로 이루어진다.

    ⑦ 대화(對話): 두 사람 이상의 등장인물들이 서로 주고받는 말

    ⑥ 독백(獨白): 상대방 없이 혼자 하는 말로 내성적 및 설명적 성격을 지님.

    ⑥ 방백(傍白)

      • 관객에게는 들리나 상대역에게는 들리지 않는 것으로 약속하고 하는 대사

      • 무대에 서 있는 인물이 관객에게 직접 말을 걸어 자기의 의도를 말해주는 수법

(2) 내용상의 3요소

① 인물: 의지적, 전형적, 개성적 성격을 가진 인물이어야 한다.

② 사건: 하나의 주제를 향하여 갈등과 긴장을 몰고 가는 압축되고 통일된 진개이어야 한다.

③ 배경: 사건이 전개되는 때와 장소이다.

2. 짜임(plot)

(1) 발단(發端)

사건과 구성의 전개가 예시되고 인물이 소개되는 단계이다. 시간과 장소, 극적 분위기가 소개되면서 유도적인 사건이 제시되어 앞으로 있을 사건을 암시한다. 특히 앞으로 있을 사건이 예시되면서 갈등과 분규가 내포된다.

(2) 전개(展開)

발단에서 시작된 사건이 보다 더 복잡해지고 갈등과 분규를 일으키며, 긴장과 흥분을 더해주는 단계이다. 따라서 이 단계에서는 사건이 절정에 올라가는 극의 중심 부분이며, 관객의 흥미와 주의를 끄는 부분이므로 자연스럽고 합리적으로 전개되어야 한다.

(3) 절정(絕頂)

발단에서 시작된 사건은 전개를 지나면서 몇 번의 위기를 거쳐 마침내 절정에 이르게 된다. 심리적 갈등이나 의지의 투쟁, 주동 세력과 반동 세력 사이의 대결이 최고조에 이른다.

(4) 하강(下降)

절정을 거친 뒤에 파국과 대단원을 향해서 가는 부분으로 절정에서 극적 긴장도가 최고조에 달한 뒤에 발전하여 극의 해결을 지향해 가는 단계이다. 이 단계는 짧은 시간 안에 이루어지도록 해야 하며, 감정의 정화를 얻게 된다.

(5) 대단원(大團圓)

극적 갈등과 투쟁이 끝나고 긴장감과 흥미가 끝장에 이르면서 사건이 종결되는 단계이다.

■ 짜임

희곡의 구조를 말하는데 19세기 중엽 프라이타크(Gustav Freytag)가 〈희곡의 기교〉에서 말한 5단계 구조론이 가장 널리 받아들여지고 있다.

```
            C
    B           D
 A              E
```

그는 희곡을 피라밋의 구조라고 보고 있다. 피라밋의 정상인 C는 절정(climax)이며, B는 긴장이 상승하는 단계이고, D는 하강하는 단계이다. 또 A는 발단이고, E는 대단원(결말, 파국)이다.

■ 대단원

'대단원'은 종결을 나타내기 때문에 '대단원의 막을 올리다.'와 같은 표현을 쓸 수 없다.

3. 희곡의 갈등

희곡은 의지의 대립인 갈등을 중심으로 사건이 전개된다. 기본적으로 소설의 갈등과 동일하다.

(1) 외적 갈등

주인공을 둘러싼 다른 인물, 환경, 상황과 주인공이 대립되어 일어나는 갈등

(2) 내적 갈등

주인공 자신의 마음 속에서 대립의 원인이 생기는 갈등

❸ 희곡의 종류

1. 희곡의 갈래

(1) 내용상 갈래

① 희극(喜劇): 인생의 즐거운 면을 내용으로 하는 희곡으로, 기지, 풍자, 해학의 수법으로 세태를 표현하는 골계미(滑稽美)가 있다. Happy ending으로 끝난다.

> **예** 몰리에르, 〈수전노〉 / 셰익스피어, 〈말괄량이 길들이기〉

② 비극(悲劇): 인생의 불행한 면을 내용으로 하는 희곡으로, 처음부터 비극을 예감하게 하는 비극적 성격자를 주인공으로 하여 불행하게 끝맺는다.

> **예** 소포클레스, 〈오이디프스왕〉 / 셰익스피어, 〈햄릿〉·〈리어왕〉·〈맥베드〉·〈오델로〉 / 아더 밀러, 〈세일즈맨의 죽음〉

③ 희비극(喜悲劇): 비극과 희극이 합쳐진 희곡으로, 대체로 처음에는 비극적으로 전개되나 작품의 전환점에 이르러 희극적인 상태로 전환되는 것이 많다.

> **예** 셰익스피어, 〈베니스의 상인〉

(2) 분량상 갈래

① 단막극: 1막으로 끝나는 희곡

② 장막극: 2막 이상으로 끝나는 희곡

⇒ 전통적인 것은 호라티우스의 5막 구성이나 19세기에 와서는 입센과 체홉의 영향을 받아 4막이 주류를 이루었으며, 현대에는 3막 형식이 대부분이다.

2. 희극과 비극의 특성

(1) 희극의 특성

① 경쾌하고 흥미있는 줄거리와 인물을 등장시켜 인간성의 경직함과 사회의 불합리를 웃음으로 즐기는 극이다. 따라서 인간을 교정하는 효과를 가지고 있는 동시에 인간의 심정을 웃음 가운데에서 더 한층 건강하게 하는 효과를 가져 온다.

② 풍자와 해학, 그리고 기지로 이루어지는 비평 정신이 있다. 따라서 현실 비판을 중요한 효과로 삼는다.

(2) 비극의 특성

① 모든 비극에는 충돌, 또는 갈등이 있다. 갈등은 극을 진행시키는 근간이다. 극의 시작은 갈등의 시작, 극의 정점은 갈등의 최고조이며, 극의 결말은 갈등의 해결이 된다. 희곡에서의 갈등은 결국 모순된 두 세력 사이에서 일어나는 대결을 뜻하는데, 이는 한 인물의 내부에서 일어날 수도 있고, 인물과 사회와의 대결에서 일어나기도 하며, 두 인물 사이에서 일어나기도 한다.

② 비극은 불행이나 고통의 이야기이며 공포와 연민과 같은 감정을 일으켜 우리의 마음을 정화(淨化, Catharsis or Katharsis)한다.

③ 불행한 결말을 가져 온다.

3. 희곡과 소설의 차이

구 분	소 설	희 곡
전달 방식	문자 언어에 의해 전달	배우의 말과 동작으로 전달
등장인물	많은 인물을 제한 없이 등장시킬 수 있음.	등장 인물의 수에 제약을 받음.
시간과 공간	제약을 받지 않음.	제약이 뒤따름.
표현	대화와 묘사, 서사, 설명 등의 여러 방법이 쓰임.	행동과 대화에 의해 표현됨.
분량	길이(분량)에 제한이 없음.	관객의 신체적·정신적 지속력과 흥미의 연속성에 제한을 받음.
시제	시제의 제한을 받지 않음.	대화는 현재 시제로만 구성

4. 희곡의 '3일치 법칙'

(1) **시간의 일치**: 하루를 넘지 않아야 한다.

(2) **장소의 일치**: 한 장소에서 이루어져야 한다.

(3) **행동의 일치**: 완결되고 일정한 길이의 행동이어야 한다.

제5절 시나리오

1 시나리오의 개념과 특징

1. 개념

영화로 상연할 것을 목적으로 작가가 상상한 이야기를 장면의 차례, 배우의 대사, 동작, 배경, 카메라의 작동, 화면 연결 등을 지시하는 형식으로 쓴 영화의 대본을 말한다.

■ 카타르시스(katharsis)

그리스어로 정화(淨化)를 의미하며, 마음속에 쌓여 있던 불안, 우울, 긴장 등의 응어리진 감정이 풀리고 마음이 정화되는 것을 말한다(비극에서 능창인물의 비극적인 상황이나 비참함을 보고 마음에 있던 응어리나 슬픔이 해소되는 것을 말한다). 또 정신분석학에서는 감정의 상처를 밖으로 표출해 안정된 상태를 되찾는 의미로도 쓰인다.

■ 3일치 법칙

아리스토텔레스가 〈시학〉에서 주장한 것으로 16세기 셰익스피어 시대 이전까지는 엄격하게 지켜졌으나, 그 뒤 허물어졌다.

2. 특징

(1) 시간 예술: 시간의 흐름 속에서 극이 시작되고 끝난다.

(2) 시각적 예술

(3) 기계 예술

② 시나리오의 요소

1. 구성 요소

(1) 인물 ┐

(2) 사건 ┼─ 시나리오 구성의 3요소

(3) 배경 ┘

(4) 구성: 소설이나 희곡과 비슷하며 일반적인 것은 5단 구성이다.

(5) 표현 기술

2. 요소

(1) 대사

(2) 지문: 음향 효과, 음악의 지정, 카메라 위치 등을 포함한다.

(3) 장면 표시: 장면 번호(scene number: S#1, S#2 등)로 나타낸다.

(4) 해설: 등장인물, 때와 곳, 배경들을 시나리오의 첫머리에 제시한다.

③ 시나리오의 갈래와 용어

1. 갈래

(1) 창작 시나리오: 오리지널 시나리오, 작가의 상상에 의해 새로 지은 시나리오

(2) 각색 시나리오: 소설, 희곡, 수기, 실화 등을 시나리오 형식으로 고친 것

(3) 레제 시나리오: 오로지 문학 작품으로서 감상시킬 목적으로 창작한 시나리오

2. 용어

(1) S#(scene): 장면

(2) title: 자막

(3) shot: 하나 하나의 짧은 장면으로 카메라의 회전을 중단하지 않고 촬영한 이어진 필름

(4) M.(music): 효과 음악

(5) E.(effect): 효과음

(6) O.L.(over lap): 두 가지의 화면이 겹쳐지는 것

(7) F.I.(fade in): 어두운 화면이 점점 밝아지는 것

(8) F.O.(fade out): 밝은 화면이 점점 어두워지는 것

(9) C.U.(close up): 어떤 인물이나 장면을 크게 확대하여 찍는 것

(10) conti(continuity): 시나리오를 기초로 하여 영화감독이 만든 촬영 대본이다. 장면마다 카메라의 위치, 각도, 거리, 배우의 연기, 효과 등을 적어놓는다.

(11) PAN(panning): 카메라를 상하 좌우로 이동하는 것

(12) W.O.(Wipe Out): 한 화면의 일부가 닦아내는 듯이 없어지면서 다른 화면이 나타나는 수법

희곡과 시나리오의 차이

구 분	희 곡	시나리오
목적	연극 공연을 목적으로 함.	영화 상영을 목적으로 함.
요소	대사, 지문, 해설로 됨.	이들 이외에 설명이 많이 있음.
제한	시간과 장면의 제한이 있음.	비교적 제한이 없거나 적음.
위상	희곡 자체가 독자적 문학임.	문학적 독자성이 적음.
구성	막과 장으로 나뉨.	마디와 장면으로 나뉨.
장면 분량	사건의 전개상 장면들이 굵직함.	사건의 진행상 장면이 세분화됨.
연기	초점화된 행동으로 표현	다소 확산적 행동
배우	인물의 제한이 따르고 관객과 직접 대함.	인물의 제한이 없고 기계를 통한 사진을 보게 됨.

■ 유치진(1905~1974)
극작가. 연출가. 연극 평론가. 호는 동랑. '극예술연구회' 회원으로 활동하면서 근대극의 확립에 힘썼다. 1931년 희곡 〈토막〉을 《문예월간》에 발표하고, 계속해서 〈버드나무 선 동리의 풍경〉, 장막 희곡 〈소〉 등을 발표하였다. 1930년대에는 사실주의를 바탕으로 일제 강점의 현실을 고발하였으며, 8 · 15 광복 후에는 〈자명고〉, 〈원술랑〉 등의 역사극과 반공을 주제로 한 〈나도 인간이 되련다〉 등의 역작을 발표하였다.

유치진, 〈토막〉

(그 때에 사립문을 박차는 듯이 한 남자 안으로 들어선다. 그는 우편 배달부다. 소포를 들었다.)

배달부: (들어서며) 왜 밖에 문패도 없소?

모녀: (무언(無言))

배달부: 빨리 도장을 내요.

명서: 도장?

명서 처: (금녀에게 의아한 듯이) 너의 오빠가 아니지?

금녀: 배달부예요.

명서: (실망한 듯이) 칫!

배달부: 얼른 소포 받아 가요! 원, 무식해도 분수가 있지. 빨리 도장을 내요.

명서: (반항적 어조로) 내겐 도장 같은 건 없소.

배달부: 그럼, 지장이라도…….

명서: (떨리는 손으로 지장을 찍는다. 배달부 퇴장)

명서 처: 음, 그 애에게서 물건이 온 게로구먼.

명서: 뭘까?

명서 처: 세상에, 귀신은 못 속이는 게지! 오늘 아침부터 이상한 생각이 들더니, 이것이 올려구 그랬던가 봐. 당신은 우환이니 뭐니 해도…….

명서: (소포의 발송인의 이름을 보고) 하아 하! 이건 네 오래비가 아니라 삼조가…….

명서 처: 아니, 삼조가 뭣을 보냈을까? 입때 한 마디 소식두 없던 애가……. (소포를 끌러서 궤짝을 떼어 보고)

금녀: (깜짝 놀라) 어머나!

명서 처: (자기의 눈을 의심하듯이) 대체 이게…… 이게? 에그머니, 맙소사! 이게 웬일이냐?

명서: (되려 멍청해지며, 궤짝에 쓰인 글자를 읽으며) 최명수의 백골.

금녀: 오빠의?

명서 처: 그럼, 신문에 난 게 역시! 아아, 이 일이 웬일이냐? 명수야! 네가 왜 이 모양으로 돌아왔느냐! (백골 상자를 꽉 안는다.)

금녀: 오빠!

명서: 나는 여태 개 돼지같이 살아 오문서, 한 마디 불평두 입 밖에 내지 않구 꾸벅꾸벅 일만 해 준 사람이여. 무엇 때문에, 무엇 때문에 내 자식을 이 지경을 맨들어 보내느냐? 응, 이 육실헐 놈들! (일어서려고 애쓴다.)

금녀: (눈물을 씻으며) 아버지! (하고 붙든다.)

명서: 놓아라! 명수는 어디루 갔니? 다 기울어진 이 집을 뉘게 맽겨 두구 이눔은 어딜?

금녀: 아버지! 아버지!

명서: (궤짝을 들구 비틀거리며) 이놈들아, 왜 빽다구만 내게 갖다 맽기느냐? 내 자식을 죽인 눔이 이걸 마저 처치해라! (기진하여 쓰러진다. 궤짝에서 백골이 쏟아진다. 밭은 기침! 한동안)

명서 처: (흩어진 백골을 주우며) 명수야, 내 자식아! 이 토막에서 자란 너는 백골이나마 우리를 찾아왔다. 인제는 나는 너를 기다려서 애태울 것두 없구, 동지 섣달 기나긴 밤을 울어 새우지 않아두 좋다! 명수야, 이제 너는 내 품안에 돌아왔다.

명서: …… 아아, 보기 싫다! 도루 가져 가래라!

금녀: 아버지, 서러 마세유. 서러워 마시구 이대루 꾹 참구 살아가세유. 네, 아버지! 결코 오빠는 우릴 저버리진 않을 거예유. 죽은 혼이라두 살아 있어, 우릴 꼭 돌봐 줄 거예유. 그때까지 우린 꾹 참구 살아가유. 예, 아버지!

명서: …… 아아, 보기 싫다! 도루 가지고 가래라!

(금녀의 어머니는 백골을 안치하여 놓고, 열심히 무어라고 중얼거리며 합장한다.)

(바람 소리, 적막을 찢는다.)

▶ **갈래:** 희곡, 장막극(2막), 사실주의 극
▶ **성격:** 사실적, 빈속수의적
▶ **배경:** 1920년대, 어느 가난한 농촌
▶ **제재:** 1920년대 농민의 궁핍한 생활
▶ **출전:** 《문예월간》(1932)
▶ **주제:** 일제 강점기 한국 농촌의 비참한 현실

✎ 이강백, 〈파수꾼〉

다: 촌장님은 이리가 무섭지 않으세요?

촌장: 없는 걸 왜 무서워하겠니?

다: 촌장님도 아시는군요?

촌장: 난 알고 있지.

다: 아셨으면서 왜 숨기셨죠? 모든 사람들에게, 저 덫을 보러 간 파수꾼에게, 왜 말하지 않는 거예요?

촌장: 말해 주지 않는 것이 더 좋기 때문이다.

다: 거짓말 마세요, 촌장님! 일생을 이 쓸쓸한 곳에서 보내는 것이 더 좋아요? 사람들도 그렇죠! '이리 떼가 몰려온다.' 이 헛된 두려움에 시달리는데 그게 더 좋아요?

촌장: 애야, 이리 떼는 처음부터 없었다. 없는 걸 좀 두려워한다는 것이 뭐가 그렇게 나쁘다는 거냐? 지금까지 단 한사람도 이리에게 물리지 않았단다. 마을은 늘 안전했어. 그리고 사람들은 이리 떼에 대항하기 위해서 단결했다. 그들은 질서를 만든 거야. 질서, 그게 뭔지 넌 알기나 하니? 모를거야, 너는. 그건 마을을 지켜 주는 거란다. 물론 저 충직한 파수꾼에겐 미안해. 수천 개의 쓸모없는 덫들을 보살피고 양철북을 요란하게 두들겼다. 허나 말이다, 그의 일생이 그저 헛되다고만 할 순 없어. 그는 모든 사람들을 위해 고귀하게 희생한거야. 난 네가 이러한 것들을 이해해 주기 바란다. 만약 네가 새벽에 보았다는 구름만을 고집한다면, 이런 것들은 모두 허사가 된다. 저 파수꾼은 늙도록 헛북이나 친 것이 되구, 마을의 질서는 무너져 버린다. 애야, 넌 이렇게 모든 걸 헛되게 하고 싶진 않겠지?

다: 왜 제가 헛된 짓을 해요? 제가 본 흰구름은 아름답고 평화로웠어요. 저는 그걸 보여 주려는 겁니다. 이제 곧 마을 사람들이 온다죠? 잘 됐어요. 저는 망루 위에 올라가서 외치겠어요.

■ **이강백**(1947~)

전북 전주 출생. 1971년 《동아일보》 신춘문예에 희곡 〈다섯〉이 당선되어 등단하였다. 극단 '가교(架橋)'의 일원으로 활동하며, 현대 사회의 모순을 날카롭게 비판하는 희곡을 썼다. 대표작으로 〈영월행 기행〉, 〈느낌 극락 같은〉 등이 있다.

촌장: (혼자말 처럼)…… 그러나 잘 될까? 흰구름, 허공에 뜬 그것만 가지구 마을이 잘 유지될까? 오히려 이리 떼가 더 좋은 건 아닐지 몰라.

다: 뭘 망설이시죠?

촌장: 아냐, 아무것두…… 난 아직 안심이 안돼서 그래. (온화한 얼굴에서 혀가 낼름 나왔다가 들어간다.) 지금 사람들은 도끼까지 들구 온다잖니? 망루를 부순 다음엔 속은 것에 더욱 화를 낼 거야! 아마 날 죽이려구 덤빌지도 몰라. 아니 꼭 그럴 거다. 그럼 뭐냐? 지금까진 이리에게 물려 죽은 사람은 단 한명도 없었는데, 흰구름의 첫날 살인이 벌어진다.

다: 살인이라구요?

촌장: 그래, 살인이지. (난폭하게) 생각해 보렴, 도끼에 찍힌 내 모습을. 피가 샘솟듯 흘러내릴 거다. 끔찍해. 얘, 너는 내가 그런 꼴이 되길 바라고 있지?

▶ **시대**: 1970년대 정치 세력의 은폐된 상황을 우화적(寓話的)으로 드러내어 비판

▶ **갈래**: 희곡

▶ **성격**: 현실 풍자적, 교훈적

▶ **배경**: 황야의 어느 마을 망루 위

▶ **인물**

① **촌장**: 자신의 권력을 유지하기 위해 진실 왜곡마저도 서슴지 않는 교활하고 위선적인 권력을 상징함.

② **파수꾼 가, 나**: 독재 권력의 지배 질서를 합리화하고 이에 정당성을 부여해 주는 하수인, 또는 권력의 나팔수라고 할 수 있음.

③ **파수꾼 다**: 처음에는 독재 권력에 저항하여 진실을 추구하지만 결국은 지배자의 회유에 굴복하고 마는 나약한 지식인

④ **이리**: 마을의 안전을 위협하는 존재, 적대적 세력, 1970년대 상황으로 보아서는 '북한'을 의미하는 것으로 볼 수 있음.

⑤ **마을 사람들**: 독재 권력과 하수인들에게 기만당하며 살아가는 대다수의 우매한 민중을 상징함.

▶ **구성**

① **발단**: 편지를 받은 후 촌장이 소년 파수꾼을 찾아감(만남).

② **전개**: 소년 파수꾼의 이야기대로 이리가 없음을 촌장이 인정함(소년 파수꾼의 승리).

③ **절정**: 마을 사람들에게 사실을 공포하는 것을 하루 연기해 달라고 함(촌장의 설득).

④ **하강**: 그러기 위해서 오늘 하루는 소년 파수꾼이 거짓말을 해야 함(소년 파수꾼과의 타협).

⑤ **대단원**: 소년 파수꾼이 거짓말을 한 것을 빌미로 해서 그는 망루에서 평생 벗어나지 못하게 됨(촌장의 승리).

▶ **특징**

① 현실 풍자적, 교훈적 성격을 띰.

② 상징적, 우화적 수법을 사용함.

▶ **주제**: 진실을 향한 열망

📙 이근삼, 〈원고지〉

■ 이근삼(李根三, 1929~2003)
극작가. 영문학자. 평남 평양 출생. 1958년 영문 희곡 〈끝없는 실마리〉를 미국 캐롤라이나 극단에 공연함으로써 문단에 등단하였다. 극단 '민중 극장'의 대표로 연극에 직접 참여하였으며, 사회 풍자적 경향의 작품을 많이 썼다. 주요 작품으로 〈원고지〉, 〈욕망〉, 〈국물 있사옵니다〉 등이 있다.

옆방에서 축음기 소리가 난다. 시끄럽고 귀가 아픈 곡이면 어떤 음악이건 상관없다. 판이 고장이 난 듯, 똑같은 곡이 되풀이된다. 처는 무표정한 얼굴, 교수는 시끄럽다는 듯이 손으로 귀를 막는다. 참다못해 교수는 손을 흔들며 중지하라는 시늉을 한다. 음악이 멎으며 옆방이 밝아진다. 소파에 앉아 무엇을 처먹고 있는 장남과 아무렇게나 앉아 화장을 하고 있는 장녀가 보인다.

교수: 저런 시끄러운 음악을 무엇 때문에 틀까?
처: 왜 시끄러워요? 애들이 제일 좋아하는 곡인데.
교수: 좋건 나쁘건 간에 왜 똑같은 곡을 되풀이하느냐 말이오?
처: 당신이 음악을 몰라 그래요. 애들은 좋다고 하던데.
교수: 그 곡 이름이 뭐지?
처: '찬란한 인생'이라나요.
교수: '찬란한 인생'이라. 찬란한 인생이 자꾸 되풀이된다는 말이군.
처: 그런가 보죠.
교수가 소파 앞에 굴러 있는 신문지를 집어 본다.
교수: (신문을 혼자 읽는다.) 참 비가 많이 왔군. 강원도 쪽의 눈이 굉장한 모양인데. 또 살인이야. 이번엔 두 살 난 애가 자기 애비를 죽였대. 참, 지프차가 동대문을 들이받아 동대문이 완전히 무너졌군. 지프차는 도망가 버리구. 이것 봐. 내 "개성을 잃은 노동자"라는 번역품이 착취사(搾取社)에서 다시 나왔어. 이 씨가 또 당선됐군. 신경통에 듣는 한약이 새로 나왔는데. 끔찍해라. 남편이 자기 아내한테 또 매 맞았군.

처가 신문지를 한 장 다시 접는다. 날짜를 보더니

처: 당신두 참, 그건 옛날 신문이에요. 오늘 것은 여기 있는데.
교수: (보던 신문 날짜를 읽고) 오라, 삼 년 전 신문을 읽고 있었군. 오늘 신문 이리 주시오. (오늘 신문을 받아 가지고 다시 읽는다.) 참, 비가 많이 왔군. 강원도 쪽에 눈이 굉장한 모양인데. 또 살인이야. 이번에는 두 살 난 애가 자기 애비를 죽였대. 참, 지프차가 동대문을 들이받아 동대문이 완전히 무너졌군. 지프차는 도망가 버리구. 이것 봐. 내 "개성을 잃은 노동자"라는 번역품이 악마사(惡魔社)에서 다시 나왔어. 이 씨가 또 당선됐군. 신경통에 듣는 한약이 새로 나왔는데. 끔찍해라. 남편이 자기 아내한테 또 매 맞았군.
처: 참, 세상도 무척 변했군요. 삼 년 전만 해도 그런 일이 없었는데. 당신 피곤하시죠?

▶ **출전**: 1961년 《사상계》에 발표
▶ **갈래**: 희곡, 단막극, 부조리극
▶ **성격**: 반사실적, 서사적
▶ **구성**
　① 발단: 장녀, 장남이 나와서 인물과 집안 소개
　② 전개: 교수가 귀가해서 처와 이야기를 나눔, 교수가 잘못 알고 출근하려다 다시 잠이 듦, 감독관이 나타나 원고 쓰기를 독촉함, 처가 원고를 돈으로 환산하여 챙김.

③ 절정: 환상에 잠긴 교수 앞에 천사가 나타남.

④ 결말: 다시 아침이 되고 무의미한 생활의 반복이 시작됨.

▶ 배경: 현대 어느 교수의 가정

▶ 특징

① 내용: 진정한 삶의 가치와 의미를 잊어버린 채 기계적으로 살아가는 한 중년 교수 가정의 모습을 통해 현대인의 무의미하고 반복적인 삶과 인간 소외의 문제를 희화적으로 풍자하고 있음.

② 구성: 전통적인 희곡에서 요구하는 인물의 전형적 성격보다는 주제 의식 표현에 중점을 두고 있는 부조리극(인생의 무의미, 무목적, 충동성 등을 표현하는 연극의 한 갈래로서, 1950년대 현대인이 처한 절망적인 상황에 대한 고발에서 시작)의 구성 방법을 취하고 있음.

③ 표현: 무대 장치, 분량, 소도구 등은 물론이고 등장인물의 대사와 동작 모두가 짙은 풍자와 반어(反語) 및 희극적 과장의 방법을 쓰고 있음.

▶ 주제: 현대인의 비극적 상황에 대한 비판과 풍자, 진정한 삶의 가치와 의미를 잃어버린 현대인에 대한 풍자

고전 문학의 갈래별 이해

제3장

제1절 운문 문학

1 고대 가요

1. 개념

원시 종합 예술에서 분화된 개인적이고 서정적인 내용의 노래이다. 고대 부족 국가 시대에서 삼국 시대 초기까지 향가 성립 이전에 불린 노래를 총칭한다.

2. 특징

(1) 형식상

① 일정한 형식상 특징이 없으며 2토막씩 4줄, 또는 4토막씩 2줄로 된 것이 많다.

② 대체로 배경 설화 속에 삽입되어 함께 전해졌는데, 이를 통해 서사적 문학 형태 속에서 서정성이 강한 부분이 독립하면서 고대 가요가 생성되었음을 알 수 있다.

③ 당시에는 기록 수단이 없어 구전되다가 후대에 한역되거나 한글로 정착되었기 때문에 정확한 모습을 알 수 없다.

(2) 내용상

의식요, 노동요의 성격을 지닌 집단 가요와 개인적 서정을 담은 개인 서정 가요로 나뉜다.

예 • 집단 가요: 구간 등, 〈구지가〉
  • 개인 서정 가요: 유리왕, 〈황조가〉

3. 의의

(1) 최초의 서정 시가

국문학 사상 최초의 서정 시가 형태이다.

(2) 시가의 기본 형태

우리 시가 초기 단계의 기본적 형식을 보여 준다.

■ 원시 종합 예술

원시 시대에 주술을 목적으로 하여 문학, 음악, 무용 등 여러 예술 갈래가 결합한 형태의 예술을 말한다.

■ 작가 소개
구간(九干): 가야국이 형성되기 이전에 김해 지역을 다스리던 9명의 우두머리이다.

〈구지가〉

龜何龜何	거북아 거북아
首其現也	머리를 내어라
若不現也	내어 놓지 않으면,
燔灼而喫也	구워서 먹으리.

▶ 시대: 신라 유리왕 19년(42)

▶ 갈래: 집단 무가(巫歌), 주술가(呪術歌), 노동요, 4구체 한역 시가

▶ 성격: 집단적, 주술적

▶ 표현: 위협과 협박, 직설적 표현, 명령어법

▶ 어조: 명령어조

▶ 운율: 각운, 반복

▶ 특징: 현전하는 최고(最古)의 집단 무요(舞謠)

▶ 주제: 임금(수로왕)의 강림 기원

■ 작가 소개
백수광부의 아내

〈공무도하가〉

公無渡河	저 임아, 그 물을 건너지 마오.
公竟渡河	임은 그예 그 물을 건너셨네.
墮河而死	물에 쓸려 돌아가시니,
當奈公何	가신 임을 어이할꼬.

▶ 시대: 상고 시대

▶ 갈래: 4언 4구의 한역 시가

▶ 성격: 개인적 서정 가요

▶ 표현: 직서법, 직정적(直情的)

▶ 어조: 절박한 어조

▶ 특징

　① 화자의 감정을 화려한 수식 없이 직접적으로 표출함.

　② '물'의 상징적 의미를 중심으로 시상을 전개함.

　③ 마지막 4구에서 시적 화자의 비탄의 정서가 드러남.

▶ 주제: 임을 여읜 슬픔

✎ 〈황조가〉

翩翩黃鳥	훨훨 나는 꾀꼬리는
雌雄相依	암수 다정히 즐기는데
念我之獨	외로울사 이 내 몸은
誰其與歸	뉘와 함께 돌아갈꼬.

▶ 시대: 고구려 유리왕 3년(기원전 17)
▶ 갈래: 4언 4구의 한역가
▶ 성격: 개인적 서정시
▶ 표현
　　① 꾀꼬리(자연물)와 화자 상황 대비로 화자의 정서 강조
　　② 선경후정의 시상 전개 방식
▶ 짜임
　　① 1·2행(기/승) – 꾀꼬리의 정다운 모습 – 선경
　　② 3·4행(전/결) – 임을 잃은 외로움 – 후정
▶ 의의
　　① 작가가 구체적으로 알려진 고대 가요
　　② 집단 가요에서 개인적 서정시로 넘어가는 단계의 가요
　　③ 국문학사상 사랑을 주제로 한 최초의 서정 시가
▶ 주제: 짝을 잃은 슬픔(외로움)

■ 작가 소개
고구려 유리왕

✎ 〈정읍사〉

前 腔	둘하 노피곰 도두샤
	어긔야 머리곰 비취오시라.
	어긔야 어강됴리
小 葉	아으 다롱디리
後腔全	져재 녀러신고요
	어긔야 즌 딕룰 드딕욜셰라.
	어긔야 어강됴리
過 篇	어느이다 노코시라.
金善調	어긔야 내 가논 딕 졈 그룰셰라.
	어긔야 어강됴리
小 葉	아으 다롱디리

▶ 시대: 백제(?~660)로 추정, 또는 고려 시대 구백제 지방 노래로도 봄.
▶ 갈래: 개인적 서정 가요, 망부가(亡夫歌)
▶ 성격: 서정적
▶ 주제: 남편의 안전을 기원하는 여심
▶ 출전: 《악학궤범》

■ 작가 소개
어느 행상인의 아내

2 향가

1. 개념

신라 시대의 노래로, 한자의 음과 뜻을 빌려 우리말을 표기하는 향찰로 기록된 노래이다. 신라 때부터 고려 초까지 향유되었으며, 현재는 《삼국유사》에 14수, 《균여전》에 11수가 전하고 있다.

2. 특징

(1) 형식상

4구체	향가의 초기 형태로, 구전되어 오던 민요나 동요가 정착된 형태임. **예** 백제 무왕, 〈서동요〉 / 월명사, 〈도솔가〉
8구체	4구체에서 10구체로 발전하는 과정에서 생긴 과도기적 형식을 보임. **예** 처용, 〈처용가〉 / 득오, 〈모죽지랑가〉
10구체	가장 정제된 형식으로, 향가 문학이 완성된 형태임. '4구+4구+2구(전단+후단+낙구)'로 구성되어 있으며, 낙구 첫머리에는 항상 감탄사를 두어 시상을 마무리함으로써 후대 가사나 시조 형식에 영향을 줌. **예** 월명사, 〈제망매가〉 / 광덕, 〈원왕생가〉 등

(2) 내용상

① 임금과 신하의 도리, 추모, 연모 등 다양하나, 불교 사상을 바탕으로 한 것이 가장 많다.

② 불교적 내용이 많아 승려가 작가인 경우가 많고, 화랑 등 귀족층의 작품들이 주로 전해지나 다양한 계층의 작가들이 있다.

③ 각각의 작품들은 대부분 배경 설화를 가지고 있다.

3. 의의

(1) 최초의 정형화된 서정시

국문학 사상 최초의 정형화된 서정시이다.

(2) 외래문화의 주체적 수용

한자의 음과 뜻을 빌려 적는 향찰로 표기하여 외래문화를 주체적으로 수용하고 발전시킨 좋은 예로 삼을 수 있다.

(3) 신라인의 정신세계 반영

숭고한 이상 추구를 주된 내용으로 하여 차원 높은 신라인의 정신세계를 잘 반영하였다.

(4) 주체성과 민족정신

우리 문학의 주체성을 보여 주면서 우리 민족정신과 정서를 잘 드러낸다.

■ 낙구(落句)

10구체 향가의 시상이 마무리되는 9구와 10구를 가리키며, '결구'라고도 한다. 낙구의 첫머리는 항상 감탄사를 통해 이루어진다.

▶ 향가 감상

✎ 〈서동요〉

선화공주니믄   선화 공주님은
눔그스지 얼어두고   남 몰래 정을 통해 두고
맛둥바   맛동(서동) 도련님을
바미 몰 안고 가다.   밤에 몰래 안고 간다.

- ▶ 시대: 신라 진평왕 때(599년 이전)
- ▶ 갈래: 4구체 향가
- ▶ 성격: 참요(讖謠), 민요적
- ▶ 표현
  - ① 주술적 기능을 나타낸 노래로, 전래 민요가 정착된 것으로 보임.
  - ② 서동이 바라는 바를 선화 공주가 실제 행한 것처럼 표현
- ▶ 제재: 선화 공주의 사랑
- ▶ 주제
  - ① 선화 공주의 은밀한 사랑
  - ② 선화 공주에 대한 연모의 정
- ▶ 의의
  - ① 현전하는 가장 오래된 향가
  - ② 민요가 4구체 향가로 정착한 노래
  - ③ 향가 중 유일한 동요(童謠)

✎ 〈제망매가〉

生死路隱   生死 길흔
此矣有阿米次肹伊遣 이에 이샤매 머뭇거리고,
吾隱去內如辭叱都   나는 가ㄴ다 말ㅅ도
毛如云遣去內尼叱古 몯다 니르고 가ㄴ닛고.
於內秋察早隱風未   어느 ㄱ술 이른 ㅂ루매
此矣彼矣浮良落尸葉如 이에 뎌에 쁘러딜 닙곧,
  等隱枝良出古   ㅎ톤 가시라 나고
去奴隱處毛冬乎丁   가논 곧 모두론뎌.
阿也彌陀利良逢乎吾 아야 彌陀刹아 맛보올 나
道修良待是古如   道 닷가 기드리고다.

- ▶ 시대: 신라 경덕왕 때
- ▶ 갈래: 10구체 향가, 서정시
- ▶ 성격: 추모적, 애상적, 불교적

■ 작가 소개

서동(600~641): 백제 제30대 무왕, 휘는 장(璋), 아명이 서동(薯童). 신라 서쪽 국경을 여러 번 침공하였고, 수·당에 조공을 하며 고구려를 토벌하기 위해 여러 차례 원병을 청하였다. 수가 망하고 당이 서자 624년에 당에 조공을 하여 당(唐)고조로부터 '대방군왕 백제왕'에 책봉되었다. 사비궁을 중수하고 왕흥사와 미륵사를 창건하였으며 과로 등을 일본에 보내어 천문, 지리 등의 서적과 불교를 전하게 하였다.

■ 출전

《삼국유사》

■ 작가 소개

월명사

■ 출전

《삼국유사》 권 5

▶표현

    ① 정제되고 세련된 표현 기교의 향가

    ② 10구체 향가의 낙구에 나타나는 감탄사 사용

    ③ 비유적 표현을 적절하게 구사

▶의의

    ① 뛰어난 비유를 통해 인간고의 종교적 승화를 노래

    ② 〈찬기파랑가〉와 함께 표현 기교와 서정성이 가장 뛰어난 작품

▶제재: 누이의 죽음

▶주제: 죽은 누이를 추모, 누이의 죽음으로 인한 슬픔과 그 극복 의지

▶별칭: 위망매영재가(爲亡妹營齋歌)

■ 작가 소개

충담사(忠談師,?~?): 신라 경덕왕 때의 승려로 경덕왕의 청을 받아 〈안민가〉를 지은 것으로 보아 향가 창작으로 명성이 높았던 것 같다. 향가 〈안민가(安民歌)〉와 〈찬기파랑가(讚耆婆郎歌)〉 두 수가 전해진다.

✎ 〈찬기파랑가〉

열치매

나토얀 ᄃᆞ리

힌구름 조초 ᄠᅥ가는 안디하

새파론 나리여히

기랑(耆郎)이 즈ᅀᅵ 이슈라

일로 나리ㅅ 지벽히

낭(郎)이 디니다샤온

ᄆᆞᅀᆞ미 ᄀᆞᆺ흘 좇누아져

아으 잣ㅅ가지 노파

서로 몬누올 화반(花叛)이여.

▶시대: 신라 경덕왕 때

▶개관: 승려인 충담사(忠談師)가 화랑인 기파랑(耆婆郎)을 추모하여 지은 10구체 향가

▶갈래: 10구체 향가

▶성격: 예찬가, 추모가

▶표현

    ① 대상과의 문답을 통해 예찬의 효과를 극대화

    ② 다양한 자연물을 통해 대상의 모습을 제시

▶심상: 시각적

▶제재: 기파랑의 인물

▶주제: 기파랑의 인품에 대한 찬양

▶의의: 문학성이 뛰어나 〈제망매가〉와 함께 향가의 백미(白眉)로 평가됨.

✏️ 〈처용가〉

시볼 볼긔 ᄃ래
밤 드리 노니다가
드러사 자리 보곤
가ᄅ리 네히어라.
둘은 내해엇고
들흔 뉘해언고.
본ᄃ 내해다마ᄅᆫ
아ᅀᅡ놀 엇디ᄒ릿고.

▶ **시대:** 신라 49대 헌강왕 때
▶ **갈래:** 8구체 향가, 축사(逐邪)의 노래
▶ **성격:** 주술적
▶ **표현:** 대유법, 영탄법
▶ **어조:** 관용과 체념의 어조
▶ **주제:** 아내를 빼앗긴 것에 대한 체념과 축신(逐神)
▶ **의의**
　① 벽사진경(辟邪進慶: 사악한 것은 물리치고 경사로운 것을 맞이함.)의 민속에
　　서 형성된 무가
　② 고려와 조선에 걸쳐 의식무, 연희로 계승됨.

■ 작가 소개
처용(處容)

■ 출전
《삼국유사》 권2

3 고려 가요

1. 개념

고려 시대에 평민들이 부르던 민요적 시가로, '고려 속요'라고도 한다. 당시 귀족 층이 부르던 '경기체가'를 제외하고 평민층에서 향유하던 전통 시가를 말한다.

2. 전개 과정

민요에서 기원	민요에 바탕을 두고 구전됨.

↓

궁중 음악으로 편입	평민들 사이에서 불리다가 고려 시대 궁중의 속악 가사로 수용되어 개편됨.

↓

한글 창제 후 기록	조선 시대 한글이 창제되면서 문자로 기록되었는데, 그 과정에서 '남녀상열지사'라 하여 삭제되기도 함.

■ 남녀상열지사(男女相悅之詞)
남녀가 서로 사랑하면서 즐거워하는 가사라는 뜻으로, 조선 시대에 사대 부들이 고려 가요를 낮잡아 이르던 말이다. 노랫말이 저속하여 문헌에 싣지 못한다[사리부재(詞俚不載)]하 여 개작하거나 삭제된 것이 많다.

3. 특징

(1) 형식상

분연체 (분절체, 연장체)	단연체도 있으나 대체로 몇 개의 연이 연속되는 분연체가 많음.
3음보	3 · 3 · 2조의 3음보 율격이 많이 나타남.
후렴구(여음)	연마다 악기 소리를 흉내 낸 의미 없는 후렴구인 여음이 있는 경우 가 많음.

■ 여음
우리 전통 음악의 한 형식으로 가곡 에서 기악 전주곡이나 후주곡으로 쓰였다.

(2) 내용상

① 남녀 간의 사랑과 이별, 삶의 애환, 부모의 사랑 등을 소재로 하여 소박한 평 민들의 삶의 모습을 진솔하게 드러낸다.

② 당시 사회상이 반영되어 있으며, 서민들의 풍부한 감정과 정서가 잘 표현되 어 있다.

4. 의의

고려 시대 평민들의 소박하고 진솔한 감정을 경쾌한 리듬과 아름다운 우리말에 담아 표현하여 문학성이 뛰어나다. 또한 유려한 율조와 꾸밈없는 감정의 표출, 함축적인 표현으로 고전 문학의 아름다움을 잘 나타내고 있다.

▶ 고려 가요 감상

🖋 〈가시리〉

가시리 가시리잇고 나는
브리고 가시리잇고 나는
위 증즐가 大平聖代(대평 셩디)

날러는 엇디 살라 ᄒ고
브리고 가시리잇고 나는
위 증즐가 大平聖代(대평 셩디)

잡ᄉ와 두어리마ᄂᆞᆫ
선ᄒ면 아니 올셰라
위 증즐가 大平聖代(대평 셩디)

셜온 님 보내ᄋᆞᆸ노니 나는
가시ᄂᆞᆫ 듯 도셔 오쇼셔 나는
위 증즐가 大平盛代(대평 셩디)

▶ **시대**: 고려 후기(원 지배 시기)
▶ **갈래**: 고려 가요
▶ **성격**: 민요풍의 서정시
▶ **표현**: 간결하고 소박한 표현
▶ **어조**: 사랑하는 임을 떠나보내는 연인의 애절한 목소리
▶ **운율**: 3 · 3 · 2조 3음보
▶ **특징**
　① 간결한 형식 속에 함축성 있는 시어를 사용한 이별가의 백미(白眉)
　② 국문학사상 여성적 정조의 원류
　③ 간결하면서도 곡진(曲盡)함
▶ **주제**: 이별의 정한(情恨)

🖋 〈동동〉

德(덕)이란 곰ᄇᆡ예 받ᄌᆞᆸ고 福(복)이란 림ᄇᆡ예 받ᄌᆞᆸ고,
德(덕)이여 福(복)이라 호ᄂᆞᆯ 나ᅀᆞ라 오소이다.
아으 動動다리.

正月(정월)ㅅ 나릿 므른 아으 어져 녹져 ᄒ논ᄃᆡ.
누릿 가온ᄃᆡ 나곤 몸하 ᄒ올로 녈셔.
아으 動動다리.

■ **구성**

월별	소재	주제	세시풍속
序詞	德, 福	송도	
正月	나릿믈	고독	
二月	燈ㅅ블	송축	연등 (燃燈)
三月	둘 외곳	송축	
四月	곳고리	애련	
五月	아츰 약	기원	단오 (端午)
六月	빗	애련	유두일
七月	백종 (百種)	연모	백중일
八月	가배 (嘉俳)	연모	한가위
九月	황화 (黃花)	적요	중양절
十月	ᄇᆞ롯	애련	
十一月	한삼 (汗衫)	비련	
十二月	져	애련	

正月(정월)ㅅ 나릿 므른 아으 어져 녹져 ㅎ논다.
누릿 가온다 나곤 몸하 ㅎ올로 녈셔.
아으 動動다리.

二月(이월)ㅅ 보로매, 아으 노피 현 燈(등)ㅅ블 다호라.
萬人(만인) 비취실 즈싀샷다.
아으 動動다리.

三月(삼월) 나며 開(개)흔 아으 滿春(만춘) 둘욋고지여.
ᄂ미 브롤 즈슬 디녀 나샷다.
아으 動動다리.

四月(사월) 아니 니저 아으 오실셔 곳고리새여.
므슴다 錄事(녹사)니믄 녯 나룰 닛고신뎌.
아으 動動다리.

五月(오월) 五日(오일)애 아으 수릿날 아춤 藥(약)은
즈믄 힐 長存(장존)ㅎ샬 樂(약)이라 받줍노이다.
아으 動動다리.

六月(유월)ㅅ 보로매 아으 별해 ᄇ룐 빗 다호라.
도라보실 니믈 적곰 좃니노이다.
아으 動動다리.

七月(칠월)ㅅ 보로매 아으 百種(백종) 排(배)ㅎ야 두고,
니믈 흔 디 녀가져 願(원)을 비숩노이다.
아으 動動다리.

八月(팔월)ㅅ 보로몬 아으 嘉俳(가배) 나리마룬,
니믈 뫼셔 녀곤 오늘낤 嘉俳(가배)샷다.
아으 動動다리.

九月(구월) 九日(구일)애 아으 樂(약)이라 먹논 黃花(황화)
고지 안해 드니, 새셔 가만ㅎ얘라.
아으 動動다리.

十月(시월)애 아으 져미연 ᄇ룻 다호라.
것거 ᄇ리신 後(후)에 디니실 흔 부니 업스샷다.
아으 動動다리.

十一月(십일월)ㅅ 봉당 자리예 아으 汗衫(한삼) 두퍼 누워
슬ㅎᄉ라온뎌 고우닐 스싀옴 녈셔.
아으 動動다리.

十二月ㅅ 분디남ᄀ로 갓곤, 아으 나슬 盤(반)잇 져 다호라.
니미 알ᄑᆡ 드러 얼이노니, 소니 가재다 므르ᄉᆞᆸ노이다.
아으 動動다리.

▶ 시대: 고려 시대(12~14세기)
▶ 갈래: 고려 가요
▶ 성격: 이별의 노래, 민요풍의 송도가(頌禱歌)
▶ 표현
　① 영탄법, 직유법, 은유법 등을 사용함.
　② 후렴구 '동동(動動)'은 북소리, '다리'는 악기 소리를 흉내낸 것임.
　③ 계절에 따른 심리적 변화가 민속적인 사실과 함께 연결되어 잘 표현됨.
▶ 어조: 임을 이별한 여인의 애절한 목소리
▶ 형식: 분연체(전 13연의 달거리[월령체] 연시)
▶ 의의
　① 고려 가요 중 유일한, 최초의 달거리[월령체(月令體)] 노래
　② 남녀의 이별을 주제로 하여 계절의 변화에 따라 새로워지는, 임을 잃은 한 여
　　인의 그리움이 절절한 어조로 표현되어 있음.
▶ 주제: 임에 대한 송도(頌禱)와 애련(哀戀)

■ 월령체 작품
동동, 농가월령가, 관등가

✎ 〈서경별곡〉

서경(西京)이 아즐가 서경이 셔울히 마르는
　위 두어렁셩 두어렁셩 다링디리
닷곤디 아즐가 닷곤디 쇼셩경 고ㅣ마른
　위 두어렁셩 두어렁셩 다링디리
여히므론 아즐가 여히므론 질삼뵈 ᄇᆞ리시고
　위 두어렁셩 두어렁셩 다링디리
괴시란디 아즐가 괴시란디 우러곰 좃니노이다.
　위 두어렁셩 두어렁셩 다링디리

구스리 아즐가 구스리 바회예 디신ᄃᆞᆯ
　위 두어렁셩 두어렁셩 다링디리
긴힛ᄯᆞᆫ 아즐가 긴힛ᄯᆞᆫ 그츠리잇가 나ᄂᆞᆫ
　위 두어렁셩 두어렁셩 다링디리
즈믄ᄒᆡ를 아즐가 즈믄ᄒᆡ를 외오곰 녀신ᄃᆞᆯ
　위 두어렁셩 두어렁셩 다링디리
신(信)잇ᄃᆞᆫ 아즐가 신잇ᄃᆞᆫ 그츠리잇가 나ᄂᆞᆫ
　위 두어렁셩 두어렁셩 다링디리

대동강(大洞江) 아즐가 대동강 너븐디 몰라셔
　위 두어렁셩 두어렁셩 다링디리
비내여 아즐가 비내여 노혼다 샤공아
　위 두어렁셩 두어렁셩 다링디리
네가시 아즐가 네가시 럼난디 몰라셔
　위 두어렁셩 두어렁셩 다링디리
녈비예 아즐가 녈비예 연즌다 샤공아
　위 두어렁셩 두어렁셩 다링디리
대동강 아즐가 대동강 건넌편 고즐여
　위 두어렁셩 두어렁셩 다링디리
비타들면 아즐가 비타들면 것고리이다 나는
　위 두어렁셩 두어렁셩 다링디리

▶ **시대**: 고려 시대
▶ **갈래**: 고려 가요
▶ **성격**: 이별의 노래, 남녀상열지사(男女相悅之詞)
▶ **표현**
　① 반복법과 설의법을 사용함.
　② 간결하고 소박하며 함축적인 시어를 구사하고 있음.
▶ **어조**: 적극적이고 활달한 여성적인 목소리
▶ **운율**: 3음보, 3 · 3 · 3조의 음수율
▶ **특징**
　① 〈청산별곡〉과 함께 창작성과 문학성이 뛰어나다고 평가받음.
　② 〈가시리〉와 함께 전통적 정서인 이별의 정한을 읊은 시가
▶ **주제**: 이별의 정한(情恨)

■ 특징
· 〈가시리〉와 주제가 같으나, 절제와 체념의 정서를 표현한 〈가시리〉와는 달리 적극적인 어조로 이별을 거부하고 있다는 것이 큰 차이점
· 2연이 〈정석가〉의 6연과 같다는 점에서 '구전(口傳)'되다가 덧붙여졌음을 의미

■ 〈청산별곡〉과 〈가시리〉
〈청산별곡〉과 〈가시리〉는 주제는 다르지만, 형식은 유사하다. 두 작품 모두 3음보, 3 · 3 · 2조의 음수율을 보인다.

✎ 〈청산별곡〉

살어리 살어리랏다. 靑山(청산)애 살어리랏다.
멀위랑 ᄃ래랑 먹고, 靑山(청산)애 살어리랏다.
　얄리얄리 얄랑셩, 얄라리 얄라.　　　　　　　　　　　〈제1연〉

우러라 우러라 새여, 자고 니러 우러라 새여.
널라와 시름 한 나도 자고 니러 우니노라.
　얄리얄리 얄라셩, 얄라리 얄라.　　　　　　　　　　　〈제2연〉

가던 새 가던 새 본다. 믈 아래 가던 새 본다.
잉무든 장글란 가지고, 믈 아래 가던 새 본다.
　얄리얄리 얄라셩, 얄라리 얄라.　　　　　　　　　　　〈제3연〉

이링공 뎌링공 ᄒᆞ야 나즈란 디내와손뎌.
오리도 가리도 업슨 바므란 ᄯᅩ 엇디 호리라.
　얄리얄리 얄라셩, 얄라리 얄라.　　　　　　　　　　　　　　　　　<제4연>

어듸라 더디던 돌코. 누리라 마치던 돌코.
믜리도 괴리도 업시 마자셔 우니노라.
　얄리얄리 얄라셩, 얄라리 얄라.　　　　　　　　　　　　　　　　　<제5연>

살어리 살어리랏다. 바ᄅᆞ래 살어리랏다.
ᄂᆞᄆᆞ자기 구조개랑 먹고 바ᄅᆞ래 살어리랏다.
　얄리얄리 얄라셩, 얄라리 얄라.　　　　　　　　　　　　　　　　　<제6연>

가다가 가다가 드로라. 에졍지 가다가 드로라.
사ᄉᆞ미 짒대예 올아셔 奚琴(히금)을 혀거를 드로라.
　얄리얄리 얄라셩, 얄라리 얄라.　　　　　　　　　　　　　　　　　<제7연>

가다니 ᄇᆡ 브른 도긔 설진 강수를 비조라.
조롱곳 누로기 ᄆᆡ와 잡ᄉᆞ와니, 내 엇디 ᄒᆞ리잇고.
　얄리얄리 얄라셩, 얄라리 얄라.　　　　　　　　　　　　　　　　　<제8연>
　　　　　　　　　　　　　　　　　　　　　　　　　　　　《악장가사(樂章歌詞)》

▶시대: 고려 후기
▶갈래: 고려 속요
▶작가: 미상
▶성격: 애상적, 현실 도피적, 평민적, 은둔적, 낙천적, 감상적
▶구성
　① 대칭적 구성: 1~4장 / 5~8장
　② 4단 구성: 기−승−전−결
▶표현
　① 형식: 3음보, 분연체, 후렴구
　②'ㄹ, ㅇ'음의 반복에서 오는 음악적 효과
▶어조: 애상적, 체념적 어조
▶운율: 3음보
▶의의
　① 고려인들의 삶의 애환이 잘 반영되어 있음.
　② 문학성이 뛰어남.
　③ 고려 속요의 전형적인 형식을 보여 줌.
▶주제
　① 삶의 고뇌와 비애
　② 삶의 터전을 상실한 유랑민의 슬픔
　③ 임을 잃은 여인의 비애와 그리움

4 경기체가

1. 개념

고려 중기 무신 정변 이후 정계에 등장한 신진 사대부 계층에 의해 향유되어 조선 초기까지 불린 노래이다. 노래 끝 부분에 반드시 '~경(景) 긔 엇더ᄒ니잇고' 또는 '경기하여(景幾何如)'라는 구절을 붙이기 때문에 '경기체가' 또는 '경기하여가'라고 한다. 또한 제목에 '별곡(別曲)'이라는 말이 많이 붙어 '별곡체(別曲體)'라고도 한다.

■ 신진 사대부
고려 말에 등장한 새로운 정치 세력으로, 학문적 교양뿐만 아니라 정치적 실무 능력도 갖춘 학자적 관료들이다. 고려 말 이성계를 중심으로 한 무인 세력과 결합하여 권문세족을 누르고 조선 왕조를 개국하였다.

■ 경(景) 긔 엇더ᄒ니잇고
이 구절은 '~모습, 그것이 어떠합니까?'라는 의미이다. 이것은 단순한 의문이 아니라 그 모습이 굉장하다는 뜻으로 자신들에 대한 자부심을 과시한 표현이다.

■ 이두
한자의 음과 뜻을 빌려 우리말을 적은 표기법이다. 일반적으로 한자를 국어의 문장 구성법에 따라 고치고 여기에 토를 붙인 것을 이른다.

2. 특징

형식	• 여러 개의 연이나 장이 모여 한 편의 노래를 이루는 분절체 형식으로 되어 있음. • 각 연은 6행으로 이루어져 있으며 전대절과 후소절로 나뉨. 전대절은 1~4행으로 길고, 후소절은 5~6행의 짧은 형식임. • 3음보의 율격이 대부분이고 부분적으로 4음보가 나타나며, 노래 끝에 '~경(景) 긔 엇더ᄒ니잇고' 또는 '경기하여(景幾何如)'라는 여음구(후렴구)가 들어감. • 대부분 한문구를 나열하고 부분적으로 이두를 사용함.
내용	• 신진 사대부들의 호탕한 기상과 의식 세계, 자부심을 드러내고 있지만 다소 향락적 측면이 있음. • 선비들의 학식, 체험, 사물, 경치 등을 제재로 하여 나열식으로 전개함.

경기체가와 고려 가요 비교

	경기체가	고려 가요
차이점	• 귀족 • 한문 어투의 시구로 쓰임. • 조선 시대에 악장으로 전승됨.	• 평민 • 구전되다가 한글로 기록됨 • 조선 시대에 '남녀상열지사'로 비판 대상이 됨.

3. 의의와 한계

(1) 의의

운율적으로 음악적 성격이 강하게 드러나며 정제된 형식미를 갖추고 있어 조선 시대 사대부 계층의 문학에 영향을 준다.

(2) 한계

내용적으로 문학성을 거의 갖추지 못하고 있으며, 일부 계층에서만 불렸기 때문에 짧은 기간에 소멸한다.

▶ 경기체가 감상

✒ 〈한림별곡〉

元淳文(원슌문) 仁老詩(인노시) 公老四六(공노ᄉ륙)
李正言(니정언) 陳翰林(딘한림) 雙韻走筆(솽운주필)
冲基對策(튱긔디ᄎᆡᆨ) 光鈞經義(광균경의) 良鏡詩賦(량경시부)
위 試場(시댱)ㅅ 景(경) 긔 엇더ᄒ니잇고.
葉(엽) 琴學士(금ᄒᆞᆨᄉᆞ)의 玉笋門生(옥슌문ᄉᆡᆼ) 琴學士(금ᄒᆞᆨᄉᆞ)의 玉笋門生(옥슌문ᄉᆡᆼ)
위 날조차 몃 부니잇고.   〈제1장〉

唐漢書(낭한서) 莊老子(장로ᄌᆞ) 韓柳文集(한류문집)
李杜集(니두집) 蘭臺集(난디집) 白樂天集(ᄇᆡᆨ락텬집)
毛試尚書(모시상서) 周易春秋(쥬역츈추) 周戴禮記(쥬디례긔)
위 註(주)조쳐 내 외읏 景(경) 긔 엇더ᄒ니잇고.
葉(엽) 大平廣記(대평광긔) 四百餘卷(ᄉᆞᄇᆡᆨ여권) 大平廣記(대평광긔) 四百餘卷(ᄉᆞᄇᆡᆨ여권)
위 歷覽(력남)ㅅ 景(경) 긔 엇더ᄒ니잇고.   〈제2장〉

唐唐唐(당당당) 唐揪子(당츄ᄌᆞ) 조협(早莢) 남긔
紅(홍)실로 紅(홍)글위 ᄆᆡ요이다.
혀고시라 밀오시라 鄭少年(뎡쇼년)하.
위 내 가논 ᄃᆡ 놈 갈셰라.
葉(엽) 削玉纖纖(샥옥셤셤) 雙手(솽슈)ㅅ 길헤 削玉纖纖(샥옥셤셤) 雙手(솽슈)ㅅ길헤
위 携手同遊(휴슈동유)ㅅ 景(경) 긔 엇더ᄒ니잇고.   〈제8장〉

▶ **시대**: 고려 고종 때
▶ **갈래**: 경기체가
▶ **성격**: 귀족적, 향락적, 풍류적
▶ **표현**: 열거법, 영탄법, 설의법, 반복법
▶ **어조**: 과시적, 예찬적
▶ **운율**: 3음보, 3 · 3 · 4조
▶ **특징**: 최초의 경기체가, 자만에 넘치는 기개, 한자어 나열
▶ **주제**: 귀족들의 넘치는 활력과 그들의 의식 세계

■ **한림별곡**
고려 고종 때 한림원의 여러 유생(儒生)들이 지었다고 전해지는 최초의 경기체가로, 모두 8장으로 구성된 작품이다. 각 장은 전대절(前大節)과 후소절(後小節)로 나뉘어진 분절체 형식으로써, 당대의 시(詩)와 부(賦), 중국 서적(書籍), 명필(名筆), 명주(名酒), 화훼(花卉), 음악, 누각(樓閣), 추천(鞦韆: 그네타기) 등을 소재로 하여 고려 시대 사대부들의 향락적이고 퇴폐적인 생활상을 반영하고 있다. 각 사물을 병렬적 한문 어구로 단순 나열한 것에 그친 다른 장과는 달리, 고유어 위주로 표현된 제8장은 문학적으로 높게 평가되고 있다.

■ **작가 소개**
한림제유(한림 여러 선비들의 공동 창작)

5 시조

1. 개념

신흥 사대부들이 경기체가만으로 감당할 수 없는 유교적 이념을 표출하기 위해 고려 말엽에 완성한 짧은 형식의 정형시를 말한다.

2. 특징

(1) 형식상

① 일반적으로 3장 6구 45자 내외를 기본형으로 한다.

② 각 장의 음보율은 4음보이고, 음수율은 3.4조 또는 4.4조가 기본이나 보통 한 두 음절은 늘거나 줄 수 있다.

③ 종장의 첫 음보는 3음절로 고정되어 있으며, 두 번째 음보는 반드시 5음절 이상이어야 한다.

(2) 내용상

① 회고가, 절의가 등 유교적 충의(忠義) 사상을 담은 작품이 많고, 자연을 예찬할 때에도 이를 임금의 은혜와 연결한 충신연군지사 작품이 많다.

② 기녀들을 중심으로 남녀 간의 애정과 이별 작품이 다수 창작되었다.

③ 서민 의식의 성장과 함께 지배층에 대한 풍자와 해학을 담은 작품이 창작되었다.

3. 종류

(1) 형식상

평시조	3장 6구 45자 내외의 글자로 구성된 가장 기본적인 형태의 정형시
엇시조	평시조 형식에서 초장과 중장 가운데 어느 한 장이 평시조보다 더 길어진 시조
사설시조	종장의 첫 구를 제외한 나머지 구 중, 두 구 이상이 제한 없이 길어진 시조로, 특히 중장이 길어진 경우가 많음.

평시조와 사설시조의 비교

비교	평시조	사설시조
시기	고려 중엽에 발생하여 조선 전기에 성행함.	조선 영·정조 시대에 발생하여 조선 중기 이후에 성행함.
작가층	양반 사대부 계층이 주된 작가층이며 기녀들도 창작함.	중인, 평민 등 하층민이 주된 작가층으로 작자 미상이 많음.
내용	유교적 이념이나 자연과의 조화, 풍류 사상에 대한 내용이 많음.	서민들의 삶의 모습, 지배 계층을 비판하는 내용이 많음.

■ 음보율

발음하는 시간의 길이가 비슷한 말의 덩어리가 반복되며 일어나는 규칙성을 말한다.

■ 음수율

음절의 수를 일정하게 하여 이루는 운율로, 고전 시가에서는 세 글자와 네 글자 또는 네 글자와 네 글자가 일정하게 배열된 3·4조 또는 4·4조가 대표적이다.

■ 회고가와 절의가

회고가	고려가 멸망한 후 지난날의 왕조를 추억하면서 옛 도읍지를 찾아 감회를 읊은 고려 유신들의 작품 예 길재, 〈오백 년 도읍지를~〉
절의가	고려의 충신들이 그들의 충성과 단심을 노래하고 기울어가는 국운을 개탄한 작품 예 정몽주, 〈이 몸이 죽고 죽어~〉

■ 충신연군지사(忠臣戀君之詞)

임금을 사랑하는 '임'에 빗대어 그리워하는 마음을 주제로 한 작품의 경향을 일컫는 말로, 충신연주지사 또는 연군지정이라고도 한다.

(2) 길이상

단시조	한 수로만 이루어진 시조
연시조	• 두 수 이상의 시조가 같은 제목으로 묶여 있는 형태의 시조 • 평시조는 길이가 짧기 때문에 심화된 정서를 표현하기 어렵고, 다양한 소재를 활용하기도 힘들었기 때문에 연시조가 등장하게 됨.

4. 전개 과정

(1) 고려 말

시대 상황	고려 말 왕조 교체기의 혼란스러운 시대
내용	• 고려 왕조에 대한 변함없는 우국충절과 굳은 절의 지식인들의 갈등과 고뇌, 패망한 나라에 대한 회고, 간신 풍자
형식	평시조 형식
작가층	양반 사대부
작품	이존오, 〈구름이 무심하단 말이~〉(간신 풍자)

(2) 조선 전기

시대 상황	성리학을 기본 이념으로 삼은 조선 왕조의 개국
내용	• 강호가도의 전통을 이어 자연을 벗 삼아 유유자적하는 삶 • 백성들을 훈계하는 목적의 유교적 윤리관을 주제로 한 내용 • 기녀들을 중심으로 남녀 간의 애정과 이별의 정한을 노래
형식	연시조 형식 등장
작가층	기녀들이 작가층에 합류
작품	성혼, 〈말 없는 청산이오~〉(강호한정) / 맹사성, 〈강호사시가〉(강호가도) / 황진이, 〈동짓달 기나긴 밤을~〉(남녀 간의 애정)

(3) 조선 후기

시대 상황	임진왜란과 병자호란 이후 실학사상의 발달과 서민 의식의 성장
내용	• 서민들의 일상과 삶의 애환 • 정치·사회적 모순을 폭로, 지배 계층에 대한 비판과 풍자
형식	사설시조 형식 등장
작가층	서민들과 가객들이 새로운 향유층으로 등장
작품	이정신, 〈발가벗은 아해들이~〉(교활하는 세대에 대한 비판) / 작자 미상, 〈두터비 파리를 물고~〉(양반들의 허장성세 풍자)

5. 의의

우리나라 고유의 문학 양식으로, 사대부 계층에서 점차 향유층이 확대되어 전 계층이 향유하는 국민 문학으로 사랑받으며 현재까지 내려오는 유일한 민족 문학이다. 오늘날에는 현대 시조로 계승되었다.

■ 우국충절(憂國忠節)

나라일을 근심하고 충성을 다하는 전개를 뜻한다. 이러한 우국충절을 다룬 시조는 고려 말뿐만 아니라 조선 초 단종의 폐위와 세조의 즉위라는 시대 상황 속에서 사육신들의 절개를 드러내는 역할을 하기도 하였다.

■ 강호가도(江湖歌道)

조선 시대 시가 문학의 흐름 중 자연을 예찬하고, 그 속에 묻혀 살면서 유교적 관념을 노래한 문학 사조이다. 이러한 노래 유형에는 벼슬을 버리고, 가벼운 마음으로 고향에 은거하면서 산과 물의 자연을 벗하고, 임금의 은혜를 생각하는 작품이 많다

■ 실학사상

17세기 중엽 이후 성리학의 공리공론에 반대하여 정치·경제적 현실 문제와 과학, 기술, 역사, 문학, 풍습과 같은 우리 문화에 대한 광범위한 연구를 통해 조선의 변화와 개혁을 주장하던 새로운 사상의 흐름을 말한다.

1 우국(憂國)과 연군(戀君)

[원 문]
구름이 무심(無心)탄 말이 아마도 허랑(虛浪)ᄒ다
중천(中天)에 ᄯᅥ이셔 임의(任意)로 ᄃᆞ니면셔
굿타여 광명(光名)ᄒᆫ 날빗츨 덥퍼 무슴ᄒ리오

[현대어 풀이]
구름이 아무런 사심(邪心)이 없다는 말은 아마도 허무맹랑한 거짓
말일 것이다.
하늘 높이 떠서 제 마음대로 다니면서
굳이 밝은 햇빛을 따라가며 덮는구나.
주제 간신(신돈)의 횡포(전횡) 풍자

[원 문]
백설(白雪)이 ᄌᆞᄌᆞ진 골에 구름이 머흐레라
반가온 매화(梅花)는 어늬 고듸 픠엿ᄂᆞᆫ고
석양(夕陽)에 ᄒᆞ올로 셔셔 갈곳 몰나 ᄒ노라

[현대어 풀이]
흰 눈이 잦아진 골짜기에 구름이 험하구나.
(나를) 반겨 줄 매화는 어느 곳에 피어 있는가?
날이 저물어 가는 석양에 홀로 서 있어 갈 곳 몰라 하노라.
주제 우국 충정(憂國衷情)

[원 문]
흥망(興亡)이 유수(有數)ᄒ니 만월대(滿月臺)도 추초(秋草)
ㅣ 로다
오백년 왕업(王業)이 목적(牧笛)에 붓쳐시니
석양(夕陽)에 디나는 객(客)이 눈믈 계워ᄒ노라

[현대어 풀이]
흥하고 망하는 것이 다 운수에 매어 있는 것이니, 화려했던 고려의
궁궐이 있던 만월대도, 이제는 시든 가을 풀만이 우거져 있을 뿐이
로구나.
오백 년 고려의 왕업은 이젠 한낱 목동이 부는 구슬픈 피리 소리에
나 담겨 있으니
해질 무렵 이 곳을 지나는 나그네(작자 자신)로 하여금 슬픔을 이
기지 못하게 하는구나.
주제 고려의 패망과 역사의 허무함(망국의 한과 회고의 정)

[원 문]
房(방) 안에 혓는 燭(촉)불 눌과 離別(이별)ᄒᆞ엿관ᄃᆡ,
것으로 눈물 디고 속타는 줄 모로ᄂᆞᆫ고.
우리도 뎌 燭(촉)불 갓ᄒᆞ야 속타는 줄 모르노라.

[현대어 풀이]
방안에 켜 있는(놓은) 촛불은 누구와 이별을 하였기에,
겉으로 눈물을 흘리면서 속이 타 들어가는 줄을 모르는가.
저 촛불도 나와 같아서(슬피 눈물만 흘릴 뿐) 속이 타는 줄을 깨닫
지 못하는구나.
주제 단종(端宗)과의 이별의 슬픔

[원 문]
간 밤의 우뎐 여흘 슬피 우러 지내여다.
이제아 ᄉᆡᆼ각ᄒ니 님이 우러 보내도다.
뎌 믈이 거스리 흐르고져 나도 우러 녜리라.

[현대어 풀이]
지난 밤에 울며 흐르던 여울, 슬프게 울면서 흘러 가도다.
이제야 생각하니 그 슬픈 여울물 소리는 임(임금)이 울어 보내는
소리도다.
저 물이 거슬러 흐르게 하고 싶다. 나도 울면서 가리라.
주제 연군(戀君), 임금을 그리워 함.

[원 문]
천만 리(千萬里) 머나먼 길에 고은 님 여희ᄋᆞᆸ고
내 ᄆᆞ음 둘 듸 업서 냇ᄀᆞᆺ에 안자이다.
뎌 믈도 내 안 ᄀᆞᆺ도다 우러 밤길 녜놋다.

[현대어 풀이]
천 리 만 리 머나먼 저승길에 고운 님(단종)을 영원히 사별하옵고
(돌아오니)
나의 슬픈 마음을 붙일 데가 없어 객사에 앉았습니다.
(흘러가는) 저 냇물도 내 마음 같아서 울며불며 밤길을 흘러갑니다.
주제 임금과 이별한 애절한 마음

[원 문]
가노라 三角山(삼각산)아, 다시 보쟈 漢江水(한강수)야.
古國山川(고국 산천)을 ᄯᅥ나고쟈 ᄒᆞ랴마ᄂᆞᆫ,
時節(시절)이 하 殊常(수상)ᄒ니 올동말동ᄒᆞ여라.

[현대어 풀이]
떠나가노라 삼각산이여! (언제가 될지 모르지만) 다시 보자 한강물이여!
할 수 없이 이 몸은 고국 산천을 떠나가려고 하지만
시절이 하도 뒤숭숭하니 다시 돌아올지 어떨지는 모르겠구나.
주제 우국지사(憂國之士)의 비분 강개한 심경

견회요(遣懷謠)

슬프나 즐거오나 옳다 하나 외다 하나
내 몸의 해올 일만 닦고 닦을 뿐이언정
그 밧긔 여남은 일이야 분별(分別)할 줄 이시랴

내 일 망녕된 줄 내라 하여 모랄 손가
이 마음 어리기도 님 위한 탓이로세
아뫼 아무리 일러도 임이 혜여 보소서

추성(秋城) 진호루(鎭胡樓) 밧긔 울어 예는 저 시내야
무음 호리라 주야(晝夜)에 흐르는다
님 향한 내 뜻을 조차 그칠 뉘를 모르나다

뫼흔 길고 길고 물은 멀고 멀고
어버이 그린 뜻은 많고 많고 하고 하고
어디서 외기러기는 울고 울고 가느니

어버이 그릴 줄을 처엄부터 알아마는
님군 향한 뜻도 하날이 삼겨시니
진실로 님군을 잊으면 긔 불효(不孝)인가 여기노라.

주제 연군

2 ▶ 기개(氣槪)

[원 문]
녹이상제(綠耳霜蹄) 슬지게 먹여 시냇물에 싯겨 트고
용천설악(龍泉雪鍔)을 들게 가라 엇게에 두러메고
장부(丈夫)의 위국충절(爲國忠節)을 세워볼가 ᄒ노라

[현대어 풀이]
녹이상제와 같은 좋은 말[명마]을 살이 오르게 먹여 시냇물에 씻겨
타고,
용천 설악과 같은 보배로운 칼[명검]을 잘 들게 갈아 둘러메고,
대장부의 나라를 위한 충성된 절개를 세워 볼까 하노라.
주제 무인(武人)의 충절(忠節)

[원 문]
十年(십년) ᄀ온 칼이 匣裏(갑리)에 우노믜라.
關山(관산)을 ᄇ라보며 째때로 ᄆ저 보니
丈夫(장부)의 爲國功勳(위국 공훈)을 어늬 째 드리올고

[현대어 풀이]
십 년이나 갈아온 칼이 갑(칼집) 속에서 우는구나.

관문(關門)을 바라보며 그 갑 속에 든 칼을 때때로 만져 보니,
대장부의 나라를 위한 큰 공을 어느 때에 세워 (임금께 그 영광을)
드리올꼬?
주제 우국 충정(憂國衷情)과 장부의 호기

[원 문]
朔風(삭풍)은 나모 긋티 불고 明月(명월)은 눈 속에 ᄎ듸,
萬里(만리) 邊城(변성)에 一長劍(일장검) 집고 셔셔,
긴 ᄑ람 큰 ᄒ 소리에 거칠 거시 업세라.

[현대어 풀이]
몰아치는 북풍은 나뭇가지를 스치고 중천에 뜬 밝은 달은 눈으로
덮인 산과 들을 비쳐 싸늘하기 이를 데 없는데,
이때 멀리 떨어져 있는 변방(국경) 성루에서 긴 칼을 짚고 서서,
휘파람 불어치며 큰 소리로 호통을 치니, 천지가 진동하는 듯한 소
리에 감히 대적하는 것이 없구나.
주제 대장부의 호방(豪放)한 기개(氣槪)

[원 문]
적토마 슬디게 먹여 두만강에 싯겨 세고
용천검 드ᄂ 칼을 선뜻 쎄쳐 두러 메고
장부의 입신 양명을 시험할까 ᄒ노라

[현대어 풀이]
적토마와 같은 준마를 살찌게 먹여 두만강 물에 씻겨 세우고(타고)
용천검과 같이 잘 드는 보검을 선뜻 빼어 둘러메고,
대장부의 공명을 세워 이름을 드날림을 시험할까 하노라.
주제 대장부의 호방한 기개, 무인의 호방한 기상

3 ▶ 절의(節義)

[원 문]
눈 마ᄌ 휘여진 디를 뉘라셔 굽다턴고,
구블 절(節)이면 눈 속에 프를소냐.
아마도 세한고절(歲寒孤節)은 너 ᄲᆞᆫ인가 ᄒ노라.

[현대어 풀이]
눈을 맞아 휘어진 대나무를 누가 굽다고 하던가?
굽을(굽힐) 절개이면 눈 속에서도 푸를 것인가?
아마도 한겨울의 추위를 이기는 높은 절개는 너뿐인가 하노라.
주제 절개, 또는 고려 왕조에 대한 충절

[원 문]

이 몸이 죽어죽어 일백번 곳쳐죽어
백골(白骨)이 진토(塵土)되여 넉시라도 잇고업고
님 향훈 일편단심(一片丹心)이야 가실줄이 이시랴

[현대어 풀이]
이 몸이 죽고 또 죽어 백 번이나 다시 죽어
백골(白骨)이 흙과 먼지가 되어 넋이야 있건 없건
임금님께 바치는 충성심이야 변할 리가 있으랴?

주제 고려에 대한 충절, 충성심(忠誠心)

[원 문]

首陽山(수양산) 바라보며 夷齊(이제)룰 恨(한)ㅎ노라.
주려 주글진들 採薇(채미)도 ㅎ는 것가.
비록애 푸새엣 거신들 그 뉘 따헤 낫드니.

[현대어 풀이]
수양산을 바라보면서, (남들이 다 절개가 굳은 선비라고 말하는) 백
이와 숙제를 오히려 지조가 굳지 못하다고 꾸짖으며 한탄한다.
차라리 굶주려 죽을지언정 고사리를 뜯어먹어서야 되겠는가?
비록 산에 자라는 풀이라 하더라도 그것이 누구의 땅에서 났는가?

주제 굳은 절의와 지조

[원 문]

가마귀 눈비 마자 희는 듯 검노미라
야광명월이 밤인들 어두오랴
님 향훈 일편단심이야 고칠 줄이 이시랴

[현대어 풀이]
까마귀가 눈비를 맞아 희어지는 듯하나 다시 검어진다.
그러나 야광주(夜光珠)는 밤이라고 해서 어두울 까닭이 있겠는가?
임금(단종)을 향한 굳은 충성심이야 변할 까닭이 있겠는가?

주제 일편단심(一片丹心)

4 군신(君臣)

[원 문]

이시렴 브디 갈짜? 아니 가든 못홀쏜냐?
無端(무단)이 슬트냐 눔의 말을 드럿야?
그려도 하 애도래라, 가는 뜻을 닐러라.

[현대어 풀이]
있으려무나. 부디 (꼭) 가겠느냐? 아니 가지는 못하겠느냐?

공연히 (내가) 싫어졌느냐? 남의 권하는 말을 들었느냐?
그래도 (오히려) 너무 애타는구나. 가는 뜻이나 분명히 말해 보려무나.

주제 아끼는 신하를 떠나 보내는 애타는 심정

[원 문]

三冬(삼동)에 뵈옷 닙고 巖穴(암혈)에 눈비 마자
구름 씬 볏뉘도 쐰 적이 업간마는.
西山(서산)에 히지다 ㅎ니 눈물겨워 ㅎ노라.

[현대어 풀이]
한겨울에 베로 지은 옷 입고, 바위굴에서 눈비를 맞고 있으며(벼슬
한 적이 없이 산중에 은거한 몸이며)
구름 사이에 비치는 햇볕도 쐰 적이 없지만(임금의 은혜를 입은 적
도 없지만)
서산에 해 졌다(임금께서 승하하셨다)는 소식을 들으니 눈물이
난다.

주제 임금님 승하의 애도

[원 문]

綠草(녹초) 晴江上(청강상)에 굴레 버슨 물이 되여
째째로 멀이 들어 北向(북향)ㅎ야 우는 뜻은
夕陽(석양)이 재 넘어 감애 남자 글여 우노라.

[현대어 풀이]
벼슬을 그만 두고 녹초 청강상에 내려와 살고 있지만
때로 고개를 들어 북쪽을 향해 우는 뜻은
석양에 해 넘어갔다(임금께서 승하하였다)는 소식을 듣고 임금을
그리워하여 우는 것이다.

주제 임금님의 승하 애도

5 자연(自然)

[원 문]

말 업슨 靑山(청산)이요, 態(태) 업슨 流水(유수) ㅣ 로다.
갑 업슨 淸風(청풍)이요, 님ᄌ 업슨 明月(명월)이라.
이 中(중)에 病(병) 업슨 이 몸이 分別(분별) 업시 늙으리라.

[현대어 풀이]
말없이 푸르기만 한 것은 청산(靑山)이요, 모양 없이 흐르기만 한
것은 유수(流水)로다.
값 없는 것은 바람이요, 주인 없는 것은 밝은 달빛이라.
이 아름다운 자연에 묻혀 사는 병 없는 이 몸은 걱정 없이 늙으리라.

주제 자연을 벗삼는 즐거움

[원 문]

秋江(추강)에 밤이 드니 물결이 차노매라.
낚시 드리치니 고기 아니 무노매라.
無心(무심)한 달빛만 싣고 빈 배 저어 오노라.

[현대어 풀이]
가을 강에 밤이 되니 물결이 차구나.
낚싯대를 드리우니 고기 아니 무는구나.
무심한 달빛만 가득 싣고 빈 배 저어 오노라.
주제 가을 달밤의 풍류와 정취

[원 문]

十年(십 년)을 經營(경영)ᄒ야 草廬三間(초려 삼간)지어 니니,
나 ᄒ 간 달 ᄒ 간에 淸風(청풍) ᄒ 간 맛져 두고,
江山(강산)은 드릴 듸 업스니 둘너 두고 보리라.

[현대어 풀이]
십 년이나 기초를 닦아서 보잘것없는 초가집을 지어내니,
달 한 간과 맑은 바람도 한 간을 맡겨 두고,
청산과 맑은 강은 들여놓을 곳이 없으니 주위에다 두고 보리라.
주제 자연애, 자연 귀의

[원 문]

대쵸 볼 불근 골에 밤은 어이 뜻드르며,
벼 뷘 그르헤 게는 어이 ᄂ리는고.
술 닉쟈 체장ᄉ 도라가니 아니 먹고 어이리.

[현대어 풀이]
대추가 발갛게 익은 골짜기에 밤까지 익어 뚝뚝 떨어지며,
벼를 벤 그루에 게까지 어쩌 나와 다니는가?
마침 햅쌀로 빚어 놓은 술이 익었는데 체장수가 체를 팔고 돌아가
니, 새 체로 술을 걸러서 먹지 않고 어쩌리.
주제 추수가 끝난 늦가을 농촌의 풍치 있는 생활상

[원 문]

집방석 ᄂ지마라 낙엽엔들 못안즈랴
솔불 혀지마라 어제 진달 도다온다
아희야 박주산채(薄酒山菜)ㄹ만졍 업다말고 ᄂ여라

[현대어 풀이]
짚으로 만든 방석을 내지 말아라. 떨어진 나뭇잎엔들 앉지 못하겠느냐.
관솔불을 켜지 말아라. 어제 졌던 밝은 달이 돋아온다.
얘야! (이 아름다운 가을밤에 진수성찬이 무슨 필요가 있겠느냐) 변
변치 않은 술과 나물일지라도 좋으니 없다 말고 내 오너라.
주제 산촌 생활의 안빈 낙도

[원 문]

江山(강산) 죠흔 景(경)을 힘센이 닷톨 양이면,
너 힘과 너 分(분)으로 어이ᄒ여 엇들쏜이.
眞實(진실)로 禁(금)ᄒ리 업쓸씨 나도 두고 논이노라.

[현대어 풀이]
자연의 아름다운 경치를 힘이 센 사람들이 자기 것으로 만들고자
나와 다툰다고 치면,
나같이 약한 힘과 가난한 분수로 어찌 차지할 수가 있을 것인가?
자연을 사랑하고 즐기는 것을 막는 사람이 없으므로 나 같은 사람
도 마음 놓고 즐기며 노닐 수 있다.
주제 거리낌 없이 자연을 즐기는 마음

[원 문]

草庵(초암)이 寂寥(적료)ᄒ디 벗 업시 ᄒᄌ 안ᄌ
平調(평조) 한 닙히 白雲(백운)이 절로 존다.
언의 뉘 이 죠흔 뜻을 알 리 잇다 ᄒ리오.

[현대어 풀이]
초가 암자가 고요한데 찾아 온 벗 하나 없이 홀로 앉아
평조의 노래 한 잎을 읊으니 흰 구름이 졸고 있는 것 같다.
어느 누가 이 좋은 뜻을 알아줄 이 있다 하겠는가?
주제 대자연 속에서 즐기는 풍류의 멋

[원 문]

백구(白鷗)야 말 물어 보자 놀라지 말아스라
명구 승지(名區勝地)를 어디 어디 보았는다
날다려 자세히 일러든 너와 게가 놀리라

[현대어 풀이]
갈매기야 말 물어보자 놀라지 말려무나.
산수 경치 좋기로 이름난 곳을 어디 보았느냐.
나에게 자세히 말해 주면 너와 거기 가 같이 놀리라.
주제 자연에의 몰입

[원 문]

田園(전원)에 나믄 興(흥)을 전나귀에 모두 싯고
溪山(계산) 니근 길로 흥치며 도라와셔
아히 琴書(금서)를 다스려라 나믄 ᄒ를 보내리라.

[현대어 풀이]
전원에 남은 흥취를 다리를 저는 나귀에 모두 싣고서,
계곡을 끼고 있는 산 익숙한 길로 흥겨워하며 돌아와서
(하는 말이) 아이야, 거문고와 서책을 다스려라. 남은 해를 보내리라.
주제 자연 속에서 누리는 풍류

[원 문]
어리고 성근 梅花(매화) 너를 밋지 아녓더니.
눈 期約(기약) 能(능)히 직혀 두세 송이 픠엿고나.
燭(촉) 좁고 갓가이 수랑헐 제 暗香(암향)좃ᄎ 浮動(부동)터라.

[현대어 풀이]
연약하고 엉성한 가지이기에 어찌 꽃을 피울까 하고 믿지 아니하였더니.
눈 올 때 피겠다고 하던 약속을 능히 지켜 두세 송이가 피었구나.
촛불 잡고 너를 가까이 완상할 때 그윽한 향기조차 떠도는구나.

주제 매화 예찬

오우가(五友歌)

[서 사]
내버디 멋치나 ᄒ니 수석(水石)과 송죽(松竹)이라
동산(東山)의 돌 오르니 긔더옥 반갑고야
두어라 이다ᄉᆞᆺ밧긔 또더하야 머엇ᄒ리

[水]
구룸빗치 조타ᄒ나 검기를 ᄌᆞ로ᄒ다
ᄇᆞ람소리 묽다ᄒ나 그칠적이 하노매라
조코도 그칠뉘 업기는 믈뿐인가 ᄒ노라

[石]
고즌 므스닐로 퓌며셔 쉬이디고
플은 어이ᄒᆞ야 프르는듯 누르ᄂᆞ니
아마도 변티아닐손 바회뿐인가 ᄒᆞ노라

[松]
더우면 곳픠고 치우면 닙디거ᄂᆞᆯ
솔아 너는 얻디 눈서리를 모르ᄂᆞᆫ다
구천(九泉)의 불희 고ᄃᆞᆫ줄을 글로ᄒᆞ야 아노라

[竹]
나모도 아닌거시 플도 아닌거시
곳기ᄂᆞᆫ 뉘 시기며 속은 어이 뷔연ᄂᆞᆫ다
뎌러코 사시(四時)예 프르니 그를 됴하 ᄒ노라

[月]
쟈근거시 노피떠서 만믈을 다비취니
밤듕의 광명(光明)이 너만ᄒ니 또잇ᄂᆞ냐
보고도 말아니ᄒ니 내벋인가 ᄒ노라

[현대어 풀이]
[서 사]
나의 벗이 몇이나 있느냐 헤아려 보니 물과 돌과 소나무, 대나무다.

게다가 동쪽 산에 달이 밝게 떠오르니 그것은 더욱 반가운 일이로구나.
그만 두자. 이 다섯 가지면 그만이지 이 밖에 다른 것이 더 있은들 무엇하겠는가?

[水]
구름의 빛깔이 아름답다고는 하지만, 검기를 자주 한다.
바람 소리가 맑게 들려 좋기는 하나, 그칠 때가 많도다.
깨끗하고도 끊어질 적이 없는 것은 물뿐인가 하노라.

[石]
꽃은 무슨 까닭에 피자마자 곧 져 버리고,
풀은 또 어찌하여 푸르러지자 곧 누른 빛을 띠는가?
아무리 생각해 봐도 영원히 변하지 않는 것은 바위뿐인가 하노라.

[松]
따뜻해지면 꽃이 피고, 날씨가 추우면 나무의 잎은 떨어지는데,
소나무여. 너는 어찌하여 눈이 오나 서리가 내리나 변함이 없는가?
그것으로 미루어 깊은 땅 속까지 뿌리가 곧게 뻗쳐 있음을 알겠노라.

[竹]
나무도 아니고 풀도 아닌 것이, 곧게 자라기는 누가 그리 시켰으며,
또 속은 어이하여 비어 있는가?
저리하고도 네 계절에 늘 푸르니, 나는 그것을 좋아하노라.

[月]
작은 것이 높이 떠서 온 세상을 다 바추니
한밤중에 광명이 너보다 더한 것이 또 있겠느냐?(없다)
보고도 말을 하지 않으니 나의 벗인가 하노라.

주제 오우(五友)인 水·石·松·竹·月을 기림.

강호사시가(江湖四時歌)

[춘 사]
江湖(강호)에 봄이 드니 미친 興(흥)이 절로 난다.
濁醪溪邊(탁료계변)에 錦鱗魚(금린어)ㅣ 안주로라.
이 몸이 閒暇(한가)히옴도 亦君恩(역군은)이샷다.

[하 사]
江湖(강호)에 녀름이 드니 草堂(초당)에 일이 업다.
有信(유신)ᄒᆞᆫ 江波(강파)는 보내ᄂᆞ니 ᄇᆞ람이다.
이 몸이 서늘히옴도 亦君恩(역군은)이샷다.

[추 사]
江湖(강호)에 ᄀᆞ올이 드니 고기마다 슐져 잇다.
小艇(소정)에 그물 시러 흘리 ᄯᅴ여 더뎌 두고,
이 몸이 消日(소일)히옴도 亦君恩(역군은)이샷다.

[동 사]
강호(江湖)에 겨월이 드니 눈기픠 자히 남다
삿갓 빗기 ᄡᅳ고 누역으로 오슬삼아
이몸이 칩지 아니히옴도 亦君恩(역군은)이샷다

[현대어 풀이]

[춘 사]
강호에 봄이 찾아드니 참을 수 없는 흥겨움이 솟구친다.
탁주를 마시며 노는 시냇가에 싱싱한 물고기가 안주로 제격이구나.
다 늙은 이 몸이 이렇듯 한가롭게 지냄도 역시 임금의 은혜이시도다

[하 사]
강호에 여름이 닥치니 초당에 있는 늙은 몸은 할 일이 별로 없다.
신의 있는 강 물결은 보내는 것이 시원한 강바람이다.
이 몸이 이렇듯 서늘하게 보내는 것도 역시 임금의 은혜이시다.

[추 사]
강호에 가을이 찾아드니 물고기마다 살이 올랐다.
작은 배에 그물을 싣고서, 물결 따라 흘러가게 배를 띄워 버려 두니,
다 늙은 이 몸이 이렇듯 고기잡이로 세월을 보내는 것도 역시 임금의 은혜이시도다.

[동 사]
강호에 겨울이 닥치니 쌓인 눈의 깊이가 한 자가 넘는다.
삿갓을 비스듬히 쓰고 도롱이를 둘러 입어 덧옷을 삼으니,
늙은 이 몸이 이렇듯 추위를 모르고 지내는 것도 역시 임금의 은혜이시도다.

주제 강호 한정(江湖閒情), 안분지족하는 은사의 유유자적한 모습

어부사시사(漁父四時詞)

[춘사(春詞) 1]
압내예 안개 것고 뒫뫼희 히 비췬다.
  비 떠라 비 떠라
밤물은 거의 디고 낟믈이 미러 온다.
  至匊悤(지국총) 至匊悤(지국총) 於思臥(어사와)
江村(강촌) 온갓 고지 먼 빗치 더욱 됴타.

[춘사(春詞) 4]
우는 거시 벅구기가, 프른 거시 버들숩가.
  이어라, 이어라
漁村(어촌) 두어 집이 넛속의 나락들락.
  至匊悤(지국총) 至匊悤(지국총) 於思臥(어사와)
말가흔 기픈 소희 온갇 고기 뛰노ᄂᆞ다.

[하사(夏詞) 1]
구즌비 머저 가고 시냇믈이 ᄆᆞᆰ아 온다.
  비 떠라 비 떠라
낟대롤 두러메니 기픈 興(흥)을 禁(금) 못홀돠.
  至匊悤(지국총) 至匊悤(지국총) 於思臥(어사와)
煙江(연강) 疊嶂(첩장)은 뉘라셔 그려 낸고.

[하사(夏詞) 2]
년닙희 밥싸 두고 반찬으란 쟝만마라.
  닫 드러라 닫 드러라
靑蒻笠(청약립)은 써 잇노라, 綠蓑衣(녹사의) 가져오냐.
  至匊悤(지국총) 至匊悤(지국총) 於思臥(어사와)
無心(무심)흔 白鷗(빅구)는 내 좃는가, 제 좃는가.

[추사(秋詞) 1]
物外(물외)예 조흔 일이 漁父生涯(어부생애) 아니러냐.
  비 떠라 비 떠라
漁翁(어옹) 웁디마라, 그림마다 그렷더라.
  至匊悤(지국총) 至匊悤(지국총) 於思臥(어사와)
四時興(ᄉᆞ시 흥)이 ᄒᆞ기ᄯᅵ니 秋江(ᄎᆔᄀᆞᆼ)이 읃듬이라.

[추사(秋詞) 2]
水國(슈국)의 ᄀᆞᅀᆞᆯ히 드니 고기마다 ᄉᆞ져 읻다.
  닫 드러라 닫 드러라
萬頃(만경) 澄波(딍파)의 슬ᄏᆞ지 容與(용여)ᄒᆞ쟈.
  至匊悤(지국총) 至匊悤(지국총) 於思臥(어사와)
人間(인간)을 도라보니 머도록 더욱 됴타.

[추사(秋詞) 4]
그려기 떳ᄂᆞᆫ 밧긔 못 보던 뫼 뵈ᄂᆞ고야.
  이어라 이어라
낙시질도 ᄒᆞ려니와 取(취)흔 거시 이 興(흥)이라.
  至匊悤(지국총) 至匊悤(지국총) 於思臥(어사와)
夕陽(석양) ᄇᆔ이니 千山(천산)이 錦繡(금슈)ㅣ로다.

[동사(冬詞) 3]
여튼 갣 고기들히 먼 소히 다 갇ᄂᆞ니
  돋 ᄃᆞ라라, 돋 ᄃᆞ라라
져근덛 날 됴흔제 바탕의 나가보쟈.
  至匊悤(지국총) 至匊悤(지국총) 於思臥(어사와)
밋기곧 다오면 굴근 고기 믄다 혼다.

[동사(冬詞) 4]
간밤의 눈 갠 後(후)에 景物(경물)이 달랃고아.
  이어라 이어라
압희는 萬頃(만경) 琉璃(류리) 뒤희는 千疊(천텹) 玉山(옥산)
  至匊悤(지국총) 至匊悤(지국총) 於思臥(어사와)
仙界(선계)ㄴ가 佛界(불계)ㄴ가, 人間(인간)이 아니로다.

[현대어 풀이]
[춘사(春詞) 1]
앞 내에 안개가 걷히고 뒷산에는 해가 비친다.
〈배를 띄워라, 배를 띄워라.〉

썰물은 거의 나가고 밀물이 밀려온다.
〈찌거덩 찌거덩 어야차!〉
강촌의 온갖 꽃이 먼 빛이 더욱 좋다.
[춘사(春詞) 4]
우는 것이 뻐꾸기인가? 푸른 것이 버들숲인가?
〈노를 저어라, 노를 저어라.〉
어촌의 두어 집이 안개 속에 들락날락한다.
〈찌거덩 찌거덩 어야차!〉
맑고도 깊은 소에서 온갖 고기가 뛰논다.
[하사(夏詞) 1]
궂은비가 멈추어 가고 흐르는 시냇물도 맑아 온다.
〈배를 띄워라, 배를 띄워라.〉
낚싯대를 둘러메니 마음속에서 우러나는 흥겨움을 참을 길이 없겠구나.
〈찌거덩 찌거덩 어야차!〉
안개가 자욱한 강과 겹겹이 둘러선 묏부리는 누가 그림으로 그려냈는가?
[하사(夏詞) 2]
연잎에 밥을 싸 두고 반찬은 장만하지 마라.
〈닻을 들어라, 닻을 들어라.〉
삿갓을 쓰고 있다. 도롱이를 가져 왔느냐?
〈찌거덩 찌거덩 어야차!〉
무심한 갈매기는 내가 저를 따르는가? 제가 나를 따르는가?
[추사(秋詞) 1]
속세를 벗어난 데서 깨끗한 일로 소일함이 고기잡이의 생환이 아니더냐.
〈배를 띄워라, 배를 띄워라.〉
늙은 고기잡이라고 웃지를 말라. 그림마다 어옹이 그려져 있더라.
〈찌거덩 찌거덩 어야차!〉
네 계절의 흥이 한가지로 비슷하나 그 중에서도 가을철의 강물이 자아내는 흥이 으뜸이라.
[추사(秋詞) 2]
바다에 둘러싸인 곳에 가을이 찾아드니 고기마다 살쪄 있다.
〈닻을 들어라, 닻을 들어라.〉
아득히 넓고 맑은 바닷물결에 맘껏 흡족하게 노닐자꾸나.
〈찌거덩 찌거덩 어야차!〉
아. 속세를 뒤돌아보니 멀리 떨어질수록 더욱 좋다.
[추사(秋詞) 4]
기러기가 날아가는 저 밖에 이제껏 보지 못했던 산이 드러나 보이는구나.
〈노를 저어라, 노를 저어라.〉
낚시질도 즐기려니와 자연에 마음 쏠리는 바는 이 흥이다.
〈찌거덩 찌거덩 어야차!〉
석양이 눈부시게 빛나니 단풍으로 수놓은 모든 산이 수놓은 비단같이 아름답도다.
[동사(冬詞) 3]
물이 얕은 갯가의 고기들이 먼 소로 몰려갔으니
〈돛을 달아라, 돛을 달아라.〉

잠깐 동안 날씨가 좋을 때에 일터(어장)에 나가 보자.
〈찌거덩 찌거덩 어야차!〉
낚싯밥이 좋으면 큰 고기가 물린다 한다.
[동사(冬詞) 4]
간 밤에 눈 갠 뒤에 경치가 달라졌구나!
〈배 저어라, 배 저어라.〉
앞 체는 유리처럼 잔잔한 넓은 바다. 뒤에는 겹겹이 둘러싸인 백옥 같은 산이로다.
〈찌그덩 찌그덩 어야차!〉
아, 여기는 신선이 사는 선경인가? 부처가 사는 정토인가? 인간 속세는 아니로다.
주제 강호의 한정(閑情), 철따라 펼쳐지는 자연의 경치와 어부(漁父) 생활의 흥취

6 인생(人生)

[원 문]
춘산(春山)에 눈녹인 브름 건듯 불고 간듸 업다
저근덧 비러다가 마리우희 불니고져
귀밋틱 히묵은 서리를 녹여볼가 ᄒ노라

[현대어 풀이]
봄 산에 쌓인 눈을 녹인 바람이 잠깐 불고 어디론지 간 곳이 없다.
잠시 동안 (그 봄바람을) 빌려다가 머리 위에 불게 하고 싶구나.
귀 밑에 여러 해 묵은 서리(백발)를 다시 검은 머리가 되게 녹여 볼까 하노라.
주제 늙음에 대한 탄식과 그 극복 의지

[원 문]
혼손에 막대 잡고 쏘 혼손에 가싀쥐고
늙는길 가싀로 막고 오는 백발 막대로 치려터니
백발(白髮)이 제 몬져 알고 즈럼길로 오더라

[현대어 풀이]
한 손에 막대를 잡고 또 한 손에는 가시를 쥐고,
늙는 길은 가시 덩굴로 막고, 찾아오는 백발은 막대로 치려고 했더니,
백발이 (나의 속셈을) 제가 먼저 알고 지름길로 오더라.
주제 탄로(歎老: 늙음을 한탄함.)

[원 문]
山(산)은 녯 山(산)이로되 물은 녯 물이 안이로다.
晝夜(주야)에 흘은이 녯 물이 이실쏜야.
人傑(인걸)도 물과 ᄀᆞ야 가고 안이 오노미라.

[현대어 풀이]
산은 옛날의 산 그대로인데 물은 옛날의 물이 아니구나.
종일토록 흐르니 옛날의 물이 그대로 있겠는가.
사람도 물과 같아서 가고 아니 오는구나.
주제 인생 무상, 무정한 임에 대한 그리움

[원 문]
靑山裏(청산리) 碧溪水(벽계수) ㅣ야 수이 감을 자랑마라.
一到滄海(일도창해)ㅎ면 도라오기 어려오니,
明 月(명월)이 滿空山(만공산)ㅎ니 수여 간들 엇더리.

[현대어 풀이]
청산 속에 흐르는 푸른 시냇물아, 쉽게 흘러간다고 자랑 마라.
한번 넓은 바다에 다다르면 다시 청산으로 돌아오기 어려우니,
밝은 달이 산에 가득 차 있는, 이 좋은 밤에 나와 같이 쉬어 감이
어떠냐?
주제 인생의 덧없음과 향락의 권유

[원 문]
盤中(반중) 早紅(조홍)감이 고아도 보이ᄂ다.
유자ㅣ 안이라도 품엄즉도 ᄒ다마ᄂ
품어 가 반기리 없슬시 글노 설워 ᄒᄂ다.

[현대어 풀이]
소반 위에 놓인 홍시가 매우 곱게도 보인다.
유자가 아니라 할지라도 몸에 품고 돌아갈 만도 하다마는
(품속에) 품어 가도 반가워해 주실 분이 없으므로 그것으로 인하여
서러워합니다.
주제 효심(孝心)

[원 문]
노래 삼긴 사ᄅᆷ 시름도 하도할샤
닐러 다 못닐러 불러나 푸돗둔가
眞實(진실)로 플릴거시면은 나도 불러 보리라.

[현대어 풀이]
노래를 처음으로 만든 사람, 근심과 걱정이 많기도 많았구나.
말로 하려 하나 다 못하여 (노래루) 풀었던 말인가!
진실로 풀릴 것이면 나도 불러 보리라.
주제 노래를 통해 시름을 풀어보고자 함

[원 문]
한숨아 셰한숨아 네 어니 틈으로 드러온다.
고모 장즈 세술 장즈 들 장즈 열 장즈에 암돌젹귀 수돌젹귀
비목걸시 쑥닥 박고 크나큰 즘을쇠로 숙이숙이 ᄎ엿ᄂ듸

屛風(병풍)이라 덜걱 접고 簇子(족자) ㅣ라 딕딕골 말고, 녜
어닌 틈으로 드러온다.
어인지 너 온 날이면 ᄌᆷ 못 드러 ᄒ노라.

[현대어 풀이]
한숨아 세한숨아 네 어느 틈으로 들어오느냐.
고모 장지, 세살 장지, 들장지, 열장지, 암돌쩌귀, 숫돌쩌귀,
배목걸새 뚝닥 박고, 크나큰 자물쇠로 깊이깊이 채웠는데,
병풍이라 덜컥 접은 족자라 대대굴 마느냐. 네 어느 틈으로 들어오
느냐.
어찌된 일인지 네가 온 날이면 잠 못 들어 하는구나.
주제 그칠 줄 모르는 시름

[원 문]
논밭 갈아 기음 매고 뵈잠방이 다임 쳐 신들메고
낫 갈아 허리에 차고 도끼 벼려 두러매고 무림 산중(茂林山
中) 들어가서 삭다리 마른 섶을 뷔거니 버히거니 지게에 질
머 지팡이 바쳐 놓고 새암을 찾아가서 점심(點心) 도슭 부시
고 곰방대를 톡톡 떨어 닢담배 뛰여 물고 코노래 조오다가
석양이 재 넘어갈 제 어깨를 추이르며 긴 소래 저른 소래 하
며 어이 갈고 하더라.

[현대어 풀이]
논밭 갈아 김매고 베잠방이 대님 쳐 신들메고,
낫 갈아 허리에 차고 도끼를 벼려 들러 메고, 울창한 산 속에 들어
가서, 삭정이 마른 섶을 베거니 자르거니 지게에 짊어서 지팡이 받
쳐 놓고, 샘을 찾아가서 점심도 다 비우고 곰방대를 톡톡 털어 잎
담배 피워 물고 콧노래 졸다가,
석양이 재 넘어갈 때 어깨를 추스르며, 긴 소리 짧은 소리 하며 어
이 갈고 하더라.
주제 자연 속에서 일하며 누리는 한가로운 삶

7 교훈(敎訓)과 수양(修養)

훈민가(訓民歌)

[1] 이비님 날 나ᄒ시고 어마님 날 기ᄅ시니
두분곳 아니시면 이몸이 사라실가
하늘 ᄀᄐᆫ ᄀᆞ업슨 은덕(恩德)을 어디다혀 갑ᄉ오리

[3] 형아 아이야 네술ᄒ 문져보와
뉘손딩 타나관딩 양지조차 가타ᄂ다
ᄒ졋먹고 길러나이셔 닷ᄆᆞᄋᆞᆷ을 먹디마라

[4]어버이 사라신제 셤길일란 다ᄒ여라
디나간 후면 애ᄃᆞᆲ다 엇디ᄒ리
평생(平生)애 곳텨 못홀일이 잇ᄲᆞᆫ인가 ᄒ노라

[8]ᄆᆞ을 사ᄅᆞᆷ들아 올흔일 ᄒ쟈ᄉᆞ라
사ᄅᆞᆷ이 되여 나셔 올치옷 못ᄒ면
ᄆᆞ쇼를 갓곳갈 씌워 밥먹이나 다ᄅᆞ랴

[13]오늘도 다 새거다 호믜 메오 가쟈ᄉᆞ라
내논 다 미여든 네논졈 미여주마
올길히 ᄲᅩᆼ ᄯᅡ다가 누에먹켜 보자ᄉᆞ라

[16]이고진 뎌 늘그니 짐프러 나를 주오
나는 졈엇써니 돌히라 무거울가
늘거도 셜웨라커든 짐을 조차 지실가

[현대어 풀이]
[1]
아버님이 나를 낳으시고, 어머님이 나를 기르시니.
두 분이 아니었다면 이 몸이 살 수 있었을까?
이 하늘 같은 은혜를 어디에다 갚을까?
[3]
형아 아우야 네 살을 만져 보아라.
누구에게서 태어났기에 그 모양도 같은가?
한 젖을 먹고 자라나서 다른 마음을 먹지 말아라.
[4]
부모님께서 살아 계실 동안에 섬기는 일을 다하여라.
돌아가신 후면 슬프다 해도 어찌할 도리가 없다.
평생에 다시 할 수 없는 일은 부모 섬기는 일인가 하노라.
[8]
마을 사람들아 옳은 일을 하자꾸나.
사람으로 태어나서 옳지 못하면
말과 소에게 갓이나 고깔을 씌워 놓고 밥이나 먹이는 것과 무엇이
다르랴.
[13]
오늘도 날이 다 밝았다. 호미 메고 들로 가자꾸나.
내 논을 다 매거든 네 논도 좀 매어 주마.
일을 끝내고 돌아오는 길에 뽕을 따다가 누에도 먹여 보자꾸나.
[16]
이고 진 저 노인네 짐 풀어서 나를 주시오.
나는 젊었으니 돌이라고 무겁겠소.
늙은 것도 서러운데 짐조차 지셔야 되겠소이까.

주제 유교의 윤리

고산구곡가(高山九曲歌)

[1]고산 구곡담을 사ᄅᆞᆷ이 모로더니
주모복거ᄒ니 벗님ᄂᆡ 다 오신다
어즈버 무이를 상상ᄒ고 학주자을 ᄒ리라

[2]일곡은 어디미오 관암에 ᄒᆡ 비쵠다
평무에 ᄂᆡ 거드니 원산이 그림이로다
송간에 녹준을 노코 벗 오ᄂᆞᆫ양 보노라

[3]이곡은 어디미오 화암에 춘만커다
벽파에 곳을 ᄯᅴ워 야외로 보ᄂᆡ노라
사람이 승지을 모로니 알게ᄒᆞᆫ들 엇더리

[4]삼곡은 어디미오 취병에 닙 퍼졋다
녹수에 산조ᄂᆞᆫ 하상기음ᄒᆞᄂᆞᆫ적의
반송이 바롬을 바드니 녀름경이 업시라

[5]사곡은 어디미오 송암에 ᄒᆡ 넘거다
담심 암영은 온갓빗치 ᄌᆞᆷ겨셰라
임경이 깁도록 됴ᄒ니 흥을 계워 ᄒ노라

[6]오곡은 어디미오 은병이 보기됴타
수변 정사은 소쇄홈도 ᄀᆞ이업다
이중에 강학도 ᄒ려니와 영월음풍 ᄒ리라

[7]육곡은 어디미오 조협에 물이업다
나와 고기와 뉘야 더욱 즐기ᄂᆞᆫ고
황혼에 낙디를 메고 대월귀를 ᄒ노라

[8]칠곡은 어디미오 풍암에 추색됴타
청상 엷게치니 절벽이 금수ㅣ로다
한암에 혼ᄌᆞ안쟈셔 집을잇고 잇노라

[9]팔곡은 어디미오 금탄에 달이 붉다
옥진 금휘로 수삼곡을 노는말이
고조을 알이업스니 혼ᄌᆞ즐거 ᄒ노라

[10]구곡은 어디미오 문산에 세모커다
기암 괴석이 눈속에 무쳐셰라
유인은 오지아니ᄒ고 볼것업다 ᄒ더라

[현대어 풀이]
[1]
고산 아홉 굽이 계곡의 아름다움을 사람들이 모르더니.
풀을 베고 터를 잡아 집을 짓고 사니 벗님네 모두들 찾아오는구나.
아, 무이산에서 후학을 가르친 주자를 생각하고 주자를 배우리라.

[2]
첫 번째로 경치가 좋은 것은 어디인가? 갓머리처럼 우뚝 솟은 바위에 아침해가 비쳤도다.
잡초 무성한 들판에 안개가 걷히니, 먼 곳 가까운 곳 가릴 것 없이 그림같이 아름답구나.
소나무 푸른 숲 사이에 맛좋은 술이 담긴 술통을 놓고 벗들이 찾아오는 모습을 바라보고 있노라.

[3]
두 번째로 경치가 좋은 것은 어디인가? 꽃바위의 늦봄 경치로다.
푸른 꽃을 띄워 멀리 산 밖의 들로 보낸다.
사람들이 이 아름다운 곳을 모르니, (꽃을 띄워 보내) 이 곳의 경치 좋음을 알게 한들 어떠리.

[4]
세 번째로 경치가 좋은 곳은 어디인가? 푸른 병풍을 둘러친 듯한 절벽에 녹음이 짙어졌다.
푸른 숲속에서 산새들은 높으락 낮추락 노래를 부르는데
가로퍼진 소나무가 맑은 바람에 흔들리고 있으니 여름이지만 그 경치가 시원스럽기 그지없구나.

[5]
네 번째로 경치가 좋은 곳은 어디인가? 소나무 보이는 낭떠러지 위로 해가 떠 넘는구나.
깊은 물 한가운데에 비친 바위 그림자는 온갖 빛과 함께 잠겨 있구나.
수풀 속의 샘물은 깊을수록 깨끗하니 흥겨움을 이기지 못하겠구나.

[6]
다섯 번째로 경치 좋은 곳은 어디인가? 으슥한 절벽이 보기도 좋구나.
물가에 세워진 배움의 집은 깨끗하기가 더할 나위 없구나.
이런 곳에서 글도 가르치고 때로는 시를 지어 읊으면서 흥겹게 놀기도 하겠구나.

[7]
여섯 번째로 경치가 좋은 곳은 어디인가? 낚시질하기에 좋은 골짜기에 물이 많이 고여 있구나.
나와 고기, 어느 쪽이 더 즐거운가?
해가 저물거든 낚싯대를 메고 달빛을 받으면서 집으로 돌아가리라.

[8]
일곱 번째로 경치가 좋은 곳은 어디인가? 단풍으로 덮인 바위에 서린 가을빛이 좋구나.
깨끗한 서리가 엷게 덮였으니 단풍에 덮인 바위가 수놓은 비단처럼 아름답도다.
차가운 바위에 혼자 앉아서 집에 돌아가는 것도 잊어버리고 있도다.

[9]
여덟 번째로 경치가 좋은 곳은 어디인가? 거문고 타는 소리를 내며 흐르는 여울목에 달이 밝다.
좋은 거문고로 서너 곡조를 탔지만
운치 높은 옛 가락을 알 사람이 없으니 혼자서 듣고 즐기노라.

[10]
아홉 번째 굽이는 어디인고, 문산에 한 해가 저무는구나.
기이하게 생긴 바위와 돌이 눈 속에 묻혀 버릴까 걱정되는구나.
이리저리 놀러 다니는 사람은 오지 아니하고 볼 것 없다 하더라.

주제 강학(講學)의 즐거움과 고산(高山)의 아름다움
• 각 연의 주제
[1] 고산구곡가를 짓게 된 동기
[2] 학문의 세계에 들어오지 않는 자에 대한 경계
[3] 관암의 아침 경치
[4] 화암의 늦봄 경치
[5] 송애의 저물 무렵 못에 비친 아름다운 암영(巖影)
[6] 수변정사(水邊精舍)에서의 강학(講學)과 영월음풍(詠月吟風)
[7] 조대의 야경
[8] 풍암의 가을 경치
[9] 탄금의 여울물 소리
[10] 문산의 눈덮인 경치

도산십이곡(陶山十二曲)

[1]이런돌 엇더ᄒ며 뎌런돌 엇다ᄒ료
초야 우생이 이러타 엇더ᄒ료
ᄒ믈려 천석고황(泉石膏肓)을 고텨 므슴ᄒ료

[2]연하로 지블삼고 풍월로 버들사마
태평성대예 병오로 늘거가뇌
이듕에 바라ᄂᆞᆫ 이른 허므이나 업고쟈

[3]순풍이 죽다ᄒ니 진실로 거즈마리
인생이 어디다ᄒ니 진실로 올ᄒ마리
천하애 허다영재를 소겨 말솜ᄒ가

[4]유란이 재곡ᄒ니 자연이 듣디됴해
백운이 재산ᄒ니 자연이 보디됴해
이듕에 피미일인를 더옥 닛디 몯ᄒ얘

[5]산전에 유대ᄒ고 대하애 유수ㅣ로다
ᄠᅦ 만ᄒ 골며기는 오명가명 ᄒ거든
엇다다 교교백구는 머리 므슴 ᄒᄂᆞᆫ고

[6]춘풍에 화만산ᄒ고 추야애 월만대라
사시가흥ㅣ 사롬과 ᄒ가지라
ᄒ믈며 어약연비 운영천광이아 어늬 그지 이슬고

[7]천운대 도라드러 완락제 소쇄ᄒᆫ디
만권생애로 악사ㅣ 무궁ᄒ얘라
이듕에 왕래풍류롤 닐어 므슴ᄒ고

[8]뇌정이 파산ᄒ야도 농자는 몯듣ᄂᆞ니
백일이 중천ᄒ야도 고자는 몯보ᄂᆞ니
우리는 이목총명남자로 농고ᄃᆞᆫ디 마로리

[9] 고인도 날몯보고 나도 고인 몯뵈
고인를 몯봐도 녀던길 알퓌잇ᄂ
녀던길 알퓌잇거든 아니녀고 엇뎔고

[10] 당시예 녀던 길흘 몃히를 ᄇ려두고
어듸 가 ᄃ니다가 이제ᅀᅡ 도라온고
이제나 도라오나니 년듸 ᄆ숨 마로리

[11] 청산ᄂ 엇뎨ᄒ야 만고애 프르르며
유수ᄂ 엇뎨ᄒ야 주야애 긋디 아니ᄂ고
우리도 그치디 마라 만고상청(萬古常靑)ᄒ오리라

[12] 우부도 알며ᄒ거니 긔아니 쉬운가
성인도 몯다ᄒ시니 긔아니 어려운가
쉽거나 어렵거낫듕에 늙ᄂ주를 몰래라

[현대어 풀이]

[1]
이런들 어떠하며 저런들 어떠하랴?
시골에 파묻혀 있는 어리석은 사람이 이렇다고(공명이나 시비를 떠나 살아가는 생활) 어떠하랴?
더구나 자연을 사랑하는 것이 고질병처럼 된 버릇을 고쳐서 무엇 하랴?

[2]
연기나 놀의 멋진 자연 풍치로 집을 삼고,
맑은 바람 밝은 달을 벗으로 삼아,
어진 임금을 만난 좋은 시대에 (하는 일 없이 그저) 노병(老病)으로만 늙어가는구나.

[3]
예로부터 전해오는 순박한 풍속이 다 사라져 없어졌다고 하는 것은 참으로 거짓말이로다.
인간의 성품이 본래부터 어질다고 하는 말은 참으로 옳은 말이다.
(그러므로, 예로부터 내려오는 순박한 풍속이 다 없어졌다는 말로써) 이 세상의 많은 슬기로운 사람들을 어찌 속일 수가 있겠느냐.

[4]
그윽한 난초가 깊은 골짜기에 피었으니 대자연의 속삭임을 듣는 듯 매우 좋구나.
흰 구름이 산마루에 걸려 있으니 자연히 보기 좋구나.
이러한 가운데서도 우리 임금님을 더욱 잊을 수가 없구나.

[5]
산 앞에는 낚시터가 있고, 대 밑으로는 물이 흐르는구나.
갈매기들은 무리를 지어 오락가락 하는데,
어찌하여 저 귀하고 좋은 흰 망아지[賢者]는 멀리 뛰어갈 생각을 하는 것일까?(아마도 그 망아지는 큰 뜻을 품었나보다.)

[6]
봄바람에 꽃은 산에 가득 피어 있고, 가을밤에는 달빛이 누대에 가득하니,

춘하추동 사계절이 각기 지닌 멋은 사람의 흥겨워함과도 같구나.
더구나 고기는 물에서 뛰놀고, 소리개는 하늘을 날으니 흘러가는 구름은 그림을 남기고, 밝은 햇빛은 온 누리를 비추는 저 대자연의 아름다운 조화에 어찌 한도가 있을 수 있겠는가.

[7]
천운대를 돌아서 들어가니, 완락재가 아담하고 깨끗이 서 있는데.
거기서 수많은 책을 벗삼아 한평생을 보내는 즐거움이란 무궁무진 하구나.
이렇게 지내면서 때때로 바깥을 거니는 재미를 새삼 말해서 무엇 하랴?

[8]
우레 소리가 산을 무너뜨리도록 심하더라도 귀머거리는 듣지를 못하며, 밝은 해가 떠서 대낮같이 되어도 소경은 보지를 못하는 것이니, 우리는 귀와 눈이 밝은 남자가 되어서, 귀머거리나 소경이 되지는 않아야 하리라.

[9]
옛 성현도 나를 보지 못하고, 나 역시 옛 성현을 뵙지 못했네.
옛 성현을 보지 못했지만 그 분들이 행했던 가르침이 앞에 있구나.
그 행하신 길이 앞에 있는데 아니 행하고 어찌할 것인가?

[10]
예전에 걷던 길을 몇 년이나 내버려두고,
어디로 가서 돌아다니다가 이제야 (예전에 걷던 그 길로) 돌아왔는가?
이제나마 돌아왔으니 이제는 딴 곳에 마음 두지 않으리라.

[11]
푸른 산은 어찌하여 영원히 푸르며
흐르는 물은 또 어찌하여 밤낮으로 그치지 않는가.
우리도 저 물같이 그치는 일 없이 저 산같이 언제나 푸르게 살리라.

[12]
아무리 어리석은 사람이라도 도(道)를 알려고 하는 것이니 그것이 쉬운 일이 아닌가?
또 만세에 스승이 될 만한 성인도 다 하지는 못하는 법이니 얼마나 어려운 일인가?
쉽든 어렵든 간에 학문을 닦는 생활 속에 늙어 가는 줄 모르겠구나.

주제 전 6곡: 자연에 동화된 생활
후 6곡: 학문 수양 및 학문애

• 각 연의 소주제
[1] 천석고황(泉石膏肓)
[2] 자연과의 동화
[3] 순박하고 후덕한 풍습
[4] 연군(戀君)
[5] 자연을 등지고 있는 현실 개탄
[6] 대자연의 웅대함 찬미
[7] 독서의 즐거움
[8] 진리 터득의 중요성
[9] 인륜 대도를 실천 궁행해야 함
[10] 학문 수행에 전념할 결의
[11] 영원히 변하지 않는 의지
[12] 영원한 학문 수행의 길

8 ▶ 연정(戀情)

[원 문]

이화(梨花)에 월백(月白)ᄒ고 은한(銀漢)이 삼경(三更)인제
일지 춘심(一枝春心)을 자규(子規)야 알랴마는
다정(多情)도 병(病)인양ᄒ야 잠못드러 ᄒ노라

[현대어 풀이]

하얗게 핀 배꽃에 달은 환히 비치고 은하수는 돌아서 자정을 알리는 때에,
배꽃 한 가지에 어린 봄날의 정서를 자규가 알고 저리 우는 것일까마는
다정다감(多情多感)한 나는 그것이 병인 양, 잠을 이루지 못하여 하노라.
주제 봄밤의 애상적인 정감

[원 문]

冬至(동지)ㅅ둘 기나진 밤을 한 허리를 버혀 내여,
春風(춘풍) 니불 아러 서리서리 너헛다가,
어론님 오신 날 밤이여든 구뷔구뷔 펴리라.

[현대어 풀이]

동짓달 긴긴 밤의 한가운데를 베어 내어,
봄바람처럼 따뜻한 이불 속에 서리서리 넣어 두었다가,
정든 임이 오신 밤이면 굽이굽이 펼쳐 내어 그 밤이 오래오래 새게 이으리라.
주제 임을 기다리는 절실한 그리움

[원 문]

어져 내일이야 그릴 줄을 모로ᄃᄵ.
이시라 ᄒ더면 가랴마는 제 구ᄐᆞ여
보ᄂᆞ고 그리ᄂᆞ 情(정)은 나도 몰라 ᄒ노라.

[현대어 풀이]

아! 내가 한 일이 후회스럽구나. 이렇게도 사무치게 그리울 줄을 미처 몰랐더냐?
있으라 했더라면 임이 굳이 떠나시려 했겠느냐마는 내가 굳이 보내 놓고
이에 와서 새삼 그리워하는 마음을 나 자신도 모르겠구나.
주제 임을 그리워하는 마음

[원 문]

ᄆᆞ음이 어린 後(후)ㅣ니 ᄒᄂᆞ 일이 다 어리다.
萬重雲山(만중 운산)에 어ᄂᆡ 님 오리마는
지ᄂᆞ 닙 부ᄂᆞ 부람에 힝여 건가 ᄒ노라.

[현대어 풀이]

마음이 어리석으니 하는 일마다 모두 어리석다.
겹겹이 구름 낀 산중이니 임이 올 리 없건마는
떨어지는 잎과 부는 바람 소리에도 행여나 임인가 하고 생각한다.
주제 임을 기다리는 마음

[원 문]

묏버들 굴히 것거 보내노라 님의손디,
자시ᄂᆞ 窓(창) 밧긔 심거 두고 보쇼셔.
밤비예 새닙곳 나거든 날인가도 너기쇼셔.

[현대어 풀이]

산에 있는 버들가지를 아름다운 것을 골라 꺾어 임에게 보내오니,
주무시는 방의 창문가에 심어두고 살펴 주십시오.
행여 밤비에 새 잎이라도 나거들랑 마치 나를 본 것처럼 여기소서.
주제 임에게 보내는 사랑, 이별의 슬픔, 임에 대한 그리움

[원 문]

귀쏘리 져 귀쏘리 어엿부다 저 귀쏘리
어인 귀쏘리 지ᄂᆞ 둘 새ᄂᆞ 밤의 긴 소리 쟈른 소리 節節(절절)이 슬픈소리 제 혼자 우러 녜어 紗窓(사창) 여윈 좀을 술쓰리도 씨오ᄂᆞ고야.
두어라, 제 비록 微物(미물)이나 無人洞房(무인동방)에 내 뜻 알리ᄂᆞ 너뿐인가 ᄒ노라.

[현대어 풀이]

귀뚜라미 저 귀뚜라미 불쌍하구나 저 귀뚜라미
어인 귀뚜라미가 달이 지고 밤이 새도록 긴소리 짧은 소리 마디마디 슬픈 소리로 제 혼자 계속해서 울어서, 사창 안에서 살포시 든 잠을 얄밉게도 깨우는구나.
두어라, 제가 비록 보잘 것 미물이나 임없이 홀로 지내는 나의 마음을 알아줄 이는 저 귀뚜라미뿐인가 하노라.
주제 가을 밤, 임 그리는 외로운 여인의 정

[원 문]

梨花雨(이화우) 훗쑤릴 제 울며 잡고 離別(이별)ᄒ 님,
秋風落葉(추풍 낙엽)에 저도 날 싱각ᄂᆞ가.
千里(천 리)에 외로온 꿈만 오락가락 ᄒ노매.

[현대어 풀이]

배꽃이 흩날리던 무렵에 손잡고 울며불며 하다가 헤어진 임.
가을 바람에 낙엽 지는 가을이 되었으니, 그 임이 나를 생각하여 주실까?
천 리 길 머나먼 곳에 외로운 꿈만 오락가락 하는구나.
주제 고독과 그리움

[원 문]
나모도 돌도 바히 업슨 뫼헤 매게 조친 가토리 안과,
大川(대천) 바다 한가온디 一千石(일천 석) 시른 비에, 노도 일
코 닷도 일코 뇽총도 근코 돛대도 것고 치도 싸지고, 부람 부
러 물결치고 안기 뒤섯거 주주진 날에, 갈 길은 千里萬里(천
리만리) 남고 四面(사면)이 거머어득 져믓 天地寂寞(천지 적
막) 가치노을 썻논디, 水賊(수적) 만난 都沙工(도사공)의 안과,
엇그제 님 여흰 내 안이야 엇다가 フ을흐리오.

[현대어 풀이]
나무도 바윗돌도 없는 산에 매에게 쫓기는 까투리의 마음과,
대천 바다 한가운데 일천 석 실은 배에 노도 잃고 닻도 잃고 용총줄
도 끊어지고 돛대도 꺾이고 키도 빠지고 바람 불어 물결치고 안개
뒤섞여 잦아진 날에 갈 길은 천리만리 남았는데 사면이 검어 어둑하
고 천지 적막 사나운 파도 치는데 해적 만난 도사공의 마음과,
엇그제 임 여윈 내 마음이야 어디다 견주어 보리요.
주제 사랑하는 임을 여윈 걷잡을 수 없이 절절한 심정

[원 문]
書房(서방)님 病(병) 들여 두고 쓸 것 업셔
鐘樓(종루) 져지 달러 파라 비 소고 감 소고 榴子(유자) 소고
石榴(석류) 솟다 아촛촛 이저고 五花糖(오화당)을 니저발
여고느
水朴(수박)에 술 소조 노코 한숨계워 흐노라.

[현대어 풀이]
서방님 병들어 두고 먹일 것이 없어
종루 시장에 다리를 팔아, 배 사고, 감 사고, 유자 사고, 석류를 샀
다. 아차차 잊었구나. 오색 사탕을 잊었구나.
수박에 숟가락 꽂아 놓고 한숨지어 하노라.
주제 남편에 대한 애틋한 사랑

[원 문]
바람도 쉬어 넘난 고개 구름이라도 쉬어 넘난 고개
산진니 수진니 해동청 보라매라도 다 쉬어 넘난 고봉 장성
령 고개
그 너머 님이 왔다 하면 나는 한 번도 아니 쉬어 넘으리라.

[현대어 풀이]
바람도 쉬었다가 넘는 고개, 구름도 쉬었다가 넘는 고개
산진니(야생매), 수진니(길들인 매), 해동청(송골매), 보라매(사냥매)
라도 다 쉬었다가 넘는 고봉 장성령 고개
그 고개 너머에 님이 왔다고 하면 한 번도 쉬지 않고 단번에 넘어
가리라.
주제 임을 그리며 기다리는 마음

9 해학과 풍자

[원 문]
붉가버슨 兒孩(아해)] 들리 거믜쥴 테를 들고 기川(천)으로
往來(왕래)ㅎ며,
붉가숭아 붉가숭아, 져리 가면 죽ᄂ니라. 이리 오면 ᄉᄂ니
라. 부로나니 붉가숭이로다.
아마도 世上(셰상) 일이 다 이러흔가 ㅎ노라.

[현대어 풀이]
발가벗은 아이들이 거미줄 테를 들고 개천으로 내왕하며,
"발가숭아 발가숭아, 저리 가면 죽는다. 이리 오면 산다."고 부르는
것이 발가숭이로다.
아마도 세상일이 다 이런 것인가 하노라.
주제 서로 모해(模楷)하는 세상사

[원 문]
宅(댁)들에 동난지이 사오. 져 쟝ᄉ야, 네 황화 그 무서시라
웨ᄂ다. 사쟈.
外骨內肉(외골내육), 兩目(양목)이 上天(샹천), 前行後行(전
행 후행), 小(소)아리 八足(팔족) 大(대)아리 二足(이족), 淸醬
(청장) ᄋᄉ슥ᄒᄂ 동난지이 사오.
쟝ᄉ야, 히 거복히 웨지 말고 게젓이라 ᄒ렴은.

[현대어 풀이]
여러 사람들이여 동난젓 사오. 저 장수야 네 물건 그 무엇이라 외
치느냐. 사자.
밖은 단단하고 안은 물렁하며 두 눈은 위로 솟아 하늘을 향하고,
앞뒤로 기는 작은 발 여덟 개, 큰 발 두 개, 푸른 장이 아스슥하는
동난젓 사오.
장수야, 하 거북하게 말하지 말고 게젓이라 하려므나.
주제 서민들의 상거래 장면

[원 문]
식어마님 며ᄂ라기 낫바 벽 바닥을 구르지 마오.
빗에 바든 며ᄂ린가 갑세 쳐 온 며ᄂ린가. 밤나모 석은 등걸
에 휘초리 나니ᄀᆞᆺ치 앙살픠신 싀아바님, 볏 븬 쇠똥ᄀᆞᆺ치 되
죵고신 싀어마님, 삼 년(三年) 겨론 망태에 새 송곳부리 ᄀᆞᆺ치
쏙쏙ᄒ신 싀누의님, 당(唐)피 가론 밧터 돌피 나니ᄀᆞᆺ치 시노
란 욋곳 ᄀᆞᇀ튼 피똥 누는 아들 하나 두고,
건 밧터 메곳 ᄀᆞᆺ튼 며ᄂ리를 어듸를 낫바 ᄒ시는고.

[현대어 풀이]
시어머님, 며느리가 나쁘다고 부엌 바닥을 구르지 마오.

빚 대신으로 받은 며느리인가, 무슨 물건 값으로 데려온 며느리인가. 밤나무 썩은 등걸에 난 회초리와 같이 매서운 시아버님, 볕을 쬔 쇠똥같이 말라빠지신 시어머님, 삼 년간이나 걸려서 엮은 망태기에 새 송곳 부리같이 뾰족하신 시누이님, 좋은 곡식을 심은 밭에 돌피(나쁜 품질의 곡식)가 난 것같이 샛노란 외꽃 같은 피똥이나 누는 아들(너무 어려서 사내 구실을 하지 못함을 풍자한 것) 하나 두고, 기름진 밭에 메꽃 같은 며느리를 어디를 나빠하시는고.

주제 며느리의 원정(怨情)

[원 문]

개야미 불개야미 준등 부러진 불개야미, 압발에 정종나고
뒷발에 죵귀 난 불개야미,
廣陵(광능) 심새 너머 드러 가람의 허리를 가로 물어 추혀
들고 北海(북해)를 건너닷 말이 이셔이다.
님아 님아. 온 놈이 온 말을 ᄒ여도 님이 짐작ᄒ쇼셔.

[현대어 풀이]
개미 불개미, 잔등 부러진 불개미, 앞발에 종기 나고 뒷발에 종기 난 불개미,
광릉 샘고개 넘어 들어가 호랑이의 허리를 가로 물어 추켜 들고,
북해를 건넜다는 말이 있습니다.
임이여, 모든 사람이 백 가지 말을 해도 임이 짐작하소서.

주제 다른 사람의 모함이 근거 없음

[원 문]

개를 여남은이나 기르되 요 개같이 얄미우랴.
미운님 오면은 꼬리를 홰홰 치며 뛰락 내리 뛰락 반겨서 내
닫고 고운님 오면은 뒷발을 바둥바둥 므르락 나으락 캉캉
짖어 돌아가게 한다.
쉰밥이 그릇그릇 난들 너 먹일 줄이 이시랴.

[현대어 풀이]
개를 열 마리가 넘게 길렀어도 요 개같이 얄미운 놈이 있을까.
내가 미워하는 님이 오면 꼬리를 살랑살랑 흔들며 뛰어오르며 반겨서 좋아하고, 내가 좋아하는 님이 오면 뒷발을 바둥거리며 뒤로 물러갔다 앞으로 나아갔다 하며 캉캉 짖어 돌아가게 하는구나.
(설령) 쉰 밥이 그릇 그릇에 남아돈들 너에게 먹일 마음이 있겠느냐?.

주제 주인의 진심을 몰라주는 개에 대한 얄미운 감정

[원 문]

대천 바다 한가운데 중침 세침 빠지거다
여남은 사공놈이 끝 무딘 상앗대를 끝끝이 둘러메어 일시에
소리치고 귀 꿰어 냈단 말이 있소이다.
님아 님아 온 놈이 온 말을 하여도 님이 짐작하소서.

[현대어 풀이]
넓디 넓은 바다 한가운데 중침, 세침(바늘의 종류)이 빠지었다.
십여 명의 사공들이 끝이 다 무딘 상앗대를 저마다 둘러메고 한꺼번에 소리치고 바늘귀를 꿰어 건져냈다는 (엉터리 같은) 말이 있소이다.
님이시여, 백 사람이 백가지 말을 하여도 님께서 짐작하여 들으소서.

주제 뭇사람들의 감언이설(甘言利說)에 속아 넘어가지 말라는 당부

[원 문]

굼벙이 매암이 되야 나래 도쳐 나라 올나
ᄂ프나 ᄂ픈 ᄂ게 소리ᄂᆞ 죠ᄏᆡ]아
그 우희 거미줄 이시니 그를 조심하여라.

[현대어 풀이]
굼벵이가 매미가 되어 날개가 돋아서 날아 올라
높고도 높은 나무 위에서 우는 소리는 좋지마는
그 위에 거미줄이 있으니 그것을 조심하여라.

주제 분수에 넘치는 권력 행사에 대한 경계

[원 문]

두터비 파리를 물고 두험 우희 치다라 안자
것너산(山) 바라보니 백송골(白松骨)이 떠 잇거날 가슴이 금
즉하여 풀덕 뛰여 내닷다가 두험 아래 잣바지거고.
모쳐라 날낸 낼식망정 에헐질 번하괘라.

[현대어 풀이]
두꺼비가 파리를 입에 물고 두엄 위에 치달아 앉아
건너편 산을 바라보니 하얀 송골매가 떠 있거늘, 가슴이 섬뜩하여 풀쩍 뛰어서 내달리다가
두엄 아래 넘어져 나뒹굴었구나.
다행히도 날쌘 나이기에 망정이지 멍이 들뻔하였구나!

주제 탐관오리들의 부패상 풍자

6 가사

1. 개념

조선 시대 사대부들이 시조보다는 좀 더 긴 형식으로 자신의 생각을 자유롭게 표현하기 위해 창안한 것으로, 운문과 산문의 중간 형태를 띠고 있는 노래이다.

2. 전개 과정

비교	조선 전기	조선 후기
형식	대체로 길이가 짧고 정격 가사가 많음.	산문화·장편화되어 길이가 긴 장편 가사가 등장하고 변격 가사가 많음.
내용	자연 속에서 유유자적하는 강호가도나 안빈낙도의 삶, 연군지정, 기행을 통해 얻은 견문 등을 다룸.	현실의 문제점을 풍자하거나 부녀자들의 생활과 감정을 노래하는 등 다양한 내용을 다루고 있으며, 일상적이고 현실적인 체험을 사실적으로 표현함.
작가층	주로 사대부들을 중심으로 향유됨.	여성들과 평민 계층까지 확대됨.
작품	정철, 〈사미인곡〉(연군지정) 등	허전, 〈고공가〉(관리들의 행태 풍자) 등

조선 전기와 조선 후기 가사 비교

비교	조선 전기	조선 후기
형식	정격 가사	변격 가사
성격	관념적, 유교적	현실적, 서사적
작가층	양반 사대부	평민과 부녀자

3. 특징

(1) 형식상

① 3·4조 또는 4·4조 연속체로 4음보를 기본으로 하며 행수에 제한이 없다.

② '서사–본사–결사'의 짜임을 갖추고 있으며, 정격 가사의 마지막 행은 시조의 종장(3·5·4·3)과 일치한다.

③ 조선 전기에는 비교적 길이가 짧고 정격 가사가 많으나, 조선 후기에는 장편 가사가 등장하고 변격 가사가 많다.

(2) 내용상

① 형식은 운문이지만 들어가는 내용은 산문적인 것으로, 서정성이 강한 작품뿐만 아니라 교술적 성격이나 서사적 성격이 강한 작품도 있는 등 내용이 매우 다양하다.

② 조선 초기에는 자연 속에서의 생활(안빈낙도), 연군지정 등이 주된 내용이었으나 후기로 가면서 작가층이 평민으로 확대되어 실생활과 관련된 구체적인 내용을 다룬 작품이 많아진다.

■ **정격 가사와 변격 가사**
정격 가사는 마지막 행이 평시조의 종장과 같은 형식을 가진 가사를 말한다. 이에 비해 변격 가사는 이러한 종결 규칙을 따르지 않는 가사이다.

■ **안빈낙도(安貧樂道)**
가난한 생활을 하면서도 편안한 마음으로 도를 즐겨 지킨다는 뜻으로, 안분지족(安分知足)과 비슷한 의미이다. 조선 시대 사대부들의 삶의 자세 중 하나이다.

4. 종류

강호 가사 (은일 가사)	• 혼탁한 세상의 고단함과 갈등에서 벗어나 자연 속에서 심성을 수양하며 살아가는 유학자들이 지은 가사 • 자연과 자아의 조화로운 합일을 추구하는 삶의 태도가 나타남. **예** 송순, 〈면앙정가〉
기행 가사	• 사대부들이 일상생활에서 벗어나 기행하고 느낀 감회를 읊은 가사 • 우리나라의 산천, 명승지를 구경하며 견문을 기록하거나 타향 생활을 묘사한 국내 기행 가사(관유 가사)와 사신 행차의 일원으로 외국을 다니며 본 경물의 느낌을 기록한 국외 기행 가사(사행 가사)로 나눔. **예** 정철, 〈관동별곡〉(국내 기행 가사) / 홍순학, 〈연행가〉(국외 기행 가사)
유배 가사	유배지에서 겪은 고락과 자신의 무죄와 억울함 등을 표출하면서 유배지 주변의 아름다운 경치에 대한 예찬을 담거나 임금을 향한 일편단심의 연군지정을 드리님. **예** 조위, 〈만분가〉
내방 가사	• 양반 부녀자들에 의해 향유되다가 조선 말엽에는 서민 부녀자들도 향유층에 가세함. • 봉건적 관습에 억눌려 규중에 숨어 살던 여성들의 슬픔과 원한, 남녀 간의 애정, 시집살이의 괴로움, 현모양처의 도리나 예의범절 등 부녀자들의 생활과 감정을 노래함. **예** 허난설헌, 〈규원가〉(부녀자의 한과 남편에 대한 원망)
전쟁 가사	• 임진왜란과 병자호란을 겪으면서 전란의 피해와 처참한 참상에서 오는 비애와 의분을 토로한 작품들이 등장함. • 전란의 현실에 대한 비분강개를 담거나 관리들의 정치적 무능과 부패를 지적하는 현실 비판적 작품들도 나타남. **예** 박인로, 〈선상탄〉

■ 내방 가사

내방 가사는 양반이라는 신분에 따른 지배적인 윤리 규범을 다루고 있는 교훈적인 가사와, 여성에 대한 한계와 차별을 토로하는 생활 체험적 탄식류의 가사로 나눌 수 있다.

가사 감상

✎ 〈사미인곡(思美人曲)〉

이 몸 삼기실 제 님을 조차 삼기시니, 혼싱 연분(緣分)이며 하늘 모를 일이런가. 나 ᄒ나 졈 어 잇고 님 ᄒ나 날 괴시니, 이 ᄆᆞᆷ 이 ᄉ랑 견졸 ᄃᆡ 노여 업다. 평싱(平生)애 원(願)ᄒ요ᄃᆡ 혼 ᄃᆡ 녜쟈 ᄒ얏더니, 늙거야 므ᄉ 일로 외오 두고 글이ᄂ고. 엇그제 님을 뫼셔 광한뎐(廣寒殿) 의 올낫더니, 그더ᄃᆡ 엇디ᄒ야 하계(下界)예 ᄂ려오니, 올 적의 비슨 머리 얼킈연 디 삼년(三 年)이라. 연지분(臙脂粉) 잇ᄂ마ᄂ 눌 위ᄒ야 고이 흐고. ᄆᆞᄆᆞ의 미친 실음 텹텹(疊疊)이 ᄡ아 이셔, 짓ᄂ니 한숨이오 ᄃᆡᄂ니 눈물이라. 인싱(人生)은 유훈(有限)ᄒᆞᆫ디 시름도 그지 업다. 무심(無心)ᄒᆞᆫ 셰월(歲月)은 믈 흐르ᄃᆞᆺ ᄒᄂ고야. 염냥(炎涼)이 ᄲᆡ를 아라 가ᄂ 듯 고텨 오니, 듯거니 보거니 늣길 일도 하도 할샤.

[현대어 풀이]
이 몸이 태어날 때에 임(임금)을 따라 태어나니, 한평생 함께 살아갈 인연이며, 하늘이 모를 일이던 가? 나는 오직 젊어 있고 임은 오로지 나만을 사랑하시니, 이 마음과 이 사랑을 비교할 곳이 전혀 없다. 평생에 원하되 임과 함께 살아가려고 하였더니, 늙어서야 무슨 일로 외따로 두고 그리워하 는고? 엊그제(얼마 전에는) 임을 모시고 광한전(서울의 궁궐)에 올라 있었더니, 그 동안에 어찌하 여 속세(은거지인 전남 창평)에 내려왔느냐? 내려올 때에 빗은 머리가 헝클어진 지 3년일세. 연 지와 분이 있네마는 누구를 위하여 곱게 단장할꼬? 마음에 맺힌 근심이 겹겹으로 쌓여 있어서 짓는 것이 한숨이요, 흐르는 것이 눈물이라. 인생은 끝이 있는데, 근심은 끝이 없다. 무심한 세월 은 물 흐르듯 흘러가는구나. 더웠다 서늘해졌다 하는 계절의 바뀜이 때를 알아 지나갔다가는 이 내 다시 돌아오니, 듣기도 하고 보기도 하는 가운데 느낄 일이 많기도 많구나.

- **삼기실**: 생겨날, 태어날
- **혼싱 연분(緣分)**: 천생연분(天生緣分)
- **괴시니**: 사랑하시니
- **견졸 ᄃᆡ 노여 업다**: 비교할 곳이 전혀 없다.
- **혼ᄃᆡ**: 함께
- **녜쟈**: 살아가자고, 지내자고
- **외오 두고 글이ᄂ고**: 임과 생이별한 시적 화자의 현재 처지를 암시함.
- **광한뎐(廣寒殿)**: 달 속에 있다는 궁전. 문맥상 서울의 궁궐을 의미
- **그 더ᄃᆡ**: 그 사이에, 그 동안에
- **하계(下界)**: 인간 세상에, 문맥상 은거지인 전남 창평을 의미. '광한전'과 대조적 공간
- **얼킈연 디**: 헝클어진 지
- **연지분(臙脂粉)**: 시적 화자가 여성임을 알 수 있는 어휘
- **고이 흐고**: 곱게 단장할까?
- **텹텹(疊疊)이**: 겹겹이
- **ᄡ아**: 쌓여
- **ᄃᆡᄂ니**: 떨어뜨리는 것이
- **그지 업다**: 끝이 없다.
- **염냥(炎涼)**: 더위와 추위, 즉 계절의 바뀜.
- **가ᄂ 듯 고텨 오니**: 가자마자 다시 오니
- **하도 할샤**: 많기도 많구나.

■ 작품 설명

조정에서 물러나 전남 창평에서 은거 하며 불우한 생활을 하고 있을 때, 작 자 자신을 여자로 비유하고 임금을 임이라 설정하여 노래한 작품이다. 4 계절의 변화 속에 생이별한 임을 그 리워하는 형식을 취하고 있으며, 〈속 미인곡〉과 더불어 우리말의 아름다움 과 세련됨이 잘 구사된 가사 작품이 다. 임금을 임으로 설정하고 있다는 점에서 〈정과정〉과 맥을 같이 하고, 우리 시가의 전통인 부재(不在)하는 임에 대한 자기 희생적 사랑을 보이 고 있다는 점에서는 〈가시리〉, 〈동동〉 등과 이어져 있다고 할 수 있다.

■ 서사

임과의 인연과 이별 후의 그리움(무 상감)

동풍(東風)이 건듯 부러 적설(積雪)을 헤텨내니, 창(窓) 밧긔 심근 미화(梅花) 두세 가지 피여셰라. 굿득 넝담(冷淡)흔디 암향(暗香)은 므스일고. 황혼(黃昏)의 둘이 조차 벼마틱 빗최니, 늣기는 둣 반기는 둣 님이신가 아니신가. 뎌 미화(梅花) 것거 내여 님 겨신 디 보내오져. 님이 너를 보고 엇더타 너기실고.

[현대어 풀이]
봄바람이 문득 불어 쌓인 눈을 헤쳐 내니, 창 밖에 심은 매화가 두세 가지 피었구나. 가뜩이나 쌀쌀하고 담담한데, 그윽히 풍겨오는 향기는 무슨 일인고? 황혼에 달이 따라와 베갯머리에 비치니, 느껴 우는 듯, 반기는 듯하니, (이 달빛이 바로) 임이신가 아니신가? 저 매화를 꺾어 내어 임 계신 곳에 보내고 싶다. (그러면) 임이 너(매화)를 보고 어떻게 생각하실고?

- **동풍**: 봄바람, 계절적 배경이 '봄'임을 알 수 있는 어휘
- **건듯**: 문득, 갑자기
- **젹설(積雪)을 헤텨내니**: 쌓인 눈을 헤쳐 내니
- **넝담(冷淡)흔디**: 쌀쌀하고 담담한데
- **암향(暗香)**: 그윽한 향기, 문맥상 임금에 대한 충성(忠誠)을 의미
- **므스일고**: 무슨 일인고
- **조차**: 따라와
- **벼마틱**: 베개 머리맡에
- **늣기는 둣**: 흐느끼는 듯
- **미화(梅花)**: 임에게 보내고 싶은 시적 화자의 선물 → 핵심어
- **보내오져**: 보내고 싶구나.

곳 디고 새닙 나니 녹음(綠陰)이 실렷는디, 나위(羅幃) 젹막(寂寞)하고 슈막(繡幕)이 뷔여 잇다. 부용(芙蓉)을 거더 노코 공작(孔雀)을 둘러 두니, 굿득 시름 한디 날은 엇디 기돗던고. 원앙금(鴛鴦錦) 버혀 노코 오식션(五色線) 플텨내여 금자히 견화이셔 님의 옷 지어내니, 슈품(手品)은 크니와 제도(制度)도 구줄시고. 산호슈(珊瑚樹) 지게 우히 빅옥함(白玉函)의 다마 두고, 님의게 보내오려 님 겨신 디 브라보니, 산(山)인가 구룸인가 머흐도 머흘시고. 천리(千里) 만리(萬里) 길흘 뉘라셔 츠자갈고. 니거든 여러 두고 날인가 반기실가.

[현대어 풀이]
꽃잎이 지고 새 잎이 나니 녹음이 우거져 나무 그늘이 깔렸는데, (임이 없어) 비단 포장은 쓸쓸히 걸렸고. 수놓은 장막만이 텅 비어 있다. 부용꽃 무늬가 있는 휘장을 걷어 놓고, 공작을 수놓은 병풍을 둘러 두니, 가뜩이나 근심 걱정이 많은데. 날은 어찌 (그리도 지루하게) 길던고? 원앙새 무늬가 든 비단을 베어 놓고 오색실을 풀어내어 금으로 만든 자로 재어서 임의 옷을 만들어 내니, 솜씨는 말할 것도 없거니와 격식도 갖추었구나. 산호수로 만든 지게 위에 백옥으로 만든 함(函)에 (그 옷) 담아 두고 임에게 보내려고 임 계신 곳을 바라보니, 산인지 구름인지 험하기도 험하구나. 천 리 만 리나 되는 머나먼 길을 누가 찾아갈고? (이 함이) 도착하거든 (임이) 열어 두고 나를 보신 듯이 반가워하실까?

- **녹음(綠陰)**: 푸른 잎이 우거진 나무 그늘, 계절적 배경이 '여름'임을 알 수 있는 어휘
- **나위**: 엷은 비단으로 만든 포장
- **슈막**: 수놓은 장막
- **부용**: 연꽃을 수놓은 비단 휘장
- **공작**: 공작을 수놓은 병풍
- **시롬 한디**: 시름이 많은데
- **날은 엇디 기돗던고**: 날은 어찌 길던고?, 날은 어찌 그리 지루한가?
- **원앙금**: 원앙새를 수놓은 비단
- **버혀 노코**: 베어 놓고, 재단하여

■ 본사1
춘원(春怨): 매화를 꺾어 보내고 싶음(충정).

■ 본사2
하원(夏怨): 옷을 지어 보내고 싶음(정성).

- **플텨내어**: 풀어 내어
- **금자히**: 금으로 만든 자로, 미화법(美化法)
- **견화이셔**: 재어서
- **님의 옷**: 임에게 보내는 시적 화자의 정성어린 물건 → 핵심어
- **슈품(手品)은ᄏ니와 제도(制度)도 ᄀ줄시고**: 솜씨는 말할 것도 없거니와 격식도 갖추었구나
- **산호슈(珊瑚樹) 지게, 백옥함(白玉函)**: 산호로 만든 지게와 백옥으로 만든 함(상자), 미화법(美化法)
- **산(山)인가 구롬인가**: '산'과 '구롬'은 시적 화자와 임과의 '방해물', 또는 '간신'을 가리킴.
- **머흐도 머흘시고**: 험하기도 험하구나, 문맥상 서울 조정의 어려운 현실을 의미

■ 본사3
추원(秋怨): 달빛을 보내고 싶음(선정의 갈망).

> ᄒᆞᄅᆞ밤 서리김의 기려기 우러 녤 제, 위루(危樓)에 혼자 올나 수정념(水晶簾) 거든말이, 동산(東山)의 ᄃᆞᆯ이 나고 북극(北極)의 별이 뵈니, 님이신가 반기니 눈물이 절로 난다. 청광(淸光)을 쥐여내여 봉황누(鳳凰樓)의 븟티고져. 누(樓) 우히 거러 두고 팔황(八荒)의 다 비최여, 심산궁곡(深山窮谷) 졈낫ᄀᆞ티 밍그쇼셔.
>
> **[현대어 풀이]**
> 하룻밤 사이의 서리 내릴 무렵에 기러기가 울며 날아갈 때, 높은 누각에 혼자 올라서 수정알로 만든 발을 걷으니, 동산에 달이 떠오르고 북극성이 보이니, 임이신가 하여 반가워하니 눈물이 절로 난다. 저 푸르고 밝은 달빛을 이끌어 내어 임(임금)이 계신 궁궐에 부쳐 보내고 싶다. (그러면 임께서는 그것을) 누각 위에 걸어 두고 온 세상에 다 비추어 깊은 산골짜기도 대낮 같이 환하게 만드소서.

- **서리김**: 서리 기운, 계절적 배경이 '가을'임을 알 수 있는 어휘
- **위루**: 높은 누각, 문맥상 은거지인 전남 창평을 의미
- **수정념(水晶簾) 거든말이**: 수정발을 걷으니
- **북극의 별**: 북극성, 문맥상 '임금'을 의미
- **청광(淸光)**: 밝은 달빛, 선정(善政)을 기원하며 임금께 보내는 시적 화자의 정성어린 선물 → 핵심어
- **봉황누(鳳凰樓)**: 문맥상 임금이 머무는 대궐을 의미, 앞부분의 '위루(危樓)'와 대조적 공간
- **븟티고져**: 보내고 싶구나
- **팔황**: 온 세상
- **심산궁곡(深山窮谷)**: 깊은 산골짜기, 문맥상 온 나라 방방곡곡을 의미
- **졈낫ᄀᆞ티**: 대낮같이
- **팔황(八荒)의~졈낫ᄀᆞ티 밍그쇼셔**: 임금의 선정(善政)을 기원함.

■ 본사4
동원(冬怨): 추위에 임을 걱정함(그리움).

> 건곤(乾坤)이 폐식(閉塞)ᄒᆞ야 빅셜(白雪)이 ᄒᆞᆫ 빗친 제, 사름은ᄏ니와 놀새도 긋쳐 잇다. 쇼상(瀟湘) 남반(南畔)도 치오미 이러커든 옥루고쳐(玉樓高處)야 더욱 닐너 므슴ᄒᆞ리. 양츈(陽春)을 부쳐 내여 님 겨신 ᄃᆡ 쏘이고져. 모쳠(茅簷) 비쵠 ᄒᆡ를 옥누(玉樓)의 올리고져. 홍상(紅裳)을 니믜ᄎᆞ고 취슈(翠袖)를 반(半)만 거더 일모슈듁(日暮 脩竹)의 헴가림도 하도 할샤. 댜ᄅᆞᆫ 히 수이 디여 긴 밤을 고초 안자, 청등(靑燈) 거른 겻ᄐᆡ 뎐공후(鈿箜篌) 노하 두고, 꿈의나 님을 보려 ᄐᆞᆨ밧고 비겨시니, 앙금(鴦衾)도 ᄎᆞ도 찰샤 이 밤은 언제 샐고.
>
> **[현대어 풀이]**
> 하늘과 땅(천지)이 겨울의 추위에 얼어 생기가 막혀, 흰 눈이 일색으로 덮여 있을 때 사람은 말할 것도 없거니와 날짐승도 날아다니지 않는다. (따뜻한 지방이라 일컬어지는 중국에 있는) 소상강 남쪽 둔덕(전남 창평)도 추위가 이와 같거늘, 하물며 북쪽 임(임금) 계신 곳이야 더욱 말해 무엇하랴? 따뜻한 봄 기운을 (부채로) 부쳐내어 임 계신 곳에 쐬게 하고 싶다. 초가집 처마에 비친 따뜻한 햇볕을 임 계신 궁궐에 올리고 싶다. 붉은 치마를 여미어 입고 푸른 소매를 반쯤 걷어 올려, 해는 저물었는데 밋밋하고 길게 자란 대나무에 기대어서 이것 저것 생각함이 많기도 많구나. 짧은 겨울 해가 이내 넘어가고, 긴 밤을 꼿꼿이 앉아, 청사초롱을 걸어 둔 옆에 자개로 수놓은 공후를 놓아 두고, 꿈에나 임을 보려고 턱을 받치고 기대어 있으니, 원앙새를 수놓은 이불이 차기도 차구나. (아, 이렇게 홀로 외로이 지내는) 이 밤은 언제나 샐꼬?

- 폐식(閉塞)ᄒ야: (겨울 추위에 얼어) 생기가 막혀
- 빅셜(白雪)이 ᄒᆞᆫ 빗친 제: 흰 눈이 일색으로 덮여 있을 때
- 사ᄅᆞᆷ은ᄏᆞ니와: 사람은 말할 것도 없거니와
- 눌새도 긋쳐 잇다: 날짐승도 날아다니지 않는다.
- 쇼상(瀟湘) 남반(南畔): 따뜻한 곳인 소상강 남쪽 지역 → 문맥상 '창평'을 의미
- 치오미: 추위가 이와 같은데
- 옥루고처: 옥으로 된 높은 누각. 문맥상 임금이 계시는 곳을 의미. '쇼상 남반'과 대조적 공간
- 양츈(陽春): 따뜻한 봄기운, 임금께 보내는 시적 화자의 정성어린 선물 → 핵심어
- 모쳠(茅簷): (은거지인 전남 창평에 있는) 초가집 처마
- 옥누(玉樓): 옥황상제가 있다는 곳 → 문맥상 '대궐, 궁궐'을 의미
- 니믹ᄎ고: 여미어 입고
- 취슈(翠袖): 푸른 소매
- 일모슈듁(日暮脩竹): 해가 질 무렵 긴 대나무에 기대어 서서
- 헴가림: 여러 가지 생각, 잡념
- 댜ᄅᆞᆫ히: 짧은 해
- 고초: 꼿꼿이
- 뎐공후: 자개로 장식한 공후(현악기)
- 비겨시니: 기대어 있으니
- 앙금(鴦衾): 원앙새를 수놓은 이불

ᄒᆞᄅᆞ도 열두 째, ᄒᆞᆫ 둘도 셜흔 날, 져근덧 싱각 마라. 이 시름 닛쟈 ᄒᆞ니 ᄆᆞ음의 미쳐 이셔 골슈(骨髓)의 쎄텨시니, 편쟉(扁鵲)이 열히 오나 이 병을 엇디ᄒᆞ리. 어와 내 병이야 이 님의 타시로다. 츌하리 식어디여 범나븨 되오리라. 곳나모 가지마다 간ᄃᆡ 죡죡 안다가, 향 므든 눌애로 님의 오시 올므리라. 님이야 날인줄 모ᄅᆞ셔도 내 님 조ᄎᆞ려 ᄒᆞ노라.

[현대어 풀이]
하루도 열두 때, 한 달도 서른 날. 잠시라도 임 생각을 말아서 이 시름을 잊으려 해도 마음 속에 맺혀 있어 뼈속까지 사무쳤으니, 편작과 같은 명의(名醫)가 열 명이 오더라도 이 병을 어떻게 하랴. 아, 내 병이야 이 임의 탓이로다. 차라리 사라져(죽어져서) 범나비가 되리라. 꽃나무 가지마다 간 데 족족 앉고 다니다가 향기가 묻은 날개로 임의 옷에 옮으리라. 임께서야 (그 범나비가) 나인 줄 모르셔도 나는 임을 따르려 하노라.

- ᄒᆞᄅᆞ도 열두 째, ᄒᆞᆫ 둘도 셜흔 날: 시적 화자의 간절한 정서를 나타내기 위해, 시간을 세분화하여 나타낸 표현
- 져근덧: 잠깐 동안
- 닛쟈: 잊자고
- 쎄텨시니: 사무쳤으니
- 편쟉(扁鵲): 중국 춘추 시대의 의원, 명의(名醫)의 대유로 쓰임.
- 오나: 온다 한들
- 이 님의 타시로다: 임금님을 '원망'하는 것이 아니라 자신의 그리움에 대한 '원인'이 임금님이라는 의미
- 식어디여: 사라져서, 죽어서
- 범나븨: 호랑나비, 송강을 비유
- 츌하리 식어디여 범나븨 되오리라: 절망적 체념이 아닌, 임에 대한 영원한 사랑을 의미
- 간 ᄃᆡ 죡죡: 가는 곳마다
- 향 므든 눌애로: 향기 묻은 날개로

■ 정철(鄭澈 1536~1593)

조선 선조 때의 문신. 시인. 호는 송강(松江). 서인의 영수로서 당쟁에 깊이 관여하였다. 고산 윤선도와 더불어 고전시가 문학의 쌍벽을 이루고 있다. 작품에는 〈성산별곡〉, 〈관동별곡〉, 〈사미인곡〉, 〈속미인곡〉 등의 가사와 사설시조인 〈장진주사(將進酒辭)〉, 〈훈민가(訓民歌)〉를 비롯한 시조 79수가 있다. 저서에는 《송강가사》와 문집인 《송강집》이 있다.

[개관]

▶ **시대**: 조선 전기

▶ **갈래**: 서정 가사, 양반 가사, 연군 가사, 유배 가사

▶ **성격**: 송축적, 연정적

▶ **표현**

① 다양한 기법, 절묘한 언어로 문학성이 높음.

② 비유와 상징이 많음.

③ 점층적인 표현 기법으로 연정을 심화함.

④ 여성 화자의 목소리로, 자연의 변화에 맞추어 정서의 흐름을 표현함.

▶ **어조**: 여성적, 애절한 어조

▶ **운율**: 3·4(4·4)조, 4음보의 연속체

▶ **특징**

① '연군지정'을 연모하는 여인의 입장에 빗대어 표현

② 계절의 변화에 따라 적절히 변화하여 표현

③ 소재의 상징성: 광한전, 하계, 매화, 옷, 달, 별, 청광, 양춘, 범나비 등

④ 우리말의 유려한 표현

⑤ 문학적 전통의 맥락: 이별의 정한, 여성의 목소리

▶ **의의**: 가사 문학의 절정, 고려 속요(〈정과정〉)의 맥을 이음.

▶ **주제**: 연군의 정

✎ 〈속미인곡〉

■ 서울을 떠난 이유(서사 1: 갑녀의 질문)

데 가는 뎌 각시 본 듯도 흔뎌이고. 텬상 빅옥경(天上白玉京)을 엇디호야 니별(離別)호고, 히 다 뎌 져믄 날의 눌을 보라 가시는고.

[현대어 풀이]

저기 가는 저 젊은 여인 본 듯도 하구나. 임금이 계시는 대궐(서울)을 어찌하여 이별하고 해가 다 져서 저무는 날에 누구를 보러 가시는고?

• 데: 저기
• 흔뎌이고: 하구나.
• 빅옥경(白玉京): 옥황상제가 산다는 곳 → 문맥상으로는 임금이 있다는 '대궐'이나 '서울'을 의미
• 눌을: 누구를

■ 자책과 체념(서사 2: 을녀의 대답)

어와 네여이고 내 亽셜 드러 보오. 내 얼굴 이 거동이 님 괴얌즉 흔가마는 엇딘디 날 보시고 네로다 녀기실시 나도 님을 미더 군뜨디 전혀 업서 이러야 교티야 어ᄌᆞ러이 구돗썬디 반기시는 닛비치 녜와 엇디 다ᄅᆞ신고. 누어 싱각ᄒᆞ고 니러 안자 혜여ᄒᆞ니 내 몸의 지은 죄 뫼ᄀᆞ티 빠혀시니 하늘히라 원망ᄒᆞ며 사ᄅᆞᆷ이라 허믈ᄒᆞ랴 셜워 플텨 혜니 조믈(造物)의 타시로다.

[현대어 풀이]

아아! 너로구나. 내 사정 이야기를 들어 보오. 나의 생김새와 행동거지가 임의 사랑을 받을 수 있겠느냐마는, 어쩐지 날 보시고 너로구나 하며 특별히 사랑하시기에, 나도 임을 믿어 딴 생각이 전혀 없어 아양과 애교를 부리면서 어지럽게 굴었던지 반가워하시는 얼굴빛이 옛날과 어찌 다르신가? 누워 생각하고 일어나 앉아 헤아리니 내 몸의 지은 죄 산같이 쌓였으니 하늘을 원망하겠으며 사람을 탓하겠는가. 하도 서러워 여러 가지로 깊이 생각해 보니 조물주의 탓이로구나.

- 수셜: 사정 이야기
- 얼굴: 생김새나 형체, 오늘날 의미가 축소된 어휘(생김새 → 안면)
- 괴얌즉: 사랑받음직
- 날 보시고 네로다 녀기실시: '특별히 아끼고 사랑한다'는 의미
- 군쁘디: 딴 생각이
- 이리야: 아양이야
- 교틱야: 애교 부리는 태도며
- 구돗썬디: 굴었던지
- 놋비치: 안색이, 얼굴빛이
- 녜와: 예전과
- 니러 안자: 일어나 앉아
- 혜여ᄒ니: 헤아리니
- 허물ᄒ랴: 탓하겠는가
- 셜위 플텨 혜니: 서러움 풀어 헤아리니(생각하니)
- 조믈(造物): 조물주
- 조믈(造物)의 타시로다: 운명론(運命論)적 사고방식의 표현

글란 싱각 마오.

[현대어 풀이]
그렇게는 생각하지 마오.

- 글란: 그렇게는

미친 일이 이셔이다. 님을 뫼셔 이셔 님의 일을 내 알거니 믈 ᄀᄐᆫ 얼굴이 편ᄒ실 적 몃 날일고. 츈한고열(春寒 苦熱)은 엇디ᄒ야 디내시며 츄일동텬(秋日冬天)은 뉘라셔 뫼셧ᄂ고. 쥭조반(粥早飯) 죠셕(朝夕) 뫼 녜와 ᄀᄐ티 셰시ᄂᆫ가. 기나긴 밤의 줌은 엇디 자시ᄂ고.

[현대어 풀이]
마음 속에 맺힌 일이 있습니다. 예전에 임을 모신 적이 있어 임의 일을 내가 잘 아는데, 물과 같이 약한 체질이 편하실 때가 며칠이나 될꼬? 이른 봄의 추위와 한여름의 더위를 어떻게 지내시며 가을과 겨울은 누가 모셨는가? 죽조반과 아침 저녁 진지는 옛날과 같이 잡수시는가? 기나긴 밤에 잠은 어떻게 주무시는가?

- 미친: (마음에) 맺힌
- 믈 ᄀᄐᆫ 얼굴: 허약한 체질
- 츈한 고열(春寒 苦熱): 이른 봄의 추위와 한여름의 괴로운 더위
- 츄일동텬(秋日冬天): 가을과 겨울의 추위
- 쥭조반(粥早飯): 아침밥 전에 먹는 밥, 자릿 조반
- 뫼: '밥'의 존대어로 궁중어, 진지
- 셰시ᄂ가: 잡수시는가

님 다히 쇼식(消息)을 아므려나 아쟈 ᄒ니 오늘도 거의로다. 닉일이나 사ᄅᆷ 올가. 내 ᄆᆞᄋᆷ 둘 ᄃᆡ 업다. 어드러로 가쟛 말고. 잡거니 밀거니 놉픈 뫼히 올라가니 구롬은 ᄏᆞ니와 안개ᄂᆞᆫ 므ᄉ 일고. 산쳔(山川)이 어둡거니 일월(日月)을 엇디 보며 지쳑(咫尺)을 모ᄅᆞ거든 쳔리(千里)ᄅᆞᆯ ᄇᆞ라보랴. 출하리 믈ᄀᆞ의 가 ᄇᆡ 길히나 보쟈 ᄒ니 ᄇᆞ람이야 믈결이야 어둥졍 된뎌이고. 샤공은 어듸 가고 빈 ᄇᆡ만 걸렷ᄂᆞ니. 강텬(江天)의 혼쟈 셔셔 디ᄂᆞᆫ 히ᄅᆞᆯ 구버보니 님다히 쇼식(消息)이 더옥 아득ᄒ뎌이고.

■ 작품 설명
〈속미인곡〉은 〈사미인곡(思美人曲)〉의 속편으로, 작자가 고향인 전라남도 창평에 낙향(落鄕)해 있을 때에 임금을 그리워하는 마음을 두 여인(갑녀와 을녀)의 대화 형식을 빌려 노래한 작품이다. 특히 이 작품은 순수한 우리말의 구사가 매우 뛰어나 〈사미인곡〉과 더불어 가사 문학의 최고봉이라 평가받는 작품이다. 작품 속의 갑녀와 을녀는 작품 해석의 편의를 위하여 설정한 것으로, 을녀가 임과 이별한 중심인물이며 갑녀는 을녀를 위로하는 보조적 인물이다.

■갑녀의 위로(본사 1)

■임에 대한 염려(본사 2: 을녀의 사설)

■임의 소식을 애타게 기다림(본사 3: 을녀의 사설)

임이 계시는 곳의 소식을 어떻게든지 알려고 하니 오늘도 거의 지나갔구나. 내일이나 (임의 소식을 전해 줄) 사람이 올까? 내 마음을 둘 곳이 없다. 어디로 가자는 말인고? 잡기도 하고 밀기도 하면서 높은 산에 올라가니 구름은 말할 것도 없거니와 안개는 또 무슨 일로 저렇게 끼었는가? 산천이 어두운데 해와 달을 어떻게 보겠으며 지척을 모르겠는데 천 리나 되는 먼 곳을 바라볼 수 있으랴. 차라리 물가에 가서 뱃길이나 보려고 하니 바람과 물결이 어수선하게 되었구나. 사공은 어디가고 빈 배만 걸려있는가? 강변에 혼자 서서 떨어지는 해를 굽어보니 임 계시는 곳의 소식이 더욱 아득하구나.

- **님다히**: 님이 계시는 곳의
- **아므려나**: 어떻게 해서든지
- **거의로다**: 거의 지나갔구나.
- **잡거니 밀거니 놉픈 뫼히 올라가니**: 임의 소식을 듣고 싶은 간절한 마음을 행동으로 표현한 부분
- **~ㅋ니와**: ~은 물론이거니와
- **구롬, 안개**: 임과 시적 화자와의 방해물, '간신'을 의미
- **지척(咫尺)**: 아주 가까운 거리
- **믈ㄱ의 가 비 길히나 보쟈**: 임의 소식을 듣고 싶은 간절한 마음을 행동으로 표현한 부분
- **ᄇᆞ람, 믈결**: 임과 시적 화자와의 방해물, '간신'을 의미
- **어둥졍 된뎌이고.**: 어수선하게 되었구나.
- **강텬(江天)**: 툭 터진 강가

■ **독수공방과 꿈에서 만난 임(본사 4: 을녀의 사설)**

모첨(茅簷) 춘 자리의 밤듕만 도라오니 반벽쳥등(半壁靑燈)은 눌 위ᄒᆞ야 불갓ᄂᆞᆫ고. 오르며 ᄂᆞ리며 헤쓰며 바자니니 져근덧 녁진(力盡)ᄒᆞ야 풋ᄌᆞᆷ을 잠간 드니 졍셩(精誠)이 지극ᄒᆞ야 꿈의 님을 보니 옥(玉) ᄀᆞ튼 얼굴이 반(半)이나마 늘거셰라. ᄆᆞᄋᆞᆷ의 머근 말ᄉᆞᆷ 슬ᄏᆞ장 ᄉᆞᆲ쟈 ᄒᆞ니 눈믈이 바라 나니 말인들 어이ᄒᆞ며 졍(情)을 못다ᄒᆞ야 목이조차 메여ᄒᆞ니 오뎐된 계셩(鷄聲)의 ᄌᆞᆷ은 엇디 ᄭᆡ돗던고.

[현대어 풀이]
초가집 차가운 잠자리에 한밤중이 돌아오니 벽에 걸려 있는 등불은 누구를 위하여 밝아 있는가? 올라가기도 하고 내려가기도 하고 헤매며 오락가락 돌아다니다가, 잠깐 사이에 힘이 다하여 풋잠을 잠깐 들었는데, 정성이 지극하여 꿈속에서 임을 보니 옥과 같이 곱던 얼굴이 반넘게 늙었구나. 마음 속에 품은 생각을 실컷 아뢰려고 하였더니, 눈물이 잇달아 쏟아지니 말인들 어찌하며 마음 속에 품은 정회도 다 못 풀어 목이 메이니 방정맞은 닭 울음소리에 잠은 어찌 깨었던가.

- **모첨(茅簷)**: 초가집 처마
- **춘 자리의**: 차가운 잠자리에
- **반벽쳥등(半壁靑燈)**: 벽에 걸린 등불, 시적 화자의 외로움을 심화시키는 소재
- **불갓ᄂᆞᆫ고**: 밝아 있는가
- **헤쓰며**: 헤매며
- **바자니니**: 시름없이 오락가락 거니니, 방황하니
- **녁진(力盡)ᄒᆞ야**: 힘이 다하여
- **반(半)이나마**: 반 넘게
- **슬ᄏᆞ장 ᄉᆞᆲ쟈**: 실컷 사뢰려고
- **바라**: 연달아, 계속하여
- **목이 조차**: 목마저
- **오뎐된**: 방정맞은
- **계셩(鷄聲)**: 닭 울음소리. 시적 화자가 임을 만나는 꿈을 깨우는 일종의 방해물

어와, 허스(虛事)로다. 이 님이 어듸 간고. 결의 니러 안자 창(窓)을 열고 브라보니 어엿븐 그림재 날 조출 뿐이로다. 출하리 싀여디여 낙월(落月)이나 되야이셔 님 거신 창(窓) 안히 번드시 비최리라.

[현대어 풀이]
아아! 헛된 일이로다. 내 임이 어디 갔는고? 꿈결에 일어나 앉아 창을 열고 바라보니, 불쌍한 그림자만이 나를 따라올 뿐이로다. 차라리 죽어서 지는 달이나 되어 임 계신 창 안에 환하게 비치리라.

- **허스(虛事)로다**: 헛된 일이로다.
- **결의**: 꿈결에
- **어엿븐 그림재**: 가련한 그림자, 감정이입의 표현
- **조출**: 따를
- **싀여디여**: 죽어져서
- **출하리 싀여디여 낙월(落月)이나 되야이셔**: 절망과 체념이 아닌, 적극적이고 영원한 사랑, 일편단심(一片丹心)을 의미
- **번드시**: 번듯하게, 환하게

각시님 돌이야크니와 구즌 비나 되쇼셔.

[현대어 풀이]
각시님, 달은커녕 궂은 비나 되십시오.

- **돌이야크니와**: 달은커녕, 달이 되지 말고
- **구즌 비**: 궂은 비
- **돌이야크니와 구즌 비나 되쇼셔**: 갑녀가 생각하기에는, 을녀가 되려는 '달빛'보다는 '궂은 비'가 임에 대한 근접(近接)성, 지속(持續)성, 애상(哀傷)성이 더 뛰어나므로 충고한 부분임.

[개관]
▶ **시대**: 조선 전기(선조 때)
▶ **갈래**: 서정 가사
▶ **성격**: 연군지사(戀君之詞)
▶ **표현**: 은유법, 미화법
▶ **운율**: 3·4조 4음보
▶ **특징**
　① 〈사미인곡〉과 더불어 가사 문학의 극치를 이룸.
　② 우리말의 구사가 절묘하여 문학성이 높음.
　③ 대화 형식으로 된 작품임.
▶ **수제**: 연군지정(戀君之情)

■ 죽어서라도 임을 따르겠다는 다짐
(결사 1: 을녀의 사설)

■ 갑녀의 위로(결사 2)

■ 정철(1536~1593)
조선 정조 때의 문신. 시인. 호는 송강(松江). 고상 윤선도와 더불어 고전 시가의 쌍벽으로 일컬어진다.

이 작품은 작자가 41세 때 고향인 전남 담양의 제월봉 아래에 면앙정이란 정자를 짓고, 자신의 은일(隱逸) 생활을 노래한 것으로 자연에서 얻어진 흥취를 사계절의 변화에 따라 읊고 있다. 정극인의 〈상춘곡〉에서 비롯된 자연 친화적 세계의 뒤를 이어, 자연의 흥취를 즐기는 정서를 다양한 수사법으로 표현하여 후대 많은 작품에 영향을 끼쳤다는 평을 듣고 있다.

〈면앙정가〉

无等山(무등산) 호 활기 뫼히 동다히로 버더 이셔, 멀리 쎄쳐 와 霽月峯(제월봉)이 되어거눌, 無邊大野(무변대야)의 므슴 짐쟉 호노라, 닐곱 구비 홈디 움쳐 므득므득 버럿눈 듯. 가온대 구비눈 굼긔 든 늘근 뇽이 선줌을 굿 씨야 머리룰 언쳐시니.

제월봉의 형세(서사 1)

• 활기: 산의 줄기, 산맥
• 뫼히 동다히: 산의 동쪽으로
• 쎄쳐: 떨치어, 떨어져 나와
• 무변대야: 끝없이 넓은 들판
• 닐곱 구비: (봉우리의) 일곱 굽이
• 므득므득: 우뚝우뚝
• 버럿눈 듯: 벌어 있는 듯
• 굼긔: 구멍에
• 늘근 뇽: 늙은 용(龍), 제월봉을 비유
• 머리룰 언쳐시니: 머리를 얹혀 놓은 듯 하니

너르바회 우히 松竹(송죽)을 헤혀고 亭子(정자)룰 언쳐시니 구름 톤 청학이 千里(천리)룰 가리라 두 느래 버럿눈 듯.

면앙정의 모습(서사 2)

• 너르바회: 넓고 평평한 바위
• 헤혀고: 헤치고
• 청학: 청학(靑鶴), 면앙정의 모습을 푸른 학에 비유
• 가리라: 가려고
• 느래 버럿눈 듯: (면앙정의 지붕이) 날개를 벌린 듯, 은유법·직유법

玉泉山(옥천산) 龍泉山(용천산) 누린 믈히 亭子(정자) 압 너븐 들히 兀兀(올올)히 펴진 드시, 넙써든 기노라 프르거든 희디 마나. 雙龍(쌍용)이 뒤트는 듯 긴 깁을 치 펻는 듯. 어드러로 가노라 므슴 일 비얏바 둔는 듯 쪼로는 듯 밤놋즈로 흐르는 듯.

면앙정 앞의 넓은 들에 흐르는 물(서사 3)

• 兀兀(올올)히: 끊임없이
• 넙써든~희디 마나: 넓거든 길지나 말지, 푸르거든 희지나 말지, 결국 넓고 길고 푸르고 희다는 의미
• 雙龍(쌍용), 깁(비단): 시냇물을 비유
• 비얏바: 바빠서
• 둔는 듯: 달려가는 듯

므조친 沙汀(사정)은 눈굿치 펴졋거든, 어즈러온 기러기는 므스거슬 어르노라 안즈락 누리락 모드락 훗트락 蘆花(노화)를 수이 두고 우러곰 좃니눈뇨.

기러기의 교태(서사 4)

• 므조친 沙汀(사정): 물가를 따라 펼쳐진 모래밭
• 어르노라: 정을 통하려고
• 모드락 훗트락: 모였다 흩어졌다
• 蘆花(노화): 갈대꽃
• 우러곰: 울면서
• 좃니눈뇨: 따라 다니는고

너븐 길 밧기오 긴 하늘 아러 두르고 꼬존 거슨 뫼힌가 屛風(병풍)인가 그림가 아닌가. 노푼 듯 ᄂᆞ즌 듯 긋ᄂᆞᆫ 듯 닛ᄂᆞᆫ 듯 숨거니 뵈거니 가거니 머물거니 어즈러온 가온되, 일홈ᄂᆞᆫ 양ᄒᆞ야 하늘도 젓티 아녀 웃둑이 셧는 거시 秋月山(추월산) 머리 짓고, 龍龜山(용귀산) 夢仙山(몽선산) 佛臺山(불대산) 魚登山(어등산) 湧珍山(용진산) 錦城山(금성산)이 虛空(허공)의 버러거든, 遠近(원근) 蒼崖(창애)의 머믄 것도 하도 할샤.

면앙정에서 바라본 산의 모습(서사 5)

- 뫼힌가 병풍인가: 산의 모습을 비유함.
- 긋ᄂᆞᆫ 듯 닛ᄂᆞᆫ 듯: 끊어지는 듯 이어지는 듯
- 일흠ᄂᆞᆫ 양ᄒᆞ야: 유명한체 뽐내어
- 젓티: 두려워하지
- 머리 짓고: 머리 삼고, 가장 높고
- 버러거든: 벌어져 있는 데
- 蒼崖(상애): 푸른 언넉
- 하도 할샤.: 많기도 많구나.

흰 구름 브흰 煙霞(연하) 프르ᄂᆞᆫ 山嵐(산람)이라. 千巖(천암) 萬壑(만학)을 제 집을 삼아 두고 나명셩 들명셩 일ᄒᆞ도 구ᄂᆞᆫ지고. 오르거니 ᄂᆞ리거니 長空(장공)의 ᄹᅥ나거니 廣野(광야)로 거너거니 프르락 블그락 여트락 디트락 斜陽(사양)과 서거디어 細雨(세우)조ᄎᆞ ᄲᅳ리ᄂᆞᆫ다.

면앙정의 봄 경치(본사 1)

- 브흰: 뿌연
- 煙霞(연하): 안개와 놀
- 山嵐(산람): 산 아지랑이, '봄'의 계절적 배경을 알 수 있는 소재
- 千巖(천암) 萬壑(만학)을 제 집을 사마 두고: 수많은 바위 골짜기를 제 집처럼 삼아 두고, 주체는 '구름'
- 일ᄒᆞ도 구ᄂᆞᆫ지고: 아양도 떠는구나
- 여트락 디트락: 옅으락 짙으락
- 斜陽(사양): 저녁 햇살
- 서거디어: 섞이어
- 細雨(세우): 가랑비

藍輿(남여)를 ᄇᆡ야 ᄐᆞ고 솔 아릐 구븐 길노 오며 가며 ᄒᆞᄂᆞᆫ 적의 綠陽(녹양)의 우는 黃鶯(황앵) 嬌態(교태) 겨워 ᄒᆞᄂᆞᆫ고야. 나모 새 ᄌᆞᄌᆞ지여 綠陰(녹음)이 얼런 적의 百尺(백척) 欄干(난간)의 긴 조으름 내여 펴니 水面(수면) 涼風(양풍)야 긋칠 줄 모로ᄂᆞᆫ가.

면앙정의 여름 경치(본사 2)

- 藍輿(남여): 가마
- ᄇᆡ야 ᄐᆞ고: 재촉해 타고
- 黃鶯(황앵): 꾀꼬리
- 나모 새 ᄌᆞᄌᆞ지여: 나무 사이가 우거져서, '새'는 억새풀로도 해석함
- 綠陰(녹음): 나무 등이 우거진 그늘. '여름'의 계절적 배경을 알 수 있는 소재
- 얼런 적의: 엉긴 때의
- 涼風(양풍): 서늘한 바람

즌 서리 빠진 후의 산 빗치 錦繡(금슈)로다. 黃雲(황운)은 또 엇디 萬頃(만경)에 펴거디요. 漁笛(어적)도 흥을 계워 둘룰 쓰라 브니눈다.

면앙정의 가을 경치(본사 3)

- 즌 서리: 된 서리
- 빠진: 걷힌
- 錦繡(금슈): 수놓은 비단, 원관념은 '단풍'
- 黃雲(황운): 노란 구름, 원관념은 '누렇게 익은 곡식', '가을'의 계절적 배경을 알 수 있는 소재
- 萬頃(만경): 넓은 들
- 펴거디요: 퍼져 있는고
- 漁笛(어적): 어부가 부는 피리

草木(초목) 다 진 후의 江山(강산)이 미몰커눌 造物(조물)리 헌ᄉᆞᄒᆞ야 氷雪(빙설)로 쑤며 내니 瓊宮瑤臺(경궁요대)와 玉海銀山(옥해은산)이 眼底(안저)에 버러셰라. 乾坤(건곤)도 가음열샤 간 대마다 경이로다.

면앙정의 겨울 경치(본사 4)

- 미몰커눌: 묻혔거늘
- 헌ᄉᆞᄒᆞ야: 야단스러워
- 瓊宮瑤臺(경궁요대): 옥으로 장식한 궁(宮)과 대(臺), 원관념은 눈에 덮힌 자연
- 玉海銀山(옥해은산): 옥같은 바다와 은색의 산, 원관념은 겨울 바다와 눈 덮힌 산
- 眼底(안저): 눈 아래
- 가음열샤 간 대마다 경이로다.: 풍성하여 가는 데마다 아름다운 경치로다.

人間(인간)을 쩌나와도 내 몸이 겨를 업다. 이것도 보려 ᄒᆞ고 져것도 드르려코 브룸도 혀려 ᄒᆞ고 둘도 마즈려코. 봄으란 인제 줍고 고기란 언제 낙고 柴扉(시비)란 뉘 다드며 딘 곳츠란 뉘 쓸려료. 아츰이 낫브거니 나조히라 슬흘소냐. 오눌리 不足(부족)커니 來日(내일)리라 有餘(유여)ᄒᆞ랴. 이 뫼히 안자 보고 뎌 뫼히 거러 보니 煩勞(번로)ᄒᆞᆫ ᄆᆞ음의 브릴 일이 아조 업다. 쉴 사이 업거든 길히나 전ᄒᆞ리야. 다만 ᄒᆞᆫ 靑藜杖(청려장)이 다 믜듸어 가노미라.

속세를 떠나 자연 속에서 즐기는 생활(결사 1)

- 人間(인간): 속세
- 브룸도 혀려 ᄒᆞ고: 바람도 잡아당기려 하고(쏘이려 하고)
- 柴扉(시비): 사립문
- 딘 곳츠란: 떨어진(落) 꽃은
- 낫브거니: 부족하니
- 나조히라: 저녁이라
- 슬흘소냐: 싫을 것인가.
- 아츰이 낫브거니 나조히라 슬흘소냐: (자연을 감상하느라) 아침에 시간이 없거늘, 저녁엔 한들 싫겠는가?
- 煩勞(번로)ᄒᆞᆫ ᄆᆞ음의: 번거로운 마음이지만
- 쉴 사이 업거든 길히나 전ᄒᆞ리야: (내가 자연을 즐기느라) 쉴 틈이 없거늘, (다른 사람에게 이 아름다운 자연을 찾아올 수 있는) 길이나 알려줄 수 있겠는가?
- 靑藜杖(청려장): 명아주대로 만든 지팡이
- 믜듸어 가노미라.: 무디어져 가는구나.

술이 닉어거니 벗지라 업슬소냐. 블니며 투이며 혀이며 이아며 온가짓 소리로 醉興(취흥)을 비야거니 근심이라 이시며 시롬이라 브터시랴. 누으락 안즈락 구브락 져츠락 을프락 푸람ᄒ락 노혜로 놀거니 天地(천지)도 넙고넙고 日月(일월)도 ᄒ가ᄒ다.

취흥(醉興)을 즐김(결사 2)

- **블니며**: (노래를) 부르게 하며
- **투이며**: (현악기를) 타게 하며
- **혀이며**: (해금같은 것을) 켜게 하며
- **이아며**: (방울을) 흔들며
- **비야거니**: 재촉하니
- **브터시랴**: 붙어 있겠는가, 사라진다
- **을프락 푸람ᄒ락**: 노래를 읊고, 휘파람을 불며
- **노혜로**: 마음놓고

義皇(희황)을 모롤너니 니적이야 긔로고야. 神仙(신선)이 엇더턴지 이 몸이 긔로고야. 江山風月(강산풍월) 거늘리고 내 百年(백 년)을 다 누리면 岳陽樓(악양루) 샹의 李太白(이태백)이 사라오다 浩蕩(호탕) 情懷(정회)야 이에서 더홀소냐. 이 몸이 이령 굼도 亦君恩(역군은)이 샷다.

태평세월에 호탕한 정회를 마음껏 누림(결사 3)

- **義皇(희황)**: 중국 고대의 황제 복희씨. 태평성대를 이르는 말
- **니적이야 긔로고야**: 지금이 그때로구나
- **岳陽樓(악양루)**: 중국 동정호변의 누각
- **浩蕩(호탕) 情懷(정회)**: 넓고 끝없는 회포. 호연지기(浩然之氣)
- **亦君恩(역군은)**: 역시 임금님의 은혜

[개관]
▶ **시대**: 조선 전기(16세기)
▶ **갈래**: 양반 가사, 은일 가사, 서정 가사
▶ **성격**: 서정적, 강호가도(江湖歌道)의 노래
▶ **표현**: 활유, 의인, 직유, 은유, 대구, 열거, 과장, 대조, 반복, 생략 등
▶ **어조**: 풍류를 즐기는 호방한 어조
▶ **운율**: 4음보 연속체
▶ **의의**
　① 강호가도를 확립
　② 정극인의 〈상춘곡〉을 잇고, 정철의 〈성산별곡〉에 영향을 줌.
▶ **주제**: 자연 속에서의 풍류와 군은(君恩)

■ **송순(宋純 1493~1583)**
호는 면앙정(俛仰亭), 기촌(企村). 조선 중종~선조 때의 문신. 치사(致仕)하고 담양(潭陽) 제월봉 아래에 석림정사(石林精舍)와 면앙정(俛仰亭)을 짓고 가곡을 지었다. 황진이와 함께 시가 문학의 정수를 계승하여 명작들을 남겼다. 문집으로는 《기촌집(企村集)》과 《면앙집(俛仰集)》이 있으며, 작품으로는 〈면앙정가〉가 있다.

7 악장

1. 개념

조선 초기에 발생하여 나라의 제전(祭典)이나 연례(宴禮) 등의 공식적인 행사 때 궁중 음악에 맞추어 부르던 송축가로, 조선 건국과 문물 제도를 찬양하는 내용의 노래 가사이다.

2. 발생과 소멸

조선 초기에만 나타나는 독특한 문학 양식으로, 조선 개국 공신인 유학자들이 주로 창작하고 향유하였다. 그러나 지나친 목적성과 향유 계층의 제한 등으로 성종 이후 소멸하였다. 《악학궤범》, 《악장가사》, 《사용향약보》에 전한다.

3. 특징

(1) 다양한 형식

일정한 틀이 없이 형식이 다양하게 나타난다.

(2) 다양한 형태

악장만의 고유한 형식을 갖추지 못해 한시체, 속요제, 경기체가체, 신체 등 다양한 형태로 나타난다.

> **예** • 정도전, 〈신도가〉(속요체)
> • 권근, 〈싱대별곡〉(경기체기체)
> • 정인지 외, 〈용비어천가〉(신체)

(3) 내용의 고정성

조선 건국의 정당성을 강조하고 임금 찬양하는 내용으로 일관한다.

① 왕조의 개국과 번영을 송축

② 임금의 만수무강과 왕조의 번창 기원

③ 후대 왕들에 대한 권계와 귀감

(4) 귀족 문화의 성격

주로 궁중에서만 사용되었다는 점에서 귀족 문학의 성격을 지닌다.

4. 의의와 한계

(1) 의의

〈용비어천가〉의 경우 한글로 기록된 최초의 영웅 서사시라는 점에서 가치가 크다.

(2) 한계

왕조를 찬양하기 위해 만들어진 문학 양식이기 때문에 문학성이 높지 않고 향유 계층이 제한적이어서 일반화되지 못하고 금방 소멸하였다.

■ 악장의 내용

악장은 형식 갈래라기보다 내용 갈래라는 말이 가능할 정도로 내용에 있어서는 고정성을 보이고 있다.

악장 감상

《용비어천가(龍飛御天歌)》

1장: 조선 건국의 정당성

海東(해동) 六龍(육룡)이 ᄂᆞᄅᆞ샤 일마다 天福(천복)이시니.

古聖(고성)이 同符(동부)ᄒᆞ시니.

[현대어 풀이]

해동의 여섯 용(조선의 여섯 선조)이 나시어 일마다 하늘의 복을 받으시니

중국의 옛 성군(聖君)들의 사적(事蹟)과 똑같으십니다.

• 해동(海東): 우리 나라를 별칭
• 육룡(六龍): 세종을 기준으로 그의 여섯 조상인 목조, 익조, 도조, 환조, 태조, 태종을 지칭
• 고성(古聖): 중국의 옛 성군(聖君)

2장: 조선의 영원한 발전 기원

불휘 기픈 남ᄀᆞᆫ ᄇᆞᄅᆞ매 아니 뮐씨, 곶 됴코 여름 하ᄂᆞ니.

시미 기픈 므른 ᄀᆞᄆᆞ래 아니 그츨씨 내히 이러 바ᄅᆞ래 가ᄂᆞ니.

[현대어 풀이]

뿌리가 깊은 나무는 바람에 움직이지 아니하므로, 꽃이 좋고 열매가 많습니다.

샘이 깊은 물은 가뭄에 그치지 아니하므로, 내가 이루어져 바다로 (흘러) 갑니다.

• 불휘(뿌리)가 기픈(깊은) 남ᄀᆞᆫ(나무): 기초가 튼튼한 나라
• ᄇᆞᄅᆞ매(바람에): 시련, 고난
• 뮐씨: 흔들리므로, 움직이므로
• 곶(꽃), 여름(열매): 문화(文化)
• 됴코(좋고), 하ᄂᆞ니(많으니): (문화의) 융성, 번영
• 심이 깊은 믈: 내력이 깊은 나라
• ᄀᆞᄆᆞ래(가뭄에): 시련, 고난
• 이러: 이루어져(成, 爲)
• 샘, 내, 바ᄅᆞ래(바다에): 조선 왕조의 영원한 발전 전망

125장: 후왕에 대한 권계(勸戒)

千世(천세) 우희 미리 定(정) ᄒᆞ샨 漢水(한수) 北(북)에 累仁開國(누인개국)ᄒᆞ샤 卜年(복년)이 ᄀᆞᆺ업스시니, 聖神(성신)이 니ᅀᅡ샤도 敬天勤民(경천 근민)ᄒᆞ샤ᅀᅡ, 더욱 구드시리이다. 님금하, 아ᄅᆞ쇼셔. 洛水(낙수)예 山行(산행)가 이셔 하나빌 미드니잇가.

[현대어 풀이]

천 년 전에 미리 (도읍지로) 정하신 한강 북쪽 땅에, (이 태조가) 어진 덕을 쌓아 나라를 여시어 왕조의 운수가 끝이 없으시니, (아무리) 위대한 후왕이 뒤를 이으셔도 하늘을 공경하고 백성을 다스림에 있어 부지런히 힘쓰셔야 더욱 굳으실 것입니다. 후대 임금이시여, 아소서. (중국 하나라 태강왕이) 낙수란 곳에 사냥을 가서 할아버지(우왕)만 믿었더란 말입니까?

• 우희: 전에.
• 累仁開國(누인개국): 어짊을 쌓아 나라를 여시어
• 卜年(복년): 왕조의 운명
• ᄀᆞᆺ업스시니: 그지없으시니

■ 작품 설명

1445년(세종 27)에 편찬되어 1447년(세종 29)에 간행된, 조선 왕조의 창업을 송축(頌祝)한 노래이다. 모두 125장에 달하는 서사시로서, 훈민정음으로 기록된 최초의 문헌이자 한글로 기록된 최초의 장편 서사시이다. 〈월인천강지곡〉과 함께 악장 문학의 대표작이며, 15세기 국어 연구의 귀중한 자료이다.

- 聖神(성신): 성자신손(聖子神孫)의 준말, 위대한 후대 왕(王)
- 니ᅀᅡ샤도: 이으시어도
- 敬天勤民(경천 근민)ᄒᆞ샤ᅀᅡ: 하늘을 공경하고 백성을 부지런히 보살피어야
- 山行(산행): 사냥
- 하나빌: 할아버지를
- 미드니잇가: 믿었더란 말입니까?, 믿었습니까?

■ 작가 소개
- 정인지(鄭麟趾, 1396~1478) 문신, 학자, 호는 학역재(學易齋)
- 권제(權踶, 1387~1445) 문신, 학자, 호는 문경(文景). 《고려사》 편찬에 참여
- 안지(安止, 1377~1464) 문신, 호는 고은(皐隱). 시호는 문정(文靖), 시와 서예에 능함.

■ 용도
악장(樂章)으로 연주됨
- 여민락(與民樂): 제1~4장과 제125장의 한역가를 가사로 하여 연주
- 치화평(致和平): 제1~16장과 제125장의 국문 가사를 연주
- 취풍형(醉豊亨): 제1~8장과 제125장의 국문 가사를 연주

[개관]
▶ 시대: 세종 27년(1445) 본문 완성, 세종 29년(1447) 간행
▶ 갈래: 악장(樂章)
▶ 성격: 서사시, 송축가(頌祝歌)
▶ 형식: 각 장은 2절, 각 절은 4구체로서 대구(對句) 형식을 취하고 있다(단 제1장, 제125장 등 10여 장은 제외). 전절(前節)은 중국 고대 성군 및 역대 영주(英主) 등을 노래하고, 후절(後節)에서는 조선 사적을 노래하여 대비시켰다. 본문 국문에 한자를 섞어 쓰고, 그 뒤에 한역시(漢譯詩)와 배경 설화를 적어 주해하였다.
▶ 구성: 〈용비어천가〉는 순차적 진행의 원리와 주기적 순환의 원리에 따라 서사(序詞)·본사(本詞)·결사(結詞)가 구성되는 정연한 논리적 구조를 이루고 있다.
  ① 서사(제1~16장): 조선 왕조 창업의 당위성을 포괄적으로 제시
  ② 본사(제17~109장): 조선 왕조 창업의 당위성을 구체적 이야기로써 실증
  ③ 결사(제110~125장): 이룩된 왕업의 영원한 지속을 기리기 위해 후대 왕에게 규계(規戒) 사항을 열거
  ④ 〈용비어천가〉의 서사는 역성혁명(易姓革命) 또는 새 왕조 창업의 당위성을 제시하기 위한 3단 구조의 논리적 짜임을 보인다.
    • 제1~2장은 전체의 프롤로그에 해당하고, 제3~8장은 토대 마련의 필연성을, 제9~16장은 건국의 필연성을 표현했다. 이를 통해 작품의 창작 의도와 목적, 주제를 직접적으로 밝혔다.
    • 제110~125장에 이르는 결사에서는 후대 왕에의 규계를 통해 왕업의 영원함을 기리기 위한 4단 구조의 논리적 짜임을 보이고 있다.
    • 제110~114장은 4조와 태조가 겪은 왕조 창업의 고난을 통해, 제115~119장은 태조·태종이 보인 군왕으로서의 덕성을 통해, 제120~124장은 태조·태종이 힘쓴 경국제세(經國濟世)의 모범을 통해, 제125장은 에필로그에 해당하는 마무리 부분으로 왕업의 영속을 염원하는 소망을 통해 후대 왕들을 권계하고 있다.
▶ 창작 동기
  ① 내적 동기
    • 조선 건국의 정당성: 민심 수습
    • 후대 왕에 대한 권계: 왕권 확립
  ② 외적 동기
    • 훈민정음의 시용: 정음의 실용성 여부 시험
    • 국자(國字)의 존엄성 부여

▶국문학상 의의

　① 훈민정음으로 기록된 최초의 문헌

　② 훈민정음으로 기록된 최초의 장편 영웅 서사시

　③ 〈월인천강지곡〉과 함께 악장 문학의 대표작

　④ 세종 당시 국어 연구의 귀중한 자료

　⑤ 역사 연구의 보조 자료가 됨.

▶주제: 조선 창업의 정당성

8 언해

1. 개념

조선 시대 한글 창제 이후 한문으로 된 책을 우리말로 번역한 것을 말한다. 불교와 유교의 중요 경전과 많은 문학서 등이 번역되었다. 집현전과 언문청(諺文廳)과 같은 국가 기관에서 관장하여 많은 서적을 번역하였으며 개화기까지 계속되었다.

2. 발달

15세기	16세기	18세기 후반
• 〈훈민정음언해〉, 〈구급방언해〉 등 발간 • 다수의 불경 언해 • 성종 때 의학·교화·시가 등 다방면의 문헌으로 확대됨.	언해서가 지방에서도 간행되기 시작함.	• 교화서, 역학서의 대대적 번역, 30여 종의 윤음언해 발간 등, 언해가 가장 많이 이루어짐. • 기존에 간행된 언해서의 상당수를 중간(重刊)함.

3. 의의

(1) 중세 국어 연구의 귀중한 문헌적 자료가 되었다.

(2) 한문학의 소개와 대중화에 크게 기여함으로써 한문과 지식을 널리 보급하는 데 크게 기여하였으며, 이를 통해 우리 문학의 영역을 넓히는 데 영향을 주었다.

(3) 한글을 보급하여 많은 사람들에게 문자 생활을 가능하게 하는 계기가 되었다.

〈두시언해〉 특징

의미	당나라 시인 두보의 시집을 번역한 것임.
형식	두보의 시는 원래 한시이므로 〈두시언해〉의 시들은 한시의 형식과 같음.
내용	나라를 걱정하거나 고향에 돌아가고 싶은 욕망 등 유교적이고 우국적인 주제가 대부분임.
의의	국문학사상 최초의 번역 시집으로 당대의 한시 창작에도 많은 영향을 끼침.

■ 두보(杜甫, 712~770)
중국 당나라 때의 시인으로, 긴밀하고 엄격한 구성, 사실적 묘사로 인간의 슬픔을 노래하였다. 이백과 함께 중국의 최고 시인으로 꼽힌다. 작품으로는 〈북정〉, 〈병거행〉 등이 있다.

▶ 언해 감상

✎ 〈두시언해〉 – 절구

ᄀᆞᄅᆞ미 ᄑᆞ르니 새 더욱 히오.
뫼히 퍼러ᄒᆞ니 곳 비치 블 븓ᄂᆞᆫ 듯도다.
옰보미 본디 ᄯᅩ 디나가ᄂᆞ니
어느 나리 이 도라갈 히오.

江碧鳥逾白
山靑花欲然
今春看又過
何日是歸年

[현대어 풀이]
강물이 푸르니 새는 더욱 희게 보이고
산이 푸르니 꽃 색깔이 불붙는 듯하구나.
올 봄도 보건내 또 시나가나니
어느 날이 (고향으로) 돌아갈 해인가?

▶ **갈래**: 오언 절구

▶ **성격**: 애상적

▶ **표현**: 기구와 승구의 대구, 색채의 대조, 선경후정

▶ **특징**

   ① 선명한 색채 대비로 시의 정서를 표현함.

   ② 안타까운 작가의 탄식이 드러남.

   ③ 회화적 묘사가 두드러짐.

▶ **제재**: 강가의 새와 산에 핀 꽃

▶ **주제**: 향수, 고향으로 돌아가고 싶은 간절한 마음

〈두시언해(杜詩諺解)〉

• 〈두시언해〉는 시성(詩聖)이라 불리던 당나라 두보(杜甫, 712~770)의 작품들을 성종 12년 (1481년)에 간행한 번역시집으로 원명(原名)은 〈분류두공부시언해(分類杜工部詩諺解)〉이다. 이 국역 사업은 세종 때에 시작되었으며, 훈민정음 창제 이후 간행된 최초의 번역 시집이라는 문학적 의의가 있다. 또 초간본과 중간본 사이에 약 150년의 연대 차이가 있어서 음운 및 어휘 변천을 알 수 있는 귀중한 자료이다.
• 번역 문학의 의의
  – 피지배 계층에게까지 문자 생활의 폭을 확대
  – 국민 교화(教化)의 효과적인 수단
  – 문학의 대중화에 획기적인 계기 마련

■ **개관**
선명한 색채 대비를 이루는 아름다운 자연의 모습과 고향에 돌아가고 싶어 애태우는 인간의 아픈 마음이 대조를 이루고 있는 작품이다.

✎ 〈강촌〉

물근 フ룺 혼 고비 무술홀 아나 흐르느니.	淸江一曲抱村流
긴 녀릆 江村(강촌)에 일마다 유심ᄒ도다.	長夏江村事事幽
절로 가며 절로 오느닌 집 우흿 져비오.	自去自來堂上燕
서르 친ᄒ며 서르 갓갑ᄂ닌 믌 가온덧 굴며기로다.	相親相近水中鷗
늘근 겨지븐 죠ᄒ를 그려 쟝긔파놀 밍굴어놀	老妻畵紙爲碁局
져믄 아ᄃᄅᆫ 바ᄂ롤 두드려 고기 낫굴 낙술 밍ᄀᄂ다.	稚子敲針作釣鉤
한 病(병)에 얻고져 ᄒ논 바ᄂ 오직 藥物(약물)이니	多病所須唯藥物
져구맛 모미 이 밧긔 다시 므스글 求(구)하리오.	微軀此外更何求

[현대어 풀이]

맑은 강 한 굽이가 마을을 안아 흐르니	청강일곡포촌류
긴 여름날의 강마을엔 일마다 모두 그윽하고 한가롭구나.	장하강촌사사유
절로 가며 절로 오는 것은 집 위에 있는 제비요,	자거자래당상연
서로 친하며 서로 가까운 것은 물 가운데 있는 갈매기로다.	상친상근수중구
늙은 아내는 종이에 그려 장기판을 만들고	노처화지위기국
어린 아들은 바늘을 두드려 고기 낚을 낚시를 만들고 있다.	치자고침작조구
많은 병에 오직 얻고자 하는 바는 오직 약물이니	다병소수유약물
조그만 몸이 이밖에 더 무엇을 구하리오.	미구차외경하구

▶ 갈래: 한역시, 칠언 율시

▶ 성격: 자연 친화적, 유교적, 풍자적

▶ 표현: 대구법, 상징법

▶ 운율: 압운[운자는 流, 幽, 鷗, 鉤, 求]

▶ 특징: 함련과 경련에서의 대구, 자연의 모습과 인간사의 대조

▶ 주제: 안분지족(安分知足)하는 강촌에서의 삶

9 한시

1. 개념

한문으로 이루어진 정형시를 말한다. 원래 중국의 전통 시가이지만 우리 민족의 사상과 감정을 표현하기 위해 선조들이 중국의 한시 작법에 따라 지은 한문으로 된 시로, 우리 문학에 포함된다. 한자를 알아야 창작할 수 있기 때문에 지배 계층이 주된 작자층이었다. 크게 고체시와 근체시로 나누는데 고체시는 당나라 이전의 형식이다.

2. 전개 과정

삼국 시대	국가 체제의 정비와 한자의 보급으로 한문학이 발달함. 예 을지문덕, 〈여수장우중문시〉
통일 신라 시대	한시가 본격적으로 창작되어 한문학의 기원을 이룩함. 예 최치원, 〈추야우중〉
고려 시대	• 과거 제도 실시, 국가 교육 기관인 국자감 설치, 불교 융성 등의 영향으로 한시가 발달함. • 거듭된 외침으로 민족의식이 고양되어 민족 서사시를 창작, 민족의식을 고취시키고자 함. 예 • 이규보, 〈동명왕편〉(민족의식의 고취) 　　• 정지상, 〈송인〉(개인적 서정)
조선 전기	성리학의 대두로 한시가 정점에 이름. 예 허난설헌, 〈빈녀음〉
조선 후기	실학사상의 발달로 한시의 소재가 다양화됨. 예 정약용, 〈탐진촌요〉

3. 특징

형식	• 5글자로 된 5언과 7글자로 된 7언이 있음. • 4행이면 절구, 8행이면 율시, 12행 이상이면 배율이라고 함. • 운과 성조가 같은 한자를 일정한 위치에 두는 압운법의 규칙을 지켜야 함. • 선경후정, 대구법, 기승전결 등에 따라 시상을 전개하는 경우가 많음.
내용	유교적 도덕주의, 충절, 남녀 간의 사랑, 자연 예찬, 부조리한 현실 비판 등 다양한 내용을 주제로 함.

■ 절구

절구는 첫째 구가 기(起)구, 둘째 구가 승(承)구, 셋째 구가 전(轉)구, 넷째 구가 결(結)구로 구성된다.

■ 율시

율시는 두 구를 묶어서 '련(聯)'이라는 단위로 부르는데, 1~2구는 수(首)련, 3~4구는 함(頷)련, 5~6구는 경(經)련, 7~8구는 미(尾)련으로 구성된다.

10 민요

1. 개념

예로부터 민중들 사이에 불리던 전통적 노래를 말한다. 민중의 생활 속에서 자연적으로 발생하여 구전되어 왔으며, 소박한 민중의 정서가 반영되어 있다.

2. 특성

(1) 구전성

입에서 입으로 전승되었다.

(2) 서민성

서민들의 일상생활을 바탕으로 하기 때문에 서민들의 생활 감정이 잘 표출되어 있다.

(3) 형식성

노래로 불리기에 적합하도록 율격이나 형식이 다듬어져 있으며, 율격은 일정한 정형성을 갖추고 있다.

3. 형식과 내용

형식	• 대체로 연속체의 긴 노래로서 후렴이 붙어 있는 경우가 많은데, 후렴이 있는 경우 후렴을 경계로 연을 나눌 수 있음. • 3음보 또는 4음보의 노래가 주류를 이룸.
내용	일의 고달픔이나 보람, 남녀의 애틋한 사랑, 삶의 애환 등 다양한 내용을 담고 있음.

4. 종류

(1) 기능에 따른 분류

① 기능요: 일정한 기능에 맞추어 부르는 민요
② 비기능요: 단지 노래의 즐거움을 누리기 위해 부르는 민요
  예 작자 미상, 〈정선 아리랑〉

(2) 가창 방식에 따른 분류

선후창, 교환창, 독창 또는 제창

(3) 청자에 따른 분류

남요(男謠), 부요(婦謠), 동요(童謠)

5. 의의

민중 사이에서 구전되어 내려왔기 때문에 민중들의 사상, 생활 감정, 세계관 등이 진솔하게 반영되어 있다. 또한 민족 공동체의 희비애환이 담겨 있어 보편적인 감정을 노래하고 있다는 점에서 중요한 정서적 가치를 지닌다.

■ 기능요의 종류

노동요	일을 즐겁게 하고 공동체 의식을 높여서 일의 능률을 높이기 위하여 부르는 노래 **예** 작자 미상, 〈논매기 노래〉
의식요	세시(歲時)나 장례 등 여러 가지 의식을 거행하면서 부르는 노래 **예** 작자 미상, 〈지신밟기 노래〉
유희요	놀이에 박자를 맞추면서 부르는 노래 **예** 작자 미상, 〈강강술래〉

■ 부요(婦謠)
예전에 부인들이 부르던 민요를 말한다. 봉건적 사회에서 여성들이 겪었던 시집살이의 어려움을 노래한 〈시집살이 노래〉가 대표적이다.

제2절 산문 문학

1 설화 문학

1. 개념

한 민족 사이에서 구전되어 온, 일정한 구조를 가진 꾸며 낸 이야기를 말한다. 서사 문학의 근원이 되며, 신화·전설·민담을 포함한다.

2. 전개 과정

원시 시대	천지 창조나 생명의 유래에 관한 신화기 나타나. **예** 작자 미상, 〈창세가〉
⬇	
고대	국가의 성립과 관련된 건국 신화가 주로 발생함. **예** 작자 미상, 〈단군 신화〉(고조선)
⬇	
삼국 시대	다양한 전설이나 민담이 등장함. **예** 작자 미상, 〈도미 설화〉(백제)

■ 건국 신화

나리의 기원, 시조, 건국 등과 관련된 내용을 신성화한 이야기를 말한다. 대체로 집단 가무를 동반하는 국가적 행사에서 국가의 번영을 기원하는 서사시로 불렸다.

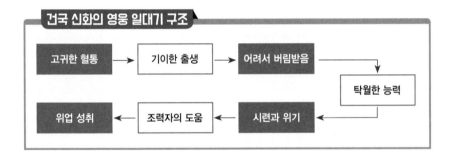

3. 특성

(1) 변이성

지역에 따라 동일한 설화가 다양한 변이형을 띠고 있다.

(2) 전승성

핵심 구조를 바탕으로 전승자가 나름대로의 이야기를 덧붙여 다음 사람이나 세대로 전승하므로 전승자의 개입이 많이 나타난다.

(3) 구연성

화자가 청자와 대면하여 청자의 반응을 의식하면서 구연한다.

(4) 단순성

구전에 적합한 단순한 표현과 구조를 가진다.

(5) 유동성

보존과 전달 과정이 유동적이며 가변적이다.

4. 종류

신 화	신적 존재의 위업을 다루거나 자연 및 사회 현상의 근원을 설명하는 이야기
전 설	실제로 있었다고 믿어지거나 또는 그러한 믿음을 요구하는 이야기
민 담	평범한 인물이나 그 이하의 인물이 온갖 고난 끝에 행복을 얻는 이야기

설화의 특징 비교

구 분	신 화	전 설	민 담
전승자의 태도	신성성 중시	진실성 중시	흥미성 중시
시간과 장소	아득한 옛날, 신성한 장소	구체적인 시간과 장소	막연한 시간과 장소
증거물	포괄적 (우주, 국가 등)	개별적 (바위, 개울 등)	보편적
주인공과 그 행위	신적 존재, 초능력 발휘	비범한 인간, 비극적 결말	평범한 인간, 운명 개척
전승 범위	민족적 범위	지역적 범위	세계적 범위

5. 의의

① 고려 시대 패관 문학과 가전을 거쳐 고전 소설 발생에 영향을 주었다.

② 민족의 서사시로서 우리나라 서사 문학의 근원이 되었다.

③ 건국 신화를 통해 고대 국가에서 통치 기반을 공고히 하고 정복과 지배의 과정을 정당화하며 자기 집단의 우월성을 과시하는 기능을 하였다.

④ 나라가 위기에 닥쳤을 때마다 민족 공동체에 정신적인 힘을 북돋우는 정신문화의 원천이 되었다.

설화 감상

✎ 〈단군 신화〉

기(起): 천손(天孫)인 환웅의 강림

옛날에 환인(桓因)의 서자(庶子) 환웅(桓雄)이 계셔, 천하(天下)에 자주 뜻을 두고 인간 세상(人間世上)을 탐내어 구했다. 아버지는 아들의 뜻을 알고, 삼위태백(三危太白)을 내려다보니, 인간 세계를 널리 이롭게 할 만 하여, 이에 천부인(天符印) 세 개를 주어, 내려가서 세상을 다스리게 했다.

환웅(桓雄)은 그 무리 삼천 명을 거느리고 태백산(太白山) 꼭대기의 신단수(神壇樹) 밑에 내려와서 이 곳을 신시(神市)라 불렀다. 이 분을 환웅 천왕(桓雄天王)이라 한다. 그는 풍백(風伯), 우사(雨師), 운사(雲師)를 거느리고, 곡식, 수명, 질병, 형벌, 선악 등을 주관하고, 인간의 삼백예순 가지나 되는 일을 주관하여, 인간 세계를 다스려 교화하였다.

승(承): 웅녀와의 결합과 단군 탄생

이때 곰 한 마리와 범 한 마리가 같은 굴에서 살았는데, 늘 신웅(神雄, 환웅)에게 사람되기를 빌었다. 때마침 신(神, 환웅)이 신령한 쑥 한 심지와 마늘 스무 개를 주면서 말했다.

"너희들이 이것을 먹고 백 날 동안 햇빛을 보지 않는다면, 곧 사람이 될 것이다."

곰과 범은 이것을 받아서 먹었다. 곰은 기(忌)한 지 삼칠일(三七日) 만에 여자의 몸이 되었으나, 범은 능히 기하지 못했으므로 사람이 되지 못했다. 여자가 된 곰(웅녀, 熊女)은 그와 혼인할 상대가 없었으므로, 항상 단수(壇樹) 밑에서 아이 배기를 축원했다. 환웅(桓雄)은 이에 임시로 변하여 그와 결혼해 주었더니, 그는 임신하여 아들을 낳았다. 이름을 단군왕검(檀君王儉)이라 일렀다.

전(轉): 고조선의 건국

단군은 요(堯) 임금이 왕위에 오른 지 50년인 경인년-요 임금의 즉위 원년은 무진이니, 50년은 정사이지 경인은 아니다.-아마 그것이 사실이 아닌 것 같다.-에 평양성(平壤城)에 도읍을 정하고, 비로소 조선(朝鮮)이라 불렀다. 또 다시 도읍을 백악산(白岳山) 아사달(阿斯達)에 옮겼다. 그 곳을 또는 궁(弓)-혹은 방자(方字)로도 되어 있다.-홀산(忽山) 또는 금미달(今彌達)이라 한다. 그는 일천오백 년 동안 여기서 나라를 다스렸다.

결(結): 후일담(단군의 산신화)

주(周)의 무왕(武王)이 왕위에 오른 기묘년에 기자(箕子)를 조선에 봉하매, 단군은 장당경(藏唐京)으로 옮겼다가 후에 아사달에 돌아와 숨어 산신(山神)이 되었는데, 그때 나이가 1천9백8세였다.

▶ **시대**: 상고 시대
▶ **갈래**: 설화
▶ **구성**: 4단 구성, 설화적 짜임
▶ **특징**: ① 간결하고 소박하게 표현, ② 설화적 구성 형식, ③ 역어체 사용
▶ **주제**: 홍익인간의 이념과 단일 민족의 역사성
▶ **의의**: ① '홍익인간'이라는 건국 이념을 밝히고 있음, ② 천손의 혈통이라는 민족적 긍지를 밝히고 있음, ③ 우리 민족의 유구한 단일성과 역사성을 암시하고 있음.

■ 작품 설명

단군 신화는 우리나라 신화의 원형(原型)으로, 고조선의 건국 신화이다. 천손(天孫)인 환웅이 인간 세계에 강림하여 홍익인간(弘益人間)의 통치 이념을 바탕으로 건국의 기틀을 마련하고, 그의 아들 단군왕검이 고조선을 세웠다는 신성(神聖)성을 내포하고 있다. 당대 사람들의 세계관인 토테미즘, 샤머니즘, 애니미즘, 천신 숭배 사상 등이 반영되어 있으며, 역사적 사실인 토착 세력과 이주(移住)족의 통합 과정도 함께 나타나 있다. 또한 천신(天神)의 후예라는 선민사상(選民思想)과 단일 민족의 역사성도 작품 속에 등장하여, 독자에게 민족적 자긍심을 심어주고 있다.

❷ 가전체 문학

1. 개념

어떤 사물을 역사적 인물처럼 의인화하여 그 가계와 생애 및 개인적 성품, 공과(功過)를 기록하는 전기 형식의 글을 말한다. 허구성[假]을 바탕으로 사람의 일대기를 서술하는 '전(傳)'의 형식을 모방했기 때문에 '가전(假傳)'이라고 하였다.

2. 발생

고려 중기 이후 무신 정변과 몽골의 침입으로 혼란한 사회 상황 속에서 윤리 의식과 가치관이 흔들리게 되자 가치관의 혼란과 붕괴를 바로잡으려는 시도의 일환으로 교훈적, 비판적 성격을 강하게 띠는 가전이 창작되었다.

3. 성격

■ 계세징인(戒世懲人)
세상 사람들을 경계하고 징벌한다는 뜻이다.

■ 우의적(寓意的−)
다른 사물에 빗대어 비유적인 뜻을 나타내거나 풍자하는 것을 말한다.

교훈성	가전은 계세징인(戒世懲人)과 권선(勸善)을 목적으로 독자들에게 경계심을 일깨우기 위해 지어졌기 때문에 대체로 교훈적인 성격을 가짐.
풍자성	사회의 다양한 문제를 의인화를 통해 우의적·간접적·우회적으로 비판하기 때문에 풍자성과 비판 의식이 나타남.

4. 특징

(1) 형식상

사물을 의인화하여 내용을 전개하고, 함축적 표현으로 대상에 대한 효능과 폐단을 전달하며 작품의 결말부에 대상에 대한 세상 사람들의 평가와 후일담을 제시하며 끝맺었다.

(2) 내용상

사물이 세상에 끼치는 긍정적인 영향에 대해서는 찬양을, 부정적인 영향에 대해서는 경계를 담고 있다.

5. 가전의 서사적 요소와 교술적 요소

■ 가전의 서사적 요소와 교술적 요소
가전은 인물의 일대기를 그렸다는 점, 구체적인 사건을 형상화했다는 점에서 서사적인 성격도 지니는 한편, 역사적 사실에 근거한 인물과 사건이 등장한다는 점, 교훈적 의도가 강하다는 점에서 교술적 성격도 동시에 지닌다.

서사적 요소(일대기적 구성)	교술적 요소(전달 주제)
인물의 탄생(가문의 내력)	사물의 본성에 대한 관조
인물의 행적(벼슬길의 진출과 탄핵으로 인한 축출)	인물의 성공, 고난 등을 통해 긍정과 부정의 의미를 부여함.
인물의 행적에 대한 사신(史臣)의 평가	비평의 성격(교훈적)

가전체 문학 감상

〈공방전〉

공방의 내력 소개 1

공방(孔方)의 자(字)는 관지(貫之)다. 공방이란 구멍이 모가 나게 뚫린 돈, 관지는 돈의 꿰미를 뜻한다. 그의 조상은 일찍이 수양산 속에 숨어 살면서 아직 한 번도 세상에 나와서 쓰여진 일이 없었다.

공방의 내력 소개 2

그는 처음 황제(黃帝) 시절에 조금 조정에 쓰였으나 워낙 성질이 굳세어 원래 세상일에는 그다지 세련되지 못했다. 어느 날 황제가 상공(相工)을 불러 그를 보았다. 상공은 한참 들여다보고 나서 말한다.

"이는 산야(山野)의 성질을 가져서 쓸 만한 것이 못 됩니다. 그러하오나 폐하께서 만일 만물을 조화하는 풀무나 망치를 써서 그 때를 긁어 빛이 나게 한다면, 그 본래의 바탕이 차차 드러나게 될 것입니다. 원래 왕자(王者)란 모든 사람으로 하여금 올바른 그릇이 되게 해야 하는 것입니다. 원컨대 폐하께서는 이 사람을 저 쓸모 없는 완고한 구리쇠와 함께 내버리지 마시옵소서." 이리하여 공방은 차츰 그 이름이 세상에 나타나기 시작했다.

공방의 내력 소개 3

그 뒤에 일시 난리를 피하여 강가에 있는 숯 굽는 거리로 옮겨져서 거기에서 오래 살게 되었다. 그의 아버지 천(泉)은 주나라의 대재(大宰)로서 나라의 부세(賦稅)를 맡아 처리하고 있었다. 천(泉)이란 화천(貨泉)을 말한다.

공방은 생김새가 밖은 둥글고 구멍은 모나게 뚫렸다. 그는 때에 따라서 변통을 잘한다. 한번은 한나라에 벼슬하여 홍려경(鴻臚卿)이 되었다.

공방의 사람됨 및 생애 1

방은 성질이 욕심이 많고 비루(鄙陋)하고 염치가 없었다. 그런 사람이 이제 재물을 맡아서 처리하게 되었다. 그는 돈의 본전과 이자의 경중을 다는 법을 좋아하여, 나라를 편안하게 하는 것은 반드시 질그릇이나 쇠그릇을 만드는 생산 방법에만 있는 것이 아니라고 생각했다. 그는 백성으로 더불어 분리(分厘)의 이(利)라도 다투고, 한편 모든 물건의 값을 낮추어 곡식을 몹시 천한 존재로 만들고 딴 재물을 중하게 만들어서, 백성들로 하여금 근본을 버리고 끝을 좇게 하여 농사짓는 것을 방해했다.

공방의 사람됨 및 생애 2

이것을 보고 간관(諫官)들이 상소를 하여 이것이 잘못이라고 간했다. 하지만 임금은 이 말을 듣지 않았다. 방은 또 권세 있고 귀한 사람을 몹시 재치 있게 잘 섬겼다. 그들의 집에 자주 드나들면서 자기도 권세를 부리고 한편으로는 그들을 등에 업고 벼슬을 팔아, 승진시키고 갈아치우는 것마저도 모두 방의 손에 매이게 되었다. 이렇게 되니, 한다 하는 공경(公卿)들까지도 모두들 절개를 굽혀 섬기게 되었다. 그는 창고에 곡식이 쌓이고 뇌물을 수없이 받아서 뇌물의 목록을 적은 문권과 증서가 산처럼 쌓여 그 수를 셀 수 없이 되었다.

■ 작품 설명

돈(엽전)을 의인화한 가전체 작품이다. 돈의 내력을 소개한 뒤 부정적인 측면을 부각시켜 돈에 대한 교훈을 전달하고자 하였으며, 간사하고 부패한 관리를 풍자하고 있는 부분도 나타나는 작품이다.

그는 모든 사람을 상대하는 데 잘나거나 못난 것을 관계하지 않는다. 아무리 시정(市井) 속에 있는 사람이라도 재물만 많이 가졌다면 모두 함께 사귀어 상통한다. 때로는 거리에 돌아다니는 나쁜 소년들과도 어울려 바둑도 두고 투전도 한다. 이렇게 남과 사귀는 것을 좋아한다. 이것을 보고 당시 사람들은 말했다.

"공방의 한 마디 말이 황금 백 근만 하다." 하였다. (하략)

▶ 갈래: 가전(假傳)

▶ 성격: 풍자적, 교훈적, 우의적, 전기적

▶ 구성: 공방의 가계에 대한 약전(略傳)

▶ 제재: 돈

▶ 주제: 경세에 대한 비판

■ 임춘(林椿, 1147~1197)
고려 중기의 문인. 호는 서하(西河). 정중부(鄭仲夫)가 일으킨 무신 정변 때 일가가 피해를 입고, 겨우 목숨을 보전하였다. 문명(文名)은 크게 떨쳤으나 과거에 번번이 낙방하여 불행한 인생을 보내면서도, 이인로 등과 죽림고회(竹林高會)를 이루어 시주(詩酒)로 생활하며 많은 시문(詩文)을 남겼다.

③ 고전 소설

1. 개념

조선 전기에서 개화기 이전까지의 소설을 말한다. 보통 갑오개혁(1894년) 이전까지의 소설을 가리키며, 옛날 설화나 패관 문학, 가전체 등의 전통을 바탕으로 중국 소설의 영향을 받아 생겨난 산문 문학의 한 갈래이다.

2. 특징

인 물	인물의 성격은 평면적이고 전형적이며, 재자가인(才子佳人)형의 인물이 등장함.
사 건	비일상적·비현실적인 사건과 전기적 요소가 많이 나타나며, 사건이 필연적이 이니리 우연적으로 발생함.
구 성	대부분 시간의 흐름에 따라 전개되고 일대기적 구성을 취함.
배 경	주로 양반 소설은 중국을 배경으로 하고, 평민 소설은 우리나라를 배경으로 함.
주 제	권선징악적 주제가 주를 이룸.

3. 전개 과정

(1) 조선 전기의 한문 소설

① 발생: 이전의 설화, 패관 문학, 가전체 등의 서사적 전통을 바탕으로 중국 소설의 영향을 받아 형성됨(우리나라 최초의 소설은 김시습의 《금오신화》임.)

《금오신화》 수록 작품과 핵심 사건

작 품	사 건
〈만복사저포기〉	양생과 죽은 처녀와의 사랑
〈이생규장전〉	최랑과 이생의 죽음을 초월한 사랑
〈취유부벽정기〉	선녀와의 시공을 초월한 사랑
〈남염부주지〉	염라대왕과의 담론
〈용궁부연록〉	용왕과의 만남

② 특징
  ㉠ 주로 한문 문어체를 구사하며 작품에 한시를 삽입하는 경우가 많음.
  ㉡ 초현실적인 내용을 주로 다루며 사물을 극도로 미화함.

(2) 조선 후기의 국문 소설

① 발생: 한글 창제 이후 지어진 소설로, 최초의 한글 소설은 광해군 때 허균이 지은 〈홍길동전〉임.

② 특징
  ㉠ 대부분 권선징악적 주제를 다루고 있으나 여권 신장, 인간 평등, 자유연애 등의 주제가 나타나기도 하며 행복한 결말을 맺는 경우가 많음.

■ 패관 문학
'패관'이란 옛날 중국에서 임금이 민간의 풍속이나 정사를 살피는 데 도움이 되도록 거리의 소문을 모아 기록하던 벼슬 이름이다. 패관 문학이란 이러한 패관들이 모아 기록한 가설항담에 창의성과 윤색을 가미시킨 산문 문학 양식을 말한다. 성현의 〈용재총화〉, 유몽인의 〈어우야담〉 등이 패관 문학에 속한다.

■ 전기적 요소
대체로 귀신과 인연을 맺거나 용궁에 가 보는 것과 같은 기괴하고 신기한 일을 뜻한다.

ⓒ 임진왜란과 병자호란 이후 서민 의식의 성장으로 산문 문학이 발달함에 따라 한글 소설이 융성하게 됨.

4. 종류

<table>
<tr><td>영웅 · 군담 소설</td><td>· 임진왜란과 병자호란 이후 많이 창작된 소설로, 비범한 능력을 지닌 인물이 전쟁에서 활약하는 내용을 다루고 있음.
· 전란의 피해와 훼손된 민족의 자존심을 문학적 상상을 통해 회복하려는 의도에서 창작됨.
· 중국을 무대로 하고 몰락한 양반이나 평민을 주인공으로 삼아 그들의 출세 과정을 다루면서 가공적 영웅을 허구화한 창작 군담 소설과, 역사적 사건을 제재로 하여 침략자에 대한 복수 의지를 담아 역사적 인물을 소설화한 역사 군담 소설로 나눔.
예 · 작자 미상, 〈유충렬전〉(창작 군담 소설)
　　· 작자 미상, 〈임경업전〉(역사 군담 소설)</td></tr>
<tr><td>가정 · 가문 소설</td><td>봉건적인 가정 내의 처첩 간의 갈등과 계모의 학대 등 가족 구성원 간의 갈등이 서사의 중심축이 되는 소설을 말함.
예 · 김만중, 〈사씨남정기〉(처첩 간의 갈등)
　　· 작자 미상, 〈장화홍련전〉(계모의 학대)</td></tr>
<tr><td>애정 소설</td><td>· 남녀 간의 사랑을 다룬 소설로, 대체로 시련을 겪은 뒤 사랑이 성취되는 행복한 결말을 맺음.
· 애정을 실현하기 위해 온갖 규범과 제약 등 장애 요인과 갈등을 일으키는 과정을 보여 줌으로써 사회 부조리를 비판하는 역할도 함.
예 · 작자 미상, 〈숙향전〉
　　· 작자 미상, 〈숙영낭자전〉</td></tr>
<tr><td>몽자류 · 몽유록계 소설</td><td>'꿈'이라는 소설적 장치를 이용하여 현실을 비판하거나 이상 세계를 설정하여 지향하는 세상의 모습을 제시한 소설을 말함.
예 · 김만중, 〈구운몽〉(몽자류 소설)
　　· 임제, 〈원생몽유록〉(몽유록계 소설)</td></tr>
<tr><td>세태 풍자 소설</td><td>봉건적 사상에서 벗어나지 못한 사대부 계층을 풍자하고 지배층의 무능과 위선을 신랄하게 비판하는 소설로, 박지원의 작품들이 이에 속함.
예 · 박지원, 〈호질〉
　　· 박지원, 〈양반전〉</td></tr>
<tr><td>판소리계 소설</td><td>· 판소리 사설이 소설로 정착된 것을 말함.
· 조선 후기 서민들의 생활상과 고통을 해학적으로 표현함.
· 양반층에까지 폭넓게 향유되어 양반 문학과 서민 문학을 통합하는 근대 문학적 위상을 확립함.
예 · 작자 미상, 〈장끼전〉
　　· 작자 미상, 〈배비장전〉</td></tr>
</table>

5. 의의

(1) 전반적 의의

일장춘몽(一場春夢), 영웅적 활약, 가정 내의 갈등, 남녀 사이의 애정, 사회적 모순이나 봉건 제도의 한계에 대한 비판과 풍자 등 다양한 사상들이 소설을 통해 드러나게 되었다.

■ 가정 · 가문 소설

조선 시대는 남성 위주의 가부장적 사회였으며 일부다처제가 공공연하게 행해지고 있었기 때문에 가정을 배경으로 한 소설들이 등장하게 되었다.

■ 몽자류 소설과 몽유록계 소설의 비교

구 분	몽자류	몽유록계
공통점	'현실-꿈-현실'의 환몽 구조로 되어 있음.	
차이점	· 꿈을 헛된 세계로 봄. · 꿈을 통해 깨달음을 얻음.	· 꿈을 현실과 같은 세계로 봄. · 꿈을 통해 현실에 대한 비판적 시각을 드러냄.

(2) 조선 후기 소설의 의의

평민 계층의 참여	임진왜란과 병자호란 이후 신분 질서의 동요로 인해 평민 계층이 문학에 참여하면서 산문의 발달을 촉진시킴.
폭넓은 주제 반영	기존 계급적 질서의 붕괴로 인해 나타난 몰락 양반과 평민들의 환상과 꿈, 시대적 요구와 개혁에 대한 의지 등 폭넓은 주제를 반영함.
여성 의식의 개입	고전 소설이 규방 여인들의 독서물로 자리 잡음에 따라 소설 속에서 여성이 주인공으로 등장하는 등 여성 의식이 개입됨.

판소리 / 고전 소설 / 신소설

근원 설화	판소리	고전 소설	신소설
열녀 설화, 암행어사 설화 등	〈춘향가〉	〈춘향전〉	〈옥중화〉
효녀 지은 설화, 거타지 설화 등	〈심청가〉	〈심청전〉	〈강상련〉
방이 설화, 박 타는 여인 등	〈흥보가〉	〈흥부전〉	〈연의각〉
조신 설화, 구토지설 등	〈수궁가〉	〈토끼전〉	〈토의간〉

■ 근원 설화

작품의 어느 부분 또는 모티프를 제공한 설화를 가리키는 용어이다. 고전 소설에는 설화에서 소재를 취하거나 그 것을 변형시킨 예가 많다.

■ 김만중(金萬重, 1637~1692)
숙종 때 문신(文臣). 호는 서포(西浦).
유복자로 태어나 자랄 때 어머니의
영향을 많이 받았으며, 훗날 작품 창
작의 동기가 되기도 하였다. 작품으
로는 〈구운몽〉, 〈사씨남정기〉, 문집에
는 《서포집(西浦集)》, 《서포만필(西浦
漫筆)》이 전한다.

김만중, 〈구운몽〉

▶ **줄거리**

중국 당나라 때 연화봉에는 서역 천축국에서 온 육관 대사가 법당을 짓고 설법하고 있었다. 하루는 성진이 스승인 육관 대사의 명을 받아 용왕에게 사례하고 돌아오다가 석교 위에서 팔선녀를 만나 서로 희롱한다. 성진은 선방에 돌아와 불도의 적막함에 회의를 느끼고 속세의 부귀공명을 바라게 된다. 이로 인하여 성진은 육관 대사에 의해 인간 세계로 쫓겨나 양소유라는 인물로 태어나고, 팔선녀도 인간으로 태어난다. 양소유는 과거에 급제하고 입신양명하면서 인간으로 태어난 여덟 낭자와 차례로 인연을 맺어 2처 6첩과 함께 부귀영화를 누리면서 산다. 그러던 중 인생의 무상함을 느낀 양소유는 갑자기 나타난 호승에 의해 꿈에서 깨어나 다시 현실의 성진으로 되돌아온다. 성진은 급히 육관 대사에게 나아가 잘못을 빌고 팔선녀도 모두 불도에 귀의하게 된다. 성진은 육관 대사의 정법을 물려받고 팔선녀와 함께 큰 도를 얻게 된다.

▶ **갈래**: 국문 소설, 한문 소설, 염정(艶情) 소설, 몽자류(夢字類) 소설, 영웅(英雄) 소설

▶ **성격**: 불교적, 구도적

▶ **배경**: 중국 당나라 남악 형산의 연화봉(현실), 중국 일대(꿈)

▶ **시점**: 전지적 작가 시점

▶ **구성**: 현실(선계)과 꿈(인간계)이 교차하는 환몽(幻夢) 구조

▶ **제재**: 양소유의 일생

▶ **주제**: 인생 무상과 불법에의 귀의

▶ **개관**: 〈구운몽〉은 '현실 – 꿈 – 현실'의 환몽 구조 속에서 세속적 욕망, 즉 꿈 속의 일이 허망한 것임을 말하고 있다. 이는 김시습의 〈남염부주지(南炎浮洲志)〉같은 몽유 소설(夢遊小說)의 경우와 유사하다. 그러나 몽유록 소설에서는 꿈 속의 현실이 더 진실한 것으로 그려진 데 대해 〈구운몽〉은 꿈 속에서 이룬 욕망 성취가 오히려 허망하고, 꿈에서 깨어나서야 비로소 진정한 화합이 이루어진다고 한 점에서 특징이 있다. 한편, 〈구운몽〉은 환몽의 전환 과정이나 남녀의 만남 과정을 실감 있게 서술하여 독자를 사로잡고 있으며 등장인물이 각각의 개성을 갖추도록 배려를 하면서 우아하고 품위 있는 문체로 배경과 인물의 심리를 세밀하게 묘사한 작품이다.

■ 박지원(1737~1805)
조선 시대 실학자. 호는 연암(燕巖).
44세에 청 문물을 보고 돌아와 기행문
인 〈열하일기〉를 지었다. 홍대용, 박제
가와 더불어 이용후생(利用厚生)을 주
장한 북학파의 우두머리로, 저서로는
《연암집》, 《과농소초》, 《열하일기》 등
이 있고, 작품으로는 〈허생전〉, 〈양반
전〉, 〈호질〉, 〈마장전〉, 〈광문자전〉 등
이 있다. 연암은 당대 평민층의 삶과
모습을 생생하게 포착하는 사실주의
적 기법으로 뛰어난 소설적 성과를
이룩하였다. 양반 계층의 허위와 비
리를 폭로하고 시민 계층의 인간성을
옹호하였으며, 실학사상에 바탕을 둔
상업 경제 사상을 고취하고 북학론을
주장하는 한편, 도학자의 위선, 북벌
론의 허구성을 비판하였다.

박지원, 〈양반전〉

▶ **줄거리**

강원도 정선에 학덕이 높은 양반이 살고 있었다. 그는 집이 가난하여 관가에서 곡식을 빌려다 먹었는데 그 빚이 천 석에 이르렀다. 순찰 중인 감사가 천 석이나 곡식을 갚지 않은 것에 크게 노하여, 군수에게 그 양반을 가두라고 명한다. 빚 갚을 방도가 없는 양반은 밤낮 울기만 하는데, 평소 양반이 되기를 소원하던 부자 한 사람이 이 소식을 듣고 양반을 찾아가 환곡 천 석을 갚아 주는 대신 양반 신분을 사기로 한다.

이 사실을 알게 된 군수는 양반 신분의 매매 증서를 만들어 서명해 주기로 한다. 군수가 양반 매매 증서에 양반으로서 행해야 할 행동 규범을 적어 주자 부자는 불만을 표하고 다시 만들어주기를 바란다. 두 번째 증서의 내용이 양반의 특권임을 알고, 부자는 양반의 생활이 겉치레뿐이고 특권이 도둑들의 행위와 다를 바 없다고 생각하고 양반이 되기를 포기한다.

▶ 갈래: 한문 소설, 단편 소설, 풍자 소설
▶ 성격: 풍자적, 고발적, 비판적
▶ 배경: 시대적 − 18세기, 공간적 − 정선군, 사상적 − 실학사상
▶ 시점: 전지적 작가 시점
▶ 제재: 양반 매매
▶ 주제: 양반들의 공허한 관념, 비생산성, 특권 의식에 대한 비판과 양반의 형식주의와 부정부패를 풍자함.
▶ 표현
　① 몰락하는 양반들의 위선적인 생활 모습을 비판하고 풍자함.
　② 소재를 현실 생활에서 취하고 사실적인 태도로 묘사함.

✏️ 작자 미상, 〈박씨전(朴氏傳)〉

▶ 줄거리

　조선 인조 때 서울에서 태어난 이시백은 어려서부터 매우 총명하고, 문무를 겸비하여 그 명망을 조정과 재야에 떨쳤다. 아버지 이 상공이 주객으로 지내던 박 처사의 청혼을 받아들여, 시백은 박 처사의 딸과 혼인을 하게 된다. 시백은 신부의 용모가 천하의 박색임을 알고 실망하여 박씨와 대면조차 하지 않는다. 이에 박씨는 이 상공에게 청하여 후원에 피화당을 짓고 소일을 하며 홀로 지낸다. 박씨는 여러 가지 신이한 일을 드러내 보이지만, 시백은 거들떠보지도 않는다. 시기가 되어 박씨가 허물을 벗고 절세가인이 되자, 시백은 크게 기뻐하며 박씨의 뜻에 따른다. 이때 청나라의 가달이 삼만의 병사를 거느린 용골대 형제를 앞세워 조선을 침략한다. 그러나 박씨는 뛰어난 능력을 발휘하여 오랑캐를 물리친다. 박씨와 이시백은 국란을 극복하고 행복한 여생을 보낸다.

▶ 갈래: 역사 소설, 전쟁 소설, 군담 소설
▶ 성격: 역사적, 전기적(傳奇的), 영웅적
▶ 시점: 전지적 작가 시점
▶ 배경: 조선 시대(병자호란), 청나라와 조선
▶ 제재: 병자호란
▶ 주제
　① 박씨 부인의 영웅적 기상과 재주
　② 청나라에 대한 적개심과 복수심
▶ 특징
　① 변신 모티프를 사용함.
　② 실존 인물을 등장시켜 사실성을 제고함.

③ 병자호란의 패배라는 역사적 사실을 승리라는 허구로 바꾸어 민족의 자긍심을 고취함.

④ 여성의 입장에서 병자호란을 재구성하여 여성의 능력을 부각하고 남성 중심 사회를 비판함.

✎ 김만중, 〈사씨남정기(謝氏南征記)〉

▶줄거리

유연수는 중국 명나라 세종 때 금릉 순천부에 사는 유현이라는 명신(名臣)의 아들로 태어나 15세에 장원 급제하고 한림학사를 제수받는다. 유 한림은 덕성과 재학(才學)을 겸비한 사씨와 결혼하나 늦도록 후사(後嗣)가 없어 교씨를 첩으로 맞아들인다. 교씨는 천성이 간악한 인물로 아들을 낳자 정실이 되기 위해 사씨를 참소한다. 결국 유 한림은 사씨를 폐출하고 교씨를 정실로 삼는다. 교씨는 문객 동청과 간통하면서 유 한림을 참소하여 유배시킨다. 마침내 조정에서는 유 한림에 대한 혐의를 풀어 소환하고, 충신을 참소한 동청을 처형한다. 유 한림은 사방으로 사씨의 행방을 찾다가 소식을 듣고 온 사씨와 해후한다. 유 한림은 자신의 잘못을 뉘우치고 고향으로 돌아와 간악한 교씨를 처형하고 사씨를 다시 정실로 맞아들인다.

▶갈래: 국문 소설, 가정 소설
▶성격: 풍간적(諷諫的), 가정적
▶시점: 전지적 작가 시점
▶배경: 중국 명나라 초기, 중국 북경 금릉 순천부
▶주제: 처첩 간의 갈등과 사씨의 고행, 권선징악(勸善懲惡)
▶특징
　① 각 인물들이 상징성을 지님.
　② 숙종을 깨우치기 위한 일종의 목적 소설임.
▶의의: 후대 가정 소설의 모범이 됨
▶연대: 조선 숙종 15~18년

✎ 작자 미상, 〈심청전(沈淸傳)〉

▶줄거리

황해도 도화동에 심학규라는 봉사와 곽씨 부인이 살고 있었다. 기이한 태몽을 꾸고 잉태한 곽씨 부인이 딸 심청을 낳고 7일 만에 죽는다. 심 봉사는 어린 딸을 동냥젖을 얻어 먹여 키우고, 심청은 자라서 눈먼 심 봉사를 극진히 봉양하는 지극한 효성을 보인다. 어느 날 물에 빠진 심 봉사는 자신을 구해 준 몽은사 중이 공양미 삼백 석을 시주하면 눈을 뜰 수 있다고 하자 그 말을 믿고 시주를 약속한다. 이 사실을 알게 된 심청은 남경 상인들의 인당수 제물로 자신의 몸을 팔아 공양미 삼백 석을 몽은사로 보내고 심 봉사와 이별한다. 인당수에 이르러 몸을 던진 심청은 용왕에게 구출되어 어머니 곽씨 부인과 재회하고, 이후 연꽃 속에 들어가 다시 세상으로 환생한다. 뱃사람들이 연꽃을 신기하게 여겨 천자에게 바치자 천자는 그 속에서 나온 심청을 아내로 맞이한다.

황후가 된 심청은 아버지 심 봉사를 그리워하며 맹인 잔치를 벌인다. 이 소식을 듣고 상경한 심 봉사는 우여곡절을 겪은 끝에 심청과 재회하고 눈을 뜨게 된다.

▶ 갈래: 윤리 소설, 설화 소설, 판소리계 소설
▶ 성격: 교훈적, 비현실적, 환상적
▶ 시점: 전지적 작가 시점
▶ 배경: 중국 송나라 말, 황주 도화동
▶ 주제
　① 부모에 대한 지극한 효심
　② 인과응보(因果應報)
▶ 특징
　① 유교식 덕목인 효를 강조함.
　② 유·불·선 사상이 복합적으로 드러남.
　③ 현실 세계를 중심으로 펼쳐지는 전반부와 환상적인 이야기 중심의 후반부로
　　내용이 구분됨.

✎ 작자 미상, 〈유충렬전(劉忠烈傳)〉

▶ 줄거리
　명나라 사람 유심과 부인 장씨는 늦도록 자식이 없어서 한탄하다가 남악 형산에 치성을 드리고 신이한 태몽을 꾼 뒤 아들 '충렬'을 얻는다. 이때 유심이 오랑캐를 정벌하는 것을 반대하자, 역심(逆心)을 품은 정한담·최일귀 등은 유심을 모함하여 귀양 보내고, 충렬 모자까지 살해하려고 한다. 그러나 충렬은 천우신조(天佑神助)로 위기를 벗어나 고난을 겪다가 부친의 친구인 강희주를 만나 그의 사위가 된다. 유심을 구하려던 강희주는 정한담의 모함으로 귀양을 가고, 그의 가족은 난을 피하여 뿔뿔이 흩어진다. 충렬은 백룡사의 노승을 만나 무예를 배우며 때를 기다린다. 이때 남적과 북적이 명나라에 쳐들어오자 정한담은 자원 출전하여 남적에게 항복하고, 오히려 남적의 선봉장이 되어 천자를 공격한다. 천자가 항복하려 할 즈음, 충렬이 천자를 구출하고 반란군을 평정한다. 헤어진 가족과 만난 충렬은 정한담 일파를 물리친 뒤 높은 벼슬에 올라 부귀영화를 누린다.

▶ 갈래: 국문 소설, 영웅 소설, 군담 소설, 적강 소설
▶ 성격: 전기적, 비현실적, 영웅적
▶ 시점: 전지적 작가 시점
▶ 배경: 중국 명나라 시대, 명나라 조정과 중국 대륙
▶ 주제: 유충렬의 고난과 영웅적 행적
▶ 특징
　① 영웅 소설의 전형적 요소를 갖춤.
　② 천상계와 지상계로 이원적 공간이 설정됨.
　③ 유교 사상, 불교 사상, 도교 사상을 바탕으로 함.
▶ 의의: 영웅 소설의 유형적 구조를 잘 보여 주는 대표적인 작품

✎ 박지원, 〈허생전(許生傳)〉

▶줄거리

남산 밑 묵적골에 살며 책 읽기만 즐겨하던 가난한 선비인 허생은, 어느 날 생활고를 견디지 못한 아내의 질책을 듣고 장안의 부자인 변씨를 찾아가 만 냥을 빌린 후 과일과 말총을 매점매석하여 큰돈을 번다. 이후 도적의 소굴로 찾아가 도적들을 설득한 뒤, 이들을 이끌고 미리 보아 둔 빈 섬으로 들어가 농사를 지으며 살도록 한다. 이곳에서 농사와 무역을 통해 부를 축적한 허생은 자신의 이상국 건설 시험을 마친 뒤 섬에서 나와 나라 안의 빈민을 구제한다. 변씨의 이야기를 들은 이완 대장이 허생의 사람됨을 알고 찾아와 인재를 구할 방법을 묻는다. 이에 허생은 시사 삼책을 제시하지만, 이완 대장은 모두 불가능하다고 말한다. 허생은 지배층의 허례허식을 비판하면서 이완을 내쫓는다. 다음날 허생은 자취를 감춘다.

▶갈래: 한문 소설, 풍자 소설
▶성격: 풍자적, 비판적
▶시점: 전지적 작가 시점
▶배경: 조선 효종 때(17세기 중반), 국내(서울, 안성, 제주, 변산 등)와 국외(장기도, 빈섬 등)
▶제재: 허생의 이인적(異人的) 삶
▶주제
　① 지배층인 사대부의 무능과 허위의식 비판
　② 지배층의 각성 촉구
▶특징
　① 실학사상을 바탕으로 당대 사회의 모순을 풍자함.
　② '빈 섬'을 통해 이상향의 구체적인 모습을 제시함.
　③ '허생'이라는 영웅적 인물의 행적을 중심으로 사건을 전개함.
▶의의: 당시 사회의 모순을 비판 · 풍자하고 근대 의식을 고취한 실학 문학의 대표작
▶출전: 《열하일기》 중 〈옥갑야화(玉匣夜話)〉

✎ 허균, 〈홍길동전(洪吉童傳)〉

▶줄거리

길동은 홍 판서와 시비 춘섬 사이에서 서자로 태어난다. 그는 총명하고 재주가 뛰어나 홍 판서의 사랑을 받지만, 천비 소생이라는 신분 때문에 천대를 받고 울분의 나날을 보낸다. 길동은 집안에 자신을 해치려는 무리들이 있음을 알고 출가한다. 위기를 피해 집을 나와 떠돌던 중, 길동은 도적의 무리를 만나 그들의 우두머리가 되어 활빈당(活貧黨)을 조직한다. 길동은 팔도의 탐관오리들을 응징하고 양민을 돕지만 조정에서 길동을 회유하려고 병조 판서로 임명하자, 길동은 조선을 떠나 남경으로 가던 중 율도국을 발견하고 이를 정벌하여 왕이 된다. 길동은 율도국에서 선정을 베풀다가 신선이 되어 사라진다.

▶갈래: 국문 소설, 사회 소설, 영웅 소설

▶성격: 현실 비판적, 영웅적, 전기적(傳奇的)

▶시점: 전지적 작가 시점

▶배경: 조선 시대, 조선국과 율도국

▶제재: 적서 차별

▶주제: 모순된 사회 제도의 개혁과 이상국의 건설

▶특징

① 사회 제도의 불합리성을 비판함.

② 영웅의 일대기라는 서사적 구조가 드러나며 전기적 요소가 강함.

▶의의

① 우리나라 최초의 국문 소설

② 불합리한 사회 제도에 대한 저항 정신이 반영된 현실 참여 문학

✎ 박지원, 〈호질(虎叱)〉

▶줄거리

어느 고을에 학자로 존경받는 북곽 선생이라는 선비가 있었다. 어느 날 그는 동리자라는 과부의 방에 들어가 밀회를 즐기고 있었다. 그런데 과부에게는 성이 다른 다섯 아들이 있었다. 과부의 아들들은 북곽 선생을 천 년 묵은 여우로 의심하여 방으로 쳐들어오고, 북곽 선생은 도망치다가 똥구덩이에 빠진다. 때마침 먹잇감을 찾아 마을에 내려온 범은 북곽 선생의 위선적인 모습과 인간들의 파렴치한 행동 등 부정적인 모습을 신랄하게 꾸짖고는 사라진다. 이에 북곽 선생은 머리를 조아리며 비굴한 모습으로 목숨을 애걸하는데, 새벽에 일하러 나온 농부가 이 모습을 보고 의아하게 생각하며 북곽 선생에게 연유를 묻는다. 북곽 선생은 범이 사라진 것을 알고 또다시 위선적인 선비의 모습으로 돌아와 자기변명을 한다.

▶연대: 조선 영조 때(18세기 후반)

▶출전: 《열하일기》 중 〈관내정사(關內程史)〉

▶갈래: 한문 소설, 단편 소설, 우화 소설, 풍자 소설

▶성격: 풍자적, 비판적, 우의적

▶시점: 전지적 작가 시점

▶배경: 정(鄭)나라 어느 고을

▶제재: 양반의 허위의식

▶주제: 양반의 위선적인 삶과 인간 사회의 부도덕성 비판

▶특징

① 우의적 수법을 사용함.

② 인물의 행위를 희화화하여 제시함.

③ 실학사상을 바탕으로 인간의 부정적인 삶에 대해 비판함.

4 고전 수필

1. 개념

고려 시대 패관 문학에서부터 조선 후기까지 창작된 자유로운 형식의 글을 말한다.

2. 발달 배경

(1) 사회 변동

임진왜란과 병자호란 등으로 인해 개인의 체험이나 역사적 사실에 대한 느낌을 기록하는 것의 필요성이 대두되었다.

(2) 산문화 경향

서민 의식의 성장에 따라 산문화 경향이 주를 이루면서 다양한 수필 작품이 창작되었다.

(3) 한글의 보급

17세기경부터 한글이 광범위하게 보급되어 일상적 경험을 섬세하고 구체적인 표현으로 기술할 수 있게 되었다.

(4) 여성의 참여

작가층이 여성으로 확대되면서 한글 수필들이 다수 등장하였다.

3. 특징

(1) 형식상

설(說), 일기, 기행, 제문, 내간, 궁중 수필 등 다양한 형식의 작품이 지어졌다.

(2) 내용상

① 이치에 따라 사물을 해석하고 시비를 밝히면서 의견을 개진하거나 일상적 삶에서 느낀 생각을 자유롭게 펼친 개성적 작품이 많다.

② 조선 후기에는 여성 특유의 섬세함이 돋보이는 작품이 많이 창작되었으며, 특히 한글 수필들은 섬세한 필치와 우리말의 아름다움이 두드러진다.

③ 양반 계층이 작자인 경우 대부분 당대 사회에 대한 비판 의식을 드러내고, 평민이나 여성이 작자인 경우 경험에 기초한 솔직한 감정 표출이 주를 이룬다.

4. 종류

한문 수필	고려에서 조선 후기에 이르는 한문으로 된 모든 수필을 말하며, 기(記), 록(錄), 설(說), 담(談) 등이 이에 해당함. 예 이규보, 〈경설〉
국문 수필	궁중 수필, 일기, 기행, 서간, 제문, 평론 등 다양한 형식의 작품들이 창작됨. 예 혜경궁 홍씨, 〈한중록〉(궁중 수필) / 유씨 부인, 〈조침문〉(제문)

■ 내간

'내간'은 부녀자가 거처하는 곳을 이르는 말로, 내간체는 한글이 사대부 여성들 사이에 편지나 기행문 등을 통해 널리 쓰이면서 이루어진 문체이다. 관념적이고 규범적인 한문과 달리 일상적 체험과 느낌을 진솔하게 표현하며 여성다운 섬세한 관찰력과 표현력으로 독특한 경지를 보여 주고 있다.

5 고전 극 문학

1. 개념

예로부터 전승되어 온 다양한 형태의 연극을 가리키는 말로, 전통극이라고도 한다. 조선 후기에 이르러 서민 의식의 성장으로 다양한 방식으로 변모되면서 정립되었다. 민속극은 조선 후기에 성장한 서민 의식이 가장 극명하게 표현된 예술로, 판소리와 함께 서민들의 해학성을 대표하는 갈래이다.

2. 특징

(1) 형식상

① 개방성: 별도의 무대 장치가 필요하지 않으며, 상황에 따라 극의 내용과 성격이 자유롭게 바뀌고 관객의 참여가 활발하게 이루어지는 개방성을 지닌다.

② 독립성: 하나의 극은 대체로 여러 과장으로 구성되는데, 각 과장은 거의 독립적이다.

(2) 내용상

① 서민적: 서민들을 관중으로 삼았기 때문에 서민들의 언어와 삶의 모습이 생생히 드러난다.

② 희극적: 관중들을 오락적으로 만족시키기 위한 신명과 넉살이 있고, 해학을 바탕으로 한 희극적 성격이 나타난다.

③ 비판적: 지배층에 대한 풍자와 비판의 성격을 지닌다.

민속극의 전반적인 특징

전승 방법	구전, 세습
연희 방법	춤, 대사, 음악
주된 정신 내용	서민 정신, 풍자와 해학의 정신
향유 계층	평민

3. 종류

무극(巫劇)	굿에서 연행되는 굿놀이를 말함.
가면극(假面劇)	각 지역에서 행해지던 탈놀이를 말함.
창극(唱劇)	판소리를 극화시킨 것을 말함.
인형극(人形劇)	'남사당'이라는 유랑 연예 집단에 의해 연희된 극을 말함.

■ 개방성

전통극은 현대극에 비해 관객의 참여가 자유로운 개방성을 지니고 있다. 관객과 등장인물이 함께 어우러지고 관객이 적극적으로 참여함에 따라 극에 대한 몰입도가 높아지는 효과가 있다.

■ 과장(科場)

탈놀이에서, 현대극의 '막'이나 판소리의 '마당'에 해당하는 말이다.

6 판소리

1. 개념

한 사람의 창자가 고수(鼓手) 한 사람의 북 장단과 추임새에 맞추어 서사적인 이야기를 구연하는 구비 서사시이다. 판소리의 대본을 판소리 사설, 그 창자를 판소리 광대 또는 소리꾼이라 부르며, 판소리를 부르는 공간을 소리판이라고 한다.

2. 성격

전문성	전문 직업인인 광대가 부르며, 창자는 수련을 거쳐야만 일정한 수준에 도달할 수 있음.
변화와 다양성	표현과 수식, 율격이나 구성 원리 등에 있어 다른 구비 문학 양식보다 다채로움.
향유층의 다변성	본래 서민층에서 향유되던 판소리는 후대에 중인층, 양반층에 이르기까지 폭넓게 향유되었으며, 민족 전체가 즐기는 예술로 발전함.

3. 특징

(1) 형식상

음악(창), 문학(아니리), 연극(발림)적 요소가 결합되어 있는 종합 예술의 형식으로, 극적 요소가 많고 운문체로 되어 있다.

(2) 내용상

① 서민들의 현실을 주로 그리고 있으며, 서민 의식을 반영한 풍자와 해학 등 골계적인 내용이 많다.

② 주로 평범한 사람이 주인공으로 설정되었다.

③ 대개 표면적 주제와 이면적 주제가 있다.

④ 서민층의 비속어와 양반층의 한문 투가 공존하였다.

4. 구성

창(노래)	가락에 맞추어 높은 소리로 부르는 부분을 이름.
아니리(사설)	창이 아닌 말로, 창 도중에 이야기하는 말을 이름.
발림(너름새)	창자가 하는 보조 동작으로, 자기가 부르고 있는 사설이 나타내는 장면을 동작으로 묘사함으로써 관중의 이해를 돕는 구실을 함.
추임새	고수가 창자의 흥을 돋우기 위해 넣는 '좋다', '얼씨구' 등의 감탄사로, 관중도 넣을 수 있음.

■ 골계

골계는 보통 '우스꽝스러움'이라는 의미로 쓰이며 웃음을 자아내는 모든 요소에 폭넓게 적용되는 말이다. 기지, 풍자, 반어, 해학 등을 포함하며 비장, 우아, 숭고와 함께 미적 범주의 하나를 이루고 있다.

현대 문학

01 다음 작품의 밑줄 친 부분에 사용된 표현 방식과 같은 것은?　2016. 통합 소방

> 보기
>
> 아이들이 큰 소리로 책을 읽는다
> 나는 물끄러미 그 소리를 듣고 있다
> 한 아이가 소리 내어 책을 읽으면
> 반 아이도 따라서 책을 읽는다
> 청아한 목소리로 꾸밈없는 목소리로
> "아니다 아니다!"하고 읽으니
> "아니다 아니다!"따라서 읽는다
> "그렇다 그렇다!"하고 읽으니
> "그렇다 그렇다!"따라서 읽는다
> ㉠ 외우기도 좋아라 하급반 교과서
> 활자도 커다랗고 읽기에도 좋아라
> 목소리 하나도 흐트러지지 않고
> 한 아이가 읽는 대로 따라 읽는다
>
> 이 봄날 쓸쓸한 우리들의 책 읽기여
> 우리 나라 아이들의 목청들이여
>
> － 김명수, 〈하급반 교과서〉

① 아아 님은 갔지마는 나는 님을 보내지 아니하였습니다.

② 먼 후일 당신이 찾으시면 / 그때에 내 말이 '잊었노라' // 오늘도 어제도 아니 잊고 / 먼 후일 그때에 '잊었노라'

③ 이러매 눈 감아 생각해 볼밖에 / 겨울은 강철로 된 무지갠가 보다.

④ 삶은 계란의 껍질이 / 벗겨지듯 / 묵은 사랑이 / 벗겨질 때 / 붉은 파 밭의 푸른 새싹을 보아라 / 얻는다는 것은 곧 잃는 것이다

풀이 〈보기〉의 밑줄 친 부분에서 사용된 수사법은 반어법이다. ② '먼 후일 그 때에 잊었다'는 표현 또한 반어법에 해당한다.
오답 ①, ③, ④는 모두 역설법이 사용되있다.

정답 01 ②

02 다음 작품에 대한 설명으로 옳은 것은?

보기

나 하늘로 돌아가리라.
새벽빛 와 닿으면 스러지는
이슬 더불어 손에 손을 잡고,

나 하늘로 돌아가리라.
노을빛 함께 단 둘이서
기슭에서 놀다가 구름 손짓하면은,

나 하늘로 돌아가리라.
아름다운 이 세상 소풍 끝내는 날,
가서, 아름다웠더라고 말하리라…….

- 천상병, 〈귀천〉

① 화자의 인생을 달관하고 삶을 관조하는 태도가 나타나 있다.
② 화자는 존재의 유한성을 인식하고 안타까워하고 있다.
③ 수미상관을 통해 사상의 안정감을 부여하고 있다.
④ 화자는 이승과 저승의 단절감을 극복하고 있다.

풀이 '삶'을 '아름다운 소풍'으로 보고 '죽음'을 하늘로 돌아가는 일이라 생각하는 화자의 모습을 통해 화자는 인생을 달관하고 삶을 관조하고 있음을 알 수 있다.

03 다음 작품에 대한 설명으로 가장 적절한 것은?

보기

맞벌이 부부 우리 동네 구자명 씨
일곱 달 된 아기 엄마 구자명 씨는
출근 버스에 오르기가 무섭게
아침 햇살 속에서 졸기 시작한다
경기도 안산에서 서울 여의도까지
경적 소리에도 아랑곳없이
옆으로 앞으로 꾸벅꾸벅 존다
차창 밖으론 사계절이 흐르고
진달래 피고 밤꽃 흐드러져도 꼭
부처님처럼 졸고 있는 구자명 씨,
그래 저 십 분은
간밤 아기에게 젖 물린 시간이고
또 저 십 분은
간밤 시어머니 약시중 든 시간이고
그래그래 저 십 분은
새벽녘 만취해서 돌아온 남편을 위하여 버린 시간일 거야.

풀이 화자가 구자명 씨를 관찰하며 그의 힘든 삶을 상상하고 있다. 따라서 이 작품은 화자가 대상이 처한 부조리한 상황에 대해 비판하고 있음을 알 수 있다.

고단한 하루의 시작과 끝에서
잠 속에 흔들리는 팬지꽃 아픔
식탁에 놓인 안개꽃 멍에
그러나 부엌문이 여닫기는 지붕마다
여자가 받쳐 든 한 식구의 안식이
아무도 모르게
죽음의 잠을 향하여
거부의 화살을 당기고 있다.

- 고정희, 〈우리 동네 구자명 씨〉

① 화자가 겪는 고통스러운 삶에 대해서 말하고 있다.
② 대상이 처한 부조리한 상황에 대해서 말하고 있다.
③ 상징적 사물을 통해 대상의 어리석음을 비판하고 있다.
④ 아름다운 배경 묘사를 통해 화자의 만족감을 표현하고 있다.

04 표현상의 특징에 대한 설명으로 적절하지 <u>않은</u> 것은?

2015. 통합 소방

보기

푸른 산이 흰 구름을 지니고 살 듯
내 머리 위에는 항상 푸른 하늘이 있다.

하늘을 향하고 산림처럼 두 팔을 드러낼 수 있는 것이 얼마나 숭고한 일이냐
두 다리는 비록 연약하지만 젊은 산맥으로 삼고
부절히 움직인다는 둥근 지구를 밟았거니……

푸른 산처럼 든든하게 지구를 디디고 사는 것은 얼마나 기쁜 일이냐
뼈에 저리도록 '생활'은 슬퍼도 좋다
저문 들길에 서서 푸른 별을 바라보자……

푸른 별을 바라보는 것은 하늘 아래 사는 거룩한 나의 일과이거니……

- 신석정, 〈들길에 서서〉

① 색채어의 반복을 통해 희망적인 정서를 강조하고 있다.
② 비유를 통해 자연물과 인간의 유사성을 제시하고 있다.
③ 어조의 변화를 통해 과거를 반성하고 있다.
④ 밝음과 어둠의 대비를 통해 화자가 지향하는 바를 제시하고 있다.

풀이 어조는 종결 표현을 통해 드러낸다. 이 작품의 경우 '-냐'를 반복하고 있을 뿐 어조의 변화는 나타나지 않고, 반성적 태도 또한 확인할 수 없다.

오답 ① 색채어의 반복: 푸른 산 / 푸른 별. ② 비유를 통한 자연과 인간의 유사성: 푸른 산이 흰 구름을 지니고 살 듯 (직유법), ④ 밝음과 어둠의 대비: 저문 들길(어둠) ↔ 푸른 별(밝음)

정답 04 ③

※ 다음 작품을 읽고 물음에 답하시오. [5~6]

> 보기
>
> 여승은 합장하고 절을 했다.
> 가지취의 내음새가 났다.
> 쓸쓸한 낯이 옛날같이 늙었다.
> 나는 불경처럼 서러워졌다.
>
> 평안도의 어늬 산 깊은 금덤판
> 나는 파리한 여인에게서 옥수수를 샀다.
> 여인은 나어린 딸아이를 따리며 가을밤같이 차게 울었다.
>
> 섶벌같이 나아간 지아비 기다려 십 년이 갔다.
> ㉠ 지아비는 돌아오지 않고
> 어린 딸은 도라지꽃이 좋아 돌무덤으로 갔다.
>
> 산꿩도 섧게 울은 슬픈 날이 있었다.
> 산절의 마당귀에 여인의 머리오리가 눈물방울과 같이 떨어진 날이 있었다.
>
> — 백석, 〈여승〉

05 이 시의 내용을 시간적 순서에 따라 재구성할 때 가장 나중에 나오는 것은?

2010. 중앙 소방

① 1연
② 2연
③ 3연
④ 4연

풀이 이 작품은 화자가 여승이 된 여인을 본 뒤 그녀의 삶을 회상하는 방식으로 이루어진 역순행적 구성 방식을 취하고 있다. 따라서 가장 나중에 나오는 것이 현재 상황을 이야기하는 1연이다.

06 ㉠의 상황과 어울리는 속담은?

2014. 통합 소방

① 가지 많은 집 바람 잘 날 없다.
② 엎친 데 덮친 격
③ 잣 놓고 기역자도 모른다.
④ 소귀에 경읽기

풀이 남편이 떠나고 아이까지 죽은 상황이므로 '엎친 데 덮친 격' 또는 한자성어로 '설상가상'이 어울린다.

정답 ▶ 05 ① 06 ②

07 이 시에서 나머지와 의미가 다른 하나는?

2008. 부산 소방

> **보기**
>
> 이것은 소리 없는 아우성
> 저 푸른 해원(海原)을 향하여 흔드는
> 영원한 노스텔지어의 손수건
> 순정은 물결같이 바람에 나부끼고
> 오로지 맑고 곧은 이념의 푯대 끝에
> 애수는 백로처럼 날개를 펴다.
> 아아 누구던가
> 이렇게 슬프고도 애닯픈 마음을
> 맨 처음 공중에 달 줄을 안 그는.
>
> — 유치환, 〈깃발〉

① 아우성   ② 해원
③ 손수건   ④ 순정
⑤ 애수

08 이 시에 대한 설명으로 틀린 것은?

2013. 경기 소방

> **보기**
>
> 매운 계절(季節)의 채찍에 갈겨
> 마침내 북방(北方)으로 휩쓸려 오다.
>
> 하늘도 그만 지쳐 끝난 고원(高原)
> 서릿발 칼날 진 그 위에 서다
>
> 어데다 무릎을 꿇어야 하나?
> 한 발 재겨 디딜 곳조차 없다.
>
> 이러매 눈 감아 생각해 볼밖에
> 겨울은 강철로 된 무지갠가 보다.
>
> — 이육사, 〈절정〉

① 시상의 전환으로 주제를 강조하였다.
② 남성적 어조로 강한 의지를 나타냈다.
③ 언어유희를 사용하였다.
④ 수직적 흐름을 활용하여 극한적 상황을 형상화하였다.

09 화자가 겉으로 드러나지 않는 것은?

① 어느새 나도 그때의 아버지만큼 나이를 먹었다. – 김종길, 〈성탄제〉

② 저승이 어딘지는 똑똑히 모르지만, 춘향의 사랑보단 오히려 더 먼 딴 나라는 아마 아닐 것입니다. – 서정주, 〈춘향유문〉

③ 녹음(綠陰)이 종이가 되어 금붕어가 시를 쓴다. – 김광섭, 〈비 개인 여름 아침〉

④ 바람이 파도를 밀어올리듯이 / 그렇게 나를 밀어 올려 다오 / 향단아. – 서정주, 〈추천사〉

풀이 ① · ④는 시적 화자인 '나'가 직접 제시되어 있고, ②는 '저승이 어딘지는 (나는) 똑똑히 모르지만'에서 '나'가 직접적으로 드러나지는 않지만 '모르는'의 주체가 화자라는 것을 통해 겉으로 드러난다고 할 수 있다.

10 이 시의 표현상 특징에 대한 설명으로 가장 적절한 것은?

> 보기
>
> 내 가슴에 독(毒)을 찬 지 오래로다.
> 아직 아무도 해(害)한 일 없는 새로 뽑은 독
> 벗은 그 무서운 독 그만 흩어 버리라 한다.
> 나는 그 독이 선뜻 벗도 해할지 모른다 위협하고,
>
> 독 안 차고 살아도 머지 않아 너 나 마주 가 버리면
> 억만세대(意萬世代)가 그 뒤로 잠자코 흘러가고
> 나중에 땅덩이 모지라져 모래알이 될 것임을
> '허무(虛無)한듸!' 독은 차서 무엇하느냐고?
>
> 아! 내 세상에 태어났음을 원망 않고 보낸
> 어느 하루가 있었던가, '허무한듸!' 허나
> 앞뒤로 덤비는 이리 승냥이 바야흐로 내 마음을 노리매
> 내 산채 짐승의 밥이 되어 찢기우고 할퀴우라 내맡긴 신세임을
>
> 나는 독을 차고 선선히 가리라
> 막음 날 내 외로운 혼(魂) 건지기 위하여.
>
> – 김영랑, 〈독을 차고〉

① 역설적 표현을 통하여 시적 의미를 강조하고 있다.

② 영탄적 표현을 사용하여 감정을 직접적으로 드러내고 있다.

③ 유사한 통사 구조의 반복으로 리듬감을 살리고 있다.

④ 직접 비유를 통하여 사물에 인격을 부여했다.

풀이 '허무한듸!', '나는 ~가리라' 등의 영탄법을 사용하여 감정을 직접적으로 나타내고 있다.

정답 09 ③ 10 ②

11 다음 작품에 대한 설명으로 옳지 않은 것은?

2016. 통합 소방

　대구에서 서울로 올라오는 차중에서 생긴 일이다. 나는 나와 마주 앉은 그를 매우 흥미 있게 바라보고 또 바라보았다. 두루마기 격으로 기모노를 둘렀고, 그 안에서 옥양목 저고리가 내어 보이며, 아랫도리엔 중국식 바지를 입었다. 그것은 그네들이 흔히 입는 유지 모양으로 번질번질한 암갈색 피륙으로 지은 것이었다. 그리고 발은 감발을 하였는데 짚신을 신었고, 고부가리로 깎은 머리엔 모자도 쓰지 않았다. 우연히 이따금 기묘한 모임을 꾸미는 것이다. 우리가 자리를 잡은 찻간에는 공교롭게도 세 나라 사람이 다 모였으니, 내 옆에는 중국 사람이 기대었다. 그의 옆에는 일본 사람이 앉아 있었다. 그는 동양 삼국 옷을 친 몸에 깁은 보람이 있어 일본말노 곧살 철철대이거니와 중국말에도 그리 서툴지 않은 모양이었다.

－ 현진건, 〈고향〉

① 서술자가 인물의 내면세계까지 알 수 있다.
② 외양 묘사를 통해 인물의 상황을 알 수 있다.
③ 서술자와 주인공, 서술자와 독자 사이의 거리가 멀다.
④ 조선 민중의 기구한 삶의 모습이 상징적으로 담겨 있다.

풀이 〈보기〉의 이 작품은 1인칭 서술자 '나'가 찻간에서 만난 동양 삼국의 옷을 입은 '그'의 모습을 관찰하는 1인칭 관찰자 시점의 소설이다. 따라서 서술자가 인물의 내면세계를 알 수는 없다.

12 다음 작품에서 나타나는 주된 갈등은 무엇인가?

2016. 통합 소방

　인테리…… 인테리 중에도 아무런 손끝의 기술이 없이 대학이나 전문 학교의 졸업 증서 한장을 또는 조그마한 보통 상식을 가진 직업 없는 인테리…… 해마다 천여 명씩 늘어가는 인테리…… 뱀을 본 것은 이들 인테리다.
　부르죠아지의 모든 기관이 포화 상태가 되어 더 수효가 아니 느니 그들은 결국 꾀임을 받어 나무에 올라갔다가 흔들리우는 셈이다. 개밥의 도토리다.
　인테리가 아니었으면 차라리…… (日帝時 九字 削除: 編輯者 註) 노동자가 되었을 것인데 인테리인지라 그 속에는 들어갔다가노 노로 달아나오는 것이 99프로다. 그 나머지는 모두 어깨가 축 처진 무직 인테리요 무기력한 문화 예비군 속에서 푸른 한숨만 쉬는 초상집의 주인 없는 개들이다. 레디메이드 인생이다.

－ 채만식, 〈레디메이드 인생〉

① 개인과 운명과의 갈등
② 한 개인의 내면적 갈등
③ 개인과 개인 사이의 갈등
④ 개인과 사회와의 갈등

풀이 〈보기〉의 이 작품은 인테리, 즉 지식인임에도 불구하고 일자리를 구하지 못하는 인물의 모습을 그리고 있다. 따라서 이 작품에 나타나는 주된 갈등은 개인과 사회와의 갈등이다.

정답 11 ① 12 ④

> _{보기}
>
> 　응오는 진실한 농군이었다. 나이 서른하나로 무던히 철났다 하고 동리에서 쳐주는 모범 청년이었다. 그런데 벼를 베지 않는다. 남은 다들 거둬들였고 털기까지 하련만 그는 벨 생각조차 않는 것이다.
>
> 　지주라든 혹은 그에게 장리를 놓은 김 참판이든 뻔질 찾아와 벼를 베라 독촉하였다.
>
> "얼른 털어서 낼 건 내야지."
>
> 하면 그 대답은,
>
> "계집이 죽게 됐는데 벼는 다 뭐지유."
>
> 하고 한결같이 내뱉는 소리뿐이었다.
>
> 　하기는 응오의 아내가 지금 기지사경이매 틈은 없었다 하더라도 돈이 놀아서 약을 못 쓰는 이 판이니 진시 벼라도 털어야 할 것이다.
>
> 　그러면 왜 안 털었던가.
>
> 　그것은 작년 응오와 같이 지주 문전에서 타작을 하던 친구라면 묻지는 않으리라. 한 해 동안 애를 졸이며 홑자식 모양으로 알뜰히 가꾸던 그 벼를 거둬들임은 기쁨에 틀림없었다. 꼭두새벽부터 엣, 엣 하며 괴로움을 모른다. 그러나 캄캄하도록 털고 나서 지주에게 도지를 제하고, 장리쌀을 제하고, 삭초를 제하고 보니, 남는 것은 등줄기를 흐르는 식은땀이 있을 따름. 그것은 슬프다 하니보다 끝없이 부끄러웠다. 같이 털어 주던 동무들이 뻔히 보고 섰는데 빈 지게로 덜렁거리며 집으로 돌아오는 건 진정 열쩍기 짝이 없는 노릇이었다. 참다 참다 못해 응오는 눈에 눈물이 흘렀던 것이다.

13 다음 중 응오의 상태를 나타내는 속담으로 적절한 것은?

① 자는 범 코침 놓다.

② 나간 놈 집구석이다.

③ 가는 손님 뒤꼭지가 예쁘다.

④ 재주는 곰이 부리고 돈은 왕서방이 번다.

14 응오의 사회적 지위로 적절한 것은?

① 소작농

② 자작농

③ 지주

④ 아전

고전 문학

01 다음 작품에 대한 설명으로 옳지 않은 것은?

2010. 통합 소방

보기

생사(生死) 길은
예 있으매 머뭇거리고,
나는 간다는 말도
못다 이르고 어찌 갑니까.

어느 가을 이른 바람에
이에 저에 떨어질 잎처럼,
한 가지에 나고
가는 곳 모르온저.

아아, 미타찰(彌陀刹)에서 만날 나
도(道) 닦아 기다리겠노라.

– 월명사, 〈제망매가(祭亡妹歌)〉

① 생사의 길은 살아있는 나와 죽은 누이를 갈라놓는 경계이다.
② 3구의 '나'와 9구의 '나'는 동일한 인물이다.
③ 미타찰(彌陀刹)은 화자가 궁극적으로 지향하는 세계이다.
④ 자연 섭리에 대한 비유를 통해 혈육 간의 이별을 표현하였다.

풀이 3구의 '나'는 죽은 누이이고, 9구의 '나'는 작가인 월명사를 가리킨다.

02 〈청산별곡〉에 대한 설명으로 알맞은 것은?

2008. 부산 소방

① 4음보의 정형시이다.
② 시적 자아는 현실 세계에 만족하고 있다.
③ 현실에 안주하여 편안함을 느끼고 있다.
④ ㄹ과 ㅇ음을 반복하여 음악적 리듬감을 잘 살리고 있다.

풀이 〈청산별곡〉의 후렴구를 보면 'ㄹ, ㅇ'음이 반복되어 운율을 형성하고 있음을 알 수 있다.
오답 ① 3음보 정형시이다. ②·③ 이 작품은 현실에 만족하는 것이 아니라 현실적 도피적 공간을 꿈꾸고 있다.

03 다음 중 밑줄 친 '새'와 연관되는 한자성어는?

2012. 중앙 소방

보기

우러라 우러라 새여 자고 니러 우러라 새여.
널라와 시름 한 나도 자고 니러 우니노라.
얄리얄리 얄라셩 얄라리 얄라

① 동병상련(同病相憐)　　② 유유상종(類類相從)
③ 진퇴양난(進退兩難)　　④ 전전반측(輾轉反側)

풀이 '새'는 비탄에 잠긴 시적 화자의 분신으로 감정이입의 대상이다. 따라서 시적 화자가 '동병상련'의 감정을 느끼는 대상이다.

정답 01 ② 02 ④ 03 ①

04 다음 (가)에 들어갈 말을 참고로 하여 이 작품과 관련이 깊은 동물은?

2015. 통합 소방

> [보기]
>
> 딕들에 동난지이 사오. 져 쟝스야 네 황후 긔 무서시라 웨는다 사쟈
>
> 외골 내육(外骨內肉) 양목(兩目)이 상천(上天) 전행 후행(前行後行) 소(小)아리 팔족(八足) 대(大)아리 이족(二足) 청장(淸醬) 으스슥ᄒᆞᄂᆞᆫ 동난지이 사오.
>
> 쟝스야, 하 거복이 웨지 말고 ((가))이라 ᄒᆞ렴은.

① 게   ② 자라

③ 문어   ④ 거북이

05 다음 중 사설시조에 대한 설명으로 바르지 않은 것은?

2013. 통합 소방

① 가사투나 민요의 영향으로 기본형보다 2구 이상이 길어져 파격이 심하다.

② 평민층의 현실적 생활 감정을 진솔하게 나타냈다.

③ 골계미를 중시하며, 대화체나 재담 등이 사용되었다.

④ 작자 미상이 거의 없고, 주로 양반층이 창작하였다.

사설시조는 조선 후기에 창작된 갈래로, 주된 창작 계층은 서민들이다.

06 다음 작품에 대한 설명으로 적절하지 않은 것은?

2015. 통합 소방

> [보기]
>
> ㉠ 紅塵(홍진)에 뭇친 분네 이내 生涯(생애) 엇더ᄒᆞᆫ고
>
> 녯 사ᄅᆞᆷ 風流(풍류)를 미출가 못 미출가
>
> 天地間(천지간) 男子(남자) 몸이 날 만ᄒᆞᆫ 이 하건마ᄂᆞᆫ
>
> ㉡ 山林(산림)에 뭇쳐 이셔 至樂(지락)을 ᄆᆞ를 것가
>
> 數間茅屋(수간모옥)을 碧溪水(벽계수) 앏픠 두고
>
> 松竹(송죽) 鬱鬱裏(울울리)예 ㉢ 風月主人(풍월주인) 되여셔라
>
> 엇그제 겨을 지나 새봄이 도라오니
>
> 桃花杏花(도화행화)ᄂᆞᆫ 夕陽裏(석양리)예 퓌여 잇고
>
> 綠楊芳草(녹양방초)ᄂᆞᆫ 細雨中(세우 중)에 프르도다
>
> 칼로 ᄆᆞᆯ아 낸가 붓으로 그려 낸가
>
> 造化神功(조화신공)이 物物(물물)마다 헌ᄉᆞ롭다
>
> 수풀에 우는 새ᄂᆞᆫ 春氣(춘기)를 못내 계워 소ᄅᆡ마다 嬌態(교태)로다
>
> ㉣ 物我一體(물아일체)어니 興(흥)이이 다ᄅᆞᆯ소냐
>
> 柴扉(시비)예 거러 보고 亭子(정자)애 안자 보니
>
> 逍遙吟詠(소요음영)ᄒᆞ야 山日(산일)이 寂寂(적적)ᄒᆞᆫ듸
>
> 閒中眞味(한중진미)를 알 니 업시 호재로다

물아일체(物我一體)는 '자연과 내가 하나가 된다.'의 뜻으로 자연과 하나가 된 자신의 풍류를 설의적 표현으로 나타낸 것일 뿐, 감각적 심상을 통한 '옛 사람'의 풍류를 나타낸 것도 아니다.

오답 ① 홍진(紅塵): 속세, 인세를 말한다. ② 지락(至樂)을 ᄆᆞ를 것가: 지락(至樂)을 마다겠나?는 설의적 표현으로 자극한 즐거움을 즐기는 자신의 상황에 대한 만족감, 자부심의 표현이다. ③ 풍월주인(風月主人): 자연의 주인. 속세를 떠나 자연을 벗 삼아 사는 사람을 가리킨다.

① ㉠은 화자가 거처하는 '수간모옥(數間茅屋)'과 대조되는 공간이다.

② ㉡에서 화자는 '지락(至樂)'의 상황에 대한 자부심을 가지고 있다.

③ ㉢은 '이내 생애(生涯)'의 화자가 지향하는 대상이다.

④ ㉣은 감각적 심상을 통해 옛 사람의 풍류를 구체화하고 있다.

※ 다음 글을 읽고, 물음에 답하시오. [7~8]

보기

새로 거른 막걸리 젖빛처럼 뿌옇고
큰 사발에 보리밥, 높기가 한 자로세.
밥을 먹자 도리깨 잡고 마당에 나서니
검게 탄 두 어깨 햇볕 받아 번쩍이네.
옹헤야 소리 내며 발맞추어 두드리니
삽시간에 보리 낟알 온 마당에 가득하네.
주고받는 노랫가락 점점 높아지는데
보이느니 지붕 위에 보리 티끌뿐이로다.
그 기색 살펴보니 즐겁기 짝이 없어
마음이 몸의 노예가 되지 않았네.
낙원이 먼 곳에 있는 게 아닌데
무엇하러 벼슬길에 헤매고 있으리오.

07 위 작품에 대한 설명으로 옳지 않은 것은?   2016. 통합 소방

① 외부 세계에서 모습을 보고 깨달음을 얻고 있다.

② 정적인 이미지를 중심으로 묘사하고 있다.

③ 일상적인 시어로 생동감을 주고 있다.

④ 선경후정의 방식으로 시상을 전개하고 있다.

풀이 화자는 전반부에서 보리타작을 하는 농민의 모습을 관찰하고 있다. 농민의 노동하는 모습을 동적인 이미지로 묘사한 것이지, 정적인 이미지는 아니다.

08 위 시에서 서정적 자아의 정서 변화를 가장 잘 나타낸 것은?   2012. 경기 소방

① 장소를 옮겨가며 장면을 묘사

② 낮에서 밤으로 시간이 바뀜

③ 경치를 바라보다 내적인 성찰을 함

④ 계절의 순번에 따른 분위기의 변화를 노래

풀이 선경후정(先景後情)으로 시상을 전개하고 있다.

09 다음 작품에 쓰이지 않은 표현 기법은?

2016. 통합 소방

> 보기
>
> 비 개인 긴 둑엔 풀빛이 짙은데,
> 그대 보내는 남포엔 슬픈 노래 울먹이네.
> 대동강 물이야 어느 때 마를 건가
> 해마다 이별 눈물 푸른 강물 더하는 것을.

① 도치법
② 과장법
③ 풍유법
④ 설의법

10 다음 중 가전체 작품과 의인화된 사물의 연결이 옳지 않은 것은?

2015. 통합 소방

① 국순전 – 술
② 공방전 – 엽전
③ 저생전 – 돼지
④ 정시자전 – 지팡이

11 다음 작품에서 밑줄 친 부분과 표현 방식이 유사한 것은?

2016. 통합 소방

> 보기
>
> 말뚝이: (가운데쯤에 나와서) 쉬이. (음악과 춤 멈춘다.) 양반 나오신다! 양반이라고 하니까 노론(老論), 소론(少論), 호조(戶曹), 병조(兵曹), 옥당(玉堂)을 다 지내고 삼정승(三政丞), 육판서(六判書)를 다 지낸 퇴로 재상(退老宰相)으로 계신 양반인 줄 알지 마시오. 개잘량이라는 '양'자에 개다리소반이라는 '반'자 쓰는 양반이 나오신단 말이오.

① 너에 대한 사랑은 '사랑해'로는 부족해. 나는 너를 '오랑해!'
② 매미는 맴맴 울고 쓰르라미는 쓰르르 운다.
③ 난간 이마에 주게턱 웅게눈에 개발코, 머리칼은 다 모즈러진 빗자루 같고
④ 원숭이 엉덩이는 빨개, 빨간 건 사과, 사과는 맛있어.

12 다음 밑줄 친 문장의 의미가 틀린 것은?

2012. 통합 소방

보기

말 뚝 이: (㉠ 벙거지를 쓰고 채찍을 들었다. 굿거리 장단에 맞추어 양반 3형제를 인도
　　　　하여 등장)

양반 3형제: 말뚝이 뒤를 따라 굿거리 장단에 맞추어 점잔을 피우나, 어색하게 춤을 추
　　　　며 등장. 양반 3형제 중에서 맏이는 샌님[生員], 둘째는 서방님[書房], 끝은
　　　　도련님[道令]이다. 샌님과 서방님은 흰 창옷에 관을 썼다. 도련님은 남색 쾌
　　　　자에 복건(幅巾)을 썼다. 샌님과 서방님은 언청이이며(샌님은 언청이 두 줄,
　　　　서방님은 한 줄이다.), 부채와 장죽을 가지고 있고, 도련님은 입이 삐뚤어졌
　　　　고, 부채만 가졌다. 도련님은 일절 대사는 없으며, ㉡ 형들과 동작을 같이하
　　　　면서 형들의 면상을 부채로 때리며 방정맞게 군다.

말 뚝 이: (가운데쯤에 나와서) ㉢ 쉬이. (음악과 춤 멈춘다.) 양반 나오신다! 양반이라
　　　　고 하니까 노론(老論), 소론(少論), 호조(戶曹), 병조(兵曹), 옥당(玉堂)을 다
　　　　지내고 삼정승(三政丞), 육판서(六判書)를 다 지낸 퇴로 재상(退老宰相)으
　　　　로 계신 양반인 줄 알지 마시오. ㉣ 개잘량이라는 '양'자에 개다리소반이라
　　　　는 '반'자 쓰는 양반이 나오신단 말이오.

① ㉠ 말뚝이가 하층민임을 의미한다.
② ㉡ 대상을 희화화시키고 있다.
③ ㉢ 새로운 무대가 시작함을 의미한다.
④ ㉣ 어순의 도치로 언어유희를 사용하고 있다.

풀이 ㉣은 "개잘량이라는 '양'
자에 개다리소반이라는 '반'자
쓰는 양반"은 동음이의어를
활용한 언어유희이다.

고전 및 현대 문학사

제1절 고대 문학

1 개념 및 특징

1. 개념

한국 문학의 발생기부터 통일 신라 시대까지의 문학을 말한다.

2. 특징

① 원시 종합 예술에서 고대 문학이 발생하였고, 사상적 바탕은 주술적 내용의 샤머니즘과 토테미즘이었다.

② 신화와 전설 등은 서사 문학의 원류가 되었고, 고대 가요는 서정 문학의 원형이 되었다.

③ 집단적 서사시를 출발로, 개인적 서정을 표현하는 문학으로 발전하였다.

④ 신라 시대에 형성된 향가는 한자의 음과 훈을 빌려 쓴 향찰에 의한 것으로, 우리말로 기록된 최초의 정형시라는 점에서 의미가 있다.

2 시가 문학

1. 고대 가요

(1) 형성

집단적 서사시에서 개인적 서정시로 분리, 발전되면서 고대 가요가 형성되었다.

(2) 특징

① 발생 초기에는 집단 활동이나 의식과 관련된 의식요나 노동요, 후기에는 개인적 서정에 바탕을 둔 서정 시가가 주로 창작되었다.

② 고대 가요는 설화 속에 삽입되어 전하는데, 이는 시가 문학과 서사 문학이 완전히 분리되지 않은 상태를 보여 주는 것이다.

③ 구전되어 오다가 후대에 한역(漢譯)되어 전해지고 있다.

(3) 주요 작품

작 품	작 가	내용 및 출전
〈공무도하가〉	백수 광부의 처	• 물에 빠져 죽은 남편을 애도하는 노래 • 악곡명은 〈공후인〉이며 출전은 《해동역사》임.
〈구지가〉	구간 등	• 수로왕의 강림을 기원하는 주술적인 노래 • 일명 '영신군가'라고도 하며 출전은 《삼국유사》임.
〈황조가〉	유리왕	• 꾀꼬리의 정다운 모습을 보고 실연의 슬픔을 노래 • 출전은 《삼국사기》임.
〈정읍사〉	행상인의 아내	• 행상 나간 남편을 걱정하는 아내의 마음을 노래 • 출전은 《악학궤범》임.
〈해가〉	강릉 백성들	• 용에게 납치된 수로 부인을 구출하기 위해 부른 주술적 노래 • 출전은 《삼국유사》임.

2. 향가

(1) 개념

① 넓은 의미: 중국 한시에 대한 우리나라의 노래

② 좁은 의미: 한자의 음과 훈을 빌려서 쓴 신라 시대의 노래

(2) 특징

① 표기: 한자의 음과 뜻을 이용한 향찰로 표기되어 있다.

② 형식

4구체	향가의 초기 형태로 민요나 동요가 정착된 것으로 보임.
8구체	4구체에서 발전된 형태, 4구체와 10구체의 과도기적 형식
10구체	• 향가의 형식 중 가장 정제되고 세련된 형태로 '4구＋4구＋2구'의 3장으로 되어 있음. • 마지막 2구인 낙구의 첫머리에는 반드시 감탄사 '아으'를 두었는데, 이 '아으'는 후대 시조 형식에 영향을 주었음.

(3) 주요 작품

형 식	작 품	작 가	연 대	내 용
4구체	〈서동요〉	서동	진평왕 (6세기)	서동이 선화 공주를 얻기 위해 아이들에게 부르게 한 동요
	〈풍요〉	백성들	선덕 여왕 (7세기)	영묘사의 장륙불상을 만들 때 부역을 온 백성들이 부른 노동요
	〈도솔가〉	월명사	경덕왕 (760)	해가 둘이 나타나자 하나의 해를 없애기 위해 부른 노래
	〈헌화가〉	실명 노인	성덕왕 (8세기)	소를 몰고 가던 노인이 수로 부인에게 꽃을 꺾어 바치며 부른 노래

형 식	작 품	작 가	연 대	내 용
8구체	〈모죽지랑가〉	득오	효소왕 (7세기 말)	죽지랑의 고매한 인품을 따르던 낭도가 추모하여 부른 노래
	〈처용가〉	처용	헌강왕 (879)	아내를 범한 역신을 굴복시킨 노래
10구체	〈도천수대비가〉	희명	경덕왕 (8세기)	희명이 눈먼 자식의 눈을 뜨게 하기 위해 부른 불교적 신앙 노래
	〈안민가〉	충담사	경덕왕 (765)	경덕왕의 요청으로 임금과 신하의 도리를 노래한 치국안민의 노래
	〈원왕생가〉	광덕	문무왕 (7세기)	극락왕생하기를 바라는 불교적 신앙심을 읊은 노래
	〈제망매가〉	월명사	경덕왕 (8세기)	일찍 죽은 누이의 명복을 빌며 부른 노래
	〈찬기파랑가〉	충담사	경덕왕 (8세기)	화랑인 기파랑의 높은 인품을 추모하여 부른 노래
	〈혜성가〉	융천사	진평왕 (6~7세기)	혜성이 나타나 이 노래를 부르자 혜성이 사라지고 왜구도 물러갔다는 내용의 노래

3. 한문학

(1) 개념

중국에서 전래된 한자와 한문학의 영향을 받아 쓰인 작품을 말한다. 당시에는 우리 글자가 없었기 때문에 한문을 이용하여 우리의 사고와 정서를 표현하였다.

(2) 발전

기원전 2세기부터 수입되어 4세기경에는 한문이 지배 계층에 보편화되었던 것으로 보인다. 삼국 시대가 전개되면서 국가 체제가 정비되고, 보편 종교인 불교가 전래되었으며, 한자의 보급으로 한문학이 발전하기 시작하였다. 7세기경에는 한시가 본격적으로 창작되어 한문학의 기원을 이룩하였다.

(3) 주요 작품

작 품	작 가	연 대	내 용
〈야청도의성〉	양태사	발해 문왕	타국에서 고국을 그리워하는 노래
〈여수장우중문시〉	을지문덕	고구려 영양왕	수나라 장군 우중문을 희롱하고 살수 대첩을 이룬 오언시
〈제가야산독서당〉	최치원	신라 헌강왕	세상을 멀리하고 산중에 은둔하고 싶은 심정을 노래
〈추야우중〉	최치원	신라 진성 여왕	자신을 알아주지 않는 세상에 대한 괴로움을 노래

❸ 설화 문학

설화는 예로부터 전해 내려오는 이야기로, 일정한 구조를 지니고 있으며 꾸며 낸 이야기라는 점에서 후대 소설 문학의 근원이라 볼 수 있다. 이 설화에는 우리 조상들의 사고방식이나 생활 모습 등이 나타나 있어 우리 민족의 뿌리라고 볼 수 있는 것이다. 설화에는 신화, 전설, 민담 등이 있다.

1. 건국 신화

(1) 발생 배경

청동기 시대에 국가가 성립되자 건국 시조를 주인공으로 건국 내력을 밝히고 그 신성성을 칭송하는 건국 신화들이 탄생하였다. 이러한 건국 신화는 부여의 '영고', 고구려의 '동맹', 동예의 '무천'과 같은 제천 행사에서 불렸을 것으로 추정되며, 이를 통해 건국의 신성성을 강조하고 고대 국가 구성원을 통합하는 기능을 수행하였다.

(2) 주요 작품

작품	나라	내용
〈단군 신화〉	고조선	고조선의 성립과 단군의 신이한 출생
〈동명왕 신화〉	고구려	동명왕의 신이한 탄생과 건국 과정
〈박혁거세 신화〉	신라	신라 시조인 박혁거세의 출생
〈수로왕 신화〉	가락국	가락국의 시조인 김수로왕의 출생

2. 전설 및 민담

(1) 발생 배경

삼국 시대에 이르러 신화 중심에서 전설과 민담 중심의 시대로 전환되었다. 주로 민간에서 구전되던 전설이나 민담은 《삼국사기》와 《삼국유사》 등의 문헌에 기록되었다.

(2) 주요 작품

작품	내용
〈온달 설화〉	바보 온달과 평강 공주의 이야기
〈도미 설화〉	춘향전의 근원 설화
〈구토지설〉	별주부전의 근원 설화
〈방이 설화〉	흥부전의 근원 설화
〈효녀 지은 설화〉	심청전의 근원 설화

제2절 고려 시대 문학

1 개념 및 특징

1. 개념

통일 신라 이후 조선 건국까지의 기간 동안 창작된 문학을 말한다.

2. 특징

① 한문을 자유롭게 사용하는 상류층인 귀족 계급과 그렇지 못한 평민 계급 문학으로 분리되는 현상이다.

② 과거제 시행과 교육 기관 성립으로 한문학이 크게 발전하는 한편 국문학은 위축되었다.

③ 신라 시대에 발생한 향가는 고려 초에 지어졌다가 점차 소멸하였다.

④ 글자가 없던 당시에 상층 계급에서는 한자를 이용하여 문학적 내용보다는 운율의 완급을 통해 흥취를 돋우는 경기체가라는 새로운 시형을 창안하였다.

⑤ 주로 작가층이 평민의 속요는 구전되다가 조선 시대에 와서 정착되었는데, 고려 시대 문학의 진수로 평가되고 있다.

⑥ 설화가 정착되면서 패관 문학이 발달하고 이어서 가전이 발생하여 사회를 풍자하거나 우의적으로 인생을 고민하기도 하였으며, 조선 시대에 발생하는 소설의 기반을 마련하였다.

⑦ 고려 말 시조가 완성되어 귀족 문학과 평민 문학을 통합하는 계기를 마련하였다. 이 시조는 3장 6구 45자 내외의 단가(短歌)로 현재까지도 창작되고 있는 국문학의 대표적인 형식이다.

2 운문 문학

1. 향가계 여요

(1) 개념

향가계 여요란 신라의 향가에서 고려 가요로 넘어오는 과정에서 생긴 과도기적 형태의 시가를 말한다. 대표적 작품인 〈도이장가〉는 향가에 가까우며, 〈정과정〉은 고려 가요에 보다 가깝다.

(2) 주요 작품

작 품	작 가	연 대	형 식	내 용
〈도이장가〉	예종	예종 15년	8구체	예종이 서경(평양)에서 베풀어진 팔관회에서 고려 초의 공신 김락과 신숭겸 등 두 장군의 덕을 찬양한 노래

작 품	작 가	연 대	형 식	내 용
〈정과정〉	정서	의종 20년	10구체의 파격(11행)	임금을 연모하며 자신의 억울함을 하소연한 노래, 악곡명은 〈삼진작〉이라고 함.

2. 고려 가요

(1) 개념

고려 시대 귀족층에서 향유한 경기체가와 달리 평민들이 부르던 민요적 시가를 가리킨다. 일명 '속요, 여요, 장가'라고도 한다.

(2) 특징

① 작가: 평민 계급의 작품으로 어느 개인의 창작이라기보다는 구전되는 동안에 민요적 성격을 띠게 되었다.

② 형식: 대체로 3 · 3 · 2조 3음보이며, 분연체이다. 또 후렴구가 발달하였다.

③ 내용: 남녀 간의 사랑, 이별의 아쉬움 등 고려 시대 민중들의 소박하고 풍부한 정서를 진솔하게 표현하였다.

(3) 주요 작품

작 품	형 식	내 용	출 전
〈가시리〉	4연, 분연체	남녀 간의 애타는 이별의 노래	《악장가사》, 《시용향악보》
〈동동〉	13연, 월령체	월별로 그 달의 자연 경물이나 행사에 따라 남녀 사이의 애정을 읊은 월령체가	《악학궤범》
〈만전춘〉	5연, 분연체	남녀 간의 애정을 대담하고 솔직하게 읊은 사랑의 노래	《악장가사》
〈사모곡〉	비연시	어머니의 사랑을 낫에, 아버지의 사랑을 호미에 비유, 어머니의 사랑이 큼을 나타낸 소박한 노래	《악장가사》, 《시용향악보》
〈상저가〉	비연시	방아를 찧으면서 부른 효도를 주제로 한 노래, 노동요	《시용향악보》
〈서경별곡〉	3연, 분연체	서경을 무대로 여인이 사랑하는 사람을 떠나보내며 이별의 정한을 읊은 노래	《악장가사》, 《시용향악보》
〈쌍화점〉	4연, 분연체	남녀 간의 사랑을 적나라하게 표현한 노래	《악장가사》, 《시용향악보》
〈유구곡〉	비연시	비둘기와 뻐꾸기를 통해 잘못된 정치를 풍자한 노래	《시용향악보》
〈이상곡〉	비연시	남녀 간의 애정을 노골적으로 표현한 노래	
〈정석가〉	6연, 분연체	임금의 만수무강을 축원한 노래	《악장가사》, 《시용향악보》
〈처용가〉	비연시	신라의 향가 〈처용가〉를 부연해서 부른 축사의 노래	《악학궤범》, 《악장가사》
〈청산별곡〉	8연, 분연체	현실 도피적인 생활상과 실연의 애정이 담긴 노래	《악장가사》, 《시용향악보》

3. 경기체가

(1) 개념

고려 중엽 무신 정변 이후 새롭게 정계에 등장한 신진 사대부들에 의해 향유된 노래이다.

(2) 특징

① 노래의 끝부분에 '景(경)긔 엇더ᄒ니잇고' 또는 '景幾何如'라는 구절을 붙이기 때문에 '경기체가' 또는 '경기하여가'라고 한다.

② 향락적이고 퇴폐적인 풍류 생활과 현실 도피적인 내용이 주를 이룬다.

③ 고려 속요와 같은 연시로 되어 있으며, 한 연은 전대절과 후소절로 나뉜다.

④ 행수는 대체로 6행, 한 행은 3음보이다.

(3) 주요 작품

작 품	작 가	내용
〈한림별곡〉	한림 제유	시부, 서적, 명필, 명주, 화훼, 음악, 누각, 추천을 통해 귀족 생활의 풍류를 노래, 전 8연임.
〈관동별곡〉	안축	관동 지방의 절경을 읊음, 8연으로 이두문이 많이 쓰임.
〈죽계별곡〉	안축	순흥의 경치를 읊음, 전 8연으로 이두문이 많이 쓰임.

4. 시조

(1) 개념

고려 중엽에 발생하여 고려 말에 완성된 3장 6구 45자 내외의 정형시를 말한다.

(2) 특징

① 시조라는 명칭은 단가라고 부르던 것을 조선 영조 때 명창 이세춘이 '시절가조(時節歌調)'라는 새로운 곡조를 만들어 부른데서 생긴 이름이다.

② 3장 6구 45자 내외, 3·4(4·4)조의 4음보이며 오늘날까지 계승되고 있다.

③ 향가에서 기원하여 고려 가요의 분장 과정을 거치면서 형성되었을 것으로 추측된다.

3 산문 문학

1. 패관 문학

(1) 개념

문인이나 학자들이 항간에 떠도는 이야기를 한문으로 쓴 기록 문학이다.

(2) 특징

① 민간에서 떠도는 이야기를 채록자가 수집하여 기록하는 과정에서 채록자의 창의성이 가미되고 윤색(潤色)됨으로써 산문적인 문학 형태로 등장하게 되었다.

② 패관 문학은 가전 문학을 거쳐 고대 소설 발생에 영향을 끼쳤다.

(3) 주요 작품집

작 품	작 가	연 대	내 용
《수이전》	박인량	문종	• 최초의 순수 설화집 • 10여 편의 작품이 《해동고승전》, 《삼국유사》, 《대동운부군옥》 등에 흩어져 전함.
《백운소설》	이규보	고종	시화(詩話)·문담(文談) 28편이 홍만종의 《시화총림》에 전함.
《파한집》	이인로	고종	시화(詩話)·문담(文談)·고사·풍물 등을 기록한 책
《보한집》	최자	고종	• 이인로가 엮은 《파한집》을 보충하는 입장에서 서술 • 거리에 떠도는 흥미 있는 이야기를 내용으로 함.
《익재패실》	이제현	고려 말	《익재난고》의 권말에 수록된 문집, 역사책에 보이지 않는 이문(異聞)·기사(奇事)·경전(經典) 등을 비평한 글을 수록함.

2. 가전 문학

(1) 개념

교훈을 줄 목적으로 사물을 의인화하여 전기 형식으로 구성한 산문 문학이다.

(2) 특징

① 창의성이 가미된 허구적 작품이라는 점에서 소설 문학의 생성에 한 단계 접근한 문학 양식으로 설화와 소설을 잇는 교량 역할을 하였다.

② 계세징인(戒世懲人)을 목적으로 작품 속 배경이 중국인 경우가 많다.

(3) 주요 작품

작 품	작 가	연 대	내 용
〈국순전〉	임춘	인종	술을 의인화, 당시 정치 현실을 풍자하고 술이 사람에게 미치는 영향을 통해 술에 대해 경계함.
〈공방전〉	임춘	인종	돈을 의인화, 재물을 탐하는 것을 경계함.
〈국선생전〉	이규보	고종	술을 의인화, 국성(술)의 긍정적인 면을 통해 위국충절의 사회적 교훈이나 군자의 처신을 경계함.

제3절 조선 전기 문학

1 개념 및 특징

1. 개념

조선 건국부터 임진왜란 전까지 창작된 문학을 말한다.

2. 특징

① 훈민정음 창제는 진정한 의미에서 국문학의 출발을 가져왔으며, 문자 생활의 일대 변혁을 이룩하였다.

② 형식면에서는 운문 문학이 주류를 이루어 시조, 악장, 경기체가, 가사 등이 지어졌고, 내용면에서는 유교적인 이념과 상류 사회의 생활이 중심이 되었다.

③ 각종 경전과 함께 문학서가 번역되어 지식의 대중화를 이루게 되었다.

④ 문학의 향유 계급은 주로 상류층인 귀족 양반들이었으며, 평민의 참여는 거의 없었다.

⑤ 고려 속요와 경기체가 등의 영향을 받아 서정성과 서사성을 결합한 새로운 시가 형식인 가사가 발생하여 시조와 함께 조선 전기 시가 문학의 2대 주류를 이루었다.

⑥ 설화 문학 발전과 중국 소설 영향으로 소설이 발생하여 산문 문학이 태동하였다.

⑦ 성리학 발전과 함께 한문학은 도학파와 사장파로 대립되는 한편, 패관 문학이 활발하게 전개되어 시가가 많이 지어졌다.

2 시가 문학

1. 악장

(1) 개념

궁중의 여러 의식과 행사 및 연례에 쓰인 노래 가사이다.

(2) 특징

① 악장 문학은 이 시기에만 나타나는 독특한 문학 양식으로 새로운 왕조를 찬양하고 건국의 창업을 정당화하기 위한 목적으로 사용되었다.

② 귀족과 집권층에서 주로 창작 향유되었고, 향유 계층이 극히 제한적이었기 때문에 왕권과 체제 확립이 이루어지면서 일찍 소멸되었다.

(3) 주요 작품

작 품	작 가	연 대	내 용
〈신도가〉	정도전	태조	태조의 덕과 한양의 경치를 찬양
〈용비어천가〉	정인지 등	세종	육조의 위업 찬양, 후대 왕에 대한 권계
〈월인천강지곡〉	세종	세종	석가모니에 대한 찬양

2. 언해

(1) 개념

훈민정음의 창제를 계기로 불교나 유교의 중요 경전, 문학서에 이르기까지 많은 서적을 번역한 문학이다.

(2) 특징

① 학문과 문화 그리고 지식을 널리 보급하는 데 크게 기여하였다.

② 조선 초기 국어 연구의 귀중한 자료이다.

(3) 주요 작품

종 류	작 품	작 가	연 대	내 용
불교 서적	《석보상절》	수양 대군	세종	석가의 일대기를 적은 책
	《월인석보》	세조	세조	〈월인천강지곡〉을 본문으로 삼고 〈석보상절〉을 주석으로 하여 합본한 책
유교 서적	《내훈》	소혜 왕후	성종	여성의 도리에 대해 간추린 책
	《삼강행실도》	미상	성종	삼강에 모범이 되는 충신, 효자, 열녀 등의 행실을 그림과 글로 엮은 책
문학서	《분류두공부시언해》	유윤겸	성종	두보의 시 1,451편을 번역한 책
	《백련초해》	김인후	명종	칠언 고시 100편을 번역한 책

3. 시조

(1) 발전

고려 시대에 발생하여 점차 형식이 완성된 후 조선 시대에 들어와 훈민정음이 제정됨에 따라 우리 국문학의 대표적인 문학 양식으로 확고한 위치를 차지하였다.

(2) 특징

① 초기에는 고려 유신들의 회고가, 충절을 노래한 절의가 등이 많이 지어졌으나 정국이 안정되고 왕조의 기틀이 잡힌 뒤 유교 사상과 함께 노자와 장자의 무위자연에 영향을 받은 한정가, 은일가도 많이 지어지는 등 주제가 확대되었다.

② 시조는 본래 평시조(단형 시조)였으나 점차 다양한 형식이 생겨났다.

(3) 형식

① 평시조(단형 시조): 3장 6구 45자 내외의 가장 기본적인 시조

② 엇시조(중형 시조): 초장이나 중장 중에서 한 장의 구절 수가 길어지는 시조

③ 사설시조(장형 시조): 2장 이상의 구절 수가 매우 길어지는 시조

④ 연시조: 초 · 중 · 종장을 한 연으로 하여 2연 이상 중첩되는 시조

4. 가사

(1) 개념

가사는 시가에서 산문으로 넘어가는 과도기적 장르이다. 또한 4음보 연속체로 된 율격이 우리 민족의 호흡과 자연스럽게 일치할 뿐만 아니라 현실적, 유교적, 교훈적인 이념을 표현하는데 알맞은 형태를 지니고 있어서 시조와 더불어 조선의 시가 문학을 대표하는 국문 시가이다.

(2) 특징

① 형식: 외형적으로는 운문이지만 내용면에서는 수필과 비슷한 산문에 가깝다.

② 내용: 임금의 은혜에 감사하는 충신연주지사(忠臣戀主之詞), 벼슬을 버리고 자연에 묻혀 살아가며 안빈낙도하는 군자의 미덕 등의 내용이 많다.

(3) 주요 작품

작 품	작 가	연 대	내 용
〈상춘곡〉	정극인	성종	봄의 완상과 안빈낙도
〈면앙정가〉	송순	중종	자연을 즐기는 풍류의 정과 임금님의 은혜에 감사
〈성산별곡〉	정철	명종	성산의 사계절 풍경과 식영정 주인의 풍류 예찬
〈사미인곡〉	정철	선조	연군지정
〈속미인곡〉	정철	선조	임금을 그리는 정
〈관동별곡〉	정철	선조	관동 지방의 절경 유람, 연군 · 애민의 정

3 산문 문학

1. 한문 소설

(1) 개념

설화와 가전체 등을 바탕으로 중국의 전기(傳奇), 화본(話本) 등의 영향을 받아 생겨난 문학의 한 갈래이다.

(2) 특징

① 전대의 설화적인 단순성을 지양하고 허구성을 갖추어 내용과 형식을 한층 발전시켰다.

② 최초의 작품은 김시습이 쓴 《금오신화》로 이 시기의 소설은 전기적(傳奇的) 요소가 많다.

(3) 주요 작품

작 품	작 가	연 대	내 용
《금오신화》	김시습	세조	〈남염부주지〉, 〈만복사저포기〉, 〈이생규장전〉, 〈용궁부연록〉, 〈취유부벽정기〉 등 5편이 실린 단편 소설집
〈원생몽유록〉	임제	선조	세조의 왕위 찬탈을 소재로 정치권력의 모순을 폭로함.

제4절　조선 후기 문학

1 개념 및 특징

1. 개념

임진왜란부터 갑오개혁까지 창작된 문학을 말한다.

2. 특징

① 조선 전기 문학은 양반 계급의 전유물이었다면 조선 후기 문학은 임진왜란과 병자호란을 겪으면서 사대부의 권위가 실추되고 현실에 대한 비판과 평민 의식이 성장하였다. 이는 양민과 힘께 평민들이 문학에 많이 참여하는 계기가 되었다.

② 조선 전기 문학은 성리학과 운문을 중심으로 발달하여 비현실적이고 소극적이었으나, 후기 문학은 현실적이고 구체적인 삶의 의미를 추구하는 실학과 산문 문학 중심으로 바뀌었다.

③ 평민 의식의 팽배와 산문 문학 정신의 발흥에 따라 국문 소설이 크게 번성하였다.

④ 시가 문학에 있어서는 사설시조가 발생하고, 가사가 장편화되고 평민 가사와 내방 가사가 많이 나타났다.

⑤ 리얼리즘을 표방한 판소리가 발생하여 서민의 많은 사랑을 받았다.

2 시가 문학

1. 시조

(1) 발전

① 조선 후기에 들어 와서 시조는 사대부에서 평민층으로 향유 계층이 확대되었다. 관념적이고 유교적인 내용에서 다양한 현실적 삶을 표현하는 방식으로 그 내용이 더욱 확대되었다.

② 전문 가객 중심의 가단이 형성되었고 시조집이 편찬되는 등 조선 후기에 이르러 시조는 국민 문학으로 확고하게 자리를 잡게 되었다.

(2) 특징

① 형식상: 단형 시조 → 중형 시조 → 장형 시조

② 내용상: 도덕가, 강호한정가 → 당시 세태 반영 → 개인 감정 노래

2. 가사

(1) 발전

① 조선 후기 가사는 서민 의식 성장이라는 대세의 영향을 받아 작가층이 양반에서 평민으로 확대되었고, 형식도 조선 전기 정격 가사에 비해 형식이 자유로운 변격 가사가 나타났다.

② 민요와 결합하여 잡가라는 새로운 형태가 등장하기도 하였다.

(2) 특징

① 작가층이 양반에서 평민, 부녀자 등으로 확대되었다.

② 조선 말기에는 포교의 성격을 띤 천주교 가사, 동학 가사들이 새롭게 지어져 과거 유교 사상을 배경으로 하는 것과는 달리 전혀 다른 작품들이 나타났다. 이러한 가사는 후대에 이어지는 개화기 가사에 많은 영향을 주었다.

(3) 주요 작품

작 품	작 가	내 용
〈선상탄〉	박인로	임진왜란 후 전쟁의 비애와 태평성대를 희망하는 노래
〈고공가〉	허전	농사를 나라의 일에 비유하여 당시 관리들의 행태를 비판하는 노래
〈누항사〉	박인로	자연에서 빈이무원(가난하나 원망하는 마음이 없음)하는 생활을 노래
〈농가월령가〉	정학유	농촌에서 해야할 일과 세시풍속을 노래
〈일동장유가〉	김인겸	일본을 견문하고 지은 노래
〈만언사〉	안조원	추자도로 귀양 가서 겪은 고통스러운 삶을 노래
〈연행가〉	홍순학	청나라 북경에 가서 보고 들은 것을 노래

3 산문 문학

1. 소설

(1) 발전

임진왜란과 병자호란으로 인해 신분 질서가 동요되고 평민들의 각성이 두드러지게 나타나면서 평민 계층이 적극적으로 문학 창작에 참여하였다. 이러한 시대적 흐름 속에서 산문 문학인 소설이 문학의 중심으로 자리 잡게 되었고, 광해군 때 최초의 국문 소설인 허균의 〈홍길동전〉이 창작되면서 본격적인 소설의 시대가 전개되었다.

(2) 특징

① 인물: 계층을 대표하는 전형적인 인물로 주로 성격이 변하지 않는 평면적 인물이며, 주인공은 대체로 재자가인(才子佳人)의 성격이 강하다.

② 사건: 필연보다는 우연이 현실보다는 기이하고 황당한 내용으로 이루어져 전기적(傳奇的) 성격이 강하다.

③ 배경: 우리나라를 배경으로 한 소설에는 주로 평민이 등장하였고, 양반이나 궁중 소설의 경우에는 중국을 배경으로 한 소설이 많다.

④ 주제: 주로 착한 사람은 복을 받고 악한 사람은 벌을 받는다는 권선징악과 인과응보의 교훈적 · 도덕적 내용이 주류를 이룬다.

⑤ 구성: 시간의 흐름에 따라 전개되고, 행복한 결말로 마무리된다. 주인공이 태어나서 죽을 때까지의 일대기적 형식이다.

⑥ 문체: 운문체, 낭송체, 문어체적 특징이 잘 드러난다. 특히 판소리계 소설은 판소리 사설에서 이어진 것이기 때문에 판소리가 가지고 있는 음악적인 요소 때문에 운문과 산문이 혼용된 문체를 쓰고 있다.

(3) 주요 작품

분류	작품	작가	내용
설화 소설	〈심청전〉	미상	아버지에 대한 딸의 효성심, 〈효녀 지은 설화〉
	〈흥부전〉	미상	형제간의 우애, 〈방이 설화〉
우화 소설	〈장끼전〉	미상	조류의 세계를 빌어 인간 사회 풍자
	〈토끼전〉	미상	헛된 욕망에 대한 경계, 위기에서 벗어나는 지혜
사회 소설	〈홍길동전〉	허균	적서 차별에 대한 비판
	〈전우치전〉	미상	부패한 정치에 대한 비판, 가난한 백성들을 구제
군담 소설	〈임진록〉	미상	조선군의 충성스러운 용맹, 충무공의 군사적 전략, 서산대사나 사명당의 도술 등으로 왜왕의 항복을 받고 개선하는 내용
	〈유충렬전〉	미상	유충렬의 무용과 기상을 찬양한 영웅 소설
	〈조웅전〉	미상	중국 송나라를 배경으로 한 조웅의 무용담
	〈박씨전〉	미상	박씨 부인이 병자호란 때 도술로 청나라 장수와 공주를 굴복시키는 내용
가정 소설	〈사씨남정기〉	김만중	첩이 본처를 모함하여 축출하고 그 집이 망했다가 다시 화목하게 되는 과정을 담음.
	〈장화홍련전〉	미상	계모가 전처의 자식을 학대함으로써 생긴 가정의 비극을 그림
염정 소설	〈운영전〉	미상	김 진사와 운영의 비극적 사랑
	〈구운몽〉	김만중	인간의 부귀와 공명 등이 모두 일장춘몽임을 알려 주는 내용
	〈춘향전〉	미상	이몽룡과 성춘향의 신분을 초월한 사랑
	〈숙향전〉	미상	이 상서의 아들 이선과 숙향과의 사랑
	〈옥단춘전〉	미상	이혈룡과 기생 옥단춘과의 사랑
풍자 소설	〈배비장전〉	미상	배비장이 제주도에 갔다가 기생 애랑에게 빠져 수모를 당하는 이야기
	〈이춘풍전〉	미상	춘풍의 아내 김씨가 비장이 되어 방탕한 남편의 버릇을 고친다는 이야기
	〈옹고집전〉	미상	욕심 많은 옹고집이 가짜 옹고집 때문에 잘못을 뉘우치고 개과천선하는 이야기

2. 수필

(1) 개념

임진왜란이나 병자호란과 같은 사회 변동으로 인하여 개인의 체험이나 역사적 사실에 대해 적어 놓은 글이다.

(2) 특징

① 조선 초기에는 한문 수필이 많았으나 조선 후기에는 작가층이 여성으로 확대되면서 한글 수필이 많이 등장하였다.

② 임진왜란과 병자호란 이후 크게 발전하였다.

(3) 주요 작품

분류	작품	작가	내용
궁중 수필	〈한중록〉	혜경궁 홍씨	사도 세자의 비극적 죽음을 다룸.
	〈인현 왕후전〉	궁녀	인현 왕후의 폐비 사건을 다룸.
일기	〈산성일기〉	궁녀	병자호란 때 인조의 남한산성 피란 등을 기록함.
	〈의유당일기〉	의유당	남편의 부임지 함흥을 갔다가 함흥 주변의 아름다운 경치를 보고 느낀 감상을 적음.
기행	〈연행가〉	김창업	형인 김창집이 북경에 정사(正使)로 갈 때 수행하면서 보고 들은 것을 기록함.
	〈무오연행록〉	서유문	서장관으로 중국을 갔다가 보고 들은 것을 기록함.
제문	〈조침문〉	유씨	바늘을 부러뜨린 심회를 적은 글
기타	〈규중칠우쟁론기〉	미상	바늘, 자, 가위, 인두, 다리미, 실, 골무 등을 의인화하여 쓴 수필
	〈어우야담〉	유몽인	민간의 야담과 설화를 모은 책

3. 한문학

(1) 발전

조선 후기 한문학은 초기에 등장했던 관습적인 한문학 경향을 비판하고 새로운 시도를 꾀하였다. 특히 실학파가 등장하면서 사회 모순을 비판하고 개혁 방향을 모색한 문학 작품들이 다수 창작되었다.

(2) 특징

① 실학사상: 조선 후기 한문학의 사상적 배경이 되었다.

② 박지원의 한문 소설: 중세 봉건 제도가 무너져가고 새로운 사회가 시작되는 변화의 물결은 박지원이 자신만의 문학 세계를 이룩하는 데 결정적인 영향을 끼쳤다.

(3) 주요 작품

작 품	작 가	내 용
〈허생전〉	박지원	무능한 사대부 계층에 대한 비판과 현실에 대한 자각 촉구
〈호질〉		유학자들의 위선적 행동에 대한 비판
〈양반전〉		양반의 무능함과 허위의식에 대한 비판
〈예덕 선생전〉		바람직한 교우의 도와 무실역행(務實力行)하는 참된 인간상
〈광문자전〉		신의 있고 허욕을 부리지 않는 삶의 태도 칭송
〈민옹전〉		시정 세태에 대한 비판과 풍자
〈虎 신신신〉		신선 사상의 허무맹랑함을 풍자
〈열녀함양박씨전〉		수절하며 살아가는 여인들의 고통과 열녀 풍속의 문제점 비판

4. 판소리

(1) 개념

전문 예술가인 광대가 고수(鼓手)의 북장단에 맞추어 서사적인 이야기를 소리와 몸짓으로 구연하는 우리 고유 민속 예술 형태의 한 갈래이다.

(2) 특징

① 서민들의 현실적인 생활을 주로 그리고 있다.

② 극적인 내용이 많고 구성은 희곡적이며, 문체는 시가체이다.

③ 풍자와 해학 등을 풍부하게 구사하고 있다.

(3) 가창 방식

① 판소리는 광대와 고수가 있어야 공연을 할 수 있다.

② 광대는 서서 창을 하고, 고수는 앉아서 북으로 장단을 치며 '추임새'라고 하는 탄성을 발해 흥을 돋운다.

③ 가장 느린 진양조로부터 가장 빠른 휘몰이 사이에 중몰이 · 중중몰이 · 자진몰이 · 엇몰이 등 장단의 변화가 있다.

5. 민속극

(1) 개념

예로부터 전승되어 온 연극으로 가면극, 인형극, 창극 등이 있다.

(2) 특징

① 고대 제천 의식에 바탕을 두고 전개되다가 조선 후기에 이르러 평민 의식 발달과 함께 독자적인 양식으로 정립되었다.

② 서민들의 언어나 삶의 모습이 드러나며 넉살과 신명, 지배층에 대한 비판 등이 내용에 담겨 있다.

(3) 주요 작품

분 류	작 품	내 용
가면극	봉산탈춤	양반에 대한 비판과 풍자
	오광대놀이	양반 사회의 비리와 모순에 대한 비판과 풍자
인형극	꼭두각시 놀음	파계승 비판, 처첩 간의 갈등, 양반에 대한 비판

제5절 개화기 문학

1 개념 및 특징

1. 개념

우리나라가 서구 문물의 영향을 받아 과거 봉건적인 사회 구조를 타파하고 근대적인 사회로 변해 가던 시기의 문학을 말한다.

2. 특징

① 고전 문학과 현대 문학 사이의 교량적 역할을 하였다.

② 고유한 시가 형식에 개화사상을 담은 창가 등장, 신소설 등장, 외국 문학을 받아들이는 번안 문학이 성행하는 등 다양한 장르가 등장하였다.

③ 문어체에서 구어체로 바뀌었고, 국한문 혼용체나 국문체 등 새로운 문체가 확산되기 시작하였다.

④ 갑오개혁을 계기로 조선의 자주 독립 선언, 신분 제도 철폐 등 개화와 계몽, 자주독립, 애국 등이 문학의 중요한 주제로 떠올랐다.

⑤ 근대적인 학교가 설립되고 《한성순보》, 《독립신문》 등 신문과 잡지가 창간되었다.

2 운문 문학

1. 개화 가사

(1) 개념

전통 시가의 가사체에 개화기의 새로운 사상을 담아 표현한 시가 형식을 말한다.

(2) 특징

① 내용: 외세의 침략에 대한 비판, 자주독립 의식 고취, 남녀평등, 사회 현실 풍자 등이 중심 내용을 이루었다.

② 형식: 초기에는 3·4, 4·4조의 전통적인 가사 형식이었으나 후기에는 6·5, 7·5, 8·5조 등으로 다양해졌다.

(3) 주요 작품

작 품	작 가	내 용
〈동심가〉	이중원	개화를 위해 협동할 것을 노래
〈애국가〉	김철영	애국 정신을 노래
〈애국하는 노래〉	이필균	개화하여 애국할 것을 노래
〈독립가〉	최병헌	독립을 찬송하는 노래
〈가요 풍송〉	미상	애국심 고취와 매국 세력에 대한 비판

2. 창가

(1) 개념

찬송가나 서양식 노래의 영향을 받아들여 출현하였으며, 개화 가사와 신체시를 연결하는 교량 역할을 했던 시가 형식을 말한다.

(2) 특징

① 내용: 계몽주의적 사상(애국, 평등, 개화, 독립사상 등)

② 형식: 전통적 율격인 3·4, 4·4조에서 벗어나 6·5, 7·5, 8·5조 등으로 다양화되었다.

(3) 주요 작품

작 품	작 가	내 용
〈한양가〉	최남선	서울을 예찬, 애국 사상을 고취하는 노래
〈경부철도가〉	최남선	경부 철도 개통을 보고 지은 노래
〈대한조선〉	최남선	대한 소년들의 이상과 기개를 나타낸 노래
〈세계일주가〉	최남선	청춘 창간호에 실린 세계를 소개하는 노래
〈권학가〉	미상	청년 학도에게 신문학을 권고한 노래

3 산문 문학

1. 신소설

(1) 개념

① 갑오개혁 이전 고소설에 대하여 새로운 내용, 형식, 문체로 이루어진 소설이라 하여 붙여진 명칭이다.

② 신소설은 고전 소설과 현대 소설 사이의 교량 역할을 하였다.

(2) 특징

① 내용: 자주독립, 신교육, 남녀평등, 자유 결혼, 미신 타파 등 개화사상을 소재로 하는 내용을 주로 다루고 있다.

② 형식: 주인공의 탄생부터 시작(전기체)하는 종래의 틀에서 벗어나 자유로운 장면, 언문일치체, 역순행적 구성 등이 보인다.

③ 한계: 평면적인 성격의 등장인물, 우연적인 사건 전개, 권선징악적 요소 등 고전 소설의 특징이 나타나며, 상투적 종결 어미가 여전히 사용되었다.

(3) 주요 작품

작 품	작 가	내 용
〈혈(血)의 누(淚)〉	이인직	최초의 신소설, 청·일 전쟁을 배경으로 옥련과 구완서의 애정 문제를 다룸, 신교육과 자유 결혼 등을 주장함.
〈귀(鬼)의 성(聲)〉	이인직	길순이라는 시골 처녀가 서울 양반인 김승지의 첩이 되어 악독한 본처의 구박을 받다가 본처의 흉계로 죽게 됨, 처첩 간의 갈등과 양반 사회의 부도덕성을 비판함.
〈치악산(稚岳山)〉	이인직	치악산을 배경으로 그곳의 이름난 양반 홍참의 댁의 풍파를 그려 낸 소설, 계모와 며느리의 불화를 소재로 하여 신·구 사상의 대립 및 권선징악과 신교육 사상을 나타냄.
〈은세계(銀世界)〉	이인직	주인공인 최병도로 하여금 부패한 양반 관리에게 끝까지 항거하게 하여, 지배층의 학정을 폭로하고 피지배층의 반항을 나타냄.
〈자유종(自由鍾)〉	이해조	자주독립, 여성 인권 문제, 교육 문제, 계급 타파, 미신 타파 등을 다룸.
〈옥중화(獄中花)〉	이해조	고대 소설 〈춘향전〉을 개작한 소설
〈강상련(江上蓮)〉	이해조	고대 소설 〈심청전〉을 개작한 소설
〈토(兎)의 간(肝)〉	이해조	고대 소설 〈별주부전〉을 개작한 소설
〈추월색(秋月色)〉	최찬식	봉건 제도 타파와 신교육 사상을 주제로 한 신소설
〈금수회의록〉	안국선	동물들을 등장시켜 인간 사회를 풍자한 우화 소설

2. 역사·전기(傳記) 소설

(1) 개념

일제 강점기 암울한 시대적 분위기를 극복하고 국권 및 자주권을 확보하기 위해 과거 영웅들의 일생을 그린 소설을 말한다.

(2) 특징

① 내용: 나폴레옹, 잔 다르크 등 외국 영웅의 전기를 번역하거나 을지문덕, 이순신 등 우리나라 민족 영웅의 전기를 창작하였다.

② 의의: 친일적 경향의 신소설과는 달리 저항 의식을 표출하고 있어 일본 침략에 대한 저항 문학으로서 주목할 만한 가치를 지니고 있다.

(3) 주요 작품

작 품	작 가	내 용
〈을지문덕전〉	신채호	국난을 극복하기 위해 을지문덕과 같은 영웅의 탄생을 염원함.
〈이순신전〉	신채호	현실을 극복하기 위해 이순신과 같은 영웅의 탄생을 염원함.
〈강감찬전〉	우기선	강감찬 같은 영웅이 출현하여 외세를 물리칠 것을 소망함.
〈애국부인전〉	장지연	프랑스의 구국 소녀 잔 다르크의 일생을 전기화한 소설
〈서사건국지〉	박은식	스위스 빌헬름 텔의 영웅적 투쟁을 그린 소설
〈화성돈전〉	이해조	워싱턴의 전기를 다룬 소설

제6절 1910년대 문학

1 개념 및 특징

1. 개념

일본이 우리나라를 강제 점령한 우리 민족의 암흑기로, 일본은 우리나라에 대한 경제적 수탈뿐만 아니라, 우리 민족에 대한 차별 정책을 강압적으로 시행하였다. 이 시기 문학은 주로 《소년》, 《청춘》 등의 잡지에서 태동하였으며, 선진 문명을 받아들여 주권을 회복하자는 의미에서 계몽 문학적인 성격을 띠었다.

2. 특징

① 계몽적 성격의 문학이다.

② 최남선, 이광수에 의해 선도된 2인 문단 시대이다.

③ 처음으로 신체시가 등장하였으나 곧 개인의 서정성을 중시하는 자유시로 이어졌다.

④ 최초의 근대적 장편 소설 〈무정(無情)〉이 나왔다.

2 운문 문학

1. 신체시

(1) 개념

개화 가사나 창가가 가지고 있었던 정형적인 형식에서 벗어나 근대적 자유시에 접근한 새로운 시가 형식을 말한다.

(2) 특징

① 내용: 계몽사상, 신문명에 대한 동경, 자주독립, 남녀평등 사상 등 주로 새 시대의 문명을 예찬하며 근대화에 대한 계몽주의적 의식을 고취하는 내용을 주로 다루었다.

② 형식: 3·4조가 기본이 되는 이전의 정형률은 지니고 있었지만 전체가 일률적인 율조가 아니므로 자유시에 근접한 형식이다.

(3) 주요 작품

작 품	작 가	내 용
〈해에게서 소년에게〉	최남선	새로운 문명개화와 소년의 기상을 노래

2. 자유시

(1) 개념

형태상 정형시와 반대되는 것으로 전통적인 형식에서 벗어나 자유로운 표현으로 시인의 감정이 표현된 시를 말한다.

(2) 특징

① 내용: 계몽 의식에서 벗어나 개인 정서를 표현하였다.

② 형식: 어떤 형식의 제약도 받지 않고 자유롭게 씌어졌다.

(3) 주요 작품

작 품	작 가	내 용
〈봄은 간다〉	김억	봄을 상실한 자의 비애와 절망감을 노래
〈불놀이〉	주요한	임을 잃은 슬픔과 한을 노래

3 산문 문학

1. 근대 소설

(1) 개념

신소설은 표면상으로는 근대적인 자아의 각성과 개성을 다루고 있지만 이면적으로는 고대 소설의 특징을 벗어나지 못하고 있었다. 1917년 이광수의 〈무정〉이 발표되면서 우리 소설 문학은 근대적 단계에 들어서게 되었다.

(2) 주요 작품

작 품	작 가	내 용
〈소년의 비애〉	이광수	봉건적인 인습에 따른 결혼 제도에 대한 비판
〈무정〉	이광수	자유 결혼, 개화사상, 인도주의

4 기타 문학

1. 극문학

(1) 민속극 쇠퇴와 창극 발생

민속극은 개화기에 이르러 급격히 쇠퇴하였으며, 판소리가 서양의 연극과 결합된 형태인 창극(唱劇)이 '협률사'와 '원각사'에서 공연되어 인기를 끌었다. 공연된 작품으로는 〈춘향가〉, 〈심청가〉, 〈최병도 타령〉 등이 있다.

(2) 신파극(新派劇) 도입

창극과 신극의 과도기적 형태로 일본에서 들어온 새로운 연극의 형태이다. 주로 세상 풍속이나 인정 비화(人情悲話) 등을 제재로 하였으며, 윤백남이 '문수성'을 만들어 〈유혈포 강도〉나 〈장한몽〉 등을 공연하면서 인기를 끌었다.

(3) 신극(新劇) 등장

전통적인 구극(舊劇)이나 신파극 등 기성 연극과는 달리 서양 연극이나 근대극의 영향을 받아 일어난 새로운 연극이다. 신극은 창극과는 달리 산문으로 된 대사를 사용하는 등 근대극에 보다 가까워진 형태의 극이며, 이인직이 '원각사'에서 자신이 쓴 〈은세계〉와 구연학이 번안한 〈설중매〉를 희곡으로 각색하여 상연하였다.

(4) 창작 희곡 등장

근대적 색채가 짙은 조중환의 〈병자삼인〉이라는 첫 창작 희곡이 만들어졌다. 이후 윤백남의 〈운명〉과 이광수의 〈규한(閨恨)〉이 창작되면서 현대적 희곡의 면모를 보여 주기 시작하였다.

제7절 | 1920년대 문학

1 개념 및 특징

1. 개념

3·1 운동의 실패로 우리 문단은 좌절감과 패배 의식, 정신적 방황의 분위기가 짙어졌다. 반대로 일본은 3·1 운동의 충격으로 강압적인 무력 정책에서 유화적인 문화 정책을 펴게 되었다. 이로 인해 문학의 창작과 소통이 활발해지고 각종 문예 동인지들이 생겨나면서 한국 문학사는 커다란 전환점을 마련하게 되었다.

2. 특징

① 1910년대는 최남선과 이광수 등 두 사람에 의해 문단이 주도되었지만 1920년대는 김동인, 주요한, 전영택, 염상섭, 오상순, 현진건, 나도향, 이상화 등 다수의 문인이 등장하였다. 또한 일제의 문화 정책의 영향으로 《창조》, 《폐

허), 《백조》, 《장미촌》 등 다수의 동인지가 생겨나 '다수의 동인지 문단 시대'를 열었다.

② 1910년대는 계몽주의 문학이었으나 3·1 운동 실패로 교훈성, 계몽성에서 벗어나 문학 자체의 예술성을 추구하는 경향이 나타났다. 또한 낭만주의, 사실주의, 자연주의, 상징주의 등의 서구 문예 사조가 들어오면서 다양한 내용의 문학 작품이 창작되는 등 현대 문학의 모습이 본격적으로 나타나기 시작하였다.

③ 사회적 목적의식을 지닌 '신경향파 문학'에 이어 1925년을 전후로 카프 (KAPF)가 결성되면서 조직적인 계급 문학 운동이 대두되었다.

④ 1925년 카프(KAPF)의 계급주의 문학에 반발하여 민족주의 진영에서는 '국민 문학파'가 형성되었다. 이들은 민족주의를 고취하기 위한 일환으로 '시조 부흥 운동'을 전개하였다. 대표적인 작가로는 최남선, 정인보, 이병기, 이은상 등이 있으며, 이들은 현대 시조를 발표하여 우리의 전통적인 정서를 표현하였다.

문학 동인지(同人誌)와 문학 잡지(雜誌)

1. 《창조》: 1919년 김동인, 주요한, 전영택 등이 주간한 최초의 순수 문예 동인지로 관념적 계몽주의 문학에서 탈피하여 순수 문학을 추구함.
2. 《개벽》: 1920년 천도교에서 발행한 종합 잡지로 박영희, 김기진 등이 주간하였고 계급주의 문학을 주장함.
3. 《폐허》: 1920년 황석우, 염상섭, 김억, 오상순 등이 주간한 문예 동인지로 퇴폐적·허무주의적 성격을 지님.
4. 《장미촌》: 1921년 황석우, 변영로, 노자영, 박종화 등이 중심이 되어 주간한 최초의 시 전문 동인지로 《백조》의 전신이 되었음. 낭만주의적 자유시 운동을 전개함.
5. 《백조》: 1922년 이상화, 현진건, 나도향, 홍사용, 박종화 등이 주간한 동인지로 3·1 운동 이후 세태에 영향을 받아 감상적·퇴폐적·낭만적·환상적 경향을 띰.
6. 《금성》: 1923년 양주동, 손진태, 이장희 등 일본 와세다 대학 한국 유학생들이 중심이 되어 창간한 동인지로 뚜렷한 주장은 없었으나 낭만적 풍조가 주조를 이룸.
7. 《영대》: 1924년 평양에서 창간한 순문예지로 《창조》의 후신임. 김소월, 주요한, 김동인, 김억, 이광수 등이 주간함.

② 운문 문학

1. 퇴폐적 낭만주의와 상징주의 시

(1) 형성

3·1 운동 실패 후 나타난 좌절감과 현실 도피 의식, 그리고 서구에서 유입된 감상적 낭만주의나 퇴폐적 상징주의로 인해 감상적이고 현실도피적인 시가 나타났다.

(2) 특징

① 퇴폐적, 감상적, 현실 도피적 경향이 강하였다.

② 프랑스 상징주의의 영향으로 상징적인 표현이 많이 사용되었다.

③ 영탄조의 어조로 동양적인 체념 의식과 무상감이 표출되었다.

(3) 주요 작품

작 품	작 가	내 용
〈나의 침실로〉	이상화	현실 도피, 이상 세계에 대한 동경
〈흑방비곡〉	박종화	우울한 민족적 감정이나 인생무상을 그림.
〈나는 왕이로소이다〉	홍사용	허무의식을 바탕으로 한 민족적 정한을 그림.

2. 경향파 시

(1) 형성

일본 유학을 다녀온 지식인들을 중심으로 1925년 계급주의 문학을 표방하는 카프(KAPF)가 결성되어 문학의 목적성을 강조한 작품들이 창작되었다.

(2) 특징

① 예술성보다는 이념적 목적성이 강해 문학적으로는 큰 성과를 내지 못하였다.

② 노동자나 농민들의 고통스러운 삶을 소재로 현실에 대한 탄식과 저항을 드러냈다.

③ 시 속에 화자를 등장시켜 계급 투쟁에서 비롯되는 혁명적인 사건의 내용을 간결하게 압축시킨 단편 서사시 형식이 도입되었다.

(3) 주요 작품

작 품	작 가	내 용
〈우리 오빠와 화로〉	임화	오빠에 대한 그리움과 삶에 대한 강한 의지
〈네거리의 순이〉	임화	일제 식민지하 노동자들의 투쟁과 동참 의지
〈한 개의 불빛〉	김기진	사람들의 고통스러운 삶과 화자의 저항

3. 민족주의적 경향의 시

(1) 형성

1920년대 경향파 문학에 대항하여 민족의 주체성을 확립하려는 국민 문학 운동이 대두되었다. 이에 따라 우리의 시 형식 중 가장 전통적인 시조를 부흥시켜 시들어가는 민족혼을 되살리자는 움직임이 전개되었다.

(2) 특징

① 내용: 향토적인 정서나 민족주의 이념을 시의 내용으로 나타내었다.

② 형식: 우리말에 대한 관심이 높아졌고, 시조와 민요의 전통적 율격을 재창조하였다.

(3) 주요 작품

시 작품 및 시조집	작 가	내 용
〈진달래꽃〉, 〈산유화〉	김소월	민족의 전통적인 정서인 이별의 정한을 그림.
〈님의 침묵〉, 〈알 수 없어요〉	한용운	민족의 현실에 대한 자각을 그림.
〈국경의 밤〉	김동환	일제 강점기 우리 민족의 생활상을 그림.

❸ 산문 문학

1. 낭만주의, 자연주의, 사실주의

(1) 형성

　지금까지 소설은 자주독립과 근대화라는 두 가지의 계몽적인 목적을 위한 단조로운 경향이었음에 비하여 이 시기에는 다양한 서구 문예 사조가 들어오면서 다양한 소설이 창작되었다. 특히 감상적이고 퇴폐적인 낭만주의, 인간 모습을 자연 현상으로 파악하는 자연주의, 사회를 비판적으로 묘사하는 사실주의 경향의 소설 등이 많이 창작되었다.

(2) 특징

　① 계몽주의적 성격에 반발하여 순수 문학 운동이 전개되었다.

　② 이광수의 〈무정〉에서 보인 신소설적인 문체가 없어지고 단편 소설의 형태를 확립하였다.

　③ 일제 강점기 당시 비참한 국민들의 삶의 모습을 사실적으로 표현하였다.

(3) 주요 작품

작품	작 가	내 용
〈배따라기〉	김동인	이광수의 계몽주의에 반발하여 운명의 힘을 거역하지 못하는 인간의 비애를 낭만적으로 그림.
〈감자〉	김동인	환경에 의해 파멸해 가는 복녀의 모습을 사실적으로 그림.
〈술 권하는 사회〉	현진건	일제 강점기 부정적인 현실로 인해 괴로워하는 지식인의 모습을 그림.
〈운수 좋은 날〉	현진건	하층민들의 비참한 생활을 사실적으로 그림.
〈물레방아〉	나도향	욕망으로 인한 인간의 타락을 사실적으로 그림.

2. 계급주의 소설

(1) 형성

　평등한 사회를 만들어야 한다는 사회주의 사상의 기초 아래, 문학 또한 이러한 계급 혁명의 이념을 바탕으로 한 작품이 다수 창작되었다.

(2) 특징

농민과 노동자의 궁핍한 생활과 저항 등을 그림으로써 당시의 현실을 부정하는
모습을 표현하였다.

(3) 주요 작품

작 품	작 가	내 용
〈홍염〉	최서해	일제 강점기 조선 이주민들의 궁핍한 삶과 저항을 나타냄.
〈인력거꾼〉	주요섭	인력거꾼의 비참한 삶과 죽음을 나타냄.

4 기타 문학

1. 극문학

(1) 특징

① '극예술연구회'(1921), '민중극단'(1922), '토월회'(1922) 등이 결성되어 근대
   적 희곡이 활발하게 창작되면서 통속적인 신파극에서 벗어나 본격적인 근대
   극이 시도되었다.

② 이전과는 달리 일상적인 대사, 등장인물이나 무대의 현실화 등을 통해 사실
   주의적 경향을 보여 주었다.

③ 이 시기의 극문학은 사회 의식이나 현실 인식이 뚜렷한 희곡들이 등장하게
   되었으며, 입센, 몰리에르, 셰익스피어, 체호프 등 외국 작가들의 희곡이 자
   주 번안되어 공연되었다.

(2) 주요 작품

작 품	작 가	내 용
〈산돼지〉	김우진	식민지 지식인의 저항과 좌절, 새로운 삶의 모색

제8절 1930년대 문학

1 개념 및 특징

1. 개념

1930년대는 일제가 조선을 대륙을 침략하기 위한 병참 기지로 삼기 위해 경제
적 수탈과 사상적 통제가 더욱 심해졌던 시기였다. 이 시기의 문학은 일본의 사
상 통제에서 벗어나기 위해 사상과 관계없는 순수성, 예술성을 지향하는 경향으
로 바뀌게 되었다.

2. 특징

① 일제의 탄압으로 카프(KAPF)가 해산되자(1935), 1920년대의 목적 문학(目的文學)은 퇴조하고 문학의 예술성을 중시하는 순수 문학이 주류를 형성하였다.

② 시에서는 순수 서정시(시문학파, 1930), 모더니즘 시(주지시파, 1934), 생명 추구의 시(생명파, 1936), 자연 친화적인 시(청록파, 1939) 등이 등장하였으며, 소설에서는 순수 소설, 농촌 소설, 역사 소설 등이 등장하기 시작하였다.

2 운문 문학

1. 시문학파

(1) 형성

1930년대는 우리 문학이 비약적으로 성장한 시기이다. 이전 시대 민족주의 문학과 계급주의 문학의 갈등에 대한 반발로, 문학 자체의 예술성과 순수성을 중시한 순수 문학이 등장하였다.

(2) 특징

① 언어의 조탁, 시어의 음악성이나 미감 등 우리말의 아름다운 가락을 중시하였다.

② 문학의 목적성이나 정치성에 반대하고 문학의 순수성과 예술성에 관심을 기울였다.

(3) 주요 작품

작 품	작 가	내 용
〈모란이 피기까지는〉	김영랑	소망이 이루어지기를 기다리는 마음을 섬세하고 아름다운 언어로 표현
〈내 마음을 아실 이〉	김영랑	임에 대한 간절한 그리움을 세련된 언어로 표현
〈떠나가는 배〉	박용철	감상적 가락으로 고향을 떠나는 젊은이의 비애를 표현
〈유리창〉	정지용	자신의 죽음에 대한 슬픔을 설명하고 감각적인 이미지를 사용하여 표현
〈향수〉	정지용	고향에 대한 그리움을 선명하고 감각적으로 표현

2. 주지시파

(1) 형성

초현실주의, 다다이즘, 이미지즘 등 서구의 문예 사조가 유입되면서 순수 서정시가 갖고 있는 낭만성을 극복하고 현대적인 시의 면모를 확립하려는 경향이 나타나게 되었다.

(2) 특징

① 낭만적 감정보다는 이미지와 지성(知性), 논리 등을 중시하였다.

② 언어에 대한 실험 의식, 내면 심리 탐구가 시도되었다.

③ 시의 음악성보다는 회화성을 중시하여 시각적 이미지를 주로 사용하였다.

④ 현대 도시 문명에 대한 인식과 비판적 감수성을 표출하였다.

(3) 주요 작품

작 품	작 가	내 용
〈바다와 나비〉	김기림	시각적 이미지를 사용하여 새로운 세계에 대한 동경과 좌절을 나타냄.
〈오감도〉, 〈거울〉	이상	기장, 불안, 갈등, 공포 등을 나타냄.
〈와사등〉, 〈추일서정〉	김광균	도시 문명에 대한 현대인의 절망을 나타냄.
〈달·포도·잎사귀〉	장만영	시각적 이미지를 사용하여 가을밤의 정취를 나타냄.

3. 전원시파

(1) 형성

1930년대 후반 일제의 극심한 탄압으로 인해 시인들은 복잡한 도시에서 벗어나 자연을 노래하는 현실 도피적 경향이 나타났다. 또한 종래의 서구 의존적인 시 창작에서 벗어나 동양적 세계관을 중시하려는 경향이 나타났다.

(2) 특징

① 전원생활을 이상향으로 설정하고 이상 세계에 대한 동경을 드러냈다.

② 자연 친화적이며, 달관적인 삶의 자세가 나타났다.

(3) 주요 작품

작 품	작 가	내 용
〈그 먼 나라를 알으십니까〉	신석정	이상향에 대한 동경
〈파초〉, 〈내 마음은〉	김동명	잃어버린 조국에 대한 향수
〈남으로 창을 내겠소〉	김상용	전원생활을 통한 달관적 삶의 자세 추구

4. 생명파

(1) 형성

기교를 중시하는 순수시나 도시적 감성, 시각적 이미지를 중시하는 모더니즘 시의 반발로 형성되었다.

(2) 특징

① 인간과 생명의 탐구를 시의 본질적 목적으로 삼았다.

② 토속적인 소재나 원시적 가치를 강조하였다.

(3) 주요 작품

작품	작가	내용
〈국화 옆에서〉	서정주	생명 탄생의 신비성과 존엄성
〈생명의 서〉	유치환	생명의 본질 추구

5. 청록파

(1) 형성

일제 강점기 말 극심한 탄압으로 인해 더 이상 현실적인 문제를 다룰 수 없게 되자 전통적 율격과 한국적 정서를 바탕으로 한 작품들이 등장하였다.

(2) 특징

① 향토적 소재를 사용하여 자연 친화적인 태도, 이상적인 자연의 모습을 노래하였다.

② 광복 후 우리 시문학사의 주류를 이루게 되었다.

③ 청록파는 《문장(文章)》을 통해 등단한 박목월, 박두진, 조지훈이 공동으로 《청록집》을 간행하면서 붙여진 이름이다.

(3) 주요 작품

작품	작가	내용
〈산도화〉, 〈윤사월〉, 〈나그네〉	박목월	자연 친화를 주제로 토속적이고 서정적인 시풍을 표현
〈도봉〉, 〈묘지송〉, 〈향현〉	박두진	기독교적 이상과 윤리 의식을 바탕으로 자연을 노래함.
〈고풍 의상〉, 〈승무〉	조지훈	고아한 우리말로 민족적 정서, 전통에의 향수, 불교적 선의 아름다움 등을 노래함.

6. 저항시

(1) 형성

일제의 억압에 굴하지 않고 저항 의식을 담은 시를 창작하였다.

(2) 특징

① 부정적인 현실에 대한 비판과 미래에 대한 긍정적인 전망을 표현하였다.

② 조국 광복에 대한 확신을 의지적 태도로 그려내고 있다.

(3) 주요 작품

작품	작가	내용
〈서시〉, 〈참회록〉, 〈자화상〉	윤동주	자기 반성적 태도를 통해 순교자적 삶을 노래
〈광야〉, 〈절정〉, 〈교목〉, 〈청포도〉	이육사	고도의 상징성 및 절제된 언어, 남성적 어조로 일본에 대한 저항적 의지를 표현

작 품	작 가	내 용
〈그 날이 오면〉	심훈	격정적 언어와 예언자적 어조를 통해 조국 광복에 대한 간절한 염원을 노래

❸ 산문 문학

1. 농촌 소설

(1) 형성

러시아의 '브나로드 운동'(농촌 계몽 운동)의 영향으로 농촌 현실에 대한 관심이 고조되었다. 이로 인해 농촌을 소재로 하거나 농촌 계몽을 목적으로 하는 소설이 등장하였다.

(2) 주요 작품

작 품	작 가	내 용
〈상록수〉	심훈	농촌 계몽 운동에 대한 주인공의 헌신적인 의지
〈모범 경작생〉	박영준	일제 강점기 농민의 비참한 삶과 저항 의지
〈사하촌〉	김정한	부조리한 농촌 현실과 농민들의 저항 의지
〈동백꽃〉	김유정	사춘기 시골 남녀의 순박한 사랑

2. 역사 소설

(1) 형성

일제 강점기에 일제의 검열이 극심해지면서 역사에서 제재를 취한 소설이 등장하였다. 이 소설은 일제의 검열은 피하고 민족의식은 고취하려는 의도에서 생겨나게 되었다.

(2) 주요 작품

작 품	작 가	내 용
〈운현궁의 봄〉	김동인	왕손인 흥선 대원군 이하응이 야인으로 추락해 온 갖 천대를 받다가 마침내 최고의 자리에 앉기까지 의 사건들을 그림.
〈무영탑〉	현진건	신라 시대 다보탑과 석가탑에 얽힌 아사달, 아사녀 의 지고지순한 사랑과 예술혼을 그림.

3. 장편 소설

(1) 형성

장편 소설의 창작으로 내용이 길어지면서 깊이 있는 현실 탐구가 이루어졌다.

(2) 주요 작품

작 품	작 가	내 용
〈삼대〉	염상섭	사회적 계층 간의 갈등을 통해 바라본 식민지 조선의 사회상
〈태평천하〉	채만식	일제 강점기 중산층 가문을 둘러싼 재산 상속 문제와 세대 갈등을 통해 본 식민지 조선의 사회상
〈탁류〉	채만식	한 여인의 비극적인 삶을 통해 일제 강점기의 오염된 현실을 고발
〈인간 문제〉	강경애	일제 강점기 농민과 노동자의 비참한 삶

4. 세태 · 풍속 소설

(1) 형성

당시 도시적 삶과 현대 문명에 대한 소설적 접근이 이루어졌으며, 도시적 삶의 병리를 섬세하게 묘사한 세태 · 풍속 소설이 창작되었다.

(2) 주요 작품

작 품	작 가	내 용
〈김 강사와 T교수〉	유진오	타락한 식민지의 현실과 지식인의 고뇌
〈레디메이드 인생〉	채만식	식민지 현실을 살아가는 지식인의 고통과 실의의 삶
〈천변 풍경〉	박태원	1930년대 서울 중산층과 하층민의 삶과 애환
〈날개〉	이상	무력한 삶과 자아 분열 속에서 벗어나 본래의 자아를 찾고자 하는 의지

4 기타 문학

1. 극문학

(1) 특징

해외 문학파가 중심이 되어 '극예술연구회'(1931)가 결성되자 이때부터 본격적인 현대극이 공연되기 시작하였다. 이때 활동한 작가들 중 유치진은 〈토막〉이란 작품을 통해 일제 강점기 농촌의 비참한 현실을 사실적으로 표현하여 일본에 대한 저항 의지를 고취시켰다.

(2) 주요 작품

작 품	작 가	내 용
〈토막〉, 〈소〉	유치진	일제 강점기 농촌의 비참한 현실

제9절 해방 직후와 전후 문학

1 개념 및 특징

1. 개념

해방 이후 좌익과 우익이라는 이념적 갈등이 심화되면서 우리 민족의 비극인 6 · 25 전쟁이 발발하였다. 이처럼 '해방 직후와 전후 문학'이란 우리 민족의 광복과 6 · 25 전쟁 등의 시기에 나온 문학을 말한다.

2. 특징

① 광복 직후 우리 민족은 다시 좌익과 우익의 이념적 갈등으로 인해 정치적 · 사회적 혼란이 계속되었다. 이러한 갈등은 문학에도 영향을 끼쳐 '조선 문학가 동맹'으로 대표되는 좌익 문학 단체와 '전 조선 문필가 협회'로 대표되는 우익 문학 단체의 대립이 나타나게 되었다.

② 1950년대는 6 · 25 전쟁이라는 민족의 비극으로 시작되었다. 이러한 한국 전쟁은 사람들에게 물질적 상처와 정신적 상처를 동시에 안겨주었다. 이러한 시대적 상황으로 인해 당시에는 전쟁이 만들어낸 생존 문제, 인간성 상실 문제, 민족 분단의 아픔 등을 형상화한 작품이 많이 등장하였다.

2 해방 직후 문학

1. 시가 문학

(1) 계급 문학

① 특징: 작품의 예술성보다는 사상성, 정치성이 짙은 이념적인 시들이 중심을 이루었다. 또한 문학의 적극적인 현실 참여를 주장하는 현실 참여 문학이 성행하였다. 대부분의 작가들은 '조선 문학가 동맹'을 중심으로 활동하였으나 6 · 25 전쟁 이후 남한 정부의 탄압과 작가들의 월북으로 점차 쇠퇴하는 경향을 보였다.

② 주요 작품

작 품	작 가	내 용
〈오랑캐꽃〉	이용악	식민지 우리 민족이 처한 현실에 대한 연민과 비애

(2) 순수 문학

① 특징: 계급 문학에 대항해 한국의 민족 문학을 정치성이나 사상성을 완전히 배제한 순수한 서정시 계열의 작품이나 전통을 지향하는 작품들을 통해 이룩하려고 하였다. 이들은 좌익 문학에 대항해 '전 조선 문필가 협회'를 조직하여 활동하였으며 좌익 계열의 작가들이 월북하자 문단의 주도적 흐름을 형성하였다.

② 주요 작품

작 품	작 가	내 용
〈은수저〉	김광균	아이를 잃은 아버지의 슬픔
〈눈물〉	김현승	슬픔의 종교적 승화
〈해〉, 〈청산도〉	박두진	화합과 평화의 세계에 대한 소망
〈나그네〉	박목월	나그네의 체념과 달관
〈견우의 노래〉	서정주	성숙한 사랑을 위한 이별과 기다림
〈꽃덤불〉	신석정	광복의 기쁨과 새로운 민족 국가 수립의 염원
〈낙화〉	조지훈	사라지는 아름다움에서 느끼는 삶의 비애

2. 산문 문학

(1) 과거 식민지적 삶의 청산

해방이 되었음에도 변하지 않는 식민지적 삶을 반성하고 이를 바탕으로 해방의 진정한 의미를 발견하고자 하였다. 채만식의 〈논 이야기〉/〈민족의 죄인〉, 김동인의 〈반역자〉/〈망국인기(亡國人記)〉, 계용묵의 〈바람은 그냥 불고〉 등이 있다.

(2) 귀향과 현실

해방 후 해외에 나갔던 동포들이 우리나라로 돌아와서 겪는 비참한 현실을 다룬 작품들로 김동리의 〈혈거부족(穴居部族)〉, 정비석의 〈귀향〉, 엄흥섭의 〈귀환 일지〉, 이무영의 〈광장 소전〉 등이 있다.

(3) 미군과 소련의 통치 문제, 분단 문제

남한과 북한에 주둔하는 미군과 소련군들로 인한 문제와 분단 문제를 다룬 작품들이 나타났다. 계용묵의 〈별을 헨다〉, 김송의 〈정임이〉/〈한탄〉, 염상섭의 〈삼팔선〉, 채만식의 〈역로〉, 최태응의 〈월경자〉 등이 있다.

(4) 순수 소설

해방 직후에 현실적 문제가 아닌 순수 문학을 지향하는 작품들도 나타났다. 김동리의 〈역마〉/〈달〉, 염상섭의 〈임종〉/〈두 파산〉, 황순원의 〈목넘이 마을의 개〉/〈독짓는 늙은이〉/〈기러기〉 등이 있다.

(5) 해방 이후의 정치적 · 사회적 혼란 반영

해방 직후부터 1948년 대한민국 정부 수립까지 사회적 혼란을 다룬 작품이 나왔다. 채만식의 〈민족의 죄인〉, 이태준의 〈해방 전후〉 등이 있다.

③ 전후(戰後) 문학

1. 시가 문학

(1) 형성

6 · 25 전쟁은 우리 민족에게 생존 문제, 패배주의나 허무의식, 인간성 상실, 인간의 실존 문제, 남북 분단 등 심각한 사회 문제들을 남겼으며, 이러한 사회 문제는 문학에도 반영되었다.

(2) 특징

① 6 · 25 전쟁을 바탕으로 한 전쟁 체험 문학이 등장하였다.

② 전통 지향적인 순수 문학과 현실 참여적인 주지 문학이 대립하였다. 전쟁이 끝난 뒤 전쟁이 일어나기 전에 주류 문학이었던 전통적 서정시가 다시 이어졌고, 이에 대항해 전통적 세계를 부정하고 도시적 감수성을 바탕으로 문명을 비판하는 모더니즘 시가 등장하였다.

③ 서구 실존주의 문학의 영향으로 인간의 본질, 실존 문제 등을 다룬 작품이 발표되었다.

(3) 주요 작품

① 전쟁 체험을 바탕으로 한 시

작 품	작 가	내 용
〈초토의 시〉	구상	6 · 25 전쟁의 참상과 미래에 대한 희망
〈휴전선〉	박봉우	민족 분단의 아픔과 극복 의지
〈다부원에서〉	조지훈	전쟁의 참담한 실상 고발

② 전통적 서정시

작 품	작 가	내 용
〈새〉	박남수	순수함을 파괴하는 인간과 문명에 대한 비판
〈추천사–춘향의 말1〉	서정주	이상 세계에 대한 동경
〈낙화〉	이형기	이별의 아픔을 극복한 성숙한 삶의 추구

③ 주지적 · 풍자적인 모더니즘 시

작 품	작 가	내 용
〈나비와 광장〉	김규동	전쟁으로 피폐해진 인간성 회복에 대한 갈망

2. 산문 문학

(1) 전쟁, 전후(戰後) 사회 현실

전후 문학의 가장 중요한 특징은 바로 전쟁 체험이다. 동족상잔의 비극인 6 · 25 전쟁은 우리들에게 생존 문제, 실존 문제, 가치관의 문제 등 많은 문제를 남겼다.

김동리의 〈밀다원 시대〉/〈흥남 철수(興南撤收)〉, 안수길의 〈제3인간형〉, 염상섭의 〈취우〉, 오상원의 〈유예〉, 이범선의 〈학마을 사람들〉, 손창섭의 〈비오는 날〉, 하근찬의 〈수난 이대〉, 황순원의 〈나무들 비탈에 서다〉/〈학〉 등이 있다.

(2) 부조리한 현실에 대한 비판

전후 발생한 부조리한 현실에 대한 고발과 현실에 적극적으로 참여함으로써 부정적인 현실을 극복해야 한다는 내용 등을 주제로 한 소설이 등장하였다. 김성한의 〈바비도〉, 오상원의 〈모반〉, 전광용의 〈꺼삐딴 리〉, 선우휘의 〈불꽃〉 등이 있다.

(3) 인간의 본질 추구

현실 참여를 주장하는 문학과는 달리 인간의 본질적 삶을 형상화한 순수 소설이 창작되기도 하였다. 이와 같은 작품에는 오영수의 〈갯마을〉, 전광용의 〈흑산도〉 등이 있다.

3. 기타 문학

(1) 해방 직후 극문학

이 시기 극문학은 일제 강점기의 비참한 삶, 항일 독립 투쟁 그리고 일본에 기생하여 부귀영화를 누리는 친일파의 모습에 대한 비판 등이 중요한 내용이었다. 유치진의 〈조국〉/〈원술랑〉, 이광래의 〈독립군〉, 오영진의 〈살아 있는 이중생 각하〉, 함세덕의 〈고목〉/〈기미년 3월 1일〉 등이 있다.

(2) 전후 시대 극문학

이 시기 극문학은 전후의 부조리한 현실에 대한 비판과 극복 의지, 공산주의 이념의 허구성 등을 이야기하는 작품이 중심을 이루었다. 오상원의 〈녹스는 파편〉, 유치진의 〈나도 인간이 되련다〉, 차범석의 〈불모지〉/〈성난 기계〉 등이 있다.

제10절 | 1960년대 문학

1 개념 및 특징

1. 개념

1960년대 문단은 지난 시대에 겪었던 이데올로기의 대립이나 6 · 25 전쟁의 아픔을 극복해야 하는 아주 중요한 시기였다. 이 시기를 설명하는 가장 중요한 사건은 4 · 19 혁명과 5 · 16 군사 정변이다. 4 · 19 혁명은 국민의 힘으로 민주주의와 자유주의를 쟁취할 수 있다는 것을 보여 주는 중요한 사건이었다. 하지만 5 · 16 군사 정변은 국민들에게서 자유주의나 민주주의를 빼앗았으며, 급속한 산업회나 경제 개발로 인해 빈부 갈등이나 인간 소외 문제를 가져왔다.

2. 특징

4·19 혁명의 바람이 5·16 군사 정변에 의해 사라지자 민중들의 바람은 문학속에서 형상화되었다. 1960년대는 다른 어느 때보다 현실 참여적인 작품이 많이 등장하였고, 작품 속에서 부조리한 현실에 대한 비판의 목소리가 높아지게 되었다. 또한 이 시기는 참여 문학이라는 색깔뿐만이 아니라 문학 자체의 예술성을 중시하는 순수 문학이라는 다른 색깔도 공존했기 때문에 문학의 다양한 발전을 이룰 수가 있었다.

2 운문 문학

1. 현실 참여의 시

(1) 특징

1960년 4·19 혁명을 시작으로 분단의 극복, 인간의 자유와 민주화에 대한 열망이 강하게 대두되었다. 신동엽은 〈껍데기는 가라〉를 통해 억압의 역사에 대한 비판 의식을 드러냈으며, 김수영은 〈푸른 하늘을〉을 통해 자유를 얻기 위해 치러야 하는 희생의 의지를 표현하고 있다.

(2) 주요 작품

작품	작가	내용
〈껍데기는 가라〉	신동엽	구속과 억압의 역사에 대한 비판
〈누가 하늘을 보았다 하는가〉	신동엽	자유주의와 민주주의에 대한 열망
〈풀〉, 〈푸른 하늘을〉	김수영	민중의 끈질긴 생명력, 자유의 진정한 의미

2. 순수 서정시

(1) 특징

1960년대 참여시와는 달리 오직 순수 서정성만을 표현하려는 경향이 대두되었다. 이는 참여시가 중시하는 시의 사회적 가치나 현실성보다는 시 작품 자체의 완결성이나 서정성, 예술성을 중시한 것이다. 또한 인간이 갖고 있는 내면적 갈등을 시로 형상화하였다.

(2) 주요 직품

작품	작가	내용
〈꽃〉	김춘수	존재의 본질 구현에 대한 소망
〈주억에서〉	박재삼	가난했던 어린 시절과 어머니의 한스러운 삶
〈이별가〉	박목월	이별의 슬픔

3 산문 문학

1. 분단의 상처를 치유하는 방안

(1) 특징

전후 문학과 마찬가지로 6·25 전쟁과 분단의 문제를 다루는 소설들이 등장하였다. 하지만 이전과 달라진 것은 전쟁이나 분단이 일어나게 된 원인과 그 치유 방안을 제시하고 있다는 것이다.

(2) 주요 작품

작 품	작 가	내 용
〈장마〉	윤흥길	전쟁으로 인한 한 가정의 비극과 그 극복
〈닳아지는 살들〉	이호철	전쟁이 가져다 준 분단의 아픔과 상처
〈나무들 비탈에 서다〉	황순원	6·25 전쟁이라는 극한 상황을 겪은 젊은이들의 정신적 방황과 갈등
〈수난이대〉	하근찬	민족 수난의 비극적 현실과 극복 의지

2. 지식인의 고뇌와 좌절

(1) 특징

지식인들은 6·25 전쟁, 남북 분단, 5·16 군사 정변 등 자기를 둘러싸고 있는 부정적인 현실에 대해 끊임없이 고민하고 해결책을 찾으려 하였다. 하지만 해결책을 찾지 못할 경우 도피하거나 좌절하는 모습을 보였다.

(2) 주요 작품

작 품	작 가	내 용
〈무진기행〉	김승옥	일상에서 벗어나 자기의 존재를 파악하고자 하는 현대인의 심리
〈병신과 머저리〉	이청준	삶의 방식이 다른 두 형제의 아픔과 그 극복 의지
〈광장〉	최인훈	분단의 현실에서 고뇌하는 지식인의 모습

3. 부조리한 현실에 대한 고발

(1) 특징

4·19 혁명을 통해 시민들은 자신들이 갖고 있는 힘과 부조리한 현실을 비판적으로 바라보는 눈이 생겼다. 이러한 힘과 눈은 소설에도 반영이 되어 부조리한 현실을 고발하고 이러한 현실에 저항하는 내용이 등장하게 되었다.

(2) 주요 작품

작 품	작 가	내 용
〈모래톱 이야기〉	김정한	소외 계층의 비참한 삶과 부조리한 현실에 대한 저항

작 품	작 가	내 용
〈꺼삐딴 리〉	전광용	시류에 따라 변절하면서 순응해 가는 기회주의자의 삶에 대한 비판. 출세 지향적 삶과 왜곡된 현대사에 대한 비판

4 기타 문학

1. 극문학

서사극, 부조리극, 민속극의 연행 원리 등의 도입으로 1960년대 극문학은 형식 면에서 많은 변화가 일어났다. 내용 역시 정치 현실의 모순 비판, 분단 문제 등 사실주의 관점에서 당대 현실을 재조명한 작품이 등장하였다. 이와 같은 작품에 는 서사극적 기법을 도입하여 현대인이 갖고 있는 속물적 근성을 비판한 이근삼 의 〈국물 있사옵니다〉나 만선의 꿈을 가진 인간의 집념과 좌절을 그린 천승세의 〈만선〉 등이 있다.

제11절 1970년대 문학

1 개념 및 특징

1. 개념

1970년대를 한 마디로 말하면 부조화이다. 즉, 정치적으로는 군사 독재라는 암 흑기였지만 경제적으로는 산업화, 도시화, 근대화로 인해 급속한 경제 성장을 이 룩하였다.

2. 특징

① 정치적으로 군사 독재 정권이 계속되자 작품 속에서는 민주화에 대한 열망이 강하게 나타나기 시작하였다. 또한 4 · 19 혁명 정신이 이 시기까지 계속 이 어지면서 민중들의 역량도 크게 성장하였다.

② 산업화로 인해 경제적으로 부유해졌지만 정신적으로는 오히려 피폐해졌다. 도시화가 급속히 진행되면서 농촌이 몰락하고, 몰락한 농민들이 도시의 노동 자로 전락하는 과정을 거치면서 '농민과 노동자의 비애'가 작품 속에서 형상 화되었다. 또한 산업화가 가져다 준 또 하나의 문제점, 즉 인간 소외 문제나 인간성 상실 문제가 심각한 사회 문제로 대두되었다.

② 운문 문학

1. 민중시

(1) 특징

1960년대를 대표하는 성향이 참여시라면 1970년대를 대표하는 성향은 민중시이다. 민중시란 군사 독재와 산업화로 인해 생기는 여러 가지 문제점에 대해 날카롭게 지적하고 이를 극복하려는 시라고 할 수 있다. 또한 산업화의 흐름 속에서 주변부로 밀려나 버린 민중들의 삶과 경험을 시의 중심부로 끌어 들였다.

(2) 주요 작품

작 품	작 가	내 용
〈오적〉, 〈타는 목마름으로〉	김지하	부정적인 세력에 대한 비판과 새로운 사회의 요구
〈국토〉, 〈국토서시〉	조태일	국토애, 새 역사의 도래에 대한 소망
〈농무〉, 〈목계 장터〉	신경림	떠돌이 민중들의 애달픈 삶, 현실 비판
〈봄〉, 〈벼〉, 〈밤〉, 〈백제〉	이성부	민중들의 공동체 의식과 강인한 생명력, 다가올 새로운 시대에 대한 강한 신념
〈저문 강에 삽을 씻고〉	정희성	가난한 노동자의 삶의 비애
〈화살〉	고은	부정적인 현실에 맞서는 결연한 의지
〈슬픔이 기쁨에게〉	정호승	소외된 이웃과 함께 살아가는 삶의 추구

2. 모더니즘 시

(1) 특징

1970년대는 민중시와 함께 모더니즘 계열의 시가 또 하나의 큰 흐름을 형성하였다. 1970년대 모더니즘 시의 가장 중요한 특징은 언어 자체의 본질과 그 기법에 관심을 기울였다는 것이다. 즉, 추상적인 세계를 언어를 통해 구체화하거나, 산업화의 과정 속에서 소외된 인간의 가치를 지적인 언어를 통해 묘사하고 있다.

(2) 주요 작품

작 품	작 가	내 용
〈기항지〉	황동규	인간의 숙명적 유랑과 고독
〈프란츠 카프카〉	오규원	정신까지도 물질적 가치로 평가되는 현실에 대한 비판

③ 산문 문학

1. 농촌 공동체 파괴

(1) 특징

1970년대 산업화, 도시화, 근대화는 많은 사람들의 희생을 통해서 이루어졌다.

산업화로 인해 수많은 농민들이 몰락하였고, 이들은 살기 위해서 도시로 몰려와 도시의 빈민 계층이 되었다.

(2) 주요 작품

작 품	작 가	내 용
〈관촌수필〉	이문구	근대화 과정에서 사라져 가는 전통에 대한 아쉬움과 향수

2. 산업화와 노동자의 삶

(1) 특징

산업화는 농민들뿐만 아니라 도시 노동자들의 삶도 뿌리가 흔들렸다. 노동자들의 삶을 다룬 작가들은 작품 속에서 노동자들의 비참한 현실과 유랑 의식을 드러냈다.

(2) 주요 작품

작 품	작 가	내 용
〈객지〉, 〈삼포 가는 길〉	황석영	노동자의 비참한 현실과 극복 의지, 고향을 상실한 떠돌이 노동자의 삶의 애환
〈아홉 켤레의 구두로 남은 사내〉, 〈창백한 중년〉	윤흥길	산업 사회에서 소외된 계층의 어려운 삶, 노동자들의 비참하고 고통스러운 삶
〈난장이가 쏘아올린 작은 공〉	조세희	산업화 사회에서 소외된 도시 빈민들의 고통과 좌절

3. 역사 소설을 통해서 본 민족사의 재인식

(1) 특징

1970년대 소설의 또 다른 특징은 대하 역사 소설이 발표되었다는 것이다. 과거 역사 소설은 영웅이 탄생하여 우리나라의 모든 어려운 상황을 물리치는 전기적 역사 소설이었던 것에 비해 1970년대 역사 소설은 이러한 경향에서 벗어나 우리 땅에서 태어나 이름도 없이 살다가 죽어간 수많은 민중들에 대한 관심과 애착이 드러나 있다.

(2) 주요 작품

작 품	삭 가	내 용
〈토지〉	박경리	한국 근대사의 격변 속에서 인물들이 겪는 고통과 삶
〈장길산〉	황석영	민중들의 힘에 의한 대동(大同) 세상의 구현 의지
〈태백산맥〉	조정래	민족사 격동기의 이념 대립 및 분단의 비극에서 비롯된 민중의 한스러운 삶
〈객주〉	김주영	밑바닥 인생인 보부상을 통해 바라본 삶의 애환

01 다음 중 현대 문학의 시대별 특징을 잘못 기술하고 있는 것은? 2008. 부산 소방

① 1920년대는 본격적인 서구 문예 사조가 유입되어 문학의 저변이 다양해졌으며, 《창조》를 비롯한 동인지 중심의 문예 활동이 두드러졌다.

② 1930년대는 목적 문학이 퇴조하면서 시문학파, 생명파 등의 시 유파가 등장하였으며, '구인회'를 중심으로 예술적 가치를 추구하는 소설들이 발표되었다.

③ 1940년대는 아름다운 우리말로 사상과 감정을 미학적으로 표현하였으며, 민족 문학의 회생을 지적으로 승화하였다.

④ 1950년대는 분단과 전쟁이라는 절망적인 시대 상황과 그 속에서 배태된 인간의 실존적 문제를 작품에 담아내고자 했다.

⑤ 1960년대는 현실 참여 문학을 통해 사회 현실에 대한 성찰과 비판, 분단 현실에 대한 심회된 인식 등을 표현하고자 했다.

풀이 ③ 1940년대는 일제의 검열 제도 등으로 인해 우리 문학의 암흑기였다. 시문학 분야에서는 청록파가 동양적 자연관에 입각한 작품으로 일제의 문학적 탄압에 소극적으로 대응한 정도였고, 소설 분야에서는 일제의 검열을 피해 민족의식을 우회적으로 고취하려는 역사 소설 등이 창작된 시기였다.

IV

어휘

제 1 장 속담

ㄱ

■ 가게 기둥에 입춘이라.

풀이 보잘것없는 가겟집 기둥에 입춘대길(立春大吉)이라는 거창한 귀를 써 붙인다는 뜻으로, 옷이나 지닌 물건이 제격에 맞지 않아 어울리지 않는다는 말.

■ 가까운 무당보다 먼 데 무당이 영하다.

풀이 흔히 사람은 제가 알고 가까이 있는 것보다는 잘 모르고 멀리 있는 것을 더 좋아한다는 말.

■ 가난한 집 제사 돌아오듯

풀이 살아가기도 어려운 집에 제삿날이 자꾸 돌아와서 그것을 치르느라 어려움을 겪는다는 뜻으로, 힘든 일이 자꾸 닥쳐옴을 비유적으로 이르는 말.

■ 가난할수록 기와집 짓는다.

풀이 실제로는 가난한 사람이 남에게 잘 사는 것처럼 보이려고 하는 심리를 이름.

■ 가는 날이 장날이다.

풀이 뜻하지 않은 일을 공교롭게 당했을 때를 이르는 말.

■ 가는 말에 채찍질

풀이 잘 하거나 잘 되어 가는 일을 더 잘 하거나 잘 되도록 부추기거나 독촉함을 이르는 말.

■ 가는 말이 고와야 오는 말이 곱다.

풀이 자기가 먼저 남에게 잘 대해 주어야 남도 자기에게 잘 대해 준다는 말.

■ 가는 방망이 오는 홍두깨

풀이 남에게 해를 끼치면 그보다 더 큰 화가 돌아온다는 말.

■ 가는 손님은 뒤꼭지가 예쁘다.

풀이 가난하여 손님 대접하기가 어려운 터에 속을 알아주어 곧 돌아가니 고맙게 여긴다는 말.

■ 가는 토끼 잡으려다 잡은 토끼 놓친다.

풀이 너무 크게 욕심을 부려 한꺼번에 여러 가지를 하려다가 도리어 이미 이룬 일까지 실패로 돌아가고 하나도 성취하지 못한다는 말.

■ 가랑비에 옷 젖는 줄 모른다.

풀이 조금씩, 조금씩 없어지는 줄 모르게 재산 같은 것이 줄어 들어가는 것을 말함.

■ 가랑잎에 불붙듯 한다.

풀이 성미가 조급하고 도량이 좁아 걸핏하면 발끈하고 화를 잘 내는 것을 비유적으로 이르는 말.

■ 가을바람의 새털

풀이 매우 가볍고 꿋꿋하지 못함을 이름.

■ 가자니 태산이요, 돌아서자니 숭산이라.

풀이 이러지도 저러지도 못할 난처한 지경에 있음을 이르는 말.

■ 가새는 게 편이라.

풀이 모양이나 형편이 비슷하고 서로 인연이 있는 데로 편이 되어 붙는다는 말.

■ 가지 많은 나무 바람 잘 날 없다.

풀이 자식을 많이 둔 부모는 자식을 위하는 걱정이 끊이지 않고 또 일도 많아 편할 날이 없다는 말.

■ 감기 고뿔도 남을 안 준다.

풀이 감기까지도 남을 안 줄 정도로 몹시 인색하다는 말.

■ 감나무 밑에 누워도 삿갓 미사리를 대어라.

풀이 아무리 좋은 기회라 하더라도 그것을 놓치지 않으려는 노력이 필요하다는 말.

■ 감나무 밑에 누워서 홍시 (입 안에) 떨어지기를 기다린다.

풀이 아무런 노력도 하지 않고 좋은 결과가 이루어지기만 바람을 이르는 말.

■ 갑갑한 놈이 송사한다.

풀이 제 일에 답답하여야 송사한다는 것으로, 무슨 일이든지 자신에게 필요해야 움직이게 된다는 말.

■ 갓 사러 갔다가 망건 산다.

풀이 본래의 의도를 잊어버리고 다른 일에 정신이 팔려 있는 것을 이름.

■ 갓바치 내일 모레

풀이 자꾸 핑계를 만들어 약속한 기한의 날짜를 하루하루 미룬다는 말.

■ 개구리 올챙이 적 생각 못 한다.

풀이 ① 미천하던 사람이 높은 지위에 올랐을 때, 지난날 미천하거나 어렵던 때를 생각하지 않는다는 말.
② 일을 배워서 익숙하게 되면 그 전의 서투르던 때를 생각하지 않는다는 말.

■ 개 꼬리 삼 년 두어도 황모(黃毛) 못 된다.

풀이 본래 좋지 않은 본질은 어떻게 해도 좋아지지 않는다는 말.

■ 개똥도 약에 쓰려면 없다.

풀이 아무리 보잘것없고 흔히 있는 것일지라도 정작 쓸 데가 있어 찾으면 드물고 귀하다는 말.

■ 개 머루 먹듯

풀이 개가 머루를 먹기는 하나 겉만 핥는 것이라 참맛을 모른다는 말이므로, 무슨 일이나 뜻도 모르면서 건성으로 아는 체한다는 말.

■ 개 발에 주석 편자

풀이 옷차림이나 지닌 물건이 제 격에 맞지 않아 도리어 흉할 때 이르는 말.

■ 개밥에 도토리

풀이 사람들과 어울리지 못하고 따돌림을 당하는 외로운 처지를 이르는 말.

■ 개 보름 쇠듯

풀이 ① 명절 같은 잘 먹고 지내야 할 날에 먹지도 못 하고 지냄을 이르는 말.
② 굶어서 배가 고프다는 말.

■ 개 핥은 죽 사발 같다.

풀이 ① 싹싹 쓸어 다 가지고 가 아무것도 남아 있지 않고 깨끗함을 이름.
② 매우 인색하고 각박하여 다른 사람이 조금도 얻어갈 것이 없음을 이름.

■ 거북이 등의 털을 긁는다.

풀이 아무리 찾아도 얻지 못할 곳에서 애써 구하려 하는 어리석은 행동을 이름.

■ 거지 옷 해 입힌 셈친다.

풀이 대가나 보답을 기대하지 않고 은혜를 베푼다는 말.

■ 거짓말도 잘만하면 논 닷 마지기보다 낫다.

풀이 거짓말도 경우에 따라서는 처세에 도움이 될 수 있으니, 사람은 아무쪼록 말을 잘해야 한다는 말.

■ 건넛산 보고 꾸짖기

풀이 남을 욕하거나 꾸짖을 때 본인에게 직접 하지 않고 다른 사람을 빗대어 간접적으로 꾸짖어 알게 한다는 말.

■ 검둥개 멱 감기듯

풀이 어떤 일을 해도 헛수고만 하고 아무런 소득이 없음을 이르는 말.

■ 겉 볼 안이라

풀이 생김새만 보고서도 속 마음씨를 짐작할 수 있다는 말.

■ 게으른 선비 책장 넘기기

풀이 글 읽는 데는 마음이 붙지 않고 얼마나 남았나 하며 책장만 뒤지고 있다는 말. 게을러서 빨리 그 일에서 벗어날 궁리만 함을 이름.

- 고양이 목에 방울 달기
풀이 ① 간절히 바라기는 하나 실행은 불가능한 일.
　　　② 실행하지 못 할 일을 헛공론함.

- 곧은 나무가 먼저 꺾인다.
풀이 ① 휘어진 나무보다 쓸모 있는 곧은 나무가 먼저 찍힌다는 뜻으로, 똑똑한 사람이 먼저 없어지게 되고 촉망받던 사람이 일찍 죽기 쉽다는 말.
　　　② 겉으로는 강직해 보이나 의외로 약하여 잘 굴복함을 이르는 말.

- 구슬이 서 말이라도 꿰어야 보배다.
풀이 ① 아무리 좋은 것이라도 쓸모 있는 물건으로 만들지 않으면 그 가치가 나타나지 않는다는 말.
　　　② 여럿을 모아 하나로 크게 완성하는 일이 중요하다는 말.

- 굴러 온 돌이 박힌 돌 뺀다.
풀이 딴 곳에서 들어온 사람이 오래전부터 있던 사람을 내쫓는다는 말.

- 굼벵이도 구르는 재주가 있다.
풀이 ① 아무런 능력이 없는 사람이 남의 이목을 끌만한 일을 함을 조롱조로 이르는 말.
　　　② 무능한 사람도 한 가지 재주는 있음을 비유하여 이르는 말.

- 굽은 나무가 선산(先山)을 지킨다.
풀이 쓸모없어 보이는 것이 도리어 제구실을 한다는 말.

- 굿이나 보고 떡이나 먹지.
풀이 남의 일에 쓸데없이 간섭하지 말고 자기 이익이나 얻도록 하라는 말.

- 금강산 그늘이 관동 팔십 리
풀이 금강산의 아름다움이 강원도 지방에 널리 미친다는 뜻으로, 덕망 있고 훌륭한 사람 밑에서 지내면 그의 덕이 미치고 도움을 받게 된다는 말.

- 기둥보다 서까래가 더 굵다.
풀이 주(主)가 되는 것과 그것에 따르는 것이 뒤바뀌어 사리에 어긋난다는 말.

- 까마귀 날자 배 떨어진다.
풀이 아무 관계없이 한 일이 공교롭게도 어떤 다른 일과 때를 같이 하여 둘 사이에 무슨 관계라도 있는 듯한 의심을 받는다는 말.

- 꿩 대신 닭
풀이 자기가 쓰려던 것이 없으면 그와 비슷한 것을 대신 쓸 수도 있다는 말.

- 끈 떨어진 뒤웅박
풀이 ① 의지할 곳 없는 사람을 비유함.
　　　② 쓸모없게 된 물건을 비유적으로 이름.

ㄴ

■ 나는 바담 풍(風) 해도 너는 바람 풍(風) 해라.

풀이 자기는 잘못하면서도 남보고는 잘하라고 요구하는 사람을 풍자하는 말.

■ 나무도 쓸 만한 건 먼저 베인다.

풀이 ① 똑똑한 사람이 제일 먼저 뽑혀 쓰임을 이르는 말.
② 능력 있는 사람이 일찍 죽음을 비유적으로 이르는 말.

■ 날개 부러진 매

풀이 위세를 부리다가 심한 타격을 받아 다시 일어서지 못하게 된 사람을 비유함.

■ 남의 다리 긁는다.

풀이 ① 애써서 해 온 일이 남을 위한 일이 되고 말았을 때 이르는 말.
② 자기가 해야 할 일을 모른 채 엉뚱하게 다른 일을 함을 비유함.

■ 남의 떡에 설 쇤다.

풀이 자기는 힘들이지 않고 남의 덕으로 일을 이룬다는 말.

■ 남의 염병이 내 고뿔만 못하다.

풀이 남의 큰 걱정이나 위험보다 제 작은 근심거리가 더 절박하게 느껴진다는 말.

■ 남의 잔치(제사)에 감 놓아라 배 놓아라 한다.

풀이 쓸데없이 남의 일에 참견함을 이르는 말.

■ 남이 장에 간다고 하니 거름 지고 나선다.

풀이 남이 무슨 일을 한다고 하면 주견 없이 덩달아 따라서 행동함을 이르는 말.

■ 낮말은 새가 듣고 밤 말은 쥐가 듣는다.

풀이 ① 아무도 안 듣는 데서도 말조심해야 한다는 말.
② 아무리 비밀리에 한 말도 반드시 남의 귀에 들어가게 된다는 말.

■ 내닫기는 주막집 강아지

풀이 무슨 일에든지 잘 뛰어들어 참견하는 사람을 비꼬아 이르는 말.

■ 내 배 부르면 종의 밥 짓지 말라고 한다.

풀이 자기만 만족하면 남의 곤란함을 모르고 돌보지 아니함을 이름.

■ 냇가 돌 닳듯

풀이 세상에 시달려 눈치가 약아지고 성미가 모질어짐을 비유적으로 이름.

■ 노는 입에 염불하기

풀이 입도 가만히 있기보다는 염불이라도 외는 것이 좋다는 뜻으로, 하는 일 없이 그저 노는 것보다는 무엇이라도 하는 것이 낫다는 말.

- 놓친 고기가 더 크다.

풀이 사람은 흔히 잃어버린 것을 애석하게 여기고 현재 가지고 있는 것보다 이전의 것이 더 좋았다고 생각함을 이르는 말.

- 누울 자리 봐 가며 발을 뻗어라.

풀이 다가올 결과를 생각해 가면서 모든 것을 미리 살피고 일을 시작하라는 말.

- 누워서 떡 먹기

풀이 매우 간단하고 쉬운 일이라는 말.

- 누워서 침 뱉기

풀이 남을 해치려다가 도리어 자기가 해를 입음.

- 누이 좋고 매부 좋다.

풀이 양쪽에게 다 이롭고 좋다는 말.

- 눈 가리고 아웅 한다.

풀이 결코 넘어가지 않을 얕은 수로 남을 속이려 한다는 말.

ㄷ

- 다 된 밥에 재 뿌린다.

풀이 제대로 잘 되어 가는 일을 도리어 심술궂게 망쳐 버린다는 말.

- 다람쥐 쳇바퀴 돌듯

풀이 앞으로 나아가지 못하고 제자리걸음만 한다는 말.

- 단 솥에 물 붓기

풀이 이미 형편이 기운 사람은 아무리 도와주어도 소용이 없음을 이름.

- 달도 차면 기운다.

풀이 세상의 모든 것이 한번 성하면 쇠퇴해짐을 이름.

- 닭 잡아먹고 오리 발 내민다.

풀이 자신이 저지른 나쁜 일이 드러나게 되자, 엉뚱한 수작으로 남을 속여 넘기려 한다는 말.

- 닭 쫓던 개 지붕 쳐다본다.

풀이 한참 하려고 애쓰던 일이 실패로 돌아가거나 같이 애쓰다가 남에게 뒤떨어져 어찌할 도리가 없어 민망하게 됨.

- 대들보 썩는 줄 모르고 기왓장 아끼는 격

풀이 장차 크게 손해 볼 것은 모르고 당장 돈이 좀 든다고 사소한 것을 아끼는 어리석은 행동을 이름.

■ 대추나무에 연 걸리듯

풀이 여러 곳에 빚을 많이 지었음을 비유적으로 이르는 말.

■ 도둑이 제 발이 저리다.

풀이 죄 지은 사람이 그것이 드러날까 두려워하여 알지 못하는 가운데 그것을 나타내고 만다는 말.

■ 도둑질은 내가 하고 오라는 네가 져라.

풀이 자기가 한 일에 대한 책임을 남에게 떠넘긴다는 말.

■ 도랑 치고 가재 잡는다.

풀이 ① 한 번의 노력으로 두 가지 소득을 얻는다는 말.
② 일의 순서가 뒤바뀌어 애쓴 보람이 없음을 이르는 말.

■ 돌다리도 두들겨 보고 건너라.

풀이 비록 잘 알아서 틀림이 없는 일이라도 세심하게 주의하라는 말.

■ 동냥아치 쪽박 깨진 셈

풀이 꼭 필요한 도구가 없어지거나 지니고 있는 기술을 활용하지 못하게 된 것을 이르는 말.

■ 되로 주고 말로 받는다.

풀이 조금 준 대가로 받는 것이 훨씬 크거나 많은 경우를 이르는 말.

■ 될성부른 나무는 떡잎부터 알아본다.

풀이 장래성이 있는 사람은 어릴 때부터 남다른 데가 있다는 말.

■ 두부 먹다 이 빠진다.

풀이 ① 마음 놓은 데서 실수가 생기는 것이므로 항상 조심하라는 말.
② 틀림없는 데서 뜻밖의 실수를 하였다는 말.

■ 뒷간에 갈 적 맘 다르고 올 적 맘 다르다.

풀이 ① 자기에게 필요할 때에는 다급하게 애쓰다가도 자기 할 일만 다 하면 모른 척하게 된다는 말.
② 사람의 마음이 이익에 따라 자주 변함을 이르는 말.

■ 등잔 밑이 어둡다.

풀이 ① 자기에게 너무 가까운 일은 먼 데 일보다 오히려 모른다는 말.
② 남의 일은 잘 알 수 있으나 자기 일은 잘 모른다는 말.

■ 떡 본 김에 제사 지낸다.

풀이 무슨 일을 하려고 하던 중, 우연히 좋은 기회를 타서 해치운다는 말.

■ 떡 줄 사람은 꿈도 안 꾸는데 김칫국부터 마신다.

풀이 해 줄 사람은 생각지도 않는데 미리부터 일이 다 된 것처럼 기대한다는 말.

■ 떼어 놓은 당상

풀이 일이 확실하여 조금도 틀림이 없음을 이름.

■ 똥 묻은 개가 겨 묻은 개 나무란다.

풀이 자기는 더 큰 흉이 있으면서 도리어 남의 작은 흉을 본다는 말.

■ 뛰는 놈 위에 나는 놈 있다.

풀이 잘난 사람이 있으면 그보다 더 잘난 사람이 또 있다는 말.

□

■ 마파람에 게 눈 감추듯

풀이 음식을 어느 결에 먹었는지 모를 만큼 매우 빨리 먹어 버림을 이르는 말.

■ 맏며느리 손 큰 것

풀이 아무데도 쓸데없고 도리어 해로움을 비유적으로 이름.

■ 말 갈 데 소 간다.

풀이 남이 하는 일이라면 자신도 노력만 하면 능히 할 수 있다는 말.

■ 말로 온 동네 다 겪는다.

풀이 온 동네 사람을 음식으로 대접하는 대신 말로 때운다는 뜻으로, 실천은 하지 않고 모든 것을 말만으로 해결하려 듦을 이르는 말.

■ 말 많은 집은 장맛도 쓰다.

풀이 가정에 말이 많으면 살림이 잘 안된다는 말.

■ 말 안 하면 귀신도 모른다.

풀이 마음속으로만 애태울 것이 아니라 말을 하여야 한다는 말.

■ 말은 할수록 늘고 되질은 할수록 준다.

풀이 같은 내용의 말이라도 사람들의 입을 통해 전해지면서 과장되며, 물건은 옮겨 갈수록 줄어든다는 말.

■ 말은 해야 맛이요 고기는 씹어야 맛이다.

풀이 ① 무슨 일이거니 참 맛은 실제로 해 보는 데서 얻을 수 있다는 말
② 마땅히 할 말은 해야 함을 이름.

■ 말이 많으면 비지 사러 갔다 두부 사 온다.

풀이 말하는 상대방의 태도가 마음에 들고 뜻이 고마우면 제가 예정했던 것보다 훨씬 후하게 해 준다는 말.

■ 말이 씨가 된다.

풀이 늘 말하던 것이 마침내 결과로서 실현되었을 때 하는 말.

■ 말 타면 경마 잡히고 싶다.

풀이 사람의 욕심이란 한이 없음을 이르는 말.

■ 말 한 마디에 천 냥 빚도 갚는다.

풀이 말만 잘 하면 어떤 어려움도 해결할 수 있다는 말.

■ 맑은 물에 고기 안 논다.

풀이 사람이 너무 깔끔하고 청렴하면 남이 따르지 않는다는 말.

■ 망건을 십 년 쓰면 문리(文理)가 난다.

풀이 한 가지 일에 오랜 기간 열중하면 깨달음이 생긴다는 말.

■ 망둥이가 뛰니까 꼴뚜기도 뛴다.

풀이 아무것도 모르고 남이 한다고 하니까 따라한다는 말.

■ 맷돌 잡으러 갔다가 집돌 잃는다.

풀이 다른 것을 탐내다가 이미 얻은 것까지 잃는다는 말.

■ 메뚜기도 유월이 한철이다.

풀이 제 때를 만난 듯 날뛰는 자를 비꼬는 말.

■ 모난 돌이 정 맞는다.

풀이 성격이나 언행이 까다로우면 남의 공격을 받게 된다는 말.

■ 모내기 때는 고양이 손도 빌린다.

풀이 모내는 시기에는 어른, 아이 할 것 없이 있는 대로 다 참여해야 할 정도로 일손이 부족하다는 말.

■ 모로 가도 서울만 가면 된다.

풀이 수단이나 방법은 어찌 되었든 간에 목적만 이루면 된다는 말.

■ 못된 송아지 엉덩이에 뿔난다.

풀이 성숙하지 못한 사람이 엇나가는 짓만 한다는 말.

■ 무른 땅에 말뚝 박기

풀이 매우 하기 쉬운 일을 비유적으로 이름.

■ 묵은 장 쓰듯

풀이 조금도 아끼지 않고 헤프게 쓴다는 말.

■ 물 밖에 난 고기

풀이 목숨이 경각에 다다랐거나 그런 운명에서 벗어날 수 없게 된 사람을 비유적으로 이르는 말.

■ 물 본 기러기, 꽃 본 나비

풀이 바라던 바를 이루어 득의양양함을 이르는 말.

■ 물에 빠지면 지푸라기라도 움켜쥔다.

풀이 위급한 때에는 무엇이나 닥치는 대로 잡고 늘어지게 됨을 이르는 말.

■ 물은 건너보아야 알고 사람은 지내보아야 안다

풀이 사람은 오래 지내면서 겪어 보아야 알 수 있다는 말.

■ 물은 흘러도 여울은 여울대로 있다.

풀이 ① 세상의 모든 것이 변하여도 그중 변하지 않는 것이 있다는 말.
② 무슨 일이 있더라도 제 본심이야 변할 리 있겠느냐는 말.

■ 물이 깊어야 고기가 모인다.

풀이 덕망이 있어야 사람이 따른다는 말.

■ 물이 깊을수록 소리가 없다.

풀이 깊이 흐르는 물이 소리 없이 흐르는 것과 같이, 덕이 높고 생각이 깊은 사람은
겉으로 잘난 체하거나 뽐내지 않는다는 말.

■ 미꾸라지 한 마리가 온 웅덩이를 흐려 놓는다.

풀이 한 사람의 좋지 않은 행동이 온 집안이나 사회에 나쁜 영향을 끼친다는 뜻.

■ 미운 아이 떡 하나 더 준다.

풀이 미운 사람일수록 잘해 주고 감정을 쌓지 않아야 한다는 말.

■ 믿는 도끼에 발등 찍힌다.

풀이 잘되리라고 믿고 있던 일이 어긋나거나 믿고 있던 사람으로부터 해를 입게 된
다는 말.

■ 밑 빠진 독에 물 붓기

풀이 ① 아무리 애써 하더라도 아무 보람이 없는 경우를 이르는 말.
② 아무리 벌어도 쓸 곳이 많아 항상 모자라는 경우를 이르는 말.

ㅂ

■ 바늘구멍으로 황소바람 들어온다.

풀이 추울 때는 아주 작은 구멍이라도 새어 들어오는 바람이 몹시 차다는 말.

■ 바늘 도둑이 소도둑 된다.

풀이 ① 처음에는 하찮은 것을 손댔으나 차차 큰 것까지 도둑질하게 된다는 말.
② 나쁜 행실일수록 처음에 바로잡지 않으면 점점 더 심하게 된다는 말.

■ 바지랑대로 하늘 재기

풀이 기껏 길어야 두어 발밖에 안 되는 바지랑대로 무한한 하늘을 재려 한다는 뜻
으로 도저히 불가능한 일을 하려 함을 비유적으로 이르는 말.

■ 반풍수 집안 망친다.

풀이 잘 알지도 못하면서 서투른 재주를 부리다가 도리어 일을 그르친다는 말.

■ 배 먹고 이 닦기

풀이 한 가지 일에 두 가지 이득이 생김을 비유적으로 이르는 말.

■ 백지장도 맞들면 낫다.

풀이 아무리 쉬운 일이라도 혼자 하는 것보다 서로 힘을 합쳐서 하면 더 쉽다는 말.

■ 뱁새가 황새를 따라가면 다리가 찢어진다.

풀이 남이 한다고 덩달아 제 힘에 겨운 일을 하게 되면 도리어 큰 화를 당하게 됨.

■ 번개가 잦으면 천둥을 한다.

풀이 자주 말이 나는 일은 마침내는 그대로 되고 만다는 말.

■ 범 없는 골에 토끼가 스승이라.

풀이 잘난 사람이 없는 곳에서 못난 사람이 잘난 체함을 비유적으로 이르는 말.

■ 범에게 물려 가도 정신만 차리면 산다.

풀이 아무리 위험한 지경에 이르러도 정신만 잘 차리면 위기를 벗어날 수 있다는 말.

■ 벙어리 냉가슴 앓듯

풀이 답답한 사정이 있어도 남에게 말하지 못하고 혼자 애태우는 경우를 이르는 말.

■ 벼룩도 낯짝이 있다.

풀이 몹시 뻔뻔스러운 사람을 이르는 말.

■ 벼룩의 간을 내먹는다.

풀이 어려운 처지에 있는 사람에게서 이익을 얻어내려 하는 경우를 이르는 말.

■ 부뚜막의 소금도 집어넣어야 짜다.

풀이 아무리 손쉬운 일이나 기회라도 힘들여 이용하거나 하지 않으면 이루어지지 않는다는 말.

■ 불난 데 부채질한다.

풀이 남의 잘못된 일을 더 잘못되게 충동질하거나 성난 사람을 더욱 성나게 충동질 한다는 말.

■ 비단옷 입고 밤길 가기

풀이 생색나지 않을 공연한 일에 애쓰고도 보람이 없을 때를 이르는 말.

■ 비 온 뒤에 땅이 굳어진다.

풀이 어떤 시련을 겪은 뒤에 강해진다는 말.

■ 빈대 잡으려다 초가삼간 다 태운다.

풀이 손해를 크게 볼 것을 생각하지 않고 자기에게 마땅치 않은 것을 없애려고 덤 빈다는 말.

■ 빈 수레가 더 요란하다.
풀이 실속이 없는 사람이 겉으로 더 떠들어 댐을 비유적으로 이르는 말.

■ 빛 좋은 개살구
풀이 겉 보기에는 그럴듯하나 실속이 없는 경우를 이르는 말.

ㅅ

■ 사공이 많으면 배가 산으로 간다.
풀이 주관하는 사람 없이 참견하는 사람이 많으면 일을 제대로 이루기가 어렵다는 말.

■ 사돈 남 말 한다.
풀이 제 일은 제쳐 놓고 남의 일에만 참견함을 이르는 말.

■ 사촌이 땅을 사면 배가 아프다.
풀이 남이 잘 되는 것을 질투하고 시기함을 이르는 말.

■ 산 개가 죽은 정승보다 낫다.
풀이 ① 아무리 천하더라도 살아 있는 것이 죽은 것보다 낫다는 말.
② 아무리 귀했던 몸이라도 죽으면 돌보지 않는 것이 세상 인심임을 이르는 말.

■ 산 밖에 난 범이요, 물 밖에 난 고기라.
풀이 ① 근거로 삼을 기반을 잃어버려 맥을 못 추게 된 경우를 이르는 말.
② 제 능력을 발휘할 수 없는 처지로 몰려난 경우를 이르는 말.

■ 산보다 골이 더 크다.
풀이 무슨 일이 사리에 맞지 않음을 비유적으로 이르는 말.

■ 산이 높아야 골이 깊다.
풀이 품은 뜻이 높고 커야 포부나 생각도 크고 깊음을 이르는 말.

■ 산 진 거북이요, 돌 진 가재(자라)라.
풀이 의지할 세력이 든든한 상태임을 이르는 말.

■ 삼 년 구병(救病)에 불효 난다.
풀이 무슨 일이나 시일이 오래 걸리게 되면 정성을 다할 수 없게 된다는 말.

■ 서당 개 삼 년이면 풍월을 읊는다.
풀이 여러 방면에 아는 것이 없는 사람도 그 부문에 오래 있으면 어느 정도 지식과 경험을 익히게 된다는 말.

■ 서 발 막대 거칠 것 없다.
풀이 ① 가난한 집안에 아무 세간도 없음을 이르는 말.
② 아무것도 거리낄 것 없고 두려워할 것도 없는 사람을 이르는 말.

■ 서투른 무당이 장구만 나무란다.

풀이 능력이 부족한 사람이 자신의 능력은 모르고 도구만 탓한다는 말.

■ 선무당이 사람 잡는다.

풀이 능력이 없는 사람이 잘하는 체하다가 큰일을 저지른다는 말.

■ 선불 맞은 호랑이 뛰듯

풀이 매우 크게 노하여 펄쩍펄쩍 뛰고 마구 날뛰는 모양을 이르는 말.

■ 섶을 지고 불로 들어가려 한다.

풀이 당장에 불이 붙은 섶을 지고 물 속으로 뛰어든다는 뜻으로, 짐짓 그릇된 짓을 하여 화를 자초한다는 말.

■ 세 사람만 우겨대면 없는 호랑이도 만들어 낸다.

풀이 ① 여럿이 힘을 합치면 안 되는 일이 없다는 말.
② 여럿이 퍼뜨린 말이나 소문은 결국 참말로 믿게 된다는 말.

■ 소경이 개천 나무란다.

풀이 자신의 무능과 잘못은 생각하지 않고 애꿎게 남만 탓할 때 쓰이는 말.

■ 소금 먹은 놈이 물켠다.

풀이 무슨 일이든 반드시 그렇게 된 까닭이 있다는 뜻으로, 죄 지은 사람이 벌을 받고 빚진 사람이 반드시 갚게 된다는 말.

■ 소 닭 보듯(닭 소 보듯)

풀이 전혀 상관없다는 듯이 관심을 나타내어 보이지 않는 태도를 두고 이르는 말.

■ 소도 언덕이 있어야 비빈다.

풀이 사람도 의지할 데가 있어야 일을 이룰 수 있다는 말.

■ 소문난 잔치에 먹을 것 없다.

풀이 소문이 실제와 일치하지 않는 경우가 많아 좋다고 소문난 것이 오히려 대단하지 않은 경우가 더 많다는 말.

■ 소 잃고 외양간 고친다.

풀이 이미 일을 그르친 뒤에는 손을 써도 소용없다는 말.

■ 속 빈 강정이다.

풀이 속이 텅 비어 아무 실속이 없다는 말.

■ 손톱 밑에 가시 드는 줄 알아도 염통 밑에 쉬스는 줄은 모른다.

풀이 눈앞의 작은 이해관계에는 예민해도 드러나지 않은 큰 문제는 깨닫지 못한다는 말.

■ 송충이가 갈잎을 먹으면 죽는다.

풀이 분수에 넘치는 일을 하다가는 낭패를 본다는 뜻으로, 제 할 일을 안 하고 딴 뜻을 품으면 실패한다는 말.

■ 송충이는 솔잎을 먹어야 한다

풀이 제 분수대로 처신해야 한다는 말.

■ 쇠귀에 경(經) 읽기

풀이 둔한 사람은 아무리 가르치고 일러 주어도 알아듣지 못한다는 말.

■ 쇠뿔도 단김에 빼랬다.

풀이 어떤 일을 하려고 생각했으면 망설이지 말고 바로 실행에 옮겨야 함.

■ 술 익자 체 장수 지나간다.

풀이 일이 공교롭게 때를 맞추어 제대로 맞아 감을 비유적으로 이르는 말.

■ 숲이 짙으면 범이 든다.

풀이 깊고 으슥한 곳에는 반드시 무슨 위험이건 내포되어 있는 것이므로 주의하라는 말.

■ 식은 죽도 불어 가며 먹어라.

풀이 하기 쉽고 확실한 일도 조심해야 실수가 없다는 말.

■ 싼 것이 비지떡

풀이 값이 싼 물건은 당연히 그 품질도 나쁘다는 말.

■ 쌀독에서 인심 난다.

풀이 자신이 넉넉해야 다른 사람에게 인정도 베풀 수 있다는 말.

ㅇ

■ 아닌 밤중에 홍두깨 (내밀 듯)

풀이 뜻하지 않은 말을 불쑥 꺼내거나 별안간 엉뚱한 행동을 하는 것을 비유적으로 이르는 말.

■ 아랫돌 빼서 웃돌 괴기

풀이 일이 몹시 급하여 임시변통으로 이리저리 돌려서 겨우 유지하여 감.

■ 안 되면 조상 탓

풀이 자기 잘못을 남에게 전가한다는 말.

■ 앉은 자리에 풀도 안 나겠다.

풀이 사람이 너무 냉정하고 쌀쌀함.

■ 양반은 얼어 죽어도 짚불(겻불)은 안 쬔다.

풀이 아무리 다급한 때에라도 체면을 지키기에 애쓴다는 말.

■ 열 길 물속은 알아도 한 길 사람 속은 모른다.

풀이 사람의 속마음을 알기란 매우 어렵다는 말.

■ 오르지 못할 나무는 쳐다보지도 마라.

풀이 가능성이 없는 일은 처음부터 바라지 말라는 말.

■ 오지랖이 넓다.

풀이 주제넘게 남의 일에 간섭하는 경우를 이르는 말.

■ 외손뼉이 소리 날까.

풀이 ① 상대 없는 분쟁이 없음을 비유적으로 이르는 말.
② 일은 혼자서만 하여 잘 되는 것이 아님을 이르는 말.

■ 우는 아이 젖 준다.

풀이 무슨 일에 있어서나 자기가 요구해야 구할 수 있다는 말.

■ 우물을 파도 한 우물을 파라.

풀이 어떤 일이든 한 가지 일을 끝까지 철저히 하여야 성공할 수 있다는 말.

■ 우선 먹기는 곶감이 달다.

풀이 앞일은 생각하지 않고 당장 좋은 것만 취하는 경우를 이르는 말.

■ 우물에 가 숭늉 찾는다.

풀이 일의 순서도 모르고 성급히 덤빈다는 말.

■ 울며 겨자 먹기

풀이 하기 싫은 일을 마지못해 함을 이르는 말.

■ 원님 덕에 나팔 분다.

풀이 남의 덕으로 분에 넘치는 대접을 받음.

■ 원숭이도 나무에서 떨어진다.

풀이 아무리 익숙하고 잘하는 사람이라도 간혹 실수하는 경우가 있다는 말.

■ 이불 속에서 활개 친다.

풀이 남이 보지 않는 곳에서만 큰소리 치고 잘난 체함을 이르는 말.

■ 일각(一刻)이 삼추(三秋)같다.

풀이 시간이 빨리 지나기를 간절히 기다리는 마음을 이르는 말.

■ 입술이 없으면 이가 시리다.

풀이 서로 밀접한 관계에 있어서 하나가 망하면 다른 하나도 망하게 됨.

ㅈ

■ 자는 범 코침 주기

풀이 공연히 잘못 건드려서 문제를 일으킨나는 말.

- 자라 보고 놀란 가슴 솥뚜껑 보고 놀란다.

풀이 어떤 사물에 몹시 놀라면, 그와 비슷한 사물만 보아도 겁이 난다는 말.

- 잘되면 제 탓, 못되면 조상 탓

풀이 무엇이든 잘되면 제 공으로 돌리고, 못되면 남의 탓으로 돌리는 태도를 이르는 말.

- 장님 코끼리 말하듯

풀이 전체를 보지 못하고 일부만 가지고 그것이 전체인 것처럼 여긴다는 말.

- 장독보다 장맛이 좋다.

풀이 겉모양은 보잘것없으나 내용은 매우 훌륭하다는 뜻.

- 재주는 곰이 넘고 돈은 되놈(주인/호인)이 받는다.

풀이 정작 수고한 사람은 대가를 못 받고, 엉뚱한 사람이 가로챈다는 말.

- 절에 가면 중노릇 하고 싶다.

풀이 일정한 줏대 없이 남을 따라 함.

- 제가 춤추고 싶어서 동서를 권한다.

풀이 제가 하고 싶으나 먼저 나서기 난처하므로 남에게 권한다는 말.

- 제 논에 물 대기

풀이 자기에게만 이롭게 일을 하는 경우를 비유적으로 이르는 말.

- 종로에서 뺨 맞고 한강에 가서 눈 흘긴다.

풀이 욕을 당한 데서는 감히 말을 못하고 엉뚱한 데 가서 화풀이를 한다는 말.

- 죄는 지은 대로 가고 덕(德)은 닦은 대로 간다.

풀이 죄 지은 사람은 벌을 받고 덕을 닦은 사람은 복을 받는다는 뜻.

- 주머니에 들어간 송곳이라.

풀이 아무리 감추려 하나 숨겨지지 아니하고 저절로 드러나 선악(善惡)을 가리게 된다는 말.

- 쥐구멍에도 볕 들 날 있다.

풀이 몹시 고생하는 사람도 좋은 때를 만나 운(運)이 트일 날이 있다는 말.

- 죽 쑤어 개 좋은 일 하였다.

풀이 애써 한 일을 남에게 빼앗기거나 남에게 이롭게 할 뿐이라는 말.

- 죽은 자식 나이 세기

풀이 이왕 그릇된 일은 더 이상 생각해도 소용없다는 말.

- 진날 나막신 찾듯

풀이 평상시에는 돌아보지 않던 것을 아쉬울 적에 갑자기 찾음을 이르는 말.

■ 집에서 새는 쪽박, 들에 가도 샌다.

풀이 본성(本性)이 나쁜 것은 어디를 가나 좋아질 수 없다는 말.

ㅊ

■ 찬밥 두고 잠 아니 온다.

풀이 대수롭지 않은 일에 마음이 끌려서 단념하지 못한다는 말.

■ 찬밥에 국 적은 줄만 안다.

풀이 가난한 살림에 없는 것이 당연한 것인 줄 모르고 무언가 부족하다고 하여 마음을 씀.

■ 참새가 방앗간을 그저 지나랴.

풀이 ① 욕심 많은 이가 잇속 있는 일을 보고 지나쳐 버리지 못한다는 말.
② 자기가 즐기는 것을 보고 그냥 지나칠 수 없다는 말.

■ 책력(冊曆) 보아 가며 밥 먹는다.

풀이 밥을 매일 먹을 수 없어 길일(吉日)을 택하여 밥을 먹는다는 뜻으로, 가난하여 끼니를 자주 거른다는 말.

■ 처삼촌 뫼에 벌초하듯

풀이 일을 정성 들여 하지 않고 건성으로 함을 이르는 말.

■ 천 리 길도 한 걸음부터

풀이 무슨 일이든 일의 시작이 중요하다는 말.

■ 첫술에 배부르랴.

풀이 ① 무슨 일이나 단번에 성과를 거둘 수 없다는 말.
② 적은 힘을 들이고 많은 성과를 바랄 수 없다는 말.

■ 초록은 동색(同色)

풀이 ① (풀빛과 녹색은 같다는 뜻으로) 이름은 달라도 성질이나 내용은 같다는 말.
② 어울려 같이 지내는 것들은 모두 같은 성격의 무리라는 말.

■ 친구 따라 강남 간다.

풀이 자기 주관이 없이 남에게 끌려 따라하게 되는 경우를 이르는 말.

ㅋ

■ 콩 심어라 팥 심어라 한다.

풀이 대수롭지 않은 일을 가지고 세세한 구별을 짓거나 시비를 가려 지나친 간섭을 한다는 말.

■ 콩 심은 데 콩 나고 팥 심은 데 팥 난다.

풀이 모든 일은 원인에 따라 결과가 생긴다는 말.

■ 콩으로 메주를 쑨다 하여도 곧이 듣지 않는다.

풀이 ① 남의 말을 그대로 믿지 않는다는 말.

② 거짓말 잘하는 사람의 말은 다 거짓말같이 들린다는 말.

■ 큰 고기는 깊은 물속에 있다.

풀이 훌륭한 인물은 잘 드러나지 않는다는 말.

■ 큰 방죽도 개미구멍으로 무너진다.

풀이 작은 결함이라도 미리 손을 쓰지 않으면 일 전체를 망칠 수도 있다는 말.

■ 큰집 잔치에 작은집 돼지 잡는다.

풀이 아무 이해관계도 없는 일에 억울하게 희생당한다는 말.

ㅌ

■ 태산(泰山)을 넘으면 평지(平地)를 본다.

풀이 고생을 이겨내면 즐거운 일이 생긴다는 말.

■ 태산(泰山)이 평지(平地) 된다.

풀이 시대의 변화가 매우 심함을 이르는 말.

■ 터진 꽈리 보듯 한다.

풀이 사람이나 물건을 아주 쓸데없는 것으로 여기고 중요시하지 않는다는 말.

■ 털 뜯은 꿩

풀이 꼭 있어야 될 것을 빼앗기고 그 모양이 앙상하고 초라하게 된 것을 이르는 말.

■ 털어서 먼지 안 나는 사람 없다.

풀이 누구나 결점을 찾으려고 뜯어보면 조금도 허물이 없는 사람은 없다는 말.

■ 틈 난 돌이 깨지고 태 먹은 독이 깨진다.

풀이 앞에 무슨 징조가 보인 일은 반드시 후에 그대로 나타나고야 만다는 뜻으로, 어떤 탈이 있는 것은 반드시 실패를 가져온다는 말.

■ 티끌 모아 태산

풀이 아무리 작은 것이라도 모이면 큰 것이 될 수 있다는 말.

ㅍ

■ 팔이 안으로 굽는다.

풀이 사람은 조금이라도 자기와 가까운 사람에게 정이 쏠린다는 말.

■ 팔자 도망은 독 안에 들어도 못한다.

풀이 ① 제가 본래 타고난 분에 맞는 대로 살아야지 아무리 엉뚱한 생각을 하여도 소용이 없다는 말.
② 무슨 일이 제 뜻대로 되지 않고 억지로 하려 해도 안 될 때 한탄하는 말.

■ 평안 감사도 저 싫으면 그만이다.

풀이 아무리 좋은 일이라도 제 마음에 들지 않으면 억지로 시키기 힘들다는 말.

■ 품 안에 있어야 자식이라.

풀이 자식이 어릴 때는 부모를 따르나 자라나면 차츰 부모로부터 멀어져 제 뜻대로 행동하려 함을 이르는 말.

■ 핑계 없는 무덤 없다.

풀이 아무리 큰 잘못을 저질러도 변명하거나 이유를 댈 수 있다는 말.

ㅎ

■ 하늘로 호랑이 잡기

풀이 권력을 다 갖고 있어 원하는 것이면 다 얻을 수 있다는 말.

■ 하늘 보고 침 뱉기

풀이 자기에게 해가 돌아올 일을 함을 이르는 말.

■ 하늘이 무너져도 솟아날 구멍이 있다.

풀이 아무리 어려운 처지라도 그것을 벗어나서 다시 잘 될 수 있는 방책(方策)이 서게 된다는 말.

■ 하룻강아지 범 무서운 줄 모른다.

풀이 철모르고 함부로 덤비는 것을 가리키는 말.

■ 하품에 딸꾹질

풀이 ① 어려운 일이 공교롭게도 겹쳤다는 말.
② 공교롭게도 일이 잘 안 된다는 말.

■ 한강(漢江) 가서 목욕한다.

풀이 먼 데까지 일부러 가서 해 보아야 수고만 했지 별로 이로울 것이 없다는 말.

■ 한 달이 크면 한 달이 작다.

풀이 한 번 좋은 일이 있으면 다음에는 궂은 일이 있게 되어 세상일은 모두 늘고 줄며 변하여 돌아가게 마련이라는 말.

■ 한번 엎지른 물은 주워 담지 못한다.

풀이 일단 해 버린 일은 아무리 전처럼 하려 하나 다시 회복할 수 없다는 말.

■ 한 치 걸러 두 치

풀이 촌수나 친분은 멀어질수록 그 사이에 틈이 생긴다는 말.

■ 행차 뒤에 나팔

풀이 제때 안 하다가 뒤늦게 서두름을 이르는 말.

■ 헌 신짝 벗어 내던지듯

풀이 다시는 돌아보지 않을 것처럼 아주 던져 버린다는 말.

■ 형만 한 아우 없다.

풀이 ① 모든 일을 처리하는 데는 역시 형이 아우보다 낫다는 말.
　　② 아우가 아무리 형을 생각한다 해도, 형이 아우를 생각하는 정에는 미치지 못함을 이름.

■ 호랑이 굴에 가야 호랑이 새끼를 잡는다.

풀이 뜻하는 성과를 얻으려면 반드시 그에 마땅한 일을 하고 기다려야 한다는 뜻.

■ 호랑이도 제 말 하면 온다.

풀이 어떤 자리에서, 마침 이야기에 오른 바로 그 사람이 나타나는 경우를 이르는 말.

■ 호미로 막을 것을 가래로 막는다.

풀이 일이 크게 벌어지기 전에 미리 처리했더라면 그렇게 애쓰지 않아도 될 것을 처음에 내버려두었다가 큰 손해를 보거나 수고를 한다는 말.

■ 호박에 말뚝 박기

풀이 ① 심술궂고 가혹한 짓을 함을 가리키는 말.
　　② 아무리 말하여도 도무지 반응이 없음을 이르는 말.

■ 화약을 지고 불로 들어간다.

풀이 자기 스스로 위험한 일을 하여 재앙에 처한다는 말.

■ 황소 뒷걸음질 치다가 쥐 잡는다.

풀이 ① 어리석은 사람이 미련한 행동을 하다가 뜻밖에 좋은 성과를 얻었을 때 하는 말.
　　② 이따금 우연히 알아맞히거나 일을 이루었을 때 하는 말.

■ 혹 떼러 갔다가 혹 붙여 온다.

풀이 이익을 얻으러 갔다가 도리어 해를 당하게 됨.

기출문제로 실력잡기

01 다음 중 관용적 표현이 쓰이지 않은 문장은?

2016. 통합 소방

① 이번에 우리 부서에서 누가 미역국을 먹었대?

② 이 사건을 계기로 그들의 콧대를 꺾을 수 있을 것이다.

③ 고속 철도 건설의 첫 삽을 떴다.

④ 그녀는 음식을 만드는 일을 꺼린다.

풀이 ① 미역국을 먹다: 1. (비유적으로) 시험에서 떨어지다. 2. (비유적으로) 직위에서 떨려 나다. 3. (비유적으로) 퇴짜를 맞다. ② 콧대를 꺾다: 우쭐하고 거만한 태도를 꺾다. ③ 첫 삽을 뜨다: (건설 사업 등) 어떤 일을 처음으로 시작하다.

02 '개똥도 약에 쓰려면 없다.'와 같은 뜻의 속담은?

2013. 통합 소방

① 개똥밭에 굴러도 이승이 좋다.

② 개똥참외도 가꿀 탓이다.

③ 까마귀똥도 약에 쓰려면 오백 냥이다.

④ 까마귀 둥우리에 솔개미 들어앉는다

풀이 개똥도 약에 쓰려면 없다: 아주 흔하던 것도 정작 필요해서 찾으려니까 구입하기 어렵다. ③ 평소에 흔하던 것도 막상 쓰려고 찾으면 귀해져서 비싼 값을 치르게 된다. 오답 ① 천하고 고생스럽게 살더라도 죽는 것보다는 사는 것이 낫다는 말. ② 평범한 사람도 잘 가르치면 훌륭한 인물이 될 수 있음을 비유적으로 이르는 말. ④ 좁은 곳에 큰 것이 들어앉아 그 모양이 어울리지 않고 우습다는 말.

03 다음 중 속담의 의미를 잘못 풀이한 것은?

2015. 통합 소방

① 굽은 나무가 선산을 지킨다. → 쓸모 없는 것이 오히려 제 할 일을 한다.

② 못 먹는 버섯이 3월에 난다. → 좋지 않은 것이 오히려 일찍 나돌아 다닌다.

③ 봄볕은 며느리가 맞게 하고 가을볕은 딸에게 맞게 한다. → 시어머니가 며느리를 딸보다 예뻐한다.

④ 거문고 인 놈이 춤을 추면 칼 쓴 놈도 춤을 춘다. → 처지도 못되는 이가 남이 하니까 덩달아 따라하다 웃음거리가 된다.

풀이 봄볕은 며느리가 맞게 하고, 가을볕은 딸에게 맞게 한다. → 시어머니가 딸을 며느리보다 예뻐한다.

정답 01 ④ 02 ③ 03 ③

04 다음 밑줄 친 관용어구 중 문맥적 쓰임이 올바르지 않은 것은? 2013. 경기 소방

① 이왕 말이 난 김에 다시 한 번 따져 보자.(→이야기가 시작된)

② 그이는 손이 매워서 한번 시작한 일은 빈틈없이 하고야 만다.(→빈틈없고 야무져서)

③ 그렇게 입이 질어서야 어떻게 교양 있는 사람이라고 하겠는가?(→아부를 해서야)

④ 어린 시절 뛰놀던 마을이 눈에 어린다.(→뚜렷하게 떠오른다)

05 다음 글의 밑줄 친 부분의 이론과 가장 적합한 속담은? 2013. 경기 소방

보기

1962년 스탠포드 대학의 심리학 교수 필립 짐바르도는 매우 흥미로운 실험을 했다. 슬럼가의 한 골목에 보존 상태가 동일한 모델의 차량 보닛을 열어둔 채 주차시켜 놓고, 1주일 동안 차량의 변화를 관찰하는 것이 주 내용이다.

두 차량의 차이점은 한 대는 보닛을 열어 두었고, 다른 한 대는 보닛을 열어 두고 차량의 유리창을 일부 훼손한 상태로 주차를 한 것이었다. 첫 번째 보닛만 열어둔 차량은 1주일간 특별한 변화 없이 그 상태를 유지했으나, 두 번째 차량은 방치 10분 만에 battery가 없어지고, 타이어도 도난을 당하게 되었다. 이후 차량에 낙서와 쓰레기가 투기되었고, 1주 후에는 폐차에 가까운 상태가 되어버렸던 것이다.

두 차량의 차이는 유리창의 작은 결함뿐이었으나, 그 작은 차이로 인하여 결과는 완전히 다른 상태가 되어버린 것이다. 작은 결함이나 틈으로 인해서도 급격하게 상태가 나빠질 수 있음에 대한 심리실험의 결과이다.

'깨진 유리창 이론(Broken Window Theory)'이란 깨진 유리창처럼 어쩌면 사소해 보이는 일들을 방치해 둔다면 그 지점을 중심으로 범죄가 확산되기 시작한다는 이론으로, 사소한 무질서를 방치하면 큰 문제로 이어질 가능성이 높다는 의미를 담고 있다.

이런 이론은 사회 심리학에서 가장 많이 적용되고 있으며, 비즈니스와 리더십 등에서도 실제로 적용되고 있다고 한다. 시장에서 발생한 사소한 실수나, 결함으로 인하여 비즈니스 자체가 위험에 빠질 수도 있다고 저자는 설명하고 있다.

① 비온 뒤에 땅이 굳는다.

② 발 없는 말이 천리 간다.

③ 거미도 줄을 쳐야 벌레 잡아먹는다.

④ 호미로 막을 것을 가래로 막는다.

풀이 '입이 질다'는 속된 말씨로 거리낌 없이 말을 함부로 함을 의미한다.

풀이 '깨진 유리창 이론'의 핵심은 '사소한 무질서를 방치하면 큰 문제로 이어질 가능성이 높다.'이다. 이러한 내용과 밀접한 관련이 있는 속담은 '호미로 막을 것을 가래로 막는다.'이다. 이 속담은 일이 커지기 전에 처리하였으면 쉽게 해결되었을 것을 방치하여 두었다가 나중에 큰 힘을 들이게 된 경우를 의미한다.

오답 ① 어떤 풍파를 겪은 후에 일이 더 든든해진다는 말. ② 소문이 빠름을 비유적으로 이르는 말. ③ 준비가 있어야 결과를 얻을 수 있다는 말.

06 '뜨거운 감자'와 바꾸어 쓸 수 있는 속담은?

2012. 통합 소방

① 벌집을 건드리다
② 불난 집 불구경하다
③ 개미 난 곳에 범 난다
④ 뜨거운 국에 맛 모른다

07 밑줄 친 관용 표현의 쓰임이 적절하지 않은 것은?

2008. 경기 소방

① 저래 봬도 속이 살아서 그 사람은 곧잘 바른 소리를 한다.
② 그는 속이 마른 사람이니까 내가 사죄를 하면 용서해 줄 것이다.
③ 아무에게나 그렇게 속을 주고 다니다가 오히려 당하는 수가 있으니 조심해라.
④ 남들은 대학에 못 가서 속이 달아 있는데, 그는 대학에 붙고도 안 간다고 하니 어찌된 일인지 모르겠다.

08 다음 중 속담에 대한 해석으로 틀린 것은?

2005. 경기 소방

① 쇠를 갈아서 바늘을 만든다: 아무리 어려운 일이라도 참고 계속하면 언젠가는 반드시 성공한다.
② 느릿느릿 걸어도 황소걸음: 황소처럼 매우 느리면서 답답하게 일한다.
③ 가루는 치면 칠수록 고와지고 말은 하면 할수록 거칠어진다: 말이 많으면 해되는 일만 많으니, 말을 삼가야 한다.
④ 들 적 며느리, 날 적 송아지: 송아지는 태어나면서 일해야 하는 운명이듯이, 며느리 또한 출가한 이후에 시집살이를 해야 하는 운명이다.

제2장 한자성어

ㄱ

■ **가기이방(可欺以方) (옳을 가, 속일 기, 써 이, 모 방)**

풀이 그럴 듯한 말로 남을 속일 수 있다는 말. 자라가 토끼를 속인 말이나 토끼가 용왕을 속인 말이 모두 '가기이방'에 속함

■ **가담항설(街談巷說) (거리 가, 말씀 담, 거리 항, 말씀 설)**

풀이 길거리나 세상 사람들 사이에 떠도는 이야기. 세상에 떠도는 뜬소문.

■ **가렴주구(苛斂誅求) (가혹할 가, 거둘 렴, 벨 주, 구할 구)**

풀이 가혹하게 세금을 거두거나 백성들의 재물을 억지로 빼앗음.

■ **가인박명(佳人薄命) (아름다울 가, 사람 인, 엷을 박, 목숨 명)**

풀이 여자의 용모가 너무 아름다우면 명이 짧고 운명이 기박하다는 뜻.

■ **각골난망(刻骨難忘) (새길 각, 뼈 골, 어려울 난, 잊을 망)**

풀이 입은 은혜에 대한 고마운 마음이 뼈에까지 사무쳐 잊히지 아니함.

■ **각골지통(刻骨之痛) (새길 각, 뼈 골, 갈 지, 아플 통)**

풀이 뼈를 깎는 고통

■ **각주구검(刻舟求劍) (새길 각, 배 주, 구할 구, 칼 검)**

풀이 (칼이 물에 빠지자) 뱃전에 칼자국을 내어 표시해 두었다가 (나중에 배가 움직인 것은 생각지도 않고 표시해 두었던) 뱃전 부근에서 칼을 찾는다.'는 뜻으로, 시대의 변천을 모르고 융통성이 없이 어리석음을 비유한 말.
유 수주대토(守株待兎)

■ **간담상조(肝膽相照) (간 간, 쓸개 담, 서로 상, 비출 조)**

풀이 서로 간과 쓸개를 꺼내 보인다는 뜻.
곧, ① 상호간에 진심을 터놓고 격의 없이 사귐.
② 마음이 잘 맞는 절친한 사이.

■ **갈이천정(渴而穿井) (목마를 갈, 말이을 이, 뚫을 천, 우물 정)**

풀이 목이 말라야 비로소 샘을 판다. 미리 준비를 하지 않고 있다가 일이 지나간 뒤에는 아무리 서둘러 봐도 아무 소용이 없다. 또는 자기가 급해야 서둘러서 일을 한다. ≒ 목마른 놈이 우물 판다. / 갑갑한 놈이 송사(訟事)한다.

■ 감언이설(甘言利說) (달 감, 말씀 언, 이로울 리, 말씀 설)

풀이 남의 비유에 맞도록 꾸민 달콤한 말과 이로운 조건을 붙여 꾀는 말.

■ 감탄고토(甘呑苦吐) (달 감, 삼킬 탄, 쓸 고, 뱉을 토)

풀이 달면 삼키고 쓰면 뱉는다는 뜻으로 신의를 돌보지 않고 개인적 이익만을 꾀한다는 말.

■ 갑남을녀(甲男乙女) (갑옷 갑, 사내 남, 새 을, 계집 녀)

풀이 갑이라는 남자와 을이라는 여자, 이름도 알려지지 않은 평범한 사람, 또는 특별히 내세울 것이 없는 평범한 사람.

■ 갑론을박(甲論乙駁) (갑옷 갑, 논할 론, 새 을, 논박할 박)

풀이 갑이 논하면 을이 논박(論駁)한다는 뜻으로, 서로 논란(論難)하고 반박(反駁)함을 이르는 말.

■ 개과천선(改過遷善) (고칠 개, 허물 과, 옮길 천, 착할 선)

풀이 지나간 허물을 고치고 착하게 살아갈 때 쓰는 말.

■ 개선광정(改善匡正) (고칠 개, 착할 선, 바로잡을 광, 바를 정)

풀이 좋도록 고치고 올바로 잡음.

■ 거두절미(去頭截尾) (갈 거, 머리 두, 자를 절, 꼬리 미)

풀이 머리와 꼬리를 잘라 버림, 요점만 남기고 앞뒤의 사설을 빼버림.

■ 거안제미(擧案齊眉) (들 거, 밥상 안, 가지런할 제, 눈썹 미)

풀이 밥상을 눈 위로 받들어 올림, 아내가 남편을 지극히 존경함.

■ 건곤일척(乾坤一擲) (하늘 건, 땅 곤, 한 일, 던질 척)

풀이 하늘과 땅을 걸고 한 번 주사위를 던진다는 말.
　　　곧, ① 운명과 흥망을 걸고 단판걸이로 승부나 성패를 겨룸.
　　　　　② 흥하든 망하든 운명을 하늘에 맡기고 결행함을 비유적으로 이르는 말.

■ 격물치지(格物致知) (격식 격, 만물 물, 이를 치, 알 지)

풀이 사물의 이치를 구명하여 자기의 지식을 확고하게 함.

■ 격세지감(隔世之感) (사이뜰 격, 인간 세, 어조사 지, 느낄 감)

풀이 그리 오래되지 않은 동안에 변화가 심하여 딴 세대(世代)처럼 몹시 아주 달라진 느낌.

■ 격화소양(隔靴搔癢) (사이뜰 격, 가죽신 화, 긁을 소, 가려울 양)

풀이 신을 신은 채 가려운 발바닥을 긁음과 같이 일의 효과를 나타내지 못함.

■ 견강부회(牽强附會) (끌 견, 굳셀 강, 붙을 부, 모일 회)

풀이 이치에 맞지 않는 말을 억지로 끌어 붙여 자기 주장의 조건에 맞도록 함.

- 견마지로(犬馬之勞) (개 견, 말 마, 갈 지, 일할 로)

풀이 개나 말의 수고로움, 곧 정성껏 수고를 다하는 노력, 또는 자기의 노력을 낮추어서 일컫는 말.

- 견문발검(見蚊拔劍) (볼 견, 모기 문, 뺄 발, 칼 검)

풀이 '모기를 보고 칼 빼기', 보잘 것 없는 작은 일에 어울리지 않게 엄청나게 큰 대책을 씀, 또는 시시한 일에 성을 내는 소견 좁은 행동을 비유하는 말.

- 견물생심(見物生心) (볼 견, 만물 물, 날 생, 마음 심)

풀이 물건을 보면 욕심이 생기게 마련임.

- 결자해지(結者解之) (맺을 결, 놈 자, 풀 해, 갈 지)

풀이 '맺은 사람이 풀어야 한다'는 뜻으로, 일을 시작한 사람이 해결해야 한다는 말.

- 결초보은(結草報恩) (맺을 결, 풀 초, 갚을 보, 은혜 은)

풀이 풀을 엮어서 은혜를 갚는다는 의미로 죽어서도 잊지 않고 은혜를 갚는다는 말.

- 경거망동(輕擧妄動) (가벼울 경, 들 거, 망령될 망, 움직일 동)

풀이 깊이 생각해 보지도 않고 경솔하게 함부로 행동함.

- 경국지색(傾國之色) (기울 경, 나라 국, 갈 지, 빛 색)

풀이 나라 안에 으뜸가는 미인, 임금이 혹하여 나라가 뒤집혀도 모를만한 미인.

- 경이원지(敬而遠之) (공경할 경, 말이을 이, 멀 원, 갈 지)

풀이 겉으로는 공경하는 체하면서 실제로는 꺼리어 멀리함, 표리부동한 태도.
≒ 경원(敬遠)

- 계명구도(鷄鳴狗盜) (닭 계, 울 명, 개 구, 도둑 도)

풀이 닭의 울음소리를 잘 내는 사람과 개 흉내를 잘 내는 좀도둑이라는 말.
곧, ① 선비가 배워서는 안 될 천한 기능을 가진 사람.
② 천한 기능을 가진 사람도 때로는 쓸모가 있음을 비유적으로 하는 말.

- 고군분투(孤軍奮鬪) (외로울 고, 군사 군, 떨칠 분, 싸움 투)

풀이 수가 적고 도움이 없는 약한 군대가 강한 적과 용감하게 싸움, 적은 인원과 약한 힘으로 남의 도움도 없이 힘에 겨운 일을 악착스럽게 함.

- 고량진미(膏粱珍味) (기름 고, 기장 량, 보배 진, 맛 미)

풀이 기름지고 살찐 고기와 좋은 곡식으로 만든 맛있는 음식.

- 고복격양(鼓腹擊壤) (북칠 고, 배 복, 칠 격, 흙 양)

풀이 배를 두드리고 발을 구르며 흥겨워한다는 뜻으로, 태평성대를 형용하여 이르는 말.

- 고식지계(姑息之計) (시어머니 고, 숨쉴 식, 갈 지, 꾀 계)

풀이 당장의 편안함만을 꾀하는 일시적인 방편.

■ 고육지책(苦肉之策) (쓸 고, 고기 육, 갈 지, 대책 책)

풀이 자신의 육체의 한 부분을 도려내는 고통을 감수하며 어쩔 수 없이 만들어 내는 대책.

■ 고장난명(孤掌難鳴) (외로울 고, 손바닥 장, 어려울 난, 울 명)

풀이 '외손뼉이 울랴.'라는 뜻으로 상대 없는 싸움이 없다는 말, 또는 일은 혼자서만 하여 잘되는 것이 아니라는 말.

■ 곡학아세(曲學阿世) (굽을 곡, 배울 학, 아첨할 아, 세상 세)

풀이 학문을 왜곡하여 세상 사람들에게 아첨함. 자신의 소신이나 철학을 굽혀 권세나 시세에 아첨함.

■ 골육상쟁(骨肉相爭) (뼈 골, 고기 육, 서로 상, 싸움 쟁)

풀이 뼈와 살이 서로 다툼. 같은 민족끼리 서로 다툼.

■ 공수래공수거(空手來空手去) (빌 공, 손 수, 올 래, 빌 공, 손 수, 갈 거)

풀이 빈손으로 왔다가 빈손으로 돌아감. 사람이 세상에 태어날 때 아무것도 가지고 온 것이 없고 죽을 때 또한 아무것도 가지고 갈 수 없는 것.

■ 과유불급(過猶不及) (지날 과, 오히려 유, 아니 불, 미칠 급)

풀이 정도를 지나침은 미치지 못한 것과 같다는 말.

■ 관포지교(管鮑之交) (대롱 관, 절인 고기 포, 갈 지, 사귈 교)

풀이 관중(管仲)과 포숙아(鮑淑牙) 사이와 같은 사귐이란 뜻으로, 시세(時勢)를 떠나 친구를 위하는 두터운 우정. **유** 문경지교(刎頸之交), 금란지교(金蘭之交), 수어지교(水魚之交), 막역지우(莫逆之友)

■ 괄목상대(刮目相對) (긁을 괄, 눈 목, 서로 상, 대할 대)

풀이 '눈을 비비고 다시 보며 상대를 대한다.'는 뜻으로, 얼마 동안 못 보는 사이에 상대가 깜짝 놀랄 정도의 발전을 보임을 일컫는 말.

■ 교각살우(矯角殺牛) (바로잡을 교, 뿔 각, 죽일 살, 소 우)

풀이 소뿔을 바로 잡으려다 소를 죽인다는 말로, 작은 결점이나 흠을 고치려다 도리어 일을 그르친다는 말.

■ 교언영색(巧言令色) (교묘할 교, 말씀 언, 하여금 령, 빛 색)

풀이 남의 환심을 사기 위해 아첨하는 교묘한 말과 보기 좋게 꾸미는 표정을 이르는 말.

■ 교학상장(教學相長) (가르칠 교, 배울 학, 서로 상, 길 장)

풀이 사람에게 가르쳐 주거나 스승에게 배우거나 모두 나의 학업을 증진시킴.

■ 구밀복검(口蜜腹劍) (입 구, 꿀 밀, 배 복, 칼 검)

풀이 입 속에는 꿀을 담고 뱃속에는 칼을 지녔다는 뜻으로, 말로는 친한 체 하지만 속으로는 은근히 해칠 생각을 품고 있음을 비유하여 이르는 말.
    유 면종복배(面從腹背), 표리부동(表裏不同)

■ 구상유취(口尙乳臭) (입 구, 아직도 상, 젖 유, 냄새 취)

풀이 '입에서 아직 젖내가 난다.'는 뜻으로 상대가 어리고 말과 행동이 유치함을 얕
잡아 일컫는 말.

■ 구우일모(九牛一毛) (아홉 구, 소 우, 한 일, 털 모)

풀이 '아홉 마리의 소 가운데서 뽑은 한 개의 털'이라는 뜻으로, 많은 것 중에 가장
적은 것을 비유하는 말.
　유 창해일속(滄海一粟)

■ 구절양장(九折羊腸) (아홉 구, 꺾을 절, 양 양, 창자 장)

풀이 양의 창자처럼 험하고 꼬불꼬불한 산길을 이르는 말.

■ 군계일학(群鷄一鶴) (부리 군, 닭 계, 한 일, 학 학)

풀이 닭 무리 속에 끼어 있는 한 마리 학이라는 뜻으로, 평범한 사람 가운데서 뛰어
난 사람을 이르는 말.

■ 군맹평상(群盲評象) (무리 군, 소경 맹, 평할 평, 코끼리 상)

풀이 장님들이 코끼리 몸을 만져보고 제각기 말함. 어리석은 사람은 자기 주관에만
치우쳐 큰일을 그릇되게 판단함을 이르는 말.

■ 궁여지책(窮餘之策) (다할 궁, 남을 여, 갈 지, 꾀 책)

풀이 매우 어려운 가운데 짜낸 한 가지 계책.

■ 권모술수(權謀術數) (권세 권, 꾀할 모, 재주 술, 셈 수)

풀이 목적 달성을 위해서는 수단과 방법을 가리지 않고 쓰는 교묘한 술책.

■ 권토중래(捲土重來) (말 권, 흙 토, 무거울 중, 올 래)

풀이 흙먼지를 말아 일으키며 다시 쳐들어옴. 한 번 실패한 사람이 세력을 회복해
서 다시 공격(도전)해 온다는 말.

■ 극기복례(克己復禮) (이길 극, 몸 기, 회복할 복, 예도 례)

풀이 자기의 욕심을 누르고 예의범절을 쫓음.

■ 근묵자흑(近墨者黑) (가까울 근, 먹 묵, 놈 자, 검을 흑)

풀이 먹을 가까이 하는 사람은 검어진다는 뜻으로, 나쁜 사람과 사귀면 그 버릇에
물들기 쉽다는 말.

■ 금과옥조(金科玉條) (쇠 금, 조목 과, 구슬 옥, 조목 조)

풀이 금이나 옥처럼 귀중히 여기며 신봉(信奉)하는 법칙이나 규정.

■ 금란지교(金蘭之交) (쇠 금, 난초 란, 갈 지, 사귈 교)

풀이 금처럼 견고하고 난초처럼 향기로운 사귄다는 뜻으로, 다정한 친구 사이의
우정.

■ 금의야행(錦衣夜行) (비단 금, 옷 의, 밤 야, 다닐 행)

풀이 비단 옷을 입고 밤에 다닌다는 뜻으로, 아무런 보람 없는 행동을 비유하는 말.

■ 금의환향(錦衣還鄉) (비단 금, 옷 의, 돌아올 환, 고향 향)

풀이 비단옷을 입고 고향으로 돌아온다는 뜻으로, 출세하여 고향으로 돌아감.

■ 금지옥엽(金枝玉葉) (쇠 금, 가지 지, 구슬 옥, 잎 엽)

풀이 금 가지에 옥 잎사귀.

곧, ① 임금의 자손이나 매우 귀한 집의 자손.

② 구름의 아름다운 모양.

③ 가장 귀중한 물건.

■ 기여보비(寄與補裨) (부칠 기, 줄 여, 기울 보, 도울 비)

풀이 이바지하여 돕고 부족함을 보태어 줌.

■ 기호지세(騎虎之勢) (말탈 기, 범 호, 갈 지, 형세 세)

풀이 범을 타고 달리는 사람이 도중에서 내릴 수 없는 것처럼 도중에 그만두거나 물러설 수 없는 내친 형세를 이르는 말.

ㄴ

■ 낙락장송(落落長松) (떨어질 락, 떨어질 락, 긴 장, 소나무 송)

풀이 가지가 축축 늘어진 오래된 큰 소나무.

■ 난공불락(難攻不落) (어려울 난, 공격할 공, 아니 불, 떨어질 락)

풀이 공격하기가 어려워 함락시키지 못함.

■ 난형난제(難兄難弟) (어려울 난, 맏 형, 어려울 난, 아우 제)

풀이 누구를 형이라 하고 누구를 동생이라 할지 분간하기 어렵다는 뜻으로, 사물의 우열을 가리기가 어려움.

유 막상막하(莫上莫下), 백중지세(伯仲之勢), 호각지세(互角之勢)

■ 남귤북지(南橘北枳) (남녘 남, 귤 귤, 북녘 북, 탱자 지)

풀이 강남의 귤을 강북으로 옮기면 탱자로 변한다는 뜻으로, 환경에 따라 선하게도 악하게도 됨을 이르는 말.

■ 남가일몽(南柯一夢) (남녘 남, 가지 가, 한 일, 꿈 몽)

풀이 남쪽 가지 밑에서 꾼 꿈이란 뜻으로, 인생의 부귀영화가 한낱 꿈에 지나지 않는다는 말. **유** 한단지몽(邯鄲之夢), 일장춘몽(一場春夢)

■ 남부여대(男負女戴) (사내 남, 짐질 부, 계집 여, 일 대)

풀이 남자는 지고 여자는 인다는 뜻으로, 가난에 시달린 사람들이 살 곳을 찾아 떠돌아다니는 것을 말함.

■ 낭중지추(囊中之錐) (주머니 낭, 가운데 중, 갈 지, 송곳 추)

풀이 주머니 속의 송곳'이란 뜻으로, 주머니 속에 든 송곳은 그 끝이 뾰족하여 주머

니를 뚫고 나오는 것과 같이, 포부와 역량이 있는 사람은 많은 사람 중에 섞여
있을지라도 눈에 드러난다는 말.

■ 낭중취물(囊中取物) (주머니 낭, 가운데 중, 취할 취, 만물 물)
풀이 주머니 속에 든 것을 꺼내 가지는 것과 같이 아주 손쉽게 얻을 수 있다는 뜻.

■ 내우외환(內憂外患) (안 내, 근심 우, 바깥 외, 근심 환)
풀이 나라 안에도 근심스런 문제가 있고, 나라 밖으로부터도 외적이 쳐들어오는 불
안전한 시국.

■ 노마지지(老馬之智) (늙을 로, 말 마, 갈 지, 지혜 지)
풀이 늙은 말의 지혜란 뜻으로, 연륜과 경험이 깊으면 나름대로의 장기나 특기가
있다는 말.

■ 노당익장(老當益壯) (늙을 로, 마땅할 당, 더할 익, 씩씩할 장)
풀이 나이를 먹을수록 기력이 더욱 좋아짐. 그런 사람을 이르는 말.(**준** 老益壯)

■ 노심초사(勞心焦思) (힘쓸 로, 마음 심, 애태울 초, 생각 사)
풀이 마음을 수고롭게 하고 생각을 너무 깊게 하는 것, 즉 몹시 애를 쓰면서 속을
태운다는 말.

■ 녹음방초(綠陰芳草) (푸를 록, 그늘 음, 꽃다울 방, 풀 초)
풀이 나무가 푸르게 우거진 그늘과 꽃다운 풀, 여름의 아름다운 경치.

■ 단기지계(斷機之戒) (끊을 단, 틀 기, 갈 지, 경계할 계)
풀이 짜던 베를 끊어서 훈계함, 학업을 중단해서는 안 된다는 것을 경계한 말.

■ 논공행상(論功行賞) (말할 론, 공 공, 행할 행, 상줄 상)
풀이 세운 공을 논하여 상을 줌.

■ 농가성진(弄假成眞) (희롱할 롱, 거짓 가, 이룰 성, 참 진)
풀이 장난으로 한 것이 참으로 한 결과가 되었음.
　　유 假弄成眞(가농성진)

■ 농와지경(弄瓦之慶) (희롱할 롱, 기와 와, 갈 지, 경사 경)
풀이 딸을 낳은 기쁨, 옛날 중국에서 딸을 낳으면 쓰는 벽돌(기와 瓦)을 장난감으로
주었다는 데서 유래함. ↔ 농장지희(弄璋之喜): 아들을 낳은 기쁨.

■ 누란지위(累卵之危) (묶을 루, 알 란, 갈 지, 위태할 위)
풀이 달걀을 쌓아 놓은 것과 같이 매우 위태함. = 累卵之勢(누란지세)
　　유 여리박빙(如履薄氷), 백척간두(百尺竿頭), 풍전등화(風前燈火), 초미지급
　　(焦眉之急)

■ 능소능대(能小能大) (능할 능, 작을 소, 능할 능, 큰 대)
풀이 모든 일을 임기응변으로 잘 처리함.

■ **다기망양(多岐亡羊)** (많을 다, 갈림 기, 망할 망, 양 양)

풀이 달아난 양을 찾는데 길이 여러 갈래로 갈려서 양을 잃음.

곧, ① 학문의 길이 다방면으로 갈려 진리를 찾기 어려움을 비유적으로 이름.

② 방침이 많아 갈 바를 모름.

유 망양지탄(亡羊之歎), 독서망양(讀書亡羊)

■ **다다익선(多多益善)** (많을 다, 많을 다, 더할 익, 착할 선)

풀이 많으면 많을수록 더욱 좋음, 많이 보태지면 힘이 더 남을 이르는 말.

■ **단사표음(簞食瓢飮)** (소쿠리 단, 밥 식, 바가지 표, 마실 음)

풀이 대나무로 만든 그릇의 밥과 표주박의 물, 좋지 못한 적은 음식, 소박한 삶.

유 단표누항(簞瓢陋巷)

■ **당구풍월(堂狗風月)** (집 당, 개 구, 바람 풍, 달 월)

풀이 서당 개 3년에 풍월을 한다는 말로, 무식쟁이라도 유식한 사람과 사귀면 견문이 넓어짐, 또는 무슨 일 하는 것을 오래오래 보고 듣고 하면 자연히 할 줄 알게 된다는 뜻.

■ **당랑거철(螳螂拒轍)** (사마귀 당, 사마귀 랑, 막을 거, 바퀴자국 철)

풀이 사마귀가 수레바퀴를 막음, 자기의 힘은 헤아리지 않고 강자에게 함부로 덤빔을 이르는 말.

■ **대기만성(大器晚成)** (큰 대, 그릇 기, 늦을 만, 이룰 성)

풀이 큰 그릇은 이루어짐이 더디다는 뜻으로, 크게 될 사람은 성공이 늦다는 말.

■ **도청도설(道聽塗說)** (길 도, 들을 청, 길 도, 말씀 설)

풀이 길에서 듣고 길에서 말함.

곧, ① 설들은 말을 곧바로 다른 사람에게 옮김.

② 길거리에 떠돌아다니는 뜬소문.

유 가담항설(街談巷說), 유언비어(流言蜚語)

■ **도탄지고(塗炭之苦)** (진흙 도, 숯 탄, 갈 지, 괴로울 고)

풀이 진흙이나 숯불에 떨어진 것과 같은 고통이라는 뜻으로, 가혹한 정치로 말미암아 백성들이 겪는 심한 고통.

■ **동가식서가숙(東家食西家宿)** (동쪽 동, 집 가, 먹을 식, 서쪽 서, 집 가, 잠잘 식)

풀이 동쪽에서 밥 먹고, 서쪽에서 잠을 잔다는 뜻으로, 정처 없이 떠돌아다니며 의식주가 곤란함, 또는 두 가지 좋은 일을 아울러 가지려함.

■ **동가홍상(同價紅裳)** (같을 동, 값 가, 붉을 홍, 치마 상)

풀이 같은 값이면 다홍치마, 같은 조건이라면 좀 더 낫고 편리한 것을 택함.

■ 동량지재(棟梁之材) (마룻대 동, 들보 량, 갈 지, 재목 재)

풀이 기둥이나 들보가 될 만한 훌륭한 인재, 즉 한 집이나 한 나라의 큰일을 맡을 만한 사람.

■ 동문서답(東問西答) (동쪽 동, 물을 문, 서쪽 서, 대답할 답)

풀이 동쪽을 묻는데 서쪽을 대답한다는 뜻으로, 묻는 말에 전혀 상관없는 엉뚱한 대답.

■ 동병상련(同病相憐) (같을 동, 병 병, 서로 상, 불쌍히 여길 련)

풀이 같은 병을 앓고 있는 사람끼리 서로 가엽게 여긴다는 뜻으로, 어려운 처지나 비슷한 경우에 있는 사람끼리 서로 딱하게 여겨 동정하고 돕는다는 말.

■ 동상이몽(同床異夢) (같을 동, 평상 상, 다를 이, 꿈 몽)

풀이 한 자리에 자면서 다른 꿈을 꿈, 같은 자리에 있으면서 갖는 생각이 서로 다름.

■ 등고자비(登高自卑) (오를 등, 높을 고, 스스로 자, 낮을 비)

풀이 높은 곳에 이르기 위해서는 낮은 곳부터 밟아야 한다는 뜻으로, 무슨 일이든지 순서가 있음을 이르는 말.
유 천리 길도 한 걸음부터, 첫술에 배부르랴.

■ 등하불명(燈下不明) (등잔 등, 아래 하, 아니 불, 밝을 명)

풀이 등잔 밑이 어둡다는 뜻으로, 가까이 있는 것이 오히려 알아내기가 어려움을 이르는 말.

■ 등화가친(燈火可親) (등 등, 불 화, 옳을 가, 친할 친)

풀이 등불을 가까이하여 책 읽기에 좋음, 가을밤은 심신이 상쾌하므로 등불을 가까이 하여 글 읽기가 좋음.

□

■ 마부위침(磨斧爲針) (갈 마, 도끼 부, 할 위, 바늘 침)

풀이 도끼를 갈아서 바늘을 만든다는 말.
　곧, ① 아무리 어려운 일이라도 참고 계속하면 언젠가는 반드시 성공함을 비유적으로 이르는 말.
　　② 노력을 거듭해서 목적을 달성함을 비유적으로 이르는 말.
　　③ 끈기 있게 학문이나 일에 힘씀을 비유적으로 이르는 말.
　유 우공이산(愚公移山)

■ 마이동풍(馬耳東風) (말 마, 귀 이, 동쪽 동, 바람 풍)

풀이 말 귀에 봄바람, 남의 말에 귀를 잘 기울이지 않고 그냥 흘려버리거나 알아 듣지 못하는 것, 또는 어리석고 둔하여 남의 말을 알아 듣지도 못하고 사리를 깨쳐 알지도 못함. **유** 牛耳讀經(우이독경): 쇠귀에 경 읽기.

■ 막역지우(莫逆之友) (없을 막, 거스를 역, 갈 지, 벗 우)

풀이 마음이 맞아 서로 거스르는 일이 없는, 생사(生死)를 같이 할 수 있는 친밀한 벗.

■ 만시지탄(晚時之歎) (늦을 만, 때 시, 갈 지, 탄식할 탄)

풀이 시기가 늦었음을 안타까워하는 탄식.

■ 망운지정(望雲之情) (바랄 망, 구름 운, 갈 지, 뜻 정)

풀이 타향에서 고향에 계신 부모를 생각함, 멀리 떠나온 자식이 어버이를 사모하여 그리는 정.

■ 망양보뢰(亡羊補牢) (망할 망, 양 양, 기울 보, 우리 뢰)

풀이 양을 잃고서 그 우리를 고침. 실패한 후에 일을 대비함. 이미 때가 늦음.

　　유 소 잃고 외양간 고친다.

■ 망중한(忙中閑) (바쁠 망, 가운데 중, 한가할 한)

풀이 바쁜 가운데에서도 한가로운 때.

■ 맥수지탄(麥秀之嘆) (보리 맥, 빼어날 수, 갈 지, 탄식할 탄)

풀이 맥수(麥秀)란 보리가 무성하다는 말로 옛날에 영화를 자랑하던 도읍에 보리가 무성해 있는 것을 보고 고국의 멸망을 탄식한 데에서 비롯된 말.

　　유 망국지탄(亡國之歎)

■ 맹모삼천(孟母三遷) (맏 맹, 어미 모, 석 삼, 옮길 천)

풀이 맹자의 어머니가 (맹자를 교육시키기 위해) 세 번 이사를 하였다는 뜻으로, 자식을 힘써 공부시키는 것을 말함.

　　유 맹모단기지교(孟母斷機之敎)

■ 면종복배(面從腹背) (낯 면, 따를 종, 배 복, 등 배)

풀이 앞에서는 순종하는 체하면서 돌아서서 딴 마음을 먹음.

■ 명경지수(明鏡止水) (밝을 명, 거울 경, 그칠 지, 물 수)

풀이 ① 거울과 같이 맑고 잔잔한 물.

　　② 마음이 고요하고 잡념이 없이 아주 맑고 깨끗함.

■ 명실상부(名實相符) (이름 명, 열매 실, 서로 상, 들어맞을 부)

풀이 겉에 드러난 이름과 실지의 속내가 서로 일치함, 즉 알려진 것과 실제의 상황이나 능력에 차이가 없다는 말.

■ 명약관화(明若觀火) (밝을 명, 같을 약, 볼 관, 불 화)

풀이 불을 보는 듯이 환하게 분명히 알 수 있음, 더할 나위 없이 명백함.

■ 모순(矛盾) (칼 모, 방패 순)

풀이 말이나 행동의 앞뒤가 서로 일치되지 아니함.

　　유 二律背反(이율배반), 自家撞着(자가당착)

■ 목불식정(目不識丁) (눈 목, 아니 불, 알 식, 정 정)
풀이 눈이 정(丁)자도 알지 못함, 쉬운 글자도 모르는 매우 무식한 사람.

■ 목불인견(目不忍見) (눈 목, 아니 불, 참을 인, 볼 견)
풀이 차마 눈 뜨고 볼 수 없는 참상이나 꼴불견

■ 무릉도원(武陵桃源) (굳셀 무, 큰 언덕 릉, 복숭아나무 도, 근원 원)
풀이 속세와 완전히 동떨어진 별천지(別天地), 곧 이상향(理想鄕).

■ 무불통지(無不通知) (없을 무, 아니 부, 통할 통, 알 지)
풀이 무슨 일이든 모르는 것이 없음.

■ 무소분위(無所不爲) (없을 무, 바 소, 아니 부, 위할 위)
풀이 무슨 일이든 하지 못할 것이 없음.

■ 무위도식(無爲徒食) (없을 무, 위할 위, 헛될 도, 먹을 식)
풀이 아무 하는 일 없이 먹기만 함.

■ 묵적지수(墨翟之守) (먹 묵, 꿩 적, 갈 지, 지킬 수)
풀이 ① 자기 의견이나 주장을 굽히지 않고 끝까지 지킴.
　　　② 융통성이 없음을 비유적으로 이르는 말.

■ 문경지교(刎頸之交) (목벨 문, 목 경, 갈 지, 사귈 교)
풀이 목이 잘리는 한이 있어도 마음을 변치 않고 사귀는 친한 사이.
　　유 관포지교(管鮑之交), 금란지계(金蘭之契), 단금지계(斷金之契), 지란지교
　　　(芝蘭之交)

■ 문일지십(聞一知十) (들을 문, 한 일, 알 지, 열 십)
풀이 한 가지를 들으면 열 가지를 안다는 뜻으로, 매우 총명함을 이르는 말.

■ 문외한(門外漢) (문 문, 바깥 외, 나라 한)
풀이 어떤 일에 대한 전문적인 지식이 없거나 관계가 없는 사람.

■ 문전성시(門前成市) (문 문, 앞 전, 이룰 성, 시가 시)
풀이 문 앞이 저자(市場)를 이룬다는 뜻으로, 권세가나 부잣집 문 앞이 방문객으로
　　　시장을 이루다시피 붐빈다는 말.

■ 미인박명(美人薄命) (아름다울 미, 사람 인, 엷을 박, 목숨 명)
풀이 미인은 흔히 불행하거나 병약하여 요절하는 일이 많다는 말.

ㅂ

■ 박이부정(博而不精) (넓을 박, 말이을 이, 아니 불, 정할 정)
풀이 여러 방면으로 널리 아나 정통하지 못함, 독서에 있어서 정독(精讀)의 중요성.

- 박장대소(拍掌大笑) (칠 박, 손바닥 장, 큰 대, 웃을 소)

풀이 손바닥을 치면서 크게 웃음.

- 반포지효(反哺之孝) (되돌릴 반, 먹을 포, 갈 지, 효도 효)

풀이 까마귀 새끼가 자라서 어미에게 먹이를 물어다 준다는 속설에서 온 말, 곧 자식이 부모를 봉양하는 효도를 행함을 일컫는 말.

- 발본색원(拔本塞源) (뺄 발, 근본 본, 막을 색, 근원 원)

풀이 일을 올바로 처리하기 위하여 폐단의 근원을 아주 뽑아 없애 버림.

- 방약무인(傍若無人) (곁 방, 같을 약, 없을 무, 사람 인)

풀이 곁에 아무도 없다는 뜻으로, 남의 입장이나 형편을 살피지 않고 언행을 제멋대로 하는 사람을 일컫는 말.
　　　유 안하무인(眼下無人), 오만무례(傲慢無禮)

- 배수지진(背水之陣) (등 배, 물 수, 갈 지, 진칠 진)

풀이 물을 등지고 친 진지라는 뜻으로, 목숨을 걸고 어떤 일에 대처하는 경우에 쓰는 말.

- 백년하청(百年河淸) (일백 백, 해 년, 물 하, 맑을 청)

풀이 백 년을 기다린다 해도 황하(黃河)의 흐린 물은 맑아지지 않음.
　　곧, ① 아무리 오래 기다려도 어떤 일이 이루어지기 어려움을 비유적으로 이르는 말.
　　　② 확실하지 않은(믿을 수 없는) 일을 언제까지나 기다림(기대함)을 비유적으로 이르는 말.

- 백년해로(百年偕老) (일백 백, 해 년, 함께 해, 늙을 로)

풀이 부부가 화합하여 함께 늙도록 살아감.

- 백면서생(白面書生) (흰 백, 얼굴 면, 글 서, 날 생)

풀이 희고 고운 얼굴에 글만 읽는 사람, 즉 글만 읽고 세상일에 경험이 없는 젊은이를 이르는 말.

- 백아절현(伯牙絶絃) (맏 백, 어금니 아, 끊을 절, 악기 줄 현)

풀이 백아가 거문고의 줄을 끊었다는 뜻.
　　곧, ① 서로 마음이 통하는 절친한 벗[知己]의 죽음을 이르는 말.
　　　② 친한 벗을 잃은 슬픔.

- 백중지세(伯仲之勢) (맏 백, 가운데 중, 의 지, 기세 세)

풀이 백(伯)과 중(仲)은 형제의 순서를 나타냄, 형제는 비슷하게 닮았기 때문에 비교 평가해도 우열을 가릴 수 없다는 말, 즉 우열의 차이가 없이 엇비슷함.

- 백척간두(百尺竿頭) (일백 백, 자 척, 장대 간, 머리 두)

풀이 높은 장대 위에 있음이란 뜻으로, 위태롭고 어려운 지경을 비유하여 쓰는 말.

- 본말전도(本末顚倒) (근본 본, 끝 말, 뒤집힐 전, 넘어질 도)

풀이 일이 처음과 나중이 뒤바뀜, 일의 근본 줄기는 잊고 사소한 부분에만 사로잡힘.
유 주객전도(主客顚倒)

- 부중생어(釜中生魚) (솥 부, 가운데 중, 살 생, 고기 어)

풀이 솥 안에서 헤엄치는 물고기란 뜻으로, 오래 계속되지 못할 일을 비유함.

- 부창부수(夫唱婦隨) (지아비 부, 노래 부를 창, 지어미 부, 따를 수)

풀이 남편이 창을 하면 아내도 따라 한다는 뜻으로, 늘 남편의 주장에 아내가 따르는 것이 부부 화합의 도(道)임을 이르는 말.

- 부화뇌동(附和雷同) (붙을 부, 화할 화, 우레 뢰, 같을 동)

풀이 제 주견이 없이 남이 하는 대로 그대로 좇아 따르거나 같이 행동함을 이르는 말.

- 분골쇄신(粉骨碎身) (가루 분, 뼈 골, 부술 쇄, 몸 신)

풀이 뼈는 가루가 되고 몸은 산산조각이 되도록 있는 힘을 다해 노력함, 또는 남을 위하여 그러한 수고를 아끼지 않음.

- 분서갱유(焚書坑儒) (불사를 분, 글 서, 묻을 갱, 선비 유)

풀이 책을 불사르고 선비를 산 채로 구덩이에 파묻어 죽인다는 뜻으로, 진(秦)나라 시황제(始皇帝)의 가혹한 법과 혹독한 정치를 이르는 말.

- 불구대천(不俱戴天) (아니 불, 함께 구, 머리에 일 대, 하늘 천)

풀이 함께 하늘을 이고 살 수 없는 원수란 뜻으로, 반드시 죽여야 할 원수를 이르는 말.

- 불문가지(不問可知) (아니 불, 물을 문, 가히 가, 알 지)

풀이 묻지 않아도 가히 알 수 있음.

- 불문곡직(不問曲直) (아니 불, 물을 문, 굽을 곡, 곧을 직)

풀이 옳고 그름을 가리지 않고 함부로 일을 처리함.

- 불요불굴(不撓不屈) (아니 불, 구부러질 요, 아닐 불, 굽힐 굴)

풀이 한번 품은 뜻이나 결심이 흔들리거나 굽힘이 없이 억셈.

- 불치하문(不恥下問) (아니 불, 부끄러워할 치, 아래 하, 물을 문)

풀이 지위나 학식이 자기보다 못한 사람에게 모르는 것을 묻는 일을 꺼리거나 부끄러워하지 않음.

- 비분강개(悲憤慷慨) (슬플 비, 성낼 분, 강개할 강, 분개할 개)

풀이 슬프고 분하여 마음이 복받침.

- 비육지탄(髀肉之嘆) (넓직다리 비, 고기 육, 의 지, 탄식할 탄)

풀이 넓적다리에 살이 찐 것을 탄식한다는 뜻으로, 성공하지 못하고 한갓 세월만 보냄에 대한 탄식.

- 빙탄지간(氷炭之間) (얼음 빙, 숯 탄, 갈 지, 사이 간)

풀이 얼음과 숯과 같이 서로 화합할 수 없는 사이를 이르는 말.

■ **사고무친(四顧無親)** (넉 사, 돌아볼 고, 없을 무, 친할 친)

[풀이] 사방을 돌아보아도 친지가 없다는 뜻으로, 의지할 곳 없이 외로운 처지를 말함.

　　[유] 고립무원(孤立無援)

■ **사궁지수(四窮之首)** (넉 사, 궁할 궁, 갈 지, 머리 수)

[풀이] 네 가지 불행한 처지인 사궁(四窮) 중 첫째는 늙어서 아내 없는 홀아비임.

　　【註】사궁(四窮): 환(鰥: 늙은 홀아비), 과(寡: 늙은 홀어미), 고(孤: 고아), 독(獨: 자식 없는 노인)

■ **사면초가(四面楚歌)** (넉 사, 대할 면, 초나라 초, 노래 가)

[풀이] 사면에서 들려오는 초나라 노래란 뜻.

　　곧, ① 사방 빈틈없이 적에게 포위된 고립무원(孤立無援)의 상태.

　　　　② 주위에 반대자 또는 적이 많아 고립되어 있는 처지.

　　　　③ 사방으로부터 비난받음을 비유적으로 이르는 말.

■ **사상누각(沙上樓閣)** (모래 사, 위 상, 다락 루, 문설주 각)

[풀이] 모래 위의 누각이란 뜻으로, 어떤 일의 기초가 튼튼하지 못하여 오래 견디지 못함을 비유적으로 이르는 말.

■ **사필귀정(事必歸正)** (일 사, 반드시 필, 돌아갈 귀, 바를 정)

[풀이] 무슨 일이든지 결국은 옳은 데로 돌아간다는 뜻.

　　[유] 죄는 지은 데로 가고 덕은 닦은 데로 간다.

■ **살신성인(殺身成仁)** (죽일 살, 몸 신, 이룰 성, 어질 인)

[풀이] 목숨을 바치어 인(仁)을 이룬다는 뜻.

　　[유] 사생취의(捨生取義)

■ **삼강오륜(三綱五倫)** (석 삼, 벼리 강, 다섯 오, 인륜 륜)

[풀이] ① 삼강(三綱): 유교 도덕이 되는 세 가지 뼈대가 되는 줄거리로서, 임금과 신하[군위신강(君爲臣綱)], 남편과 아내[부위부강(夫爲婦綱)], 부모와 아들[부위자강(父爲子綱)]이 지켜야 할 떳떳한 도리.

　　② 오륜(五倫): 유교 실천 도덕에 있어서 기본이 되는 다섯 가지의 인륜[군신유의(君臣有義), 부자유친(父子有親), 부부유별(夫婦有別), 장유유서(長幼有序), 붕우유신(朋友有信)]을 말함.

■ **삼고초려(三顧草廬)** (석 삼, 돌아볼 고, 풀 초, 풀집 려)

[풀이] 초가집을 세 번 찾아간다는 뜻.

　　곧, ① 사람을 맞이함에 있어 진심으로 예를 다함[삼고지례(三顧之禮)].

　　　　② 윗사람으로부터 후하게 대우받음을 비유적으로 이르는 말.

■ 삼순구식(三旬九食) (석 삼, 열흘 순, 아홉 구, 밥 식)

풀이 서른 날에 아홉 끼니밖에 먹지 못했다는 뜻으로, 몹시 가난함을 이르는 말.

　　유 상루하습(上漏下濕)

■ 삼인성호(三人成虎) (석 삼, 사람 인, 이룰 성, 범 호)

풀이 세 사람이 똑같이 말하게 되면 호랑이도 정말 나타난 줄로 믿게 된다는 뜻으로, 거짓말이라도 여러 사람이 말하게 되면 곧이 듣게 된다는 말.

■ 상전벽해(桑田碧海) (뽕나무 상, 밭 전, 푸를 벽, 바다 해)

풀이 뽕나무밭이 변하여 바다가 된다는 뜻으로, 세상일의 변화가 심하여 사물이 바뀜을 비유적으로 이르는 말.

　　유 벽해상전(碧海桑田) 창상지변(滄桑之變)

■ 새옹지마(塞翁之馬) (변방 새, 늙은이 옹, 갈 지, 말 마)

풀이 변방에 사는 늙은이의 말이란 뜻으로, 인간 만사(人間萬事)의 길흉화복(吉凶禍福)은 변화무쌍하여 예측할 수가 없다는 말.

　　유 전화위복(轉禍爲福)

■ 선남선녀(善男善女) (착할 선, 사내 남, 착할 선, 여자 녀)

풀이 특별함이 없는 보통 사람을 일컫는 말.

　　유 갑남을녀(甲男乙女), 장삼이사(張三李四), 초동급부(樵童汲婦), 필부필부(匹夫匹婦)

■ 선우후락(先憂後樂) (먼저 선, 근심할 우, 뒤 후, 즐길 락)

풀이 세상의 근심할 일은 남보다 먼저 근심하고 즐길 일은 남보다 나중에 즐긴다는 뜻으로, 지사(志士) 인인(仁人)의 마음가짐을 이르는 말.

■ 설상가상(雪上加霜) (눈 설, 위 상, 더할 가, 서리 상)

풀이 눈 위에 또 서리가 덮인다는 뜻으로, 불행이 엎친 데 덮친 격으로 거듭 생김.

■ 성동격서(聲東擊西) (소리 성, 동녘 동, 칠 격, 서녘 서)

풀이 병법의 하나. 동쪽을 칠 듯이 말하고 실제로는 서쪽을 친다는 뜻으로, 상대방을 기만하여 기묘하게 공략함을 비유하는 말.

■ 세한삼우(歲寒三友) (해 세, 찰 한, 석 삼, 벗 우)

풀이 추위에 강한 겨울철의 세 관상수인 소나무(松), 대나무(竹), 매화나무(梅)를 이르는 말.

■ 소탐대실(小貪大失) (작을 소, 탐할 탐, 큰 대, 잃을 실)

풀이 작은 것을 탐하다가 오히려 더 큰 것을 잃음.

■ 속수무책(束手無策) (묶을 속, 손 수, 없을 무, 꾀 책)

풀이 손을 묶인 듯이, 어쩔 도리가 없어 꼼짝 못함.

■ 수구초심(首丘初心) (머리 수, 언덕 구, 처음 초, 마음 심)

풀이 여우는 죽을 때 머리를 자기가 살던 굴로 향한다는 뜻으로, 고향을 그리워하는 마음을 이르는 말.

■ 수불석권(手不釋卷) (손 수, 아니 불, 놓을 석, 책 권)

풀이 손에서 책을 놓지 않음, 늘 책을 가까이하여 학문을 열심히 함.

■ 수서양단(首鼠兩端) (머리 수, 쥐 서, 두 량, 끝 단)

풀이 구멍에서 머리만 내밀고 좌우를 살피는 쥐라는 뜻.
　　곧, ① 진퇴 거취를 정하지 못하고 망설이는 상태.
　　　　② 두 마음을 가지고 기회를 엿봄.

■ 수수방관(袖手傍觀) (소매 수, 손 수, 곁 방, 볼 관)

풀이 팔짱을 끼고 보고만 있다는 뜻으로, 어떤 일을 당하여 옆에서 보고만 있는 것을 말함.
　　유 오불관언(吾不關焉)

■ 수어지교(水魚之交) (물 수, 고기 어, 갈 지, 사귈 교)

풀이 물과 물고기의 사귐과 같이 아주 친밀하여 떨어질 수 없는 사이, 임금과 신하 사이의 두터운 교분과 부부의 친밀함.

■ 수주대토(守株待兎) (지킬 수, 그루 주, 기다릴 대, 토끼 토)

풀이 그루터기를 지키며 토끼를 기다린다는 뜻으로, 달리 변통할 줄 모르고 어리석게 한 가지만 기다리는 융통성 없음을 이르는 말.
　　유 각주구검(刻舟求劍)

■ 숙맥불변(菽麥不辨) (콩 숙, 보리 맥, 아니 불, 분별할 변)

풀이 콩인지 보리인지 분간하지 못한다는 뜻으로, 매우 어리석은 사람을 이르는 말.

■ 순망치한(脣亡齒寒) (입술 순, 잃을 망, 이 치, 찰 한)

풀이 입술이 없으면 이가 시리다는 뜻.
　　곧, ① 가까운 사이의 하나가 망하면 다른 한 편도 온전하기 어려움.
　　　　② 둘 사이의 매우 밀접한 관계를 비유적으로 이르는 말.
　　유 조지양익(鳥之兩翼), 거지양륜(車之兩輪)

■ 시시비비(是是非非) (옳을 시, 옳을 시, 아닐 비, 아닐 비)

풀이 서로 옳고 그른 것을 따지며 다툼.

■ 시종여일(始終如一) (처음 시, 나중 종, 같을 여, 한 일)

풀이 처음이나 나중이 한결같아서 변함이 없음.

■ 식자우환(識字憂患) (알 식, 글자 자, 근심 우, 근심 환)

풀이 아는 것이 오히려 근심거리가 됨.

■ 신상필벌(信賞必罰) (믿을 신, 상줄 상, 반드시 필, 죄 벌)

풀이 상을 줄 만한 사람에게 꼭 상을 주고, 벌을 줄 만한 사람에게 꼭 벌을 준다는 뜻으로, 상벌을 규정대로 분명하게 함.

■ 신언서판(身言書判) (몸 신, 말씀 언, 글 서, 판가름할 판)

풀이 과거 인물을 선택하는 표준으로 삼던 네 가지 조건으로, 첫째 인물이 잘났나, 둘째 말을 잘 할 줄 아는가, 셋째 글씨는 잘 쓰는가, 넷째 올바른 판단력을 갖추었는가의 네 가지를 보아야 한다 하여 이르는 말.

■ 실사구시(實事求是) (열매 실, 일 사, 구할 구, 옳을 시)

풀이 ① 사실에 근거하여 사물의 진상·진리 등을 연구하는 일.
② 공론(空論)만 일삼는 양명학(陽明學)에 대한 반동으로 청의 고증학자들이 내세운 표어.

■ 심기일전(心機一轉) (마음 심, 틀 기, 한 일, 구를 전)

풀이 어떠한 동기에 의하여 이제까지의 먹었던 마음을 바꿈.

■ 심심상인(心心相印) (마음 심, 마음 심, 서로 상, 도장 인)

풀이 마음에서 마음으로 전함.
　　유 이심전심(以心傳心)

■ 십벌지목(十伐之木) (열 십, 칠 벌, 갈 지, 나무 목)

풀이 열 번 찍어 안 넘어 가는 나무가 없다는 뜻으로, 아무리 마음이 굳은 사람이라도 여러 번 치근거리면 마음이 움직이게 된다는 말.

■ 십시일반(十匙一飯) (열 십, 숟가락 시, 한 일, 밥 반)

풀이 열 사람이 밥 한 술씩 보태면 한 사람의 한 끼 식량은 된다는 뜻으로, 여러 사람이 한 사람 돕기는 쉽다는 말.

ㅇ

■ 아비규환(阿鼻叫喚) (언덕 아, 코 비, 부르짖을 규, 부를 환)

풀이 지옥(불교에서 말하는 아비지옥) 같은 고통에 못 견디어 구원을 부르짖는 소리라는 뜻으로, 심한 참상을 말함.

■ 아전인수(我田引水) (나 아, 밭 전, 끌 인, 물 수)

풀이 제 논에 물대기란 뜻으로, 자기 좋을 대로 이기적인 행동을 함을 이르는 말.
　　유 역지사지(易地思之)

■ 안분지족(安分知足) (편안할 안, 나눌 분, 알 지, 넉넉할 족)

풀이 편한 마음으로 제 분수를 지키며 만족을 앎.

■ 안빈낙도(安貧樂道) (편안할 안, 가난할 빈, 즐길 락, 길 도)

풀이 가난한 생활을 하면서도 편한 마음으로 도를 즐김.

■ 안중지정(眼中之釘) (눈 안, 가운데 중, 갈 지, 못 정)

풀이 눈에 박힌 못이라는 뜻.

곧, ① 나에게 해를 끼치는 사람을 비유적으로 이르는 말.

② 몹시 싫거나 미워서 항상 눈에 거슬리는 사람(눈엣가시)을 비유적으로 이르는 말.

■ 안하무인(眼下無人) (눈 안, 아래 아, 없을 무, 사람 인)

풀이 눈 아래 사람이 없음, 곧 교만하여 사람을 업신여긴다는 뜻.

■ 암중모색(暗中摸索) (어두울 암, 가운데 중, 더듬을 모, 찾을 색)

풀이 물건을 어둠 속에서 더듬어 찾음, 즉 어림으로 추측함.

■ 애이불비(哀而不悲) (슬플 애, 써 이, 아니 불, 슬플 비)

풀이 속으로는 슬퍼하지만 겉으로는 슬픔을 나타내지 아니함.

■ 양두구육(羊頭狗肉) (양 양, 머리 두, 개 구, 고기 육)

풀이 양의 머리를 걸어 놓고 개의 머리를 판다는 뜻으로, 겉은 그럴 듯하고 보기 좋으나 속은 허술한 경우에 쓰이는 말.

■ 양상군자(梁上君子) (들보 량, 위 상, 임금 군, 아들 자)

풀이 대들보 위의 군자라는 뜻으로, 도둑을 지칭하는 말이지만 천장의 쥐를 말할 때도 사용함.

■ 어부지리(漁父之利) (고기 잡을 어, 아비 부, 갈 지, 이로울 리)

풀이 도요새가 조개를 쪼아 먹으려다가 둘 다 물리어 서로 다투고 있을 때 어부가 와서 둘을 잡아갔다는 고사에서 나온 말로 둘이 다투는 사이에 제삼자가 이득을 봄. **유** 견토지쟁(犬兎之爭)

■ 어불성설(語不成說) (말씀 어, 아니 불, 이룰 성, 말씀 설)

풀이 말이 이치에 맞지 않음, 즉 어처구니없는 말을 할 때 쓰는 말.

■ 언어도단(言語道斷) (말씀 언, 말씀 어, 길 도, 끊을 단)

풀이 너무 엄청나게 사리에 어긋나 말문이 막힌다는 뜻으로, 어이가 없어 이루 말로 나타낼 수 없음을 이르는 말.

■ 언중유골(言中有骨) (말씀 언, 가운데 중, 있을 유, 뼈 골)

풀이 예사로운 말 속에 뼈 같은 단단한 속뜻이 있다는 말.

■ 여리박빙(如履薄氷) (같을 여, 밟을 리, 엷을 박, 얼음 빙)

풀이 살얼음을 밟듯 매우 조심하는 경우에 쓰는 말.

■ 역지사지(易地思之) (바꿀 역, 땅 지, 생각할 사, 갈 지)

풀이 서로 처지를 바꾸어 생각함.

- 연마장양(鍊磨長養) (불릴 연, 갈 마, 길 장, 기를 양)

풀이 갈고 닦고 오래도록 준비하여 옴.

- 연목구어(緣木求魚) (인연 연, 나무 목, 구할 구, 고기 어)

풀이 나무에 올라 물고기를 구한다는 뜻.
　　곧, ① 도저히 불가능한(가당찮은) 일을 하려 함을 비유적으로 이르는 말.
　　　　② 잘못된 방법으로 목적을 이루려 함을 비유적으로 이르는 말.
　　　　③ 수고만 하고 아무것도 얻지 못함을 비유적으로 이르는 말.
　　　　유 상산구어(上山求魚)

- 연하고질(煙霞痼疾) (연기 연, 놀 하, 고질 고, 병 질)

풀이 자연을 매우 사랑하는 것이 마치 고치지 못할 병이 든 것과 같음.
　　유 천석고황(泉石膏肓)

- 염량세태(炎凉世態) (더울 염, 서늘할 량, 세상 세, 태도 태)

풀이 뜨겁고 차가운 세태, 권세가 있을 때에는 아첨하여 쫓고 권세가 떨어지면 푸
　　대접하는 세속의 인심을 이르는 말.

- 영고성쇠(榮枯盛衰) (꽃필 영, 마를 고, 성할 성, 쇠할 쇠)

풀이 영화롭고 마르고 성하고 쇠함, 개인이나 사회의 성하고 쇠함이 서로 뒤바뀌는
　　현상.

- 오리무중(五里霧中) (다섯 오, 마을 리, 안개 무, 가운데 중)

풀이 사방(四方) 5리에 안개가 덮여 있는 속이라는 뜻으로, 사물의 행방이나 사태
　　의 추이를 알 길이 없음을 나타내는 말.

- 오매불망(寤寐不忘) (잠깰 오, 잠잘 매, 아니 불, 잊을 망)

풀이 자나 깨나 밤낮으로 잊지 못함.

- 오불관언(吾不關焉) (나 오, 아니 불, 관계할 관, 어조사 언)

풀이 나는 그 일에 상관하지 아니함, 모른 체함.

- 오비이락(烏飛梨落) (까마귀 오, 날 비, 배나무 리, 떨어질 락)

풀이 까마귀 날자 배 떨어진다는 뜻으로 아무 관계도 없이 한 일이 공교롭게도 동
　　시에 일어나 다른 일과 관련이 있는 것처럼 혐의를 받게 되는 것을 말함.

- 오상고절(傲霜孤節) (거만할 오, 서리 상, 외로울 고, 마디 절)

풀이 서릿발 날리는 추위에도 굴하지 않고 외로이 지키는 절개라는 뜻으로, 충신
　　또는 국화를 이르는 말.

- 오월동주(吳越同舟) (오나라 오, 월나라 월, 같을 통, 배 주)

풀이 적대(敵對) 관계에 있는 오나라 사람과 월나라 사람이 같은 배를 타고 있다는 뜻.
　　곧, ① 서로 적의를 품은 사람끼리 같은 장소와 처지에 놓임.
　　　　② 어려운 상황에서는 원수라도 협력하게 된다는 말.

- **오합지중(烏合之衆) (까마귀 오, 합할 합, 갈 지, 무리 중)**

풀이 까마귀 떼가 모인 것 같은 무리, 질서 없이 어중이떠중이가 모인 군중을 뜻함. 또는 제각기 보잘 것 없는 수많은 사람.

유 오합지졸(烏合之卒)

- **옥석혼효(玉石混淆) (옥 옥, 돌 석, 섞을 혼, 뒤섞일 효)**

풀이 옥과 돌이 함께 뒤섞여 있음, 선과 악, 좋은 것과 나쁜 것이 함께 섞여 있음.

- **온고지신(溫故知新) (따뜻할 온, 연고 고, 알 지, 새 신)**

풀이 옛 것을 익혀서 새 것을 안다는 뜻으로, 옛 것을 익힘으로써 그것을 통하여 새로운 지식과 도리를 발견하게 된다는 말.

- **와신상담(臥薪嘗膽) (누울 와, 섶 신, 맛볼 상, 쓸개 담)**

풀이 섶 위에서 잠을 자고 쓸개를 핥는다는 뜻으로, 목적을 달성하기 위해 온갖 고난을 참고 견딤을 비유적으로 이르는 말.

- **외유내강(外柔內剛) (바깥 외, 부드러울 유, 안 내, 굳셀 강)**

풀이 겉으로 보기에는 부드럽고 순한 듯하나 속은 꿋꿋하고 강함.

- **요령부득(要領不得) (요긴할 요, 거느릴 령, 아니 부, 얻을 득)**

풀이 사물의 중요한 부분을 잡을 수 없다는 뜻으로, 말이나 글의 요령을 잡을 수 없음을 이르는 말.

- **요산요수(樂山樂水) (좋아할 요, 뫼 산, 좋아할 요, 물 수)**

풀이 산을 즐기고 물을 즐긴다는 뜻으로, 산수의 경치를 좋아함.

- **용두사미(龍頭蛇尾) (용 용, 머리 두, 뱀 사, 꼬리 미)**

풀이 용의 머리에 뱀의 꼬리란 뜻으로, 처음 시작은 아주 그럴 듯하게 보였으나 끝 부분에 가서는 제대로 완결 짓지 못하고 흐지부지하는 경우에 쓰는 말.

- **우공이산(愚公移山) (어리석을 우, 공적 공, 옮길 이, 뫼 산)**

풀이 우공이 산을 옮긴다는 뜻으로, 남이 보기엔 어리석은 일처럼 보이지만 한 가지 일을 끝까지 밀고 나가면 언젠가는 목적을 달성할 수 있다는 말.

- **우화등선(羽化登仙) (깃 우, 될 화, 오를 등, 신선 선)**

풀이 사람의 몸에 날개가 돋치어 하늘로 올라가 신선이 됨.

- **우후죽순(雨後竹筍) (비 우, 뒤 후, 대 죽, 죽순 순)**

풀이 비온 뒤에 죽순이 자라듯이, 어떤 일이 일시에 많이 일어남을 비유적으로 이르는 말.

- **월태화용(月態花容) (달 월, 모양 태, 꽃 화, 얼굴 용)**

풀이 달 같은 모습과 꽃 같은 얼굴, 즉 미인을 뜻하는 말.

■ 위편삼절(韋編三絶) (가죽 위, 엮을 편, 석 삼, 끊을 절)

풀이 (책을 엮은) 가죽끈이 세 번 끊어진다는 말.
곧, ① 독서를 매우 열심히 함.
② 한 권의 책을 되풀이하여 자세히 읽음.

■ 유명무실(有名無實) (있을 유, 이름 명, 없을 무, 열매 실)

풀이 이름만 있고 실상은 없음, 또는 평판과 실제가 같지 않음.

■ 유방백세(流芳百世) (흐를 유, 꽃다울 방, 일백 백, 세상 세)

풀이 향기가 백대에 걸쳐 흐름, 즉 꽃다운 이름이 후세에 길이 전함.

■ 유비무환(有備無患) (있을 유, 갖출 비, 없을 무, 근심 환)

풀이 미리 준비가 되어 있으면 근심할 것이 없다는 말.

■ 유아독존(唯我獨尊) (오직 유, 나 아, 홀로 독, 높을 존)

풀이 세상에서 오직 자기 혼자만이 잘났다는 뜻으로, 자기만 잘난 체하는 태도를 이르는 말.

■ 유야무야(有耶無耶) (있을 유, 어조사 야, 없을 무, 어조사 야)

풀이 있는지 없는지 모르게 희미함.

■ 유유상종(類類相從) (무리 유, 무리 유, 서로 상, 좇을 종)

풀이 사물은 같은 무리끼리 따르고, 사람도 같은 사람끼리 서로 모인다는 말.

■ 유유자적(悠悠自適) (멀 유, 멀 유, 스스로 자, 맞을 적)

풀이 속세를 떠나 아무 것에도 속박되지 않고 조용하고 편안히 생활함.

■ 유취만년(遺臭萬年) (남길 유, 냄새 취, 일만 만, 해 년)

풀이 냄새가 만 년에까지 남겨진다는 뜻으로, 즉 더러운 이름을 영원히 장래에까지 남김.

■ 은인자중(隱忍自重) (숨길 은, 참을 인, 스스로 자, 무거울 중)

풀이 괴로움을 감추어 참고 스스로 몸가짐을 신중히 함.

■ 음풍농월(吟風弄月) (읊을 음, 바람 풍, 희롱할 롱, 달 월)

풀이 맑은 바람과 밝은 달을 보며 시를 짓고 읊으며 즐긴다는 뜻으로, 풍류를 즐긴다는 말.

■ 읍참마속(泣斬馬謖) (울 읍, 벨 참, 말 마, 일어날 속)

풀이 울면서 사랑하는 신하인 마속을 벤다는 뜻으로, 법의 공정을 지키기 위해 사사로운 정을 버림을 비유적으로 이르는 말.

■ 이심전심(以心傳心) (써 이, 마음 심, 전할 전, 마음 심)

풀이 말이나 글로 전하지 않고 마음으로 마음에 전함.
유 염화미소(拈華微笑), 불립문자(不立文字), 교외별전(敎外別傳)

- **이열치열(以熱治熱) (써 이, 더울 열, 다스릴 치, 더울 열)**

  풀이 열로써 열을 다스림. 즉, 어떤 힘을 동일한 힘을 이용하여 다스릴 때 쓰는 말.

    유 이이제이(以夷制夷)

- **이율배반(二律背反) (두 이, 법 률, 등 배, 돌이킬 반)**

  풀이 동등한 타당성을 가지고 주장되는 두 명제(命題)가 서로 모순(矛盾)·대립하여 양립하지 아니하는 일.

- **이전투구(泥田鬪狗) (진흙 니, 밭 전, 싸울 투, 개 구)**

  풀이 진흙탕에서 싸우는 개라는 뜻으로, 명분이 서지 않는 일로 몰골 사납게 싸움을 이르는 말.

- **인과응보(因果應報) (인할 인, 실과 과, 응할 응, 갚을 보)**

  풀이 좋은 일에는 좋은 결과가, 나쁜 일에는 나쁜 결과가 따름.

- **인면수심(人面獸心) (사람 인, 낯 면, 짐승 수, 마음 심)**

  풀이 사람의 얼굴을 하고 있으나 마음은 짐승과 다름이 없다는 뜻으로, 남의 은혜를 모르거나 행동이 흉악·음탕하거나 또는 의리·인정을 모르는 사람을 가리키는 말.

- **인지상정(人之常情) (사람 인, 갈 지, 항상 상, 뜻 정)**

  풀이 사람이면 누구나 가지는 보통의 인정.

- **일거양득(一擧兩得) (한 일, 들 거, 두 량, 들 거)**

  풀이 한 가지 일을 하여 두 가지 이익을 거둠.

- **일구월심(日久月深) (날 일, 오랠 구, 달 월, 깊을 심)**

  풀이 날이 오래고 달이 깊어진다는 뜻으로, 날이 갈수록 바라는 마음이 더 간절해진다는 말.

- **일도양단(一刀兩斷) (한 일, 칼 도, 두 량, 끊을 단)**

  풀이 한 칼로 쳐서 둘로 나눈다는 뜻으로, 일이나 행동을 머뭇거리지 않고 선뜻 결정할 때 쓰는 말.

- **일망무제(一望無際) (한 일, 바랄 망, 없을 무, 즈음 제)**

  풀이 한 눈에 바라볼 수 없도록 아득히 멀고 넓어서 끝이 없음.

- **일벌백계(一罰百戒) (한 일, 벌줄 벌, 일백 백, 경계할 계)**

  풀이 한 사람 또는 한 가지 죄과를 벌줌으로써 여러 사람에게 경각심을 불러일으킴.

- **일어탁수(一魚濁水) (한 이, 고기 어, 흐릴 탁, 물 수)**

  풀이 물고기 한 마리가 큰물을 흐리게 하듯 한 사람의 악행으로 인하여 여러 사람이 그 해를 받게 됨.

- **일언이폐지(一言以蔽之) (한 일, 말씀 언, 써 이, 덮을 폐, 갈 지)**

  풀이 한 마디의 말로써 능히 그 전체를 대변함.

- 일장춘몽(一場春夢) (한 일, 마당 장, 봄 춘, 꿈 몽)
풀이 봄날의 짧은 꿈, 인생의 덧없음, 부귀영화의 덧없음.

- 일촉즉발(一觸卽發) (한 일, 닿을 촉, 곧 즉, 쏠 발)
풀이 조금만 닿아도 곧 폭발할 것 같은 모양, 막 일이 일어날 듯한 위험한 지경.

- 일취월장(日就月將) (날 일, 나아갈 취, 달 월, 장차 장)
풀이 날로 나아가고 달로 나아감, 날로 달로 끊임없이 진보하고 발전함.

- 일필휘지(一筆揮之) (한 일, 붓 필, 휘두를 휘, 갈 지)
풀이 글씨를 단숨에 힘차고 시원하게 써 내려감.

- 인갈굴정(臨渴掘井) (익할 임, 목마를 갈, 팔 굴, 우물 정)
풀이 목이 말라야 우물을 팜, 즉 준비 없이 일을 당하여 허둥지둥하고 애씀을 이르는 말.

- 임기응변(臨機應變) (임할 임, 기회 기, 응할 응, 변할 변)
풀이 그때그때 일의 형편에 따라서 변통성 있게 적당히 대처함.

- 입신양명(立身揚名) (설 립, 몸 신, 날릴 양, 이름 명)
풀이 출세하여 세상에 널리 이름을 떨침.

- 입추지지(立錐之地) (설 립, 송곳 추, 갈 지, 땅 지)
풀이 송곳 하나 세울 만한 땅, 즉 매우 좁아서 조금도 여유가 없다는 말.

ㅈ

- 자가당착(自家撞着) (스스로 자, 집 가, 칠 당, 붙을 착)
풀이 자기의 언행이 전후(前後) 모순(矛盾)되어 일치하지 않음.
  유 모순(矛盾), 이율배반(二律背反)

- 자강불식(自强不息) (스스로 자, 힘쓸 강, 아닐 불, 쉴 식)
풀이 스스로 힘써 가다듬고 쉬지 않음.

- 자격지심(自激之心) (스스로 자, 격할 격, 갈 지, 마음 심)
풀이 자기가 어떤 일을 해 놓고 그 일에 대해 스스로 미흡하게 여기는 마음.

- 자괴지심(自愧之心) (스스로 자, 부끄러워 할 괴, 의 지, 마음 심)
풀이 스스로 부끄럽게 여기는 마음.

- 자수성가(自手成家) (스스로 자, 손 수, 이룰 성, 집 가)
풀이 물려받은 재산 없이 제 손으로 재산을 모아 한 살림을 이룸.

- 자승자박(自繩自縛) (스스로 자, 줄 승, 스스로 자, 묶을 박)
풀이 자기의 줄로 자기를 묶음, 즉 자기의 언행으로 인하여 자신이 꼼짝 못하게 되는 일.

■ 자아성찰(自我省察) (스스로 자, 나 아, 살필 성, 살필 찰)

풀이 자기의 마음을 반성하여 살핌.

■ 자업자득(自業自得) (스스로 자, 업 업, 스스로 자, 얻을 득)

풀이 제가 저지른 일의 과보(果報: 인과응보의 준말)를 제가 받음.

■ 자중지란(自中之亂) (스스로 자, 가운데 중, 의 지, 어지러울 란)

풀이 같은 패 안에서 일어나는 다툼이나 혼란.

■ 자화자찬(自畵自讚) (스스로 자, 그림 화, 스스로 자, 기릴 찬)

풀이 자기가 그린 그림을 자기가 칭찬한다는 뜻으로, 자기가 한 일을 자기 스스로
자랑함을 이르는 말.

■ 장삼이사(張三李四) (베풀 장, 석 삼, 오얏 리, 넉 사)

풀이 장씨의 셋째 아들, 이씨의 넷째 아들이란 뜻으로, 이름이나 신분을 가리킬 정
도가 못되는 평범한 사람들을 이르는 말.
유 갑남을녀(甲男乙女), 필부필부(匹夫匹婦), 초동급부(樵童汲婦)

■ 재자가인(才子佳人) (재주 재, 아들 자, 아름다울 가, 사람 인)

풀이 재주가 있는 남자와 아름다운 여자.

■ 적반하장(賊反荷杖) (도둑 적, 돌이킬 반, 멜 하, 몽둥이 장)

풀이 도둑이 도리어 몽둥이를 든다는 뜻으로, 잘못한 사람이 도리어 잘한 사람을
나무라는 경우를 이르는 말.

■ 적수공권(赤手空拳) (붉을 적, 손 수, 빌 공, 주먹 권)

풀이 맨손과 맨주먹, 즉 아무 것도 가진 것이 없음을 이르는 말.

■ 전광석화(電光石火) (번개 전, 빛 광, 돌 석, 불 화)

풀이 번개와 부싯돌의 불이 번쩍이는 것처럼 극히 짧은 시간이나 매우 신속한 동작
을 이르는 말.

■ 전대미문(前代未問) (앞 전, 시대 대, 아닐 미, 들을 문)

풀이 지금까지 들어본 일이 없는 새로운 일을 이르는 말.

■ 전전긍긍(戰戰兢兢) (싸움 전, 싸움 전, 떨릴 긍, 떨릴 긍)

풀이 두려워서 벌벌 떨며 조심하는 모양.

■ 전전반측(輾轉反側) (돌아누울 전, 구를 전, 되돌릴 반, 곁 측)

풀이 누워서 이리저리 뒤척거리며 잠을 이루지 못함.

■ 전화위복(轉禍爲福) (구를 전, 재화 화, 될 위, 복 복)

풀이 화를 바꾸어 복으로 한다는 뜻으로, 궂은 일을 잘 처리해 좋은 일이 됨을 이르
는 말.
유 새옹지마(塞翁之馬)

- 절차탁마(切磋琢磨) (끊을 절, 갈 차, 쫄 탁, 갈 마)

풀이 뼈, 상아, 옥돌 따위를 자르고 줄로 쓸고 끌로 쪼고 갈아서 빛을 낸다는 뜻.

곧, ① 수양에 수양을 쌓음.

② 학문·기예 따위를 힘써 갈고 닦음을 비유하는 말.

- 절치부심(切齒腐心) (끊을 절, 이 치, 썩을 부, 마음 심)

풀이 몹시 분하여 이를 갈면서 속을 썩임.

- 점입가경(漸入佳境) (점점 점, 들 입, 아름다울 가, 지경 경)

풀이 갈수록 점점 더 재미있는 경지로 들어감.

- 정문일침(頂門一鍼) (정수리 정, 문 문, 한 일, 바늘 침)

풀이 정수리에 침을 준다는 뜻으로, 상대의 급소를 찔러 따끔하게 비판하거나 충고함을 이르는 말.

- 정중지와(井中之蛙) (우물 정, 가운데 중, 의 지, 개구리 와)

풀이 우물 안 개구리, 즉 견문이 좁아서 넓은 세상의 사정을 모름을 비유적으로 이르는 말.

유 정와(井蛙), 정저지와(井底之蛙), 좌정관천(坐井觀天)

- 조강지처(糟糠之妻) (지게미 조, 겨 강, 갈 지, 아내 처)

풀이 지게미, 쌀겨와 같은 험한 음식으로 끼니를 이어가며 고생을 같이 한 아내란 뜻으로, 곤궁할 때 고생을 함께 한 본처(本妻)를 이르는 말.

- 조령모개(朝令暮改) (아침 조, 하여금 령, 저물 모, 고칠 개)

풀이 아침에 명령을 내렸다가 저녁에 고친다는 뜻으로, 법령이나 착수한 일을 자주 바꿔서 종잡을 수 없음을 비유적으로 이르는 말.

유 조변석개(朝變夕改)

- 조반석죽(朝飯夕粥) (아침 조, 밥 반, 저녁 석, 죽 죽)

풀이 아침에는 밥, 저녁에는 죽이라는 뜻으로, 가까스로 살아가는 가난한 삶을 이르는 말.

- 조삼모사(朝三暮四) (아침 조, 석 삼, 저물 모, 넉 사)

풀이 아침에 세 개, 저녁에 네 개라는 뜻. **유** 조사모삼(朝四暮三)

곧, ① 당장 눈앞의 차별만을 알고 그 결과가 같음을 모름을 비유적으로 이르는 말.

② 간사한 잔꾀로 남을 속여 희롱함을 이르는 말.

- 조족지혈(鳥足之血) (새 조, 발 족, 갈 지, 피 혈)

풀이 새 발의 피라는 뜻으로, 극히 적은 분량을 비유적으로 이르는 말.

- 좌불안석(坐不安席) (앉을 좌, 아니 불, 편안할 안, 자리 석)

풀이 앉기는 앉았으나 편안한 자리가 되지 못한다는 뜻으로, 마음에 불안이나 근심 등이 있어 가만히 앉아 있지 못함.

■ 좌정관천(坐井觀天) (앉을 좌, 우물 정, 볼 관, 하늘 천)

풀이 우물 속에 앉아 하늘을 쳐다본다는 뜻으로, 견문이 좁아 세상 물정에 어두운 것을 이르는 말.

　　유 정저지와(井底之蛙)

■ 주객전도(主客顛倒) (주인 주, 손 객, 꼭대기 전, 넘어질 도)

풀이 주인은 손님처럼, 손님은 주인처럼 행동을 바꾸어 한다는 뜻으로, 입장이 뒤바뀜을 이르는 말.

■ 주경야독(晝耕夜讀) (낮 주, 밭갈 경, 밤 야, 읽을 독)

풀이 낮에는 밭을 갈고 밤에는 책을 읽음, 즉 바쁜 중에서도 책을 읽어 어렵게 공부하는 것을 이르는 말.

■ 주마가편(走馬加鞭) (달릴 주, 말 마, 더할 가, 채찍 편)

풀이 달리는 말에 채찍을 가한다는 뜻으로, 열심히 하는 사람을 더 부추기거나 몰아칠 때 쓰는 말.

■ 주마간산(走馬看山) (달릴 주, 말 마, 볼 간, 뫼 산)

풀이 말을 달리면서 산을 본다는 뜻으로, 자세히 살피지 못하고 대충대충 보고 지나침을 이르는 말.

■ 주지육림(酒池肉林) (술 주, 못 지, 고기 육, 수풀 림)

풀이 술로 못을 이루고, 고기로 숲을 이룬다는 뜻으로, 극히 호사스럽고 방탕한 술잔치를 이르는 말.

　　유 육산포림(肉山脯林), 육산주지(肉山酒池)

■ 죽마고우(竹馬故友) (대 죽, 말 마, 옛 고, 벗 우)

풀이 대나무로 만든 말을 타고 함께 놀던 옛 친구, 즉 젊을 때부터 함께 놀며 자란 오래된 친구를 이르는 말.

　　유 죽마지우(竹馬之友), 죽마구우(竹馬舊友), 기죽지교(騎竹之交)

■ 죽장망혜(竹杖芒鞋) (대 죽, 지팡이 장, 까끄라기 망, 신 혜)

풀이 대지팡이와 짚신이란 뜻으로, 가장 간단한 보행이나 여행의 차림을 이르는 말.

■ 중과부적(衆寡不敵) (무리 중, 적을 과, 아니 불, 적수 적)

풀이 적은 수효로는 많은 수효를 대적하지 못한다는 말.

■ 중구난방(衆口難防) (무리 중, 입 구, 어려울 난, 막을 방)

풀이 뭇사람의 말을 이루 다 막기는 어렵다는 말.

■ 중언부언(重言復言) (거듭 중, 말씀 언, 다시 부, 말씀 언)

풀이 한 말을 자꾸 되풀이 함.

■ 지기지우(知己之友) (알 지, 자기 기, 의 지, 벗 우)

풀이 자기의 속마음을 참되게 알아주는 친구.

- 지록위마(指鹿爲馬) **(가리킬 지, 사슴 록, 할 위, 말 마)**

풀이 사슴을 가리켜 말[馬]이라고 한다는 말.

　　곧, ① 윗사람을 농락하여 권세를 마음대로 휘두름을 비유적으로 이르는 말.

　　　　② 사실이 아닌 것을 강압으로 속여 인정하게 함.

- 지리멸렬(支離滅裂) **(가를 지, 떼어놓을 리, 멸망할 멸, 찢을 렬)**

풀이 갈갈이 흩어지고 찢기어 갈피를 잡을 수 없음.

- 지어지앙(池魚之殃) **(못 지, 고기 어, 갈 지, 재앙 앙)**

풀이 연못 속 물고기의 재앙이란 말.

　　곧, ① 화(禍)가 엉뚱한 곳에 미침.

　　　　② 상관없는 일의 재난에 휩쓸려 듦을 비유적으로 이르는 말.

- 지호지간(指呼之間) **(가리킬 지, 부를 호, 갈 지, 사이 간)**

풀이 손짓하여 부르면 대답할 수 있을 정도의 매우 가까운 거리.

- 진천동지(震天動地) **(벼락 진, 하늘 천, 움직일 동, 땅 지)**

풀이 하늘이 진동하고 땅이 흔들림, 위엄이 천하에 떨침.

- 진퇴유곡(進退維谷) **(나아갈 진, 물러날 퇴, 바 유, 골 곡)**

풀이 앞으로 나아갈 수도 뒤로 물러설 수도 없이 꼼짝할 수 없는 궁지에 빠짐.

　　유 진퇴양난(進退兩難)

ㅊ

- 차일피일(此日彼日) **(이 차, 날 일, 저 피, 날 일)**

풀이 이날저날 하고 자꾸 미루기만 함.

- 창해일속(滄海一粟) **(푸를 창, 바다 해, 한 일, 조 속)**

풀이 넓은 바다에 떠있는 한 알의 좁쌀이라는 뜻으로, 아주 큰 물건 속의 아주 작은 물건.

- 척사위정(斥邪衛正) **(물리칠 척, 사악할 사, 지킬 위, 바를 정)**

풀이 사악한 것을 배척하고 정의를 지킨다는 말.

- 천려일득(千慮一得) **(일천 천, 생각할 려, 한 일, 얻을 득)**

풀이 바보도 한 가지쯤은 좋은 생각이 있다는 말.

- 천려일실(千慮一失) **(일천 천, 생각할 려, 한 일, 잃을 실)**

풀이 천 가지 생각 가운데 한 가지 실책이란 뜻으로, 지혜로운 사람이라도 많은 생각을 하다 보면 하나쯤은 실책이 있을 수 있다는 말.

■ 천석고황(泉石膏肓) (샘 천, 돌 석, 살찔 고, 명치끝 황)

풀이 천석은 자연을 뜻하고, 고황은 명치끝에 기름이 쌓이는 병이니, 고질병이 되다시피 산수 풍경을 좋아한다는 뜻.

　　유 연하고질(煙霞痼疾)

■ 천양지차(天壤之差) (하늘 천, 흙 양, 갈 지, 어긋날 차)

풀이 하늘과 땅 차이, 매우 큰 차이.

■ 천의무봉(天衣無縫) (하늘 천, 옷 의, 없을 무, 꿰맬 봉)

풀이 하늘의 선녀들 옷은 꿰맨 자국이 없다는 뜻으로, 즉 시나 글 등의 문장이 꾸밈 없이 자연스러워 흠이 없음을 비유적으로 이르는 말.

■ 천인공노(天人共怒) (하늘 천, 사람 인, 함께 공, 성낼 노)

풀이 하늘과 땅이 함께 분노한다는 뜻으로, 도저히 용서하지 못함을 비유적으로 이르는 말.

■ 천인단애(千仞斷崖) (일천 천, 길 인, 끊을 단, 벼랑 애)

풀이 천 길이나 되는 깎아지른 듯한 벼랑.

■ 천재일우(千載一遇) (일천 천, 해 재, 한 일, 만날 우)

풀이 천 년에나 한번 만날 수 있는 기회, 즉 좀처럼 얻기 어려운 기회.

　　유 천재일시(千載一時), 천재일회(千載一會), 천세일시(千歲一時)

■ 천편일률(千篇一律) (일천 천, 책 편, 한 일, 법 률)

풀이 변함없이 모든 사물이 똑같음.

■ 철석간장(鐵石肝腸) (쇠 철, 돌 석, 간 간, 창자 장)

풀이 철이나 돌과 같은 간과 창자, 즉 굳고 단단한 마음.

■ 철중쟁쟁(鐵中錚錚) (쇠 철, 가운데 중, 쇳소리 쟁, 쇳소리 쟁)

풀이 같은 쇠붙이 가운데서도 유난히 맑게 쟁그랑거리는 소리가 남, 즉 같은 또래 중에서 가장 뛰어난 사람을 이르는 말.

■ 철천지원(徹天之冤) (뚫을 천, 하늘 천, 갈 지, 원통할 원)

풀이 하늘에 사무치도록 크나큰 원한.

　　유 철천지한(徹天之恨)

■ 청운지지(靑雲之志) (푸를 청, 구름 운, 갈 지, 뜻 지)

풀이 푸른 구름의 뜻을 품음, 즉 남보다 출세할 뜻을 지니고 있음을 이르는 말.

■ 청출어람(靑出於藍) (푸를 청, 날 출, 어조사 어, 쪽 람)

풀이 쪽이라는 풀에서 나온 푸른색이 쪽보다 더 푸르다는 뜻으로, 열심히 학문에 정진하면 스승보다 뛰어날 수 있다는 말. 스승보다 나은 제자를 이름.

　　유 후생각고(後生角高)

- 초동급부(樵童汲婦) (나무할 초, 아이 동, 물길을 급, 여자 부)

풀이 나무하는 아이와 물 긷는 여자라는 뜻으로, 보통 사람을 이르는 말.

- 초록동색(草綠同色) (풀 초, 푸를 록, 같을 동, 빛 색)

풀이 초록(草綠: 풀빛과 녹색)은 같은 색깔이라는 뜻으로, 모양과 처지가 비슷하거나 인연이 있는 것끼리는 한편이 된다는 말.

　유 유유상종(類類相從)

- 초미지급(焦眉之急) (그을릴 초, 눈썹 미, 갈 지, 급할 급)

풀이 눈썹이 타게 될 만큼 위급한 상태라는 뜻으로, 그대로 방치할 수 없는 매우 다급한 일이나 경우를 비유적으로 이르는 말.

- 초지일관(初志一貫) (처음 초, 뜻 지, 한 일, 꿸 관)

풀이 처음 품은 뜻을 한결같이 꿰뚫음.

- 촌철살인(寸鐵殺人) (마디 촌, 쇠 철, 죽일 살, 사람 인)

풀이 단 한 치밖에 되지 않는 쇠로 사람을 죽인다는 뜻으로, 많은 말을 쓰지 않고 간단한 한 마디 말이나 글로써 상대방의 급소를 찔러 당황하게 만들거나 감동을 주는 경우를 이르는 말.

- 출장입상(出將入相) (날 출, 장수 장, 들 입, 재상 상)

풀이 나가서는 장수가 되고 들어오면 재상이 된다는 뜻으로, 문무를 겸비한 장상의 벼슬을 모두 지냄을 이르는 말.

- 춘치자명(春雉自鳴) (봄 춘, 꿩 치, 스스로 자, 울 명)

풀이 봄철의 꿩이 스스로 운다는 뜻으로, 시키거나 요구하지 아니하여도 제풀에 어떤 일을 함을 이르는 말.

- 충언역이(忠言逆耳) (충성 충, 말씀 언, 거슬릴 역, 귀 이)

풀이 충고하는 말은 귀에 거슬림, 정성스럽고 바른 말은 듣기 싫어함.

- 취생몽사(醉生夢死) (취할 취, 살 생, 꿈 몽, 죽을 사)

풀이 술에 취한 듯 꿈을 꾸는 듯 살다가 죽음, 아무 의미 없이 한 평생을 흐리멍덩하게 살아가는 것을 이르는 말.

- 칠거지악(七去之惡) (일곱 칠, 갈 거, 갈 지, 악할 악)

풀이 아내를 내쫓을 수 있는 일곱 가지 악행의 조건. 시부모에 순종하지 않는 것(不順舅姑), 자식을 못 낳는 것(無子), 행실이 음탕한 것(淫行), 질투하는 것(嫉妬), 나쁜 병이 있는 것(惡疾), 말썽이 많은 것(口舌), 도둑질하는 것(盜竊)

- 칠보지재(七步之才) (일곱 칠, 걸음 보, 갈 지, 재주 재)

풀이 일곱 걸음을 옮기는 사이에 시를 지을 수 있는 재주라는 뜻으로, 아주 뛰어난 글재주를 이르는 말.

■ 침소봉대(針小棒大) (바늘 침, 작을 소, 몽둥이 봉, 큰 대)

풀이 바늘만한 작은 것을 막대기만큼 크게 늘린다는 뜻으로, 작은 일을 크게 허풍 떨어 말함을 비유적으로 이르는 말.

ㅋ

■ 쾌도난마(快刀亂麻) (쾌할 쾌, 칼 도, 어지러울 난, 삼 마)

풀이 잘 드는 칼로 어지럽게 엉클어진 삼을 벤다는 뜻으로, 어지러운 일을 시원스럽게 처리함을 이르는 말.

ㅌ

■ 타산지석(他山之石) (다를 타, 뫼 산, 갈 지, 돌 석)

풀이 다른 산의 쓸모없는 돌이라도 옥(玉)을 가는 데 소용이 된다는 말.
곧, ① 다른 사람의 하찮은 언행일지라도 자기의 지식이나 인격을 닦는 데 도움이 됨.
② 쓸모 없는 것이라도 쓰기에 따라 유용한 것이 될 수 있음을 비유하는 말.

■ 탁상공론(卓上空論) (책상 탁, 위 상, 빌 공, 논의할 론)

풀이 현실성이나 실현성이 없는 허황한 이론.

■ 태산북두(泰山北斗) (클 태, 뫼 산, 북녘 북, 말별자리 두)

풀이 태산과 북두칠성을 가리키는 말.
곧, ① 권위자, 일인자, 학문 예술 분야의 대가.
② 태산과 북두칠성을 여러 사람이 우러러보듯이 남에게 존경받는 뛰어난 존재.
유 백미(白眉)

■ 토사구팽(兔死狗烹) (토끼 토, 죽을 사, 개 구, 삶을 팽)

풀이 토끼 사냥이 끝나면 사냥개는 삶아 먹힌다는 뜻으로, 즉 쓸모가 있을 때는 긴요하게 쓰이다가 쓸모가 없어지면 헌신짝처럼 버려진다는 말.
유 감탄고토(甘吞苦吐)

ㅍ

■ 파사현정(破邪顯正) (깨뜨릴 파, 간사할 사, 나타날 현, 바를 정)

풀이 그릇된 견해를 깨뜨리고, 바른 것을 드러냄.

■ 파안대소(破顔大笑) (깨뜨릴 파, 얼굴 안, 큰 대, 웃을 소)

풀이 얼굴에 매우 즐거운 표정을 지어 크게 한바탕 웃음.

■ 파죽지세(破竹之勢) (깨뜨릴 파, 대 죽, 의 지, 기세 세)

풀이 대나무를 쪼개는 듯한 형세, 감히 대적할 수 없을 정도로 막힘없이 밀고 쳐들어가는 형세.

■ 팔방미인(八方美人) (여덟 팔, 방위 방, 아름다울 미, 사람 인)

풀이 어느 모로 보아도 아름다운 미인이라는 뜻으로, 여러 방면의 일에 능통한 사람을 가리킴.

■ 평사낙안(平沙落雁) (평평할 평, 모래 사, 떨어질 낙, 기러기 안)

풀이 평탄한 모래 사장에 내려 앉은 기러기, 빈깅히고 맵시 있게 쓴 근씨를 이르는 말

■ 평지풍파(平地風波) (평평할 평, 땅 지, 바람 풍, 깨뜨릴 파)

풀이 평지에서 일어나는 풍파라는 뜻으로, 뜻밖에 일어나는 분쟁을 비유적으로 이르는 말.

■ 폐포파립(敝袍破笠) (해질 폐, 핫옷 포, 깨뜨릴 파, 우리 립)

풀이 해어진 옷과 부서진 갓, 너절하고 구차한 차림새를 말함

■ 포식난의(飽食暖衣) (배부를 포, 먹을 식, 따뜻할 난, 옷 의)

풀이 배불리 먹고 따뜻하게 입음.

■ 표리부동(表裏不同) (겉 표, 속 리, 아니 불, 같을 동)

풀이 겉과 속이 다름을 뜻하는 말.

■ 풍성학려(風聲鶴唳) (바람 풍, 소리 성, 학 학, 울 려)

풀이 바람 소리와 학의 울음소리에도 놀란다는 뜻으로, 한 번 크게 놀라면 비슷한 것에 겁을 먹고 놀람을 이르는 말.

■ 풍수지탄(風樹之嘆) (바람 풍, 나무 수, 갈 지, 탄식할 탄)

풀이 바람 부는 나무를 잡고 내뱉는 탄식, 부모를 잃어 효도할 수 없는 것을 한탄할 때 쓰는 말.

■ 풍월주인(風月主人) (바람 풍, 달 월, 주인 주, 사람 인)

풀이 맑은 바람과 밝은 달을 벗하여 노는 한가한 사람, 자연 풍경을 좋아하고 즐기는 사람.

■ 풍전등화(風前燈火) (바람 풍, 앞 전, 등불 등, 불 화)

풀이 바람 앞에 켠 등불처럼 매우 위급한 경우에 놓여 있음을 가리키는 말.

■ 풍찬노숙(風餐露宿) (바람 풍, 먹을 찬, 이슬 로, 잠잘 숙)

풀이 바람과 이슬을 무릅쓰고 한데서 먹고 잠, 즉 큰일을 이루려는 사람이 떠돌아다니며 모진 고초를 겪는 것을 이름.

■ 피골상접(皮骨相接) (가죽 피, 뼈 골, 서로 상, 사귈 접)

풀이 살가죽과 뼈가 맞붙을 정도로 몹시 마른 모양을 이르는 말.

■ 필부지용(匹夫之勇) (필 필, 지아비 부, 의 지, 날쌜 용)

풀이 소인이 깊은 생각 없이 혈기만 믿고 냅다 치는 용기.

■ 필부필부(匹夫匹婦) (필 필, 지아비 부, 필 필, 지어미 부)

풀이 평범한 남자와 평범한 여자.

■ 필유곡절(必有曲折) (반드시 필, 있을 유, 굽을 곡, 꺾을 절)

풀이 반드시 어떠한 까닭이 있음.

ㅎ

■ 하로동선(夏爐冬扇) (여름 하, 화로 로, 겨울 동, 부채 선)

풀이 여름의 화로와 겨울의 부채라는 뜻으로, 쓸모없는 재능을 말함.

■ 하석상대(下石上臺) (아래 하, 돌 석, 위 상, 대 대)

풀이 아랫돌 빼서 윗돌 괴고 윗돌 빼서 아랫돌 괴기, 즉 임시 변통으로 이리 저리 둘러 맞춤을 뜻하는 말.

■ 학수고대(鶴首苦待) (학 학, 머리 수, 괴로워할 고, 기다릴 대)

풀이 학의 목처럼 목을 길게 늘여 몹시 기다린다는 뜻.

■ 한강투석(漢江投石) (한나라 한, 강 강, 던질 투, 돌 석)

풀이 한강에 돌 던지기라는 뜻으로, 지나치게 미미하여 전혀 효과가 없음을 비유적으로 이르는 말.

■ 한단지몽(邯鄲之夢) (땅 이름 한, 땅 이름 단, 의 지, 꿈 몽)

풀이 한단에서 여옹이 낮잠을 자면서 꾼 꿈에서 유래한 말로, 인생의 부귀영화(富貴榮華)가 덧없음을 비유적으로 이르는 말.

　　유 남가일몽(南柯一夢), 노생지몽(盧生之夢), 일장춘몽(一場春夢)

■ 한우충동(汗牛充棟) (땀 한, 소 우, 가득할 충, 들보 동)

풀이 수레에 실으면 소가 땀을 뻘뻘 흘리고 방에 쌓으면 대들보까지 닿을 만큼 책이 매우 많음을 이르는 말. 당나라 중엽의 문장가 유종원(柳宗元)의 '육문통선생묘표(陸文通先生墓表)'라는 글이 있는데, 그 첫머리 부분에 이렇게 실려 있음.

■ 한중진미(閑中眞味) (한가할 한, 가운데 중, 참 진, 맛 미)

풀이 한가한 가운데의 참 맛이란 뜻으로, 조촐한 생활 속에서 한가하게 사는 즐거움이나 여유를 이르는 말.

- 함구무언(緘口無言) (봉할 함, 입 구, 없을 무, 말씀 언)

풀이 입을 다물고 아무런 말이 없음.

- 함포고복(含哺鼓腹) (머금을 함, 먹을 포, 칠 고, 배 복)

풀이 음식을 배불리 먹고 배를 두드린다는 뜻으로, 천하가 태평하여 즐거운 모양을 이르는 말.

- 함흥차사(咸興差使) (다 함, 흥할 흥, 다를 차, 하여금 사)

풀이 심부름꾼이 가서 소식이 없거나 더디 옴, 감감 무소식.

- 해로동혈(偕老同穴) (함께 해, 늙을 로, 같을 동, 구멍 혈)

풀이 부부가 함께 늙고, 죽어서는 한 곳에 묻힘, 즉 생사를 같이하는 부부의 사랑 맹세.

- 행운유수(行雲流水) (갈 행, 구름 운, 흐를 류, 물 수)

풀이 떠가는 구름과 흐르는 물이란 뜻.
곧, ① 어떤 것에도 구애됨이 없이 사물에 따라 순응함.
② 일정한 형체 없이 늘 변하는 것을 비유적으로 이르는 말.

- 허장성세(虛張聲勢) (빌 허, 베풀 장, 소리 성, 기세 세)

풀이 헛되이 목소리의 기세만 높임, 즉 실력이 없으면서도 허세로만 떠벌리는 경우에 쓰는 말.

- 형설지공(螢雪之功) (개똥벌레 형, 눈 설, 갈 지, 공 공)

풀이 중국 진나라의 차윤(車胤)이 반딧불로 글을 읽고 손강(孫康)은 눈(雪)의 빛으로 글을 읽었다는 고사에서 온 말로, 고생해서 공부한 공이 드러남을 비유적으로 이르는 말.

- 호가호위(狐假虎威) (여우 호, 거짓 가, 범 호, 위엄 위)

풀이 여우가 호랑이의 위엄을 빌어 다른 짐승을 놀라게 한다는 뜻으로, 실력이나 능력이 없는 사람이 남의 권세를 빌어 위세를 부리는 것을 비유적으로 이르는 말.

- 호구지책(糊口之策) (풀 호, 입 구, 갈 지, 방책 책)

풀이 입에 풀칠을 할 방책이란 뜻으로, 겨우 먹고 살아가는 방책.

- 호사다마(好事多魔) (좋을 호, 일 사, 많을 다, 마귀 마)

풀이 좋은 일에는 흔히 방해가 되는 일이 많이 생긴다는 말.

- 호사유피(虎死留皮) (범 호, 죽을 사, 남길 유, 가죽 피)

풀이 범이 죽으면 가죽을 남김, 사람도 죽은 뒤 이름을 남겨야 한다는 말.

- 호연지기(浩然之氣) (넓을 호, 그럴 연, 갈 지, 기운 기)

풀이 호연(浩然)은 넓고 큰 모양을 뜻하며, 호연지기란 천지간에 가득한 크고 넓은 정기(正氣), 곧 무엇에도 구애를 받지 않는 떳떳하고도 유연한 기운을 말함.

■ 호접지몽(胡蝶之夢) (오랑캐 호, 나비 접, 갈 지, 꿈 몽)

풀이 장자가 나비가 되어 날아다닌 꿈.

　　곧, ① 물아 일체(物我一體)의 경지.

　　　　② 만물일체(萬物一體)의 심경.

　　　　③ 인생의 덧없음을 비유적으로 이르는 말.

　　　　④ 꿈.

　　　유 장주지몽(莊周之夢)

■ 호천망극(昊天罔極) (하늘 호, 하늘 천, 없을 망, 다할 극)

풀이 끝없는 하늘과 같이 부모의 은공이 끝이 없음.

■ 호형호제(呼兄呼弟) (부를 호, 형 형, 부를 호, 아우 제)

풀이 서로 형, 아우라 부를 정도로 가까운 친구 사이.

■ 혹세무민(惑世誣民) (미혹할 혹, 세상 세, 무고할 무, 백성 민)

풀이 세상을 어지럽히고 백성을 속이는 것.

■ 혼정신성(昏定晨省) (어두울 혼, 정할 정, 새벽 신, 살필 성)

풀이 자식이 부모님께 아침저녁으로 잠자리를 보살펴드리는 것.

■ 홀현홀몰(忽顯忽沒) (갑자기 홀, 나타날 현, 갑자기 홀, 잠길 몰)

풀이 문득 나타났다가 홀연히 없어짐.

■ 홍로점설(紅爐點雪) (붉을 홍, 화로 로, 점 점, 눈 설)

풀이 홍로상점설(紅爐上點雪)의 준말.

　　곧, ① 뜨거운 불길 위에 한 점 눈을 뿌리면 순식간에 녹듯이 사욕이나 의혹이

　　　　일시에 꺼져 없어지고 마음이 탁 트여 맑음을 이르는 말.

　　　　② 크나큰 일에 작은 힘이 조금도 보람이 없음을 가리키는 말.

■ 화룡점정(畵龍點睛) (그림 화, 용 룡, 점 찍을 점, 눈동자 정)

풀이 용을 그려 놓고 마지막으로 눈을 그려 넣음.

　　곧, ① 가장 긴요한 부분을 끝내어 완성시킴.

　　　　② 사소한 것으로 전체가 돋보이고 활기를 띠며 살아남을 비유적으로 이

　　　　르는 말.

■ 화사첨족(畵蛇添足) (그림 화, 뱀 사, 더할 첨, 발 족)

풀이 뱀을 그리고 발을 더함, 즉 하지 않아도 될 일을 하거나 필요 이상으로 쓸데없

　　는 일을 하는 것.

■ 화중지병(畵中之餠) (그림 화, 가운데 중, 의 지, 떡 병)

풀이 그림의 떡이란 뜻으로, 아무리 욕심이 나도 바라만 볼 수 있을 뿐 차지하거나

　　이용할 수 없음을 비유적으로 이르는 말.

■ **화용월태(花容月態) (꽃 화, 얼굴 용, 달 월, 모양 태)**

`풀이` 꽃 같은 얼굴 달 같은 모양, 즉 아름다운 여자의 고운 용태(容態)를 이르는 말.

■ **환골탈태(換骨奪胎) (바꿀 환, 뼈 골, 빼앗을 탈, 아이밸 태)**

`풀이` 환골은 옛사람의 시문을 본따서 어구를 만드는 것이고, 탈태는 고시(古詩)의
뜻을 본따서 원시와 다소 뜻을 다르게 짓는 것을 이름.
곧, ① 옛 사람이나 타인의 글에서 그 형식이나 내용을 모방하여 자기의 작품
으로 꾸미는 일.
② 용모가 환하고 아름다워 딴 사람처럼 됨.

■ **환부작신(換腐作新) (바꿀 환, 썩을 부, 지을 작, 새 신)**

`풀이` 낡은 것을 바꾸어 새 것으로 만듦.

■ **회자인구(膾炙人口) (날고기 회, 구운 고기 자, 사람 인, 입 구)**

`풀이` 회(膾)는 날고기, 자(炙)는 구운 고기를 뜻함, 맛있는 음식처럼 시문 등이 사람
들의 입에 많이 오르내리고 찬양을 받는 것을 이르는 말.

■ **회자정리(會者定離) (모일 회, 놈 자, 정할 정, 떠날 리)**

`풀이` 만남이 있으면 반드시 헤어짐이 있게 마련임.

■ **후생가외(後生可畏) (뒤 후, 날 생, 가히 가, 두려워할 외)**

`풀이` 젊은 후배들은 두려워할 만하다는 뜻, 즉 젊은 후진들은 선배들보다 젊고 기
력이 좋아 학문을 닦음에 따라 큰 인물이 될 수 있으므로 가히 두렵다는 말.

■ **후안무치(厚顔無恥) (두터울 후, 얼굴 안, 없을 무, 부끄러워할 치)**

`풀이` 얼굴이 두껍고 부끄러움이 없음, 즉 뻔뻔스러워 부끄러워할 줄 모를 때 쓰는 말.

■ **흥진비래(興盡悲來) (일어날 흥, 다할 진, 슬플 비, 올 래)**

`풀이` 즐거운 일이 다하면 슬픔이 옴, 흥망과 성쇠가 엇바뀜을 이르는 말.

01 [ⓐ]에 들어갈 한자성어와 관계가 먼 것은?

2015. 통합 소방

> **보기**
>
> 재난은 예상하지 못한 곳에서 소리 없는 불청객으로 다가온다. [ⓐ](이)라는 한자성어와 같이 재난이 발생한 뒤에 수습하는 것보다는 사전 예방이 더욱 중요하다는 것은 누구나 잘 알고 있다. 하지만 아무도 이러한 상황을 어떻게 해결해 나가야 할 지 수수방관(袖手傍觀)적 자세만 취하고 있다.

① 실마치구(失馬治廐)
② 연목구어(緣木求魚)
③ 망양보뢰(亡羊補牢)
④ 사후약방문(死後藥方文)

02 다음 한자성어의 의미가 같은 것으로 연결된 것이 아닌 것은?

2011. 서울 소방

① 강구연월(康衢煙月) – 태평성대(太平聖代)
② 도청도설(道聽塗說) – 가담항설(街談巷說)
③ 절세가인(絕世佳人) – 경국지색(傾國之色)
④ 망양보뢰(亡羊補牢) – 방휼지쟁(蚌鷸之爭)

03 밑줄 친 것의 의미와 거리가 먼 것은?

2017. 통합 소방

> **보기**
>
> 누고셔 삼공(三公)도곤 낫다ᄒ더니 만승(萬乘)이 이만ᄒ랴
> 이제로 헤어든 소부 허유(巢父許由)ㅣ 냑돗더라.
> 아마도 <u>임천한흥(林泉閑興)</u>을 비길 곳이 업세라.
>   – 윤선도, 〈만흥(漫興)〉

① 맥수지탄(麥秀之嘆)
② 연하고질(煙霞痼疾)
③ 천석고황(泉石膏肓)
④ 강호한정(江湖閑情)

풀이 〈보기〉는 사전 예방의 중요성을 이야기하고 있는 지문이다. 따라서 일이 일어나고 난 뒤 후회해서는 안 된다는 것을 말하는 '실마치구(말을 잃고 외양간 고친다)', '망양보뢰(양을 잃고 우리를 고친다)', '사후약방문(죽은 후에 약 처방을 한다)'과 같은 한자성어가 적절하다. ② '연목구어'는 나무에 올라 고기를 구한다는 뜻으로 실현 불가능한 일을 하고자 할 때 쓰는 말이다.

풀이 '망양보뢰'는 양을 잃고 우리를 고친다는 뜻으로, 어떤 일을 실패한 뒤에 후회해도 소용없음을 의미한다. '방휼지쟁'은 도요새가 조개와 다투다가 다 같이 어부에게 잡히고 말았다는 뜻으로, 제3자만 이롭게 하는 다툼을 이르는 말이다. 따라서 의미의 유사성이 없다.
오답 ① 태평한 세상의 평화로운 모습. ② 뜬 소문. ③ 아름다운 여인.

풀이 '임천한흥', '연하고질', '천석고황', '강호한정'은 모두 자연의 아름다움을 즐기는 자연 친화와 관련된 한자성어이다. ① '맥수지탄'은 조국의 멸망을 탄식함을 의미한다.

정답 01 ② 02 ④ 03 ①

04 다음 글의 괄호 안에 적합한 한자성어는?

2013. 경기 소방

보기

　왜놈들은 사전에 치밀한 계획을 세워 진행하여 왔습니다. 그들이 마관조약을 체결하고 일본과 러시아가 선전포고를 한 후 말끝마다 우리의 독립과 영토를 보존하겠다고 입에 발린 소리를 하고 있었으나, 그것은 우리나라의 이익을 빼앗아 차지하려는 음모였다는 것을 아셨어야 했습니다. 왜놈들은 걸핏하면 한·일 양국의 교의를 더욱 친밀하게 하여야 한다, 조정을 개혁해야 한다, 일본과 균형 발전을 해야 한다 하면서 (　　　)로 우리 대신들에게 사기 치더니 지금 결과는 어찌 되었사옵니까?

① 반포지효(反哺之孝)
② 망양지탄(亡羊之歎)
③ 감언이설(甘言利說)
④ 조변석개(朝變夕改)

풀이 〈보기〉를 보면 왜놈들의 이야기는 결국 대신들에게 사기 치는 이야기이므로 괄호 안에 들어가기에 적절한 한자성어는 남의 비위에 맞도록 꾸미거나, 또는 이로운 조건을 내세워 그럴듯하게 꾀는 말인 '감언이설(甘言利說)'이다.

오답 ① 까마귀 새끼가 자란 뒤에 늙은 어미에게 먹이를 물어다 주는 효성(孝誠)이라는 뜻으로, 자식이 자라서 부모를 봉양함을 의미함. ② 달아난 양을 찾다가 여러 갈래 길에 이르러 길을 잃었다는 뜻. ④ 아침, 저녁으로 뜯어고친다는 뜻으로, 계획이나 결정 따위를 자주 바꾸는 것을 이름.

05 다음 글에서 (　　) 안에 들어갈 말로 적절한 것은?

2011. 서울 소방

보기

　내가 원하는 우리 민족의 사업은 결코 세계를 무력(武力)으로 정복(征服)하거나 경제력(經濟力)으로 지배(支配)하려는 것이 아니다. 오직 사랑의 문화, 평화의 문화로 우리 스스로 잘 살고 인류 전체가 의좋게, 즐겁게 살도록 하는 일을 하자는 것이다. 어느 민족도 일찍이 그러한 일을 한 이가 없으니 그것은 공상(空想)이라고 하지 마라.
　일찍이 아무도 한 자가 없기에 우리가 하자는 것이다. 이 큰일은 하늘이 우리를 위하여 남겨 놓으신 것임을 깨달을 때에 우리 민족은 비로소 제 길을 찾고 제 일을 알아본 것이다. 나는 우리 나라의 청년 남녀(靑年男女)가 모두 과거의 조그맣고 좁다란 생각을 버리고, 우리 민족의 큰 사명(使命)에 눈을 떠서, 제 마음을 닦고 제 힘을 기르기로 낙(樂)을 삼기를 바란다. 젊은 사람들이 모두 이 정신을 가지고 이 방향으로 힘을 쓸진댄 30년이 못하여 우리 민족은 (　　　)하게 될 것을 나는 확신(確信)하는 바다.

① 刮目相對
② 明若觀火
③ 面從腹背
④ 興亡盛衰

풀이 〈보기〉의 (　) 안에는 눈을 비비고 다시 본다는 뜻으로 남의 학식이나 재주가 생각보다 부쩍 진보한 것을 이르는 '괄목상대(刮目相對)'가 적절하다.

오답 ② 명약관화(明若觀火): 불을 보는 것 같이 밝게 보인다는 뜻으로, 더 말할 나위 없이 명백(明白)함. ③ 면종복배(面從腹背): 겉으로는 순종(順從)하는 체하고 속으로는 딴 마음을 먹음. ④ 흥망성쇠(興亡盛衰): 흥하고 망(亡)하고 성(盛)하고 쇠하는 일.

정답 04 ③ 05 ①

06 다음 문장에서 한자성어의 쓰임이 바르지 않은 것은?　　　　2015. 경기 소방

① 지호는 자신이 잘나서 상을 받은 줄 알고 시간이 지날수록 방약무인 (傍若無人)했다.

② 이번의 실패를 거울삼아 반성하고 환골탈태(換骨奪胎)해서 다음번에는 꼭 성공하자.

③ 괄목상대(刮目相對)라더니 그 선수는 감독이 10년 전에 세운 세계 기록을 깨뜨렸다.

④ 이번 여름 방학은 유럽 여행을 갈 수 있는 천재일우(千載一遇)의 기회야.

풀이 ③ '괄목상대(刮目相對)'는 눈을 비비고 다시 본다는 뜻으로 남의 학식이나 재주가 생각보다 부쩍 진보한 것을 이르는 말이다. 선수가 감독보다 뛰어남을 의미하는 '청출어람(靑出於藍)'이 적절하다.

오답 ① 곁에 사람이 없는 것처럼 행동함. 즉 주위 사람을 의식하지 않고 제멋대로 행동함. ② 뼈를 바꾸고 태를 바꾼다는 것으로 몸과 얼굴이 몰라볼 만큼 좋게 변한 것을 의미함. ④ 천 년에 한 번 만날 기회라는 의미로 다시 오기 힘든 기회를 일컬음.

07 다음 지문 내용의 한자성어는?　　　　2006. 인천 소방

> 보기
>
> 니보는늉안현사룸이니그아비티방이사오나온병을어더거의죽게디니구흐여도효험이업서일야의우더니쑤메쥼이고흐여닐오디산사룸의쎠로머그면가히됴흐리라.뵈즉시놀라씨두라손가락을벼혀약글밍_라뼈받즈오니아비병이즉시됴흐니라.

① 풍수지탄(風樹之嘆)

② 연홍지탄(燕鴻之歎)

③ 비육지탄(髀肉之嘆)

④ 만시지탄(晩時之歎)

⑤ 맥수지탄(麥秀之嘆)

풀이 〈보기〉는 이보가 아픈 아버지를 위해 손가락을 잘라 약을 만들어 아버지의 병을 고쳤다는 이야기이다. 따라서 부모에게 효도를 다하려고 생각할 때에는 이미 돌아가셔서 그 뜻을 이룰 수 없음을 이르는 '풍수지탄'이 적절하다.

오답 ② 봄과 가을에 엇갈리는 제비와 기러기처럼 서로 반대의 입장이 되어 만나지 못함을 한탄하는 말. ③ 자기의 뜻을 펴지 못하고 허송세월하는 것을 한탄하는 말. ④ 때가 늦음을 탄식하는 말. ⑤ 나라의 멸망을 탄식하는 말.

08 다음 중 한자의 표기가 맞는 한자성어는?　　　　2006. 광주 소방

① 오월동주 – 吳越同丹

② 막역지우 – 莫亦之友

③ 도청도설 – 道聽道說

④ 가담항설 – 街談巷說

풀이 오월동주 – 吳越同舟, 막역지우 – 莫逆之友, 도청도설 – 道聽塗說

정답　06 ③　07 ①　08 ④

09 다음 글에서 밑줄 친 부분의 상황을 나타내는 표현으로 적절한 것은?

2005. 부산 소방

> **보기**
>
> 역대로 각기 다른 방식으로 다스리고 개혁을 이루었겠지만, 녹을 후하게 주어서 선비들을 격려한 것은 모두 같았던 것이다. 그런데 지금 우리나라를 보면 <u>녹은 줄이면서 청렴만을 요구하고 있다.</u> 세상에 그런 이치는 있을 수 없는 것이다.

① 연목구어(緣木求魚)

② 진퇴양난(進退兩難)

③ 전대미문(前代未聞)

④ 가렴주구(苛斂誅求)

⑤ 견물생심(見物生心)

풀이 〈보기〉의 밑줄 그은 부분은 너무 무리한 것을 요구하고 있는 것으로 볼 수 있다. 따라서 나무 위로 올라가서 물고기를 구한다는 뜻으로 도저히 할 수 없는 불가능한 일을 굳이 하려고 하는 상황을 의미하는 '연목구어'가 적절하다.

오답 ② 이러지도 저러지도 못하는 어려운 처지. ③ 이제까지 들어본 적이 없는 일. ④ 가혹하게 세금을 거두고 부리하게 재물을 빼앗음. ⑤ 어떤 물건을 보게 되면 그것을 가지고 싶은 욕심이 생김.

10 다음 글의 밑줄 친 속담과 같은 의미의 한자성어는 어느 것인가?

2005. 경기 소방

> **보기**
>
> '모자이크'라는 웹 브라우저가 소개된 지 올해로 10년이 되었다. 인터넷과 웹은 더 이상 특수 분야에서 사용되는 전문 용어가 아니라 남녀노소 누구나 쉽게 접할 수 있는 일상의 도구로 변모했다. 웹의 대중화가 불러온 다양한 변화 중에서 가장 쉽게 예로 들 수 있는 것이 인터넷 검색과 전자 상거래다.
>
> 불과 몇 년 전만 하더라도 원하는 정보를 찾으려면 도서관에 가서 하루 종일 책과 씨름해야 했다. 그러나 요즘은 어떤가. 앉은 자리에서 컴퓨터에 검색어를 입력, 한 번의 마우스 클릭으로 순식간에 어마어마한 양의 정보를 얻을 수 있다. 물건을 사는 데 있어서도 브라우저를 통해 상품을 고르고 신용카드 정보를 입력하기만 하면 그 자리에 상품 배달까지 해주는 시대가 도래한 것이다.
>
> 이와 같은 일련의 일상을 살펴보면 <u>'손도 안 대고 코 풀려고 한다.'</u>라는 옛 속담이 떠오른다. 이 속담처럼 현재의 인터넷과 웹이 추구하는 궁극적 목표를 잘 표현한 말도 흔치 않을 것이다. 한없이 편해지고자 하는 인간의 속성으로 인터넷이나 웹 같은 기술의 발전도 가능했다고 본다.
>
> — 강희성, 〈웹 서비스와 시멘트 웹〉

① 교각살우(矯角殺牛)

② 수주대토(守株待兎)

③ 오비이락(烏飛梨落)

④ 감탄고토(甘呑苦吐)

풀이 '수주대토'는 그루터기를 지켜 토끼를 기다린다는 뜻으로, 고지식하고 융통성이 없어 구습(舊習)과 전례(前例)만 고집함을 의미한다. 〈보기〉에서 '손도 안 대고 코 풀려고 한다.'는 노력은 조금도 하지 않고 큰 이익을 얻으려 한다는 의미이므로 '수주대토'가 적절하다.

오답 ① 쇠뿔을 바로 잡으려다 소를 죽인다는 뜻으로, 결점이나 흠을 고치려다 수단이 지나쳐 도리어 일을 그르친다는 말. ③ 까마귀 날자 배 떨어진다는 속담의 한역으로, 아무런 관계도 없이 한 일이 공교롭게 다른 일과 때기 일치해 혐의를 받게 됨을 이르는 말. ④ 달면 삼키고 쓰면 뱉는다는 말로, 신의나 지조를 돌보지 않고 자기에게 이로우면 잘 사귀어 쓰나 필요치 않게 되면 배척한다는 말.

저자 약력

김춘호

중앙대학교, 동원대학교 출강(2014), 윌비스(2015),
KG패스원(2016~2017)
현) 종로공무원학원
현) 공무원시험실천닷컴
현) 동양대학교 출강

〈저서〉
실천국어(위드엠,2017) – 공저
All In One(위드엠, 2017) – 공저
국어인텐시브(종로학원, 2017)
LG한권끝장, CJ한권끝장, SSAT한권끝장, HMAT한권끝장(에듀윌, 2016)

소방 국어

2019. 2. 15. 1판 1쇄 인쇄
2019. 2. 25. 1판 1쇄 발행

저자와의
협의하에
검인생략

지은이 | 김춘호
펴낸이 | 이종춘
펴낸곳 | BM (주)도서출판 성안당
주소 | 04032 서울시 마포구 양화로 127 첨단빌딩 5층(출판기획 R&D 센터)
　　　 10881 경기도 파주시 문발로 112 출판문화정보산업단지(제작 및 물류)
전화 | 02) 3142-0036
　　　 031) 950-6300
팩스 | 031) 955-0510
등록 | 1973. 2. 1. 제406-2005-000046호
출판사 홈페이지 | www.cyber.co.kr
ISBN | 978-89-315-8289-5 (13710)
정가 | 29,000원

이 책을 만든 사람들
기획 | 최옥현
진행 | 오영미
교정·교열 | 오영미
전산편집 | 정희선
표지 디자인 | 임진영
홍보 | 정가현
국제부 | 이선민, 조혜란, 김혜숙
마케팅 | 구본철, 차정욱, 나진호, 이동후, 강호묵
제작 | 김유석

www.cyber.co.kr
성안당 Web 사이트

■ 도서 A/S 안내

성안당에서 발행하는 모든 도서는 저자와 출판사, 그리고 독자가 함께 만들어 나갑니다.
좋은 책을 펴내기 위해 많은 노력을 기울이고 있습니다. 혹시라도 내용상의 오류나 오탈자 등이
발견되면 **"좋은 책은 나라의 보배"**로서 우리 모두가 함께 만들어 간다는 마음으로 연락주시기
바랍니다. 수정 보완하여 더 나은 책이 되도록 최선을 다하겠습니다.
성안당은 늘 독자 여러분들의 소중한 의견을 기다리고 있습니다. 좋은 의견을 보내주시는 분께는
성안당 쇼핑몰의 포인트(3,000포인트)를 적립해 드립니다.

잘못 만들어진 책이나 부록 등이 파손된 경우에는 교환해 드립니다.

내용문의 031-950-6345